EUROPA-FACHBUCHREIHE
für wirtschaftliche Bildung

Verwaltungsfachangestellte/-r
Recht der Wirtschaft und Verwaltung

Informationsband

Bauer · Engel

2. Auflage

VERLAG EUROPA-LEHRMITTEL
Nourney, Vollmer GmbH & Co. KG
Düsselberger Straße 23
42781 Haan-Gruiten

Europa-Nr.: 47182

Autoren:
Cathrin Bauer, Bönnigheim
Günter Engel, Massenbachhausen

2. Auflage 2019

Druck 5 4 3 2 1

Alle Drucke derselben Auflage sind parallel einsetzbar, da bis auf die Behebung von Druckfehlern untereinander unverändert.

ISBN 978-3-8085-4781-6

http://www.europa-lehrmittel.de

Umschlaggestaltung, Layout, Grafik, Satz: Punkt für Punkt GmbH · Mediendesign, 40549 Düsseldorf
Umschlagkonzept: tiff.any GmbH, 10999 Berlin
Umschlagfoto: © Traumbild – stock.adobe.com
Druck: Dardedze Holografija, LV-1063 Riga

Vorwort

„Verwaltungsfachangestellte/-r, Recht der Wirtschaft und Verwaltung" ist **der erste Band** einer Reihe für die **Verwaltungsberufe**. Das Buch ist ein Lehr- und Lernbuch, das Fachwissen durch kompetenzorientierte **Lernkontrollen** ergänzt. Zahlreiche Übersichten, Tabellen und Beispiele veranschaulichen die Lerninhalte und erleichtern das Lernen. **Zusammenfassungen** am Ende der Kapitel unterstützen beim Wiederholen.

Für welche Zielgruppe ist dieses Buch geeignet?
Das Buch stellt eine optimale Vorbereitung auf die Abschlussprüfung der Verwaltungsfachangestellten dar, ohne dabei auch weiterführende und vertiefende Inhalte außer Acht zu lassen. Somit kann das Buch auch als Nachschlagewerk für Ausbilder/-innen und Mitarbeiter/-innen in den öffentlichen Verwaltungen sowie für Dozenten und Dozentinnen eingesetzt werden.

Woran orientiert sich der Inhalt des Buches?
Das Lehrbuch „Recht der Wirtschaft und Verwaltung" berücksichtigt den **Rahmenlehrplan** für den Ausbildungsberuf **Verwaltungsfachangestellte/Verwaltungsfachangestellter** der Kultusministerkonferenz der Länder sowie die **Lehrpläne für Baden Württemberg**.

Nach Lernfeldern gegliedert!
Das Buch ist nach Lernfeldern gegliedert und behandelt die **Lernfelder 2, 4, 9, 10 und 11**. Zudem werden die Inhalte der Lehrpläne für Baden-Württemberg der Fächer **Rechtslehre** und **Öffentliches Recht** in die Lernfelder integriert.

Die in diesem Band nicht abgebildeten Lernfelder des Rahmenlehrplans und der Lehrpläne für Baden-Württemberg werden in gesonderten Lehrbüchern aufgenommen.
Der vorliegende Band entspricht dem **Stand vom Frühjahr 2019**.

Detaillierte Gliederung und umfangreiches Sachwortverzeichnis!
Durch die detaillierte Gliederung und das umfangreiche Sachwortverzeichnis ist ein schnelles Auffinden der Inhalte möglich.

Wir danken!
Wir danken unseren Auszubildenden, den Verwaltungen sowie unseren Kolleginnen und Kollegen, die uns freundlicherweise mit Anregungen und Materialien unterstützt haben.

Ihr Feedback ist uns wichtig!
Wir freuen uns auch auf einen lebendigen Austausch und sind allen Lesern gegenüber offen für Anregungen, Kritik und Verbesserungsvorschläge. Wenn Sie mithelfen möchten, dieses Buch für die kommenden Auflagen zu verbessern, schreiben Sie uns unter: lektorat@europa-lehrmittel.de.

Frühjahr 2019

Cathrin Bauer
Günter Engel

Inhaltsverzeichnis

Lernfeld 2: Die Verwaltung in das staatliche Gefüge einordnen

A

1 Staat und seine Aufgaben

1.1 Begriff Staat

1.1.1 Staatsbegriff

www.faz.net/aktuell/politik/ausland/suedsudan-der-juengste-staat-der-welt-1450.html

Am 09. Juli 2011 verkündete „der Präsident des südsudanesischen Parlaments" die Unabhängigkeitserklärung eines Staates. Nach jahrelangem Bürgerkrieg hat sich der Süden vom Norden des Sudans getrennt. Zu diesem Zeitpunkt gilt der Südsudan als der jüngste Staat der Welt.
Dabei stellt sich die Frage, ob die Verkündung einer Unabhängigkeitserklärung ausreicht, um einen neuen Staat zu gründen?

Es gibt verschiedene Möglichkeiten den Begriff Staat zu erklären. Die bekannteste Erklärung folgt der so genannten Drei-Elementen-Lehre. Demnach wird ein Staat von außen betrachtet und besteht aus einem **Staatsgebiet**, einem **Staatsvolk** und einer **Staatsgewalt**.

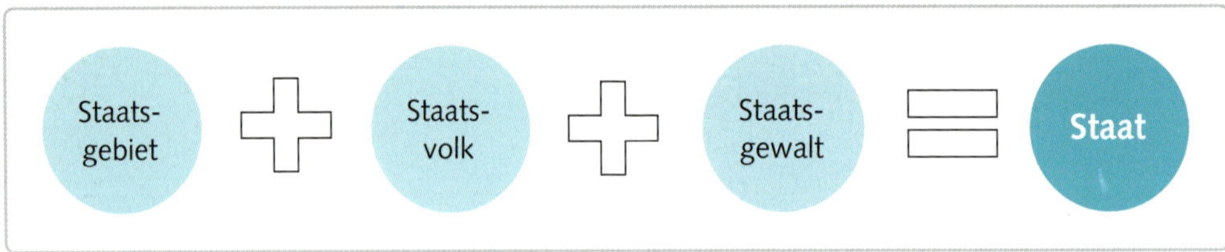

1.1.2 Staatsgebiet

Das **Staatsgebiet** ist ein abgegrenzter Bereich auf der Erdoberfläche. Die Staatsgrenzen werden durch die **Natur** (z. B. Küste) oder durch **vertragliche** Bestimmungen (z. B. Einigung mit angrenzenden Staaten) gebildet. Zum Meer hin gibt die Küstenlinie die Grenze vor, wobei der jeweilige Staat über weitere drei Meilen des Meeres seine Rechte ausüben darf. Im Luftraum zählen ca. 100 km (bis zum Weltraum) zum Staatsgebiet. Das Besondere am Staatsgebiet ist, dass das Gebiet nicht zusammenhängen muss. So gehört beispielsweise die deutsche **Botschaft** in Frankreich zum Hoheitsgebiet Deutschlands, womit dort deutsches Recht gilt. In diesem Fall handelt es sich aus deutscher Sicht bei der deutschen Botschaft in Frankreich um eine **Exklave**. Die französische Botschaft in Berlin, die zum Hoheitsgebiet Frankreichs gehört, stellt für Deutschland eine **Enklave** dar.

Aus Sicht Deutschlands:

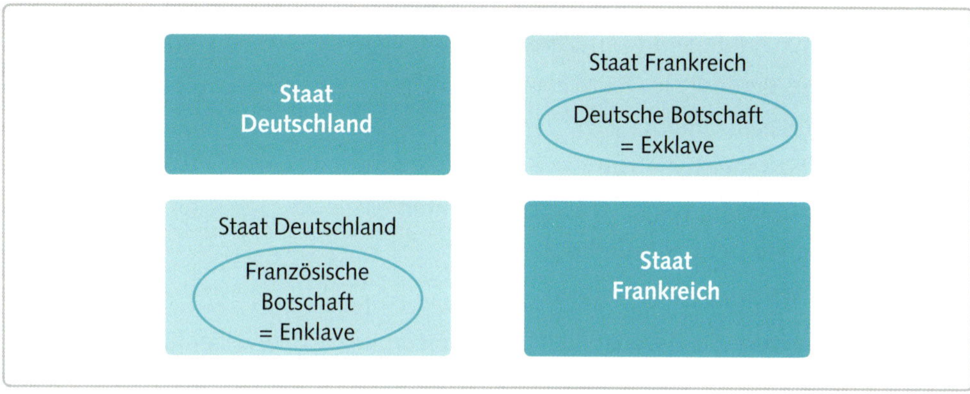

1.1.3 Staatsvolk

Zum **Staatsvolk** gehören alle Menschen mit der entsprechenden Staatsangehörigkeit. Die Staatsangehörigkeit wird grundsätzlich durch Geburt oder Einbürgerung erlangt. Sie beschreibt ein **Rechtsverhältnis zwischen einem Menschen und einem Staat**. Dadurch stehen dem **Staatsangehörigen** bestimmte Rechte zu und er muss entsprechenden Pflichten nachkommen.

Rechte	Pflichten
■ politische Rechte (z. B. aktives und passives Wahlrecht)	■ es muss alles unterlassen werden was den Staat gefährden könnte (= Treuepflicht)
■ Grundrechte (z. B. Meinungsfreiheit)	■ Gesetze und Anordnungen des Staates befolgen (= Gehorsamspflicht)
■ Leistungsansprüche (z. B. Kindergeld)	■ Leistungspflichten (z. B. Schulpflicht)

Nach dem Staatsangehörigkeitsgesetz gibt es drei Möglichkeiten die deutsche Staatsangehörigkeit zu bekommen.

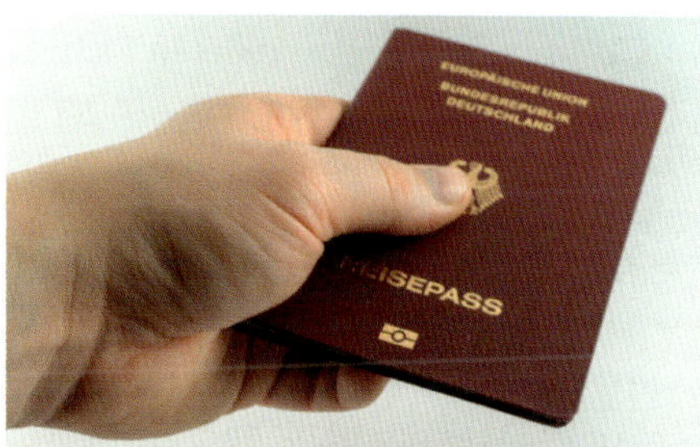

1. **Abstammungsprinzip**
   Das Neugeborene erhält bei Geburt die deutsche Staatsangehörigkeit, wenn mindestens ein Elternteil diese besitzt.
2. **Geburtsortsprinzip**
   Das Neugeborene erhält bei Geburt in Deutschland die deutsche Staatsangehörigkeit, auch wenn kein Elternteil diese besitzt. Jedoch muss dann mindestens ein Elternteil seit mindestens acht Jahren mit einer Aufenthaltserlaubnis in Deutschland leben.

3. **Einbürgerung**
   Ausländer können einen Antrag auf Einbürgerung stellen und müssen bestimmte Bedingungen zur Einbürgerung erfüllen:
   - Acht Jahre Wohnsitz in Deutschland
   - Bekenntnis zum Grundgesetz
   - Gesicherter Lebensunterhalt
   - Keine Verurteilung wegen größeren Straftaten
   - Ausreichende Deutschkenntnisse
   - Aufgabe bisheriger Staatsbürgerschaft

Die Abgrenzung zum Staatsvolk bildet die Bevölkerung. Zur Bevölkerung gehören alle Menschen die in einem Staat leben, also Staatsangehörige wie auch Ausländer.

1.1.4 Staatsgewalt

GG Art. 20

Mit der **Staatsgewalt** wird die Macht des Staates bestimmt. Nach dem Grundgesetz (GG) geht diese in Deutschland an erster Stelle vom Volk aus, welches durch Wahlen und Abstimmungen seinen Willen zum Ausdruck bringen soll. Außerdem wird diese Macht in Deutschland auf die gesetzgebende, ausführende und richterliche Gewalt verteilt. Grundsätzlich kann sich ein Staat mit einer Staatsgewalt eine Verfassung geben und Normen festsetzen, die das Zusammenleben der Menschen in einem Staat ermöglichen. Außerdem verleiht diese Macht dem Staat das Recht, die selbst auferlegten Normen notfalls auch unter Zwang durchzusetzen (Gewaltmonopol des Staates).

1.2 Staatsaufgaben

Nachdem nun geklärt ist, welche Elemente vorhanden sein müssen um von einem Staat sprechen zu können, soll es jetzt darum gehen, die Staatsaufgaben näher zu beschreiben. Die Staatsaufgaben sind grundsätzlich sehr vielseitig. Die **Hauptaufgabe** des Staates besteht aus der **Förderung des allgemeinen Wohls**.

Um die unterschiedlichen Aufgaben übersichtlich zu halten, werden sie drei Bereichen zugeordnet.

1. Gewährleistung der **äußeren Sicherheit**:
   Das Staatsvolk soll vor feindlichen Angriffen mit Hilfe der Verteidigung geschützt werden. Außerdem soll der Frieden mit anderen Staaten gesichert werden. Diese Aufgabe kommt zum einem dem Militär zu (militärische Verteidigungsbereitschaft – Bundeswehr) und zum anderen auch den Politikern, die eine entsprechende Politik vorantreiben sollen (Pflege der auswärtigen Beziehungen).

2. Gewährleistung der **inneren Sicherheit und Ordnung**:
   Für ein geregeltes Zusammenleben im Staat und für die Sicherheit des Staatsvolkes, bilden die freiheitlichen und sozial gerechten Rechtsnormen die Grundlage. Diese Aufgaben übernehmen Gesetzgeber, Verwaltung, Polizei und Justiz.

3. Förderung von **Gemeinschaftsinteressen**:
   Darunter fallen unterschiedliche Bereiche. Zum einen geht es um die allgemeine Wohlfahrt, die beispielsweise für die soziale Absicherung der Staatsangehörigen sorgt, zum anderen geht es auch um kulturelle Angelegenheiten, wie Bildung und Wissenschaft, die vorangebracht werden sollen. Außerdem hat sich der Staat mit seiner Wirtschaftlichkeit auseinanderzusetzen und darauf zu achten, dass beispielsweise die Inflation nicht überhand nimmt oder die Arbeitslosigkeit nicht unaufhörlich steigt. Genauso fällt unter die Förderung der Gemeinschaftsinteressen auch die Förderung der Eigenverantwortlichkeit und Freiheit jedes einzelnen Staatsbürgers.

Die Erfüllung der jeweiligen Staatsaufgaben wird vor allem von den wirtschaftlichen, politischen und kulturellen Verhältnissen und den geographischen Gegebenheiten im jeweiligen Land beeinflusst.

Zusammenfassung und Lernkontrolle

Zusammenfassung

- Ein Staat lässt sich durch die Drei-Elementen-Lehre definieren.

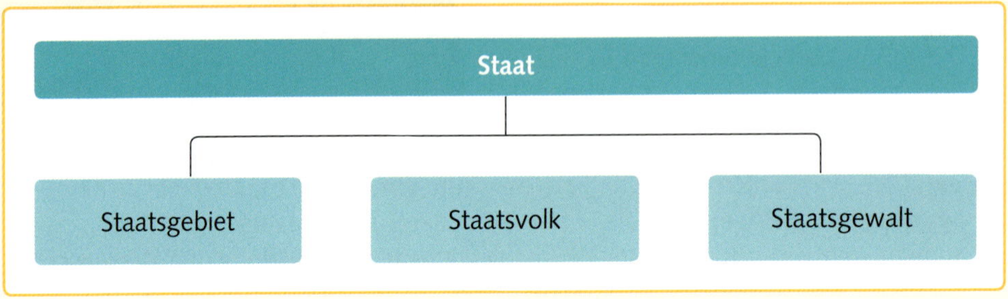

- Gebietshoheit bezieht sich auf einen bestimmten, abgegrenzten Bereich auf der Erdoberfläche. Verbot für andere Staaten, auf dem Staatsgebiet Staatshoheit auszuüben.
- Personalhoheit meint die rechtliche Unterworfenheit unter die Staatsgewalt. Staatsangehörige haben bestimmte Rechte und Pflichten.

Rechte	▪ Grundrechte ▪ Wahlrecht ▪ Diplomatischer Schutz
Pflichten	▪ Leistungspflicht ▪ Gehorsamspflicht ▪ Treuepflicht

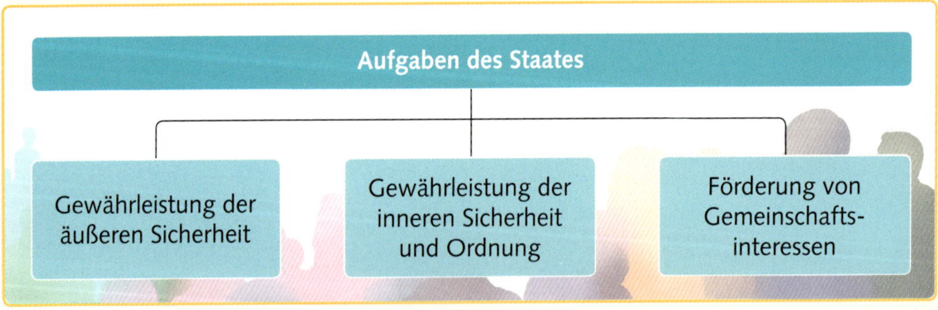

Lernkontrolle

Aufgabe 1

Wie wird ein Staat definiert?

Aufgabe 2

Erklären Sie den Unterschied zwischen einer Enklave und einer Exklave anhand eines Beispiels.

Aufgabe 3

Wie kann man deutscher Staatsangehöriger werden? Nennen und erklären Sie alle Varianten.

Aufgabe 4

Herr H. besitzt mehrere Staatsangehörigkeiten und möchte sich dauerhaft außerhalb Deutschlands niederlassen. Kann er auf die deutsche Staatsangehörigkeit rechtswirksam verzichten?

Aufgabe 5

Ein deutsches Konsulat erhält folgende Anfrage: „Mein Ehemann und ich sind beide deutsche Staatsangehörige. Unsere Tochter ist in den USA geboren und hat daher zusätzlich zur deutschen Staatsangehörigkeit auch die Amerikanische erworben. Muss sich unsere Tochter später für eine der beiden Staatsangehörigkeiten entscheiden?"

Aufgabe 6

Worin liegt die Hauptaufgabe eines Staates und durch welche Faktoren wird diese beeinflusst?

2 Verfassungsprinzipien der Bundesrepublik Deutschland

2.1 Begründung der Prinzipien

Deutschland ist ein Staat, da er alle erforderlichen Elemente wie Staatsgebiet, Staatsvolk und Staatsgewalt aufweist. Außerdem sind die zuständigen Stellen wie beispielsweise die Gesetzgebung, die Polizei und die Justiz wie auch die politischen Verantwortlichen daran interessiert, dass der Staat Deutschland entsprechend funktioniert und die Aufgaben eines Staates erfüllt werden können. Hierfür ist es erforderlich, dass bestimmte Grundsätze eingehalten werden.

GG Art. 20

Die Staatsorganisation der Bundesrepublik Deutschland wird in GG Art. 20 dargestellt. Daraus ergeben sich die folgenden fünf Grundprinzipien:

1. Republik
2. Demokratieprinzip
3. Bundesstaatsprinzip
4. Sozialstaatsprinzip
5. Rechtsstaatsprinzip

GG Art. 79 Abs. 3

Der Staatsaufbau Deutschlands stützt sich auf diese Grundprinzipien. Die so genannte Ewigkeitsklausel sorgt dafür, dass diese Prinzipien keine Veränderung erfahren.

GG Art. 20a, 109 Abs. 2, 23

Zu den fünf Grundprinzipien sind mittlerweile noch ergänzende Staatsziele hinzugekommen. So liegt es im Interesse Deutschlands sich um den Umweltschutz, um das wirtschaftliche Gleichgewicht im Land und um Europa zu kümmern.

2.1.1 Republik

Die Verfassung, also das Grundgesetz, bestimmt für Deutschland die Staatsform der Republik. Der Begriff wird mittlerweile als Gegenteil von Monarchie verstanden. In einer Monarchie ist ein Einzelner (König, Kaiser, Zar) Träger der Staatsgewalt. Die Republik zeichnet sich durch **mehrere Träger der Staatsgewalt** aus, wobei der Bundespräsident der Repräsentant des Staates Deutschland ist.

2.1.2 Demokratie

Das Wort Demokratie lässt sich mit **Volksherrschaft** übersetzen. Das bedeutet, dass das Volk die Staatsgewalt inne hat. Diese staatliche Macht kann durch das Volk direkt eingesetzt werden (unmittelbare Demokratie) oder indirekt mit Hilfe von gewählten Vertretern (mittelbare Demokratie). Formen der unmittelbaren Demokratie werden vor allem auf kommunaler Ebene sichtbar, z. B. im Rahmen von Einwohnerversammlungen, Bürgerbegehren und Bürgerentscheiden. Je mehr Menschen betroffen sind und mitwirken möchten, desto aufwendiger und teurer wird die unmittelbare Demokratie. Volksentscheide eignen sich nur für Entscheidungen mit grundsätzlicher staatstragender Bedeutung, z. B. für einen Zusammenschluss von Landesteilen oder wie in Großbritannien 2016 die Abstimmung zum Austritt aus der EU.

Die mittelbare Demokratie schafft es, die komplexen Aufgaben eines Staates bewältigen zu können. Dabei werden staatliche Organe gebildet, die im Namen des Volkes handeln und die ihnen zugewiesenen Aufgaben erfüllen. Es gibt zwei Formen der mittelbaren Demokratie: Vgl. GG Art. 20

Präsidiale Demokratie	Parlamentarische Demokratie
Der Regierungschef wird unmittelbar vom Volk gewählt und ist persönlich vom Parlament unabhängig.	Der Regierungschef wird vom Parlament gewählt und ist persönlich vom Parlament abhängig.

Deutschlands parlamentarische Demokratie wird in GG Art. 63 genauer definiert. So wird der Bundeskanzler als Regierungschef vom Bundestag gewählt und eben nicht direkt vom Volk. GG Art. 63

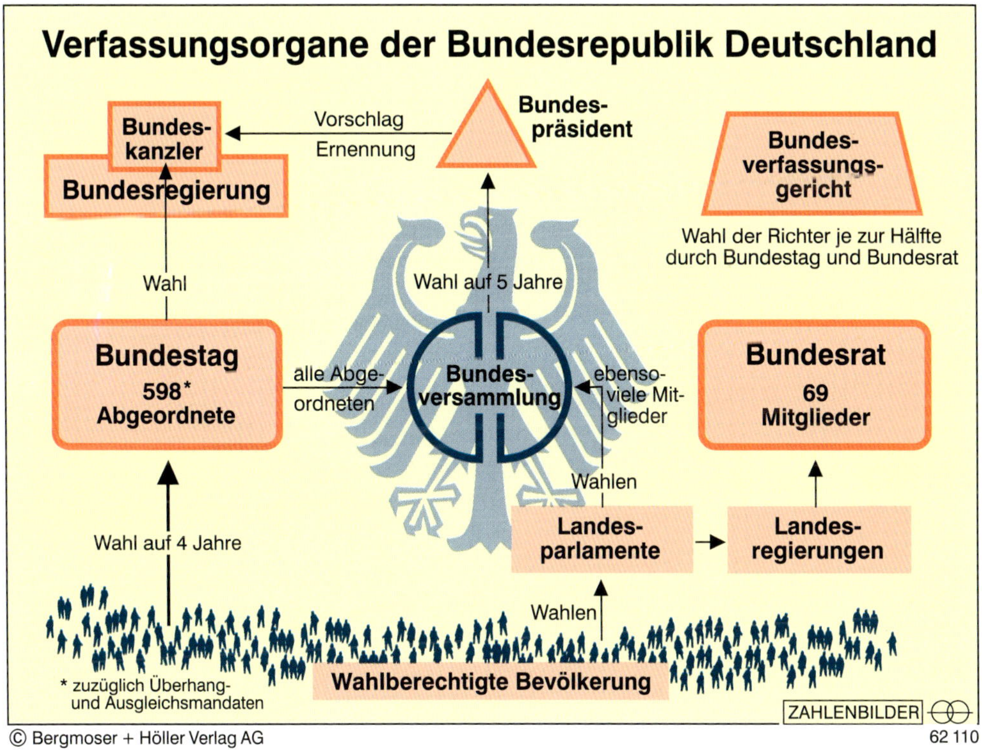

 62 110

2.1.3 Bundesstaat

Grundsätzlich lassen sich drei verschiedene Staatsstrukturen unterscheiden: Einheitsstaat, Bundesstaat und Staatenbund.

In einem **Einheitsstaat** gibt es nur eine staatliche Organisation, die die Staatsgewalt für das ganze Staatsgebiet ausübt. Ein Einheitsstaat ist grundsätzlich in Verwaltungsbezirke eingeteilt. Die Aufgaben der Bezirke bestehen ausschließlich aus dem Vollzug der Gesetze und den Anordnungen der zentralen Regierung. Diese Staatsstruktur wird bspw. in Frankreich oder Italien umgesetzt.

Der **Bundesstaat** ist im Gegensatz dazu eine **Verbindung mehrerer Einzelstaaten** zu einem Gesamtstaat. Diese Form finden wir zum Beispiel in Deutschland. Deutschland besteht aus Bundesländern, die zu einem Gesamtstaat (Bund) zusammengeschlossen sind. Dem Bund kommt die oberste Staatsgewalt zu, allerdings haben die Bundesländer ihren eigenstaatlichen Charakter mit eigenen Rechtssetzungs-, Verwaltungs- und Rechtsprechungsorganen. Weil die Bundesländer ebenfalls Staaten sind, dürfen sie auch ihre staatliche Organisation selbst regeln. Dies tun die Länder in ihren jeweiligen Landesverfassungen. GG Art. 28 Abs. 1 stellt sicher, dass sich die Bundesländer dabei an die Verfassungsprinzipien aus GG Art. 20 halten (s. g. Homogenitätsprinzip). Außerdem werden in einem Bundesstaat die staatlichen Aufgaben aufgeteilt. In Deutschland liegt der Aufgabenschwerpunkt nicht beim Bund, sondern bei den Bundesländern. Dies wird als **Föderalismus** bezeichnet.

GG Art. 28 Abs. 1, Art. 20

Ein **Staatenbund** ist eine völkerrechtliche Verbindung von Staaten, die jedoch kündbar ist. Selbstständige Staaten schließen sich zu einer Staatengemeinschaft zusammen, um bestimmte Ziele zu erreichen (z. B. Nato). Der Unterschied zum Bundesstaat liegt in den Machtbefugnissen. In einem Staatenbund kommt nicht dem Bund die Souveränität zu, sondern die einzelnen Staaten sind wirtschaftlich und rechtlich selbstständig. Ein Beispiel hierfür wäre die Afrikanische Union.

2.1.4 Sozialstaatsprinzip

Dieses Staatsziel verpflichtet den Staat, die **sozialen (gesellschaftlichen) Verhältnisse** zu gestalten. Dazu gehören wirtschaftspolitische Aktivitäten, um z. B. die Entwicklung der Wirtschaft zu ermöglichen oder Arbeitslosigkeit abzubauen. Ebenso müssen soziale Maßnahmen ergriffen werden, um in Not geratenen Bürgern das Existenzminimum zu sichern. Mit Vorsorge-Einrichtungen sollen die Menschen im Alter, bei Krankheit oder Unfällen geschützt werden (Sozialversicherungen).

GG Art. 6, 7, 12, 13

Dieses Staatsziel wird nicht nur in GG Art. 20 gefordert, sondern auch in sozialen Grundrechten wie bspw. Schutz von Ehe und Familie, Mutterschutz, Recht auf Bildung, Recht auf Ausbildung und Recht auf Wohnung genauer bestimmt. Die sozialen Grundrechte der Bürger lassen sich nur verwirklichen, wenn der Staat aktiv durch das Betreiben öffentlicher Einrichtungen und durch staatliche Förderung Daseinsvorsorge betreibt.

2.1.5 Rechtsstaatsprinzip

GG Art. 20 Abs. 3

Die Bundesrepublik Deutschland ist ein Rechtsstaat. Demnach lässt sich jedes staatliche Handeln auf ein Gesetz und schlussendlich auf die Verfassung zurückführen. Die folgenden Merkmale sollen den Begriff des Rechtsstaates inhaltlich genauer beschreiben:

- Gewährleistung der Grundrechte
- Gewaltenteilung
- Rechtschutz durch unabhängige Gerichte
- Gebot der Rechtssicherheit und des Vertrauensschutzes
- Grundsatz der Verhältnismäßigkeit
- Gesetzmäßigkeit der Verwaltung

2.1.5.1 Gewährleistung der Grundrechte

Aus Sicht des Staatsbürgers ist dieses Rechtsstaatsmerkmal das Wichtigste. Die Grundrechte sind deshalb auch direkt zu Beginn im Grundgesetz verankert, wobei dem Schutz der Menschenwürde die erste Stelle eingeräumt wird. Außerdem beinhaltet der erste Artikel auch den Rahmen der staatlichen Gewalt. Die Gesetzgebung, die ausführende wie auch die richterliche Gewalt müssen sich stets an die Gesetze halten. Grundrechte haben zweierlei Funktionen: zum einen steht jedem Mensch zu, sich gegen die Staatsgewalt zu wehren **(subjektiv öffentliche Rechte)** und zum anderen werden damit gesellschaftliche Werte festgelegt **(objektive Rechte).**

GG Art. 1

BEISPIEL

Laut GG Art. 4 steht die Wahl des Glaubens jedem Menschen offen. Demnach ist es dem Staat verboten, eine bestimmte Religion aufzuzwingen. Würde dies geschehen, könnte sich jeder einzelne Staatsbürger vor Gericht dagegen wehren.

GG Art. 4

Träger von Grundrechten sind alle Menschen. Allerdings lassen sich zwei Formen unterscheiden:

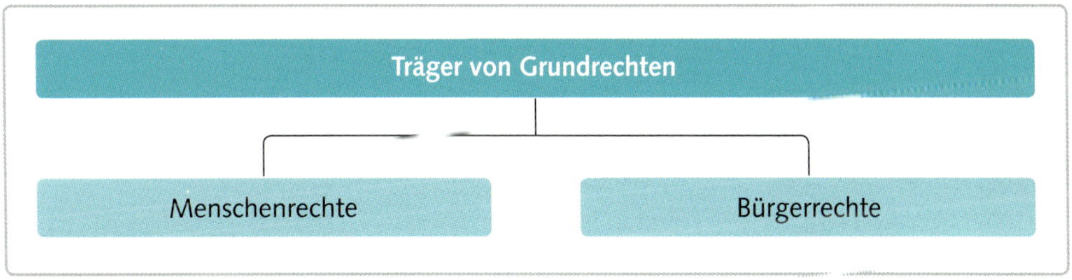

Menschenrechte stehen allen Menschen zu, die in Deutschland leben.

BEISPIEL

Jeder hat das Recht auf die freie Entfaltung seiner Persönlichkeit, soweit er nicht die Rechte anderer verletzt und nicht gegen die verfassungsmäßige Ordnung oder das Sittengesetz verstößt.

GG Art. 2 Abs. 1

Bürgerrechte gelten ausschließlich für deutsche Staatsbürger.

BEISPIEL

Alle Deutschen haben das Recht, sich ohne Anmeldung oder Erlaubnis friedlich und ohne Waffen zu versammeln.

GG Art. 8 Abs. 1

Grundrechte lassen sich jedoch nicht nur nach dem Träger einteilen, sondern es werden noch weitere Arten unterschieden.

Abwehrrechte

Wenn der Staat in die Grundrechte eines Menschen eingreift, kann man sich vor Gericht dagegen wehren. Dazu gehören Unverletzlichkeitsrechte (z. B. körperliche Unversehrtheit), Freiheitsrechte (z. B. Glaubensfreiheit), Justizgrundrechte (z. B. Anspruch auf richterliches Gehör).

GG Art. 2, 103

Gleichheitsrechte

GG Art. 3 Niemand darf ungerechtfertigterweise vom Staat benachteiligt werden (z. B. Gleichheit vor dem Gesetz).

Soziale Grundrechte

GG Art. 6 Der Staat ist für einen sozialen Ausgleich verantwortlich. Dabei spielen vor allem die Teilhaberechte für den Bürger eine Rolle, die ihm den Zugang zu öffentlichen Einrichtungen geben (z. B. Schutz von Ehe und Familie).

Teilnahmerechte

GG Art. 21 Die Staatsbürger haben die Möglichkeit, sich am politischen Leben zu beteiligen (z. B. Parteigründung).

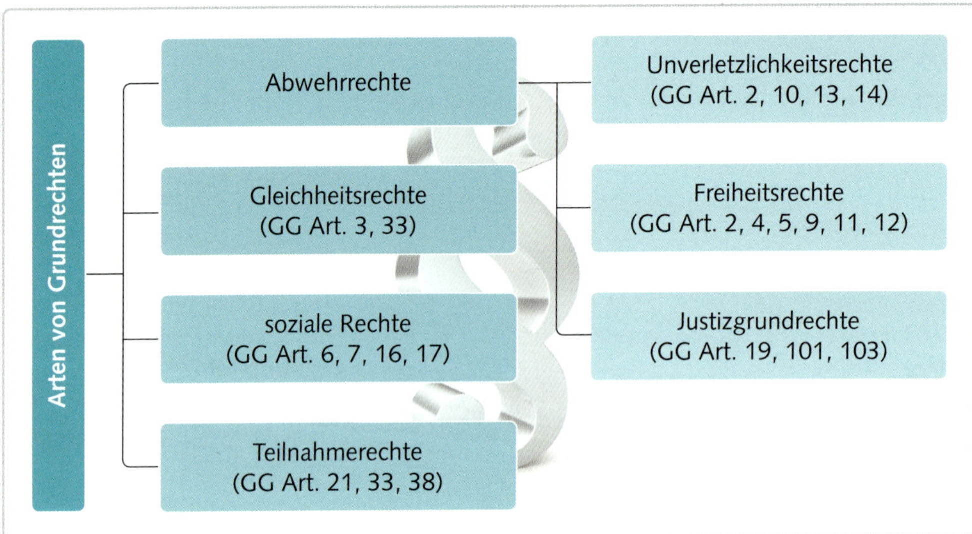

2.1.5.2 Gewaltenteilung

GG Art. 20 Abs. 2 Aus GG Art. 20 Abs. 2 ergibt sich die Aufteilung der Staatsgewalt in drei Funktionen: Gesetzgebung, Vollziehung der Gesetze und Rechtsprechung. Die Funktionen werden in der folgenden Abbildung den entsprechenden Bereichen zugeordnet.

Trennung der Staatsgewalt		
Legislative (gesetzgebende Gewalt)	**Exekutive** (ausführende Gewalt)	**Judikative** (richterliche Gewalt)
Erlass von Gesetzen	Erfüllung/Umsetzung von Gesetzen	Überprüfung der Rechtslage

Jedem Bereich sind unabhängige Organe zugeteilt. Die Legislative bilden Parlamente, die Exekutive wird von Regierungs- und Verwaltungsbehörden wahrgenommen und die Judikative von den Gerichten ausgeübt (s. g. **organisatorische Gewaltentrennung**).
Die Verfassung ordnet dieser organisatorischen Gewaltentrennung fünf Staatsorgane zu. Der Bundestag und der Bundesrat bilden die Parlamente und sind somit die gesetzge-

bende Gewalt. Die Bundesregierung ist als Exekutive für die Ausführung der Gesetze verantwortlich und das Bundesverfassungsgericht ist die Judikative und somit für die verbindliche Feststellung der Rechtslage zuständig.
Außerdem wird auch darauf geachtet, dass die unterschiedlichen Gewalten von verschiedenen Personen ausgeübt werden (s. g. **personelle Gewaltenteilung**). GG Art. 38 bis 48

Bundestag

Dort sitzen die **gewählten Abgeordneten** von unterschiedlichen Parteien und vertreten das Volk auf Bundesebene. Die Bundestagswahl findet alle vier Jahre statt. Er ist vor allem für die Gesetzgebung, die Wahl des Bundeskanzlers und die Kontrolle der Bundesregierung zuständig.

Bundesrat

Im Bundesrat werden die **einzelnen Bundesländer** von Landesregierungsmitgliedern auf Bundesebene vertreten. Derzeit setzt sich der Bundesrat aus 69 Mitgliedern zusammen, wobei die Anzahl der Vertreter und somit deren Stimmenanzahl von der Bevölkerungsgröße im jeweiligen Bundesland abhängig ist. Bei Abstimmungen im Bundesrat können die Vertreter eines Bundeslandes nur einheitlich abstimmen (s. g. **imperative Mandat**). GG Art. 50 bis 53
Der Bundesrat ist bei der Gesetzgebung beteiligt, und er hat das Recht, Gesetze vorzuschlagen. Einmal jährlich wird der Präsident des Bundesrats gewählt, der gleichzeitig auch Vertreter des Bundespräsidenten ist.

Bundespräsident

Er wird als **Staatsoberhaupt** alle fünf Jahre von der Bundesversammlung gewählt. Als Repräsentant von Deutschland kümmert er sich beispielsweise um die völkerrechtliche Vertretung der BRD, unterschreibt die Bundesgesetze und ist für die Ausrufung des Gesetzgebungsnotstandes verantwortlich. Außerdem ernennt und entlässt er den Bundeskanzler, die Bundesminister, -richter, -beamte und Offiziere und übt das Begnadigungsrecht aus. GG Art. 54 bis 61

Bundesregierung

Bundeskanzler und Bundesminister (Kabinett) bilden zusammen die Bundesregierung. Der Bundespräsident schlägt den Bundeskanzler vor, der dann vom Bundestag gewählt wird (parlamentarische Demokratie). Der Bundeskanzler schlägt daraufhin seine Bundesminister vor, die vom Bundespräsidenten ernannt werden. Der Bundeskanzler führt die politischen Geschäfte. Auch er kann Gesetze vorschlagen, Rechtsverordnungen und Verwaltungsvorschriften erlassen GG Art. 62 bis 69

Bundesverfassungsgericht

Die **acht Bundesrichter**, die auf zwei Senate aufgeteilt sind, werden für zwölf Jahre gewählt. Dabei werden pro Senat vier Richter vom Wahlausschuss des Bundestags und vier Richter vom Wahlausschuss des Bundesrats gewählt. GG Art. 92 bis 94, BVerfGG
Bundesrichter treffen in erster Linie Entscheidungen über Streitigkeiten zwischen Bund und Ländern oder auch zwischen Bundesorganen. Sie prüfen die Vereinbarkeit von Bundes- und Landesrecht mit der Verfassung, kümmern sich um Beschwerden die das Grundgesetz betreffen und kontrollieren, ob Parteien verfassungswidrig sind.

Zweck dieser Trennung sind die Verteilung, die Begrenzung und die gegenseitige Kontrolle von Macht durch ein geregeltes Zusammenwirken der einzelnen staatlichen Instanzen zur Vermeidung von Machtmissbrauch.

BEISPIELE FÜR GEWALTENVERSCHRÄNKUNG

GG Art. 80

- Sowohl Bundestag und Bundesrat (Legislative) als auch der Bundeskanzler mit seinen Ministern (Exekutive) kann Gesetze erlassen.
- Die Judikative und Exekutive übernehmen Aufgaben der Legislativen. So wird bspw. von Gerichten das Grundbuch geführt und der Bundestag stellt den Haushaltsplan fest.
- Die Exekutive geht Ordnungswidrigkeiten nach, obwohl dies eigentlich der Judikativen zusteht.

BEISPIELE FÜR KONTROLLMECHANISMEN

GG Art. 100

- Mit Hilfe von Untersuchungsausschüssen kontrolliert das Parlament die Regierung.
- Die Gerichte kontrollieren, ob sich Exekutive und Legislative an das Grundgesetz halten. Wenn sich ein Gericht nicht sicher ist, ob die vorgelegte Rechtsnorm unter Umständen verfassungswidrig ist, kann das ausschlaggebende Landes- oder Bundesverfassungsgericht befragt werden.
- Andererseits werden auch die Gerichte kontrolliert. Bundesrat und Bundestag schaffen die Gesetze, an die sich später auch die Richter halten müssen.

2.1.5.3 Rechtsschutz durch unabhängige Gerichte

GG Art. 19 Abs. 4, 97

Dieses Grundrecht gewährleistet den Menschen die Möglichkeit, sich gegen alle Maßnahmen der Legislativen und der Exekutiven zu wehren.
Außerdem sind auch die Richter sachlich und persönlich unabhängig. Richter müssen sich ausschließlich dem Gesetz unterwerfen (sachliche Unabhängigkeit) und sie sind unabsetzbar wie auch unversetzbar (persönliche Unabhängigkeit).

2.1.5.4 Gebot der Rechtssicherheit und des Vertrauensschutzes

Für jeden einzelnen Staatsbürger muss das Verhalten der drei Gewalten abschätzbar sein. Das heißt, dass Gesetze, die in die Rechte des Staatsbürgers eingreifen, nur für die Zukunft gelten dürfen und nicht mehr für die Vergangenheit.

GG Art. 103 Abs. 2

Im Bereich des Strafrechts gilt ein absolutes **Rückwirkungsverbot**.
Für alle anderen Gesetze außer Strafgesetzen gibt es keine genaue Regelung bezüglich der Rückwirkung. Es werden zwei Arten von Rückwirkung unterschieden:

Rückwirkung von Gesetzen	
Echte Rückwirkung	**Unechte Rückwirkung**
■ greift in vollständig abgewickelte Sachverhalte ein ■ belastende Bestimmungen sind nicht möglich	■ greift in nicht abgeschlossene Sachverhalte ein ■ grds. zulässig, aber Vertrauensinteresse und Allgemeinwohl müssen abgewogen werden

2.1.5.5 Grundsatz der Verhältnismäßigkeit

Der Grundsatz der Verhältnismäßigkeit besagt, dass vor allem Grundrechtseingriffe nicht unverhältnismäßig sein dürfen. Bei der Wahl des Mittels muss sich stets die Frage nach der Geeignetheit, Erforderlichkeit und Angemessenheit gestellt werden.

Geeignetheit des Mittels

Wird das angestrebte Ziel erreicht? Erfüllt das Mittel den Zweck?

Erforderlichkeit des Mittels

Ist es das Mittel, das am wenigsten den Betroffenen beeinträchtigt? Ist es das am wenigsten einschränkende, zwecktaugliche Mittel?

Angemessenheit des Mittels

Steht das Mittel in Relation zum Zweck, der damit erreicht wird? Ist es angemessen, so zu reagieren?

BEISPIEL

Ein Hund fällt auf der Straße einen Spaziergänger an. Der Passant wird vom Hund gebissen und schwer verletzt.
Welches Mittel wäre nach dem Grundsatz der Verhältnismäßigkeit zu wählen, damit von dem Hund keine Gefahr mehr ausgeht?
Wenn man sich zwischen dem Mittel „Einschläfern des Hundes" und „Maulkorb und Leinenzwang für den Hund" entscheiden müsste, so wäre das Mittel „Maulkorb und Leinenzwang für den Hund" verhältnismäßig.

Geeignetheit des Mittels:
Mit dem Tragen des Maulkorbs und dem Führen des Hundes an der Leine wird das Ziel erreicht, dass der Hund keine Passanten mehr angreifen kann.

Erforderlichkeit des Mittels:
Mit Maulkorb und an der Leine kann der Hund nach wie vor Gassi geführt werden und muss nicht nur im Zwinger liegen oder darf deshalb nicht mehr leben.

Angemessenheit des Mittels:
Die Beeinträchtigung des Hundes ist durch den Maulkorb und den Leinenzwang nicht so groß, wie die Gefahr die von ihm ausgeht ohne diese Mittel ergriffen zu haben.

2.1.5.6 Gesetzmäßigkeit der Verwaltung

Kein erlassenes Gesetz darf dem Grundgesetz widersprechen. Außerdem fallen unter den Grundsatz der Gesetzmäßigkeit der Verwaltung zwei Ausprägungen: **Vorbehalt und Vorrang des Gesetzes.** GG Art. 20 Abs. 3

- **Vorbehalt** des Gesetzes heißt, dass die Verwaltung (Behörden) nur handeln darf, wenn sie durch ein Gesetz dazu ermächtigt ist. Vor allem wenn es um die Rechte der Bürger geht muss darauf geachtet werden, dass Eingriffe nur erlaubt sind, wenn ein Gesetz dies ausdrücklich ermöglicht.
- Unter dem **Vorrang** des Gesetzes versteht man, dass sich die Verwaltung mit ihrem Handeln stets an das Gesetz halten muss (Abweichungsverbot) und nicht dagegen verstoßen darf.

Grundsatz der Gesetzmäßigkeit

- Vorbehalt des Gesetzes
  „Kein Handeln ohne Gesetz“
- Vorrang des Gesetzes
  „Kein Handeln gegen das Gesetz“

BEISPIEL

Herr Graf arbeitet im Ordnungsamt der Gemeinde Neuerdingen. Als er aus seinem Bürofenster schaut, sieht er direkt davor ein falsch geparktes Auto. Da ihn dies sehr ärgert, hängt er an die Scheibe des Fahrzeugs einen Strafzettel. Herr Graf hat kurzerhand entschlossen vom Bußgeldkatalog abzuweichen und für das Falschparken vor seinem Fenster 50 EUR zu erheben.

Somit verstößt Herr Graf gegen den Grundsatz der Gesetzmäßigkeit, da der Vorrang des Gesetzes nicht beachtet wurde.

Zusammenfassung und Lernkontrolle

Zusammenfassung

Aus GG Art. 20 ergeben sich folgenden Grundprinzipien für den Staatsaufbau:

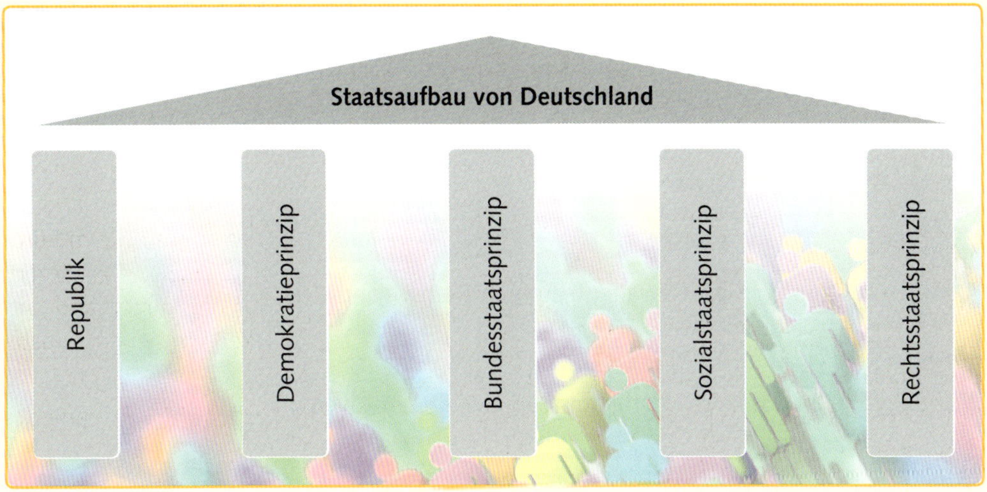

- **Republik:**
  - Gegenteil von Monarchie
  - Gewähltes Staatsoberhaupt auf Zeit im Amt: Bundespräsident
- **Demokratieprinzip:**
  - Staatsgewalt geht vom Volk aus
  - Volk wählt Vertreter
  - Parlamentarische Demokratie
  - Der Regierungschef (Bundeskanzler) wird vom Parlament gewählt und ist persönlich vom Parlament abhängig.
- **Bundesstaatsprinzip:**
  - Bund setzt sich aus Einzelstaaten (Bundesländer) zusammen
  - Bund besitzt oberste Staatsgewalt
  - Bundesländer regeln ihre Organisation in Landesverfassungen
- **Sozialstaatsprinzip:**
  - Staat muss für soziale Sicherheit sorgen
  - Schutz der Bürger
  - Kranken-, Unfall-, Pflege-, Rente- und Arbeitslosenversicherung
- **Rechtsstaatsprinzip:**
  - Gewährleistung der Grundrechte
  - Gewaltenteilung
  - Rechtschutz durch unabhängige Gerichte
  - Gebot der Rechtssicherheit und des Vertrauensschutzes
  - Grundsatz der Verhältnismäßigkeit
  - Gesetzmäßigkeit der Verwaltung

Lernkontrolle

Aufgabe 1
Was versteht man unter Demokratie?

Aufgabe 2
Woraus lässt sich das Rechtsstaatsprinzip ableiten?

Aufgabe 3
Welche Arten von Grundrechten gibt es?

Aufgabe 4
Wodurch zeichnet sich die Gewaltenteilung in Deutschland aus?

Aufgabe 5
Wie kann der Grundsatz der Verhältnismäßigkeit geprüft werden?

Aufgabe 6
Situation:
Sie sind Sachbearbeiter im Ordnungsamt in Ihrer Gemeinde. Ein Bürger, Herr Arnold, ruft bei Ihnen an um sich über seinen Nachbarn, Herr Breu, zu beschweren. Herr Arnold berichtet Ihnen, dass Herr Breus Gartenhecke mittlerweile so stark gewachsen sei, dass er beim Ausparken aus seiner Garage nicht mehr auf den Gehweg und auf die Straße sieht. Auf Herr Arnolds Bitten die Hecke zurückzuschneiden, habe Herr Breu bislang nicht reagiert.

Ihnen ist der Bürger Breu bereits bekannt. In der vergangenen Woche haben sich mehrere Fußgänger ebenfalls über die Hecke beschwert, weil sie deshalb vom Gehweg auf die Straße wechseln mussten.

Welche Anordnung wäre für Herr Breu jetzt zu treffen?
Begründen Sie Ihre Antwort unter Beachtung des Verhältnismäßigkeitsgrundsatzes.

3 Einbindung der Bundesrepublik Deutschland in das europäische Rechtssystem

3.1 Entstehung der Europäischen Union

GG Art. 23

Deutschland hat sich durch GG Art. 23 dazu entschieden, Teil der Europäischen Union (EU) zu sein. Insgesamt gehören derzeit 28 Mitgliedstaaten zur EU: Belgien, Bulgarien, Dänemark, Deutschland, Estland, Finnland, Frankreich, Griechenland, Großbritannien (derzeit in Verhandlungen über EU-Austritt), Irland, Italien, Kroatien, Lettland, Litauen, Luxemburg, Malta, Niederlande, Österreich, Polen, Portugal, Rumänien, Schweden, Slowakei, Slowenien, Spanien, Tschechische Republik, Ungarn und Zypern. Weitere mögliche Beitrittskandidaten sind Albanien, Montenegro, die ehemalige jugoslawische Republik Mazedonien, Serbien und Türkei (Stand April 2019).
Angefangen hat die Europäische Union jedoch mit viel weniger Mitgliedsstaaten und hat sich über Jahre hinweg erst entwickeln müssen. Im Grunde beginnt der Aufbau der EU bereits zwei Jahre nach Ende des zweiten Weltkrieges.

- **1947** Marshall-Plan zum Wiederaufbau Europas
- **1948** Gründung OEEC für wirtschaftliche Zusammenarbeit in Europa
- **1949** Gründung NATO (Nordatlantikpakt) zur gemeinsamen militärischen Verteidigung und Gründung Europarat mit dem Ziel der Stärkung Europas
- **1951** Gründung EGKS (Europäische Gemeinschaft für Kohle und Stahl), wodurch Binnenzölle für die Mitgliedsstaaten für den Handel mit Kohle und Stahl wegfallen
- **1957** Gründung EWG (Europäische Wirtschaftsgemeinschaft) und Euratom (Europäische Atomgemeinschaft)
- **1981** EWG besteht bereits aus zehn Mitgliedsstaaten: Belgien, BRD, Frankreich, Italien, Luxemburg, Niederlande, Dänemark, Irland, Großbritannien, Griechenland.
- **1990** Nach der Wiedervereinigung Deutschlands treten die fünf neuen Bundesländer der EWG bei
- **1992** Vertrag von Maastrich zur Gründung der Europäischen Union
  Ziele:
  1. Europäische Gemeinschaft
  2. Gemeinsame Außen- und Sicherheitspolitik
  3. Polizeiliche und justiz. Zusammenarbeit
- **Heute** 28 Mitgliedsstaaten

3.2 Organe der Europäischen Union

EUV Art. 13

Um eine sinnvolle Zusammenarbeit zwischen den Mitgliedsstaaten zu ermöglichen und die gesetzten Ziele zu erreichen, sind verschiedene Organe notwendig, die unterschiedliche Aufgaben wahrnehmen:

- Europäisches Parlament
- Europäischer Rat
- Rat der Minister
- Europäische Kommission
- Europäischer Gerichtshof
- Europäische Zentralbank
- Europäischer Rechnungshof

Europäisches Parlament

Die ca. 500 Mio. Unionsbürger werden im Europäischen Parlament durch ihre derzeit 736 Abgeordneten vertreten, davon hat Deutschland beispielsweise 99. Die Abgeordnetenzahl ist abhängig von der Bevölkerungszahl des Mitgliedstaates. Sie werden alle fünf Jahre direkt von den Unionsbürgern in geheimen Wahlen gewählt. Das Europäische Parlament hat seinen Sitz in Straßburg. Dort finden einmal im Monat für jeweils eine Woche die Plenarsitzungen statt. Die gebildeten Fraktionen und Ausschüsse tagen in Brüssel. Die wichtigsten Aufgaben des Europäischen Parlaments zusammen mit dem Rat der Minister sind die Erlassung der Gesetze für die EU (Legislative) und die Erstellung des EU-Haushaltsplans. Zudem wird die Zusammensetzung der Europäischen Kommission vom Europäischen Parlament durch Zustimmung oder Ablehnung bestimmt.

Das Europäische Parlament übt auch die Kontrolle über die Europäische Kommission aus und kann deren Rückzug erzwingen.

Europäischer Rat

EUV Art. 15

Der Europäische Rat setzt sich aus den Staats- und Regierungschefs der Mitgliedsstaaten zusammen und an seiner Spitze steht der von ihnen gewählte Präsident für zweieinhalb Jahre. Diese treffen sich mindestens vier Mal im Jahr in Brüssel. Deutschland wird durch den Bundeskanzler vertreten. Die Hauptaufgabe des Europäischen Rates besteht darin, die Leitlinien für die Weiterentwicklung der EU aufzuzeigen und somit Prioritäten zu setzen.

Rat der Minister

EUV Art. 16

In Brüssel kommt aus jedem Mitgliedsstaat jeweils ein Minister zum Rat der Minister zusammen. Dieses Organ erlässt mit dem Europäischen Parlament zusammen alle EU-Gesetze und bildet somit einen Teil der Legislativen. Je nach Gesetzesentwurf wechseln auch die Minister, einmal treffen sich bspw. alle Außenminister, einmal alle Umweltminister usw. Außerdem wird im Rat der Minister u. a. über die Wirtschaftspolitik abgestimmt, er entscheidet in Krisensituationen über die strategische Leitung in Verteidigungsfragen, ernennt die Mitglieder des Rechnungshofes, ist bei der Haushaltsplanerstellung beteiligt und kontrolliert die Europäische Kommission. Der Vorsitz im Rat wird alle sechs Monate nach einem Rotationsverfahren bestimmt.

Europäische Kommission

Als Exekutivorgan stellt die Europäische Kommission die Verwaltung der EU dar und sitzt in Brüssel. Außerdem steht ihr das Gesetzesinitiativrecht zu. Jeder Mitgliedsstaat stellt ein Kommissionsmitglied, das für fünf Jahre ernannt wird. Dabei ist eine Wiederernennung nicht möglich. Im Vergleich zum Rat der Minister, der vor allem die nationalen Interessen vertritt, geht es in der Europäischen Kommission in erster Linie um die Gemeinschaftsinteressen. Deshalb sind die Kommissionsmitglieder gegenüber ihren Regierungen weisungsunabhängig. Als Verwaltungsorgan ist sie für die Umsetzung der EU-Gesetze zuständig und überwacht beim Geschäftsbetrieb der EU die Einhaltung des Europarechts.

EUV Art. 17

Europäischer Gerichtshof

Jeder Mitgliedsstaat entsendet einen Richter nach Luxemburg in den Europäischen Gerichtshof (EuGH). Dieses Organ stellt das oberste Gericht in sämtlichen Angelegenheiten des Unionsrechts dar und ist somit Judikative. So kann er z. B. Geldstrafen gegenüber Mitgliedsstaaten verhängen, die gegen EU-Recht verstoßen haben. Gegen die Urteile des obersten Gerichts ist keine Revision möglich.

EUV Art. 19

Europäische Zentralbank

Die Europäische Zentralbank (EZB) kümmert sich von Frankfurt a. M. aus um den Euro, die einheitliche Währung. Zu diesem System gehören aber auch die Zentralbanken aus jedem Mitgliedsstaat. Die EZB kümmert sich um die Geldpolitik, um den Handel mit Fremdwährungen (Devisengeschäfte), hält die Währungsreserven der Mitgliedsstaaten und fördert das Funktionieren der Zahlungssysteme.

Europäischer Rechnungshof

Ihm obliegt die Überprüfung der Finanzen der Europäischen Union. Konkret überwacht er, ob die Einnahmen und Ausgaben rechtlich korrekt und wirtschaftlich vorgenommen werden. Außerdem hat der Europäische Rechnungshof die finanziellen Interessen der Unionsbürger zu vertreten. Sein Sitz befindet sich in Brüssel.

3.3 Rechtsquellen der Europäischen Union

3.3.1 Entstehung eines EU-Gesetzes

Das Europäische Parlament ist gemeinsam mit dem Rat der Minister für die Gesetzgebung in der EU zuständig. Gesetzesinitiativrecht kommt noch der Europäischen Kommission zu. In der folgenden Abbildung wird dargestellt, wie ein EU-Gesetz zustande kommt.

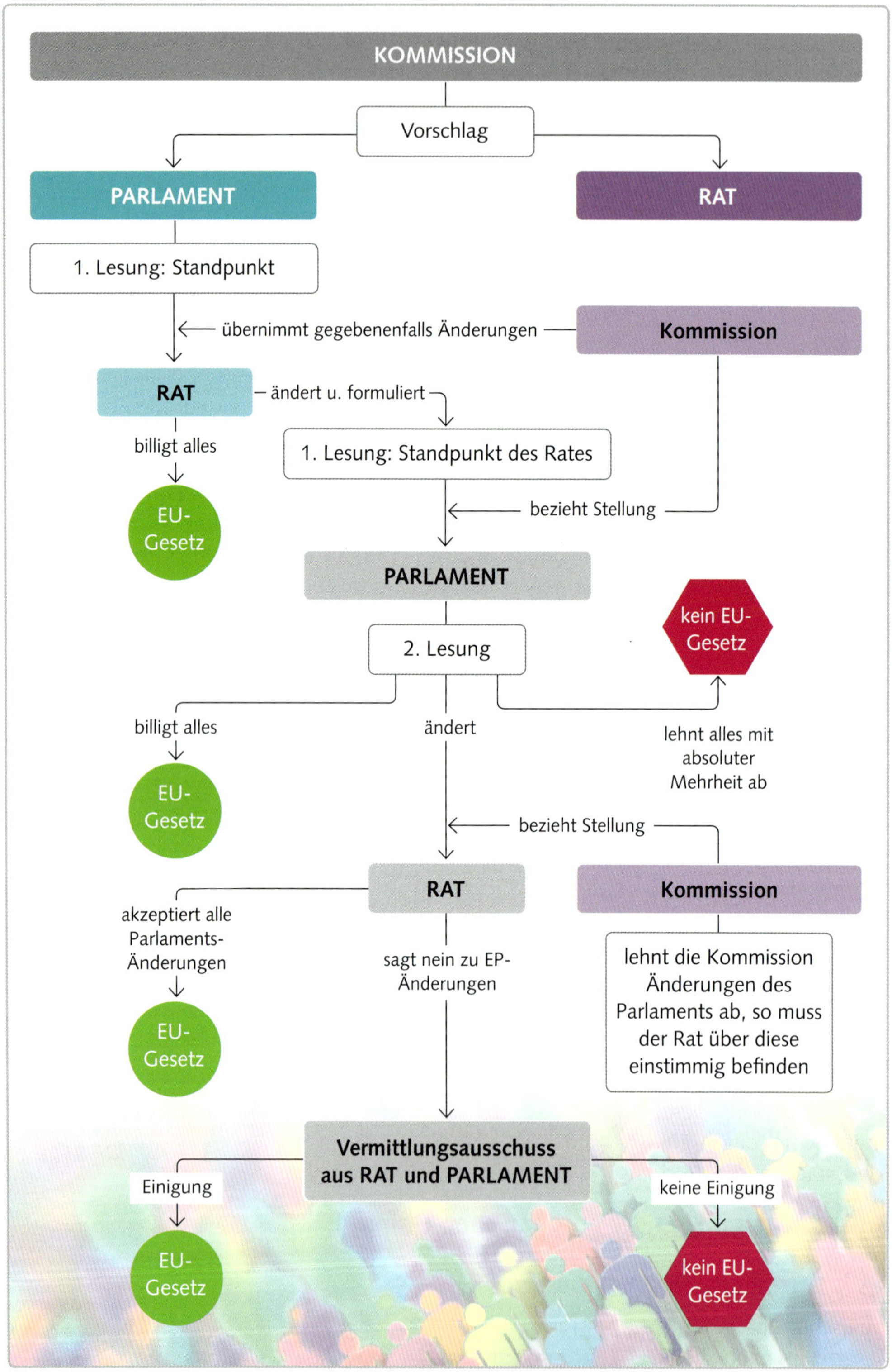
KOMMISSION
Vorschlag
PARLAMENT
RAT
1. Lesung: Standpunkt
übernimmt gegebenenfalls Änderungen
Kommission
RAT
ändert u. formuliert
billigt alles
1. Lesung: Standpunkt des Rates
EU-Gesetz
bezieht Stellung
PARLAMENT
kein EU-Gesetz
2. Lesung
billigt alles
ändert
lehnt alles mit absoluter Mehrheit ab
EU-Gesetz
bezieht Stellung
RAT
Kommission
akzeptiert alle Parlaments-Änderungen
sagt nein zu EP-Änderungen
lehnt die Kommission Änderungen des Parlaments ab, so muss der Rat über diese einstimmig befinden
EU-Gesetz
Vermittlungsausschuss aus RAT und PARLAMENT
Einigung
keine Einigung
EU-Gesetz
kein EU-Gesetz

3.3.2 Arten von EU-Rechtsquellen

Die EU schafft jedoch nicht nur Gesetze sondern auch andere Formen von Rechtsquellen. Grundsätzlich können zwei Arten von Rechtsquellen in der EU unterschieden werden. Zum einen gibt es die primären Rechtsquellen und zum anderen die sekundären Rechtsquellen.

Zu den **primären Rechtsquellen** gehören die Verträge, die die Mitgliedschaft zur EU aufzeigen, die Verträge über die Rechte und Pflichten der EU und die Verträge, die die Pflicht der Mitgliedsstaaten zur Einhaltung der Rechtsordnung feststellen.

Zum **sekundären Gemeinschaftsrecht** zählen Verordnungen, Richtlinien, Einzelfallentscheidungen sowie Empfehlungen und Stellungnahmen, wobei die letzten beiden rechtlich nicht verbindlich sind.

Verordnungen sind vergleichbar mit Gesetzen und haben in allen Mitgliedsstaaten ihre Gültigkeit.

BEISPIEL

Verordnung über die Koordinierung der Systeme der sozialen Sicherheit in Europa (EG Nr. 883/2004).

Richtlinien gelten hingegen nur in dem Staat, in dem das zu erreichende Ziel damit gesetzt wird.

BEISPIEL

Richtlinie über Medizinprodukte (EWG Nr. 93/42)

Einzelfallentscheidungen betreffen konkrete Adressaten und sind für diese verbindlich. Sie können mit Verwaltungsakten verglichen werden. Adressat können sowohl Mitgliedstaaten wie auch natürliche und juristische Personen sein.

BEISPIEL

In Italien wird die Fusion zwischen Telecom Italia und Vivendi unter Auflagen genehmigt.

3.3.3 Verhältnis zwischen EU-Rechtsquellen und nationalem Recht

Sobald ein Staat Mitglied in der Europäischen Union wird, werden seine Souveränitätsrechte beschränkt und der Mitgliedsstaat muss sich dem europäischen Recht unterstellen. Wenn ein EU-Gesetz erlassen wird, hat dieses Gültigkeit in den Mitgliedsstaaten, ohne das diese dem Gesetz zustimmen müssen. Wird auf europäischer Ebene ein widersprüchliches Gesetz zum nationalen Recht erlassen, so hat stets das europäische Recht Vorrang.

Zusammenfassung und Lernkontrolle

Zusammenfassung

- **Entstehung der Europäischen Union**

  1947: Marshall-Plan

  1948: Gründung OEEC

  1949: Gründung NATO und erster Europarat

  1951: Gründung EGKS

  1957: Gründung EWG und Euratom

  1973: Beitritt von drei weiteren Ländern in EWG

  1992: Vertrag über Europäische Union

- **Organe der Europäischen Union**

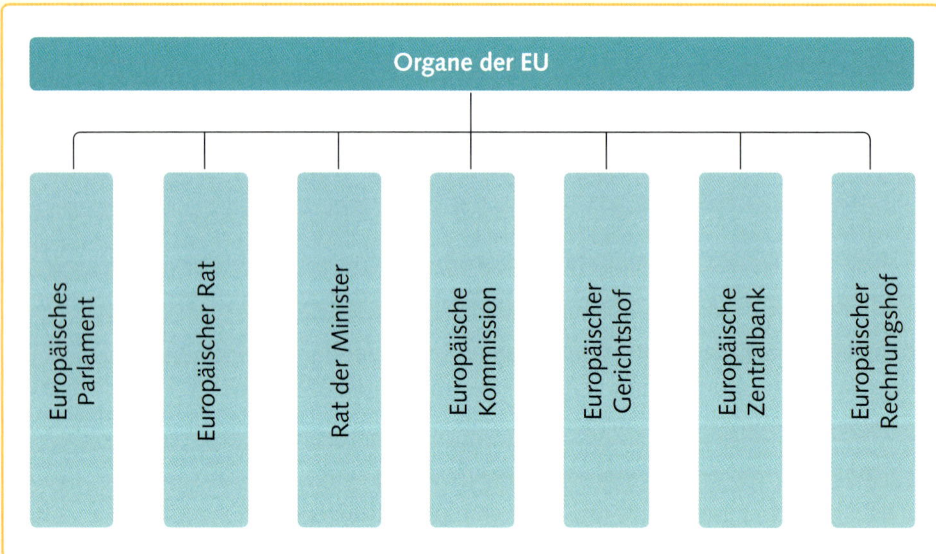

- **Rechtsquellen der Europäischen Union**

Primäres Gemeinschaftsrecht	Sekundäres Gemeinschaftsrecht
▪ Gründungsverträge ▪ Beitrittsverträge ▪ Folgeverträge	▪ Verordnungen ▪ Richtlinien ▪ Einzelfallentscheidungen ▪ Empfehlungen ▪ Stellungnahmen

Grundsätzlich gilt, dass das Europarecht vor dem nationalen Recht Vorrang hat.

Lernkontrolle

Aufgabe 1

Welche Rechtsvorschrift begründet die Zuordnung Deutschlands zu Europa?

Aufgabe 2

Nennen Sie die Organe auf europäischer Ebene und ordnen Sie denen ihre wichtigsten Aufgaben zu.

Aufgabe 3

Wie kann der „Rat der Minister“ vom „Europäischen Rat“ unterschieden werden?

Aufgabe 4

Welche Rechtsquellen können auf europäischer Ebene unterschieden werden?

Aufgabe 5

Welchen Einfluss haben europäische Gesetze auf das nationale Recht Deutschlands?

4 Träger der öffentlichen Verwaltung

4.1 Natürliche und juristische Personen

Um die verschiedenen Träger der öffentlichen Verwaltung unterscheiden zu können, müssen zunächst die Begriffe „natürliche Personen" und „juristische Personen" des öffentlichen Rechts geklärt werden.

BGB §§ 1, 89 Natürliche Personen sind nach dem Gesetz alle Menschen von Geburt bis zum Tod. Juristische Personen sind demnach „unechte" Personen, die vom Staat durch Gesetz die Eigenschaft von Personen zugeordnet bekommen. Dazu zählen im öffentlichen Recht **Körperschaften, Anstalten** und **Stiftungen**. Außerdem gibt es noch die besondere Form der **Beliehenen**.

> Träger von Rechten können grundsätzlich nur Menschen sein, die so genannten Rechtssubjekte. Demnach sind Menschen auch Träger der öffentlichen Verwaltung.

4.2 Körperschaften

Eine Körperschaft des öffentlichen Rechts ist ein Verband von **Mitgliedern**, die bei bestimmten Themen mitsprechen dürfen. Dieser Verband darf sich **selbst verwalten** und ist **rechtsfähig**. Er kümmert sich um Angelegenheiten des öffentlichen Rechts, indem er **staatliche Aufgaben** übernimmt und mit **hoheitlichen Mitteln** ausgestattet ist. Deshalb wird die Körperschaft auch vom **Staat kontrolliert**.

Arten von Körperschaften

Gebietskörperschaft	Personenkörperschaft	Verbandskörperschaft
= Mitglied aufgrund Zugehörigkeit zu einem Gebiet Bsp.: Bund, Länder, Gemeinden	= Mitglied aufgrund besonderer persönlicher Eigenschaften Bsp.: Universitäten, Ärztekammer, IHK	= Mitglied ist juristische Person Bsp.: Kommunaler Zweckverband (gemeinsamer Bau Regenrückhaltebecken), Sparverbände

4.3 Anstalten

Anstalten sind von dem grundsätzlichen **Verwaltungsaufbau getrennt** und als Unterordnung zu einer juristischen Person zu sehen. Auch Anstalten sind **rechtsfähig** und kümmern sich um bestimmte Aufgaben im öffentlichen Recht. Im Unterschied zu Körperschaften haben Anstalten keine Mitglieder, die Mitspracherecht haben. Die zugehörigen Personen einer Anstalt werden **Benutzer** genannt.

BEISPIELE

Justizvollzugsanstalt, Rundfunkanstalt.

4.4 Stiftungen

Stiftungen werden gegründet um ein **bestehendes Vermögen des Staates zu verwalten**, wobei Stiftungen ebenfalls **rechtsfähig** sind. Im Vergleich zu Anstalten gehören Stiftungen jedoch zum Verwaltungsaufbau und sie verfolgen **öffentlich-rechtliche Zwecke**.

BEISPIEL

Stiftung Preußischer Kulturbesitz, Hamburger Museums-Stiftung.

4.5 Beliehene

© MEV Agency UG

Das besondere an Beliehenen ist, dass diese Menschen natürliche oder juristische Personen des **Privatrechts** sind. Trotzdem nehmen sie **staatliche Aufgaben** wahr.

BEISPIELE

TÜV, Schornsteinfeger, Notar.

Zusammenfassung und Lernkontrolle

Zusammenfassung

- **Träger öffentlicher Verwaltung:**

  Menschen vertreten den Staat gegenüber den Bürgern. Nur natürliche und juristische Personen können Rechtsträger sein.

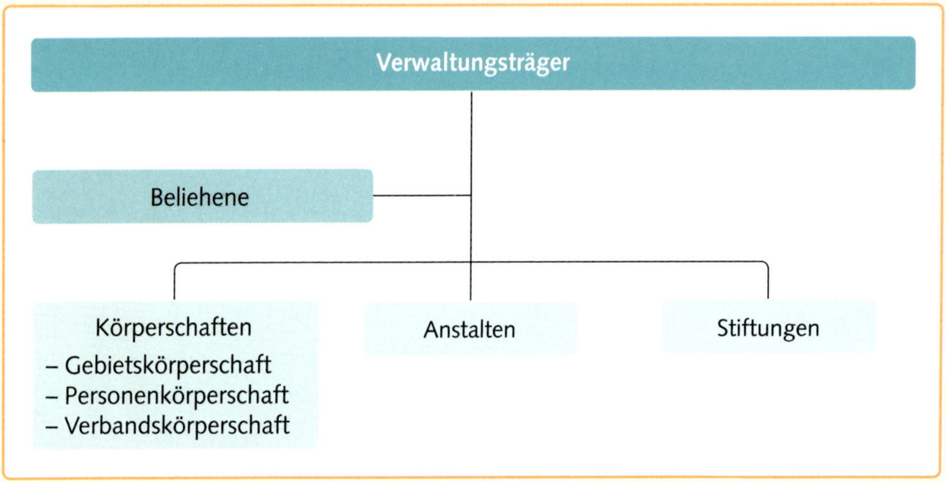

- **Körperschaften:**
  - Mitglieder mit Mitspracherecht
  - Öffentliches Recht
  - Staatliche Aufgaben
  - Kontrolle durch Staat

  Beispiele: Gemeinden, Universitäten, Kommunaler Zweckverband

- **Anstalten:**
  - Benutzer ohne Mitspracherecht
  - Öffentliches Recht
  - Dauerhafte Erledigung einer staatlichen Aufgabe

  Beispiele: Justizvollzugsanstalt, Rundfunkanstalt

- **Stiftungen:**
  - Verwaltung eines staatlichen Vermögensbestandes
  - Öffentliches Recht
  - Öffentlicher Zweck

  Beispiele: Stiftung Preußischer Kulturbesitz, Hamburger Museums-Stiftung

- **Beliehene:**
  - Privatrecht
  - Staatliche Aufgaben

  Beispiele: TÜV, Schornsteinfeger

Lernkontrolle

Aufgabe 1

Erklären Sie, was man unter dem Begriff Träger der Verwaltung versteht.

Aufgabe 2

Wie können Gebiets-, Personen- und Verbandskörperschaft unterschieden werden? Nennen Sie auch jeweils ein Beispiel dazu.

Aufgabe 3

Wie können Anstalten und Stiftungen unterschieden werden?

Aufgabe 4

Warum ist der Schornsteinfeger ein besonderer Verwaltungsträger?

Aufgabe 5

Entscheiden Sie bei den folgenden Beispielen, welche Art von Verwaltungsträger vorliegt.

1. ZDF
2. Baden-Württemberg
3. Notar
4. Justizvollzugsanstalt Stuttgart-Stammheim
5. Universität Mainz
6. Hilfswerk für behinderte Kinder
7. Anwaltskammer
8. Stadtsparkasse Ludwigsburg
9. Städtisches Schwimmbad
10. TÜV
11. Landkreis Tübingen
12. Gemeindezweckverband Hochwasserschutz

5 Horizontale und vertikale Gliederung der Verwaltung in der Bundesrepublik Deutschland

5.1 Öffentliche Verwaltung

Nachdem die Träger der Verwaltung bekannt sind, besteht kein Zweifel mehr daran, dass die öffentliche Verwaltung als **staatliche Verwaltung** gesehen werden kann. Dabei ist jedoch zu klären, inwieweit die Verwaltung staatliche Aufgaben wahrnimmt. Grundsätzlich gibt es in der Verfassung Deutschlands keinen Anhaltspunkt, welche Aufgaben der Staat Deutschland zu erledigen hat, geschweige denn was keine staatlichen Aufgaben sind. (GG Art. 30) Zieht man beispielsweise GG Art. 30 zu Rate, erfährt man auch nur oberflächlich, dass es staatliche Aufgaben gibt, die von Ländern erfüllt werden sollen. Um eine Begriffsbestimmung vornehmen zu können, muss man sich an die Rahmenpunkte halten, die klar durch (GG Art. 20) das Grundgesetz geregelt sind. Am zielführendsten gibt die Gewaltenteilung im materiellen (Staatstätigkeit) und im organisatorischen (Staatsorgan) Sinn eine Richtung vor.

Horizontale Gewaltenteilung Deutschlands

Legislative	Exekutive	Judikative
(Bundestag, Bundesrat)	(Regierung, Verwaltung)	(Gerichte)

(GG Art. 80) Das Besondere bei dieser Aufteilung ist, dass die **ausführende Gewalt** laut GG Art. 80 auch Aufgaben der Legislativen wahrnehmen darf, indem sie dazu ermächtigt ist, eigene **Rechtsverordnungen** zu erlassen. Deshalb muss die öffentliche Verwaltung als Teil der Exekutiven genauer definiert werden. Mittlerweile hat sich die Negativbeschreibung mit Hilfe der s. g. **Subtraktionsformel** durchgesetzt.

> Das heißt die öffentliche Verwaltung ist alles, was nicht zur Legislativen und Judikativen gehört.

Außerdem ist die Hauptaufgabe für die **Regierung abgegrenzt**. Sie kümmert sich um die Leitung des Staates Deutschlands und setzt die politischen Richtlinien fest. Daraus folgt, dass die öffentliche Verwaltung auch nicht Teil der Regierung ist.

> Demnach übernimmt die öffentliche Verwaltung die staatlichen Tätigkeiten, die nicht Legislative, Judikative oder der Regierung zuzuordnen sind.

5.2 Horizontale Gliederung der Verwaltung

Auch an dieser Stelle wird die Gewaltenteilung als Struktur zur Hilfe genommen. Aufgrund des föderativen Aufbaus Deutschlands wird innerhalb der öffentlichen Verwaltung zwischen Bundes-, Landes- und Gemeindeverwaltung unterschieden. Überträgt man nun dieses Schema auf die Gliederung der Verwaltung, erkennt man, dass die öffentliche Verwaltung in einer bestimmten Ebene angesiedelt ist. Die Legislative gibt die Gesetze vor, die von der Exekutiven ausgeführt werden. Innerhalb dieser Rechtsanwendung tritt die öffentliche Verwaltung zum einen als **planende Verwaltung** auf, wenn sie Details im Rahmen der Gesetze plant und zum anderen als **vollziehende Verwaltung**, wenn sie diese geplanten Einzelheiten ausführt. Die Judikative erfüllt wie gewohnt die Aufgabe der Rechtsprechung.

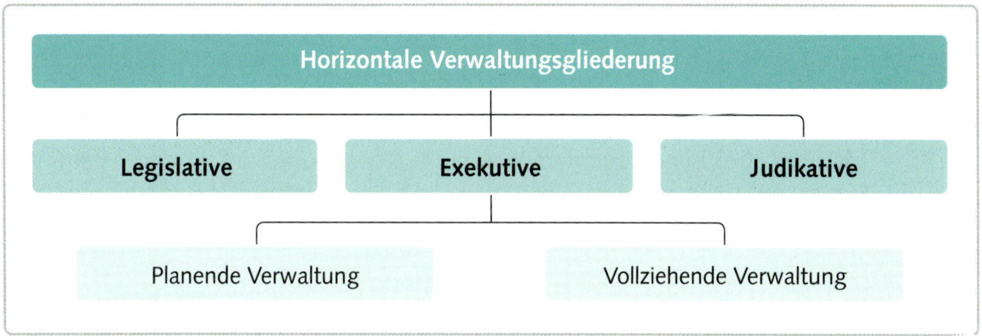

5.3 Vertikale Gliederung der Verwaltung

Die vertikale Gliederung der Verwaltung zeigt die Aufgabenverteilung zwischen Bund und Ländern verteilt auf die drei Gewalten.

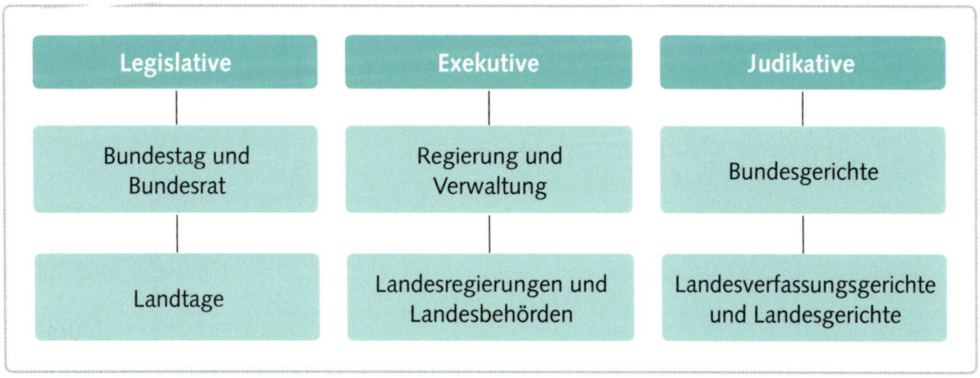

Landesverwaltungen

Den Länderverwaltungen kommt hierbei eine besondere Stellung zu. GG Art. 30 nennt an erster Stelle die Länder für die Ausübung der staatlichen Befugnisse und Aufgaben. Daraus ergibt sich, dass die **Verwaltung** in erster Linie den **Ländern** übertragen wird. GG Art. 30

Landeseigene Verwaltungen

Die Länder sind dafür zuständig, dass die Bundesgesetze umgesetzt werden. Hierfür müssen sie eigene Behörden samt Personal bereitstellen. Auch die dadurch entstehenden Kosten sind selbst zu tragen. Der Bund kontrolliert im Rahmen seiner **Rechtsaufsicht**, ob die Länder die Gesetze korrekt ausführen. GG Art. 83, 84, 104

BEISPIEL

Das Land Baden-Württemberg muss für Asylbewerber eine Anlaufstelle und Wohnungen bereitstellen. Wie das Land Entscheidungen über die Asylanträge regelt, bleibt Baden-Württemberg selbst überlassen.

Bundesauftragsverwaltung

Auch hier übernehmen die Länder mit eigenen Behörden und Personal die Umsetzung der Bundesgesetze. Der Unterschied zur landeseigenen Verwaltung besteht darin, dass bei diesen bestimmten Aufgabengebieten, die durch die Bundesgesetze auf die Länder übertragen werden, der Bund die **Fachaufsicht** ausführt. Im Vergleich zur Rechtsaufsicht wird jetzt zusätzlich zur Kontrolle der Rechtmäßigkeit auch die Zweckmäßigkeit der Aufgabenerfüllung überprüft. Der Bund kann demnach durch Verwaltungsvorschriften regeln, wie die Aufgabe von den Ländern umgesetzt werden soll. Die entstehenden Kosten muss der Bund tragen.

BEISPIELE

GG Art. 90, 87c, 87d

Beispiele für Aufgabenbereiche der Bundesauftragsverwaltung sind der Bau von Bundesautobahnen und Bundestraßen, die Luftverkehrsverwaltung und die Kernenergie.

Bundesverwaltung

GG Art. 30

Da GG Art. 30 in erster Linie den Ländern die Verwaltungsaufgaben überträgt, bleiben für den Bund als Verwaltungsträger kaum noch Aufgaben übrig. Je nach Aufgabe handelt auf der Bundesebene entweder eine eigene Behörde oder eine Körperschaft oder Anstalt.

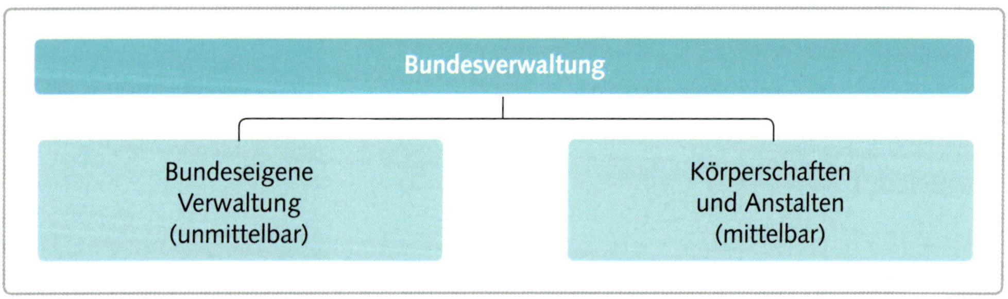

GG Art. 87

Die bundeseigenen Behörden kümmern sich nach GG Art. 87 um die Bundesfinanzen, Bundeswasserstraßen und Schifffahrt. Durch ein Bundesgesetz können noch weitere Aufgaben dem Bund übertragen werden.

Außerdem kann der Bund bei Landesaufgaben mitwirken, den s. g. **Gemeinschaftsaufgaben**.

GG Art. 90, 91a, 91b, 91c

GG Art. 90 gibt dafür die Bedingungen vor, dass der Bund nur mitwirken darf, wenn die Aufgaben für ganz Deutschland wichtig sind und die Lebensverhältnisse der Bevölkerung verbessert werden.

BEISPIELE

- Verbesserung der Wirtschaftsstruktur
- wissenschaftliche Forschung
- informationstechnische Systeme

Zusammenfassung und Lernkontrolle

Zusammenfassung

- Öffentliche Verwaltung übernimmt staatliche Aufgaben
- **Öffentliche Verwaltung** = alles was nicht Gesetzgebung, Regierung und Rechtsprechung ist (Subtraktionsformel)
- Gewaltenteilung von Deutschland lässt sich auf Verwaltung übertragen
  - **Horizontale Gliederung:**
    Die Verwaltung ist innerhalb der Exekutiven einzusortieren und von Regierungsaufgaben abzugrenzen.
    Planende Verwaltung: plant innerhalb der vorgegebenen Gesetze Einzelheiten für die Umsetzung
    Vollziehende Verwaltung: setzt die Gesetze mit den geplanten Einzelheiten praktisch um
  - **Vertikale Gliederung:**
    Die Verwaltung gliedert sich in die Tiefe in Bund und Länder.

Legislative	Exekutive	Judikative
Bundestag/Bundesrat	Regierung/Verwaltung	Bundesgerichte
Landtage	Landesregierungen	Landesgerichte

- **Landeseigene Verwaltungen:**
  - Ländern kommt Hauptaufgabe der Verwaltung zu
  - Bundesgesetze müssen in eigener Zuständigkeit ausgeführt werden
  - Eigene Behörden mit Personal
  - Bund führt Rechtsaufsicht (Prüfung Rechtmäßigkeit)

  Bsp.: Zahlung von Wohngeld
- **Bundesauftragsverwaltung:**
  - Land führt nach Auftrag (durch Bundesgesetz) vorgegebene Aufgaben aus
  - Eigene Behörden mit Personal
  - Bund ist weisungsbefugt
  - Bund führt Fachaufsicht (Prüfung Recht- und Zweckmäßigkeit)

  Bsp.: Bau von Bundesautobahnen
- **Bundesverwaltung:**
  - durch bundeseigene Behörden
  - durch Körperschaften und Anstalten

  Bsp.: Auswärtiger Dienst
- **Gemeinschaftsaufgaben:**
  - Bund wirkt bei Landesverwaltung mit
  - Zwei Bedingungen: Bedeutung für ganze Bevölkerung
    Verbesserung der Lebensverhältnisse in Deutschland

  Bsp.: Wissenschaftliche Forschung

Lernkontrolle

Aufgabe 1

Erklären Sie, was man unter der öffentlichen Verwaltung in Deutschland versteht.

Aufgabe 2

Worin zeigt sich die vertikale Verwaltungsgliederung?

Aufgabe 3

Welcher Unterschied besteht zwischen der Aufgabenerfüllung „Zahlung von Wohngeld" und „Bau von Bundesautobahnen"?

Aufgabe 4

Nennen Sie unter Verwendung der entsprechenden Rechtsgrundlage drei Beispiele für Gemeinschaftsaufgaben.

Aufgabe 5

Warum dürfen Gemeinschaftsaufgaben nur unter bestimmten Bedingungen (GG Art. 91a Abs. 1) erledigt werden?

6 Ziele und Aufgaben der Verwaltung

6.1 Ziele der öffentlichen Verwaltung

Die öffentliche Verwaltung erfüllt die staatlichen Tätigkeiten. Dabei steht der Bürger im Mittelpunkt.

Soziales Miteinander

Die Verwaltung kümmert sich um die Angelegenheiten des Gemeinwesens, d. h. um die soziale Gestaltung des Zusammenlebens der Bürger.

Öffentliches Interesse

Das öffentliche Interesse ändert sich von Zeit zu Zeit und zum Teil ist es auch sehr individuell. Grundsätzlich kann die Verwaltung im Rahmen von Grundgesetz und Gesetze die gemeinschaftlichen öffentlichen Interessen der Bürger fördern.

Aktive Gestaltung

Die aktive Gestaltung wird vor allem bei der Umsetzung der Gesetze deutlich. Außerdem wirkt die Verwaltung auch durch Eigeninitiativen innerhalb des rechtlichen Rahmens wenn es um die Aufgabenerfüllung geht, die nicht zum Gesetzesvollzug gehören.

Einzelfallgestaltung

Die abstrakt und generell formulierten Gesetze erhalten durch die Umsetzung in der Verwaltung einen individuellen und konkreten Charakter. Die Verwaltung erlässt beispielsweise einen Verwaltungsakt an einen Bürger, in dem geregelt ist, dass er für seinen Hund Steuern zu bezahlen hat.

6.2 Aufgaben der öffentlichen Verwaltung

Ein stetiges Bevölkerungswachstum führt dazu, dass die öffentliche Verwaltung eine Vielzahl an Aufgaben zu erfüllen hat. Um diesen Aufgaben gerecht zu werden, muss die Verwaltung in unterschiedlichen Rollen agieren, was die folgende funktionelle Gliederung deutlich macht.

6.2.1 Funktionelle Gliederung

Bereiche der Verwaltung

- Ordnungsfunktion (Schutz des Bürgers)
- Betreuungsfunktion (Verbesserung der Lebensqualität)
- Beschaffungsfunktion (Geldeintreibung zur Aufgabenerfüllung)
- Organisationsfunktion (strukturierter Aufbau)
- Politische Funktion (Vorbereitung von Gesetzen)

Innerhalb der Aufgabenerfüllung lässt sich die politische Funktion noch detaillierter darstellen. Die kommunale Gemeinschaftsstelle für Verwaltungsvereinfachung (KGSt) hat mit Hilfe eines Verwaltungsgliederungsplans die einzelnen Aufgaben in acht Aufgabenhauptgruppen zusammengefasst.

Verwaltungsgliederungsplan der KGSt							
1 Allgemeine Verwaltung	**2 Finanzverwaltung**	**3 Rechts-, Sicherheits- und Ordnungsverwaltung**	**4 Schul- und Kulturverwaltung**	**5 Sozial-, Jugend- u. Gesundheitsverwaltung**	**6 Bauverwaltung**	**7 Verwaltung für öffentliche Einrichtungen**	**8 Verwaltung für Wirtschaft und Verkehr**
10 Hauptamt	20 Kämmerei	30 Rechtsamt	40 Schulverwaltungsamt	50 Sozialamt	60 Bauverwaltungsamt	70 Stadtreinigungsamt	80 Amt für Wirtschafts u. Verkehrsförderung
11 Personalamt	21 Kasse	31 nicht besetzt	41 Kulturamt	51 Jugendamt	61 Bauverwaltungsamt	71 Schlacht- und Viehhof	81 Eigenbetriebe
12 Statistisches Amt	22 Steueramt	32 Ordnungsamt	42 Bibliothek	52 Sportamt	62 Vermessungs- u. Katasteramt	72 Marktamt	82 Forstamt
13 Presseamt	23 Liegenschaftsamt	33 Einwohner u. Meldeamt	43 Volkshochschule	53 Gesundheitsamt	63 Bauordnungsamt		
14 Rechnungsamt	24 Amt für Verteidigungslasten	34 Standesamt	44 Musikschule	54 Krankenhäuser	64 Wohnungsförderungsamt		
		35 Versicherungsamt	45 Museum	55 Ausgleichsamt	65 Hochbauamt		
		36 nicht besetzt	46 Theater		66 Tiefbauamt		
		37 Feuerwehr	47 Archiv		67 Grünflächenamt		
		38 Zivilschutz					

6.2.2 Verwaltungsarten

Wenn die Verwaltung tätig wird, so kann sie dies in unterschiedlichen **Rechtsformen**, von unterschiedlichen **Trägern** mit unterschiedlichen **Freiheiten** tun. Die Aufgaben können zum einen der Eingriffsverwaltung, der Leistungsverwaltung und der Abgaben- und Bedarfsverwaltung zugeordnet werden.

Eingriffsverwaltung: Verwaltung greift in die Rechte des Bürgers ein

BEISPIEL

Baden im See verboten, da das Wasser gesundheitsgefährdend verschmutzt ist.

Leistungsverwaltung: Die Verwaltung übernimmt Leistungen für die Bürger (Daseinsvorsorge).

BEISPIEL

Verwaltung kümmert sich um die Abfallbeseitigung und stellt Museen bereit.

Bedarfsverwaltung: Die Verwaltung sorgt dafür, das sie ihre öffentlichen Aufgaben mit bestimmten Mitteln erfüllen kann.

BEISPIEL

Verwaltung kauft ein Dienstgebäude und schafft Computer für Mitarbeiter an.

Bezüglich der **Rechtsform** lässt sich das privatrechtliche (fiskalische) Handeln vom öffentlich-rechtlichen (hoheitlichen) Handeln unterscheiden.

BEISPIEL

Kauft die Verwaltung neue Büromöbel für die Rathausangestellten, so kommt nach dem Privatrecht ein gewöhnlicher Kaufvertrag zustande. Die Verwaltung steht auf der selben Ebene wie der Verkäufer der Büromöbel.
Verbietet der Ordnungsbeamte das Baden im verschmutzten See, so wirkt die Verwaltung hoheitlich und steht über dem Bürger.

Außerdem kann die Verwaltung durch unterschiedliche **Träger** vertreten werden, die für unterschiedlich große Bereiche zuständig sind.

Bundesverwaltung	Landesverwaltung	Kommunalverwaltung	Sonstige Verwaltung

Was die Freiheiten bei der Aufgabenerfüllung anbelangt, so können **drei Stufen** ausgemacht werden.
Gebundene Verwaltung: Die Verwaltung hat bei der Aufgabenerfüllung nach dem Gesetz keinerlei Spielraum.
Ermessensverwaltung: Die Verwaltung darf bei der Aufgabenerfüllung unter dem Grundsatz der Verhältnismäßigkeit mitentscheiden.
Frei gestaltende Verwaltung: Die Verwaltung darf die Maßstäbe bei der Aufgabenerfüllung selbst festlegen.

Zusammenfassung und Lernkontrolle

Zusammenfassung

- **Ziele der Verwaltung**

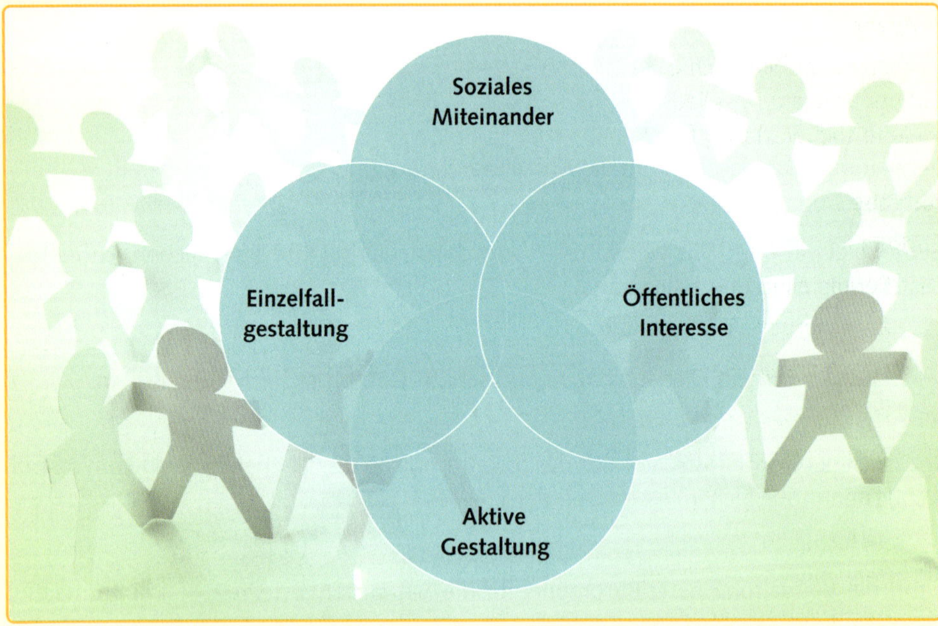

- **Aufgaben der Verwaltung:**

Funktionelle Gliederung

↓

Acht Aufgabenhauptgruppen nach KGSt

1. Allgemeine Verwaltung
2. Finanzverwaltung
3. Rechts-, Sicherheits- und Ordnungsverwaltung
4. Schul- und Kulturverwaltung
5. Sozial-, Jugend- und Gesundheitsverwaltung
6. Bauverwaltung
7. Verwaltung für öffentliche Einrichtungen
8. Verwaltung für Wirtschaft und Verkehr

Verwaltungsarten

↓

Eingriffsverwaltung

Leistungsverwaltung

Bedarfsverwaltung

Lernkontrolle

Aufgabe 1

Nennen und erklären Sie die Ziele der öffentlichen Verwaltung.

Aufgabe 2

Recherchieren Sie nach dem Organigramm Ihrer Ausbildungsbehörde. Vergleichen Sie es mit der Verwaltungsgliederung von der KGSt. Halten Sie die Gemeinsamkeiten und Unterschiede stichwortartig fest.

Aufgabe 3

Ordnen Sie die folgenden Tätigkeiten den Verwaltungsarten zu:

1. Bereitstellung eines Theaters
2. Zahlung von Wohngeld
3. Abschleppen eines Autos
4. Bürgermeister lässt einen neuen Boden im Rathaus verlegen
5. Müllabfuhr
6. Bereitstellung eines Wasseranschlusses
7. Zahlung von Sozialhilfe
8. Bereitstellung eines Freibads
9. Aufforderung eines Grundstücksbesitzers seine Hecke zu schneiden
10. Kauf neuer PCs für Verwaltungsmitarbeiter

Aufgabe 4

Unterscheiden Sie die Begriffe „privatrechtlich" und „öffentlich-rechtlich" in Bezug auf die Aufgabenerfüllung der Verwaltung.

7 Aufbau der Verwaltung

7.1 Verwaltungsaufbau der Bundesrepublik

Ausgehend vom Staat als Verwaltungsträger, können noch weitere Ebenen unterschieden werden. Durch diese Staffelung ergibt sich eine klare Zuständigkeit bei der Aufgabenerfüllung und für die Kontrolle. Entscheidungen können auf verschiedenen Ebenen getroffen und die Umsetzungen angewiesen werden. Die folgende Abbildung fasst den grundsätzlichen **dreistufigen Verwaltungsaufbau** in Deutschland zusammen.

Zwischen den Instanzen besteht ein **Über- und Unterordnungsverhältnis**. Die jeweils übergeordnete Behörde führt die **Fachaufsicht** über die untergeordnete Behörde, d. h. sie kontrolliert das rechtmäßige und zweckmäßige Handeln.

Fachaufsichtsbehörden sind für die Überprüfung der Rechtmäßigkeit und Zweckmäßigkeit zuständig.

Die staatliche Verwaltung wird bis auf die Kommunalverwaltungen aufgeteilt. Daran lässt sich auch der abnehmende Grad an Konzentration erkennen. Während in den Ministerien die Zuständigkeiten noch stark gebündelt sind, sind sie auf der niedrigsten Ebene der Unterbehörden stark verteilt. Diese Dezentralisierung und die Aufgabenübertragung auf die Gemeinden ist verfassungsrechtlich geschützt. Den Kommunen steht das **Selbstverwaltungsrecht** zu.

GG Art. 28 Abs. 2

7.2 Gliederung der Bundes- und Landesverwaltung

Der i. d. R. dreistufige Verwaltungsaufbau auf Bundes- und Landesebene lässt sich einfach am Beispiel der Finanzverwaltung veranschaulichen.

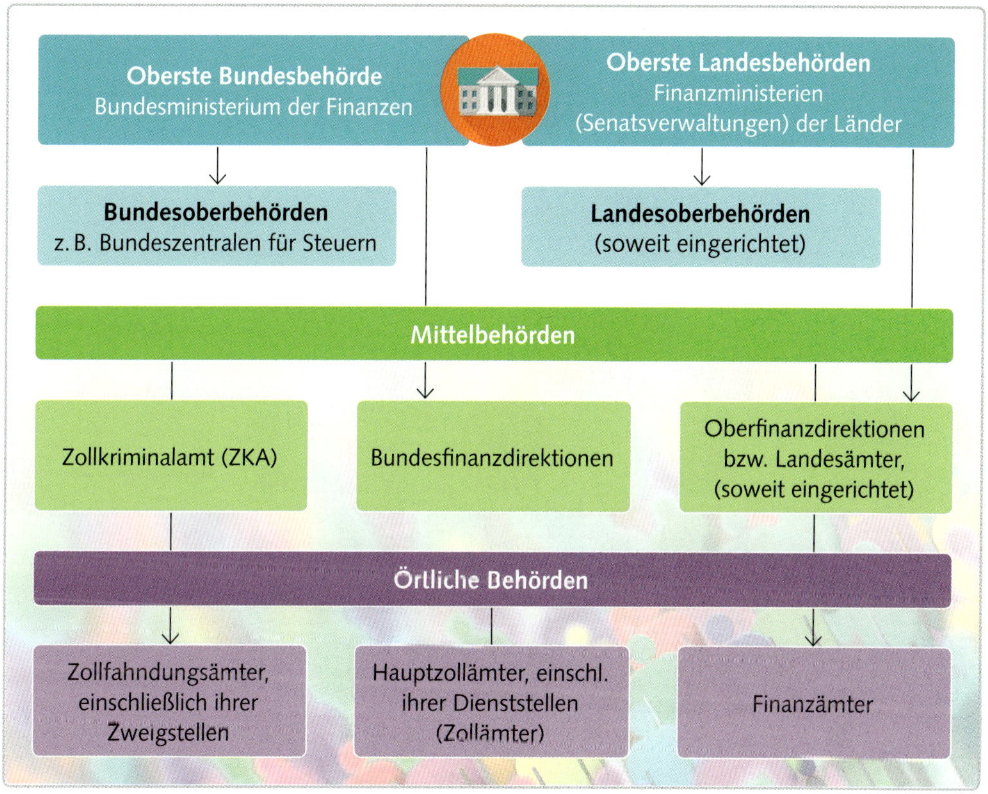

7.3 Gliederung der Kommunalverwaltungen

Auf kommunaler Ebene, die zur niedrigsten Ebene im Verwaltungsaufbau gehört, gliedert sich der Aufbau auf weitere zwei Bereiche. Zum einen gibt es den **Landkreis** und zum anderen die **Gemeindeverwaltungen**. Die staatliche Verwaltung endet auf Kreisebene. Hier wird auch die besondere Stellung des Landkreises in seiner Doppelfunktion deutlich. Zum einen bildet er den Bereich der unteren Verwaltungsbehörde und zum anderen ist er **Selbstverwaltungsbehörde**.
Die Gemeinden nehmen im Rahmen des s. g. übertragenen Wirkungskreises staatliche Aufgaben wahr.
Die folgende Abbildung zeigt beispielhaft am Landkreis Heilbronn den Verwaltungsaufbau auf niedrigster Ebene.

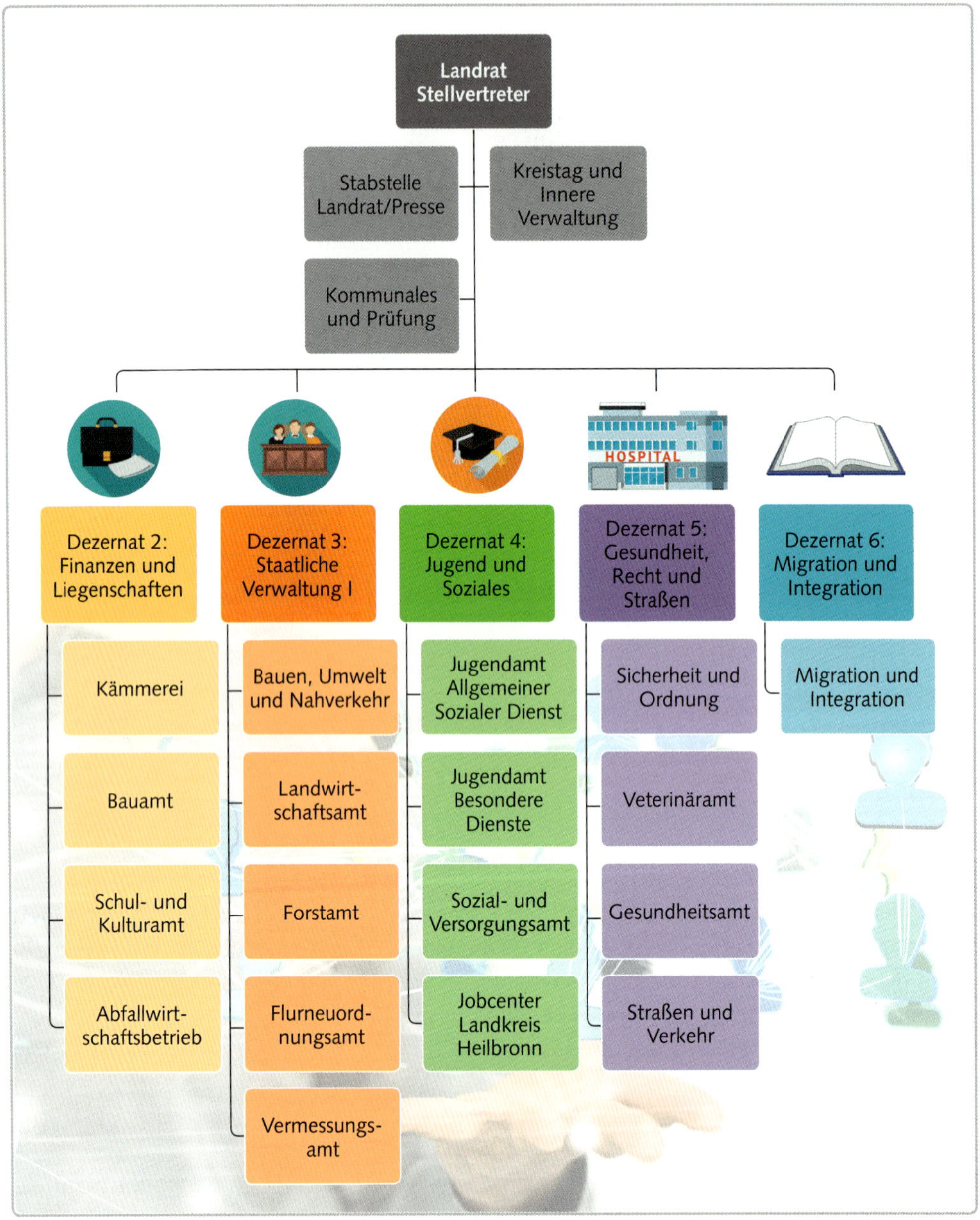
Landrat
Stellvertreter
Stabstelle Landrat/Presse
Kreistag und Innere Verwaltung
Kommunales und Prüfung
HOSPITAL
Dezernat 2: Finanzen und Liegenschaften
Kämmerei
Bauamt
Schul- und Kulturamt
Abfallwirt-schaftsbetrieb
Dezernat 3: Staatliche Verwaltung I
Bauen, Umwelt und Nahverkehr
Landwirt-schaftsamt
Forstamt
Flurneuord-nungsamt
Vermessungs-amt
Dezernat 4: Jugend und Soziales
Jugendamt Allgemeiner Sozialer Dienst
Jugendamt Besondere Dienste
Sozial- und Versorgungsamt
Jobcenter Landkreis Heilbronn
Dezernat 5: Gesundheit, Recht und Straßen
Sicherheit und Ordnung
Veterinäramt
Gesundheitsamt
Straßen und Verkehr
Dezernat 6: Migration und Integration
Migration und Integration

Zusammenfassung und Lernkontrolle

Zusammenfassung

- Verwaltungsaufbau teilt sich in drei Stufen auf
- Oberste Behörden = Oberstufen
  Mittelbehörden = Mittelstufe (wenn vorhanden)
  Unterbehörden = Unterstufe

- Zwischen einzelnen Stufen herrscht Über-/Unterordnungsverhältnis
- Übergeordnete Behörden führen Fachaufsicht
- Je niedriger die Stufe im Verwaltungsaufbau, desto geringer ist die Konzentration der Zuständigkeiten
- Landkreis erfüllt Doppelfunktion: Untere Verwaltungsbehörde und Selbstverwaltungsorgan
- Gemeinden steht nach GG Art. 28 Abs. 2 Selbstverwaltungsrecht zu

Lernkontrolle

Aufgabe 1
Warum wird der Verwaltungsaufbau von Deutschland i. d. R. in drei Stufen gegliedert?

Aufgabe 2
Was versteht man unter dem Begriff Fachaufsicht und wie hängt dieser mit dem dreistufigen Verwaltungsaufbau zusammen?

Aufgabe 3
Skizzieren Sie den Verwaltungsaufbau Ihrer Ausbildungsbehörde.

Aufgabe 4
Ordnen Sie den Landkreis in den Verwaltungsaufbau ein und beschreiben Sie seine Doppelfunktion.

8 Grundlagen der Landesverfassung

Am 23. Mai 1949 wurde das Grundgesetz für die BRD erlassen. Aufgrund der föderalistischen Staatsstruktur Deutschlands haben die 16 Bundesländer das Grundgesetz übernommen und auf das jeweilige Bundesland angepasst.
Das folgende Kapitel setzt die Vorgaben des Rahmenlehrplans am Beispiel des Landes Baden-Württemberg um. Je nach Bundesland kann es zu Abweichungen wie auch zu unterschiedlichen Bezeichnungen kommen.

8.1 Staatsordnung von Baden-Württemberg

GG Art. 20, LV BW Art. 23, 25

In Anlehnung an GG Art. 20 findet man an ähnlicher Stelle in der Landesverfassung von Baden-Württemberg die Grundlagen des Staates. Nach LV BW Art. 23 erfüllt das Land die selben verfassungsrechtlichen Merkmale: Baden-Württemberg ist eine **Republik**, eine **Demokratie**, ein **Sozialstaat** und **Rechtsstaat**. In LV BW Art. 25 wird dabei die Stellung des Volkes erfasst, was durch Wahlen und Abstimmungen die Staatsgewalt ausübt. Auch die Gewaltenteilung findet dort ihre Verankerung.

Legislative	Exekutive	Judikative
Landtag und Bürger (Volksbegehren)	Landesregierung und Verwaltungen	Verfassungsgerichtshof

LV BW Art. 26

Des weiteren gilt nach LV BW Art. 26, dass grundsätzlich alle Deutschen, die in Baden-Württemberg wohnen und am Wahl-/Abstimmungstag das 18. Lebensjahr vollendet haben, zu Wahlen und Abstimmungen stimmberechtigt sind. In Abs. 3 wird zusätzlich das **Wahl- und Abstimmungsrecht** als eine Bürgerpflicht festgehalten, wodurch die Stellung der Volksherrschaft ausdrücklich betont wird.

8.2 Organe und ihre Aufgaben

Aus der Gewaltenteilung ergeben sich auch die Organe des Landes Baden-Württemberg.

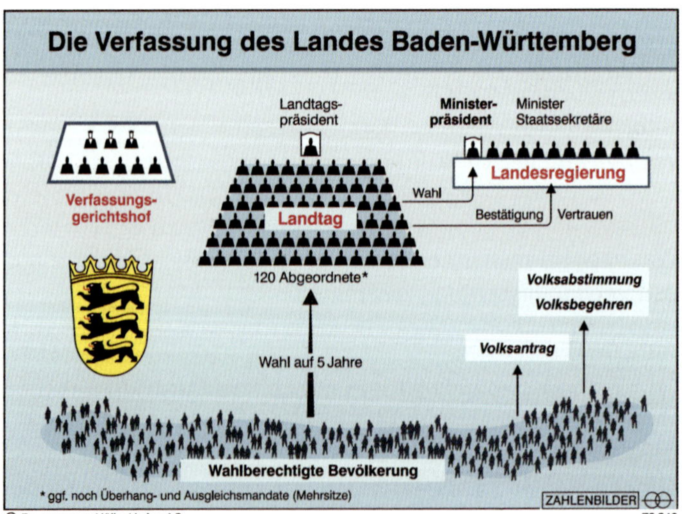

70 840

8.2.1 Landtag

© dpa

Der Landtag von Baden-Württemberg besteht i. d. R. aus 120 Abgeordneten und wird alle fünf Jahre von der wahlberechtigten Bevölkerung neu gewählt. Er hat seinen Sitz in der Landeshauptstadt Stuttgart und bildet als **Vertretung der Bürger** die **gesetzgebende Gewalt** im Land. An der Spitze des Landtags steht ein von den Landtagsabgeordneten gewählter Präsident, der unter anderem das Hausrecht im Sitzungsgebäude ausübt und für die Verwaltung der wirtschaftlichen Angelegenheiten des Landtags verantwortlich ist. Die Sitzungen des Landtags sind grundsätzlich öffentlich. LV BW Art. 27, 32, 33

8.2.2 Landesregierung

Die Landesregierung stellt die **ausführende Gewalt** im Land dar. Sie setzt sich aus dem **Ministerpräsidenten** und seinen **Ministern** zusammen. Außerdem können zusätzlich Staatssekretäre und ehrenamtliche Staatsräte ernannt werden. Der Ministerpräsident steht an der Spitze der Landesregierung und wird vom Landtag in einer geheimen Abstimmung gewählt. Seine Aufgaben werden in LV BW Art. 49 beschrieben. Demnach bestimmt er den Kurs der Politik im Land und ist Vorsitzender der Landesregierung. Er vertritt das Land nach außen, ernennt die Richter und Beamten des Landes und übt das Gnadenrecht aus. Außerdem bestimmt er seine Minister, die für ihren jeweiligen Geschäftsbereich zuständig sind. Die Minister werden vom Landtag bestätigt. LV BW Art. 45, 46, 49, 50, 51, 52

8.2.3 Verfassungsgerichtshof

© Verfassungsgerichtshof Stuttgart

Neben dem Landtag und der Landesregierung gehört auch der Verfassungsgerichtshof zu den Verfassungsorganen des Landes. Nach LV BW Art. 65 stellt er die **rechtsprechende Gewalt** dar. Er besteht aus neun Richtern, die vom Landtag gewählt werden. Der Verfassungsgerichthof kümmert sich um alle Streitigkeiten im Zusammenhang mit der Landesverfassung, beispielsweise wenn es darum geht, ob ein Landesgesetz mit der Landesverfassung vereinbar ist. Zudem können auch Minister vor dem Verfassungsgerichthof angeklagt werden, wenn sie ihr Mandat nicht gesetzesgemäß ausführen. Seit 2013 können auch Bürger die sich in ihren Rechten durch die Landesverfassung oder eine Landesverordnung verletzt fühlen, vor dem Verfassungsgerichtshof klagen. Zuvor war dies nur beim Bundesverfassungsgericht möglich. LV BW Art. 65, 68

Zusammenfassung und Lernkontrolle

Zusammenfassung

- Grundgesetz findet Umsetzung in jeweiliger Landesverfassung
- Landesverfassung übernimmt Verfassungsprinzipien
  - Republik
  - Demokratie
  - Sozialstaat
  - Rechtsstaat
- Gewaltenteilung auf Landesebene:
  - Legislative = Landtag und Bürger
  - Exekutive = Landesregierung und Verwaltungen
  - Judikative = Verfassungsgerichtshof
- Landtag hat 120 Abgeordnete, die alle fünf Jahre direkt von Bürgern gewählt werden
- Ministerpräsident ist Vorsitzender der Landesregierung und bestimmt seine Minister
  - vertritt das Land nach außen
  - ernennt Richter und Landesbeamte
  - übt Gnadenrecht aus
- Landtag muss Minister bestätigen
- Verfassungsgerichtshof kontrolliert Landtag und Landesregierung
- Besteht aus neun Richtern, die vom Landtag gewählt werden
- Urteile binden Recht und Gesetz

Lernkontrolle

Aufgabe 1
Erklären Sie, warum es zusätzlich zum Grundgesetz noch Landesverfassungen gibt.

Aufgabe 2
Erläutern Sie die Gewaltenteilung auf Landesebene.

Aufgabe 3
Wie setzt sich der Landtag zusammen und welche Aufgaben erfüllt er?

Aufgabe 4
Erklären Sie die Rolle des Ministerpräsidenten im Land Baden-Württemberg.

Aufgabe 5
Das Bundesverfassungsgericht hat seinen Sitz in Karlsruhe (BW). Kann auf den Verfassungsgerichtshof in Baden-Württemberg deshalb verzichtet werden?
Begründen Sie Ihre Meinung.

9 Grundlagen kommunaler Selbstverwaltung

9.1 Selbstverwaltungsrecht der Gemeinden

GG Art. 28 Abs. 2

Das Grundgesetz der Bundesrepublik Deutschland sichert das Recht, dass sich die Gemeinden selbst verwalten dürfen:
„Den Gemeinden muss das Recht gewährleistet sein, alle Angelegenheiten der örtlichen Gemeinschaft im Rahmen der Gesetze in eigener Verantwortung zu regeln."
Dazu schreibt das Grundgesetz vor, dass das **Volk** auf Landes-, Kreis- und Gemeindeebene durch Organe, die geheim vom Volk gewählt werden, **vertreten** werden soll.
Daraus ergibt sich, dass das volksvertretende Organ stets das Hauptorgan in den Gemeinden und für sämtliche Gemeindeangelegenheiten zuständig ist. Da das Grundgesetz dazu keine weiteren Vorschriften beinhaltet, gibt es in den einzelnen Bundesländern verschiedene Umsetzungen. Alle haben ihr Ordnungssystem auf kommunaler Ebene in Gemeindeordnungen festgehalten, die auch als **Kommunalverfassungen** verstanden werden können.

BEISPIEL

Gemeindeordnung für Baden-Württemberg (GemO BW), Gemeindeordnung Rheinland-Pfalz (GemO RP), Gemeindeordnung für das Land Nordrhein-Westfalen (GO NRW)

Da sich je nach Bundesland starke Abweichungen in den Kommunalverfassungen ergeben können, wird hier im Folgenden nur auf die Süddeutsche Ratsverfassung genauer eingegangen. Die anderen Kommunalverfassungsarten werden nur kurz aufgeführt.

Art	Land	Volk wählt	Volksvertretung wählt
Norddeutsche Ratsverfassung	Niedersachsen	Gemeinderat	▪ Bürgermeister (Vorsitzender GR) ▪ Gemeindedirektor (Leiter Verwaltung) ▪ Beigeordnete ▪ Verwaltung
Süddeutsche Ratsverfassung	Baden-Württemberg, Bayern, Brandenburg, Mecklenburg-Vorpommern, Rheinland-Pfalz, Sachsen, Sachsen-Anhalt, Thüringen	Gemeinderat Bürgermeister	Nichts
Magistrats-verfassung	Hessen, Städte in Schleswig-Holstein	Stadtverordneten-versammlung	▪ Magistrat (Leitungsteam)
Bürgermeister-verfassung	Saarland, Landgemeinden in Schleswig-Holstein	Stadtrat	▪ Bürgermeister (Vorsitzender d. Rats und Leiter Verwaltung) ▪ Beigeordnete

Süddeutsche Ratsverfassung

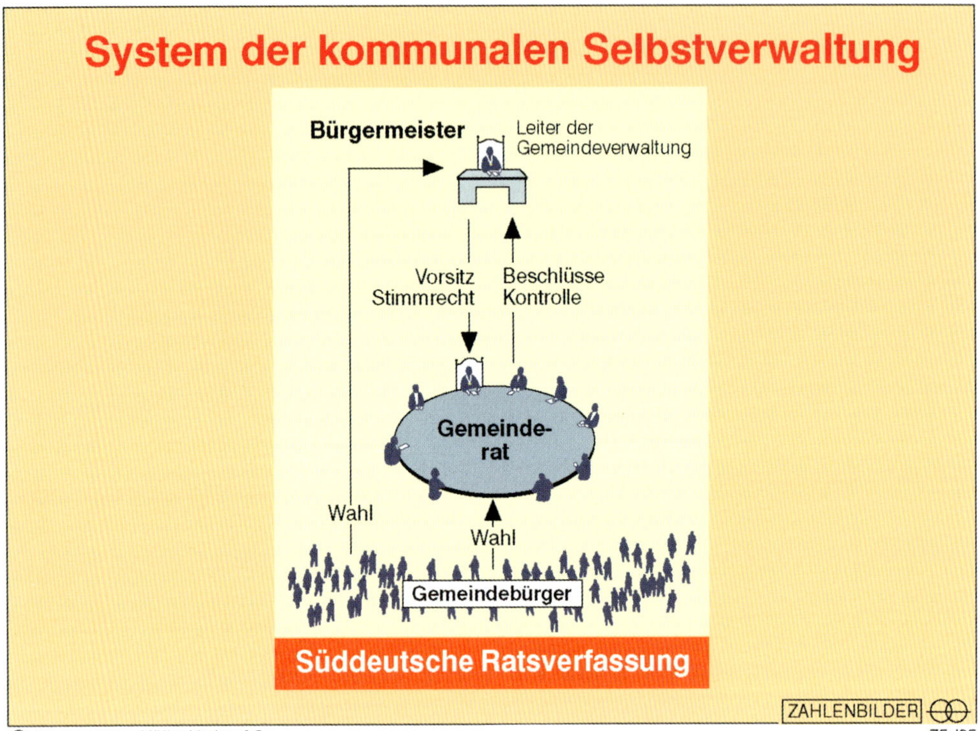

 75 195

Am Beispiel der Kommunalverfassung von Baden-Württemberg (GemO BW) werden die einzelnen Organe der süddeutschen Ratsverfassung genauer vorgestellt.

Gemeinderat

GemO BW §§ 24 ff.

Der Gemeinderat wird alle fünf Jahre von den Bürgern der Gemeinde neu gewählt. Wahlberechtigt sind alle Deutschen oder Unionsbürger, die am Wahltag das 16. Lebensjahr vollendet und seit mindestens drei Monaten ihren Hauptwohnsitz in der Gemeinde haben. In den Gemeinderat wählbar sind alle Deutschen oder Unionsbürger, die am Wahltag mindestens 18 Jahre alt sind und ebenfalls ihren Hauptwohnsitz seit mindetens drei Monaten in der Gemeinde haben.
Der Gemeinderat ist das **Hauptorgan** der Gemeinde und ist für sämtliche Angelegenheiten der Gemeinde zuständig. Er setzt sich aus dem Bürgermeister als Vorsitzenden und einer bestimmten Anzahl von ehrenamtlichen Mitgliedern (Gemeinderäte) zusammen. Dabei richtet sich die Anzahl der Gemeinderäte nach der Einwohnerzahl der Gemeinde; je mehr Einwohner eine Gemeinde hat, desto größer ist die Anzahl der Gemeinderäte.

Bürgermeister

GemO BW §§ 42 ff.

Der Bürgermeister ist der **Leiter der Gemeindeverwaltung** und Vorsitzender des Gemeinderats. Er wird geheim von den Bürgern gewählt. Seine Amtszeit beträgt acht Jahre. In Stadtkreisen und Großen Kreisstädten wird der Bürgermeister Oberbürgermeister genannt. Sein Stellvertreter ist der erste Beigeordnete und führt dann die Bezeichnung Bürgermeister. Zu den Aufgaben des Leiters der Gemeinde gehört unter anderem die Sitzungen des Gemeinderats vorzubereiten und diese dann zu leiten. Er vertritt die Gemeinde nach außen (z. B. Vertragsabschlüsse) und kontrolliert, ob die Verwaltung ihre Aufgaben sachgemäß erfüllt.

9.2 Satzungsrecht der Gemeinden

Aus dem Selbstverwaltungsrecht der Gemeinden geht hervor, dass die Gemeinden ihre Angelegenheiten selbst regeln dürfen. Hierzu erlassen sie Satzungen.

Satzungen sind Rechtssätze, die allgemeine Gültigkeit besitzen und nicht nur für den Einzelfall gelten. In Satzungen werden Gemeindeangelegenheiten geregelt.

BEISPIEL

Hauptsatzung, Satzung über die Räum- und Streupflicht, Hundesteuersatzung

In den Kommunalverfassungen wird die Satzungsautonomie der Gemeinden nochmals verankert. So heißt es beispielsweise in GemO BW § 4: GemO BW § 4

„Die Gemeinden können die weisungsfreien Angelegenheiten durch Satzung regeln, soweit die Gesetze keine Vorschriften enthalten."

Es lassen sich verschiede Arten von Satzungen unterscheiden.

Satzungsarten

Pflichtsatzungen	bedingte Pflichtsatzungen	freiwillige Satzungen
Gemeinde muss Satzung erlassen	Gemeinde muss Satzung erlassen, wenn sie bestimmte Möglichkeiten ausschöpfen will	Gemeinde bestimmt selbst, ob sie vom Satzungsrecht Gebrauch macht
Beispiel: Haushaltssatzung	Beispiel: Freibadsatzung (braucht Gemeinde nur wenn es ein Freibad gibt)	Beispiel: Räum- und Streupflichtsatzung

9.3 Aufgaben der Gemeinden

Zum einen dürfen sich die Gemeinden selbst Aufgaben geben, im Rahmen der Selbstverwaltung, und zum anderen müssen sie nach Weisung bestimmte Aufgaben erfüllen. Demnach lassen sich folgende **drei Aufgabenarten** unterscheiden:

1. Freiwillige Aufgaben

Die **Gemeinde** bestimmt, **ob** sie eine bestimmte Aufgabe erfüllen möchte und **wie** sie diese gestaltet. Ob die Aufgabe übernommen wird, entscheidet das Hauptorgan der Gemeinde (Gemeinderat)

BEISPIEL

Freibad, Spielplätze, Museen, Bücherei, Kino

© Natalia Vintsik – stock.adobe.com

2. Weisungsfreie Pflichtaufgaben

Hier wird der Gemeinde die Aufgabe zur Erfüllung auferlegt. Demnach bestimmt der Bund, dass die **Gemeinde** die Aufgabe zu erledigen hat und die Gemeinde darf entscheiden, **wie** sie diese ausführt. Auch hierfür ist wieder das Hauptorgan der Gemeinde zuständig.

BEISPIEL

Kindergarten, Friedhof, Feuerwehr, Rathaus, Kläranlage

© benjaminnolte – stock.adobe.com

3. Weisungsgebundene Pflichtaufgaben

Bei den weisungsgebundenen Pflichtaufgaben bekommen die Gemeinden vom Bund genau gesagt, welche Aufgaben sie zu erfüllen haben und wie sie dies tun sollen. Den Gemeinden bleibt dabei **keinerlei Spielraum**. Hierfür ist der Leiter der Gemeindeverwaltung zuständig, der den ordnungsgemäßen Gang der Geschäfte überwachen muss.

BEISPIEL

Passwesen, Standesamtwesen, Gewerbe- und Gaststättenüberwachung

© Gina Sanders – stock.adobe.com

Zusammenfassung und Lernkontrolle

Zusammenfassung

- GG Art. 28 Abs. 2: Selbstverwaltungsrecht der Gemeinden
- Gemeinden haben unterschiedliche Kommunalverfassungen
  - Norddeutsche Ratsverfassung
  - Süddeutsche Ratsverfassung
  - Magistratsverfassung
  - Bürgermeisterverfassung
- Süddeutsche Ratsverfassung
  - Gemeinderat = Hauptorgan der Gemeinde
  - Amtszeit fünf Jahre
  - Geheime Wahl durch Bürger
  - Bürgermeister = Leiter Gemeindeverwaltung, Vorsitzender Gemeinderat
  - Amtszeit acht Jahre
- Gemeinden regeln ihre Angelegenheiten selbst:

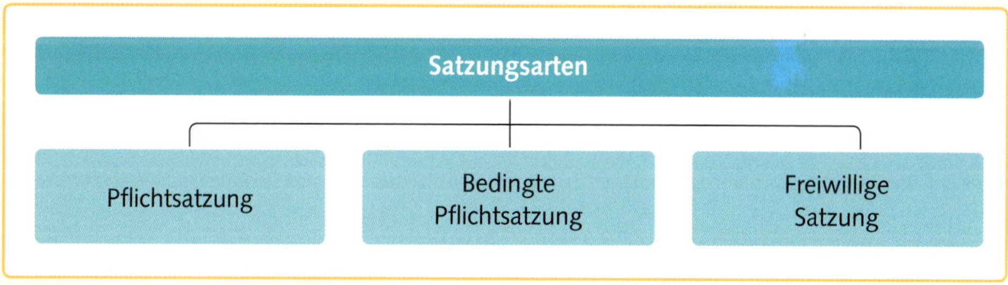

- Aufgaben einer Gemeinde:

	Freiwillige Aufgaben	Weisungsfreie Pflichtaufgaben	Weisungsgebundene Pflichtaufgaben
Bund bestimmt:	Nichts	**Ob** die Gemeinde die Aufgabe zu erfüllen hat	**Ob** und **wie** die Gemeinde die Aufgabe zu erfüllen hat
Gemeinde bestimmt:	**Ob** und **wie** sie die Aufgabe erfüllt	**Wie** sie die Aufgabe erfüllt	Nichts
Zuständiges Gemeindeorgan:	Hauptvertretung der Bürger		Leiter der Gemeindeverwaltung
Beispiel:	Theater	Grundschule	Standesamtwesen

Lernkontrolle

Aufgabe 1

Nennen Sie die gesetzliche Grundlage für das Selbstverwaltungsrecht der Gemeinden und erklären Sie dieses.

Aufgabe 2

Warum gibt es in Deutschland unterschiedliche Kommunalverfassungen?

Aufgabe 3

Skizzieren Sie die Art von Kommunalverfassung, die Ihrer Ausbildungsbehörde zu Grunde liegt.

Aufgabe 4

Nennen Sie die Arten von Satzungen.

Aufgabe 5

Erklären Sie an einem Beispiel, was man unter einer bedingten Pflichtsatzung versteht.

Aufgabe 6

Unterscheiden Sie zwischen weisungsfreien und weisungsgebundenen Pflichtaufgaben und geben Sie jeweils ein Beispiel dazu an.

Lernfeld 4:

Verträge zur Güterbeschaffung schließen und erfüllen

B

1 Einführung in das Recht

1.1 Rechtsbegriff

© MEV Agency UG

> Das **Recht** hat die **Aufgabe**, das **Zusammenleben der Menschen** in der **staatlichen Gemeinschaft** durch **verlässliche Regeln** zu ermöglichen und damit den **Rechtsfrieden** zu wahren.

Diese Regeln existieren als **Gebote (du sollst)**, als **Gewährungen (du kannst)** und als **Verbote (du darfst nicht)**.

BEISPIELE

- **Gebote (du sollst!)**

  § 535 BGB (Inhalt und Hauptpflichten des Mietvertrags)

  Abs. 1: Durch den Mietvertrag wird der Vermieter verpflichtet, dem Mieter den Gebrauch der Mietsache während der Mietzeit zu gewähren ...

  Abs. 2: Der Mieter ist verpflichtet, dem Vermieter die vereinbarte Miete zu entrichten.

  § 5 Abs. 1 StVO (Überholen)
  Es ist links zu überholen.

  Art. 29 Abs. 1 ScheckG (Vorlegungsfristen)
  Ein Scheck, der in dem Lande der Ausstellung zahlbar ist, muss binnen acht Tagen zur Zahlung vorgelegt werden.

- **Gewährungen (du kannst!)**

  § 903 BGB (Befugnisse des Eigentümers)

  Satz 1: Der Eigentümer einer Sache kann, soweit nicht das Gesetz oder Rechte Dritter entgegenstehen, mit der Sache nach Belieben verfahren und andere von jeder Einwirkung ausschließen.

  Art. 2 GG (Persönliche Freiheitsrechte)

  Abs. 1: Jeder hat das Recht, auf die freie Entfaltung seiner Persönlichkeit, soweit er nicht die Rechte anderer verletzt und nicht gegen die verfassungsmäßige Ordnung oder das Sittengesetz verstößt.

  Art. 12 GG (Berufsfreiheit)

  Abs. 1 Satz 1: Alle Deutschen haben das Recht, Beruf, Arbeitsplatz und Ausbildungsstätte frei zu wählen.

- **Verbote (du darfst nicht!)**

  § 12 StVO (Halten und Parken)

  Abs. 1: Das Halten ist unzulässig
  1. an engen und an unübersichtlichen Straßenstellen,
  2. im Bereich von scharfen Kurven,

  ...

1.2 Sitte und Moral

1.2.1 Sittlichkeit

Das Recht zielt grundsätzlich nur auf das äußere Verhalten des Menschen ab. Es besteht aus Vorschriften, die das friedliche Zusammenleben der Menschen in der Gemeinschaft zum Ziel haben. Das Recht ist für die Mitmenschen erkennbar und kann notfalls auch erzwungen werden, es hat Zwangsgeltung. Das menschliche Verhalten wird jedoch darüber hinaus in unterschiedlichem Umfang von weiteren „Vorschriften" bestimmt.

BEISPIEL

Gem. § 1601 BGB sind Verwandte in gerader Linie (das sind Eltern und Kinder) verpflichtet, einander Unterhalt zu gewähren. Diese Vorschrift gilt nicht für Kinder untereinander.

Dass ein steinreicher Bruder seinen unverschuldet in wirtschaftliche Not geratenen Bruder unterstützt, verlangt nicht das BGB, sondern die Sittlichkeit (Gewissen).

Die Sittlichkeit (Moral, Ethik) strebt die Ordnung menschlichen Zusammenlebens durch ein inneres Verhalten an, das die Moral und letztlich das Gewissen vorgeben. Die Sittlichkeit kennt zwar keine Erzwingbarkeit ihrer Normen, verlangt von den Menschen aber mehr als das Recht.

1.2.2 Sitte

Die **Sitte** will mit ihren Regeln das **Zusammenleben** der Menschen **überschaubarer** und **angenehmer** gestalten. Sie verlangt, wie das Recht, ein bestimmtes **äußeres Verhalten** ohne rechtlich verbindlich und erzwingbar zu sein.

BEISPIELE

- Sie tragen saubere Kleidung in der Schule und im Büro.
- Sie sind höflich und korrekt.

Wenn wir uns **nicht** an die **Gebräuche oder Anstandsregeln halten**, müssen wir nicht mit Strafe, sondern eher mit Verachtung und Ausgrenzung rechnen **(die Menschen rümpfen die Nase)**.

1.3 Naturrecht und gesetztes Recht

1.3.1 Naturrecht

Das Naturrecht leitet sich aus der menschlichen Natur und der allen Menschen eigenen Vernunft ab und kann unter Umständen in Widerspruch zum staatlichen Recht stehen.

BEISPIEL

Nach herrschendem Rechtsverständnis stellt die Würde des Menschen ein unveräußerliches Recht dar.

Damit Naturrecht wirksam werden kann, muss ein Rechtssetzungsakt erfolgen, ausgehend von der jeweiligen Volksüberzeugung. Insofern unterliegt das Naturrecht auch gewissen Wandlungen. Besonders die christlichen Lehren schließen naturrechtliche Gedanken ein.

BEISPIEL

GG Art. 1–19

Nach dem Zweiten Weltkrieg wurde das Verlangen nach Anerkennung allgemeingültiger unveräußerlicher Grund- und Menschenrechte deutlich. In unserem 1949 geschaffenen Grundgesetz wurden diese unveräußerlichen Menschenrechte in Form der Grundrechte (Artikel 1–19 GG) an den Anfang gestellt.

Unter Naturrecht versteht man ein für alle Menschen gleichermaßen, ohne zeitliche oder räumliche Begrenzung, geltendes Recht, welches über den Gesetzen steht. Es ist ein ewig geltendes, höheres, göttliches Vernunftsrecht, dessen oberstes Prinzip die Gerechtigkeit darstellt.

1.3.2 Gewohnheitsrecht und geschriebenes Recht

1.3.2.1 Gewohnheitsrecht

Nach dem Unterscheidungskriterium „Herkunft der Rechtssätze" lässt sich das Recht einteilen in Naturrecht und gesetztes (auch positives) Recht.

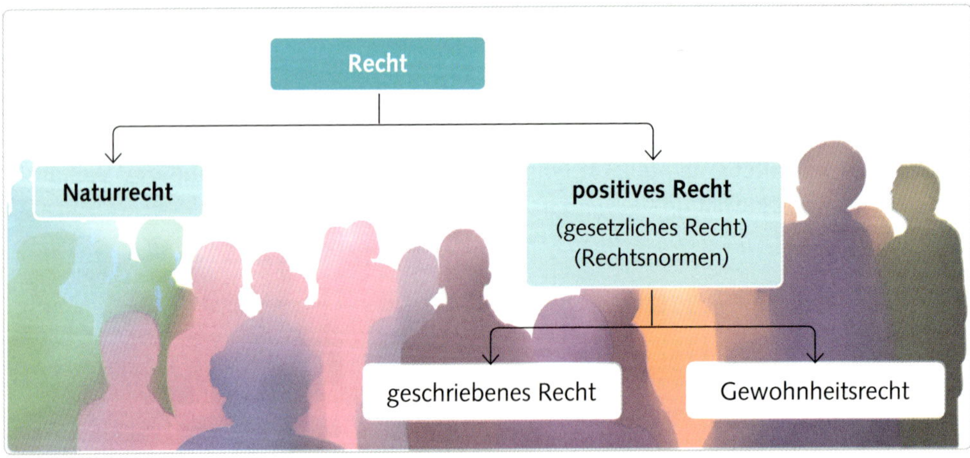

Das Gewohnheitsrecht entsteht durch

- langjährige Übung,
- bei gleichzeitiger Anerkennung durch die Gesellschaft,
- ohne dass ein Widerspruch zu Rechtsnormen besteht.

Da eine weitergehende schriftliche Fixierung dessen fehlt, was im Einzelfall Gewohnheitsrecht ist, muss eben dieser Einzelfall jeweils untersucht werden. Und dies ist überwiegend Aufgabe der Gerichte, denen ein Streitfall zur Entscheidung vorgelegt wird.
Gewohnheitsrecht „entsteht" heute meist durch Richterrecht, also durch die laufende Rechtsprechung.

BEISPIEL

Von der Allgemeinheit wird das Recht anerkannt, in einem Fluss zu baden oder während eines Waldspaziergangs Beeren zu sammeln.

1.3.2.2 Geschriebenes Recht (Rechtsnormen)

Das gesetzte (positive) Recht wird von der jeweils „herrschenden Gewalt" (z. B. Parlament, Diktator) als „rechtliches Regelwerk" vorgegeben. Diese Gesamtheit von rechtlichen Regeln und Vorschriften wird auch als Rechtsnormen bezeichnet; sie kommen als geschriebenes Recht und als Gewohnheitsrecht vor.

Positives Recht bezeichnet Rechtsnormen jeder Art, die in einer Gesellschaft gelten. Hierzu gehört die Gesamtheit des gesetzten Rechts (Gesetze, Verordnungen, Satzungen) sowie das Gewohnheitsrecht. Im Vordergrund steht die Rechtssicherheit.

Aufgrund dieser Definition bedeutet dies, dass alles, was von den für die Rechtsetzung zuständigen Organen in rechtliche Normen gesetzt wird (einschließlich Gewohnheitsrecht), als legal angesehen wird.

Nun sind verschiedene Möglichkeiten denkbar, wie Naturrecht und positives Recht zueinander in Beziehung stehen:

Diskrepanz von Naturrecht und positivem Recht

BEISPIEL

a) Während des Dritten Reiches galt das schriftlich festgelegte Gesetz, wonach Angehörige bestimmter Volksgruppen und Rassen „lebensunwert" seien, von Staats wegen also zu liquidieren waren.

b) Ein Bürger der ehemaligen DDR, der den Versuch unternahm, die Grenze der DDR ohne behördliche Erlaubnis zu überschreiten, musste damit rechnen, auf staatlichen Befehl hin erschossen zu werden.

In beiden Fällen ist das Töten von Menschen durch die staatlichen Organe der Gesetzgebung legalisiert worden. Mit dem Naturrecht ist das Töten von Menschen dagegen unvereinbar. Selbst die Todesstrafe ist mit dem Naturrecht unvereinbar.

Übereinstimmung von Naturrecht und positivem Recht

BEISPIEL

Laut Grundgesetz (Art. 12 Abs. 1) haben alle Deutschen das Recht, die Ausbildungsstätte u. a. frei zu wählen. Viele Jugendliche und Erwachsene sind dennoch ohne Ausbildungsplatz.
Dem Naturrecht entspricht es, dass eine Person unter Berücksichtigung ihrer Eignung und Fähigkeit den gewünschten Beruf erwählt und dazu auch die Ausbildungsstätte. Grund-

gesetz und Einzelgesetze stehen damit in Einklang. Jedenfalls formell besteht hier Übereinstimmung von Naturrecht und positivem Recht. Materiell besteht jedoch der Konflikt, dass über mehrere Jahre das Recht auf freie Berufswahl nicht realisierbar war und ist, weil die Wirklichkeit hier Grenzen setzt.

Verstößt positives Recht gegen das Naturrecht, so ist es zwar legal, denn es entspricht den Erfordernissen der Rechtssicherheit und damit der äußeren Rechtmäßigkeit. Es fehlt jedoch die innere Rechtmäßigkeit, die Legitimität.

Das geschriebene Recht soll dem Menschen ein möglichst hohes Maß an Rechtssicherheit verschaffen. Schriftlich festgelegtes Recht ist sicher, weil jede Bürgerin und jeder Bürger weiß oder wissen kann, was erlaubt und was verboten ist. Zum geschriebenen Recht gehören neben der Verfassung Gesetze, Rechtsverordnungen und Satzungen. Den höchsten Rang der Rechtsvorschriften hat die Verfassung. Gesetze stehen über den Rechtsverordnungen und Satzungen und gehen diesen vor.

Verfassung

Unter der Verfassung eines Staates versteht man die Gesamtheit der geschriebenen und ungeschriebenen Rechtssätze über die Bildung, den Aufgabenkreis und die Organisation der obersten Staatsorgane und deren Verhältnis zueinander. Die Verfassung regelt auch die staatlichen Aufgaben, den staatsrechtlichen Aufbau des Staates und die Rechte des Bürgers gegen den Staat (Grundrechte). In der Bundesrepublik Deutschland ist sie im Grundgesetz (GG) geregelt. Daneben haben auch die Bundesländer eigene Verfassungen (Landesverfassungen).
Das Verfassungsrecht steht über den anderen Rechtsnormen. Somit müssen die Länderfassungen dem Grundgesetz entsprechen und die Gesetze müssen sich ebenfalls an das Grundgesetz halten.

Gesetze

Gesetze werden als **allgemein gültige Regeln** und Vorschriften durch die in den Verfassungen bestimmten Gesetzgebungsorgane (Bundestag, Landtage) erlassen **(gesetzgebende Gewalt** oder **Legislative)**. Erinnern Sie sich?

BEISPIELE

GG, BGB, HGB, AktG

Rechtsverordnungen

Rechtsverordnungen sind **allgemein verbindliche Anordnungen**, die von Organen der vollziehenden Gewalt **(Exekutive)** auf Grund einer ausdrücklichen gesetzlichen Ermächtigung erlassen werden (Art. 80 GG Erlass von Rechtsverordnungen).

BEISPIELE

- Baunutzungsverordnung (BauNVO)
- SGB III-Leistungsentgeltverordnung (LVO)
- Verordnung über Informationspflichten nach Bürgerlichem Recht (InfoVO)

Satzungen

Satzungen sind **Rechtsvorschriften**, die von einer im Staat bestehenden juristischen Person (z. B. Gemeinde, Kreis, Hochschule usw.) im Rahmen der ihr gesetzlich verliehenen **Autonomie (selbstständige Gesetzgebung)** erlassen werden, um die Verwaltungsaufgaben bewältigen zu können.

BEISPIELE

- Haushaltssatzung, Friedhofsatzung einer Gemeinde,
- Satzungen über die Benutzung des städtischen Schwimmbades.

1.4 Einteilung des Rechts

1.4.1 Privatrecht und öffentliches Recht

Rechtsbeziehungen können freiwillig oder unter Zwang zustande kommen.

BEISPIELE

1. Franz geht in den Bäckerladen und kauft zwei Brötchen.
   - freiwillige Rechtsbeziehung
2. Frieda Lauer lässt sich von ihrem Friseur hübsch machen.
   - freiwillige Rechtsbeziehung
3. Der steuerpflichtige Klaus Müller muss seine Steuern zahlen.
   - vom Staat erzwungene Rechtsbeziehung
4. Klaus muss bestraft werden, weil er seinen Bruder Albert umgebracht hat.
   - vom Staat erzwungene Rechtsbeziehung

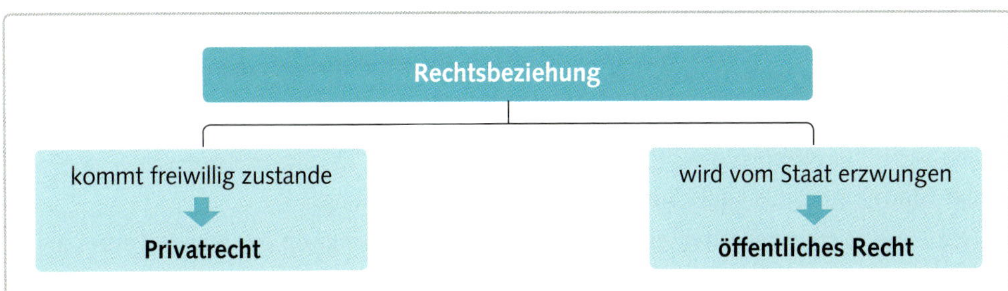

Privatrecht (Zivilrecht, bürgerliches Recht)

Im **Privatrecht** stehen sich **Rechtssubjekte** auf **gleicher Ebene** gegenüber, die ihre Rechtsansprüche zueinander regeln.

BEISPIELE

- Wenn Franz als Käufer und die Bäckersfrau als Verkäuferin nach Abschluss ihrer Verhandlungen einen Kaufvertrag abschließen, haben beide Pflichten gem. § 433 BGB übernommen. Sie stehen auf gleicher Stufe; sie sind gleichberechtigt. Völlig frei und ohne staatlichen Zwang konnten sie ihre rechtlichen Beziehungen regeln.
- Ebenso verhält es sich im Fall der Frieda Lauer. Niemand zwingt sie, täglich, wöchentlich oder monatlich ihren Friseur aufzusuchen.

Das **Kernstück** des Privatrechts oder bürgerlichen Rechts ist das **BGB = Bürgerliches Gesetzbuch**.

Dem Privat- oder Zivilrecht sind noch weitere Rechtsbereiche zugeordnet:

BEISPIELE

- Handelsrecht
- Gesellschaftsrecht

Im **Privatrecht** stehen sich die **Rechtssubjekte gleichberechtigt** gegenüber. Es besteht ein **Verhältnis der Gleichordnung**!

Öffentliches Recht

BEISPIELE

- Wenn Sie bei „Rot" eine Straße überqueren würden (Sie wären dann „Vorbild" für die auf „Grün" wartenden Kinder!), hätte der Staat das Recht, von Ihnen, auch ohne Ihre Zustimmung, ein Bußgeld zu fordern.
- Ebenso erhebt der Staat Steuern von Klaus Müller, ohne dass dieser zustimmen muss.
- Im Falle des Klaus kann man auch nicht davon ausgehen, dass dieser seiner Bestrafung ohne weiteres zustimmen wird.

Das **öffentliche Recht** regelt nämlich das Verhältnis des einzelnen **Bürgers zum Staat** und seinen Organen. Weil der **Staat** Inhaber hoheitlicher Gewalt ist, ist er dem einzelnen Bürger **übergeordnet**. Der **Bürger** ist dem Staat **untergeordnet**.

Tritt der Staat jedoch als Vertragspartner auf, so gelten für ihn auch die Bestimmungen des Privatrechts.

BEISPIELE

- Die Stadt Pirmasens kauft Büromaterial für die Verwaltung.
- Das Land Niedersachsen mietet Räume für die Unterbringung der Asylbewerber an.

Zum öffentlichen Recht gehören u. a. folgende Rechtsbereiche:

BEISPIELE

- Völkerrecht
- Verfassungsrecht
- Prozessrecht
- Strafrecht
- Kirchenrecht
- Verwaltungsrecht
  - Polizeirecht
  - Verkehrsrecht
  - Beamtenrecht
  - Sozialrecht

Zu den Bereichen, die Elemente des öffentlichen Rechts und des Privatrechts enthalten, die also **nicht eindeutig** den Rechtsbereichen **zugeordnet** werden können, gehören insbesondere das **Arbeitsrecht**, das **Jugendrecht**, das **Wirtschaftsrecht** u. a.

Im **öffentlichen Recht** stehen sich der **Staat und der einzelne Bürger gegenüber**.
Es liegt ein **Verhältnis der Über- und Unterordnung** vor.

1.4.2 Materielles und formelles Recht

Materielles Recht

Materielles Recht (Materie = Gegenstand) enthält diejenigen Bestimmungen, die den **Inhalt** der Rechtsordnung betreffen. Das materielle Recht ist in verschiedene Rechtsgebiete gegliedert.

BEISPIELE

- Der besondere Teil des StGB enthält Vorschriften, nach denen jemand straffällig wird.
  - § 211 StGB Mord, § 242 StGB Diebstahl.
- Das BGB enthält z. B. Bestimmungen, in welchen Fällen ein Vertrag vorliegt und welche Rechte und Pflichten sich daraus für die Vertragspartner ergeben.
  - § 433 BGB (Vertragstypische Pflichten beim Kaufvertrag)
  - § 535 BGB (Inhalt und Hauptpflichten des Mietvertrags)

Formelles Recht

Das **formelle Recht** bestimmt die **Formen**, unter denen ein materielles **Recht zu verfolgen** ist. Es genügt nämlich nicht, wenn jemand weiß, welches Recht ihm zusteht, er aber nicht weiß, auf welchem Wege er sein Recht erlangen kann.

Zum formellen Recht gehören insbesondere die Vorschriften der **Prozessordnungen**, wie z. B. StPO, ZPO usw., in denen z. B. festgelegt ist, welches Gericht zuständig ist, welche Fristen einzuhalten sind und wie das jeweilige Verfahren abläuft.

1.4.3 Zwingendes und nachgiebiges Recht

Zwingendes Recht

Beim **zwingenden Recht** gilt die Rechtsvorschrift **unbedingt** (Mussvorschrift). Die Rechtssubjekte können diese Vorschriften nicht durch Verträge abändern. Bei Nichtbefolgung drohen Strafe und andere Nachteile.

BEISPIELE

- § 925 BGB (Auflassung): Die Übertragung des Eigentums an einem Grundstück ist nur möglich, wenn Verkäufer und Käufer gleichzeitig vor einem Notar erscheinen und die Einigung über den Übergang des Grundstücks erklären.
- § 1310 BGB (Eheschließung vor dem Standesbeamten, Heilung fehlerhafter Ehen): Eine Ehe muss vor dem Standesbeamten geschlossen werden. Bei Nichtbeachtung wird die Ehe nicht begründet.

Wenn es sich um **öffentliche Interessen** (Strafrecht u. Ä.) handelt, gilt immer **zwingendes Recht**.

1.5 Notwendigkeit einer Rechtsordnung als Vernunfts- und Friedensordnung

Jedes Zusammenleben in einer Gemeinschaft ist durch Regeln (Spielregeln) gekennzeichnet. Die Regeln dienen dem Schutz des Einzelnen und sollen Benachteiligungen ausgleichen.

Aufgaben des Rechts		
Ordnungsfunktion	**Sicherheitsfunktion (Schutzfunktion)**	**Ausgleichsfunktion**
Die rechtlichen Spielregeln für das Zusammenleben in der Gemeinschaft werden von den dafür zuständigen Organen aufgestellt. Gültigkeit besitzen sie für die Personen, die sich in dem dazugehörenden Bereich betätigen bzw. in dem entsprechenden Gebiet leben. Auf Bundesebene ist hierfür in erster Linie der Bundestag, auf Landesebene der Landtag, in der Gemeinde der Gemeinderat, im Rahmen einer Vereinsmitgliedschaft dieser Verein und sein Verband, zuständig. Rechtsvorschriften oder Spielregeln sind unerlässlich, damit ein geordnetes und insbesondere friedliches Zusammenleben der Menschen innerhalb der Gesellschaft ermöglicht wird. Ein Fehlen von Rechtsvorschriften hat zwangsläufig Unordnung, Chaos zur Folge.	Grundsätzlich kann man davon ausgehen, dass es immer wieder einzelne Personen geben wird, die gegen bestehende Rechtsvorschriften verstoßen, die also die Ordnung stören. In diesen Fällen (z. B. Verkehrsunfall, Diebstahl, Mord) muss gewährleistet sein, dass die entsprechenden Rechtsgüter (Eigentum, Körper, Leben u. a.) geschützt sind. Dies gilt auch für Übergriffe des Staates, z. B. bei Verletzung des Datenschutzes. Der Bürger muss sicher sein können, dass bei bestehenden Rechtsvorschriften die darin aufgezeigten Rechtsgüter nicht ohne Berechtigung angegriffen und verletzt werden können.	Verstöße gegen die Ordnungsfunktion oder die Sicherheitsfunktion führen im Regelfall zu Benachteiligungen des einen, zu ungerechtfertigten Vorteilen eines anderen. Dieses rechtliche Missverhältnis gilt es auszugleichen, und zwar ohne Gewaltanwendung des Benachteiligten. Zunächst verweisen die Rechtsvorschriften darauf, dass es Einrichtungen gibt, z. B. Polizei und Gerichte, deren Aufgabe es ist, zu ermitteln, wer welche Art des Verstoßes gegen wen begangen hat. Nach eingehender Würdigung und Bewertung der Sachlage erfolgt ein Ausgleich in der Weise, dass der regelwidrig Handelnde zur Wiedergutmachung herangezogen wird, der Geschädigte entschädigt wird – soweit dies möglich ist.

1.6 Rechtsstaatliche Merkmale des Grundgesetzes

Rechtsstaatsprinzip

Unter einem **Rechtsstaat** ist ein Staat zu verstehen, bei dem das Handeln von Regierung und Verwaltung durch geltende Gesetze beschränkt und gelenkt wird. Dies wird auch im Grundgesetz der Bundesrepublik Deutschland geregelt, danach ist die Bundesrepublik GG Art. 28

- ein republikanischer
- demokratischer und
- sozialer Rechtsstaat.

Dadurch soll staatlicher Willkür vorgebeugt werden. Das bedeutet für die Bürger auch, dass ihnen Grundrechte gewährt und diese auch garantiert werden.

Wichtige Artikel des Grundgesetzes, die die Merkmale des Rechtsstaats genauer definieren	
Art. 103 Abs. 1 GG	der Anspruch auf **rechtliches Gehör**
Art. 101 GG	der Anspruch auf den **gesetzlichen Richter**
Art. 20 Abs. 3 GG	der **Vorrang von Verfassung und Gesetz**
Art. 19 Abs. 4 GG	Rechtsschutz durch **unabhängige Gerichte**

Wesensmerkmale des Rechtsstaatsprinzips				
Achtung der Grundrechte	**Gewaltenteilung**	**Gleichbehandlung**	**Vorbehalt des Gesetzes**	**Verhältnismäßigkeit**
alle Organe der Staatsgewalt sind an die Grundrechte gebunden und dürfen sich nicht über diese hinwegsetzen	Art. 20 Abs. 2 GG sieht vor, dass die Ausübung der Staatsgewalt durch besondere Organe der Rechtsprechung, der Gesetzgebung und der vollziehenden Gewalt erfolgen muss	durch das Gesetz (Art. 3 GG)	Eingriffe der staatlichen Gewalt in Freiheit und Eigentum der Bürger müssen auf ein förmliches und zudem bereits vorher erlassenes Gesetz gestützt werden	verwendete Mittel und verfolgter Zweck müssen verhältnismäßig sein

Unabhängigkeit der Richter

Um die Freiheit des einzelnen Bürgers zu gewährleisten, muss er vor Missbrauch staatlicher Macht geschützt werden. Dies geschieht im Bereich des Grundgesetzes dadurch, dass die Staatsgewalt auf verschiedene Staatsorgane übertragen wird, die sich gegenseitig kontrollieren und dadurch einen wichtigen Beitrag zur Gerechtigkeit leisten

Das Grundgesetz legt eine dreigeteilte Staatsgewalt fest in:

- die gesetzgebende Gewalt = Legislative GG Art. 20
- die vollziehende Gewalt = Exekutive
- die rechtsprechende Gewalt = Judikative

Für einen Rechtsstaat ist es entscheidend, dass die Richter unabhängig von den anderen Staatsgewalten sind. Dies regelt das Grundgesetz in folgenden Punkten:

GG Art. 97

- Die Richter sind unabhängig und nur dem Gesetz unterworfen.
- Die hauptamtlich und planmäßig endgültig angestellten Richter können wider ihren Willen nur kraft richterlicher Entscheidung und nur aus Gründen und unter den Formen, welche die Gesetze bestimmen, vor Ablauf ihrer Amtszeit entlassen oder dauernd oder zeitweise ihres Amtes enthoben oder an eine andere Stelle oder in den Ruhestand versetzt werden.

Die Richter sind somit in ihrer Tätigkeit nicht weisungsgebunden, d. h. weder unmittelbare Vorgesetzte noch der jeweilige Landesjustizminister können Richtern Anweisungen erteilen.

Kontrollfunktion des Bundesverfassungsgerichts und des Europäischen Gerichtshofs

Jeder Bürger der Bundesrepublik Deutschland, der sich durch Maßnahmen der Regierung, Polizei und Verwaltung in seinen Rechten verletzt fühlt, hat Anspruch auf umfassenden Rechtsschutz des Staates und der Europäischen Union. Dieser Rechtsschutz wird durch die Gerichte gewährt.

Europäische Gerichtsbarkeit

Für die Rechtsprechung innerhalb der Europäischen Union sind folgende Gerichte zuständig:

ÜBERSICHT

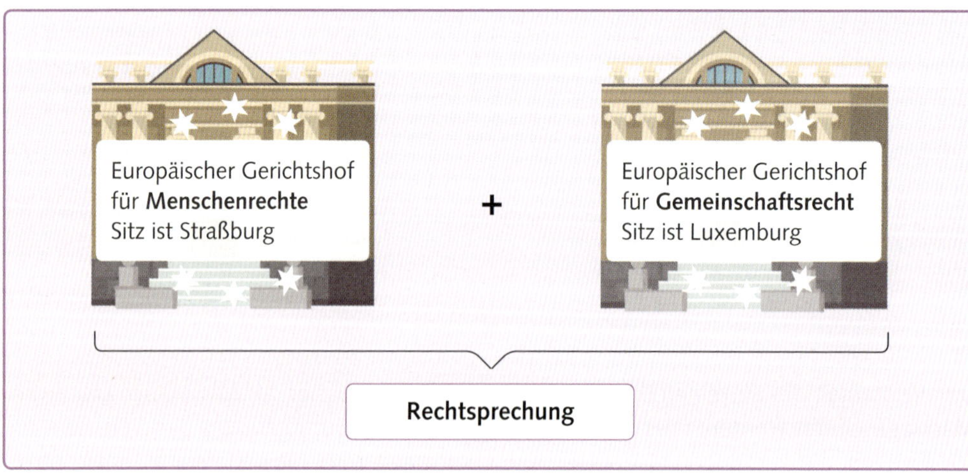

Der **Europäische Gerichtshof** ist insbesondere zuständig bei

- Streitigkeiten
  - zwischen den Mitgliedstaaten der EU
  - zwischen Mitgliedstaaten und Organen der Union
  - zwischen Organen der Union

- Fragen des Gemeinschaftsrechts
- Klagen der Bürger aus Mitgliedsländern gegen Entscheidungen der Europäischen Union.

Hauptaufgabe des **Europäischen Gerichtshofes** ist die **Sicherung der einheitlichen Anwendung, Auslegung und Weiterentwicklung** des **Rechts der Europäischen Union**.

Die Rechtsprechung des Europäischen Gerichtshofs (EuGH) findet seinen Niederschlag in:

- Verordnungen sind für alle Mitgliedstaaten bindend.
- Richtlinien sind lediglich in der Zielsetzung verbindlich, jeder Staat bestimmt die Form und die Mittel, diese Ziele zu erreichen.
- Entscheidungen sind verbindlich für die Länder, die namentlich genannt werden.
- Empfehlungen sind für die Mitgliedstaaten unverbindlich.
- Stellungnahmen sind für die Mitgliedstaaten unverbindlich.

Da die Bundesrepublik Deutschland ein **Bundesstaat** ist, wird nach dem Grundgesetz der Bundesrepublik Deutschland die nationale Rechtsprechung durch Gerichte des **Bundes** und der **Länder** ausgeübt.

Verfassungsgerichtsbarkeit der Bundesrepublik Deutschland

Zur **Verfassungsgerichtsbarkeit** zählt die vom **Bundesverfassungsgericht** und den **Verfassungsgerichten der Länder** (Länderverfassungsgerichte, Staatsgerichtshöfe) ausgeübte Gerichtsbarkeit.

© eyetronic – fotolia.com

Die **Verfassungsgerichte** sind gegenüber allen übrigen staatlichen Organen, wie Bundespräsident, Bundestag, Bundesregierung, Ministerpräsidenten der Länder, Landtage und Landesregierungen **selbstständig** und **unabhängig**.

Dies muss auch sein, denn die wichtigsten Aufgaben der Verfassungsgerichte sind die **Kontrolle** der Staatsgewalten sowie die **Konkretisierung** und **Fortentwicklung** des Verfassungsrechts.

Solange die Verfassungsgerichte mit unabhängigen Richtern besetzt sind, werden die staatlichen Organe ihre Macht nicht missbrauchen können.

Aus diesem Grunde dürfen Verfassungsrichter weder dem Bundestag noch dem Bundesrat, der Bundesregierung oder den entsprechenden Organen der Länder angehören.

Das **Bundesverfassungsgericht** ist das **höchste Rechtsprechungsorgan des Bundes** mit Sitz in **Karlsruhe**. Es besteht aus **2 Senaten mit jeweils 8 Richtern**.

Die Entscheidungen des Bundesverfassungsgerichts sind für **alle Verfassungsorgane** des Bundes und der Länder sowie für alle **Gerichte** und Behörden **bindend**. In bestimmten Fällen haben sie sogar Gesetzeskraft.

Die **Zuständigkeit** des Bundesverfassungsgerichts als **„Hüterin der Verfassung"** ergibt sich aus Art. 93 GG und § 1 BVerfGG.

Es entscheidet **beispielsweise**

- über Streitigkeiten zwischen Bund und Ländern sowie zwischen einzelnen Bundesländern,
- über Verfassungsbeschwerden von Bürgern, die sich in ihren Grundrechten verletzt fühlen,
- über die Übereinstimmung von Gesetzen mit dem Grundgesetz.

Die **Verfassungsgerichte (Staatsgerichtshöfe) der Länder** entscheiden über Streitigkeiten, die sich aus der Anwendung der **Länderverfassungen** ergeben.

Zusammenfassung und Lernkontrolle

Zusammenfassung

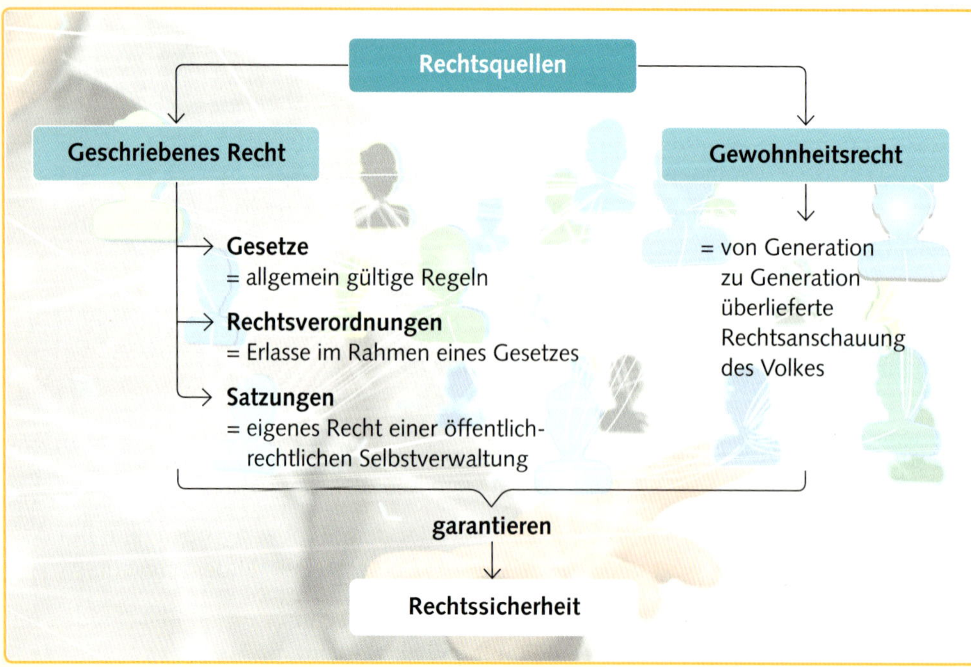

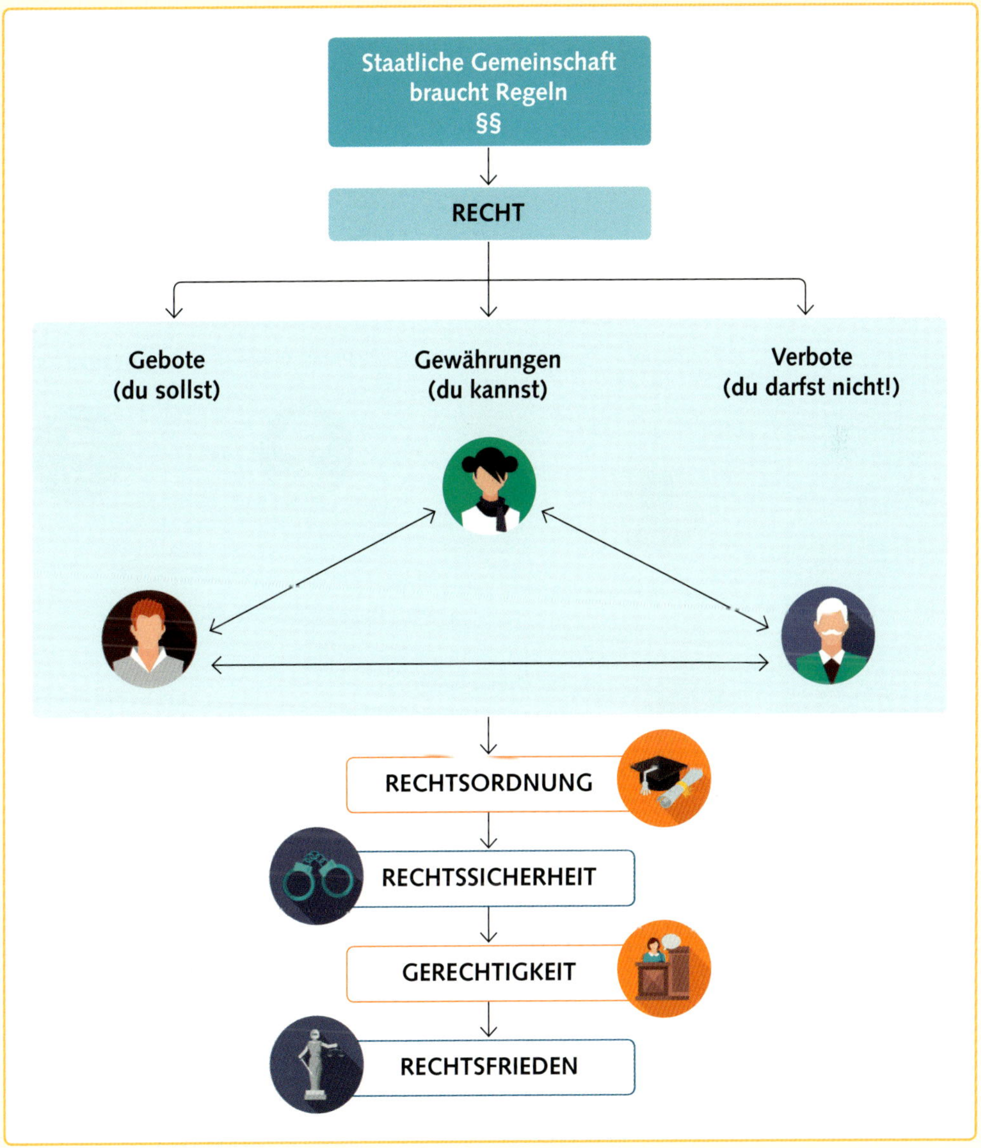
Staatliche Gemeinschaft braucht Regeln §§
RECHT
Gebote (du sollst)
Gewährungen (du kannst)
Verbote (du darfst nicht!)
RECHTSORDNUNG
RECHTSSICHERHEIT
GERECHTIGKEIT
RECHTSFRIEDEN

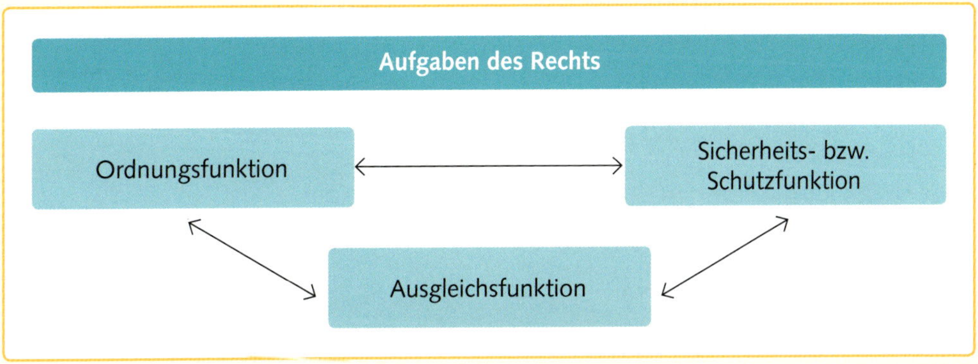
Aufgaben des Rechts
Ordnungsfunktion
Sicherheits- bzw. Schutzfunktion
Ausgleichsfunktion

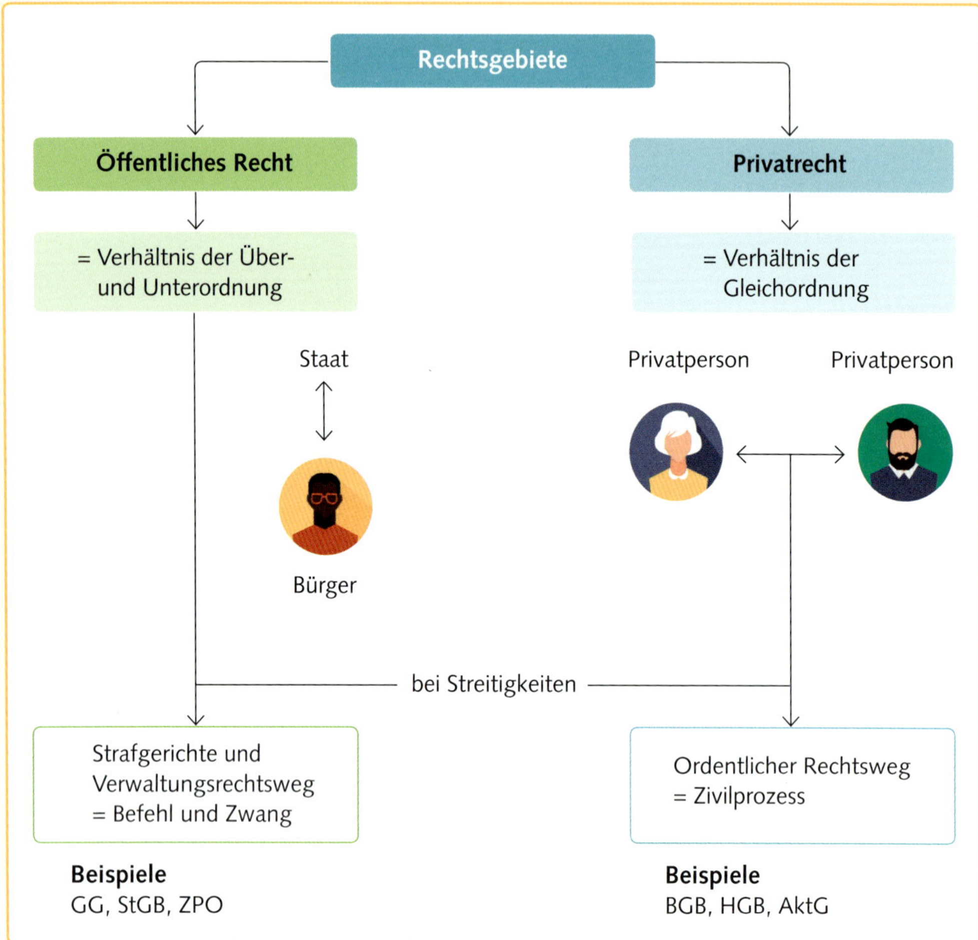
Rechtsgebiete
Öffentliches Recht
= Verhältnis der Über- und Unterordnung
Staat
Bürger
Privatrecht
= Verhältnis der Gleichordnung
Privatperson
Privatperson
bei Streitigkeiten
Strafgerichte und Verwaltungsrechtsweg = Befehl und Zwang
Ordentlicher Rechtsweg = Zivilprozess
Beispiele
GG, StGB, ZPO
Beispiele
BGB, HGB, AktG

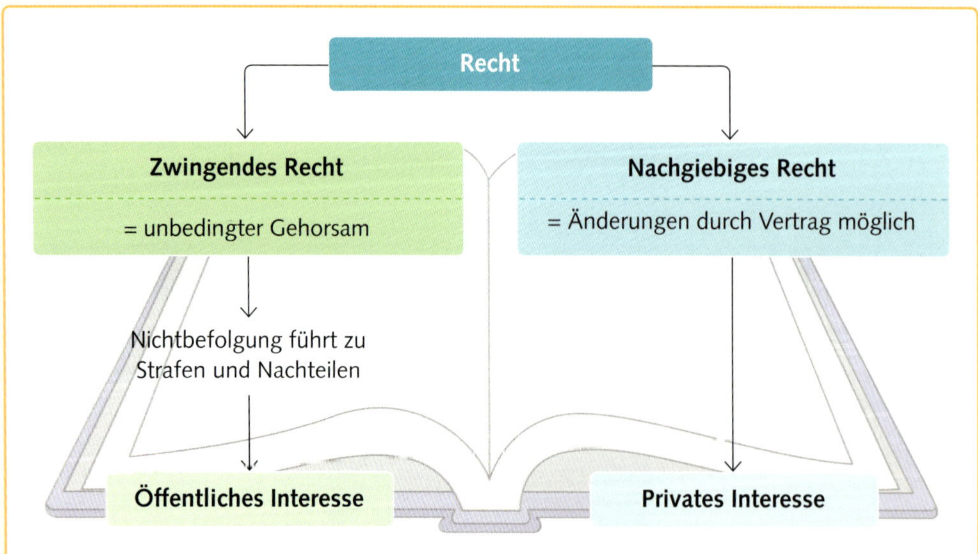
Recht
Zwingendes Recht
= unbedingter Gehorsam
Nichtbefolgung führt zu Strafen und Nachteilen
Öffentliches Interesse
Nachgiebiges Recht
= Änderungen durch Vertrag möglich
Privates Interesse

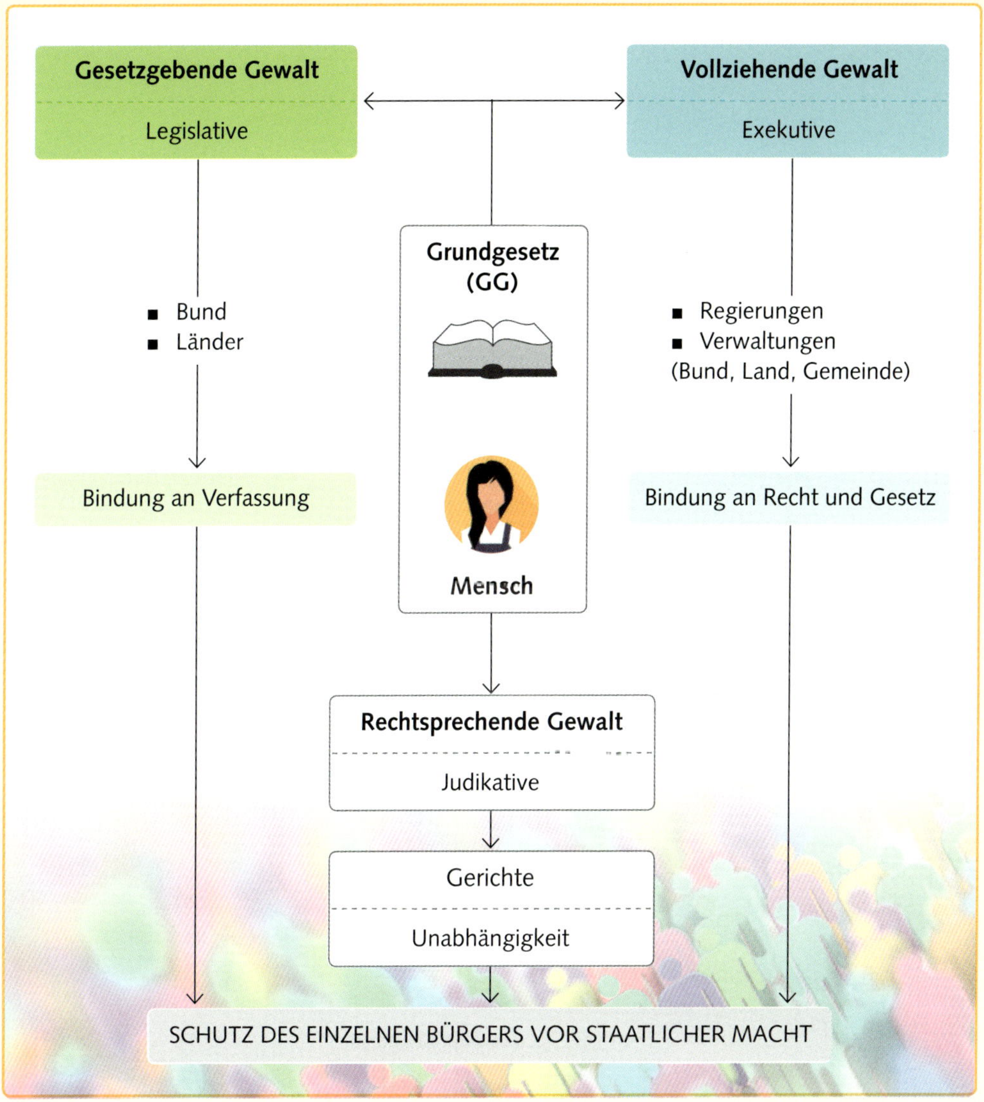
Gesetzgebende Gewalt
Legislative
Vollziehende Gewalt
Exekutive
Grundgesetz (GG)
Mensch
Bund
Länder
Regierungen
Verwaltungen
(Bund, Land, Gemeinde)
Bindung an Verfassung
Bindung an Recht und Gesetz
Rechtsprechende Gewalt
Judikative
Gerichte
Unabhängigkeit
SCHUTZ DES EINZELNEN BÜRGERS VOR STAATLICHER MACHT

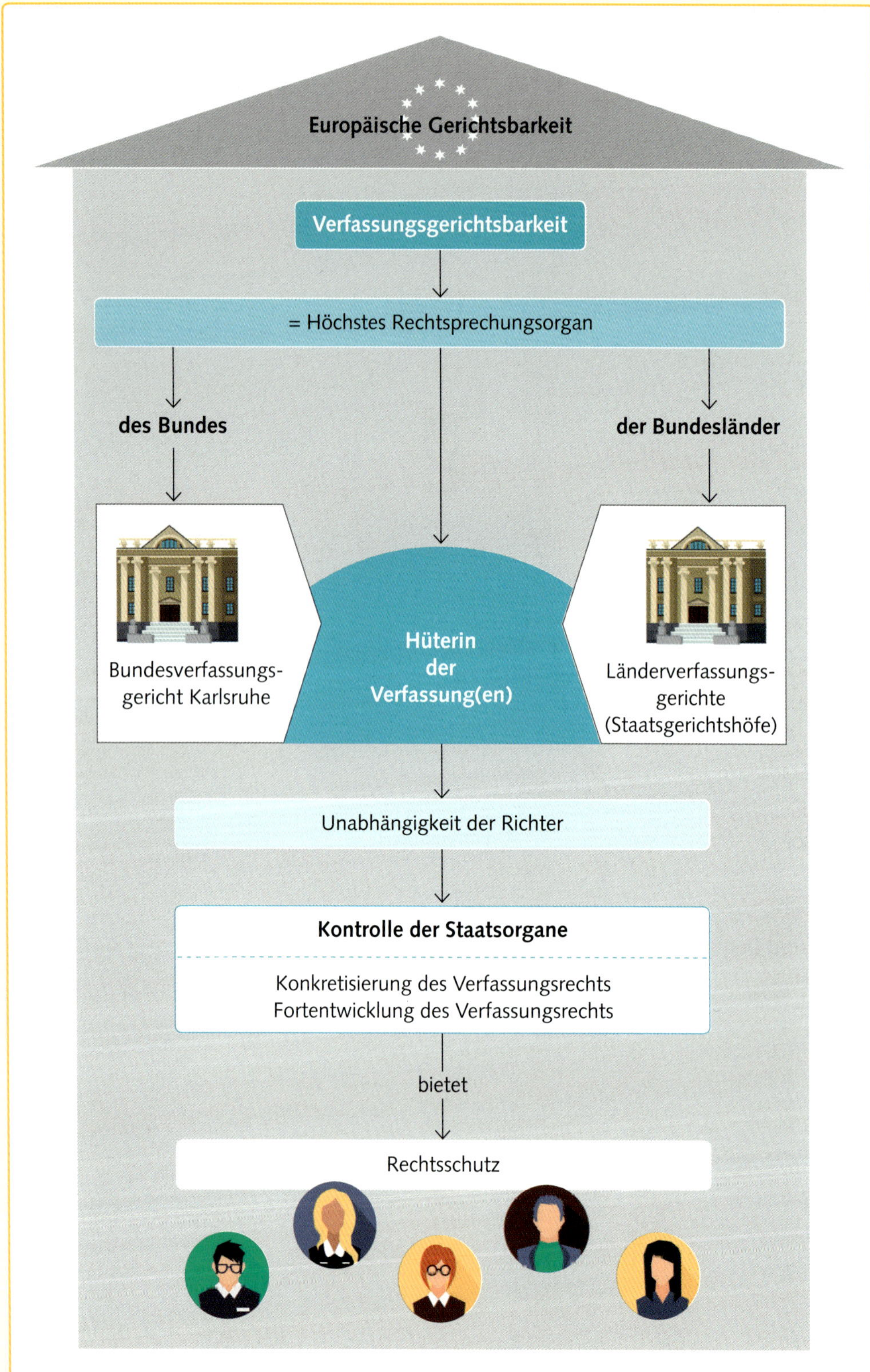
Europäische Gerichtsbarkeit
Verfassungsgerichtsbarkeit
= Höchstes Rechtsprechungsorgan
des Bundes
der Bundesländer
Bundesverfassungs-
gericht Karlsruhe
Hüterin
der
Verfassung(en)
Länderverfassungs-
gerichte
(Staatsgerichtshöfe)
Unabhängigkeit der Richter
Kontrolle der Staatsorgane
Konkretisierung des Verfassungsrechts
Fortentwicklung des Verfassungsrechts
bietet
Rechtsschutz

Lernkontrolle

Aufgabe 1

Welche Aufgabe hat das Recht?

Aufgabe 2

Nennen Sie bitte jeweils zwei Beispiele für Rechtssubjekte und Rechtsobjekte.

Aufgabe 3

Unterscheiden Sie bitte das objektive Recht von dem subjektiven Recht.

Aufgabe 4

Die Staatsgewalt ist dreigeteilt. Erklären Sie bitte diesen Satz.

Aufgabe 5

Prüfen Sie zunächst, ob die nachfolgenden Rechtsbeziehungen freiwillig zustande gekommen sind oder vom Staat erzwungen wurden und ordnen Sie die Vorgänge dem Privatrecht (PR) und dem öffentlichen Recht (ÖR) zu:

a) Die Stadt Leipzig kauft für 5 000,00 € Papier.

b) Franz Kurz kauft am Kiosk Kaugummi.

c) Die Politesse Silke Hoch aus der Stadt Erfurt verwarnt Herrn Karl-Heinz Unser wegen Parkens auf dem Gehweg.

d) Die Stadt Pirmasens erlässt gegen Frau Christa Weiß einen Hundesteuerbescheid.

e) Der Einzelhändler Otto Frey kauft bei der Getränkegroßhandlung Trinkmich Mineralwasser für sein Ladengeschäft.

Aufgabe 6

Prüfen und begründen Sie, ob folgende Beispiele dem materiellen oder dem formellen Recht zuzuordnen sind:

a) § 146 StGB Geldfälschung

b) § 172 ZPO Zustellung an Prozessbevollmächtigte

c) § 823 BGB Schadensersatzpflicht

d) § 57 StPO Zeugenbelehrung

Aufgabe 7

Eine Organisation zum Schutz der Menschenrechte hat nach eigenen Angaben festgestellt, dass in der Bundesrepublik Deutschland ausländische Strafgefangene menschenunwürdig behandelt werden.

Vor welchem Gericht und an welchem Ort wäre die Bundesrepublik Deutschland zu verklagen, wenn die angeblichen Missstände untersagt werden sollten?

Aufgabe 8

Was verstehen Sie unter einem Gesetz, einer Rechtsverordnung und einer Satzung? Nennen Sie bitte jeweils ein Beispiel.

Aufgabe 9

Wie stehen sich die Beteiligten im Privatrecht gegenüber und welches Verhältnis besteht zwischen Bürger und Staat beim öffentlichen Recht?

Aufgabe 10

Ordnen Sie die folgenden Beispiele a) bis j) den Bereichen Privatrecht (P) und Öffentliches Recht (Ö) zu. Denkbar ist, dass ein Beispiel sowohl (P) als auch (Ö) zugeordnet werden kann:

a) Die Stadt Lahr verlangt von Hubert Hauser 120,00 € Hundesteuer.

b) Dem Bauherrn Bernd Benz wird von der Gemeinde ein Wasser-Abwassergebührenbescheid zugestellt.

c) Bernd Benz erhält von seinem Maler eine Rechnung über erbrachte Malerleistungen für ein Einfamilienhaus über 1 200,00 €.

d) Der Bauunternehmer Bussmann behält für seine Arbeitnehmer Sozialversicherungsbeiträge ein und führt sie an die zuständige Allgemeine Ortskrankenkasse (AOK) ab.

e) Der Bauunternehmer Berger zahlt seinem Buchhalter vermögenswirksame Leistung in Höhe von 13,00 € pro Monat.

f) Die Brautleute Egon Ehmig und Trude Trimmig erklären vor dem Standesbeamten, dass sie als Ehenamen Trimmig wählen.

g) In das Grundbuch der Stadt Gernsbach wird eine Grundschuld zugunsten der Bausparkasse „Trautes Heim AG" zu Lasten des Grundstücks von Herbert Hein eingetragen.

h) Der Schüler Simon Siegmann schließt mit der Versicherungsaktiengesellschaft „Friedanie" eine Autohaftpflichtversicherung ab.

i) Die Volksbank Emmendingen eG besorgt der Kundin Hilde Klump Wertpapiere.

j) Die Gemeinde Ottenhöfen verkauft aus dem gemeindeeigenen Steinbruch 10 t Splitt an den Bauunternehmer Uhrig.

2 Grundlagen rechtsstaatlichen Handelns

2.1 Voraussetzungen für die Teilnahme der Rechtssubjekte am Rechtsverkehr

© rcfotostock – stock.adobe.com

2.1.1 Rechtssubjekte

2.1.1.1 Begriff Rechtssubjekte

© MEV Agency UG

Im deutschen Recht wird zwischen Rechtssubjekten und Rechtsobjekten unterschieden. Dabei sind Rechtssubjekte jene Personen, die Rechte und Pflichten haben können.

Rechtssubjekt ist jede Person, welche die Rechtsfähigkeit hat. Sie kann Träger von Rechten und Pflichten sein.

Rechtsobjekte dagegen sind alle Gegenstände, an denen sich die Rechte und Pflichten der Rechtssubjekte auswirken. Sie sind Gegenstände der Rechtsmacht.

Rechtssubjekte sind alle

- natürliche Personen
- juristischen Personen

2.1.1.2 Natürliche Personen

BGB § 1

Natürliche Personen sind **alle Menschen**, unabhängig von Alter, Geschlecht, Rasse oder Religion.[1]

In verschiedenen Vorschriften des BGB werden bestimmte Rechtsfolgen genannt, die die Notwendigkeit des Unterscheidens bei natürlichen Personen erforderlich machen. So sind **unterschiedliche Rechtsfolgen** daran geknüpft, ob der Mensch

- **noch nicht gezeugt,**
- zwar **gezeugt, aber noch nicht geboren** oder
- **geboren** ist.

Außerdem ist es wichtig zu wissen, ob der Mensch als **einzelne Person** oder mit anderen als **zusammengeschlossene Mehrheit von Individuen** handelt.

[1] Vergleichen Sie bitte auch Art. 1 GG (Schutz der Menschenwürde), Art. 3 GG (Gleichheit vor dem Gesetz).

BEISPIELE

BGB

- **Natürliche Person** als einzelner Mensch **ist noch nicht gezeugt.**
  Nach § 2101 BGB (Noch nicht gezeugter Nacherbe) kann eine noch nicht gezeugte Person als Erbe eingesetzt werden.
- **Natürliche Person** als einzelner Mensch **ist gezeugt, aber noch nicht geboren.**
  Gemäß § 1923 BGB (Erbfähigkeit) gilt nach Abs. 2 diejenige Person als vor dem Erbfall geboren, die vorher gezeugt war.
- **Natürliche Person** als einzelner Mensch **ist geboren und lebt.**
  Nach § 1923 BGB (Erbfähigkeit) kann nach Abs. 1 nur erben, wer zur Zeit des Erbfalls lebt.
- **Natürliche Personen** als Mehrheit von Individuen mit **Bruchteilseigentum.**
  Gemäß § 1008 BGB (Miteigentum nach Bruchteilen) steht jedem Miteigentümer z. B. an einer Eigentumswohnung in einem Hochhaus ein Anteil zu.
- **Natürliche Personen** als Mehrheit von Individuen **mit Gesamthandvermögen.**
  Gemäß § 1416 BGB (Gesamtgut) wird das Vermögen des Mannes und das Vermögen der Frau durch die Gütergemeinschaft nach § 1415 BGB (Vereinbarung durch Ehevertrag) gemeinschaftliches Vermögen beider Ehegatten.
- **Natürliche Personen** als Mehrheit von Individuen **bei Sondervermögen.**
  Nach § 54 BGB (Nichtrechtsfähige Vereine) haften mehrere Personen als Gesamtschuldner, wenn sie Vermögen für die Gesellschaft erwerben.

2.1.1.3 Juristische Personen

Juristische Personen sind keine Menschen, sondern **Personenvereinigungen und/oder Vermögensmassen** mit eigener **Rechtspersönlichkeit.**

Juristische Personen lassen sich einteilen in juristische Personen des öffentlichen Rechts und in juristische Personen des Privatrechts.

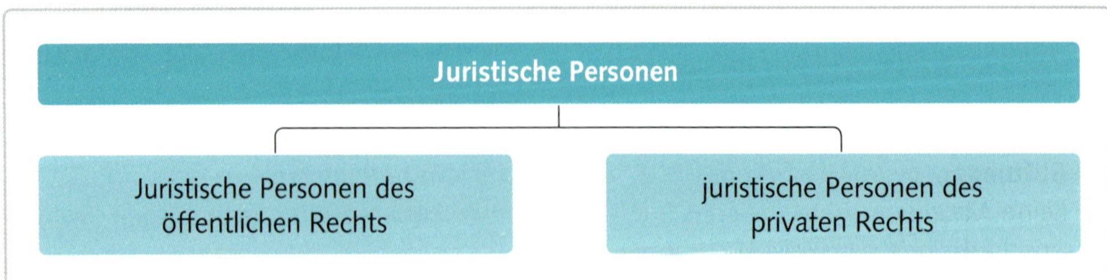

Juristische Personen des öffentlichen Rechts

Juristische Personen des öffentlichen Rechts haben wegen der ihnen übertragenen **Aufgaben hoheitsrechtliche Befugnisse.** Sie **unterliegen** bei der Wahrnehmung ihrer Aufgaben der **staatlichen Aufsicht.**

Die **Gründung und Organisation** der juristischen Personen des öffentlichen Rechts ist im **Grundgesetz** und in den **Verfassungen der Bundesländer verankert**.

Grundsätzlich sind **drei Arten** von juristischen Personen des öffentlichen Rechts zu unterscheiden:

Juristische Personen des öffentlichen Rechts

- **Körperschaften** des öffentlichen Rechts
  - **Gebietskörperschaften**
    - Gemeinden
    - Gemeindeverbände
    - Städte
    - Landkreise
    - Bundesländer
    - Bund
  - **Personalkörperschaften**
    - Industrie- und Handelskammer, Handwerkskammer, Rechtsanwaltskammer
    - Universitäten
    - Fachhochschulen
- **Anstalten** des öffentlichen Rechts
  - öffentliche Rundfunk- und Fernsehanstalten
  - öffentliche Kreissparkassen
  - öffentliche Schulen
- **Stiftungen** des öffentlichen Rechts
  - Stiftung Preußischer Kulturbesitz
  - Stiftung Hilfe für behinderte Kinder

Die **Anstalten des öffentlichen Rechts** sind mit **eigenem Vermögen** ausgestattete juristische Personen, die einem **Träger der öffentlichen Verwaltung unterstellt** sind und einem **besonderen öffentlichen Zweck dienen**. Im Gegensatz zu den Körperschaften haben die Anstalten keine Mitglieder (z. B. die Bundesagentur für Arbeit, Schulen, Rundfunkanstalten), sondern Benutzer.

Die **Stiftungen des öffentlichen Rechts** sind **rechtlich selbstständige Vermögensmassen**, die keine Mitglieder haben. Je nach Zweck der Stiftung werden Beträge zur Förderung wissenschaftlicher, künstlerischer oder privater Einrichtungen gezahlt.

Juristische Personen des privaten Rechts

- **Juristische Personen des Privatrechts** verfolgen **privatrechtliche** Interessen.
- Es kann die Erreichung **wirtschaftlicher** oder **nicht wirtschaftlicher (ideeller) Ziele** verfolgt werden.
- Die **juristischen Personen** des privaten Rechts **handeln durch ihre Organe**.

Juristische Personen des privaten Rechts

- **Körperschaften** des privaten Rechts
  - **Nicht wirtschaftliche Vereine (Idealvereine)**
    - Gesangverein
    - Sportverein
    - Motorradclub
  - **Wirtschaftliche Vereine nach Handelsrecht**
    - Aktiengesellschaft (AG)
    - Gesellschaft mit beschränkter Haftung (GmbH)
    - Kommanditgesellschaft auf Aktien (KGaA)
- **Stiftungen des privaten Rechts**
  - **Familienstiftungen**
    - Konrad-Adenauer-Stiftung
    - Daniel-Theysson-Stiftung

BGB §§ 80–88

Das BGB behandelt nur die **rechtsfähigen Stiftungen des privaten Rechts.** Diese Vorschriften sind also nicht auf die Stiftungen des öffentlichen Rechts anwendbar. Bei der **privatrechtlichen Stiftung** wird **Vermögen** für die Erreichung eines bestimmten Stiftungszwecks von einem Stifter **zur Verfügung gestellt.** So fördert z. B. die Daniel-Theysson-Stiftung nach deren Satzung alle Auszubildenden, die im Einzugsgebiet des „Holzlandes" wohnen. Nach § 80 Satz 1 BGB wird für die **Entstehung einer rechtsfähigen Stiftung** die **Genehmigung** des **Bundeslandes,** in dessen Gebiet die **Stiftung** ihren **Sitz** haben soll, verlangt.

Vereine sind auf **Dauer** angelegte **freiwillige Personenvereinigungen**, die einen in der **Vereinssatzung** festgelegten gemeinsamen **Zweck** verfolgen und vom **Wechsel** ihrer **Mitglieder unabhängig** sind.

BGB § 21

Ein nicht wirtschaftlicher Verein ist ein Verein, dessen Zweck nicht auf einen wirtschaftlichen Geschäftsbetrieb gerichtet ist. Mehrere Personen schließen sich zusammen, um ein festgelegtes Ziel nicht wirtschaftlicher Art zu erreichen (so genannte Idealvereine).

BEISPIEL

Die Mitglieder des Gesangvereins „Liederkranz e. V." wollen das Liedgut pflegen und treffen sich deshalb wöchentlich zur Singstunde.

BGB § 22

Ein wirtschaftlicher Verein ist dann gegeben, wenn der Zweck auf einen wirtschaftlichen Geschäftsbetrieb gerichtet ist.

BEISPIEL

Die Volkswagen AG kauft Roh-, Hilfs- und Betriebsstoffe und lässt von ihren Arbeitnehmern und Arbeitnehmerinnen mit Hilfe der Betriebsmittel Fahrzeuge herstellen. Die Fertigprodukte werden am Markt abgesetzt, um langfristig Gewinne für das Unternehmen zu erzielen.

Zusammenfassung und Lernkontrolle

Zusammenfassung

Rechtssubjekte sind alle

- Natürlichen Personen
- Juristischen Personen

Natürliche Personen = Menschen

- Natürliche Person als einzelner Mensch
  - noch nicht gezeugt
  - gezeugt, aber noch nicht geboren
  - geboren
- Natürliche Person als Mehrheit von Individuen
  - mit Bruchteils-eigentum
  - mit Gesamthands-vermögen
  - bei Sonder-vermögen

Juristische Personen
= Personenvereinigungen, Vermögensmassen

- **des öffentlichen Rechts**
  - Körperschaften
    - Gebietskörperschaft
      - Bund
      - Land
      - Gemeinden
    - Personalkörperschaft
      - Kammern
      - Universitäten
      - Fachhochschulen
  - Anstalten
    - Sparkassen
    - Rundfunk
  - Stiftungen
    - Stiftung Preußischer Kulturbesitz
- **des privaten Rechts**
  - Körperschaften
    - Idealverein
      - Gesangverein
      - Sportverein
    - Wirtschaftlicher Verein
      - AG
      - GmbH
      - KGaA
  - Stiftungen
    - Familien-stiftungen

Lernkontrolle

Aufgabe 1

Zu welchem Recht gehört das BGB?

Aufgabe 2

Welche Beziehungen werden im BGB geregelt?

Aufgabe 3

Unterscheiden Sie bitte unter Angabe je eines Beispiels die natürlichen Personen von den juristischen Personen.

Aufgabe 4

Durch wen handeln die juristischen Personen des privaten Rechts?

Aufgabe 5

Welche drei Arten von juristischen Personen des öffentlichen Rechts sind grundsätzlich zu unterscheiden?

Aufgabe 6

Skizzieren Sie kurz was man unter einer privatrechtlichen Stiftung versteht.

Aufgabe 7

Definieren Sie den Begriff des Vereins.

Aufgabe 8

Geben Sie bitte jeweils zwei Beispiele im Hinblick auf die Zweckverfolgung nicht wirtschaftlicher und wirtschaftlicher Vereine an.

2.1.2 Rechtsfähigkeit

2.1.2.1 Begriff Rechtsfähigkeit und Parteifähigkeit

Rechtsfähigkeit

Rechtsfähigkeit ist die Fähigkeit einer Person, Träger von Rechten und Pflichten zu sein.

BEISPIELE

- Der ausländische Mitbürger Enrico Macrobi hat das Recht, in Deutschland eine Pizzeria zu eröffnen, und gleichzeitig die Pflicht, sich an die Gesetze zu halten und Steuern zu zahlen. In einem Prozess kann Enrico Partei, d. h. Kläger oder Beklagter, sein.
- Die Volkswagen AG ist berechtigt Produkte herzustellen und zu verkaufen. Sie kann Personal einstellen, Gewinne erzielen oder den Geschäftszweig ändern, wenn sie sich an die Gesetze hält. In einem Prozess kann die Volkswagen AG Partei, d. h. Klägerin oder Beklagte, sein.

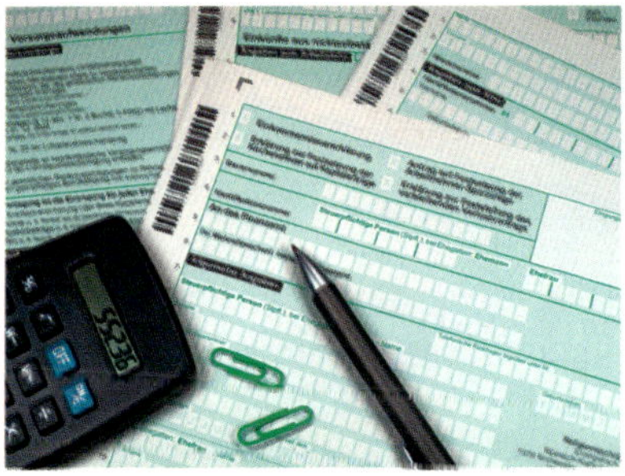

© M. Schuppich – stock.adobe.com

Parteifähigkeit

Parteifähigkeit bezeichnet im deutschen Zivilprozessrecht die Fähigkeit, in einem Gerichtsverfahren Partei (Kläger oder Beklagter) zu sein. ZPO § 50 Abs. 1

Parteifähig ist nach der ZPO wer rechtsfähig ist. Die Parteifähigkeit entspricht im Wesentlichen der Rechtsfähigkeit des bürgerlichen Rechts. HGB §§ 124 u. 161 Abs. 2

© stadtratte – stock.adobe.com

Parteifähig im Zivilprozess sind

- alle natürlichen und juristischen Personen,
- gemäß Handelsgesetzbuch auch OHG und KG,
- aufgrund der Rechtsprechung mit Einschränkungen auch BGB-Gesellschaften und
- nicht rechtsfähiger Verein (passiv parteifähig).

Parteifähigkeit besitzen aber auch OHG und KG, die unter ihrem Namen klagen und verklagt werden können (§§ 124, 161 II HGB). Die Gesellschaft bürgerlichen Rechts kann nach Rechtsprechung des BGH als Außengesellschaft auch parteifähig sein. Nichtrechtsfähige Vereine können unter ihrem Namen verklagt werden. Wenn ein nichtrechtsfähiger Verein selbst klagen will, so müssen alle Mitglieder als Kläger auftreten.

- Am Rechtsverkehr kann nur teilnehmen, wer rechtsfähig ist.
- Die **Rechtsfähigkeit** ist die **Fähigkeit** einer natürlichen oder juristischen **Person**, **Träger von Rechten** und **Pflichten** zu sein.
- Die **Rechtsfähigkeit** wird gemäß § 50 ZPO mit der **Parteifähigkeit gleichgesetzt**.
- Eine Person ist **parteifähig**, wenn sie in einem **Prozess Partei**, das heißt **Kläger** oder **Beklagter,** sein kann.

2.1.2.2 Rechtsfähigkeit natürlicher Personen

Zu den natürlichen Personen gehören alle Menschen, sie alle sind rechtsfähig.

Die **Rechtsfähigkeit des Menschen beginnt** gemäß § 1 BGB mit der **Vollendung der Geburt** und **endet** erst mit dem **Tode**.

Vollendung der Geburt heißt, dass das Kind den Mutterbauch verlassen haben muss. Der genaue Zeitpunkt der Geburt und des Todes müssen festgestellt und durch die Geburtsurkunde sowie durch die Sterbeurkunde dokumentiert werden, weil hier z. B. erbrechtliche Fragen eine Rolle spielen können.

BEISPIEL

Der Säugling Tina kann bereits eine Schuhfabrik erben und ist berechtigt, die dort hergestellten Schuhe zu verkaufen. Gleichzeitig ist Tina verpflichtet z. B. Einkommensteuer und Lohnsteuer zu zahlen oder im Winter vor dem Gebäude den Schnee zu räumen. Diese Rechte und Pflichten kann ihr bis zu ihrem Tode niemand mehr nehmen.
Selbstverständlich kann ein Säugling die erforderlichen Handlungen nicht selbst vornehmen; er braucht dazu einen gesetzlichen Vertreter.

2.1.2.3 Rechtsfähigkeit juristischer Personen

Juristische Personen können wie natürliche Personen Rechte erwerben und mit Pflichten belastet werden.

BEISPIEL

Der Musikverein Herne e. V. kann das Eigentum an den von ihm gekauften Musikinstrumenten erwerben oder Gläubiger einer Werklohnforderung sein.

Die **Rechtsfähigkeit juristischer Personen beginnt** mit der staatlichen **Verleihung** durch **Gesetz** oder durch **Eintragung** und **endet** mit der **Löschung, Entzug der Genehmigung** oder durch **staatlichen Hoheitsakt**.

Juristische Personen des Privatrechts erlangen ihre Rechtsfähigkeit durch die Eintragung in das für sie bestimmte öffentliche Register beim zuständigen Amtsgericht, durch staatliche Genehmigung oder durch Verleihung (Konzession).

Eingetragen werden z. B.
- Vereine in das Vereinsregister,
- Gesellschaften mit beschränkter Haftung (GmbH) in das Handelsregister und
- Genossenschaften (eG) in das Genossenschaftsregister.

Juristische Personen des Privatrechts und des **öffentlichen Rechts** können **Rechte und Pflichten** nur durch ihre **Organe** wahrnehmen.

BEISPIELE

- Die Konrad-Adenauer-Stiftung wird durch ihren Vorstand vertreten.
- Die Organe der BASF AG sind der Vorstand, der Aufsichtsrat und die Hauptversammlung.
- Die Stadt Köln wird durch den Oberbürgermeister vertreten.

Die Rechtsfähigkeit z. B. eines Vereins endet mit dessen Auflösung durch BGB §§ 41, 42 u. 73
- Beschluss der Mitgliederversammlung,
- Eröffnung des Insolvenzverfahrens,
- Entzug der Rechtsfähigkeit beispielsweise wegen Gefährdung des Gemeinwohls oder durch
- gerichtliche Entscheidung, wenn die Zahl der Mitglieder unter drei herabsinkt.

Mit der Löschung der Eintragung im Register ist die juristische Person „gestorben". Juristische Personen des öffentlichen Rechts erlangen ihre Rechtsfähigkeit durch Gesetz oder staatlichen Hoheitsakt.

BEISPIEL

Gebietskörperschaften, wie Bund, Länder, Gemeinden, entstehen aufgrund eines Gesetzes.

Die Rechtsfähigkeit juristischer Personen wird durch einen staatlichen Hoheitsakt beendet.

BEISPIEL

Die Parlamentarier der Länder Rheinland-Pfalz und Baden-Württemberg beschließen, die zwei bestehenden öffentlich-rechtlichen Rundfunkanstalten zu einer öffentlich-rechtlichen Rundfunkanstalt zu verschmelzen.

Keine juristischen Personen des Privatrechts und damit nicht rechtsfähig sind zum Beispiel:
- Kommanditgesellschaften (KG)
- Offene Handelsgesellschaften (OHG)
- nicht ins Vereinsregister eingetragene Vereine
- Stille Gesellschaften.

Ausgenommen von dieser Regelung sind die KG und die OHG. Diese Gesellschaftsformen können gem. § 124 HGB und § 161 HGB unter ihrer Firma Rechte erwerben und Verbindlichkeiten eingehen. Insofern sind die OHG und die KG teilweise rechtsfähig, aber parteifähig, weil sie vor Gericht klagen und verklagt werden können.

Zusammenfassung und Lernkontrolle

Zusammenfassung

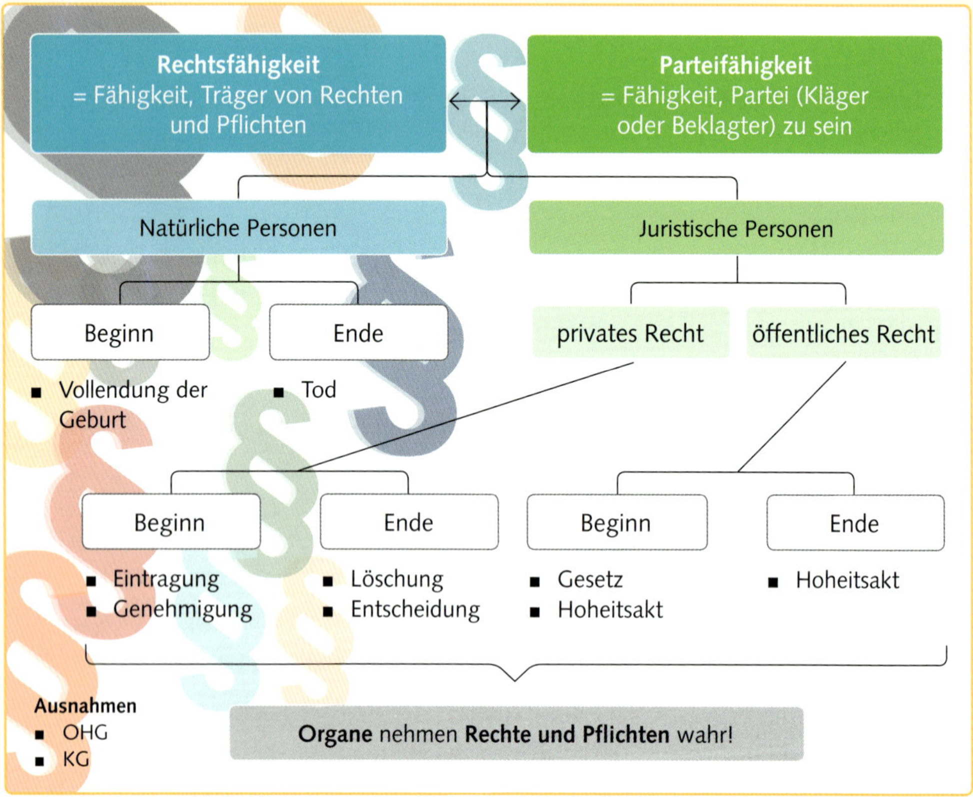

Lernkontrolle

Aufgabe 1

Was bedeutet die Rechtsfähigkeit natürlicher Personen und wann beginnt diese?

Aufgabe 2

Welche Fähigkeiten werden nach dem Gesetz gleichgesetzt?

Aufgabe 3

Wodurch erlangen juristische Personen des privaten Rechts ihre Rechtsfähigkeit?

Aufgabe 4

Wie heißt die Fähigkeit, Kläger oder Beklagter in einem Zivilprozess zu sein?

Aufgabe 5

Die KG und die OHG sind teilweise rechtsfähig, aber parteifähig. Nehmen Sie zu dieser Aussage Stellung!

2.1.3 Handlungsfähigkeit der Rechtssubjekte

2.1.3.1 Begriff Handlungsfähigkeit

- Die **Handlungsfähigkeit** ist die **Fähigkeit einer Person** durch **eigenes Handeln Rechte** und **Pflichten** zu **begründen**, zu **ändern** oder **aufzuheben**.
- Zur Handlungsfähigkeit zählen beispielsweise die **Geschäftsfähigkeit**, die **Deliktsfähigkeit**, die **Ehefähigkeit** und die **Testierfähigkeit**.

Der Begriff der **Handlungsfähigkeit** oder Rechtshandlungsfähigkeit bezeichnet also die Fähigkeit rechtswirksam zu handeln und ist von dem Begriff der Rechtsfähigkeit zu unterscheiden, der die Fähigkeit bezeichnet, Träger von Rechten und Pflichten zu sein.

Im Zivilrecht unterscheidet sich die Handlungsfähigkeit je nach Rechtsmaterie:
- Geschäftsfähigkeit
- Prozessfähigkeit
- Deliktsfähigkeit
- Strafmündigkeit
- Ehefähigkeit
- Testierfähigkeit

2.1.3.2 Geschäftsfähigkeit und Prozessfähigkeit

Geschäftsfähigkeit

Die (volle oder unbeschränkte) Geschäftsfähigkeit ist die Fähigkeit einer Person, eigene Willenserklärungen abzugeben, anzunehmen oder zu ändern, bewusst und gewollt, um damit rechtsgeschäftliche Handlungen vornehmen zu können.

© MEV Agency UG

Grundsätzlich gilt, dass natürliche Personen mit Vollendung des 18. Lebensjahres gemäß § 2 BGB unbeschränkt geschäftsfähig sind. Das Gesetz unterstellt, dass diese Personen die Einsichtsfähigkeit haben und die Konsequenzen ihres Handelns erkennen und akzeptieren. BGB § 2

BEISPIELE

(Voll) geschäftsfähige Personen können selbstständig
- Brötchen kaufen oder ein gebrauchtes Auto verkaufen
- Wohnungen oder Häuser mieten oder vermieten
- Autos leasen

Juristische Personen sind mit Eintritt der Rechtsfähigkeit immer voll geschäftsfähig, weil diese durch ihre gesetzlichen Vertreter (Organe, wie Geschäftsführer oder Vorstand) am Rechtsverkehr teilnehmen.

Nicht alle Menschen sind in der Lage ihre Rechte und Pflichten wahrzunehmen. So kann z. B. ein Säugling keine Käufe tätigen oder einen Prozess führen. Diese Menschen benötigten also eine andere Person, die für sie diese Tätigkeiten wahrnimmt. Weil also nicht jeder BGB §§ 104 u. 106

Mensch voll geschäftsfähig sein kann, erklärt das Gesetz bestimmte Gruppen von Menschen für geschäftsunfähig und andere Personen für beschränkt geschäftsfähig.

Geschäftsfähigkeit nach dem BGB

Geschäftsunfähigkeit	Beschränkte Geschäftsfähigkeit	Volle Geschäftsfähigkeit
⬇	⬇	⬇
Willenserklärung ist nichtig	Willenserklärung ist schwebend unwirksam	Willenserklärung ist gültig

Geschäftsunfähig sind nach § 104 BGB alle natürlichen Personen,

- die das 7. Lebensjahr noch nicht vollendet haben oder
- die dauernd geisteskrank sind.

- Eine **Willenserklärung**, die eine **geschäftsunfähige** Person abgibt, ist nach § 105 Abs. 1 BGB **nichtig**, d. h. **ohne rechtliche Wirkung**.
- Gemäß § 131 BGB **handelt** der **gesetzliche Vertreter** des Geschäftsunfähigen bei der **Abgabe** oder **Entgegennahme** einer Willenserklärung.

BEISPIEL

Die 6-jährige Maria kauft sich für 1,00 € Eis in der Eisdiele um die Ecke. Der Kaufvertrag ist nichtig, weil Maria geschäftsunfähig ist.

Aber: Würde Maria-Magdalena im **Auftrag** ihrer Mutter zum Bäcker gehen, um dort Brot zu kaufen, wäre der Kaufvertrag wirksam, weil Maria-Magdalena als **Botin** tätig wäre. Sie würde in diesem Fall die **Willenserklärung der Mutter** nur **überbringen**.

Nichtig ist gem. § 105 Abs. 2 BGB **auch** eine Willenserklärung, die ein **Geschäftsfähiger** im **Zustand der Bewusstlosigkeit** oder während einer **vorübergehenden Störung der Geistestätigkeit** abgibt.

BEISPIEL

Der sinnlos betrunkene Manfred verkauft in der Gaststätte „Zum Peterhof" seinen Terrier Foxi an den Ferdinand, der an diesem englischen Jagdhund schon lange Interesse gezeigt hat, für ein Bier. Als Ferdidand am nächsten Tag den Hund abholen will, weigert sich Manfred, das Tier Foxi herauszugeben mit der Begründung, er wisse nichts von dem Verkauf. Der Kaufvertrag ist nichtig, weil die Geistestätigkeit des Manfred durch die Trunkenheit gestört war.

Beschränkt geschäftsfähig sind gemäß § 106 BGB Personen

- die das 7. Lebensjahr, aber noch nicht das 18. Lebensjahr vollendet haben.

- Willenserklärungen von **beschränkt Geschäftsfähigen** sind gem. § 107 BGB **nur mit Zustimmung** des **gesetzlichen Vertreters wirksam.**
- **Fehlt** diese **Einwilligung**, sind die Willenserklärungen gem. § 108 BGB **schwebend unwirksam**.
- Die **vor** dem **Abschluss** des **Rechtsgeschäfts** gegebene **(vorherige) Zustimmung** heißt **Einwilligung** (§ 183 BGB), die **nachträgliche Zustimmung** (§ 184 BGB) heißt **Genehmigung**.

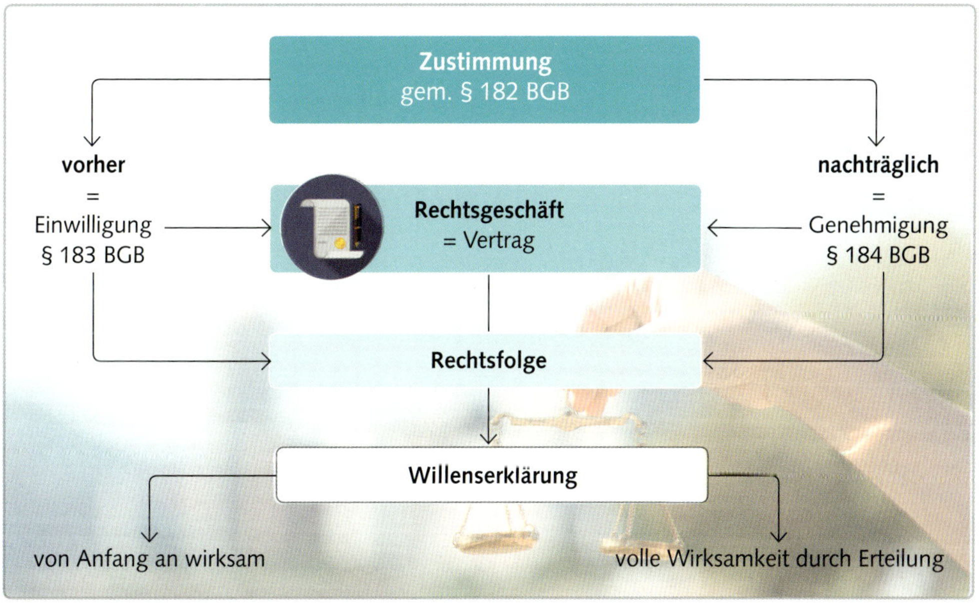

Aber: Bei Verweigerung der Zustimmung ist das Rechtsgeschäft **nichtig**.

BEISPIEL

Der 17-jährige Auszubildende Klaus kauft sich eine Stereoanlage zum Preis von 5000 €.

a) Der Vater Hans ermuntert und drängt Klaus, sich doch eine Stereoanlage zu kaufen, weil er so gute Leistungen gezeigt habe. Der Preis spiele keine Rolle.
Ergebnis:
Obwohl Klaus erst 17 Jahre alt und gem. § 106 BGB beschränkt geschäftsfähig ist, kommt der Kaufvertrag durch die (vorherige) Einwilligung des Vaters zustande. Das Rechtsgeschäft ist von Anfang an wirksam.

b) **Fallabwandlung:**
Klaus kauft sich ohne Zustimmung der Eltern die Stereoanlage. Der Vater Hans ist von dem Gerät derart begeistert, dass er sofort dem Kauf der Anlage zustimmt.
Ergebnis:
Das Rechtsgeschäft wird durch die Erteilung der Genehmigung von Anfang an wirksam.

c) **Fallabwandlung:**
Klaus kauft sich ohne Zustimmung der Eltern die Stereoanlage. Der Vater Hans will seine Ruhe haben und lehnt den Kauf kategorisch ab!

Ergebnis:
Das Rechtsgeschäft ist unwirksam. Klaus muss wohl die Stereoanlage dem Verkäufer zurückbringen.

d) **Fallabwandlung:**
Klaus kauft sich ohne Zustimmung der Eltern die Stereoanlage. Der Vater Hans kann sich nicht sofort entscheiden, ob er dem Kauf zustimmen soll. Er bittet um Bedenkzeit.
Ergebnis:
Das Rechtsgeschäft ist schwebend unwirksam.

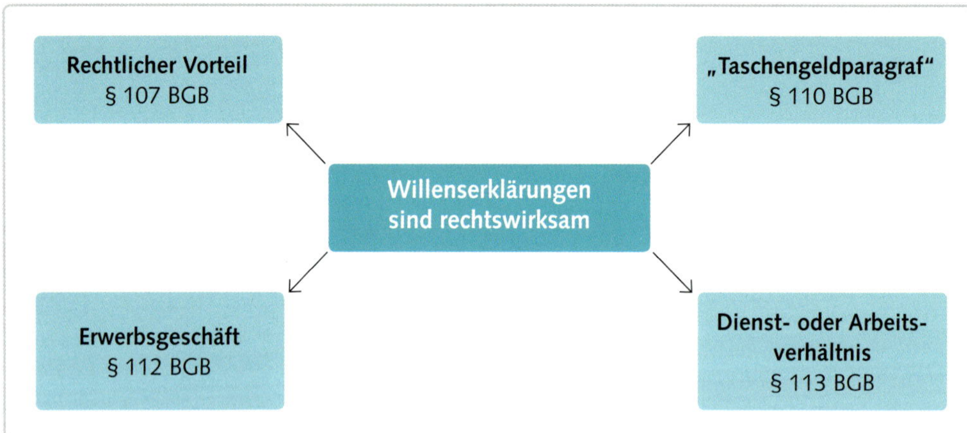

BGB § 107

Rechtlicher Vorteil

Bringt die abgegebene Willenserklärung dem beschränkt Geschäftsfähigen nur einen rechtlichen Vorteil, weil er keine Pflichten übernehmen muss, ist die Willenserklärung sofort wirksam.

BEISPIEL

Onkel Paul schenkt der 12-jährigen Kunigunde einen PC.

BGB § 110

Bewirken der Leistung mit eigenen Mitteln

Willenserklärungen, die ein beschränkt Geschäftsfähiger mit Mitteln bewirkt, die ihm zum Zwecke eines Vertrags oder zur freien Verfügung von dem gesetzlichen Vertreter oder mit dessen Zustimmung von Dritten überlassen werden, sind sofort gem. § 110 BGB wirksam. Hierher gehören keine Willenserklärungen, bei denen die vertragsmäßige Leistung ratenweise erfüllt werden muss (Ratengeschäft), sondern nur Barzahlungsgeschäfte. Die Ausbildungsvergütung und der Arbeitslohn zählen nicht zum „Taschengeld". Die Überlassung des Taschengeldes zur freien Verfügung bedeutet aber nicht, dass größere (angesparte) Beträge von dem Minderjährigen in einer Summe ausgegeben werden dürfen. Entscheidend dabei ist, dass die vertragsmäßige Leistung aus dem laufenden Taschengeld bezahlt wird.

BEISPIELE

- Agathe, 14 Jahre alt, erhält von ihren Eltern monatlich 100,00 € Taschengeld zur freien Verfügung. Von diesem Geld kauft sie sich das Bild „Auerochse hinter dem Baum versteckt“ zum Preis von 70,00 €. Die Eltern finden dieses Bild scheußlich.
  Ergebnis: Der Kaufvertrag ist trotzdem sofort wirksam.
- Der 16-jährige Schüler Julius Weiß erhält von seinen Eltern ein monatliches Taschengeld in Höhe von 150,00 €. Er schließt ohne Wissen seiner Eltern einen Kaufvertrag über ein gebrauchtes Moped im Wert von 500,00 € ab. Zwischen dem Verkäufer und Julius wird vereinbart, dass der Kaufpreis in monatlichen Raten zu je 100,00 € zu zahlen sei.
  Ergebnis: Der Kaufvertrag ist nach § 108 BGB schwebend unwirksam und zwar so lange, bis der gesetzliche Vertreter dem Vertrag zustimmt oder ihn ablehnt.

Taschengeldparagraph

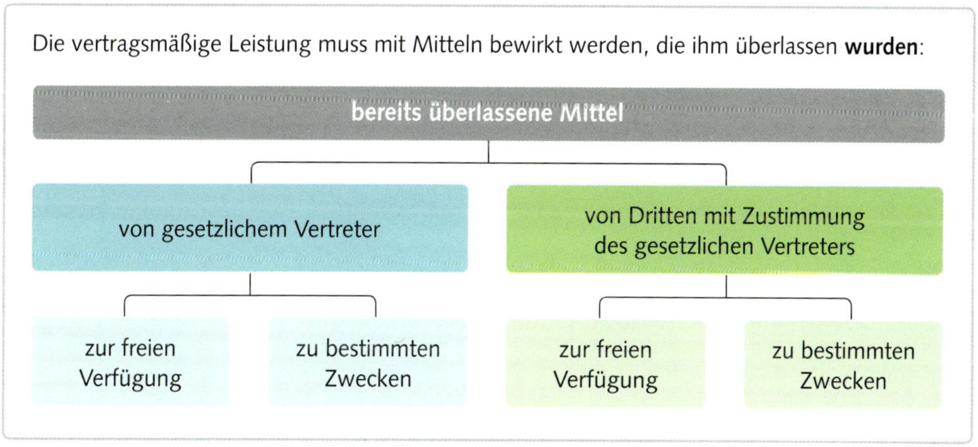

Erwerbsgeschäft

BGB § 112

Wird der beschränkt Geschäftsfähige durch den gesetzlichen Vertreter und mit Genehmigung des Vormundschaftsgerichts ermächtigt, selbstständig ein Erwerbsgeschäft zu betreiben, so ist er für alle Rechtsgeschäfte, die mit dem Geschäftsbetrieb zusammenhängen, unbeschränkt geschäftsfähig.

BEISPIEL

Der Pizzabäcker Anton Brunni ist schwer erkrankt und hat mit Genehmigung des Vormundschaftsgerichts seine 17-jährige Tochter Rosalinde ermächtigt, das Unternehmen „Pizzaflitz“ zu betreiben. Rosalinde kann beispielsweise Waren einkaufen und verkaufen oder Mitarbeiterinnen und Mitarbeiter einstellen und entlassen. Will sie sich aber einen Pkw für private Zwecke kaufen, benötigt sie die Zustimmung des gesetzlichen Vertreters, weil dieses Rechtsgeschäft nicht mit dem Geschäftsbetrieb zusammenhängt.

Dienst- oder Arbeitsverhältnis gem. § 113 BGB

BGB § 113

Ermächtigt der gesetzliche Vertreter den beschränkt Geschäftsfähigen in Dienst oder in Arbeit zu treten, so ist der Minderjährige für alle Rechtsgeschäfte unbeschränkt geschäftsfähig, die mit dem Vertragsverhältnis zusammenhängen. Der Minderjährige kann also Arbeits- und Dienstverträge selbstständig ändern, ergänzen, verlängern oder kündigen, wenn es sich um Arbeits- oder Dienstverhältnisse derselben Art handelt. Das Berufsausbildungsverhältnis fällt nicht unter die Regelung des § 113 BGB.

BEISPIEL

Der 17-jährige Erich Meyer wird von seinen Eltern ermächtigt, bei der Post AG als Postzusteller tätig zu werden. Er unterschreibt einen Arbeitsvertrag nach § 611 BGB. Nach drei Monaten kündigt er das Dienstverhältnis, weil er bei der BASF im Werksschutz als Nachtportier mehr verdienen kann.
Ergebnis: Erich Meyer kann den Arbeitsvertrag nach § 113 BGB zwar selbstständig kündigen; der neue Vertrag mit der BASF ist jedoch schwebend unwirksam, weil es sich hierbei nicht um ein Dienstverhältnis derselben Art handelt.

Prozessfähigkeit

- Die **Geschäftsfähigkeit** wird mit der **Prozessfähigkeit** gemäß § 52 ZPO **gleichgesetzt**.
- **Prozessfähigkeit** ist die **Fähigkeit einer Person**, für **sich selbst** oder für **andere** Personen einen **Prozess** zu **führen** oder **andere Personen** mit der **Führung** eines Prozesses zu **beauftragen**.
- **Prozessfähig ist, wer (unbeschränkt) geschäftsfähig ist.** Eine **beschränkte Prozessfähigkeit** gibt es nicht.

2.1.3.3 Deliktfähigkeit und Strafmündigkeit

Deliktfähigkeit

- Die (volle oder unbeschränkte) **Deliktsfähigkeit** ist die **Fähigkeit einer Person**, für **unerlaubte Handlungen** gem. §§ 823 ff. BGB voll verantwortlich zu sein und für begangenes **Unrecht Schadensersatz** zu leisten.
- Neben der **vollen Deliktsfähigkeit** gibt es die **beschränkte Deliktsfähigkeit** und die **Deliktsunfähigkeit**.

Eine **unerlaubte Handlung** verpflichtet nur dann zum Schadensersatz, wenn die Person für ihr Tun verantwortlich gemacht werden kann.

BGB § 828 **Beschränkte Deliktsfähigkeit** ist die Fähigkeit einer Person, für eine unerlaubte Handlung verantwortlich zu sein, wenn

- bei Begehung der schädigenden Handlung die Einsicht zur Erkenntnis der Verantwortlichkeit vorhanden war und
- die Handlung nicht vorsätzlich begangen wurde.

Beschränkt deliktsfähig sind
- **Minderjährige**, d. h. **Personen**, die gem. § 828 **Abs. 3** BGB das achtzehnte Lebensjahr noch nicht vollendet und nicht vorsätzlich gehandelt haben

BEISPIEL

Der 11-jährige Olaf Baum ist begeisterter Computernutzer. Anlässlich eines Besuches bei seinem Freund Harald spielt er am Computer der nicht anwesenden Mutter des Harald, die Schriftstellerin ist. Dabei löscht er sämtliche Daten und verursacht einen Schaden von über 50000,00 €.

Ergebnis: Olaf wäre nur dann für den angerichteten Schaden verantwortlich, wenn er bei Begehen der Tat das Unrecht seines Tuns einsehen konnte. Dies wird wohl kaum der Fall sein, so dass Ignaz nicht schadensersatzpflichtig ist. Unter Umständen haften seine Eltern wegen Verletzung der Aufsichtspflicht gem. § 832 BGB.

Deliktsunfähig d. h. für einen angerichteten **Schaden nicht verantwortlich,** sind gem. §§ 828 Abs. 1, Abs. 2, 827 Satz 1 BGB

- **Kinder** bis zur Vollendung des **siebten Lebensjahres,**
- **Kinder**, die gem. § 828 Abs. 2 BGB das **siebente, aber noch nicht das zehnte Lebensjahr vollendet** haben, für einen **Schaden**, den sie bei einem **Unfall**
  - **mit einem Kraftfahrzeug,**
  - einer **Schienenbahn** oder
  - einer **Schwebebahn** einem anderen zufügen.

Diese **Kinder haften aber**, wenn sie **absichtlich einen Schaden herbeiführen.**

- **Personen**, deren **Geistestätigkeit** im Augenblick der Tat **krankhaft gestört ist**, und
- **Personen**, die sich im **Zustand der Bewusstlosigkeit** befinden.

BEISPIELE

- Der 6-jährige Erwin Will „zündelt" mit Streichhölzern und steckt dabei die Wohnzimmereinrichtung in Brand.
  Ergebnis: Erwin ist als Kind deliktsunfähig und kann deshalb nicht zum Schadensersatz herangezogen werden.
- Die 9-jährige Elisabeth Mut fährt mit ihrem Kinderrad an das auf dem Bürgersteig geparkte Auto des Nachbarn Ede Fix und beschädigt den Lack des Pkw. Es entsteht ein Schaden in Höhe von 3000,00 €.
  Ergebnis: Da Elisabeth nicht vorsätzlich gehandelt hat, ist sie für diesen Schaden nicht verantwortlich.
- Die erwachsene Tochter Birgit zertrümmert in einem Anfall geistiger Umnachtung das Motorrad des Nachbarn.
  Ergebnis: Birgit, deren Geistestätigkeit krankhaft gestört ist, ist nicht schadensersatzpflichtig.
- Die Angestellte Lilly Blum, die nie Alkohol trinkt, wird während einer Hochzeitsfeier von ihren Tischnachbarn betrunken gemacht. In ihrem unfreiwilligen Vollrausch wirft sie ein Glas gegen den Kronleuchter und zertrümmert diesen.
  Ergebnis: Lilly kann nicht zum Schadensersatz herangezogen werden, weil sie unverschuldet in den betrunkenen Zustand geraten ist.
  Aber: Hätte Lilly ihre Trunkenheit selbst verschuldet, so wäre sie gem. § 827 Satz 2 BGB schadensersatzpflichtig.

Schuldhaft handeln können **nur deliktsfähige Personen**.

BGB § 276

Verschulden liegt immer bei **Vorsatz** oder **Fahrlässigkeit** vor. Vorsätzlich handelt gem. § 276 BGB eine Person, die weiß, dass sie ein Rechtsgut verletzt und den Eintritt des Schadens voraussehen kann oder die Rechtsverletzung will.

BEISPIEL

Der Motorradhändler Florian Treichel stellt bei der Prüfung eines gebrauchten Motorrollers einen Schaden an der Bremsanlage fest. Er behebt den Schaden nicht, sondern verkauft den Motorroller an die ahnungslose Barbara Sorg. Auf der Heimfahrt versagen die Bremsen und Bibbi fährt in den Straßengraben.

BGB § 276 Abs. 2

Fahrlässig handelt nach § 276 Abs. 2 BGB, wer die im Verkehr erforderliche Sorgfaltspflicht außer Acht lässt.

BEISPIEL

Im vorhergehenden Fall prüft Florian Treichel die Sicherheit des Motorrollers nicht. Er geht leichtfertig davon aus, dass alles in Ordnung sei.

Juristische Personen sind nicht deliktsfähig. Deliktsfähig können als natürliche Personen nur die Organe der juristischen Person, wie z. B. Geschäftsführer einer GmbH, Vorstand einer AG, sein.

Straffähigkeit (Strafmündigkeit)

Von der Deliktsfähigkeit unterscheiden Sie bitte die Straffähigkeit nach dem StGB und JGG. Straffähig ist nämlich, wer für strafbare Handlungen verantwortlich gemacht werden kann.

Straffähigkeit ist die Fähigkeit, für strafbare Handlungen verantwortlich gemacht werden zu können.

Während die Deliktsfähigkeit einen zivilrechtlichen Begriff darstellt, ist die Straffähigkeit ein strafrechtlicher Begriff. Für Straftaten die von jungen Menschen begangen werden hat der Gesetzgeber ein Jugendstrafrecht geschaffen, in dem der Erziehungsgedanke die dominierende Rolle spielt. In diesem Jugendgerichtsgesetz (JGG) sollen die Maßnahmen nicht strafend, sondern vorbeugend und erziehend wirken. Die Straftat eines Jugendlichen, die nach den allgemeinen

Vorschriften des Strafgesetzbuches (StGB) definiert wird, kann durch folgende Maßnahmen geahndet werden:

- Erziehungsmaßregeln (z. B. Anordnung einer Fürsorge)
- Zuchtmittel (z. B. Verwarnung, Jugendarrest)
- Jugendstrafe (z. B. maximal 5 Jahre bzw. bei Verbrechen 10 Jahre Haft).

Die Straffähigkeit lässt sich in folgende Stufen einteilen:

- **Strafunfähigkeit**
  Bis zur Vollendung des 14. Lebensjahres kann man nicht strafrechtlich zur Verantwortung gezogen werden. Die strafrechtliche Bezeichnung für diese Altersstufe ist „Kind".
- **Straffähigkeit**
  Die Straffähigkeit oder Strafbarkeit setzt bei den Jugendlichen ein. Jugendlicher ist, wer das 14., aber noch nicht das 18. Lebensjahr vollendet hat. Die strafrechtliche Ahndung erfolgt nach dem Jugendstrafrecht (JGG).

Ein **Jugendlicher** ist nach § 3 JGG strafrechtlich nur dann verantwortlich, wenn er zur Zeit der Tat nach seiner geistigen und sittlichen Entwicklung reif genug war, das Unrecht der Tat einzusehen und nach dieser Einsicht zu handeln.

Heranwachsender ist, wer das 18., aber noch nicht das 21. Lebensjahr vollendet hat. Eine Aburteilung erfolgt vor Jugendrichtern, wobei je nach der Reife des Täters das Jugendstrafrecht oder das allgemeine Strafrecht angewendet werden kann.

Erwachsener im Sinne des Strafrechts ist, wer das 21. Lebensjahr vollendet hat. Bei Begehung einer Straftat erfolgt eine Aburteilung vor ordentlichen Gerichten. Oft kommt es vor, dass ein und dieselbe Handlung (z. B. ein Verkehrsunfall) zwei verschiedene Verfahren auslöst: Zivilprozess für den Schadensersatzanspruch des Geschädigten und Strafprozess für den Strafanspruch des Staates.

BEISPIEL

Nach einem Banküberfall auf eine Filiale der Volksbank Lahr entkam der Täter mit einer Beute von 20 000,00 € unerkannt. Nach einigen Tagen konnte von der Polizei als Täter ein 30-jähriger Mann aus dem Ortenaukreis ermittelt und festgenommen werden. Ein Teil der Beute wurde sichergestellt.

In einem Zivilprozess wird die Volksbank Lahr (Kläger) gegen den 30-jährigen Mann (Beklagter) Klage erheben wegen Schadensersatz.

In einem Strafprozess wird der zuständige Staatsanwalt (Ankläger) gegen den 30-jährigen Mann (Angeklagter) Anklage erheben wegen des Strafanspruchs des Staates.

2.1.3.4 Ehefähigkeit und Testierfähigkeit

Weitere wichtige Fähigkeiten im Rechtsleben eines Menschen sind die Ehefähigkeit und die Testierfähigkeit.

- Die **Ehefähigkeit** ist die **Fähigkeit**, eine **Ehe wirksam einzugehen**.
- Eine **Ehe soll** gem. § 1303 BGB **nicht vor Eintritt der Volljährigkeit eingegangen** werden.
- Wer **geschäftsunfähig** ist, kann eine **Ehe** gem. § 1304 BGB **nicht eingehen**.

© MEV Agency UG

- **Testierfähigkeit** ist gem. § 2229 BGB die **Fähigkeit** einer Person, ein **Testament wirksam** zu **errichten**, zu ändern oder aufzuheben.
- Minderjährige unter 16 Jahren, geistig oder im Bewusstsein Gestörte und Geistesschwache können kein wirksames Testament errichten.

Zusammenfassung und Lernkontrolle

Zusammenfassung

Geschäfts- und Prozessfähigkeit

Geschäftsfähigkeit
= Fähigkeit, eigene Willenserklärungen abzugeben und anzunehmen, bewusst und gewollt

Prozessfähigkeit
= Fähigkeit, Prozesse für sich selbst oder andere zu führen/andere mit der Prozessführung zu beauftragen

Geschäftsfähigkeit

natürliche Personen
- volljährig

juristische Personen
- über Organe

beschränkte Geschäftsfähigkeit

§§ 106 ff. BGB
- Minderjährige von 7 bis 18 Jahren

Geschäftsunfähigkeit

§§ 104 ff. BGB
- Kinder bis zum 7. Lebensjahr
- dauernd Geisteskranke

Rechtsfolgen

Willenserklärungen von Anfang **gültig**

Willenserklärungen nur mit **Zustimmung** der gesetzlichen Vertreter wirksam.

Willenserklärungen sind **nichtig**

vorherige Zustimmung = Einwilligung § 183 BGB
nachherige Zustimmung = Genehmigung § 184 BGB
(schwebend unwirksam)

Ausnahmen
- nur rechtlicher Vorteil § 107 BGB
- Taschengeld § 110 BGB
- Führung eines Geschäfts § 112 BGB
- Dienst- oder Arbeitsverhältnis § 113 BGB

Deliktfähigkeit und Straffähigkeit

Deliktsfähigkeit
= Fähigkeit, für unerlaubte Handlungen voll verantwortlich zu sein und für begangenes Unrecht Schadensersatz zu leisten

Deliktsfähigkeit

natürliche Personen
- volljährig

juristische Personen
- die Organe

→ Rechtsfolgen: **volle Verantwortlichkeit**

beschränkte Deliktsfähigkeit

§§ 828 Abs. 3 BGB
- Minderjährige bis zum 18. Lebensjahr

→ Rechtsfolgen:
- **Verantwortlich**, wenn Einsicht zur Erkenntnis der Verantwortlichkeit gegeben war oder
- **vorsätzlich** gehandelt wurde

Deliktsunfähigkeit

§§ 828 Abs. 1, 2, 827 BGB
- Kinder bis zum 7. Lebensjahr
- Kinder vom 7. bis zum 10. Lebensjahr bei Verkehrsunfällen
- Unzurechnungsfähige

→ Rechtsfolgen:
- **nicht verantwortlich**
- **es sei denn** vorsätzliches Handeln bei **Verkehrsunfällen**

Schuldhaftes Handeln
bei Vorsatz und Fahrlässigkeit
gem. § 276 BGB

Straffähigkeit ist die Fähigkeit, für strafbare Handlungen verantwortlich gemacht werden zu können.

Ehe- und Testierfähigkeit	
Ehefähigkeit: Fähigkeit eine rechtsfähige Ehe eingehen zu können.	**Testierfähigkeit:** Fähigkeit ein Testament rechtswirksam zu errichten

Bedeutung des Lebensalters für die rechtliche Stellung des Menschen

Alter	Rechtsfähigkeit	Geschäftsfähigkeit	Deliktsfähigkeit	Straffähigkeit	Parteifähigkeit	Prozessfähigkeit	sonstige Fähigkeiten	Alter
0	Rechtsfähigkeit	Geschäftsunfähigkeit	Deliktsunfähigkeit	Strafunfähigkeit als Kind	Parteifähigkeit	Prozessunfähigkeit		0
6							Beginn der Schulpflicht	6
7		beschränkte Geschäftsfähigkeit	beschränkte (oder bedingte) Deliktsfähigkeit*)				keine Religionsänderung ohne Zustimmung	7
12								12
14				Straffähigkeit nach Jugendstrafrecht als Jugendlicher			Religionsfreiheit	14
16							Testierfähigkeit für öffentl. Testament; Eidesfähigkeit	16
18		volle Geschäftsfähigkeit	volle Deliktsfähigkeit	Straffähigkeit als Heranwachsender		Prozessfähigkeit	aktives Wahlrecht; passives Wahlrecht	18
21				Straffähigkeit als Erwachsener				21

*) Modifikation bei Haftung von Kindern im Straßenverkehr. Bis zum zehnten Lebensjahr sind Kinder in diesen Fällen bei fahrlässigem Verhalten von der Haftung befreit.

Lernkontrolle

Aufgabe 1

Was verstehen Sie unter dem Begriff der Geschäftsfähigkeit?

Aufgabe 2

Welche Fähigkeiten gehören zur Handlungsfähigkeit und welche Fähigkeiten entsprechen sich nach dem Gesetz?

Aufgabe 3

Wie heißt die Fähigkeit einer Person, für sich selbst oder für andere Personen einen Prozess zu führen?

Aufgabe 4

Welche Personen sind nach dem BGB geschäftsunfähig?

Aufgabe 5

Nehmen Sie in den folgenden Fällen bitte Stellung zur jeweiligen Rechtslage!

a) Der 6-jährige Adam kauft sich für 2 € Eis in einer Eisdiele.

b) Der unter Drogeneinfluss stehende Heinz Schmid verkauft im Rausch seine Aktentasche.

c) Die 5-jährige Eva soll für ihre Mutter beim Bäcker 2 Brezeln holen. Die Mutter gibt ihr einen Zettel und das abgezählte Geld mit.

Aufgabe 6

In welchen Fällen ist die Willenserklärung eines beschränkt Geschäftsfähigen wirksam?

Aufgabe 7

Wie ist in den folgenden Fällen die Rechtslage?
Der 17-jährige Auszubildende Hansi Reit kauft sich einen „MP3-Player“ zum Preis von 500,00 €.

a) Die Mutter Karin ermuntert Hansi, sich doch einen „MP3-Player“ zu kaufen. Das Geld spiele dabei keine Rolle.

b) Fallabwandlung:
Hansi kauft sich ohne Zustimmung der Eltern den „MP3-Player“. Vater und Mutter sind von dem Gerät derart begeistert, dass sie sofort dem Kauf zustimmen.

c) Fallabwandlung:
Hansi kauft sich ohne Zustimmung der Eltern den „MP3-Player“. Der Vater Hans will aber seine Ruhe haben und lehnt den Kauf kategorisch ab!

d) Fallabwandlung:
Hansi kauft sich ohne Zustimmung der Eltern den „MP3-Player“. Die Eltern können sich nicht sofort entscheiden, ob sie dem Kauf zustimmen sollen. Sie bitten um Bedenkzeit.

Aufgabe 8

Nehmen Sie bitte Stellung zu der Rechtslage in folgenden Fällen!

a) Der 14 Jahre alte Benjamin erhält von seinen Eltern monatlich 100,00 € Taschengeld zur freien Verfügung. Von diesem Geld kauft er sich eine Jacke, die übersät ist mit Totenköpfen und Skeletten zum Preis von 90,00 €. Die Eltern finden diese Jacke geschmacklos.

b) Die 16-jährige Schülerin Julia Eichstätt erhält von ihren Eltern ein monatliches Taschengeld in Höhe von 160,00 €. Sie schließt ohne Wissen ihrer Eltern einen Kaufvertrag über einen gebrauchten Motorroller im Wert von 600,00 € ab. Zwischen dem Verkäufer und Julia wird vereinbart, dass der Kaufpreis in monatlichen Raten zu je 130,00 € zu zahlen sei.

c) Die Eigentümerin des Kinderladens „Bobbelche", Frau Ilse Anfällig, ist schwer erkrankt und hat mit Genehmigung des Vormundschaftsgerichts ihre 17-jährige Tochter Irmgard ermächtigt, das Unternehmen zu betreiben. Welche Geschäfte kann Irmgard beispielsweise tätigen?

d) Wie beurteilen Sie den Fall c), wenn Irmgard eine private Urlaubsreise buchen will?

e) Der 17-jährige Kai Blau wird von seinen Eltern ermächtigt, bei der Schuhfabrik Kappc & Steg OHG als Zwicker zu arbeiten. Er unterschreibt einen Arbeitsvertrag nach § 611 BGB. Nach vier Monaten kündigt er das Arbeitsverhältnis, weil er bei der Weinstube Trink & Aus als Kellner mehr verdienen kann.

Aufgabe 9

Was verstehen Sie unter der (vollen) Deliktsfähigkeit?

Aufgabe 10

Welche Personen sind nach dem Gesetz

a) beschränkt deliktsfähig,

b) deliktsunfähig?

Aufgabe 11

Wann ist die 9-jährige Susi schadensersatzpflichtig? Nehmen Sie auch zur Aufsichtspflicht der Eltern kurz Stellung!
Die 9-jährige Susi ist begeisterte Telefonnutzerin. Anlässlich ihres Besuches bei ihrer Freundin Gabi spielt sie an der fremden Telefonanlage herum und wirft den Apparat vom Tisch. Der angerichtete Schaden beläuft sich auf 500,00 €.

Aufgabe 12

Wie ist in den folgenden Fällen a) bis d) die Rechtslage?

a) Der 8-jährige Markus Mai erhält zu seinem Geburtstag von seiner Tante einen Ball geschenkt. Sofort läuft er los, um ihn seinem Freund Rudi zu zeigen, der im Nachbarhaus wohnt. Vor der Haustür rutscht ihm der Ball aus den Händen und kullert zwischen zwei parkenden Autos auf die Straße. Markus rennt hinterher, um ihn zuholen. Dabei wird er von Herrn Unbedacht angefahren, der sein Kraftfahrzeug nicht mehr rechtzeitig bremsen kann und bei der Ausweichbewegung auch noch eines der parkenden Autos beschädigt. Es entsteht ein Schaden in Höhe von 20000,00 €.

b) Die 6-jährige Hanna sitzt mit ihrer Oma Trude allein in einem Pkw, der auf einer abschüssigen Straße abgestellt ist. Hanna spielt so lange am Schalthebel und an der Feststellbremse, bis sich das Auto selbstständig macht und den Berg hinunterrollt.Das Auto bleibt hinter einem Obst- und Gemüsestand mit Totalschaden stehen. Geschätzter Schaden etwa 1 Mio. Euro.

c) Der erwachsene Sohn Heinz zertrümmert in einem Anfall geistiger Umnachtung das Motorboot des Nachbarn.

d) Der Angestellte Julian Reichert, der nie Alkohol trinkt, wird während einer Betriebsfeier von seinen Kollegen betrunken gemacht. In seinem unfreiwilligen Vollrausch wirft er eine Fensterscheibe ein.

Aufgabe 13

Was verstehen Sie unter Fahrlässigkeit?

Aufgabe 14

Wer handelt vorsätzlich?

Aufgabe 15

Erklären Sie bitte die Ehefähigkeit und die Ehemündigkeit.

Aufgabe 16

Welche Personen können kein wirksames Testament errichten?

2.2 Rechtsobjekte

2.2.1 Begriff Rechtsobjekte

- **Rechtsobjekte** (Gegenstände des Rechtsverkehrs) können **Sachen, Tiere und Rechte** sein.
- Diese Rechtsobjekte sind der **Rechtsmacht** der **Rechtssubjekte (Personen) unterworfen**.

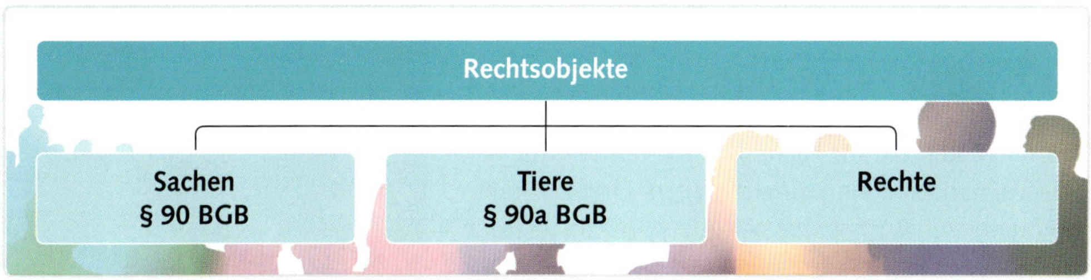

2.2.2 Sachen, Bestandteile und Zubehör

- **Sachen** im Sinne des § 90 BGB sind **nur körperliche Gegenstände**.
- Sachen sind **entweder beweglich** (Mobilien) oder **unbeweglich** (Grundstücke, Immobilien).

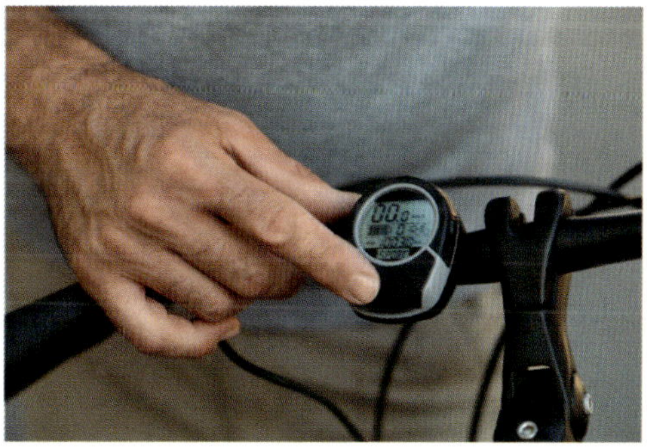

Bewegliche Sachen sind alle Gegenstände, die nicht Grundstücke sind.

BEISPIELE

Fahrrad, Kleid, Buch, PC

Unbewegliche Sachen sind nach dem BGB Grundstücke sowie mit dem Grund und Boden fest verbundene Bauwerke.

BEISPIELE

- Die Wiese des Landwirts K. Bauer (unbebautes Grundstück).
- Das gemauerte Einfamilienhaus mit Keller der Angestellten Rosa Resli (bebautes Grundstück).

2.2.3 Tiere

- **Tiere** sind gem. § 90a BGB **keine Sachen**, sondern
- **Geschöpfe der Erde** und **schmerzempfindende Lebewesen**, deshalb besitzen Tiere eine **eigene Rechtsnatur**.
- Die **Vorschriften über Sachen** finden jedoch entsprechende **Anwendung**, soweit **keine besonderen** gesetzlichen **Vorschriften** bestehen.

Eine Gleichstellung von Tieren mit Sachen wurde durch den § 90a BGB damit ausdrücklich verneint. Allerdings sind die für Sachen geltenden Vorschriften entsprechend auf Tiere anzuwenden. Damit können zivilrechtliche Ansprüche geltend gemacht werden (z. B. Schadensersatzansprüche oder Gewährleistungsrechte bei einem Tierkauf).

2.2.4 Rechte

- **Rechte** können Gegenstand des Rechtsverkehrs **(Rechtsobjekte) sein**.
- **Unterschieden** wird zwischen **absoluten** und **relativen Rechten**.

Absolute Rechte wirken gegenüber allen anderen Personen.

wichtige absolute Rechte	
Art der absoluten Rechte	**Beispiele**
Persönlichkeitsrechte	▪ Recht auf Achtung der Person indem das Leben, der Körper, die Gesundheit, die Freiheit, das Eigentum geschützt werden (§ 823 Abs. 1 BGB), ▪ Schutz des Namens gemäß § 12 BGB, ▪ Recht der elterlichen Sorge gem. §§ 1626 ff. BGB
Herrschaftsrechte an Sachen	▪ Eigentumsrecht gem. § 903 BGB, ▪ Recht auf Besitz gem. § 854 BGB, ▪ Pfandrecht gem. § 1204 BGB.
Herrschaftsrechte an geistigen Schöpfungen	▪ Gesetz über den Schutz von Marken und sonstigen Kennzeichen (Markengesetz) ▪ Gesetz über Urheberrecht und verwandte Schutzrechte (Urheberrechtsgesetz) ▪ Gesetz betreffend das Urheberrecht an Werken der bildenden Künste und der Fotografie

Relative Rechte richten sich gegen eine bestimmte Person.

Hierzu zählen hauptsächlich die **Ansprüche** oder **Forderungsrechte.**

BEISPIELE

- Der Verkäufer einer Sache hat gegenüber dem Käufer das Recht den vereinbarten Kaufpreis zu verlangen.
- Ein Forderungsanspruch aus dem Familienrecht ist gem. § 1360 BGB die Vorschrift, dass die Ehegatten einander verpflichtet sind durch ihre Arbeit und mit ihrem Vermögen die Familie angemessen zu unterhalten.

2.2.5 Nutzungen

Nutzungen werden im Gesetz als **Früchte** einer **Sache** oder eines **Rechts** sowie die **Vorteile**, welcher der **Gebrauch** der Sache oder des Rechts gewährt, definiert. BGB § 100

Früchte einer Sache sind gemäß § 99 Abs. 1 BGB die **Erzeugnisse** (Erträge) der **Sache**.

BEISPIELE

- Äpfel eines Apfelbaumes
- Kies aus der Kiesgrube

Früchte eines Rechts sind BGB §§ 99 u. 100

- die **Erträge**, die das **Recht gewährt**

  BEISPIEL

  die Pacht aus der Verpachtung eines Rechts

- die **Gebrauchsvorteile** gem. § 100 BGB einer **Sache** oder eines **Rechts**

  BEISPIEL

  Rolf Platt ist stolzer Eigentümer eines Wohnmobils. Er verkauft dieses an Ede Überall, der in Urlaub fahren will. Nach einiger Zeit ficht Ede den Kaufvertrag gem. § 142 BGB rechtswirksam an. Ede muss das Wohnmobil zurückgeben, weil der Kaufvertrag von Anfang an nichtig ist. Außerdem hat er für die gehabten Vorteile, z. B. Ersparnis der Übernachtungskosten, für sich und seine Familie einen Wertersatz gem. § 812 BGB und § 818 BGB wegen ungerechtfertigter Bereicherung zu leisten.

Zusammenfassung und Lernkontrolle

Rechtsobjekte

- **Sachen § 90 BGB**
  - **bewegliche Sachen = Mobilien**
    - vertretbare Sachen
    - nicht vertretbare Sachen
    - verbrauchbare Sachen
    - nicht verbrauchbare Sachen
  - Bestandteile
  - Zubehör
  - **Eigentumsübertragung** → **unbewegliche Sachen**
    - bewegliche Sachen: § 929 BGB → **Einigung + Übergabe der Sache**
    - unbewegliche Sachen:
      - Grundstücke
      - eingetragene Schiffe
      - §§ 873, 925 BGB → **Einigung (= Auflassung) + Eintragung ins Grundbuch**
- **Tiere § 90a BGB**
  - sind keine Sachen
  - Geschöpfe der Erde
- **Rechte**
  - **absolute Rechte über** Sachen, Personen (Eigentum, elterliche Sorge ...)
  - **relative Rechte** (Kaufpreisforderung, Nutzungsrecht ...)

Lernkontrolle

Aufgabe 1
Welche möglichen Rechtsobjekte nennt das BGB?

Aufgabe 2
Nennen Sie bitte zwei Beispiele beweglicher Sachen.

Aufgabe 3
Was versteht das BGB unter unbeweglichen Sachen?

Aufgabe 4
Wie geschieht die Übertragung des Eigentums bei beweglichen und unbeweglichen Sachen?

Aufgabe 5
Nennen Sie jeweils zwei zutreffende Beispiele für
a) vertretbare Sachen
b) nicht vertretbare Sachen
c) verbrauchbare Sachen
d) nicht verbrauchbare Sachen

Aufgabe 6
Definieren Sie die wesentlichen Bestandteile einer Sache und nennen Sie Beispiele!

Aufgabe 7
Erklären Sie bitte anhand einiger Beispiele die unwesentlichen Bestandteile.

Aufgabe 8
Was sind wesentliche Bestandteile eines Grundstücks?

Aufgabe 9
Beschreiben Sie, was man unter Scheinbestandteilen eines Grundstücks versteht?

Aufgabe 10
Unterscheiden Sie bitte zwischen den absoluten und relativen Rechten und geben Sie jeweils zwei zutreffende Beispiele an.

2.3 Rechtsgeschäfte

2.3.1 Rechtsgeschäfte und Willenserklärungen

- **Rechtsgeschäfte** regeln **Rechtsbeziehungen** zwischen Personen **(Rechtssubjekten)** und **Rechtsobjekten**.
- Das Rechtsgeschäft kommt durch **eine** oder **mehrere Willenserklärungen zustande**.
- Eine **Willenserklärung** ist die **Erklärung eines Willens mit gewollter Rechtsfolge**.
- Die gewollte Rechtsfolge kann darin bestehen, dass entweder ein **Recht begründet**, **aufgehoben** oder **verändert** wird.

Voraussetzungen für eine rechtskräftige Willenserklärung:

- Die Erklärung muss auf eine **Rechtsfolge** gerichtet sein, d.h., es muss willentlich ein Rechtserfolg angestrebt werden.

BEISPIEL

© Cobalt – stock.adobe.com

Kuno will bei Titan ein Farbfernsehgerät der Marke „Super Color" kaufen. Er geht deshalb in das Geschäft Titans und fragt, ob er dieses Gerät kaufen könne. Als Titan bejaht, vereinbaren sie Kaufpreis und Lieferungstermin.
Folgen: Kuno hat Titan gegenüber seinen auf Freiwilligkeit beruhenden Willen geäußert: Er will entgeltlich ein bestimmtes Farbfernsehgerät von Titan erwerben. Ebenso hat Titan seinen auf Freiwilligkeit beruhenden Rechtswillen vernehmbar kund getan: Er will an Kuno das betreffende Gerät verkaufen. Kuno will Titan gegenüber **rechtliche Verpflichtungen** eingehen; er will aber auch, dass Titan ihm gegenüber Verpflichtungen übernimmt. Bislang war das rechtliche Verhältnis zwischen Titan und Kuno frei von solchen gegenseitigen Verpflichtungen. Sicherlich möchten beide, dass es nicht nur bei den gegenseitigen Verpflichtungen bleibt, sondern dass diese in entsprechende **Erfüllungshandlungen** einmünden, also möchte Kuno es z.B. nicht damit bewenden lassen, dass Titan die Lieferungsverpflichtung eingeht, sondern er möchte in absehbarer Zeit Eigentümer und Besitzer des Fernsehgerätes werden.

- Der Wille muss **kund getan** werden.
  Voraussetzung für eine Willenserklärung im juristischen Sinne ist, dass derjenige, der einen auf einen Rechtserfolg gerichteten Willensentschluss gefasst hat, diesen Willen auch tatsächlich äußert. In welcher Form (schriftlich, mündlich, schlüssige Handlungen oder durch Mitwirkung eines bestimmten Dritten – z.B. eines Notars) dieser Wille geäußert wird, überlässt das BGB – von Ausnahmen abgesehen – dem jeweiligen Rechtssubjekt. Wichtig ist nur, dass die Betroffenen in der Lage sind, den Willen auch zu verstehen.

© pio3 – stock.adobe.com

Möglichkeiten der Erteilung einer Willenserklärung durch		
ausdrückliche Erklärung	**durch „Schweigen" in den vom Gesetz bestimmten Fällen (§ 455 BGB)**	**durch schlüssiges (konkludentes) Handeln**
Beispiele: ■ Frau Klara bestellt per Fax beim Versandhaus Grelle ein genau bezeichnetes Kleid aus dem Katalog. ■ Opa Max sagt zum Eisverkäufer: „Bitte geben Sie mir dieses Eis für meine Enkelin Maxi."	**Beispiel:** ■ Der begnadete Posaunist Franz Bang kauft sich eine Posaune für zwei Wochen zur Ansicht (Kauf auf Probe). Bringt Franz die Posaune nicht innerhalb der Frist von zwei Wochen dem Verkäufer zurück, muss er den Kaufpreis zahlen.	**Beispiel:** ■ Bei einer öffentlichen Versteigerung hebt Eva Schwarz auf ein Gebot des Gerichtsvollziehers wortlos ihre Hand und erhält den Zuschlag.

Abzugrenzen ist der Begriff der Willenserklärung im juristischen Sinne noch von der rechtlich **unverbindlichen Absichtserklärung**.

BEISPIELE

1. Braun ist Eigentümer eines Tennisplatzes. Er verabredet sich mit Born, seinem Freund, für den darauffolgenden Tag zu einem Tennisspiel auf seiner Tennisanlage. Born erscheint jedoch nicht zu der Verabredung.
2. Albrecht ist Veranstalter von Tennisturnieren und Eigentümer einer Tennisanlage. Zu Werbezwecken verhandelt er mit Born, einem bekannten, ausländischen Tennisstar, um diesen für die Teilnahme an einem Turnier zu gewinnen. Nach Klärung der Startgeldfrage und der sonstigen Bedingungen (z. B. Anzahl der Spiele, Turniergegner) sagt Born seine Teilnahme zu. Born erscheint jedoch nicht, stattdessen lässt er wenige Stunden vor Turnierbeginn durch seine Agentur eine Absage an Albrecht richten.

Beiden Fällen ist gemeinsam, dass es um Tennis spielen geht und dass eine Verabredung nicht eingehalten wird. Die Fälle haben aber verschiedene Rechtsfolgen. Im Beispiel 1 hat Born lediglich eine juristisch unverbindliche Absicht kund getan, mit Braun Tennis spielen zu wollen. Sicherlich wollte sich Born nicht in der Weise binden lassen, dass Braun wegen des ausgefallenen Spiels Forderungen z. B. in Form von Schadensersatz zustehen. Sein Fernbleiben löst überhaupt keine juristischen Folgen aus. Wie sich sein Nichterscheinen auf seine Vertrauenswürdigkeit oder auf die Freundschaft mit Braun auswirken wird, ist keine juristische, allenfalls eine persönliche Angelegenheit.

Eine unverbindliche Absichtserklärung löst keine juristische Verpflichtung aus. Sie ist unter rein rechtlichen Gesichtspunkten völlig unverbindlich, es fehlt ihr der juristisch vorausgesetzte **Verpflichtungs- oder Bindungswille**.

2.3.2 Arten von Rechtsgeschäften

Rechtsgeschäfte werden nach der Zahl der notwendigen Willenserklärungen in einseitige und zweiseitige Rechtsgeschäfte (Verträge) unterschieden. Außerdem ist es wichtig zu wissen, ob diese Willenserklärungen empfangsbedürftig oder nicht empfangsbedürftig sind und sich nur ein Partner oder beide Partner zu einer Leistung verpflichten.

Einseitige Rechtsgeschäfte

Für **einseitige Rechtsgeschäfte** genügt zur Wirkamkeit die **Willenserklärung einer Person**.

BGB § 130

Bei einer **empfangsbedürftigen Willenserklärung** tritt die Rechtswirkung erst ein, wenn sie einem anderen **zugegangen** ist, der Absender trägt das Risiko des Transports der Willenserklärung.

BEISPIEL

Emma Piel kündigt ihr Arbeitsverhältnis. Die Kündigung ist erst wirksam, wenn sie dem Arbeitgeber zugegangen, d. h. in dessen Kenntnisbereich gelangt ist.

Bei einem n**icht empfangsbedürftigen Rechtsgeschäft** wird die Willenserklärung bereits mit der Abgabe wirksam; sie muss keiner anderen Person bekannt sein.

BEISPIEL

Oma (Opa ist schon verstorben) errichtet ein Testament, in dem sie als Alleinerben ihren Enkel Brutus bestimmt. Niemand muss etwas von dem Testament erfahren.

Zweiseitige Rechtsgeschäfte

Für die **Rechtswirksamkeit** eines **zwei-** oder **mehrseitigen Rechtsgeschäfts (Vertrag)** sind mindestens **zwei übereinstimmende Willenserklärungen** der Vertragspartner nötig.

Bei einem **einseitig verpflichtenden Rechtsgeschäft** verpflichtet sich nur eine Person zu einer Leistung, die andere Person nimmt die Leistung an.

BEISPIEL

Tante Klara schenkt ihrem Neffen eine Armbanduhr, die dieser mit Freude entgegennimmt.

Bei einem **gegenseitig (mehrseitig) verpflichtenden Rechtsgeschäft** verpflichten sich mindestens zwei Personen zu einer Leistung.

BEISPIEL

Franz geht in den Bäckerladen und kauft zwei Brötchen. Die Bäckersfrau verpflichtet sich, dem Franz die Brötchen frei von Sach- und Rechtsmängeln zu übergeben, das Eigentum an den Brötchen zu verschaffen und den Kaufpreis anzunehmen.
Franz wird verpflichtet, die Brötchen abzunehmen und den Kaufpreis zu zahlen.

BGB
§ 433

2.3.3 Verpflichtungs- und Verfügungsgeschäft (Erfüllungsgeschäft)

- **Verpflichtungsgeschäfte** sind **Rechtsgeschäfte**, durch die sich eine **Person** gegenüber einer anderen Person zu einer **Leistung verpflichtet**.
- Durch das Verpflichtungsgeschäft entsteht ein **Schuldverhältnis**.
- **Verfügungsgeschäfte (Erfüllungsgeschäfte)** sind **Rechtsgeschäfte**, die darauf gerichtet sind, ein **Recht zu begründen**, zu **verändern**, zu **übertragen** oder **aufzuheben**.
- **Hauptanwendungsfall** sind die verfügenden Geschäfte im **Sachenrecht**.

Wer einen gültigen Vertrag geschlossen hat, ist verpflichtet, seine Leistungen entsprechend den getroffenen Vereinbarungen zu erbringen. Verträge heißen deshalb auch Verpflichtungsgeschäfte.

BEISPIELE

- Kaufvertrag gem. § 433 BGB (Vertragstypische Pflichten beim Kaufvertrag)
- Mietvertrag gem. § 535 BGB (Inhalt und Hauptpflichten des Mietvertrags)
- Pachtvertrag gem. § 581 BGB (Vertragstypische Pflichten beim Pachtvertrag)

Das Verpflichtungsgeschäft kann aber auch ein einseitiges Rechtsgeschäft sein.

BEISPIEL

Schenkungsversprechen gem. § 516 BGB

Wer einen Gegenstand verkauft, bleibt noch so lange Eigentümer, bis er dem Käufer den Gegenstand übergibt und so seine Verpflichtung erfüllt. Die Erfüllung stellt ein eigenes Rechtsgeschäft dar, nämlich das **Erfüllungsgeschäft**. Mit der Erfüllung erlischt das Schuldverhältnis und die Rechte an den betroffenen Sachen werden verändert.

BEISPIELE

- Einigung und Übergabe einer beweglichen Sache gem. § 929 BGB
- Einigung und Eintragung eines Grundstücks gem. §§ 873, 925 BGB.

2.3.4 Bürgerliche Rechtsgeschäfte und Handelsgeschäfte

- Die **Rechtsgeschäfte** von **Nichtkaufleuten** sind **bürgerliche Rechtsgeschäfte**, während
- alle **Rechtsgeschäfte** eines **Kaufmanns**, die zum **Betrieb seines Handelsgewerbes** gehören, **Handelsgeschäfte** gem. § 343 HGB sind.

Die bürgerlichen Rechtsgeschäfte sind ausschließlich im BGB geregelt. Für die Handelsgeschäfte gelten die Spezialvorschriften für Kaufleute nach dem HGB. Nur wenn der Sachverhalt im HGB nicht geregelt ist, sind die Vorschriften des BGB heranzuziehen.

Spezielles Recht geht immer vor allgemeinem Recht. Im HGB werden die Rechtsgeschäfte teilweise anders als im BGB geregelt. Der Gesetzgeber geht davon aus, dass der Handelsverkehr eine größere Flexibilität als der bürgerliche Rechtsverkehr erfordert und dass von Kaufleuten eine größere Sorgfaltspflicht erwartet werden kann.

BEISPIEL

Um den Bürgen vor übereilter Übernahme einer Bürgschaft zu warnen, ist die Bürgschaftserklärung eines Nichtkaufmanns immer in schriftlicher Form abzugeben. Die Erteilung einer Bürgschaftserklärung in elektronischer Form ist ausgeschlossen (§ 766 BGB).
Bei der Bürgschaftsübernahme durch einen Kaufmann ist die Schriftform nicht vorgeschrieben, wenn die Bürgschaft auf der Seite des Kaufmanns ein Handelsgeschäft ist (§ 350 HGB), weil bei einem Kaufmann z. B. die Kenntnis der Bedeutung einer Bürgschaftsübernahme vorausgesetzt wird und er sich nur selbstschuldnerisch verpflichten kann.

Rechtsgeschäfte, die zwischen zwei Kaufleuten abgewickelt werden, heißen **zweiseitige Handelsgeschäfte**; schließt ein Kaufmann ein Rechtsgeschäft mit einem Nichtkaufmann ab, so ist dies ein **einseitiges Handelsgeschäft**, weil dieses Rechtsgeschäft für den Kaufmann ein Handelsgeschäft und für den Nichtkaufmann ein bürgerliches Rechtsgeschäft ist. In diesem Fall gelten für beide Seiten die Vorschriften des HGB, wenn hier keine Ausnahmen bestimmt sind (§ 345 HGB).

Solche Ausnahmen können z. B. für die Zahlung höherer Verzugszinsen gelten. Ist nämlich an einem Rechtsgeschäft ein Verbraucher beteiligt, fallen gem. § 288 Abs. 1 BGB fünf Prozentpunkte Verzugszinsen über dem Basiszinssatz an. Handelt es sich hierbei allerdings um Rechtsgeschäfte unter Unternehmern, an denen kein Verbraucher beteiligt ist, so sind gem. § 288 Abs. 2 BGB neun Prozentpunkte Verzugszinsen über dem Basiszinssatz zu entrichten.

Zusammenfassung und Lernkontrolle

Zusammenfassung

Willenserklärung
Erklärung eines Willens mit gewollter Rechtsfolge (Rechtsgeschäft)

empfangsbedürftige
Rechtswirksamkeit hängt vom Zugang der Willenserklärung ab

nicht empfangsberechtigte
Rechtwirksamkeit hängt nicht vom Zugang der Willenserklärung ab

Arten der Rechtsgeschäfte

einseitige

nicht empfangsbedürftige
- Auslobung (§ 657 BGB)
- Testament (§ 2064 BGB)

empfangsbedürftige
- Kündigung (§ 622 BGB bei Arbeitsverhältnis)
- Anfechtungserklärung (§ 143 BGB)

mehrseitige = Verträge

einseitig verpflichtend
- Schenkung (§ 516 BGB)
- Bürgschaft (§ 765 BGB)

zweiseitig verpflichtend
- Kauf (§ 433 BGB)
- Miete (§ 535 BGB)

Rechtsgeschäfte einseitig oder mehrseitig

Verpflichtungsgeschäft
- begründen ein Schuldverhältnis
- gehören zum Schuldrecht

Verfügungsgeschäft = Erfüllungsgeschäft
- verändern Rechte an Sachen
- gehören zum Sachenrecht

Rechtsgeschäfte nach BGB und HGB

Geschäfte unter Nichtkaufleuten

bürgerliche Rechtsgeschäfte
- BGB

Geschäfte unter Kaufleuten

zweiseitige Handelsgeschäfte
- HGB (Vorrang)
- BGB

Geschäfte unter Kaufmann und Nichtkaufmann

einseitige Handelsgeschäfte
- BGB
- HGB

Lernkontrolle

Aufgabe 1

Was verstehen Sie unter einer Willenserklärung?

Aufgabe 2

Welche Möglichkeiten gibt es, eine Willenserklärung abzugeben (mit Beispielen)?

Aufgabe 3

Nennen Sie bitte ein Beispiel für ein einseitiges empfangsbedürftiges Rechtsgeschäft.

Aufgabe 4

Welcher Unterschied besteht dann zu einer einseitigen nicht empfangsbedürftigen Willenserklärung?

Aufgabe 5

Martin Fromm ist seit einem Jahr Arbeitnehmer im Kaufhaus Roller. Heute, am 14.03. d. J. will Fromm von Ihnen wissen,

a) ob er sein Arbeitsverhältnis ohne Genehmigung des Chefs kündigen könne,

b) wann er kündigen müsse, damit er zum nächstmöglichen Zeitpunkt aus dem Unternehmen ausscheiden könne.

Was antworten Sie, wenn Sie die Frist nach § 622 Abs. 1 BGB berechnen?

Aufgabe 6

Unterscheiden Sie bitte das einseitig verpflichtende von dem gegenseitig (mehrseitig) verpflichtenden Rechtsgeschäft unter Angabe je eines zutreffenden Beispiels.

Aufgabe 7

Was sind Verpflichtungsgeschäfte und was sind Verfügungs- oder Erfüllungsgeschäfte?

Aufgabe 8

Begründen Sie bitte, warum das Schenkungsversprechen ein einseitiges Rechtsgeschäft ist!

Aufgabe 9

Das BGB und das HGB teilen die Rechtsgeschäfte nach der Art der Beteiligten ein. Wie heißt ein Rechtsgeschäft unter Kaufleuten und wie heißt ein solches, bei dem ein Kaufmann und ein Nichtkaufmann beteiligt sind?

2.3.5 Vertrag und Vertragsfreiheit

2.3.5.1 Vertragsfreiheit und Einschränkungen der Vertragsfreiheit

- Jeder Mensch soll im Rahmen des Artikels 2 Abs. 1 GG (Persönliche Freiheitsrechte) **seine Lebensverhältnisse** möglichst weitgehend selbst in **eigener Verantwortung** gestalten.
- Diese **Freiheit** ist jedoch da **eingeschränkt**, wo sie **Rechte Dritter** verletzt und gegen die **verfassungsmäßige Ordnung** oder gegen die **guten Sitten** verstoßen würde.

Grundsätzlich kann jeder mit jedem einen Vertrag abschließen, sofern er geschäftsfähig ist. Diesem Gebot folgt das BGB in dem Grundsatz der **Vertragsfreiheit** (Privatautonomie).

Die Vertragsfreiheit umfasst:

- **Abschlussfreiheit:** jeder entscheidet ob und mit wem er ein Rechtsgeschäft abschließen will
- **Inhaltsfreiheit:** Verträge können inhaltlich frei gestaltet werden
- **Formfreiheit:** hinsichtlich der Form des Vertragsabschlusses sind die Rechtssubjekte frei

© MEV Agency UG

Der Grundsatz der Vertragsfreiheit ist in wichtigen Bereichen des täglichen Lebens eingeschränkt. So z. B. durch den **Abschlusszwang** oder **Kontrahierungszwang**. Er bedeutet die Pflicht für Ärzte, ihre Patienten zu behandeln oder für bestimmte Unternehmen, ihren Kunden Strom, Gas und Wasser zu liefern, Personen zu befördern oder die Post zuzustellen.

Auch die inhaltliche Gestaltung ist, zu Gunsten der wirtschaftlich Schwächeren z. B. durch das Verjährungs- und Schuldrecht oder durch das Mietrechtsreformgesetz, eingeschränkt.

2.3.5.2 Antrag (Angebot)

- Der **Antrag** ist eine **einseitige**, **empfangsbedürftige Willenserklärung**, die an einen **bestimmten Partner** gerichtet sein muss.
- Das **Angebot** (Antrag) muss **inhaltlich** so **genau** bestimmt sein, dass es der **Partner** durch das einfache **„Ja"** annehmen kann.

Den **Inhalt** eines **vollständigen Angebots** sollten Sie beispielsweise wie folgt festlegen:

- Art, Güte und Beschaffenheit
- Menge
- Preis

} der Ware

- Erfüllungsort und Gerichtsstand
- Liefer- und Zahlungsbedingungen

Keine Anträge sind im juristischen Sinne zum Beispiel

- Zusendung eines Kataloges, eines Prospektes oder einer Preisliste
- Schaufensterauslagen
- das „Sonderangebot" in der Tageszeitung,

weil das Angebot **nicht** an eine **bestimmte Person** oder Personengruppe, sondern an die Allgemeinheit gerichtet ist. Hier handelt es sich um **unverbindliche Äußerungen**, die eine **Aufforderung** zur **Abgabe** eines rechtlich **verbindlichen Angebots** beinhalten.

Aber: Das Aufstellen eines Automaten ist ein bindendes Angebot an unbestimmte Personen.

- Gemäß § 145 BGB ist der **Anbietende** an seinen **Antrag gebunden**,
- es sei denn, dass der Anbietende die **Bindung** durch Freizeichnungsklauseln **ausgeschlossen** hat oder der Antrag gem. § 148 BGB **zeitlich befristet** ist.
- Sobald der Antrag dem **Partner zugegangen** ist, kann er **nicht mehr widerrufen** werden.

2.3.5.3 Annahme

- Die **Annahmeerklärung** ist eine einseitige **empfangsbedürftige Willenserklärung**, die dem **Empfänger zugeht**, d. h. in dessen Kenntnisbereich sie gelangen **muss**.
- Der **Zugang** ist **entbehrlich**, wenn nach der **Verkehrssitte** eine ausdrückliche **Erklärung nicht üblich** ist oder der **Anbieter** auf sie **verzichtet** hat (§ 151 BGB).

BEISPIEL

Frau Monika Simon schließt ein kostenloses Probeabonnement der Zeitschrift „Schöner Leben" ab. Im Vertragstext steht, dass das Probeabo für drei Ausgaben gelte und dass danach ein zahlungspflichtiges Abonnement entsteht, soweit nichts Gegenteiliges mitgeteilt wird. Der Verlag verzichtet also auf den Zugang einer Willenserklärung für das Abonnement.

Der Zeitpunkt der Annahme des Antrags hängt davon ab, ob die Annahme unter Anwesenden oder unter Abwesenden abgegeben wird.

Annahme unter Anwesenden

BGB §§ 146 u. 147 Abs. 1

Der einem Anwesenden gemachte Antrag kann nur sofort angenommen werden. Dies gilt auch bei einem Antrag, der telefonisch oder mittels einer sonstigen technischen Einrichtung von Person zu Person übermittelt wird. Ein unter Anwesenden gemachter Antrag hat lediglich eine augenblickliche Bindungsdauer. Äußert sich also der Antragsempfänger nicht sofort, ist der Antragende von der Bindung an seinen Antrag befreit.

BEISPIEL

Auf dem Pferdemarkt bietet Pfaff sein Reitpferd „Andra" Buchmann für 8 000,00 € zum Kauf an. Buchmann geht weiter und überlegt, weil ihm einerseits „Andra" gut gefällt, ihm aber andererseits 8 000,00 € eine zu große Geldausgabe darstellt. Nach einigen Minuten des inneren Kampfes obsiegt bei Buchmann die Pferdeleidenschaft und er entschließt sich, „Andra" von Pfaff für 8 000,00 € zu kaufen. Als er zurückkommt, erklärt ihm Pfaff, dass er „Andra" nicht mehr unter 10 000,00 € herzugeben gewillt sei.

Lösung: Die Willenserklärung Pfaffs stellt einen Antrag dar: Sie ist inhaltlich vollständig, sie ist an eine bestimmte Person gerichtet und sie enthält auch den inneren Tatbestand, nämlich den Willen, sich durch diese Erklärung binden zu wollen, da Pfaff die Gebundenheit nicht ausgeschlossen hat. Pfaff ist demnach an seinen Antrag gebunden. Auch hat Buchmann den Antrag nicht ausdrücklich abgelehnt, denn er ging einfach weiter, sodass der Antrag auch nicht nach § 146 BGB erloschen ist. Aber § 147 Abs. 1 BGB besagt, dass ein Antrag **unter Anwesenden nur sofort angenommen** werden kann. Der Antrag Pfaffs wurde unter Anwesenden abgegeben. Dadurch, dass Buchmann geschwiegen hat, ist die **Bindung** Pfaffs an seinen Antrag **erloschen**. Buchmann kann nun nicht mehr von Pfaff verlangen, dass er ihm „Andra" für 8000,00 € überlässt.

Annahme unter Abwesenden

Der an einen Abwesenden gemachte Antrag kann nur bis zu dem Zeitpunkt angenommen werden, in welchem der Anbietende den Eingang der Antwort unter normalen Umständen unter Einbeziehung des Transportweges des Antrages, der Überlegungsfrist des Empfängers und der Zeit für die Mitteilung der Annahme erwarten darf. BGB § 147 Abs. 2

Da der Gesetzgeber eine genaue Terminierung nicht vorgenommen hat, geht man von folgender Zeitfixierung aus (bei einem Normalbrief):

- 2 Tage Postweg für den Antrag,
- 1–2 Tage Bearbeitungszeit für die Annahme,
- 2 Tage Postweg für die Annahmeerklärung.

Der Gesetzgeber betrachtet die Bindungsfrist (Rechtzeitigkeit der Annahme) vom Blickwinkel des Antragenden aus. Der Empfänger des Antrags kann sich also nicht darauf berufen, dass er so schnell wie möglich die Annahme des Antrags versandt hat. Bedeutsam ist das rechtzeitige Eintreffen der Annahme beim Antragenden; der Annehmende trägt das volle Risiko für eine Verzögerung auf dem Postweg. Der Antragende kann selbstverständlich, unabhängig von den bisherigen Ausführungen, auch selbst festlegen, wie lange der Partner annehmen kann. Damit hat er gleichzeitig auch ausgedrückt, für welchen Zeitraum er an seinen Antrag gebunden ist. BGB § 148

BEISPIEL

Knecht macht Huber einen Antrag dahingehend, dass er den Traktor von Huber für 10000,00 € kaufen möchte. Wie lange ist Knecht an seinen Antrag, der in diesem Fall vom Käufer ausgeht, gebunden, wenn

a) Knecht mittels Telefonanruf Huber unterrichtet hat?
b) Knecht seinen Antrag schriftlich Huber unterbreitet und eine Annahmefrist nicht festgelegt hat?
c) Knecht seinen Antrag schriftlich Huber unterbreitet und eine Annahmefrist bis zum 31. des laufenden Monats bestimmt hat?

Lösungen

a) Knecht und Huber telefonieren miteinander. Sie werden nach § 147 Abs. 1 BGB so gestellt, als wäre es ein Gespräch unter Anwesenden. Diese Gleichstellung ist auch einleuchtend, da ebenso wie beim Gespräch unter direkt Anwesenden beim Telefongespräch die Abgabe der Willenserklärung und der Zugang der Willenserklärung zeitlich zusammenfallen. § 147 Abs. 1 BGB legt fest, dass Huber nur sofort annehmen kann. Anders wäre die Situation, wenn Huber während des Gesprächs sich von Knecht eine Bedenkzeit gewähren ließe, dann würde § 148 BGB gelten, wonach Knecht bis zum Ablauf der vereinbarten Bedenkzeit gebunden wäre.

b) Da in diesem Fall Abgabe der Willenserklärung (Schreiben des Briefes) und Zugang der Willenserklärung (Einwurf des Briefes in Hubers Briefkasten) zeitlich auseinanderfallen, handelt es sich um einen Antrag unter Abwesenden. Nach § 147 Abs. 2 BGB ist Knecht jetzt solange an seinen Antrag gebunden, wie er unter regelmäßigen Umständen mit einer Antwort rechnen kann (nach obiger Betrachtungsweise also fünf bis sechs Tage nach Absendung des Antrages).

c) Die Voraussetzungen sind in diesem Fall dieselben wie im Fall b). Der Antrag Knechts wurde unter Abwesenden gemacht. Allerdings wird hier § 147 Abs. 2 BGB ersetzt durch § 148 BGB. Huber kann den Antrag bis zum 31. des laufenden Monats annehmen, d. h. Knecht ist bis zu dem genannten Termin an seinen Antrag gebunden.

- Die **Bindung** an das **Angebot erlischt** gemäß § 146 BGB, wenn der **Empfänger** das Angebot **ablehnt** oder **nicht rechtzeitig annimmt**.
- Auch wenn der **Anbieter** gem. § 130 BGB das Angebot **rechtzeitig widerruft**.

Die **verspätete Annahme** eines Antrags gilt gem. § 150 BGB (Verspätete und abgeänderte Annahme) als neuer Antrag (§ 150 Abs. 1 BGB). Dies gilt auch gem. § 150 Abs. 2 BGB, wenn die Annahme unter Erweiterungen, Einschränkungen oder sonstigen Änderungen erfolgt.

2.3.6 Formvorschriften und Urkunden

2.3.6.1 Urkunden

© MEV Agency UG

Eine Urkunde ist eine schriftlich verfasste und häufig beglaubigte Erklärung, die einen bestimmten Tatbestand bzw. Sachverhalt festhält. Die Urkunde enthält zudem Angaben zum Aussteller der Urkunde.

Je nach Aussteller haben diese Schriftstücke Beweiskraft. Dies gilt insbesondere für öffentliche Urkunden. Diese werden von einer Behörde oder von einer mit öffentlichem Glauben ausgestatteten Person (Notar, Gerichtsvollzieher, Standesbeamter) ausgestellt. Wichtige Erklärungen (z. B. Testamente) und Verträge können notariell beurkundet werden, bei bestimmten Rechtsgeschäften ist die notarielle Beurkundung vorgeschrieben (z. B. Grundstückskaufverträgen).

Unterschieden werden private und öffentliche Urkunden. **Private Urkunden** werden von privaten Ausstellern verfasst und von diesen unterschrieben.

BEISPIELE FÜR PRIVATE URKUNDEN

Quittungen, handschriftliches Testament, Rechnungen, Kontoauszug

Öffentliche Urkunden werden von einer Behörde oder von einer mit öffentlichem Glauben versehenen Person (z. B. Gerichtsvollzieher, Notar) in vorgeschriebener Form verfasst. Diese Schriftstücke begründen den vollen Beweis für einen Vorgang (z. B. Kaufvertrag bei Grundstücken) oder sie bezeugen eine Tatsache (z. B. Geburtsurkunde).

BEISPIELE FÜR ÖFFENTLICHE URKUNDEN

Heiratsurkunde, öffentliches Testament, Sterbeurkunde

2.3.6.2 Formvorschriften

- Grundsätzlich können **Willenserklärungen formfrei** abgegeben werden.
- Zum **Schutz vor Übereilung und zur Beweissicherung** schreibt das **Gesetz** für **einzelne Rechtsgeschäfte** bestimmte **äußere Formen** vor.

Schriftform gemäß §§ 126, 126a, 126b BGB

BGB §§ 126, 126a u. 126b

- Die **Willenserklärung** wird **schriftlich** oder
- auf **elektronischen Datenträgern** (Festplatte/Diskette) **abgefasst** und entweder
- **eigenhändig unterschrieben** oder
- mit einer **qualifizierten elektronischen Signatur versehen**.

BEISPIELE

- Bürgschaftserklärung gem. § 766 BGB
- Schuldversprechen gem. § 780 BGB
- Schuldanerkenntnis gem. § 781 BGB
- Verbraucherdarlehensvertrag gem. § 492 BGB

Die gesetzlich vorgeschriebene schriftliche Form kann gemäß § 126 Abs. 3 BGB durch die modernen Bürokommunikationsmittel der elektronischen Form ersetzt werden, wenn sich nicht aus dem Gesetz etwas anderes ergibt.

BEISPIELE

- E-Mail
- Bestellformular im Internet
- Telekopie (Telefax)

Bürgschaftserklärung, Schuldversprechen, Schuldanerkenntnis und **Verbraucherdarlehensvertrag dürfen nicht in elektronischer Form abgegeben** werden.

BGB § 126a

Bei der elektronischen Form muss der Aussteller der Erklärung seinen Namen hinzufügen und das elektronische Dokument mit einer qualifizierten elektronischen Signatur nach dem Signaturgesetz versehen. Bei Verträgen müssen beide Partner jeweils ein gleich lautendes Dokument elektronisch signieren.

BGB § 126b

Ist durch Gesetz Textform vorgeschrieben, so muss die Erklärung entweder in einer Urkunde oder auf andere Weise, die geeignet ist, die dauerhafte Wiedergabe in Schriftzeichen zu gewährleisten, abgegeben werden. Der Erklärende muss genannt und der Abschluss der Erklärung durch Nachbildung der Unterschrift oder anders erkennbar gemacht werden.

BGB § 127

Die elektronische Form und die Textform gelten auch für die durch Rechtsgeschäft bestimmte Form. Ist kein anderer Wille anzunehmen, genügt zur Wahrung der schriftlichen Form die telekommunikative Übermittlung (Telekopie/Telefax) und bei einem Vertrag der Briefwechsel. Nachträglich kann eine Beurkundung verlangt werden. Zur Wahrung der durch Rechtsgeschäfte bestimmten elektronischen Form genügt, wenn kein anderer Wille anzunehmen ist, auch eine einfache elektronische Signatur. Bei einem Vertrag wird die Angebots- und Annahmeerklärung zwischen beiden Partnern ausgetauscht und jeweils mit einer elektronischen Signatur versehen. Nachträglich kann eine qualifizierte elektronische Signatur oder, wenn dies einer Partei nicht möglich ist, die Beurkundung verlangt werden.

BGB § 129

Öffentliche Beglaubigung

- Eine **öffentliche Beglaubigung** ist nur in den **gesetzlich vorgeschriebenen** Fällen notwendig.
- Der **Notar beglaubigt** die **Unterschrift** unter einer schriftlich abgefassten **Erklärung**.
- Die **Unterschrift** muss vor dem **Notar vollzogen** oder **anerkannt werden**.

BEISPIELE

- Anmeldung zum Handelsregister gem. § 12 HGB
- Ausschlagung der Erbschaft gem. § 1945 BGB

Bei der öffentlichen Beglaubigung (§ 129 BGB) muss die Erklärung schriftlich abgefasst und die Echtheit der Unterschrift von einer hierfür zuständigen Behörde (z. B. Notariat) beglaubigt sein. Es ist also nicht der Inhalt der Erklärung, der als wahr beglaubigt wird, sondern nur die Echtheit der Unterschrift. Deshalb erfolgt die Unterschriftsleistung des Erklärenden in Anwesenheit des Notars.

BGB § 128

Notarielle Beurkundung

- Die **Beurkundung verlangt**, dass alle **Beteiligten gleichzeitig** beim **Notar erscheinen** und ihre **Willenserklärungen abgeben**.
- Die **Urkunde** wird vom **Notar abgefasst**, von ihm **vorgelesen**, von den **Beteiligten genehmigt und** von allen **unterschrieben**.

BEISPIELE

- Schenkungsversprechen gem. § 518 BGB
- Ehevertrag gem. § 1410 BGB.

Anders als bei der öffentlichen Beglaubigung nimmt der Notar bei der notariellen Beurkundung den gesamten Wortlaut der vertraglichen Abmachung zur Niederschrift auf. Die Vorschriften darüber, wie die notarielle Beurkundung ablaufen soll, ergeben sich aus dem Beurkundungsgesetz. Dies gilt im Übrigen auch für die öffentliche Beglaubigung. In der Niederschrift müssen enthalten sein:

- die anwesenden Beteiligten, die ihre Identität nachweisen müssen,
- Nachweis, dass die Beteiligten geschäftsfähig sind,
- Inhalt der Abmachungen,
- Ort und Datum.

Der vollständige Inhalt wird den Beteiligten in Anwesenheit des Notars noch einmal vorgelesen. Der Inhalt muss daraufhin von ihnen genehmigt und eigenhändig unterschrieben werden. Unter den Urkunden findet man dann die Abkürzung v. g. u., d. h. vorgelesen, genehmigt, unterschrieben.

Eine notarielle Beurkundung verlangt das BGB:

- für Kaufverträge bei Grundstücken (§ 311b BGB),
- bei Schenkungsversprechen (§ 518 BGB),
- bei der Eigentumsübertragung von Grundstücken (§§ 873, 925 BGB),
- beim Erbvertrag (§ 2276 BGB).

Willenserklärungen vor einer Behörde

Zur **Gültigkeit eines Rechtsgeschäfts** müssen die **Beteiligten vor** einer **Behörde erscheinen** und **dort** ihre **Willenserklärung abgeben**.

BEISPIELE

- Die Verlobten können die Ehe nur persönlich und unter gleichzeitiger Anwesenheit vor dem Standesbeamten gem. §§ 1310, 1311 BGB eingehen.
- Der Erblasser kann einen Erbvertrag gem. § 2274 BGB nur persönlich vor einem Notar gemäß § 2276 BGB schließen.

Ein **Rechtsgeschäft**, das nicht in der im **Gesetz vorgeschriebenen** oder von den **Parteien vereinbarten Form abgeschlossen** wird, **ist** gem. § 125 BGB **nichtig**.

2.3.6.3 Exkurs: Willenserklärungen im eCommerce

Im Rahmen des Internets lassen sich folgende Arten von Willenserklärungen unterscheiden:

Willenserklärung im Rahmen des Internet:	
Elektronische Willenserklärung (eWE)	Eine WE wird von einer Person erzeugt, aber elektronisch übermittelt. (Beispiel: E-Mail, Internet-Bestellformular)
Automatisierte Willenserklärung (aWE)	Von einer aWE spricht man dann, wenn Daten z. B. von Hand oder durch Sprache eingegeben werden, der Computer aber letztlich die eigentliche Erklärung erstellt. (Beispiel: Personendaten werden eingetippt, der PC berechnet die Versicherungsprämien und erstellt letzlich den Vertrag.)
Computererklärung	Von einer Computererklärung spricht man dann, wenn die WE elektronisch selbstständig erstellt und übermittelt wird. (Beispiel: Der Computer eines Lieferers bestätigt automatisch die eingehenden Faxe der Kunden mit einer Auftragsbestätigung.)
Merke: Ein versehentlicher reflexartiger Mausklick oder Tastendruck löst keine WE aus, da der Handlungswille fehlt. **Merke:** Wenn über zwei Computer ein Online-Kontakt besteht, gilt dies als WE unter Anwesenden.	

Für den Bereich des Internets und des E-Commerce ergeben sich folgende Grundsätze bezüglich des Zugangs einer Willenserklärung:

(1)	**Allgemeiner Grundsatz** Die WE muss so in den Machtbereich des Empfängers gelangt sein, dass, gewöhnliche Verhältnisse angenommen, damit zu rechnen ist, er könne von ihr Kenntnis erlangen.
(2)	**Empfänger der WE ist Kaufmann**
(2.1)	**Empfänger hat einen eigenen Internet-Server** Zugang, sobald die E-Mail die Schnittstelle zur DV-Anlage des Empfängers passiert hat.
(2.2)	**Empfänger benutzt E-Mail-Service eines Diensteanbieters mit Mailbox-System** Zugang, sobald die E-Mail in der Mailbox des Empfängers gespeichert und von diesem abrufbar ist *Hinweis: Wer eine geschäftliche E-Mail-Adresse unterhält, ist verpflichtet, während der Geschäftszeiten regelmäßig den Eingang von E-Mails zu überprüfen.*

(2.2.1)	Eingang innerhalb der Geschäftszeit Zugang an dem Arbeitstag, an dem die E-Mail in der E-Mailbox eintrifft und abrufbar ist.
(2.2.2)	Eingang außerhalb der Geschäftszeit Zugang der WE am nächsten Arbeitstag.
(2.2.3)	Empfänger bietet 24h-Bestellservice an Zugang der WE mit Eingang.
(3)	**Empfänger der WE ist Privatmann**
(3.1)	**Der Privatmann kommuniziert per E-Mail** Privatmann hat die Pflicht zumindest täglich in der E-Mailbox nachzuschauen.
(3.2)	**Der Privatmann kommuniziert nicht per E-Mail** Ihm obliegt keine tägliche Nachschaupflicht.

2.4 Grenzen der Vertragsfreiheit durch Mängel bei Rechtsgeschäften

2.4.1 Mängel bei Rechtsgeschäften

- Ein **Willensmangel** liegt dann vor, wenn der **Wille bewusst**, **unbewusst** oder **aufgrund** einer **Drohung** oder **Täuschung** von der **geäußerten Erklärung abweicht**.
- **Ebenso** liegt ein **Mangel** vor, wenn ein **Rechtsgeschäft nicht** nach den im **Gesetz festgelegten Regeln abgeschlossen** werden soll.
- In diesen Fällen ist das **Rechtsgeschäft nichtig** oder **anfechtbar**.

2.4.2 Nichtigkeit

- **Nichtige Rechtsgeschäfte** werden durch eine **gesetzliche Vorschrift** für **nichtig erklärt**;
- sie sind von **Anfang** an **unwirksam**, d.h. es treten überhaupt **keine Rechtswirkungen** und **Rechtsfolgen** ein.

Nichtigkeit bedeutet, dass das betreffende Rechtsgeschäft von Anfang an unwirksam ist. Das Rechtsgeschäft (und damit auch die dadurch geschaffenen Rechtsbeziehungen) ist juristisch bedeutungslos; es wird überhaupt nicht wahrgenommen. Da das nichtige

Rechtsgeschäft von vornherein als nicht existierend gilt, bedarf es auch keiner Erklärung seitens einer der beteiligten Personen.

Die wichtigsten Nichtigkeitsgründe nach dem BGB						
Willenserklärungen eines **Geschäftsunfähigen**	Willenserklärung bei **vorübergehender geistiger Störung, Bewusstlosigkeit, Trunkenheit**	**Scheingeschäfte**	**Scherzgeschäfte**	**Formfehler**	**Verstoß** gegen ein **gesetzliches Verbot**	**Verstoß** gegen die **guten Sitten**
§ 105 BGB	§ 105 BGB	§ 117 BGB	§ 118 BGB	§ 125 BGB	§ 134 BGB	§ 138 BGB
Rechtsgeschäft ist nichtig, d. h. von vornherein ungültig						

Willenserklärung eines Geschäftsunfähigen

BGB §§ 104 u. 105 Abs. 1

Ein Geschäftsunfähiger kann keine rechtsverbindlichen Willenserklärungen abgeben. Geschäftsunfähig ist, wer nicht das siebente Lebensjahr vollendet hat oder wer sich in einem die freie Willensbestimmung ausschließenden Zustand krankhafter Störung der Geistestätigkeit befindet, sofern nicht der Zustand seiner Natur nach ein vorübergehender ist.

BEISPIEL

Die 6-jährige Luzia entnimmt ihrem Sparschwein 5,00 € und kauft sich dafür im Spielwarengeschäft ein Püppchen.

Willenserklärung, die im Zustand der Bewusstlosigkeit oder vorübergehenden Geistesstörung abgegeben wird

BGB § 105 Abs. 2

Bei einer nur vorübergehenden Störung der Geistestätigkeit oder bei Bewusstlosigkeit abgegebenen Willenserklärungen handelt es sich nicht um Willenserklärungen von dauernd Geschäftsunfähigen, sondern es liegt lediglich die Nichtigkeit seiner in diesem Zustand abgegebenen Erklärung vor (z. B. Abgabe einer Willenserklärung unter Alkoholeinfluss).

BEISPIEL

Nico Sturm erhält wegen Nervenschmerzen vom behandelnden Arzt so starke Schmerzmittel, dass seine Geistestätigkeit bei Einnahme der Tabletten erheblich gestört ist. In diesem Zustand kauft er sich eine elektrische Haarschneidemaschine, obwohl er barhäuptig ist.

Rechtsgeschäft, das nur zum Schein geschlossen wurde (Scheingeschäft)

Ein Scheingeschäft liegt vor, wenn ein Rechtssubjekt eine empfangsbedürftige Willenserklärung dem Empfänger gegenüber nur zum Schein abgibt. Dabei spielt es keine Rolle, ob es Zweck des Rechtsgeschäftes ist, einen Dritten zu täuschen. Wichtig ist, dass die Nichtigkeit eines solchen Rechtsgeschäftes nicht nur für die beteiligten Partner besteht, sondern gleichermaßen für die gesamte Rechtsöffentlichkeit. Beim Scheingeschäft ist dem Empfänger der Willenserklärung nicht nur bekannt, dass der Erklärende einen anderen Willen hat als den, den er ihm gegenüber geäußert hat, sondern er ist auch damit einverstanden, dass die Erklärung nur zum Schein abgegeben wurde. BGB § 117 Abs. 1

BEISPIEL

Torsten Kleinert will an B. Trüger sein Grundstück verkaufen. Beide Vertragspartner einigen sich auf einen Kaufpreis von 300 000,00 €. Um Steuern und Notargebühren zu sparen, geben sie beim Notar an, dass der Kaufpreis nur 100 000,00 € betrage.

Scherzgeschäft

Eine nicht ernstlich gemeinte Willenserklärung ist nichtig, wenn erwartet werden kann, dass der Scherz zu erkennen ist (z. B. ironische Erklärungen, Aprilscherze, Erklärungen aus Prahlerei). BGB § 118

BEISPIEL

Der Karnevalsverein „Krainbach e. V.“ erklärt am 1. April, dass er allen weiblichen Mitgliedern ein Auto schenken werde. Die Fahrzeuge könnten am Parkplatz „Waldesruh“ abgeholt werden.

Wichtig ist, dass derjenige, der eine Scherzerklärung abgibt, dem Anderen schadensersatzpflichtig wird. Er muss dem Empfänger der Willenserklärung den Schaden ersetzen, den dieser (oder ein Dritter) dadurch erleidet, dass er auf die Gültigkeit der Erklärung vertraut hat (Ersatz des sog. negativen Interesses). BGB § 120

Rechtsgeschäft verstößt gegen die gesetzlich vorgeschriebene Form (Formmangel)

BEISPIEL

Die Ehegatten Sven und Eva Peichel wollen nach Eingehung ihrer Ehe aus Kostenersparnisgründen ohne notarielle Beurkundung den gesetzlichen Güterstand der Zugewinngemeinschaft aufheben. Der Vertrag ist gem. § 1410 BGB nichtig. BGB § 125

Wird ein Rechtsgeschäft nicht in der vom Gesetz vorgeschriebenen Form abgeschlossen, ist es nichtig (sog. Formnichtigkeit). Doch diese Formnichtigkeit gilt nicht absolut. Maßgebend ist der mit der Formvorschrift verfolgte Zweck. Bei der Prüfung, ob die Formnichtigkeit Bestand hat oder ob das Rechtsgeschäft trotz des Formmangels rechtswirksam wurde. Dabei gilt der Grundsatz: Keine Nichtigkeit liegt vor, wenn die Zielsetzung der gesetzlichen Formvorschrift keine Rolle mehr spielt; wenn einer der Vertragspartner sich zu Lasten des Partners unter Verstoß gegen Treu und Glauben Vorteile verschaffen möchte, indem er sich auf die Formnichtigkeit beruft.

Rechtsgeschäft verstößt gegen ein gesetzliches Verbot

BGB § 134

Die Vertragsfreiheit geht nicht so weit, dass sie sich über gesetzliche Verbote hinwegsetzen kann. Rechtsgeschäfte, die gegen ein gesetzliches Verbot verstoßen, sind nichtig.

BEISPIEL

Der Ehemann Nick Hesse, der aus ärmlichen Verhältnissen stammt, veranlasst seine reiche Ehefrau Ines Kleiner im Falle der Scheidung auf den Unterhaltsanspruch im Voraus zu verzichten. Stimmt Ines der getroffenen Vereinbarung zu, ist diese gem. § 1614 BGB nichtig.

Diese Nichtigkeit ist nicht absolut zu sehen, maßgebend ist nämlich der Sinn und Zweck der jeweiligen Verbotsvorschrift. So verstößt z. B. ein Kaufmann gegen ein gesetzliches Verbot, wenn er an einem Sonntag Verkäufe vornimmt, dennoch ist der am Sonntag getätigte Kaufvertrag gültig.

Rechtsgeschäft verstößt gegen die guten Sitten. § 138 Abs. 1 BGB nichtig

BGB § 138 Abs. 1

Sittenwidrige Rechtsgeschäfte liegen insbesondere dann vor, wenn die Unerfahrenheit, die mangelnde Urteilsfähigkeit, eine Notlage oder die Leichtsinnigkeit eines anderen ausgenutzt wird und ein auffälliges Missverhältnis zwischen Leistung und Gegenleistung besteht (Wucher gem. § 138 Abs. 2 BGB).

BEISPIEL

Ewald Weichsel vermietet an den ausländischen Studenten Toni Petero eine Wohnung und verlangt doppelt so viel Miete, wie die Wohnung nach der ortsüblichen Vergleichsmiete wert ist.

2.4.3 Anfechtbarkeit

- Anfechtbare **Rechtsgeschäfte** haben zwar einen **Mangel**, sind aber zunächst **rechtsgültig**.
- Durch die **Anfechtungserklärung** des **Berechtigten** wird das Rechtsgeschäft **rückwirkend zerstört**.
- Die Erklärung der Anfechtung ist gem. § 143 BGB eine **einseitige**, **formlose** und **empfangsbedürftige Willenserklärung** an den Anfechtungsgegner.

Das BGB kennt aber nun die Möglichkeit, ein bereits zustande gekommenes Rechtsgeschäft, also z. B. einen Vertrag, rückwirkend zu zerstören. Dieses Instrument, das unter bestimmten Voraussetzungen einem der Vertragspartner (oder bei einem einseitigen Rechtsgeschäft dem Erklärenden) zusteht, nennt man Anfechtung.

Ein nichtiges Rechtsgeschäft kommt überhaupt nicht zustande. Das aufgrund nichtiger Rechtsgeschäfte bestehende Rechtsverhältnis ist grundsätzlich juristisch bedeutungslos. Bei anfechtbaren Rechtsgeschäften kommt das Rechtsgeschäft zunächst rechtswirksam zustande. Die einzelnen Verpflichtungen müssten also, wenn es nicht zu einer Anfechtung kommt, entsprechend erfüllt werden. Erst durch die Anfechtungserklärung (formloses Gestaltungsrecht des Anfechtungsberechtigten) wird das Rechtsgeschäft rückwirkend zerstört. Die Zeit, in der das Rechtsgeschäft zunächst wirksam war, also die Zeit vor der Anfechtung, wird so behandelt, als hätte kein Rechtsgeschäft bestanden.

Anfechtung ist möglich bei		
Irrtum	**falscher Übermittlung**	**arglistige Täuschung oder widerrechtliche Drohung**
§§ 119 BGB	120 BGB	§ 123 BGB

Anfechtung wegen Irrtum

Arten von Irrtümern, die zur Anfechtbarkeit führen		
Inhaltsirrtum	**Erklärungsirrtum**	**Eigenschaftsirrtum**
Beim **Inhaltsirrtum** handelt es sich um ein **unbewusstes Auseinanderfallen** von **Wille** und **Erklärung**. Der **Erklärende weiß** zwar, **was er sagt**, er **weiß** aber **nicht**, was es **wirklich bedeutet**. Wüsste er die Bedeutung, hätte er die Erklärung überhaupt nicht abgegeben.	**Erklärungsirrtum** liegt dann vor, wenn der **Wille mit der Erklärung nicht übereinstimmt**. Der Erklärende wollte das, was er sagte oder tat, überhaupt nicht sagen oder tun.	Beim **Eigenschaftsirrtum** weiß der Erklärende, was er sagt, er hat aber **falsche Vorstellungen über wesentliche Eigenschaften** der Person oder Sache.
§ 119 Abs. 1 BGB	§ 119 Abs. 2 BGB	§ 119 Abs. 2 BGB
Beispiel: Fritz Fröhlich sitzt im Speiserestaurant „Zur gesegneten Mahlzeit" und bestellt eine „kalte Ente", weil er Hunger hat. Er ist der Meinung, es handele sich um einen kalten Entenbraten. Der Ober bringt ihm aber ein Getränk.	**Beispiel:** Uwe Horn will Spargel in der Dose kaufen. Tatsächlich ergreift er im Regal des Supermarktes eine Dose Schwarzwurzeln, gegen die er allergische Reaktionen zeigt. Zu Hause angekommen merkt er diesen Irrtum.	**Beispiel:** Im Kinderladen „Sprössling", deren Inhaberin Frau Julia Sommer ist, wird eine Kassiererin gesucht. Frau Ilona Schnell stellt sich vor und wird eingestellt. Noch bevor sie die Stelle antritt, erfährt Frau Zuverlässig, dass Frau Schnell bei ihren bisherigen Arbeitgeberinnen Unterschlagungen begangen hat.

BGB § 119

Anfechtung wegen falscher Übermittlung

Eine Willenserklärung, die durch die zur Übermittlung verwendete Person oder Einrichtung falsch übermittelt worden ist (Übermittlungsirrtum) kann angefochten werden. BGB § 120

BEISPIEL

Der Auszubildende Willi Ulreich soll einem Kunden ein Angebot mündlich übermitteln. Weil Willi vieles vergisst, was ihm sein Chef aufgetragen hat, gibt er dem Kunden völlig andere Angebotsinhalte weiter.

- Die **Anfechtung** muss **ohne schuldhaftes Zögern (unverzüglich) nach Kenntnis** des **Anfechtungsgrundes** gem. § 121 Abs. 1 BGB erfolgen.
- Gemäß § 121 Abs. 2 BGB ist die **Anfechtung ausgeschlossen**, wenn **seit** der **Abgabe** der Willenserklärung **zehn Jahre** verstrichen sind.

Die **Anfechtung** hat gem. § 122 BGB zur **Folge**,
- dass die **erbrachte Leistung zurückzugeben** ist und
- der **Anfechtende** dem anderen **Schadensersatz** leisten muss.

Anfechtung wegen arglistiger Täuschung oder widerrechtlicher Drohung

BGB § 123

arglistige Täuschung	widerrechtliche Drohung
Eine **arglistische Täuschung** liegt immer dann vor, wenn jemand bewusst falsche Tatsachen **vorspiegelt**, Tatsachen **verschweigt** oder wahre Tatsachen **entstellt**, um ein Rechtsgeschäft herbeizuführen.	Eine widerrechtliche Drohung liegt vor, wenn der Erklärende durch eine **Drohung zum Abschluss des Rechtsgeschäfts veranlasst** wurde und der Täter die Drohung **bewusst eingesetzt** hat, um sein Ziel zu erreichen. Dabei muss das Ziel darin die Willensbeeinflussung des Bedrohten sein. Zudem muss die Drohung **widerrechtlich** sein. Bei der widerrechtlichen Drohung wird psychischer (seelischer) Druck oder Zwang angekündigt, der bei dem Bedrohten Angstgefühle erzeugen soll, um dessen Willensbildung zu beeinflussen.
Beispiel: Der Kraftfahrer Hannes Reiner wird bei dem Transportunternehmen Schnell & Sicher aufgrund gefälschter Zeugnisse eingestellt.	**Beispiel:** Der Bilanzbuchhalter Harald Winter droht seinem Chef Ulreich mit der Anzeige wegen Steuerhinterziehung, falls dieser ihm nicht die goldene Armbanduhr schenke. Olaf schenkt ihm die gewünschte Uhr, weil er Angst hat bestraft zu werden.

- Das **Rechtsgeschäft** bei **arglistischer Täuschung** und **widerrechtlicher Drohung** ist zunächst **wirksam**.
- Die Täuschung und die Drohung können aber **innerhalb** eines **Jahres seit Entdeckung** der **Täuschung** oder seit **Aufhören** der **Zwangslage** gem. § 124 Abs. 1, Abs. 2 BGB **angefochten** werden.
- Die **Anfechtung** ist gem. § 124 Abs. 3 BGB **ausgeschlossen**, wenn seit der **Abgabe** der Willenserklärung **zehn Jahre** verstrichen sind.

2.4.4 Schwebende Unwirksamkeit

Sind Rechtsgeschäfte schwebend unwirksam, können sie im Nachhinein wirksam werden, wenn ein Dritter das Rechtsgeschäft genehmigt, wenn das Rechtsgeschäft von

- einem beschränkt Geschäftsfähigen oder
- einem Vertreter ohne Vollmacht

abgeschlossen wurden

Diese Rechtsgeschäfte werden gültig, wenn der gesetzliche Vertreter des beschränkt Geschäftsfähigen bzw. der zu Unrecht Vertretene das Rechtsgeschäft genehmigt.

BEISPIELE

- Der 10 Jahre alte Bernd kauft sich im Multimedia-Markt ein Mobiltelefon für 75 €.
- Der Lagerarbeiter Müller bestellt ohne Vollmacht Waren.

© LuckyImages – stock.adobe.com

Zusammenfassung und Lernkontrolle

Zusammenfassung

Rechtsgeschäfte

Grundsatz der Vertragsfreiheit

Abschlussfreiheit

- freie Entscheidung darüber, ob und mit wem ein Rechtsgeschäft abgeschlossen wird

Inhaltsfreiheit

- Freiheit in der inhaltlichen Gestaltung des Rechtsgeschäfts

Formfreiheit

- Freiheit hinsichtlich der formalen Gestaltung des Rechtsgeschäfts

Einschränkungen der Vertragsfreiheit

Abschlusszwang

- Arzt
- Bahn
- Versorgungsunternehmen

Inhaltliche Gestaltung

- Mietrecht
- Schuldrecht

Antrag, Angebot

- an eine bestimmte Person gerichtete inhaltlich klar bestimmte Willenserklärung (AMPEL)

Annahme

Vertrag
= zwei übereinstimmende Willenserkärungen

kein Vertrag

Annahme wird

abgelehnt § 146 BGB	nicht rechtzeitig angenommen § 146 BGB	verspätet angenommen § 147 BGB	abgeändert § 150 BGB

Formvorschriften

freiwillige

Parteien vereinbaren eine bestimmte Form

Beispiel: Schriftform

gesetzliche

- **Schriftform** § 126 BGB – **kann ersetzt werden** durch elektronische Form
  - Beispiele: Kündigung des Mietverhältnisses § 568 BGB
- **elektronische Form** § 126a BGB
  - E-Mail
  - Telekopie
  - Diskette
  - Festplatte
- **Textform** § 126b BGB
  - Beispiele: Mieterhöhungsverlangen § 558a BGB
- **öffentliche Beglaubigung** § 129 BGB
  - Beispiele: Ausschlagung der Erbschaft
- **notarielle Beurkundung** § 128 BGB
  - Beispiele: Ehevertrag
  - Erbvertrag

Beispiele:

Ausnahmen

- Bürgschaftserklärung
- Schuldanerkenntnis
- Schuldversprechen
- Verbraucherdarlehen

Nichtbeachtung führt zur **Nichtigkeit** des **Rechtsgeschäfts**

Mängel bei Rechtsgeschäften

nichtig

= **Willenserklärung von Anfang an unwirksam**

- Formfehler § 125 BGB
- Scherzgeschäft § 118 BGB
- Scheingeschäft § 117 BGB
- Gesetzliches Verbot § 134 BGB
- Gute Sitten § 138 BGB

anfechtbar

= **Willenserklärung zunächst wirksam, rückwirkend ungültig**

- Irrtum §§ 119, 120 BGB
- Arglistige Täuschung gem. § 123 BGB
- Widerrechtliche Drohung gem. § 123 BGB

Ausschlussfrist: Zehn Jahre

Lernkontrolle

Aufgabe 1

Der Grundsatz der Vertragsfreiheit ist in wichtigen Bereichen des täglichen Lebens eingeschränkt. Nennen Sie bitte zwei zutreffende Beispiele.

Aufgabe 2

Wodurch kommt ein Vertrag zustande?

Aufgabe 3

Nennen Sie die Mindestangaben eines vollständigen Angebots.

Aufgabe 4

Warum sind Schaufensterauslagen keine Angebote im juristischen Sinne?

Aufgabe 5

Wie lange ist der Anbietende an sein Angebot gebunden?

Aufgabe 6

Was verstehen Sie unter der Annahmeerklärung, und wann muss diese unter Anwesenden und unter Abwesenden angenommen werden, damit ein wirksames Rechtsgeschäft zustande kommt?

Aufgabe 7

In welchen Fällen erlischt die Bindung an das Angebot des Anbietenden?

Aufgabe 8

Grundsätzlich können Willenserklärungen formfrei abgegeben werden. Zum Schutz vor Übereilung und zur Beweissicherung schreibt das Gesetz für einzelne Rechtsgeschäfte bestimmte äußere Formen vor. Nennen Sie bitte Beispiele.

Aufgabe 9

Welche Willensmängel sind Ihnen bei Rechtsgeschäften bekannt?

Aufgabe 10

Erläutern Sie bitte die Rechtsfolge bei nichtigen Rechtsgeschäften und geben Sie einige Beispiele der wichtigsten Nichtigkeitsgründe nach dem BGB an.

Aufgabe 11

Welche Wirkung hat die Anfechtungserklärung des Berechtigten hinsichtlich des Rechtsgeschäfts?

Aufgabe 12

Erklären Sie bitte wichtige Anfechtungsgründe!

Aufgabe 13

Beurteilen Sie bei den folgenden Fällen, welcher Anfechtungsgrund jeweils vorliegt.

a) Paul Wasser sieht ein Taxi, auf dessen Dach ein Schild mit der Aufschrift „FREI“ befestigt ist. Er steigt in das Taxi ein und lässt sich eine Stunde lang in der Stadt kreuz und quer herumfahren. Nach Beendigung der Fahrt will der Taxifahrer den Fahrpreis von 312,00 €.

b) Horst Nesser will 2 kg Farbe kaufen. Auf den Bestellzettel schreibt er aber 22 kg. Als ihm die Farbe nach Hause geliefert wird, bemerkt er den Irrtum.

c) Der Kraftfahrer Viktor Schmitt wird von dem Fuhrunternehmer Kleiner am 01.06.(01) als Fernfahrer eingestellt. Bei Vertragsabschluss weiß Kleiner nicht, dass Schmitt ein notorischer Trinker ist. Erst am 10.07.(01) erfährt Kleiner davon.

d) Die Auszubildende Lilo Müller soll einem Kunden ein Angebot mündlich übermitteln. Weil Lilo vieles vergisst, was ihr der Chef aufgetragen hat, gibt sie dem Kunden völlig andere Angebotsinhalte weiter.

Aufgabe 14

Welche rechtliche Folge hat die Anfechtung?

Aufgabe 15

Wann liegt unter Angabe eines Beispiels eine arglistische Täuschung vor?

Aufgabe 16

Welchen Zweck verfolgt die widerrechtliche Drohung?

Aufgabe 17

Beurteilen Sie bitte die Wirksamkeit des Rechtsgeschäfts bei arglistischer Täuschung und widerrechtlicher Drohung!

2.5 Arten und Rechtswirkung der Vertretung

2.5.1 Stellvertretung und Vollmacht

Nicht alle Rechtssubjekte können oder möchten rechtswirksame Willenserklärungen abgeben.

BEISPIELE

- juristische Personen können als rechtliches Konstrukt nicht ohne Menschen handeln
- Willenserklärungen durch Kinder oder Minderjährige sind nichtig oder schwebend unwirksam
- in Unternehmen werden Aufgaben auf Angestellte verlagert, die dann Willenserklärungen abgeben dürfen

Für diese Fälle besteht grundsätzlich die Möglichkeit oder die Pflicht Willenserklärungen durch einen Stellvertreter abzugeben.

- **Stellvertretung** ist die **Abgabe** einer **Willenserklärung** für einen **anderen in dessen Namen**.
- Der **Vertreter handelt** entweder **im eigenen Namen** für die **Rechnung des Vertretenen** oder
- im **Namen** des **Vertretenen** für **dessen Rechnung**.
- Die **Willenserklärung wirkt unmittelbar für und gegen den Vertretenen** (§ 164 BGB).

Ausgenommen von der Stellvertretung sind höchstpersönliche Rechtsgeschäfte des Familien- und Erbrechts, bei denen kein Stellvertreter das Rechtsgeschäft abschließen darf.

BEISPIELE

- Eheschließung gem. §§ 1310, 1311 BGB,
- Errichtung eines Testaments gem. § 2064 BGB,
- Anfechtung der Vaterschaft gem. § 1600a BGB.

Das Recht, einen anderen zu vertreten, kann auf Gesetz beruhen (gesetzliche Stellvertretung) oder auf Rechtsgeschäft (rechtsgeschäftliche Stellvertretung).

BEISPIELE

- Die Eltern (Vater und Mutter) haben die Pflicht und das Recht, für das minderjährige Kind zu sorgen (elterliche Sorge) gemäß § 1626 Abs. 1 BGB.
- Gemäß § 1902 BGB vertritt in seinem Aufgabenkreis der Betreuer den Betreuten gerichtlich und außergerichtlich.

- Die Kauffrau e. K. Luise Immerweg erteilt ihrer Mitarbeiterin Frau Clara Reiner Vollmacht, in der Filiale des Geschäfts zu kassieren.
- Walter Vogel erhält die Vollmacht, ein ganz bestimmtes Auto zu kaufen.

- Der (mittelbare) Stellvertreter handelt dann in eigenem Namen für fremde Rechnung, wenn nicht der Vertretene, sondern er dem anderen Partner gegenübertritt.

  BEISPIEL

  Der Gebrauchtwagenhändler Kurt Alt nimmt von Simon Greiner dessen gut erhaltenes Motorrad in Kommission und verkauft es an Emil Braun. Der Kaufvertrag kommt zwischen Alt und Braun zustande. Wird der Vertrag nicht erfüllt, kann sich Braun nur an Alt halten.

- Der (unmittelbare) Stellvertreter schließt das Geschäft im Namen des Vertretenen und für dessen Rechnung ab. Aus dem Geschäft wird nicht der Vertreter, sondern unmittelbar der Auftraggeber berechtigt und verpflichtet. Er handelt als Bote.

  BEISPIEL

  Abel beauftragt Baum, für ihn einen Tintenstrahldrucker zu kaufen. Baum geht zum Fachgeschäft des Kunert und kauft den Drucker. Der Kaufvertrag kommt zwischen Abel und Kunert zustande. Das Eigentum geht unmittelbar von Kunert auf Abel über; Baum ist lediglich der Überbringer des Druckers.

Zum Stellvertreter kann grundsätzlich jede Person bestellt werden, die nicht geschäftsunfähig ist.

Zwischen dem Boten und dem Stellvertreter gibt es hinsichtlich ihrer rechtlichen Stellung einen wichtigen Unterschied:

- Der Bote gibt nur fertige Willenserklärungen ab, auf die er keinen Einfluss hat. Deshalb kann auch ein Geschäftsunfähiger Bote sein.
- Der Stellvertreter gibt eigene Willenserklärungen ab, bei denen er einen gewissen Entscheidungsspielraum hat.

Die für eine Stellvertretung notwendige Vertretungsmacht kann auf zwei verschiedenen Grundlagen bestehen:

1. Die Vertretungsmacht des Vertreters gründet sich auf eine Vollmachtserteilung durch den Vertretenen.
2. Die Vertretungsmacht des Vertreters beruht auf einer gesetzlichen Grundlage.

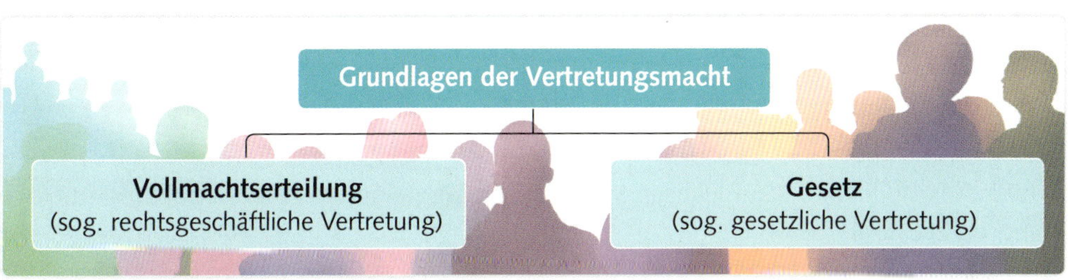

2.5.2 Rechtsgeschäftliche Vertretung (Vollmacht)

- Die **Vollmacht** ist gem. § 166 Abs. 2 BGB eine durch **Rechtsgeschäft** erteilte **Vertretungsmacht**.
- Sie ist eine **einseitige**, **empfangsbedürftige Willenserklärung**.
- Grundsätzlich kann die **Vollmacht formlos**, und zwar **schriftlich**, **mündlich** oder **stillschweigend** erfolgen.

Die Vollmacht kann beispielsweise erteilt werden durch

BGB §§ 167 Abs. 1 u. 171

- Erklärung gegenüber dem zu Bevollmächtigenden,
- die Erklärung gegenüber einem Dritten dem gegenüber die Vertretung erfolgen soll,
- öffentliche Bekanntmachung oder
- länger andauernde Duldung (stillschweigend).

BGB § 167 Abs. 2

Die Erklärung bedarf nicht der Form, die für das Rechtsgeschäft bestimmt ist. Von diesem Grundsatz der Formfreiheit gibt es aber Ausnahmen.

BEISPIELE

- Schriftform der Prozessvollmacht gem. § 80 ZPO,
- öffentliche Beglaubigung für die Vollmacht zur Ausschlagung einer Erbschaft gem. § 1945 Abs. 3 BGB,
- für die Anmeldung zum Vereinsregister gem. § 77 BGB

Im Rechtsverkehr lassen sich verschiedene **Vollmachtarten** unterscheiden.

Vollmachten nach dem Umfang

- **Generalvollmacht**, die für **alle** Rechtsgeschäfte gilt, bei denen eine Vertretung zulässig ist.

  BEISPIEL

  Ein Filialleiter einer großen Handelskette hat die Vollmacht für alle Rechtsgeschäfte, die im Rahmen seiner Tätigkeit anfallen, wie z. B. einkaufen, verkaufen, Personal einstellen usw.

- **Artvollmacht** gilt für eine **bestimmte Art** von Rechtsgeschäften.

  BEISPIEL

  Ein Einkäufer kann im Rahmen seines Aufgabenbereiches alle Waren bis zu einer bestimmten Kaufpreissumme einkaufen.

- **Spezialvollmacht** gilt für ein ganz **bestimmtes** Rechtsgeschäft.

  BEISPIEL

  Der Auszubildende Knut Hansen soll den Empfang einer geleisteten Zahlung in Höhe von 20,00 € quittieren.

Vollmachten nach der Zahl der Bevollmächtigten

- **Einzelvollmacht**, d.h. die Vertretungsmacht auf **eine Person** beschränkt.

  BEISPIEL

  Nur die Angestellte Marietta Gut darf den Bürobedarf verwalten.

- **Gesamtvollmacht, d.h. mehrere** Personen haben **gemeinsam** das Vertretungsrecht.

  BEISPIEL

  Die Mutter Barbara erteilt ihren Töchtern Berta und Carla die Vollmacht, gemeinschaftlich über das Konto bei der Raiffeisenbank zu verfügen.

Vollmachtarten nach dem Handelsrecht

- **Prokura** ermächtigt gem. § 49 HGB zu **allen Arten von gerichtlichen** und **außergerichtlichen** Geschäften und Rechtshandlungen, die der Betrieb **(irgend) eines** Handelsgewerbes mit sich bringt. HGB § 49

  BEISPIEL

  Der Prokurist Dr. Franz Klug kann das Unternehmen in einem Prozess vor Gericht vertreten.

- **Handlungsvollmacht** erstreckt sich auf **alle** Geschäfte und Rechtshandlungen, die der Betrieb **eines** Handelsgewerbes **gewöhnlich** mit sich bringt. HGB § 54

  BEISPIEL

  Der Einkaufsleiter eines Warenhauses ist berechtigt, alle Geschäfte zu tätigen, die mit dieser Aufgabe verbunden sind.

Die Vollmacht **erlischt**

- mit der **Erledigung** des **Geschäfts**, für das sie erteilt wurde,
- mit dem **Tode** des **Vertreters**,
- durch **Zeitablauf** bei einer **befristeten Vollmacht** oder
- durch **Widerruf**.

Schließt jemand für einen anderen einen Vertrag, ohne von ihm bevollmächtigt zu sein, so handelt er als Vertreter ohne Vertretungsmacht. Die Wirksamkeit des Vertrages hängt von der Genehmigung des Vertretenen ab. BGB § 177

Verweigert der Vertretene die Genehmigung, wird allein der Vertreter aus dem Rechtsgeschäft berechtigt und verpflichtet. Der Vertragsgegner kann in diesem Fall vom Vertreter Erfüllung des Vertrags oder Schadensersatz verlangen. Dies gilt jedoch nicht, wenn der Vertragspartner den Mangel der Vertretungsmacht kannte oder kennen musste oder der beschränkt geschäftsfähige Vertreter ohne Zustimmung seines gesetzlichen Vertreters gehandelt hat. BGB § 179 Abs. 1 u. 3

BEISPIEL

Julia kauft für Johannes ein Feuerzeug, das Johannes schon seit längerer Zeit kaufen wollte. Als Julia ihm das Feuerzeug überreichen will, erklärt er stolz, dass er Nichtraucher geworden sei. In diesem Fall muss Julia das Feuerzeug behalten, obwohl sie Nichtraucherin ist und noch nie eine Zigarette geraucht hat.

2.5.3 Gesetzliche Vertretung

Bei der gesetzlichen Vertretung wird die Befugnis, eine andere Person zu vertreten, unmittelbar aus dem Gesetz abgeleitet.

BEISPIELE

- Die leiblichen Eltern haben das Recht und die Pflicht, für das minderjährige Kind zu sorgen (§ 1626 BGB).
- Die Adoptiveltern vertreten das minderjährige Kind (§§ 1741–1772 BGB).
- Ein Vormund vertritt das minderjährige Kind (§ 1773 BGB).
- Ein OHG-Gesellschafter vertritt die Quasi-juristische Person OHG (§ 125 HGB).

© Soloviova Liudmyla – stock.adobe.com

- Ein Komplementär einer KG vertritt die Quasi-juristische Person KG (§ 161 i. V. m. § 125 HGB).
- Der Vorstand einer AG vertritt die Aktiengesellschaft.
- Der Vorstand einer eG vertritt die Genossenschaft.
- Der Vorstand eines eingetragenen Vereins vertritt den Verein.

Zusammenfassung und Lernkontrolle

Zusammenfassung

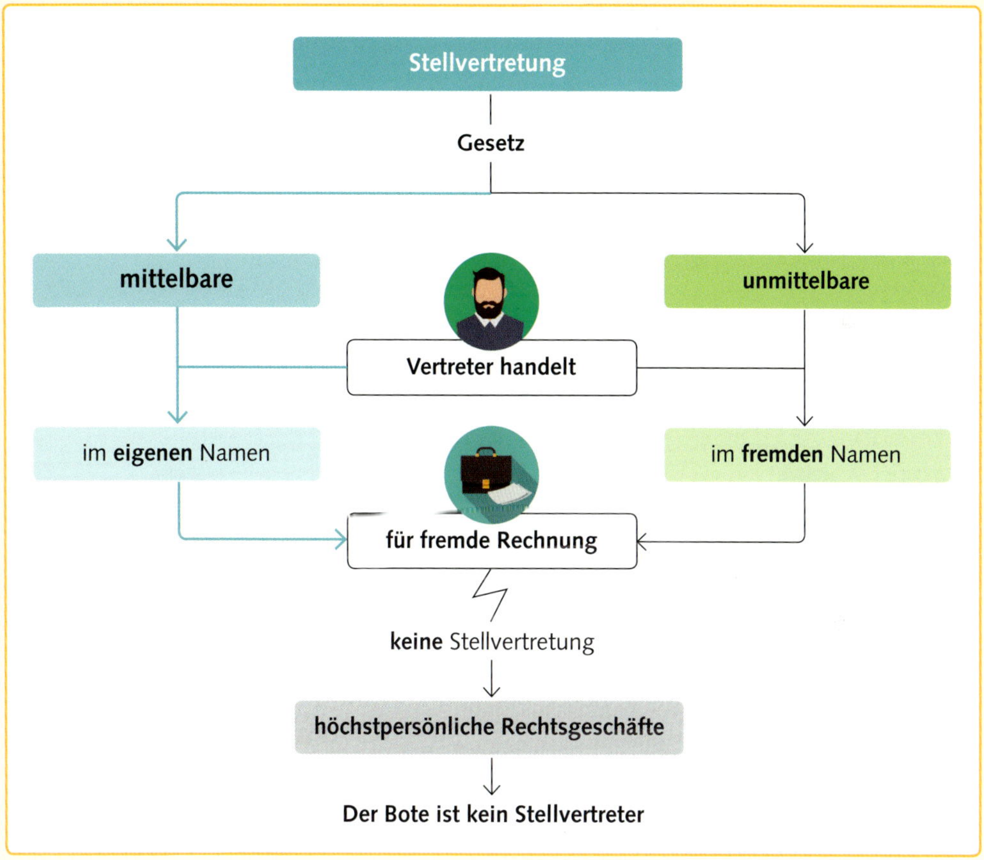

Vollmacht

Rechtsgeschäftliche Vertretungsmacht

Erteilung formfrei

Ausnahmen

- Schriftform der Prozessvollmacht
- Öffentliche Beglaubigung

Arten

nach

Umfang

Beispiele:

- Generalvollmacht
- Artvollmacht
- Spezialvollmacht

Zahl

Beispiele:

- Einzelvollmacht
- Gesamtvollmacht

Handelsrecht (HGB)

Beispiele:

- Prokura
- Handlungsvollmacht

Erlöschen

- Erledigung des Geschäfts
- Tod des Vertreters
- Zeitablauf
- Widerruf

Lernkontrolle

Aufgabe 1

Definieren Sie bitte die Stellvertretung!

Aufgabe 2

Welche Rechtsgeschäfte sind von der Stellvertretung ausgeschlossen?

Aufgabe 3

Das Recht, einen anderen zu vertreten, kann auf Gesetz beruhen (gesetzliche Stellvertretung) oder auf Rechtsgeschäft (rechtsgeschäftliche Stellvertretung). Nennen Sie Beispiele.

Aufgabe 4

Erläutern Sie bitte den wichtigen Unterschied zwischen dem Boten und dem Stellvertreter im Hinblick auf deren rechtliche Stellung.

Aufgabe 5

Erklären Sie bitte, was Sie unter der Vollmacht verstehen.

Aufgabe 6

Unterscheiden Sie bitte die Arten der Vollmacht nach dem Umfang, nach der Zahl der Bevollmächtigten und nach dem HGB!

Aufgabe 7

Nennen Sie Gründe, wann die Vollmacht erlischt

2.6 Verjährung von Ansprüchen

2.6.1 Begriff und Wirkung der Verjährung

- Der **Verjährung unterliegen** gemäß § 194 BGB alle **Ansprüche**.
- In § 194 Abs. 1 BGB finden Sie, dass ein **Anspruch das Recht** (ist), **von einem anderen ein Tun oder Unterlassen zu verlangen**.

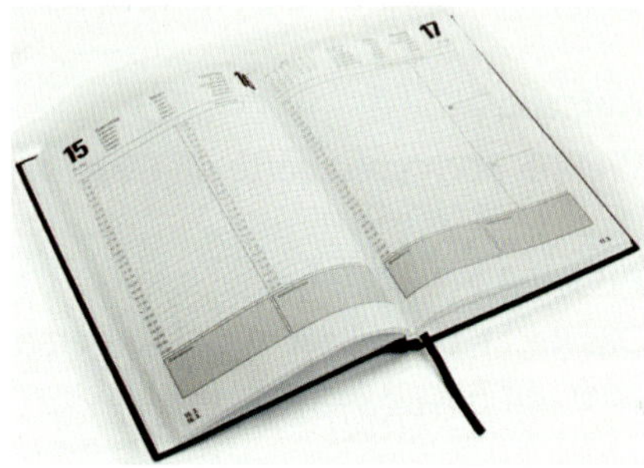

BGB § 194

Ein Anspruch kann statt erlöschen auch verjähren. Im Fall der Verjährung kann infolge Zeitablaufs die Leistung nicht mehr gerichtlich erzwungen werden, obgleich die Verjährung nicht bewirkt, dass der Anspruch erloschen ist. Der Schuldner ist aber berechtigt, nach Eintritt der Verjährung durch die „Einrede der Verjährung" die Leistung zu verweigern. Leistet der Schuldner allerdings trotz zwischenzeitlich eingetretener Verjährung, kann er das Geleistete nicht mehr zurückfordern. Die Verjährung dient insbesondere bei vertraglichen Ansprüchen der Rechtssicherheit und dem Rechtsfrieden. Dem Gläubiger soll einerseits eine faire Chance gegeben werden, seine Ansprüche zügig und in einer überschaubaren Zeit geltend zu machen. Andererseits soll der Schuldner vor veralteten Ansprüchen geschützt werden, weil er nach langer Zeit häufig nicht mehr in der Lage ist, Belege, Beweismittel oder Zeugen für die schon erfolgte Erledigung herbeizuschaffen.

BGB § 214

2.6.2 Wichtige Verjährungsfristen im Überblick

2.6.2.1 Überblick

Das BGB enthält insgesamt sechs Verjährungsfristen:

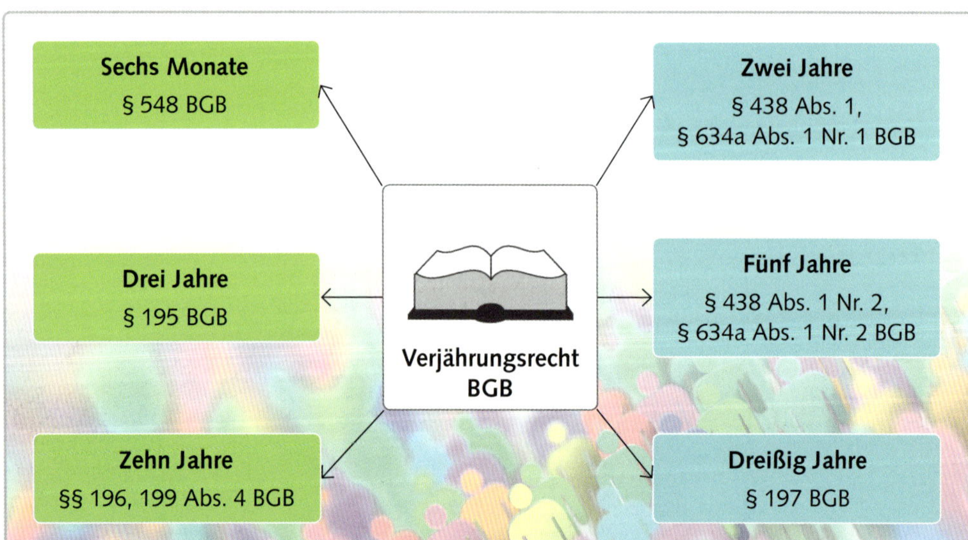

2.6.2.2 Sechsmonatige Verjährungsfrist

- In **sechs Monaten** verjähren gem. §548 Abs. 1 BGB die **Ersatzansprüche** des **Vermieters** wegen **Veränderungen** oder **Verschlechterungen der Mietsache**.
- Die **Verjährung beginnt** mit dem **Zeitpunkt**, in dem der **Vermieter** die vermietete **Sache zurückerhält**.
- Nach §548 Abs. 2 BGB **verjähren die Ansprüche** des **Mieters** auf **Ersatz von Aufwendungen**, die er **während der Mietzeit geleistet** hat.
- Die **Verjährung beginnt** mit dem **Ende** des **Mietverhältnisses**.
- Der **Beginn der Verjährung** wird **nicht** auf das **Jahresende** hinausgeschoben.

BEISPIEL

Uwe Schramm hat sich beim Abschluss des Mietvertrages am 01.06.(01) verpflichtet, die Küche und das Bad alle drei Jahre auf seine Kosten zu renovieren. Bei seinem Auszug und der Übergabe der Wohnung an den Vermieter Reinelt am 31.05.(06) hat er die vereinbarten und notwendigen Schönheitsreparaturen nicht ausgeführt, weil er sie vergessen hat.
Lösung: Reinelt kann Ersatzansprüche gegen Schramm geltend machen. Die Verjährungsfrist beginnt mit der Übergabe der Wohnung und endet sechs Monate später.

Ablaufschema der sechsmonatigen Verjährungsfrist gem. § 548 Abs. 2 BGB

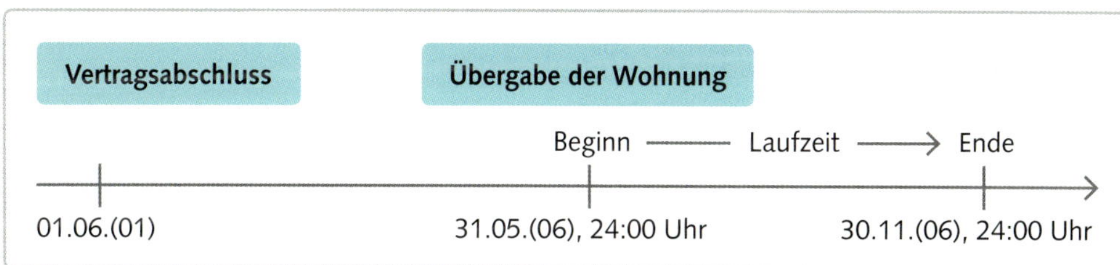

Wirkung der Verjährung

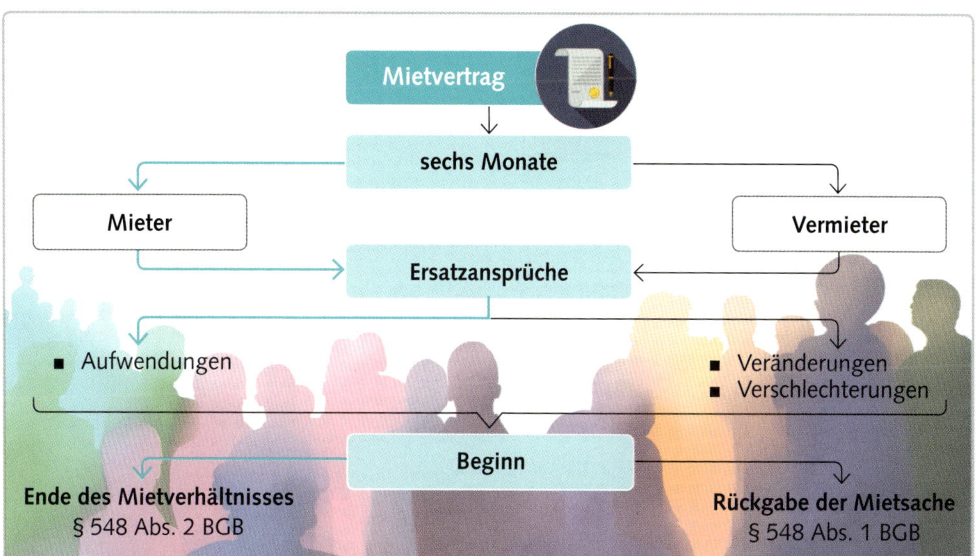

2.6.2.3 Zweijährige Verjährungsfrist

- **In zwei Jahren verjähren** z. B. die **Ansprüche** aus einem **Werkvertrag** wegen **Sachmängelhaftung** einer **beweglichen Sache** gem. § 634 a Abs. 1 Nr. 1 BGB.
- Die **Verjährung beginnt** mit dem **Zeitpunkt** der **Abnahme** des Werkes (§ 634a Abs. 2 BGB) zu laufen.

Beispiele für die zweijährige Verjährungsfrist

BGB § 634a

- Verjährung von Ansprüchen aus einem Werkvertrag wegen Sachmängeln einer beweglichen Sache

BEISPIEL

Malermeister Anton Keim wird von Frau Hanna Wormser am 30.04.(01) beauftragt, einen altdeutschen Wohnzimmerschrank zu restaurieren. Herr Keim gibt das Werk nach Fertigstellung am 25.06.(01) bei Frau Wormser ab. Er berechnet für seine Arbeit 800,00 €. Im Dezember (03) stellt Frau Wormser fest, dass die Schranktüren Flecken aufweisen und die Farben verblasst sind. Frau Wormser will den Farbanstrich des Schrankes erneuert haben, was Kraxel mit der Einrede der Verjährung ablehnt.
Lösung: Malermeister Keim beruft sich zu Recht auf die zwischenzeitlich eingetretene Verjährung nach § 634a Abs. 1 Nr. 1, Abs. 2 BGB.

BGB § 438 Abs. 1 Nr. 3

Die Verjährung von Sachmängelansprüchen beim Kauf beweglicher Sachen

- Die **zweijährige Verjährungsfrist** gilt **auch** z. B. bei Verjährung von **Ansprüchen** wegen **Sachmängeln** beim **Kauf** beweglicher **Sachen** gem. § 438 Abs. 1 Nr. 3 BGB.
- Die **Verjährung beginnt** mit der **Ablieferung** der **Sache** (§ 438 Abs. 2 BGB).
- Der **Beginn der Verjährung** wird **nicht** auf das **Jahresende** hinausgeschoben.

BEISPIEL

Die Campingplatzbetreiberin Frau Ute Mühlbach kauft am 18.05.(01) beim Fahrradhändler Joschua Jensen fünf Mountainbikes, die an Gäste verliehen werden sollen. Die Fahrräder werden am 23. Juni (01) bei Frau Mühlbach abgeliefert. Nach 25 Monaten blättert der Lack ab und die Rahmen der Fahrräder beginnen zu rosten. Frau Mühlbach verlangt vom Verkäufer Jensen Ersatzlieferung gegen Rückgabe der schadhaften Fahrräder. Jensen lehnt dieses Ansinnen mit der Begründung ab, die Sache sei verjährt.
Lösung: Der Fahrradhändler Jensen hat Recht, denn gem. § 438 Abs. 1 Nr. 3, Abs. 2 BGB sind die Mängelansprüche mit Ablauf von zwei Jahren verjährt. Die Zweijahresfrist hat mit Ablieferung der Fahrräder begonnen.

weitere Beispiele für zweijährige Verjährungsfristen	
Rechtsgebiet	**zweijährige Verjährung betrifft**
■ Schadensersatzansprüche aus Dienst- und Werkverträgen gem. § 634a BGB	Herstellung einer Sache oder Planungsarbeiten
■ Mängelansprüche bei Lieferung herzustellender oder zu erzeugender beweglicher Sachen gem. § 651 BGB	Lieferung der Sache
■ Mängelansprüche beim Reisevertrag gem. §§ 651a, 651g Abs. 2 BGB	Haftung des Reiseveranstalters

Ablaufschema der zweijährigen Verjährungsfrist gem. § 438 Abs. 1 Nr. 3, Abs. 2 BGB

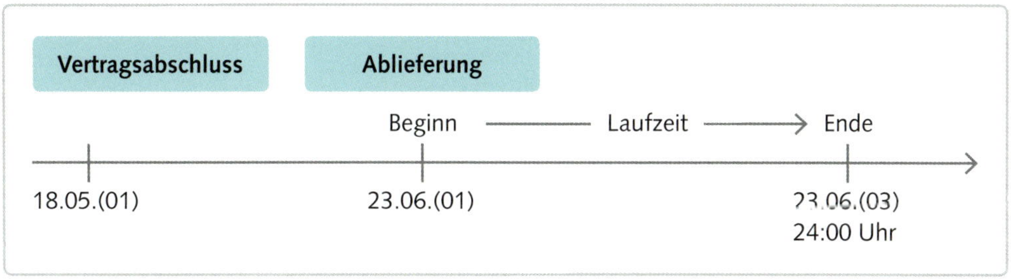

Fristbeginn bei Sachmängelhaftung

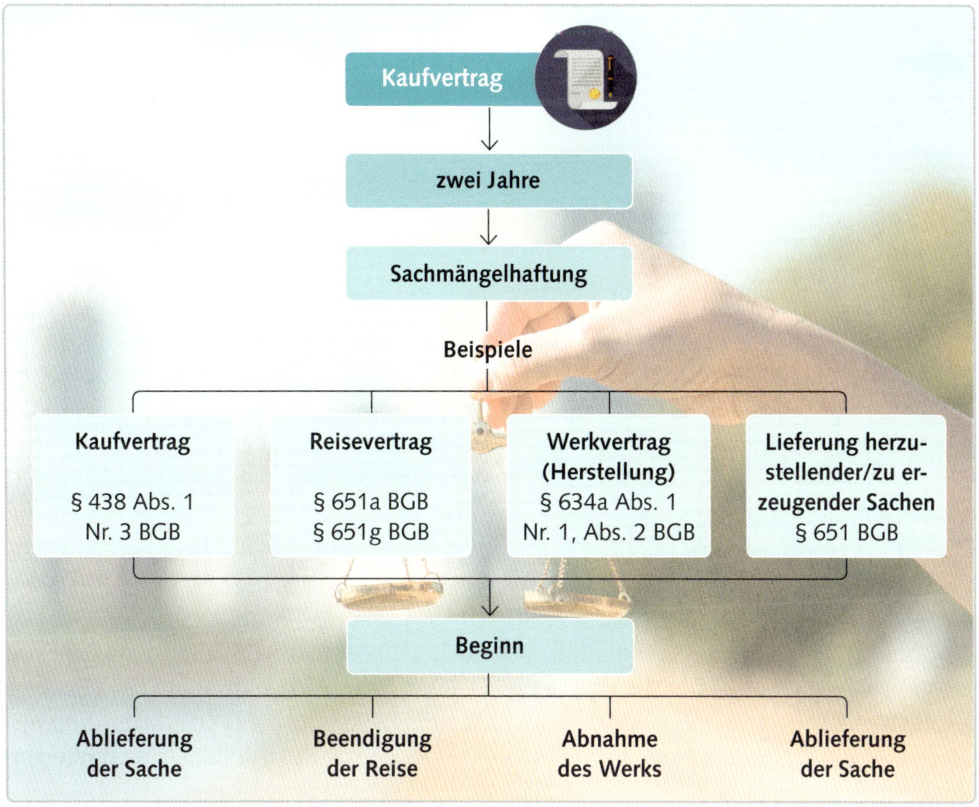

2.6.2.4 Die regelmäßige Verjährungsfrist von drei Jahren

- Die **regelmäßige Verjährungsfrist** beträgt **drei Jahre** (§ 195 BGB). Sie **gilt** beispielsweise für **alle vertraglichen Ansprüche**, gleichgültig ob sie sich
  - auf eine **Dienstleistung**,
  - auf ein **Entgelt** oder
  - auf eine **Sachleistung** richten.
- **Weiterhin gilt** die regelmäßige Verjährungsfrist **auch** für **gesetzliche Ansprüche**. Insbesondere sind das Ansprüche
  - aus der **Gefährdungshaftung**, der
  - **Geschäftsführung ohne Auftrag**,
  - aus **unerlaubter Handlung** sowie
  - aus **ungerechtfertigter Bereicherung**.
- Die **Verjährung beginnt** mit dem **Schluss des Jahres**, in dem der **Anspruch entstanden** (fällig) ist **und** der **Gläubiger Kenntnis** erlangt.
- Die **Höchstfrist** der regelmäßigen Verjährung beträgt **zehn Jahre** und **beginnt** mit der **Entstehung** (Fälligkeit) des **Anspruchs** (§ 199 Abs. 4 BGB).

Ausgenommen sind z. B. **Ansprüche** im **Mietrecht** (§ 548 BGB), im **Sachenrecht** (§§ 1057, 1226 BGB), im **Erbrecht** (§ 2332 BGB), im **HGB** und bei der Haftung der **rechtsberatenden Berufe.**

Der **Beginn** der regelmäßigen **Verjährungsfrist** hängt nach § 199 Abs. 1 Nr. 1 BGB davon ab

- dass der **Anspruch entstanden**, d. h. **fällig** ist und der **Gläubiger**
- von den **Anspruch begründenden Umständen und der Person des Schuldners Kenntnis erlangt** oder durch **grobe Fahrlässigkeit** verursachte **Unkenntnis** gem. § 199 Abs. 1 Nr. 2 BGB hat.

Beispiele für dreijährige Verjährungsfrist

- Ansprüche auf **Entgelt** aus **Werkvertrag**

BEISPIEL

BGB §§ 631 Abs. 1, 195 u. 199 Abs. 1

Der Kaufmann e. K. Patrick Schmied beauftragt am 3. Januar (01) den Elektromeister Dieter Karlson, in den Büroräumen des Schmied die vorhandenen Kabel in Kabelkanäle zu verlegen, weil die herumliegenden Kabel Stürze der Mitarbeiterinnen und Mitarbeiter verursachen können. Am 28. Februar (01) nimmt Schmied die Arbeit des Karlson ab, der ihm gleichzeitig die Rechnung über Material und die von ihm ausgeführten Arbeiten in Höhe von 1 879,00 € übergibt. Schmied zahlt die Rechnung nicht. Heute, am 13. Dezember (04) erscheint Karlson bei Ihnen und will wissen, ob der Anspruch schon verjährt sei.

Lösung: Der Beginn der Verjährung setzt nach § 199 Abs. 1 BGB voraus, dass der Anspruch entstanden, also fällig ist. Die Fälligkeit tritt beim Werkvertrag mit der Abnahme des Werkes gem. § 641 Abs. 1 Satz 1 BGB ein. Die Kenntnis des Gläubigers von den den Anspruch begründenden Umständen und der Person des Schuldners besteht ebenfalls ab Fälligkeit.

Die Verjährung beginnt nach § 199 Abs. 1 BGB mit dem Schluss des Jahres, in dem der Anspruch entstanden ist und der Gläubiger Kenntnis hat. In unserem Fall hat die Verjährung also mit Ablauf des 31. Dezember (01), 24:00 Uhr begonnen und läuft bis zum 31. Dezember (04), 24:00 Uhr.

Folge: Die Forderung ist heute, am 13. Dezember (04) noch nicht verjährt.

- Ansprüche auf **Rückzahlung und Verzinsung** eines **Bankdarlehens**

BEISPIEL

Der 18-jährige kaufmännische Auszubildende Julius Landerer nimmt am 30. März (01) ein entgeltliches (verzinsliches) Darlehen in Höhe von 5000,00 € bei der Raiffeisenbank auf, das nach Darlehensvertrag am 30. Juni (05) zur Rückzahlung fällig ist. Julius zahlt am 30. Juni (05) und auch später nichts. Die Mahnschreiben der Bank an den Darlehensnehmer kommen immer mit dem Vermerk „Der Empfänger ist unbekannt verzogen" zurück. Am 2. Januar (09) verweigert der Darlehensnehmer den Rückzahlungsanspruch der Bank gegen ihn durch die Einrede der Verjährung.

BGB §§ 488 Abs. 1, 195 u. 199 Abs. 1

Lösung: Der Beginn der Verjährung setzt wie im obigen Beispiel (Schmied und Karlson) gem. § 199 Abs. 1 BGB voraus, dass der Anspruch entstanden, also fällig ist. Ist für die Rückzahlung eines Darlehens eine Zeit nicht bestimmt, so hängt gem. § 488 Abs. 3 BGB die Fälligkeit davon ab, dass der Darlehensgeber oder der Darlehensnehmer kündigt. Im Beispiel ist der Zeitpunkt der Rückzahlung des Darlehens jedoch auf den 30. Juni (05) bestimmt, sodass es nicht auf eine Kündigung ankommt.

Der Anspruch auf Rückzahlung des Darlehens ist also gem. § 199 Abs. 1 Nr. 1 BGB fällig. Eine weitere Voraussetzung nach § 199 Abs. 1 Nr. 2 BGB ist die Kenntnis des Gläubigers von den den Anspruch begründenden Umständen und der Person des Schuldners. Hier können wir davon ausgehen, dass die Bank den Darlehensnehmer und den Darlehensvertrag kennt.

Die Verjährung beginnt nach § 199 Abs. 1 BGB mit dem Schluss des Jahres, in dem der Anspruch entstanden ist und der Gläubiger Kenntnis hat.

Im unserem Fall hat die Verjährung also mit Ablauf des 31. Dezember (05), 24:00 Uhr begonnen und läuft bis zum 31. Dezember (08) 24:00 Uhr. Hieraus folgt, dass die Forderung der Bank auf Rückzahlung des Darlehens in Höhe von 5000,00 € nach §§ 488 Abs. 1 Satz 2, 195, 199 Abs. 1 BGB verjährt ist.

Ebenfalls verjährt sind Darlehenszinsen gem. § 488 Abs. 1 Satz 2 BGB und Verzugszinsen nach §§ 286 Abs. 1 Satz 1, Abs. 2 Nr. 1, 288 BGB, die bis 31. Dezember (05) fällig geworden sind. Nicht dagegen verjährt sind gem. §§ 195, 199 Abs. 1 BGB die in den Jahren (06), (07) und (08) fällig gewordenen Darlehensleistungen.

BGB §§ 488 Abs. 3, 195 u. 199 Abs. 1

- Ansprüche auf Rückzahlung eines Gelddarlehens mit erforderlicher Kündigung

BEISPIEL

Die in sehr guten Vermögensverhältnissen lebende Frau Ilona Lombardo gewährt am 11. Juli (01) ihrem unverschuldet in Not geratenen jüngeren Bruder Hugo Stein, ein unentgeltliches (unverzinsliches) Darlehen in Höhe von 20000,00 €. Frau Lombardo hat das Darlehen zu ihren Lebzeiten weder gekündigt noch dessen Rückzahlung gefordert. Nach ihrem Tod im Jahre (09) kündigt ihr einziges Kind und Erbe, Wolfram Lombardo, am 2. Mai (10) das von seiner Mutter dem Onkel gewährte Darlehen. Der Darlehensnehmer Hugo Stein verweigert die Rückzahlung mit dem Argument, die Sache sei schon längst verjährt.
Lösung: Der Anspruch auf Rückzahlung des Darlehens ist nach § 488 Abs. 3 BGB erst durch die Kündigung fällig geworden. Die regelmäßige Verjährungsfrist beginnt also erst mit dem 31. Dezember (10), 24:00 Uhr und läuft bis 31. Dezember (13), 24:00 Uhr. Ab 1. Januar (14), 00:00 Uhr ist der Anspruch auf Rückzahlung des Darlehens verjährt.

weitere Beispiele der regelmäßigen und der dreijährigen Verjährungsfrist	
Bereicherungsansprüche gem. §§ 195, 199 Abs. 1 BGB	seit **Fälligkeit und Kenntnis** oder grob fahrlässiger **Unkenntnis** (aber Höchstfrist von 10 Jahren)
Forderungen aus einem **Schuldversprechen** (§ 780 BGB) oder **Schuldanerkenntnis** (§ 781 BGB) nach §§ 195, 199 Abs. 1 BGB	seit **Fälligkeit und Kenntnis** oder grob fahrlässiger **Unkenntnis** **aber:** Sie können eine **dreißigjährige Verjährungsfrist** durch eine entsprechende **Vereinbarung** nach § 202 Abs. 2 BGB oder gemäß § 197 Abs. 1 Nr. 4 BGB durch eine **notariell** beurkundete **Unterwerfung** der **Zwangsvollstreckung** gem. § 794 Abs. 1 Nr. 5 ZPO erreichen.
Leibrenten und Reallasten gem. §§ 195, 199 Abs. 1, 216 Abs. 3 BGB	▪ **rechtskräftig festgestellte (titulierte)** Leistungen (§ 197 Abs. 2 BGB) ▪ **nicht titulierte rückständige** Leistungen (§ 216 Abs. 3 BGB)
Pflichtteilsanspruch gem. §§ 195, 199, 2332 BGB	seit **Kenntnis des Erbfalls** und der **Verfügung** (§ 2332 Abs. 1 BGB)
Schadensersatzansprüche nach dem **Produkthaftungsgesetz** gem. § 12 ProdHaftG	seit **Kenntnis** des **Schadens**, des **Fehlers** und der **Person**
Schadensersatzansprüche aus Dienst- und Werkverträgen gem. §§ 195, 199, 634a BGB	▪ **nicht** auf **Herstellung** einer Sache oder Bauwerk **gerichtet** (z. B. Beraterverträge) ▪ Unternehmer hat **Mangel arglistig verschwiegen**
Schadensersatzansprüche von **Sachmängelansprüchen** beim Kauf **beweglicher Sachen,**	wenn der **Verkäufer** den Mangel **arglistig verschwiegen** hat

Ablaufschema der dreijährigen Verjährungsfrist gem. § 438 Abs. 3 BGB

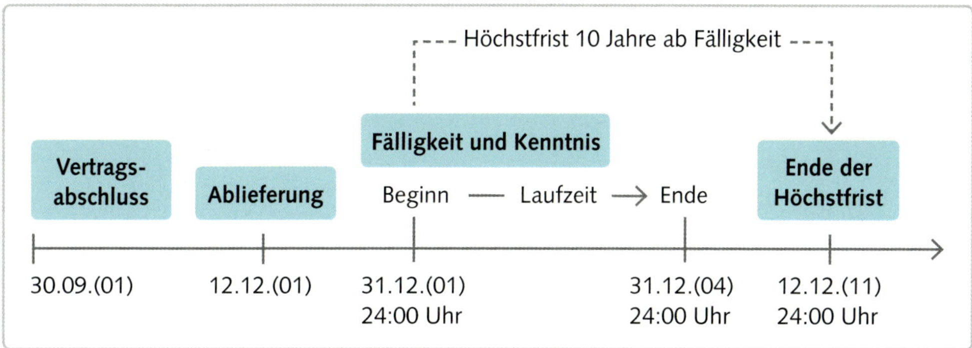

Dreijährige Verjährungsfrist

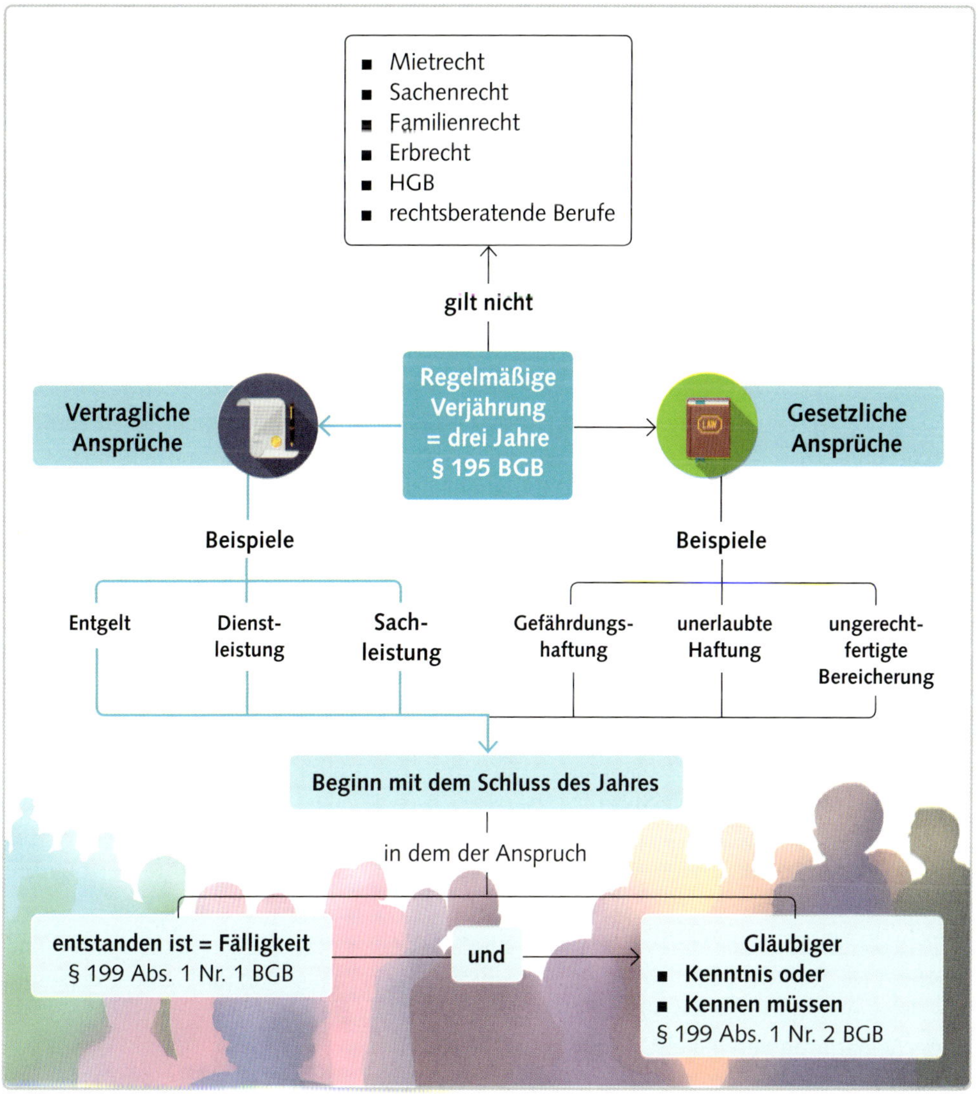

2.6.2.5 Fünfjährige Verjährungsfrist

- In **fünf Jahren** verjähren die **Mängelansprüche** bei einem **Bauwerk** (§ 438 Abs. 1 Nr. 2a) BGB) sowie
- die **Sachmängelansprüche beim Kauf von Baumaterialien** (§ 438 Abs. 1 Nr. 2b) BGB).
- Die **Verjährung beginnt** bei Grundstücken **(Bauwerk)** mit der **Übergabe**, bei den **Baumaterialien** mit der **Ablieferung** der **Sache** (§ 634a Abs. 2 BGB) zu laufen.
- Der **Beginn der Verjährung** wird **nicht** auf das **Jahresende** hinausgeschoben.

Die fünfjährige Verjährungsfrist setzt voraus,

- dass die Sache üblicherweise für ein Bauwerk verwendet wird,
- die Sache auch tatsächlich für ein Bauwerk verwendet worden ist
- und die Sache die Mangelhaftigkeit des Bauwerks verursacht hat.

Nach der gesetzlichen Begründung soll die fünfjährige Verjährungsfrist in erster Linie den Bauhandwerkern, die für ihre Arbeit nach § 634a Abs. 1 Nr. 2 BGB fünf Jahre Gewähr leisten müssen, entsprechende Regressmöglichkeiten gegen die Lieferanten der bei den Arbeiten verwendeten Baumaterialien bieten, wenn die Mängel am Bauwerk auf die Baumaterialien zurückzuführen sind.

BEISPIEL

Der Eigentümer eines älteren Einfamilienhauses, Dr. Günther Schwedelbach, lässt von Glasermeister Lothar Radler an seinem Haus die beschädigten Isolierglasscheiben des Wintergartens erneuern. Lothar Radler kauft die Scheiben bei der Glasgroßhandlung Blum & Dalles OHG. Nach vier Jahren sind die Scheiben innen angelaufen und erschweren somit den Durchblick. Dr. Schwedelbach verlangt von Radler die Beseitigung der Schäden nach §§ 634, 634a BGB.
Lothar Radler führt die Schäden auf Materialfehler der Scheiben zurück und verlangt von Blum & Dalles OHG Ersatzlieferung gem. §§ 437 Nr. 1, 439 Abs. 1 BGB. Bruch und Dalles lehnen die Ersatzlieferung ab und erheben die Einrede der Verjährung, weil die festgestellten Schäden nicht auf einem Materialfehler, sondern auf einem Montagefehler des Lothar Radler beruhten.

Lösung:
Die Verjährung beginnt nach § 438 Abs. 2 BGB mit der Ablieferung der Baumaterialien. Der Erfolg der Einrede der Verjährung der Blum & Dalles OHG ist davon abhängig,

- ob die Schäden an den Isolierglasfenstern auf einem Einbaufehler des Lothar Radler beruhen, dann ist der Nacherfüllungsanspruch (§ 437 Nr. 1 BGB) gegen die Blum & Dalles OHG gem. § 438 Abs. 1 Nr. 3 BGB in zwei Jahren verjährt. Blum & Dalles OHG könnten also dem Ansinnen des Lothar Radler die Einrede der Verjährung erfolgreich entgegensetzen.
- Sind die Schäden allerdings auf einen Materialfehler zurückzuführen, dann greift § 438 Abs. 1 Nr. 2b) BGB und der Anspruch verjährt erst nach Ablauf von fünf Jahren. In diesem Fall könnten die Blum & Dalles OHG den Nacherfüllungsanspruch nicht durch die Einrede der Verjährung verweigern.

Ein weiteres Beispiel der fünfjährigen Verjährungsfrist wären Mängelansprüche wegen Sachmängeln beim Kauf eines Bauwerks. Die Frist würde ab Übergabe des Bauwerks beginnen.

BGB § 438 Abs. 1 Nr. 2a) u. Abs. 2

Ablaufschema der fünfjährigen Verjährungsfrist wegen Sachmängelansprüchen an einem Bauwerk gem. § 438 Abs. 1 Nr. 2a) BGB

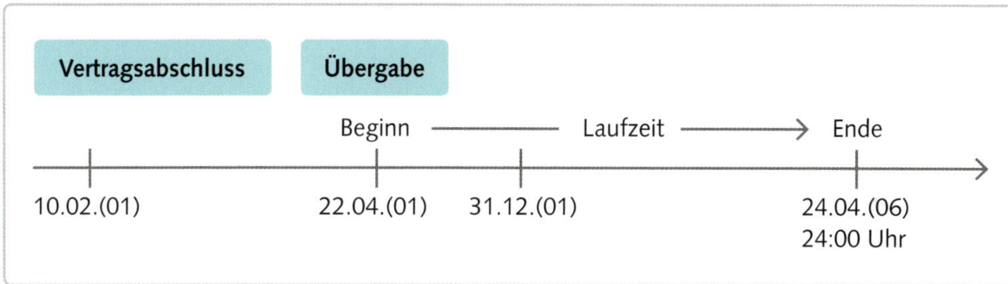

Verjährung von Mängelansprüchen

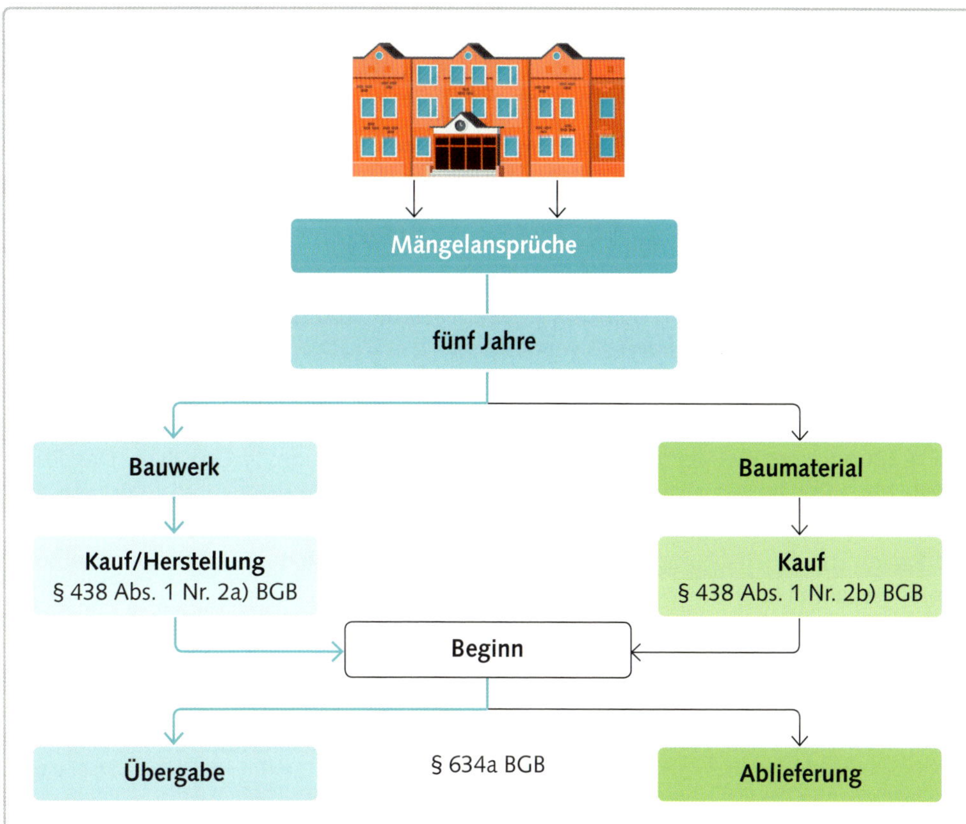

2.6.2.6 Zehnjährige Verjährungsfrist

- Die **Höchstfrist** der ***regelmäßigen*** Verjährung beträgt **zehn Jahre** (§ 199 Abs. 4 BGB).
- Die **Verjährung beginnt mit Entstehung** (= Fälligkeit) des **Anspruchs**. Auf die **Kenntnis** oder die grob fahrlässige **Unkenntnis** des Gläubigers kommt es **nicht** an.
- Außerdem verjähren in **zehn Jahren** nach § 196 BGB die **Ansprüche** auf
  - die **Übertragung** des **Eigentums** an einem **Grundstück** sowie auf
  - die **Begründung**, **Übertragung**, **Änderung** oder **Aufhebung** eines **Rechts** an einem **Grundstück** einschließlich der Ansprüche
  - auf die **Gegenleistung**.
- Die **Verjährung beginnt** mit **Entstehung** (= Fälligkeit) des Anspruchs. Auf die Kenntnis oder die grob fahrlässige **Unkenntnis** des Gläubigers kommt es **nicht** an.
- Der **Beginn der Verjährung** wird **nicht** auf das **Jahresende** hinausgeschoben.

BEISPIEL

Kurt Schreiner hat vor 30 Jahren ein Einfamilienhaus gebaut, das er jetzt verkaufen will. Zur Absicherung seiner Schulden hat er eine Grundschuld zu Gunsten der Europa-Bank bestellt. Die Grundschuld wurde ins Grundbuch beim Grundbuchamt eingetragen. Seit neun Jahren hat er sämtliche Schulden bezahlt, sodass sein Anwesen schuldenfrei ist. Beim Notar erfährt er, dass die bestellte Grundschuld immer noch eingetragen und somit sein Grundstück belastet ist. Der Käufer will das Haus jedoch lastenfrei erwerben. Um der Forderung des Käufers zu entsprechen, ist die Löschungsbewilligung der Europa-Bank notwendig. Kurt Schreiner erfährt heute und vor Ablauf von zehn Jahren von einem Mitarbeiter der Bank, dass der Grundschuldbrief nicht mehr aufzufinden sei und er im Auftrag der Bank die Einrede der Verjährung geltend mache. Hat Schreiner die Chance, sein Grundstück doch noch lastenfrei zu verkaufen?

Lösung:
Der Anspruch auf Rückgewähr der Grundschuld ist ein Anspruch auf Aufhebung oder Übertragung eines Rechts an einem Grundstück im Sinne des § 196 BGB. Das Recht verjährt in zehn Jahren ab Fälligkeit des Rückgewähranspruchs, also ab Erlöschen aller gesicherten Schulden.
Die Bank muss die Löschung der Grundschuld bewilligen, sodass Schreiner sein Haus lastenfrei verkaufen kann.

weitere Beispiele der zehnjährigen Verjährungsfrist	
Bereicherungsansprüche gem. § 199 Abs. 4 BGB	seit Fälligkeit ohne Rücksicht auf Kenntnis
Schadensersatzansprüche aus unerlaubter Handlung gem. §§ 199 Abs. 3 Nr. 1, 852 BGB	bereits eingetretener Schaden ohne Kenntnis
andere Ansprüche als Schadensersatzansprüche gem. § 199 Abs. 4 BGB	seit Fälligkeit aber Fehlen von Kenntnis

Ablaufschema der zehnjährigen Verjährungsfrist wegen Schadensersatzansprüchen aus unerlaubter Handlung gem. § 852 BGB

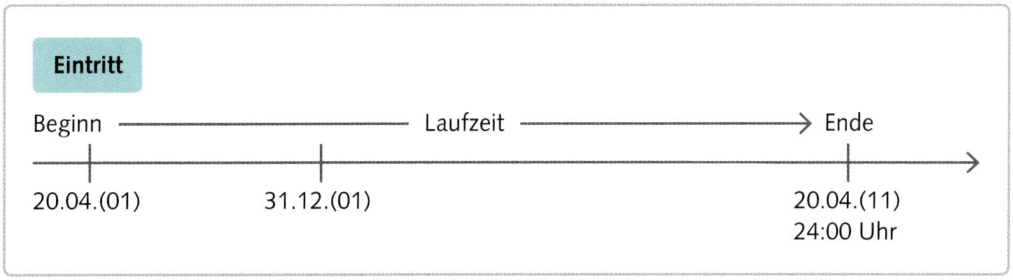

Zehnjährige Verjährungsfrist

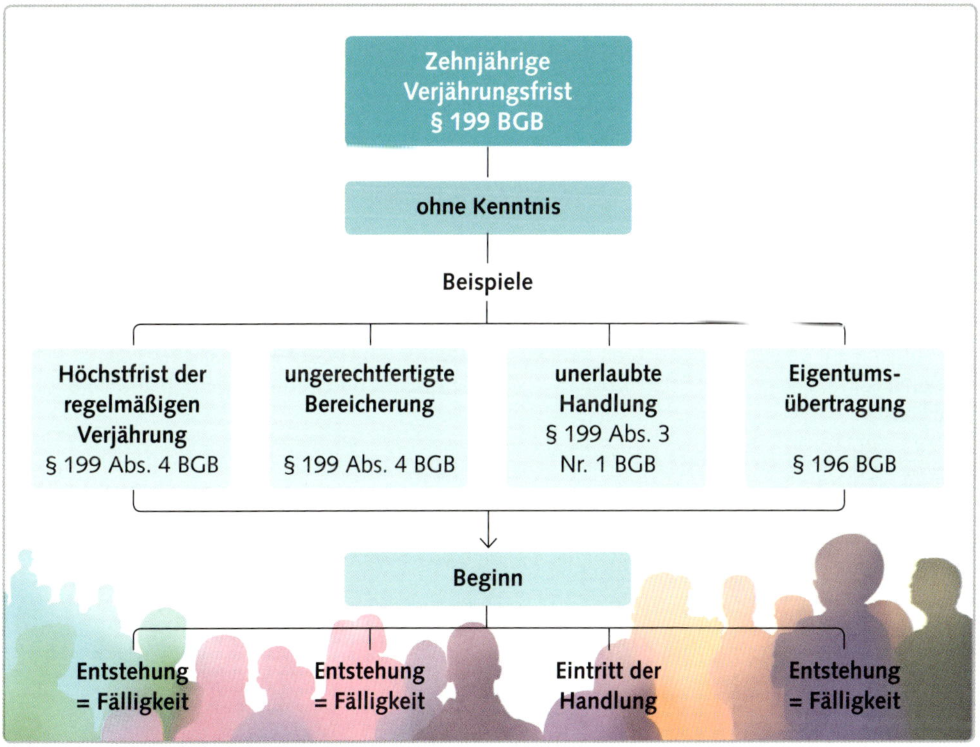

2.6.2.7 Die dreißigjährige Verjährungsfrist

- In der **Höchstfrist** von **dreißig Jahren** verjähren beispielsweise
  - **Schadensersatzansprüche** wegen **Verletzung** des **Lebens**, des **Körpers**, der **Gesundheit** und der **Freiheit** gem. § 199 Abs. 2 BGB einer **Person**.
- Die Verjährung **beginnt ohne Rücksicht** auf **Entstehung** und **Kenntnis** ab der **Begehung** der Handlung oder der **Pflichtverletzung** (§ 199 Abs. 2 BGB).
- Der **Beginn der Verjährung** wird **nicht** auf das **Jahresende** hinausgeschoben.

BEISPIEL

Herr Emil Schaller wird anlässlich einer Zechtour am Vatertag, dem 12.05.(01), mit einem Faustschlag niedergestreckt. Er erleidet erhebliche Verletzungen und muss mit einem Rettungswagen ins nahe gelegene Krankenhaus zur ärztlichen Behandlung verbracht werden. Erst am 11.06.(02) erfährt er, dass ihm sein Freund, der Harald Sinner, diesen Faustschlag verpasst hat.
Der Schadensersatzanspruch des Schaller gegen Sinner wegen Verletzung des Körpers beginnt am 13.05.(01), 00:00 Uhr und endet am 12.05.(31), 24:00 Uhr.

Anmerkung: Will Schaller, dass Sinner wegen dieser Körperverletzung bestraft wird, muss er einen Strafantrag (Antragsdelikt) bei Gericht, der Polizei oder der Staatsanwaltschaft stellen.

weitere Beispiele der dreißigjährigen Verjährung	
Schadensersatzansprüche aus unerlaubter Handlung, Gefährdungshaftung oder Verletzung einer Pflicht aus einem Schuldverhältnis	**Beginn:** Ohne Rücksicht auf Entstehung und Kenntnis von der Begehung der Handlung oder der Pflichtverletzung (§ 199 Abs. 3 Nr. 2 BGB)
Herausgabeansprüche aus Eigentum und anderen dinglichen Rechten (§ 197 Abs. 1 Nr. 1 BGB	**Beginn:** Ab Entstehung (Fälligkeit) des Anspruchs und Kenntnis gem. § 200 BGB
Ansprüche auf Erstattung der Kosten der Zwangsvollstreckung gem. § 197 Abs. 1 Nr. 6 BGB	**Beginn:** Ab Entstehung (Fälligkeit) des Anspruchs und Kenntnis gem. § 200 BGB
rechtskräftig festgestellte (titulierte) Ansprüche (§ 197 Abs. 1 Nr. 3 und 4 BGB), wenn es sich nicht um künftig fällig werdende regelmäßig wiederkehrende Leistungen handelt	**Beginn:** Mit der Rechtskraft der Entscheidung, der Errichtung des vollstreckbaren Titels oder der Feststellung im Insolvenzverfahren gem. § 201 BGB

Ablaufschema der dreißigjährigen Verjährungsfrist wegen Schadensersatzansprüchen bei Verletzung des Körpers einer Person gem. § 199 Abs. 2 BGB

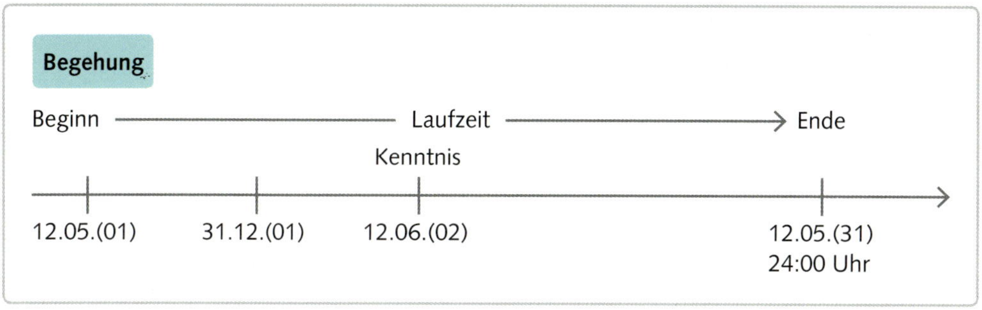

Dreißigjährige Verjährungsfrist

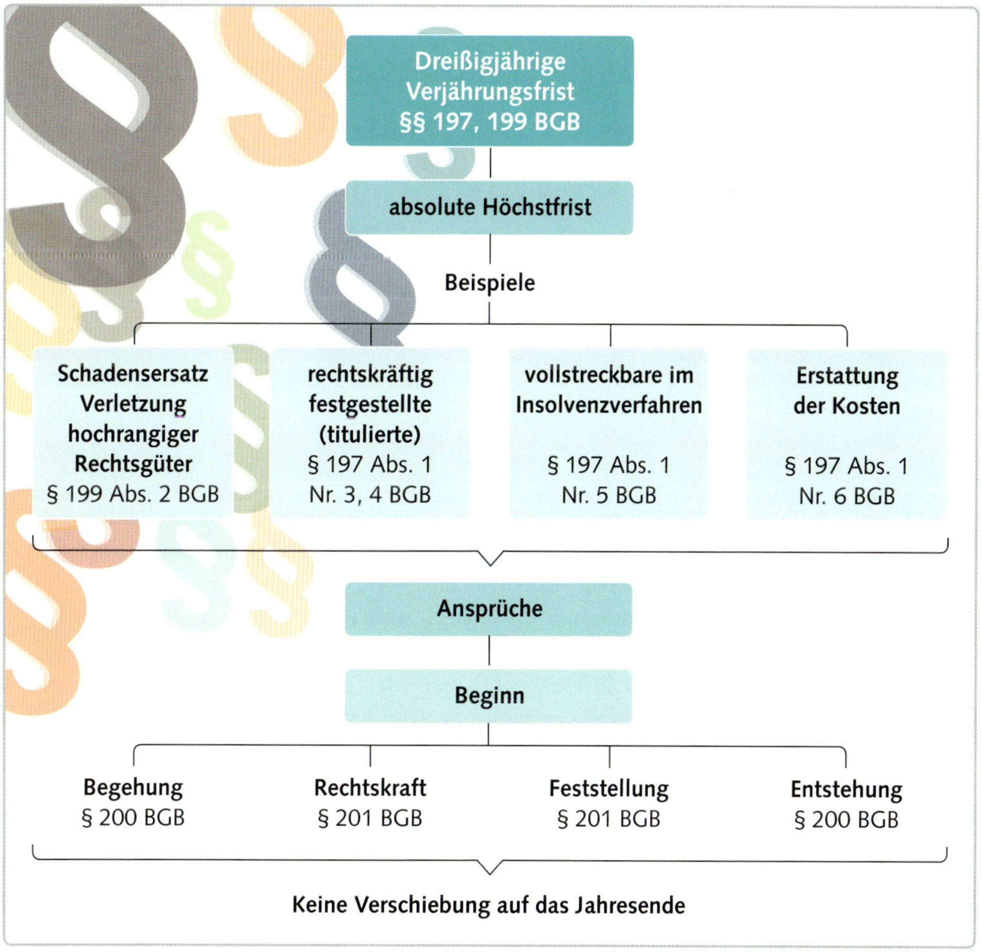

BGB § 202

2.6.2.8 Unzulässigkeit von Vereinbarungen über die Verjährung

Nach § 202 BGB sind sowohl **Erleichterungen** als auch **Erschwerungen** der gesetzlich bestimmten Verjährung durch Rechtsgeschäft **zulässig**.

Erleichterungen der Verjährung sind gem. § 202 Abs. 1 BGB im Rahmen der **Vertragsfreiheit** dann zulässig, wenn die **Parteien** dies im konkreten Einzelfall vereinbaren. Diese Vereinbarungen können sich sowohl auf noch nicht laufende Verjährungsfristen, bei denen der Anspruch noch nicht entstanden ist, als auch nachträglich auf eine bereits laufende Verjährungsfrist beziehen.

Gleichwohl kann eine Verjährung bei **Haftung** wegen **Vorsatzes** nicht im **Voraus** durch Rechtsgeschäft **erleichtert** werden (§ 202 Abs. 1 BGB). Gem. § 202 Abs. 2 BGB können **Verlängerungen** der Verjährung von **bis zu dreißig Jahren** rechtsgeschäftlich wirksam **vereinbart** werden. Allerdings ist dies **ausgeschlossen**, wenn eine Laufzeit der **Verjährung über dreißig Jahre** (absolute Maximalfrist) vereinbart werden soll **(Erschwerungen der Verjährung).** Die Verjährungsfrist läuft ab dem gesetzlich vorgesehenen Verjährungsbeginn.

Für den **Verbrauchsgüterkauf** gem. § 475 Abs. 2 BGB gelten besondere Bestimmungen. Ein Verbrauchsgüterkauf liegt gem. § 474 Abs. 1 BGB dann vor, wenn auf der einen Seite ein Unternehmer im Sinne des § 14 BGB und auf der anderen Seite ein Verbraucher nach § 13 BGB beteiligt sind.

Beim **Verbrauchsgüterkauf** darf die **Verjährung** bei

- **gebrauchten** Sachen **nicht weniger** als **ein Jahr** und bei
- **neuen** Sachen **nicht weniger** als **zwei Jahre**

betragen.

Dies gilt jedoch nicht bei individuell vertraglichen Vereinbarungen für den Ausschluss oder die Beschränkung des Anspruchs auf Schadensersatz. Hier sind also im Rahmen des § 202 Abs. 1 BGB Erleichterungen zulässig. In allgemeinen Geschäftsbedingungen (AGB) sind Erleichterungen der Verjährung durch § 309 Nr. 8 b ff. BGB nur eingeschränkt zulässig. So darf beispielsweise die fünfjährige Verjährung beim Verkauf von neuen Bauwerken und neuen Baustoffen nicht durch AGB erleichtert werden. Ebenso wenig ist es zulässig, die fünfjährige Verjährungsfrist der werkvertraglichen Mängelgewährleistung bei Bauwerken oder bei Planungsleistungen, die sich auf Bauwerke beziehen, zu erleichtern.

Bei den sonstigen Fällen der kaufrechtlichen Gewährleistung bei neu hergestellten Sachen (§ 438 Abs. 1 Nr. 2 BGB) und bei Werkleistungen (§ 634a Abs. 1 Nr. 2 BGB) gilt, dass eine Verjährungsfrist von weniger als einem Jahr, gerechnet ab dem gesetzlichen Verjährungsbeginn, gemäß § 309 Nr. 8b) ff. BGB nicht wirksam vereinbart werden kann.

Erleichterungen und Erschwernisse

Verjährungsfristen im BGB

Kaufvertrag

Erleichterungen

§ 202 Abs. 1 BGB

Haftung wegen Vorsatzes im Voraus

Erschwerungen

§ 202 Abs. 2 BGB
bis zu dreißig Jahren

über dreißig Jahre

Verbrauchsgüterkauf (Unternehmer/Verbraucher) § 475 Abs. 2 BGB

gebrauchte Sachen
- mindestens ein Jahr

neue Sachen
- mindestens zwei Jahre

Gilt nicht bei Schadensersatz
§ 475 Abs. 3 BGB

AGB

Einschränkung
§ 309 Nr. 8b) ff. BGB

nicht bei

Verkauf neuer Bauwerke

Verkauf neuer Baustoffe

Mängelgewährleistung
- beim Werkvertrag
- bei Bauplanungen

Sonstige
- kaufrechtliche Gewährleistungen (§ 438 Abs. 1 Nr. 2 BGB
- Werkleistungen (§ 634a Abs. 1 Nr. 2 BGB)

mindestens ein Jahr

2.6.3 Hemmung der Verjährung

Durch die **Hemmung** der Verjährung wird der **Zeitraum**, während dessen die Verjährung gehemmt ist, an die reguläre **Verjährungsfrist** angehängt.

Das BGB sieht mehrere Hemmungsgründe vor.

- Hemmungstatbestand der **Verhandlungen** gemäß § 203 BGB
- Hemmungstatbestand der **Rechtsverfolgung** nach § 204 BGB:
    1. Erhebung der Klage auf Leistung oder auf Feststellung des Anspruchs, sowie die Erteilung der Vollstreckungsklausel und der Erlass des Vollstreckungsurteils
    2. Zustellung des Antrags im vereinfachten Verfahren über den Unterhalt Minderjähriger
    3. Zustellung des Mahnbescheids im Mahnverfahren
    4. Veranlassung der Bekanntgabe des Güteantrags bei einer Gütestelle
    5. Geltendmachung der Aufrechnung des Anspruchs im Prozess
    6. Zustellung der Streitverkündung
    7. Zustellung des Antrags auf Durchführung eines selbstständigen Beweisverfahrens
    8. Beginn eines vereinbarten Begutachtungsverfahrens
    9. Zustellung eines Antrags auf Erlass eines Arrests, einer einstweiligen Verfügung oder einer einstweiligen Anordnung
    10. Anmeldung des Anspruchs im Insolvenzverfahren,
    11. Beginn des schiedsrichterlichen Verfahrens,
    12. Einreichung des Antrags bei einer Behörde, wenn die Zulässigkeit der Klage von der Vorentscheidung dieser Behörde abhängt und innerhalb von drei Monaten die Klage erhoben wird
    13. Einreichung des Antrags bei dem höheren Gericht, wenn dieses das zuständige Gericht zu bestimmen hat und innerhalb von drei Monaten nach Erledigung des Gesuchs die Klage erhoben wird
    14. Veranlassung der Bekanntgabe des erstmaligen Antrags auf Gewährung von Prozesskostenhilfe.

In den Fällen des § 204 Abs. 1 Nr. 1–14 BGB **endet** die **Hemmung sechs Monate** nach der **rechtskräftigen Entscheidung** oder **anderweitigen Beendigung** (Erledigung) des eingeleiteten **Verfahrens**.

- Hemmung bei Leistungsverweigerungsrecht (§ 205 BGB)
- Die Verjährung ist gehemmt, solange der Schuldner aufgrund einer Vereinbarung mit dem Gläubiger vorübergehend die Leistung verweigern kann.

- Hemmung bei höherer Gewalt gemäß § 206 BGB
  Die Verjährung ist gehemmt, solange der Gläubiger innerhalb der letzten sechs Monate der Verjährungsfrist durch höhere Gewalt an der Rechtsverfolgung gehindert ist.
- Hemmung aus familiären Gründen gemäß § 207 BGB
- Die Verjährung von Ansprüchen ist gehemmt zwischen
  - Ehegatten, solange die Ehe besteht,
  - Lebenspartnern, solange die Lebenspartnerschaft besteht,
  - Eltern und Kindern während der Minderjährigkeit der Kinder,
  - dem Vormund und dem Mündel während der Dauer des Vormundschaftsverhältnisses,
  - dem Betreuten und dem Betreuer während der Dauer des Betreuungsverhältnisses,
  - dem Pflegling und dem Pfleger während der Dauer der Pflegschaft,
  - dem Kind gegen den Beistand während der Dauer der Beistandschaft.
- Hemmung bei Ansprüchen wegen Verletzung der sexuellen Selbstbestimmung nach § 208 BGB
- Die Verjährung von Ansprüchen wegen Verletzung der sexuellen Selbstbestimmung ist bis zur Vollendung des 21. Lebensjahres des Gläubigers gehemmt.
- Lebt der Gläubiger bei Beginn der Verjährung mit dem Schuldner in häuslicher Gemeinschaft, so ist die Verjährung auch bis zur Beendigung der häuslichen Gemeinschaft gehemmt.
- Ablaufhemmung bei nicht voll Geschäftsfähigen (§ 210 BGB)
  Bei einer geschäftsunfähigen oder beschränkt geschäftsfähigen Person tritt die Verjährung nicht vor dem Ablauf von sechs Monaten nach dem Zeitpunkt ein, in dem die Person unbeschränkt geschäftsfähig wird. Ist die Verjährungsfrist kürzer als sechs Monate, so tritt der für die Verjährung bestimmte Zeitraum an die Stelle der sechs Monate.
- Ablaufhemmung bei Nachlassfällen (§ 211 BGB)
  Die Verjährung eines Nachlasses tritt nicht vor dem Ablauf von sechs Monaten nach dem Zeitpunkt ein, in dem die Erbschaft von dem Erben angenommen oder das Insolvenzverfahren über den Nachlass eröffnet wird. Ist die Verjährungsfrist kürzer als sechs Monate, so tritt der für die Verjährung bestimmte Zeitraum an die Stelle der sechs Monate.
- Ablaufhemmung bei kaufrechtlichen Rücktrittsansprüchen (§ 479 BGB)
  Die vom Unternehmer dem Verbraucher zu ersetzenden Aufwendungen verjähren in zwei Jahren ab Ablieferung der Sache. Die Verjährung tritt frühestens zwei Monate nach dem Zeitpunkt ein, in dem der Unternehmer die Ansprüche des Verbrauchers erfüllt hat. Diese Ablaufhemmung endet spätestens fünf Jahre nach dem Zeitpunkt, in dem der Lieferant die Sache dem Unternehmer abgeliefert hat. Dies gilt auch für Ansprüche des Lieferanten und der übrigen Käufer in der Lieferkette gegen die jeweiligen Verkäufer, wenn die Schuldner Unternehmer sind.

- Die **Zeit der Hemmung** wird gem. § 209 BGB **nicht** in die Verjährungsfrist **eingerechnet**.
- Bei der Berechnung der Verjährungsfrist wird der **gehemmte Zeitraum** an den **Schluss** der Frist **angehängt**.

Beispiele für Hemmung der Verjährung

Beispiel 1: Hemmung der Verjährung bei Verhandlung zwischen dem Schuldner und dem Gläubiger über den Anspruch (§ 203 BGB)

Erläuterung	Beispiel mit Lösung
Solange über einen Anspruch zwischen den Parteien verhandelt wird, ist die Verjährung gehemmt (§ 203 BGB). Die Aufnahme der Verhandlungen markiert den Beginn der Hemmung; diese dauert solange, bis eine der beiden Parteien die Verhandlungen abbricht. Die Verjährung tritt in diesem Fall frühestens drei Monate nach dem Ende der Hemmung ein.	Adam fordert am 12.11.04 von Braun die Zahlung von 2000 €. Anspruchsgrundlage ist ein Kaufvertrag zwischen den beiden. Adam hat Braun am 17.12.01 Waren für 6000 € geliefert. Braun hat aufgrund nachgewiesener Sachmängel nur 4000 € an Adam überwiesen. Unmittelbar nach der Überweisung hat Adam die Restzahlung zwar angefordert, aber danach die Angelegenheit aus irgendwelchen Gründen ruhen lassen. Erst kurz vor Ablauf der Verjährungsfrist kommt Adam auf die ausstehenden Forderungen zurück. Braun verharrt auf seinem bisherigen Standpunkt, erklärt sich aber am 20.11.04 bereit, mit Adam in Verhandlungen zu treten. Beide verteidigen kompromisslos ihre jeweilige Position. Am 15.12.04 erklärt Braun, dass es keinen Sinn mehr mache, weiter zu verhandeln. Wann ist die Forderung verjährt? **Lösung:** Die Verjährungsfrist beginnt am 31.12.01 und wäre am 31.12.04 beendet (§ 195 i. V. m. § 199 BGB). Die Aufnahme von Verhandlungen am 20.11.04 zwischen Adam und Braun löst die Hemmung aus, die mit deren Abbruch am 15.12.04 beendet wird, also ist die Verjährungsfrist 25 Tage gehemmt. Um eben diese 25 Tage wird die Verjährung verschoben, d. h., die Forderung wäre erst am 25.01.05 verjährt. Da aber zwischen dem Abbruch und dem Eintritt der Verjährung mindestens drei Monate liegen müssen (§ 203 BGB), tritt die Verjährung erst am 15.03.05 ein.

Beispiel 2: Hemmung der Verjährung durch Rechtsverfolgung (§ 204 BGB)

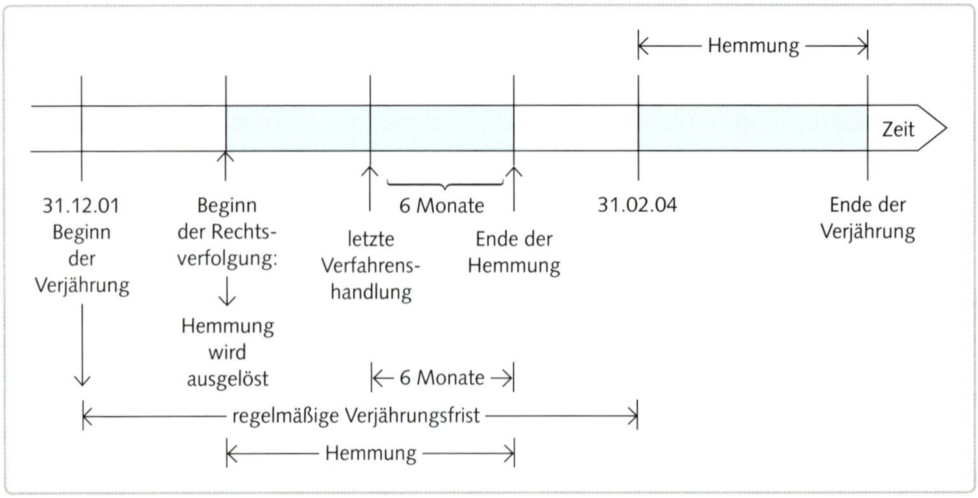

Die Verjährung wird auch dadurch gehemmt, dass u. a. Klage erhoben wird oder ein Mahnbescheid zugestellt wird oder der Anspruch im Insolvenzverfahren angemeldet wird.

In diesen Fällen endet die Hemmung sechs Monate nach der rechtskräftigen Entscheidung oder der anderweitigen Beendung des eingeleiteten Verfahrens.

BEISPIEL

Sarah hat gegen Knut eine am 12.05.01 fällige Forderung mit regelmäßiger Verjährungsfrist über 2 000 €. Knut leistet nicht. Daher lässt Sarah ihm am 23.04.03 einen Mahnbescheid zustellen. Dagegen erhebt Knut am 2.05.03 Widerspruch. Das Gericht fordert Sarah danach am 5.6.03 auf, ihren Anspruch zu begründen. Sarah unternimmt daraufhin nichts.

Lösung: Es handelt sich um eine regelmäßige Verjährung, deren Frist am 31.12.01 beginnt und bei der am 31.12.04 die Verjährung eingetreten wäre. Die Zustellung des Mahnbescheides am 23.04.03 stoppt die Verjährungsfrist (Hemmung nach § 204 BGB). Da Sarah das Mahnverfahren nicht weiter betreibt, ist die letzte Vertragsverhandlung maßgebend für die Ermittlung des Endes der Hemmung. Die Hemmung endet nach § 204 Abs. 2 BGB sechs Monate nach dem Schreiben des Gerichts vom 5.06.03 (letzte Verfahrenshandlung), also am 5.12.03. Demnach war die Verjährung vom 23.04.03 bis 5.12.03 gehemmt (226 Tage). Um diese 226 Tage wird das Verjährungsende hinausgeschoben, d. h. die Verjährung tritt demnach erst am 14.08.05 ein. Ist das Jahr 04 ein Schaltjahr, ist die Forderung bereits am 13.08.05 verjährt.

Beispiel 3: Hemmung der Verjährung bei Leistungsverweigerungsrecht (§ 205 BGB).

Solange der Schuldner aus irgendeinem Grund berechtigt ist, den Anspruch des Gläubigers vorübergehend zu verweigern, ist die Verjährung gehemmt.

BEISPIEL

Rebecca hat eine am 19.11.01 fällige Forderung (regelmäßige Verjährung) gegen ihre Freundin Claudia. Da Claudia unmittelbar zu Beginn des Jahres 02 eine unvorhersehbare, große Ausgabe hat, bietet ihr Rebecca am 20.01.02 an, die Forderung zehn Monate lang zu stunden. Wann ist die Forderung Rebeccas verjährt?

Lösung: Es handelt sich um eine regelmäßige Verjährung, deren Frist am 31.12.01 beginnt und bei der am 31.12.04 die Verjährung eingetreten wäre. Die Zustellung des Mahnbescheides am 23.04.03 stoppt die Verjährungsfrist (Hemmung nach § 204 BGB).

Beispiel 4: Hemmung durch höhere Gewalt

Eine Hemmung ist auch dann gegeben, wenn der Gläubiger während der letzten sechs Monate der Verjährungsfrist für eine bestimmte Zeit durch höhere Gewalt gehindert ist, seine Ansprüche durch Rechtsverfolgung durchzusetzen.

BEISPIEL

Georg hat am 23.11.01 seinem Freund Kurt einen Pkw für 10 000 € verkauft. Kurt bleibt die Zahlung schuldig. Beide wohnen in einer Stadt am Rhein. Georg wagt es lange nicht, gegen seinen Freund energisch vorzugehen. Am 25.06.04 kommt es zu einem Jahrhunderthochwasser. Die Stadt muss vollkommen evakuiert werden. Alle Behörden müssen wegen der Überschwemmung geschlossen werden. Erst nachdem sich das Hochwasser zurückgezogen hat und die gröbsten Aufräumarbeiten beendet sind, normalisiert sich das Leben in dieser Stadt wieder. Am 4.08.04 öffnen alle Behörden der Stadt.
Wann ist die Forderung Georgs verjährt?

Lösung: Es handelt sich um eine regelmäßige Verjährungsfrist, die mit dem 31.12.01 beginnt und mit dem 31.12.04 endet. Da aber Georg für eine bestimmte Zeit an der Rechtsverfolgung durch das Hochwasser gehindert ist, ist ein Hemmungsgrund dann gegeben, wenn die betreffende Zeit innerhalb der letzten sechs Monate der Verjährungsfrist liegt. Das Hochwasser setzt am 25.06.04 ein, aber erst die Zeit nach dem 30.06. liegt innerhalb der letzten sechs Monate der Verjährungsfrist, sodass erst damit die Hemmung beginnt, die dann am 4.08.04 endet. Die Hemmung währt also 35 Tage, sodass die Verjährung erst am 4.02.05 eintritt.

2.6.4 Neubeginn der Verjährung

- Die **Verjährungsfrist** beginnt in den im **§ 212 BGB** aufgeführten **Fällen** vom **Tag des Ereignisses** an **erneut** zu laufen.
- Die bis **dahin gelaufene Verjährungszeit zählt nicht**.

Neubeginn der Verjährung durch Schuldanerkenntnis

BGB § 212 Abs. 1 Nr. 1

Die **Verjährung beginnt neu** bei **Anerkenntnis** des **Schuldners** durch

- Abschlagszahlung,
- Zinszahlung,
- Sicherheitsleistung.

BEISPIEL

Beim Kunstmaler Oliver Kummer erscheint völlig überraschend der Rentner Hans Vogel am 16.07.03, um ein neues Bild herstellen zu lassen. Der Künstler erinnert sich an den Rentner und weist ihn auf die noch nicht bezahlte Vergütung für das Porträt aus dem Jahr 01 hin. Spontan greift Hans Vogel in seine Geldtasche, entnimmt dieser 2,00 € und gibt sie dem Kummer. Mit dieser Abschlagszahlung beginnt der Lauf der Verjährungsfrist neu.

Zeitlinie

Beginn 31.12.(01) 24:00 Uhr = Fälligkeit und Kenntnis	16.07.(03) **Abschlags-zahlung** = Neubeginn	31.12.(04) Normales Ende der Verjährung	16.07.(06) **Neues Ende der Verjährungsfrist**

Vollstreckungsmaßnahme

Ein Antrag des **Gläubigers auf eine gerichtliche oder behördliche Vollstreckungsmaßnahme** oder die **Vornahme** einer solchen Maßnahme führt ebenfalls zum Neubeginn der Verjährung. BGB § 212 Abs. 1 Nr. 2

Während bei der Hemmung die Verjährungsfrist um die Zeitspanne der Hemmung verlängert wird, beginnt in diesem Fall die Verjährungsfrist von neuem. Die Zeit vor der Unterbrechung wird also nicht gezählt.

Zusammenfassung und Lernkontrolle

Zusammenfassung

Verjährung

Verjährung ist eine Berechtigung des Schuldners, die Leistung zu verweigern (§ 222 Abs. 1 BGB).

Verjährungsfristen

3 Jahre

regelmäßige Verjährungsfrist, Beginn mit Ablauf des Jahres der Anspruchsentstehung
z. B. Ansprüche aus Entgelt von Werkverträgen, Ansprüche auf Rückzahlung von Bankdarlehen

2 Jahre

z. B. Ansprüche aus Sachmängeln beim Kauf beweglicher Sachen
Beginn mit Entstehung des Anspruchs

5 Jahre

z. B. Mängelansprüche aus Bauwerken Beginn mit Entstehung des Anspruchs

10 Jahre

Höchstfrist der regelmäßigen Verjährung und z. B. Verjährung von Ansprüchen aus Eigentumsübertragung von Grundstücken

30 Jahre

Höchstfrist, z. B. Anspruch auf Schadenersatz bei Körperverletzung

Hemmung und Ablaufhemmung der Verjährung §§ 203 ff. BGB

- **Verhandlungen** gem. § 203 BGB
- **Rechtsverfolgung** § 204 BGB
- **Leistungsverweigerungsrecht** § 205 BGB
- **Höhere Gewalt** § 206 BGB

- **Zeit der Hemmung nicht einrechnen**
- **Gehemmter Zeitraum an den Schluss der Frist anhängen**

Verjährungsfrist, z. B. 3. Jahre

Beginn | **Ende** — **Akt der Hemmung (Dauer: 2 Monate)**

(2 Monate)

Verjährungsfrist, 3. Jahre | 2 Monate

Neubeginn der Verjährung

Neubeginn der Verjährung gem. § 212 BGB

Schuldner

- Abschlagszahlung
- Zinszahlung
- Sicherheitsleistung

Gläubiger

- Antrag auf Vornahme einer
  - gerichtlichen oder
  - behördlichen

  Vollstreckungshandlung

- **Verjährungsfrist beginnt ab „Unterbrechung“ neu zu laufen**
- **Die bisher abgelaufene Frist zählt nicht**

Lernkontrolle

Aufgabe 1

Erläutern Sie bitte den Gegenstand und die Wirkung der Verjährung!

Aufgabe 2

Was soll durch die Verjährung erreicht werden?

Aufgabe 3

Erklären Sie unter Angabe zweier Beispiele, welche Ansprüche in zwei Jahren verjähren.

Aufgabe 4

Welche Ansprüche verjähren in der regelmäßigen Verjährungsfrist? Nennen Sie auch die Besonderheit im Hinblick auf den Beginn der Frist und die Höchstfrist.

Aufgabe 5

Nennen Sie bitte Ansprüche, die von der regelmäßigen Verjährungsfrist ausgenommen sind.

Aufgabe 6

Wovon hängt der Beginn der regelmäßigen Verjährungsfrist ab?

Aufgabe 7

Welche Ansprüche verjähren in fünf Jahren und welche Voraussetzungen müssen gegeben sein?

Aufgabe 8

Wie lange beträgt die Höchstfrist der regelmäßigen Verjährung, wann beginnt diese zu laufen?

Aufgabe 9

Die maximale Verjährungsfrist beträgt dreißig Jahre. Nennen Sie bitte Beispiele!

Aufgabe 10

Beurteilen Sie bitte in den folgenden Fallgestaltungen die Rechtslage!

a) Der Elektromeister Hellmut Seufert wird von Frau Frauke Klein am 24.06.(01) beauftragt, ihre Waschmaschine zu reparieren. Herr Seufert führt die Reparatur am 25.06.(01) aus und berechnet hierfür 300,00 €. Die Abnahme der Maschine erfolgt am gleichen Tag. Im Dezember (03) stellt Frau Klein fest, dass die Waschmaschine nicht mehr funktioniert. Sie will deshalb die Maschine erneut repariert haben, aber diesmal kostenlos, was Strom mit der Einrede der Verjährung ablehnt.

b) Der Hotelmanager Gustav Retzlaf kauft beim Zweiradhändler Walter Dahler drei Motorroller, die an Gäste verliehen werden sollen. Die Motorroller werden am 20.06.(01) bei Gustav Retzlaf abgeliefert. Nach drei Jahren blättert der Lack ab und die Rahmen der

Motorroller beginnen zu rosten. Herr Retzlaf verlangt vom Verkäufer Walter Dahler Ersatzlieferung gegen Rückgabe der schadhaften Motorroller. Walter Dahler lehnt dieses Ansinnen mit der Begründung ab, die Sache sei verjährt.

c) Der Eigentümer eines Einfamilienhauses Adam Abel lässt von Dachdeckermeister Max Hoch an seinem Haus die durch den Wirbelsturm beschädigten blau lackierten Dachpfannen erneuern. Max Hoch kauft die Dachpfannen bei der Baustoffgroßhandlung Gadder & Sohn GmbH. Nach vier Jahren haben sich die Dachpfannen verzogen und der blaue Lack ist abgeblättert. Abel verlangt von Hoch die Beseitigung der Schäden nach §§ 634, 634a BGB. Hoch führt die Schäden auf Materialfehler der Dachpfannen zurück und verlangt von Gadder & Sohn GmbH Ersatzlieferung gem. §§ 437 Nr. 1, 439 Abs. 1 BGB. Gadder lehnt die Ersatzlieferung ab und erhebt die Einrede der Verjährung, weil die festgestellten Schäden nicht auf einem Materialfehler, sondern auf einem Montagefehler des Max Hoch beruhten.

d) Herr Udo Vollmer wird durch einen unverschuldeten Verkehrsunfall am 22.06.(01) schwer verletzt. Der Unfallverursacher kümmerte sich nicht um den Unfall und beging Fahrerflucht. Erst am 21.07.(02) konnte der Otto Reiser als Unglücksfahrer ermittelt werden.

e) Der Maurermeister Alfons Keller wird am 3. Januar (01) von dem Eigenheimbesitzer Gerald Born beauftragt, die eingestürzte Mauer der Garage instand zu setzen. Am 28. Februar (01) nimmt Born die Arbeit des Keller ab, der ihm gleichzeitig die Rechnung über Material und die von ihm ausgeführten Arbeiten in Höhe von 789,00 € übergibt. Born zahlt die Rechnung nicht. Heute, am 22. Dezember (04) erscheint Keller bei Ihnen und will wissen, ob der Anspruch schon verjährt sei.

f) Der 20-jährige Kunststoffformgeber Manfred Krämer nimmt am 30.04.(02) ein entgeltliches (verzinsliches) Darlehen in Höhe von 8000,00 € bei der Europa-Bank auf, das nach Darlehensvertrag am 30.04.(06) zur Rückzahlung fällig ist. Manfred zahlt am 30.04.(06) und auch später nichts. Die Mahnschreiben der Bank an den Darlehensnehmer kommen immer mit dem Vermerk „Der Empfänger ist unbekannt verzogen" zurück. Am 02.01.(10) verweigert der Darlehensnehmer den Rückzahlungsanspruch der Bank gegen ihn durch die Einrede der Verjährung.

g) Wie beurteilen Sie den Fall, wenn kein Rückzahlungstermin vereinbart worden wäre?

Aufgabe 11

Geben Sie bitte unter Angabe der gesetzlichen Bestimmung an, bis zu welcher Maximalfrist Verjährungen zwischen den Vertragsparteien rechtsgeschäftlich wirksam vereinbart werden können.

Aufgabe 12

Was verstehen Sie unter einem Verbrauchsgüterkauf und wie lange müssen die Verjährungsfristen mindestens bei gebrauchten und neuen Sachen betragen?

Aufgabe 13

Das BGB enthält Vorschriften, nach denen die meisten Verjährungsfristen gehemmt werden und einige wenige neu beginnen. Zeigen Sie bitte die Unterschiede anhand einiger Beispiele auf.

3 Schuldrecht

3.1 Schuldverhältnisse

3.1.1 Verpflichtung zur Leistung

BGB § 241

Schuldverhältnisse entstehen durch Rechtsgeschäft oder durch Gesetz. Kraft des Schuldverhältnisses ist der Gläubiger berechtigt, vom Schuldner eine in einem **Tun oder Unterlassen bestehende Leistung zu fordern**. Der Schuldner ist **verpflichtet**, diese Leistung zu erbringen. An einem Schuldverhältnis können durchaus mehrere Gläubiger oder Schuldner beteiligt sein (z. B. § 705 BGB Gesellschaftsvertrag). Zu beachten ist, dass das Forderungsrecht des Gläubigers ein relatives (kein absolutes), d. h. nur zwischen Gläubiger und Schuldner wirksames Recht ist. Allein der Schuldner kann dieses Recht verletzen, indem er seine Leistungspflicht nicht erfüllt. Das Forderungsrecht ist somit nicht als „sonstiges Recht" i. S. des § 823 Abs. 1 BGB geschützt.

- **Gläubiger** ist, wer die **Leistung fordern** kann; **Schuldner** ist diejenige Person, die die **Leistung** zu erbringen hat.
- Bei **gegenseitigen Schuldverhältnissen** ist **jede Partei Gläubiger und Schuldner zugleich**.

BEISPIEL

Beim Mietvertrag ist der Vermieter Schuldner, weil er verpflichtet ist, dem Mieter den Gebrauch der vermieteten Sache während der Mietzeit zu gewähren, und Gläubiger der Miete, die der Mieter bezahlen muss.
Der Mieter ist Schuldner der Miete, weil er verpflichtet ist, dem Vermieter die vereinbarte Miete zu zahlen, und Gläubiger, dass ihm der Gebrauch der vermieteten Sache gewährt wird.

BGB § 241a

Ausgenommen von der Leistungspflicht ist der Verbraucher, wenn von einem Unternehmer nicht bestellte Waren geliefert oder nicht gewollte Dienstleistungen erbracht werden.

Der **Schuldner** ist **verpflichtet**, die **Leistung** so zu erbringen, wie **Treu und Glauben** mit Rücksicht auf die **Verkehrssitte** es erfordern (§ 242 BGB).

Die geforderte Treue will ausdrücken, dass der Vertragspartner aufrichtig, ehrlich, korrekt, rücksichtsvoll und verlässlich sein soll. Glauben heißt, der Partner vertraut darauf, dass sein Gegenüber diese Eigenschaften besitzt und ein „anständiger Mensch" ist. Die Verkehrssitte gibt an, welche Anforderungen für die einzelnen Vertragspartner an Treu und Glauben zu stellen sind, was also in einer bestimmten Situation üblich ist.

BEISPIEL

Im Kaufhaus „WALDI" sind wieder 20 Stück preisgünstige Computer eingetroffen. Es liegen bereits 15 Bestellungen vor, die nach Eingang befriedigt werden sollen. Hugo Sorg erscheint in dem Geschäft und will gleich die gesamte Menge von 20 Stück kaufen, weil er sich einen Computerraum einrichten will. Würde der Verkäufer die Computer an Sorg verkaufen, wäre dies ein Verstoß gegen Treu und Glauben.

3.1.2 Arten und Entstehung von Schuldverhältnissen

3.1.2.1 Rechtsgeschäftliche und rechtsgeschäftsähnliche Schuldverhältnisse

- **Rechtsgeschäftliche Schuldverhältnisse** entstehen gem. § 311 Abs. 1 BGB durch **Vertrag**.
- **Rechtsgeschäftsähnliche Schuldverhältnisse** entstehen durch die **Aufnahme** von **Vertragsverhandlungen**, **Anbahnung eines Vertrags** oder **ähnliche geschäftliche Kontakte** gem. § 311 Abs. 2 BGB.
- Dies gilt **auch** für einen **Dritten** (Makler, Kommissionär u. Ä.), der den **Vertragsabschluss** beeinflusst und ein **besonderes Vertrauen** in Anspruch nimmt (§ 311 Abs. 3 BGB).

Bei rechtsgeschäftlich begründeten Schuldverhältnissen ergeben sich bei gegenseitig verpflichtenden Verträgen Leistungs- und Schutzpflichten für beide Vertragspartner.

BEISPIELE

Kaufvertrag, Mietvertrag, Dienstvertrag

Es sind aber auch Verträge möglich, die nur eine Person zur Leistung verpflichten (einseitig verpflichtende Verträge).

BEISPIELE

Schenkungsversprechen, Bürgschaftserklärung.

Außer der Leistungsverpflichtung des Schuldners hat jeder Beteiligte die Pflicht, bei vorvertraglichen Schuldverhältnissen, wie die Aufnahme von Vertragsverhandlungen, die Anbahnung eines Vertrags und ähnlichen geschäftlichen Kontakten die Rechtsgüter, wie das Leben, die Gesundheit und das Eigentum des jeweils anderen zu schützen (Schutzpflicht). Hier soll z. B. der andere durch entsprechende Aufklärung, Auskunft, Beratung und Einweisung vor Körperverletzungen bewahrt werden.

BEISPIEL

Josef Spon will sich im Baumarkt eine Tischkreissäge kaufen. Der Verkäufer muss ihn auf die Gefahren beim Umgang mit der Maschine hinweisen und ihm die richtige Bedienung der Säge genau erklären. Er wird ihm sagen, dass er beim Arbeiten mit der Maschine eine Schutzbrille und Schutzhandschuhe tragen muss. Durch diese Aufklärungspflicht sollen Verletzungen des Benutzers vermieden werden.

Das **vorvertragliche** Schuldverhältnis **entsteht** bei **Aufnahme** von Vertragsverhandlungen mit dem **Beginn** der Verhandlungen. Es **endet**, wenn es zur **Beendigung** der **Verhandlungen** kommt oder wenn der **Vertrag**, über den verhandelt worden ist, **zustande** kommt. Dann bestehen vertragliche Pflichten.

3.1.2.2 Schuldverhältnisse kraft Gesetzes

Im BGB werden verschiedene Möglichkeiten der **Entstehung** von Schuldverhältnissen **kraft Gesetzes** unterschieden, bei denen die **Willenserklärung der Person nicht notwendig** ist.

Gesetzliche Schuldverhältnisse entstehen aufgrund von **Rechtsvorschriften**.

Zu den gesetzlichen Schuldverhältnissen gehören unter anderem Schuldverhältnisse aus:

- unerlaubten Handlungen (§§ 823 ff. BGB)
- Haftung für Verrichtungsgehilfen (§ 831 BGB)
- Gefährdungshaftung (z. B. § 833 BGB)
- ungerechtfertigter Bereicherung (§§ 812, 816, 822 BGB)
- Geschäftsführung ohne Auftrag (§§ 677 ff. BGB)

Unerlaubte Handlung

Wer einen anderen widerrechtlich verletzt, ist zum Schadensersatz verpflichtet (Unerlaubte Handlung) gem. § 823 ff. BGB.

BEISPIEL

Der 19-jährige Detlef Dorfner fährt nach einem Diskobesuch völlig übermüdet so schnell, dass er mit seinem Pkw in den Straßengraben fährt und dabei seine drei Mitfahrerinnen erheblich verletzt werden.

Voraussetzungen des § 823 BGB

1) Vorliegen des objektiven Tatbestandes
2) Vorliegen des subjektiven Tatbestandes
3) Kausalität zwischen Handlung und Schaden
4) Schaden
5) Widerrechtlichkeit

Eine Widerrechtlichkeit ist aber nicht gegeben, wenn Rechtfertigungsgründe vorliegen.

Solche Gründe können sein:

- Notwehr (§ 227 BGB)
- Notstand (§ 228, § 904 BGB)
- Selbsthilfe (§ 229 BGB)
- u. a.

Notwehr	Notstand	Selbsthilfe
Nach § 227 BGB bzw. § 32 StGB ist Notwehr **diejenige Verteidigung,** welche **notwendig** ist, um einen **gegenwärtigen rechtswidrigen** Angriff von sich oder einem anderen abzuwenden.	Notstand ist ein Zustand drohender Gefahr, der nur dadurch beseitigt werden kann, dass man fremde Rechtsgüter verletzt.	Selbsthilfe ist dann gegeben, wenn man einen eigenen Anspruch durch persönliches Vorgehen durchsetzt oder sichert.
Beispiel: Ein angegriffener Passant hat durch einen gezielten Schlag den Angreifer kampfunfähig gemacht und schlägt jedoch weiterhin auf ihn ein.	**Beispiel:** Auf dem Nachhauseweg wird der Schüler Siegfried von einer großen Dogge angefallen. Siegfried sticht mit seinem Zirkel dem wertvollen Tier beide Augen aus, damit die Dogge kampfunfähig wird. Die Handlung Siegfrieds ist nicht widerrechtlich.	**Beispiel:** Ein Gastwirt erwischt einen Gast, der – ohne zu bezahlen – durch das Toilettenfenster entwischen will, und sperrt ihn ein, bis die Polizei eintrifft. Die Selbsthilfe stellt hier privaten Arrest und keine private Vollstreckung dar. Die Festnahme bis zum Eintreffen der Polizei ist nicht widerrechtlich.

Haftung für Verrichtungsgehilfen

Wer einen anderen zu einer Verrichtung bestellt, ist zum Ersatz des Schadens verpflichtet, den der andere in Ausführung der Verrichtung einem Dritten widerrechtlich zufügt (§ 831 BGB). Somit gibt es neben der Haftung für fremdes Handeln aus vertraglichem Schuldverhältnis eine Haftung für fremdes Handeln aus deliktsrechtlichem Schuldverhältnis.

BEISPIEL

Der Geselle Gerd des Dachdeckermeisters Zieler arbeitet auf dem Gerüst, um an dem Haus des Hausmann neue Dachrinnen anzubringen. Plötzlich rutscht Gerd ein schwerer Hammer aus der Hand und verletzt den Passanten Paul.

Gefährdungshaftung

Unter der Gefährdungshaftung versteht man eine Haftung für eine Tätigkeit, die für die Allgemeinheit gefährlich, aber nicht rechtswidrig ist. Eine unerlaubte Handlung liegt somit nicht vor, wie sie die Verschuldungshaftung (= widerrechtlicher und verschuldeter Eingriff in ein fremdes Rechtsgut) vorsieht. Folglich setzt die Gefährdungshaftung auch kein Verschulden i. S. von § 276 BGB voraus.

Beispiele für Gefährdungshaftung
Tierhalterhaftung (§ 833 BGB) Hier wird ein vermutetes Eigenverschulden unterstellt, allerdings besteht die Möglichkeit des Entlastungsbeweises. **Beispiel:** Justus Glanz schafft sich als Tierfreund zwei Schäferhunde an. Die Hunde werden in einem sicheren Zwinger gehalten. Aus Jux werden von einem Unbekannten die Eisengitter des Zwingers aufgebrochen, die Hunde fallen den Nachbarn Scholz an.
Tierhüterhaftung (§ 834 BGB) Nach dieser Vorschrift haftet ein Tierhüter grundsätzlich, es sei denn, er hat bei der Führung der Aufsicht die im Verkehr erforderliche Sorgfalt beachtet oder der Schaden wäre auch bei Anwendung dieser Sorgfalt entstanden.
Haftung des Eisenbahnunternehmers Der Unternehmer einer schienengebundenen Eisenbahn (z. B. Seilbahn, Straßenbahn, Zahnradbahn) haftet für die beim Bahnbetrieb entstandenen Personen- oder Sachschäden (HaftpflG von 1871/1943). Die Personenhaftung ist allerdings bei höherer Gewalt (z. B. Bergrutsch) und bei eigenem Verschulden des Verletzten oder Getöteten ausgeschlossen.
Haftung des Kraftfahrzeughalters Der Halter eines Kraftfahrzeuges haftet für den beim Betrieb des Kraftfahrzeugs verursachten Personen- und Sachschaden (§ 7 StVG). Halter ist nach dieser Vorschrift, wer das Kraftfahrzeug zum eigenen Vorteil und auf eigene Kosten gebraucht und die tatsächliche Verfügungsgewalt darüber hat (Der Schwarzfahrer haftet anstelle des Halters (§ 7 Abs. 3 StVG).
Haftung des Luftfahrzeughalters (LuftVG)
Haftung für Kernenergieschäden (AtomG von 1959)
Haftung des Inhabers von Leitungsanlagen für Elektrizität und Gas (HaftpflG § 1a)

Ungerechtfertigte Bereicherung

BGB §§ 812 ff.

Eine ungerechtfertigte Bereicherung ist dann gegeben, wenn eine Person auf Kosten eines anderen ohne rechtlichen Grund einen Vermögensvorteil erlangt. Der ungerechtfertigt Bereicherte muss das zu viel Erlangte herausgeben.

BEISPIEL

Aufgrund eines Fehlers im Programm der Schuhfabrik Schumm & Co. wird dem Mitarbeiter Erwin Stocker statt des monatlichen Gehalts in Höhe von 2 000,00 € eine Summe von 20 000,00 € auf sein Konto überwiesen. Stocker muss den zu viel gezahlten Betrag in Höhe von 18 000,00 € zurückgeben, weil es für den Mehrbetrag keinen Rechtsgrund gibt und er um diese Summe ungerechtfertigt bereichert ist.

Geschäftsführung ohne Auftrag

Bei der Geschäftsführung ohne Auftrag führt jemand ein Geschäft für einen anderen durch, ohne von ihm hierzu beauftragt oder ihm gegenüber sonst dazu berechtigt zu sein. Das Geschäft muss so ausgeführt werden, wie es dem wirklichen oder dem mutmaßlichen Willen des Geschäftsherrn entspricht.

BEISPIEL

Hans Weiler bringt die bei einem Sturz verletzte und ohnmächtige Melanie Perlinger ins Krankenhaus. Hans hat ohne Zweifel nach dem mutmaßlichen Willen der Melanie Perlinger gehandelt. Deshalb hat Hans einen Anspruch auf Ersatz seiner Aufwendungen gem. § 683 BGB. Nach zwei Wochen schickt er ihr eine Rechnung über die Kosten der gereinigten Sitzpolster des Autos über 800,00 €.
Entspricht die Geschäftsführung nicht dem wirklichen oder mutmaßlichen Willen des Geschäftsherrn, hat der Geschäftsführer keinen Anspruch auf Ersatz seiner Aufwendungen. Musste der Geschäftsführer erkennen, dass sein Wille und der des Geschäftsherrn in Widerspruch stehen, ist er sogar dem anderen zum Schadensersatz verpflichtet.

Haftung bei Amtspflichtverletzung

Verletzt ein Beamter schuldhaft, also vorsätzlich oder fahrlässig, die ihm einem Dritten gegenüber obliegende Amtspflicht, so hat er diesem den daraus entstandenen Schaden zu ersetzen. Dies stellt eine **Sonderregelung** dar, d. h., aus Amtspflichtverletzungen kann ein Beamter nur nach den Grundsätzen dieser Gesetzesvorschrift zu Schadensersatzleistungen herangezogen werden. BGB § 839

Die Beamtenhaftung gemäß § 839 BGB tritt ein, wenn

- einem Dritten ein objektiver **Schaden**
- durch die **schuldhafte**
- **Amtspflichtverletzung**
- eines **Beamten** im Sinne des Beamtenrechts

entstanden ist.

In vielen Fällen ist für den Schaden, den ein Dritter durch die Amtspflichtverletzung eines Beamten erleidet, der Staat oder die öffentliche Körperschaft verantwortlich, in deren Dienst der Beamte steht (Artikel 34 Grundgesetz): „Verletzt jemand in Ausübung eines ihm anvertrauten öffentlichen Amtes die ihm einen Dritten gegenüber obliegende Amtspflicht, so trifft die Verantwortlichkeit grundsätzlich den Staat oder die Körperschaft, in deren Dienst er steht. Bei Vorsatz oder grober Fahrlässigkeit bleibt der Rückgriff vorbehalten.

Zusammenfassung und Lernkontrolle

Zusammenfassung

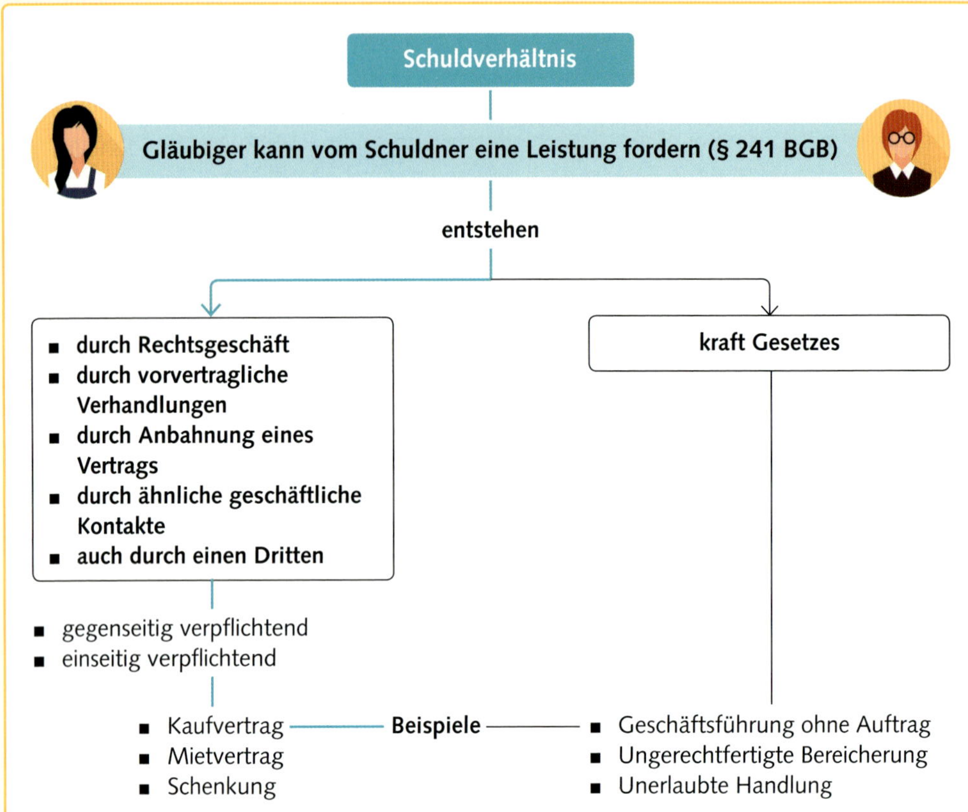

Lernkontrolle

Aufgabe 1

Wodurch entstehen rechtsgeschäftliche Schuldverhältnisse und wodurch entstehen rechtsgeschäftsähnliche Schuldverhältnisse?

Aufgabe 2

Geben Sie bitte je ein zutreffendes Beispiel für Geschäftsführung ohne Auftrag gem. §§ 677 ff. BGB und ungerechtfertigte Bereicherung nach §§ 812 ff. BGB an.

Aufgabe 3

Anton Amsel (5 Jahre) beschädigt mit seinem Rad den parkenden Pkw des Paul Pullinger. Prüfen Sie die Ansprüche Paul Pullingers gegen Anton Amsel.

Aufgabe 4

Adamek erteilt dem Malermeister Müller den Auftrag, sein Wohnzimmer anzustreichen. Müller schickt den Gesellen Greis. In einem unbewachten Augenblick geht Greis in das Schlafzimmer des Adamek und stiehlt eine Halskette.

Kann Adamek, nachdem er von Greis, der spurlos verschwunden ist, die Halskette nicht zurückbekommen kann, von Müller Schadensersatz verlangen?

Aufgabe 5

Daniel Dittel benötigt dringend für einen Pkw-Kauf ein Darlehen. In seiner Not geht er zu einem Kreditvermittler, der ihm gegen Vorlage des Personalausweises ein Darlehen über 20 000,00 € bei einem Zins von 5 % pro Monat überlässt; die vereinbarte Laufzeit beträgt 24 Monate. Daniel Dittel kann der monatlichen Zinsbelastung nicht nachkommen und stellt seine Zinszahlung ein. Der Kreditvermittler verlangt daraufhin das Darlehen nebst Zinsen zurück. Ist er im Recht (Begründung)?

Aufgabe 6

Ein Landwirt beobachtet, wie sich der wertvolle Rassehund des Spaziergängers Seifert losreißt und sich auf dem Hof des Landwirts auf eine Gans stürzt. Der Landwirt, der gerade mit einem Gewehr auf Rattenjagd ist, schießt den Hund nieder. Seifert verlangt Schadensersatz. Beurteilen Sie die Rechtslage.

3.2 Kaufvertrag

3.2.1 Schuldverhältnisse beim Kaufvertrag

© psdesign1 – stock.adobe.com

- Der **Kaufvertrag** kommt durch **zwei übereinstimmende Willenserklärungen** (Antrag und Annahme) der **Vertragspartner**, das sind **Verkäufer** und **Käufer, zustande**.
- Durch den Kaufvertrag **verpflichten** sich die **Vertragsparteien** den **Vertrag** zu **erfüllen**; deshalb beinhaltet der Kaufvertrag
- einen **schuldrechtlichen** Vertrag **(Verpflichtungsgeschäft)** und einen **sachenrechtlichen** Vertrag **(Erfüllungsgeschäft)**.

Vertragstypische Pflichten beim Kaufvertrag:

BGB § 433

Verkäufer verpflichtet sich, die Sache dem Käufer	Käufer verpflichtet sich, dem Verkäufer
▪ zu übergeben und ▪ das **Eigentum** an der Sache ▪ **frei** von **Sach- und Rechtsmängeln** zu verschaffen	▪ den vereinbarten **Kaufpreis** zu zahlen und ▪ die gekaufte **Sache abzunehmen**

Das durch den Abschluss des Kaufvertrages (Verpflichtungsgeschäft) entstandene Schuldverhältnis **erlischt**, wenn die **geschuldete Leistung** an den **Gläubiger bewirkt** wird (Erfüllungsgeschäft), d.h. wenn

① der **Verkäufer Besitz** und **Eigentum** an der mangelfrei und rechtzeitig übergebenen Sache auf den Käufer übertragen und das Entgelt angenommen,

② der **Käufer** die Sache **angenommen** und das **Entgelt rechtzeitig bezahlt** hat.

- **Besitz** ist nach § 854 Abs. 1 BGB die Ausübung der **tatsächlichen Herrschaft** einer Person **über** eine bewegliche oder unbewegliche **Sache**.
- **Eigentum** ist die **rechtliche Herrschaft** über eine **Sache**.

BGB § 434 Abs. 1

Eine Sache ist gem. § 434 Abs. 1 BGB dann frei von Sachmängeln, wenn bei Gefahrübergang folgende Voraussetzungen gegeben sind:

① Die Beschaffenheit ist zwischen Käufer und Verkäufer vereinbart:

- Die Sache hat die vereinbarte Beschaffenheit.

BEISPIEL

Frau Eva Klein erkundigt sich im Haushaltsfachgeschäft Krims, ob der im Schaufenster ausgestellte Kaffeeautomat auch eine Vorrichtung habe, mit der sie Tee kochen könne. Bei Fehlen dieser Einrichtung brauche sie den Automaten nicht. Der Verkäufer erläutert ihr die technische Beschaffenheit des Automaten und die Vorzüge der Teekochvorrichtung. Frau Eva kauft daraufhin den Automaten. Zu Hause stellt Eva fest, dass der Kaffeeautomat auch köstlichen Tee kocht!

Lösung: Die bei Abschluss des Kaufvertrags vorausgesetzte Beschaffenheit, mit dem Kaffeeautomaten auch Tee kochen zu können, wird erfüllt. Frau Eva kann problemlos Tee kochen.

② Die Beschaffenheit ist zwar nicht vereinbart, dafür allerdings die Verwendung der Sache:

- Die Sache eignet sich zur vertraglich vereinbarten Verwendung.

BEISPIEL

Der Maurer Otto Stein fragt im Baumarkt nach einer Handkreissäge mit einer Schnitttiefe von 100 mm nach, mit der er auch Kunststoffe schneiden kann. Der dem Verkaufspersonal des Baumarkts angehörende Julius Vogel bietet ihm eine Säge an, die nach seinen Erfahrungen und nach der Bedienungsanleitung geeignet ist, Kunststoffe bis zu einer Schnitttiefe von 100 mm zu sägen. Otto kauft die Säge. Beim Arbeiten mit der Säge ist Otto zufrieden, weil er Kunststoffe bis zu 100 mm Schnitttiefe problemlos schneiden kann.

Lösung: Die bei Abschluss des Kaufvertrags vorausgesetzte Verwendung für die Handkreissäge war es, dass die Säge eine Schnitttiefe von 100 mm hat und Otto auch Kunststoffe schneiden kann. Für diese Verwendung eignet sich die Säge.

③ Es ist weder die Beschaffenheit noch die Verwendung der Sache vereinbart:

- Die Sache eignet sich zur gewöhnlichen Verwendung und weist eine Beschaffenheit auf, die bei Sachen der gleichen Art üblich ist und die der Käufer nach der Art der Sache erwarten kann.

BEISPIEL

Frau Inge Schnell will Knopflöcher nähen. In einer Filiale der Handelskette Rauhfuß entnimmt sie deshalb dem Verkaufsregal eine Nähmaschine mit einem Programm, mit dem sie Knopflöcher nähen kann. Beim Einsatz der Maschine zu Hause ist sie begeistert, weil die genähten Knopflöcher hervorragend aussehen.

Lösung: Beim Abschluss des Kaufvertrags wurde weder die Beschaffenheit noch die Verwendung der Maschine vereinbart. Frau Schnell kann die von ihr gewünschten Knopflöcher nähen.

Zu einer der vertragstypischen Pflichten beim Kaufvertrag gehört auch, dass der Verkäufer gemäß § 433 Abs. 1 BGB dem Käufer die Sache frei von Rechtsmängeln zu verschaffen hat. Die Sache ist dann frei von Rechtsmängeln, wenn Dritte in Bezug auf die Sache keine oder nur die im Kaufvertrag übernommenen Rechte gegen den Käufer geltend machen können.

3.2.2 Inhalt des Kaufvertrags

3.2.2.1 Kaufgegenstand

BGB §§ 433 u. 453

Ein erster Punkt über den sich Käufer und Verkäufer einigen müssen ist der Kaufgegenstand.

Als Kaufgegenstand kommen nach BGB ausschließlich **Sachen und Rechte** in Betracht. In diesem Zusammenhang zählen auch Tiere zu den Sachen.

Die Sachen können nach verschiedenen Gesichtspunkten eingeteilt werden. In diesem Zusammenhang ist die Einteilung in Gattungs- und Speziessache von erheblicher Bedeutung.

Stückschuld (Speziesschuld)

Bei der Stückschuld wird eine Leistung einmaliger Art geschuldet, d.h. eine ganz spezielle Sache, z.B. ein bestimmtes Bild, ein Maßanzug, ein gebrauchtes Mofa des Opas. Entscheidend ist, dass die Stückschuld nach individuellen Merkmalen konkret bestimmbar ist.

Gattungsschuld

BGB § 243

Wer eine nur der Gattung nach bestimmte Sache schuldet, hat eine Sache von mittlerer Art und Güte zu leisten (§ 243 BGB). Hier wird der Gegenstand der Leistung lediglich nach bestimmten einheitlichen Merkmalen umrissen, z.B. 5 t Mais, 100 Eier, 10 l Orangensaft. Durch die Konkretisierung nach § 243 Abs. 2 BGB wird aus einer Gattungsschuld eine Stückschuld.

Unter **Konkretisierung** versteht man die Tatsache, dass der Schuldner das zur Leistung seinerseits Erforderliche getan hat, d.h., dass er seine Leistungspflicht so vollständig erfüllt hat, dass der Gläubiger nur noch „zugreifen" muss. Dies bedeutet, dass er dem Gläubiger eine Bringschuldleistung erbracht und angeboten hat, eine Schickschuldleistung auf den Weg gebracht oder eine Holschuldleistung zum Abholen bereitgestellt hat. Mit dieser Konkretisierung des Leistungsgegenstandes hat sich die Gattungsschuld in eine Stückschuld verwandelt. Der Schuldner schuldet nur noch diese Sache.

BEISPIEL

Ein Speiserestaurant hat bei einem Kartoffelhändler telefonisch 15 Ztr. Salatkartoffeln bestellt; der Händler sagte vereinbarungsgemäß eine Bereitstellung in seinem Lager für den Freitag, 13. April, zu. Am Freitagmorgen sackte er diese 15 Ztr. Salatkartoffeln ab und stellte sie auf einer Laderampe zur Abholung bereit. Um 13 Uhr brach in dem Lagerhaus zufällig ein Brand aus, bei dem sämtliche Vorräte zerstört wurden. Sobald die 15 Ztr. Kartoffeln abgesackt und bereitgestellt waren, lag eine Speziesschuld nach erfolgter Konkretisierung vor.

3.2.2.2 Lieferzeit

Zur Bestimmung der Leistungszeit können folgende Einflussgrößen bedeutsam sein:

Vertragliche Vorschriften

BGB § 271

Wenn die Leistungszeit vertraglich bestimmt ist, kann der Gläubiger sie vor der Fälligkeit nicht fordern, während der Schuldner sie im Zweifel vor Fälligkeit erbringen darf.

BEISPIEL

Eine am 3. Nov. fällige Kaufpreisschuld kann der Käufer bereits am 1. Nov. begleichen.

In der Betriebswirtschaftslehre kann man den Kaufvertrag nach der Lieferzeit (Leistungszeit) wie folgt einteilen:

Sofortkauf	Terminkauf	Fixkauf	Kauf auf Abruf
Die Lieferung hat sofort nach der Bestellung zu erfolgen. Die kaufmännische Klausel lautet: „Lieferung sofort."	Die Lieferung hat zu einem vertraglich vereinbarten Termin oder innerhalb der vereinbarten Frist zu erfolgen. Die Klauseln lauten z. B.: „Lieferung innerhalb eines Monats", „Lieferung innerhalb der Zeit vom 15. bis 25. September", „Lieferung Anfang Januar". Die Bedeutung des Terminkaufs zeigt sich am Beispiel des Lieferungsverzugs: Der Schuldner kommt nach § 284 Abs. 2 BGB auch ohne Mahnung in Verzug.	Sowohl beim bürgerlich-rechtlichen Fixkauf (§ 361 BGB) als auch beim handelsrechtlichen Fixkauf (§ 376 HGB) hat die Lieferung an oder bis zu einem genau bestimmten Zeitpunkt zu erfolgen. Die Klauseln lauten: „Lieferung bis 15. November fix", „Lieferung genau am 5. Mai", „Lieferung am 10. Mai fest". Die Bedeutung des Fixkaufs zeigt sich am Beispiel der Leistungsstörungen. So wird wie beim Terminkauf der Lieferungsverzug auch ohne Mahnung nach § 284 Abs. 2 BGB herbeigeführt; darüber hinaus ergeben sich beim handelsrechtlichen Fixkauf nach § 376 HGB spezielle Rechtsfolgen beim Lieferungsverzug.	Bei dieser Kaufvertragsart wird der Lieferungszeitpunkt in das Ermessen des Käufers gestellt. Die Klausel lautet „... auf Abruf".

Besondere Umstände

Besondere Umstände, die in der Natur des Schuldverhältnisses liegen, bestimmen den Zeitpunkt der Fälligkeit.

BEISPIEL

Bernhard Groll bestellt für das bevorstehende Kommunionfest seiner Tochter Tina beim Bäcker Bäuerle drei Kirschtorten.

Gesetzliche Vorschriften

BGB § 271 Ist für die Leistung eine Zeit weder durch Vertrag bestimmt noch aus den besonderen Umständen zu entnehmen, so ist die Leistung sofort fällig. Der Gläubiger kann sie sofort fordern, der Schuldner kann sie sofort erbringen.

3.2.2.3 Lieferungs- und Zahlungsbedingungen

Unter den **Lieferungsbedingungen** versteht man die zwischen dem Käufer und Verkäufer vereinbarten Einzelheiten hinsichtlich des Transports, der Verpackung und Art der Auslieferung der Kaufgegenstände.

Zahlungsbedingungen sind Absprachen zwischen Käufer und Verkäufer hinsichtlich der Zahlungsmodalitäten (Art und Zeitpunkt der Zahlung). In diesem Zusammenhang kann z. B. vereinbart werden, in welcher Währung, in wie viel Raten oder an welchem Zeitpunkt die Zahlung zu leisten ist.

3.2.2.4 Erfüllungsort

- Der **Leistungsort (Erfüllungsort)** ist nach § 269 Abs. 1 BGB der **Ort**, an dem der **Schuldner zur Zeit der Entstehung des Schuldverhältnisses seinen Wohnsitz hatte**.
- Die **Parteien** können einen **anderen Leistungsort** vereinbaren.
- Aus der **Natur des Schuldverhältnisses** kann sich ein **anderer Leistungsort** ergeben.
- Bei **Gewerbetreibenden** ist der Leistungsort der Ort der **Niederlassung**.

BGB § 269 Unter **Erfüllungsort** (Leistungsort) versteht man den Ort, an dem die Leistung zu bewirken ist, d. h., beim Kaufvertrag an dem Ort, an dem der **Warenschuldner** die Ware zu liefern und der **Geldschuldner** den vereinbarten Kaufpreis zu entrichten hat.

BEISPIELE

- Johanna aus Hamburg kauft von Ewald aus München ein gebrauchtes Auto. Ewald muss die gekaufte Sache in München übergeben.
- Der PC-Händler BitandByte aus Köln vereinbart mit seinem Kunden Braun aus Düsseldorf, dass der gekaufte PC in Wuppertal abzuholen ist.
- Felix Held aus Stuttgart muss einen Ohrring wegen Unverträglichkeit in der Uni-Klinik in München entfernt werden. Leistungsort der Operation ist München.
- Die Schuhfabrik Schramm aus Pirmasens betreibt eine Niederlassung in Kaiserslautern. Sie verkauft 100 Paar Damenschuhe verschiedener Größen an den Schuheinzelhändler Max Brandl aus Ludwigshafen. Leistungsort für die Übergabe der Ware ist Kaiserslautern.

Bedeutung des Erfüllungsorts für die Warenschuld

Warenschulden sind mit Ausnahme des Verbrauchsgüterkaufs Holschulden

Die genaue Festlegung des Erfüllungsorts ist wichtig, beispielsweise für

① den Übergang der Transportgefahr gem. §§ 446, 447 BGB,
② den Gefahrübergang beim Versendungskauf gem. § 447 BGB,
③ den Gefahrübergang beim Verbrauchsgüterkauf gem. § 474 BGB
④ die Übernahme der Transportkosten nach §§ 269 Abs. 3, 448 BGB

① Bei dem **Übergang der Transportgefahr** geht mit der Übergabe der verkauften Sache die Gefahr des zufälligen Untergangs und der zufälligen Verschlechterung auf den Käufer über. Von der Übergabe an gebühren dem Käufer die Nutzungen und er trägt die Lasten der Sache. BGB § 446

Bei der **Übergabe** der Sache am **Erfüllungsort** trägt der **Käufer** die **Gefahr** des **zufälligen Untergangs** oder der **zufälligen Verschlechterung** der Sache.

BEISPIELE

Fritz Neumann aus Dortmund kauft bei der Elektrogroßhandlung Erich Sölbach in Münster ein neues Fernsehgerät zum Preis von 800,00 €.

a) Zwischen Verkäufer und Käufer wird vereinbart, dass die Sache in Münster abzuholen ist. Fritz Neumann übernimmt das Fernsehgerät in Münster. Beim Einladen des Geräts in den Sportwagen des Neumann lässt dieser den Fernseher fallen. Neumann trägt gem. § 446 BGB das Risiko des zufälligen Untergangs.
b) Zwischen Verkäufer und Käufer wird vereinbart, dass das Fernsehgerät durch die Post zu liefern ist. Sölbach verpackt das intakte Fernsehgerät ordnungsgemäß und gibt es vereinbarungsgemäß als Paket bei der Post auf. Nach Erhalt der Sendung packt Fritz Neumann das Fernsehgerät aus und stellt fest, dass der Bildschirm zerbrochen ist. Da der Leistungsort für die Übergabe der Ware Münster ist, muss der Käufer Neureich das Risiko des Transports gem. § 446 BGB tragen.

② Im Falle des **Gefahrübergangs beim Versendungskauf** geht die Gefahr auf den Käufer über, wenn der Verkäufer die Sache dem Spediteur, dem Frachtführer oder der sonst zur Ausführung der Versendung bestimmten Person oder Anstalt übergibt. Dies trifft dann zu, wenn der Verkäufer auf Verlangen des Käufers die verkaufte Sache an einen anderen Ort als den Erfüllungsort versendet. BGB § 447

Beim **Versendungskauf** reist die **Ware** gem. § 447 Abs. 1 BGB auf **Gefahr** des **Käufers**.

BEISPIEL

Die Elektrogroßhandlung Baier & Schreiber OHG übergibt auf Verlangen des Käufers, des Elektrofachgeschäfts Ignatz Stein, zehn „USB-Festplatten" dem Frachtführer Hans Rosner. Die Gefahr des zufälligen Untergangs oder der zufälligen Verschlechterung trägt der Käufer Stein.

Hat der Käufer eine besondere Anweisung über die Art der Versendung erteilt und der Verkäufer weicht ohne dringenden Grund von der Anweisung ab, so ist der Verkäufer gegenüber dem Käufer für den daraus entstehenden Schaden verantwortlich.

BGB §§ 445 u. 447

③ Der **Gefahrübergang beim Verbrauchsgüterkauf** ist insoweit anders geregelt. Die Gefahr beim Versendungskauf geht bereits dann auf den Käufer über, wenn der Verkäufer die Sache der Transportperson übergibt. Diese Regelung ist insbesondere für Unternehmer gedacht. Ist bei dem Vertrag ein **Verbraucher beteiligt,** gilt dies **nicht**.

- Beim **Verbrauchsgüterkauf** reist die Ware im Falle ihrer Versendung auf **Gefahr des Verkäufers**.
- **Warenschulden** sind beim Verbrauchsgüterkauf Bringschulden.

Bei den meisten Kaufverträgen, die beim **Verbrauchsgüterkauf** im täglichen Leben abgeschlossen werden, ist ein Verkäufer beteiligt, der als **Versandhändler** tätig ist. Der **Käufer** hat häufig **nicht die Möglichkeit,** die **gekaufte Sache selbst abzuholen,** sodass ihm nichts anderes übrig bleibt, als den Versand durch den Verkäufer hinzunehmen. In diesen Fällen kann man von einer **„Schickschuld"** des Verkäufers sprechen.

BEISPIEL

Franz Weinert aus Passau kauft ein neues Schlafzimmer in dem Kaufhaus Möbel-Star in Bad-Füssing. Franz hat nicht die Möglichkeit, die Möbel selbst abzuholen. Möbel-Star liefert die Ware in die Privatwohnung des Franz nach Passau. Die **Gefahr** des **zufälligen Untergangs** oder **der zufälligen Verschlechterung** der Sache trägt das Kaufhaus Fidibus in Bad-Füssing als **Verkäufer.**

BGB §§ 269 u. 448

④ die Übernahme der Transportkosten nach §§ 269 Abs. 3, 448 BGB

Nach § 448 Abs. 1 BGB trägt der

- **Verkäufer** die **Kosten der Übergabe** der Sache,
- der **Käufer**
  - die **Kosten der Abnahme** und der
  - **Versendung der Sache** nach einem **anderen Ort** als dem Erfüllungsort.

BGB § 269 Abs. 3

Wird in einem Kaufvertrag vereinbart, dass die Lieferung „frei Haus", „frei Lager", „frei dort" usw. zu erfolgen hat, also der Verkäufer die Kosten der Versendung der Sache übernimmt, ändert sich dadurch nichts an dem Erfüllungsort.

BEISPIEL

Verkäufer Schlank aus Kiel verkauft einen elektrischen Rasenmäher an Hubertus Dick in Flensburg. Der Rasenmäher im Wert von 300,00 € soll „frei Haus" geliefert werden. Erfüllungsort für die Lieferung des Rasenmähers bleibt Kiel.

Der Käufer eines **Grundstücks** trägt die Kosten der Beurkundung des Kaufvertrags und der Auflassung, der Eintragung ins Grundbuch und die zu der Eintragung erforderlichen Erklärungen. BGB § 448 Abs. 2

Eine weitere **Ausnahme** der „Warenschulden sind mit Ausnahme des Verbrauchsgüterkaufs Holschulden“ gibt es, wenn sich **aus der Natur des Schuldverhältnisses** ein anderer Leistungsort ergeben kann. Dies ist dann vornehmlich der Fall, wenn beispielsweise zwischen Verkäufer und Käufer vertraglich vereinbart wird, dass die Ware zu dem Wohnsitz des Warengläubigers (Käufers) zu verbringen ist. In diesem Fall spricht die Praxis von „Bringschulden“.

BEISPIEL

Hubert Keller bestellt bei dem Heizöllieferant Josef Schmied 5000 Liter Heizöl. Es ist selbstverständlich, dass Josef Schmied das Heizöl zu der Wohnung des Keller bringen und dort in den bereitstehenden Heizöltank füllen muss.

Bedeutung des Erfüllungsorts für die Geldschuld

- **Geld** hat der **Schuldner** gem. § 270 Abs. 1 BGB im Zweifel auf
- **seine Gefahr** und seine **Kosten** dem
- **Gläubiger** an dessen
- **Wohnsitz** oder nach § 270 Abs. 2 BGB an den **Ort** der
- **Niederlassung** zu übermitteln.

Geldschulden sind **Schickschulden.** Bei Geldschulden müssen Sie die Besonderheit beachten, dass der **Geldschuldner** beim Vorliegen des gesetzlichen Erfüllungsortes dann zwar **bezahlt**, wenn er das Geld von seinem **Wohnsitz** aus dem Geldgläubiger **überweist** oder durch einen Boten **überbringen** lässt, aber er seine **Zahlungsverpflichtung** erst dann **erfüllt** hat, wenn das Geld auf dem Konto des Gläubigers **gutgeschrieben** oder durch den Boten **abgegeben** wurde. Geht das Geld auf dem **Versandwege verloren**, muss der **Geldschuldner haften**. Er muss also nochmals zahlen.

BEISPIEL

Wotan Kasper aus Mainz schließt am 30.06.(01) mit dem Modehaus Exclusive OHG aus Köln einen Kaufvertrag über ein Faschingskostüm zum Preis von 200,00 € ab. Das Kostüm wird am 04.07.(01) durch die Post versandt. Bei der Öffnung des Paketes am 06.07.(01) findet Kasper eine Rechnung mit dem Vermerk: „Der Kaufpreis ist bis zum 14.07.(01) ohne Abzüge zu zahlen“.

a) Kasper bringt am 14.07.(01) den entsprechenden Überweisungsauftrag seiner Bank in Mainz. Exclusive OHG erhalten die Gutschrift am 19.07.(01).

Folge: Kasper hat zwar am 14.07.(01) gezahlt, seine Vertragspflicht hat er jedoch erst am 19.07.(01) erfüllt.

b) Kasper gibt die 200,00 € seinem Freund Felix, der am 13.07.(01) zu einem Lehrgang nach Köln fährt. Felix ist bereit, das Geld an Exclusive OHG zu übergeben. Nach Beendigung des Lehrgangs am 25.07.(01) entschuldigt sich Felix bei Kasper, dass er vergessen habe, die 200,00 € zu übergeben.

Folge: Kasper hat zwar am 13.07.(01) gezahlt, seine Vertragspflicht hat er jedoch bis zum 25.07.(01) immer noch nicht erfüllt.
Der Erfüllungsort für Warenschulden ist → Köln.
Der Erfüllungsort für Geldschulden ist → Mainz.
Allerdings trägt Kasper das Versendungsrisiko und die Kosten.

3.2.2.5 Gerichtsstand

ZPO § 29

Für **Streitigkeiten** aus einem **Vertragsverhältnis** und über dessen **Bestehen** ist das **Gericht** des **Ortes zuständig**, an dem die **streitige Verpflichtung** zu **erfüllen** ist (Erfüllungsort).

© AA+W – stock.adobe.com

Der Schuldner kann also an dem für den Leistungsort zuständigen Gericht auf Leistung verklagt werden. Hierbei sind zu unterscheiden:

- die sachliche Zuständigkeit, die
- örtliche Zuständigkeit und die
- Zuständigkeitsvereinbarung (Prorogation).

ZPO § 1

Die **sachliche Zuständigkeit** ist nach der Zivilprozessordnung (ZPO) im Gerichtsverfassungsgesetz (GVG) geregelt. Sie richtet sich nach Art und Umfang der Streitigkeit.

Die gesetzliche Regelung des § 71 Abs. 1 GVG bestimmt, dass alle **bürgerlichen Rechtsstreitigkeiten** den **Amtsgerichten** zugewiesen sind, wenn sie nicht vor die Landgerichte gehören.

Wichtige Zuständigkeitsregel:

GVG § 23 Nr. 1

- Für Streitigkeiten über Ansprüche, deren Gegenstand an Geld oder Geldwert die Summe von 5 000,00 € nicht übersteigt (§ 23 Nr. 1 GVG), ist das Amtsgericht zuständig

BEISPIEL

Für eine Klage wegen Herausgabe und Übereignung einer Sache bis zu 5 000,00 € aus einem Kaufvertrag ist das Amtsgericht zuständig.

- Für Streitigkeiten über Ansprüche, deren Gegenstand an Geld oder Geldwert die Summe von 5 000,00 € übersteigt ist das Landgericht zuständig. GVG § 71

BEISPIEL

Beläuft sich der Wert der herauszugebenden Sache im obigen Beispiel auf 5 000,01 € oder höher, ist das Landgericht zuständig.

Die örtliche Zuständigkeit bestimmt, an welchem Ort das Gericht sich befindet, das für den Rechtsstreit zuständig ist.

- **Klagen** werden beim **allgemeinen Gerichtsstand** der **beklagten Partei eingereicht** (§ 12 ZPO).
- Der **allgemeine Gerichtsstand** richtet sich nach dem **Wohnsitz einer Person** (§ 13 ZPO).

BEISPIEL

Benjamin Blume aus Hamburg will gegen Udo Graf aus München wegen Herausgabe eines Motorrollers im Wert von 4 000,00 € klagen.

Folge: Benjamin muss die Klage am Wohnsitz des Grafs, also in München, einreichen.

Grundsätzlich können die Vertragspartner eine **Zuständigkeitsvereinbarung** (Prorogation) treffen. ZPO § 38

- Die **Parteien können** auch ein **Gericht als zuständig** vereinbaren, das **unzuständig** ist.
- Dies gilt **nur** wenn **keine ausschließliche Zuständigkeit** begründet ist und die **strengen Voraussetzungen** des Gesetzes vorliegen.

Allgemeine Voraussetzungen der Zuständigkeitsvereinbarung:

- Es muss eine vermögensrechtliche Streitigkeit vorliegen und
- die Vereinbarung muss sich auf ein ganz bestimmtes Rechtsverhältnis beziehen.

Unter den vorgenannten allgemeinen Voraussetzungen können Gerichtsstandsvereinbarungen getroffen werden, wenn beide Parteien Kaufleute im Sinne des § 1 HGB oder juristische Personen sind. ZPO § 38 Abs. 1 u. Abs.3 Nr. 2

Bei Privatpersonen ist eine Gerichtsstandsvereinbarung zulässig, wenn sie ausdrücklich und schriftlich nach Entstehung der Streitigkeit getroffen wird oder wenn eine Vertragspartei beabsichtigt, nach Vertragsschluss ins Ausland zu verziehen oder ihr Wohnsitz zum Zeitpunkt der Klageerhebung nicht bekannt ist.

3.3 Weitere Schuldverhältnisse im Überblick (Vertragsarten)

Vertragstyp	Gegenstand, Inhalt und Form des Vertrages	Gesetzliche Bestimmungen des BGB	Vertragsparteien und/oder Beteiligte
Arbeitsvertrag (Dienstvertrag)	▪ Leistung der versprochenen Dienste ▪ Gewährung der vereinbarten Vergütung	§§ 611–630	▪ Arbeitgeber ▪ Arbeitnehmer ▪ (Dienstberechtigter) ▪ (Dienstverpflichteter)
Auftrag	Der Beauftragte besorgt unentgeltlich Geschäfte für den Auftraggeber	§§ 662–674	▪ Auftraggeber ▪ Beauftragter
Bürgschaft	Der Bürge verpflichtet sich gegenüber dem Gläubiger eines Dritten, für die Erfüllung der Verbindlichkeiten des Dritten einzustehen	§§ 765–778	▪ Gläubiger ▪ Schuldner (Dritter) ▪ Bürge
Darlehen	Der Darlehensgeber stellt dem Darlehensnehmer einen Geldbetrag zur Verfügung. Darlehensnehmer muss Zinsen zahlen und bei Fälligkeit das Darlehen zurückzahlen.	§§ 488–498	▪ Darlehensgeber ▪ Darlehensnehmer
Dienstvertrag (Arbeitsvertrag)	▪ Leistung der versprochenen Dienste ▪ Gewährung der vereinbarten Vergütung	§§ 611–630	▪ Dienstberechtigter ▪ Dienstverpflichteter ▪ (Arbeitgeber) ▪ (Arbeitnehmer)
Geschäftsbesorgungsvertrag	Entgeltliche Geschäftsbesorgung für andere ▪ Werkvertrag ▪ Dienstvertrag	§§ 675–676	▪ Verpflichteter ▪ Auftraggeber
Geschäftsführung ohne Auftrag	Geschäftsbesorgung für andere ohne dazu beauftragt zu sein	§§ 677–687	▪ Geschäftsführer ▪ Geschäftsherr
Kauf	Erwerb von Sachen und Rechten gegen Zahlung des Kaufpreises	§§ 433–479	▪ Verkäufer ▪ Käufer
Leihe	Unentgeltliche Gebrauchsüberlassung einer Sache	§§ 598–606	▪ Verleiher ▪ Entleiher
Miete	Entgeltliche Gebrauchsüberlassung der Mietsache	§§ 535–580a	▪ Vermieter ▪ Mieter
Pacht	Entgeltliche Gebrauchsüberlassung des Pachtgegenstandes mit Fruchtziehungsrecht	§§ 581–597	▪ Verpächter ▪ Pächter

Vertragstyp	Gegenstand, Inhalt und Form des Vertrages	Gesetzliche Bestimmungen des BGB	Vertragsparteien und/oder Beteiligte
Sachdarlehensvertrag	Entgeltliche Gebrauchsüberlassung von vertretbaren Sachen (gilt nicht für Überlassung von Geld)	§§ 607–609	▪ Darlehensgeber ▪ Darlehensnehmer
Schenkung	Unentgeltliche Zuwendung aus dem Vermögen des Schenkers an den Beschenkten	§§ 516–534	▪ Schenker ▪ Beschenkter
Schuldanerkenntnis	Schuldner erkennt das Bestehen eines Schuldverhältnisses schriftlich an. Die Anerkennung in elektronischer Form ist ausgeschlossen.	§ 781	▪ Gläubiger ▪ Schuldner
Schuldversprechen	Schuldner verspricht schriftlich eine selbstständige Leistungspflicht. Die Anerkennung in elektronischer Form ist ausgeschlossen.	§ 780	▪ Gläubiger ▪ Schuldner
Tausch	Erwerb und Übereignung von Sachen und Rechten im Austausch gegen andere Sachen und Rechte	§ 480	▪ Vertragspartner ▪ Dritter (Ringtausch)
Werkvertrag	Erfolgsgerichtete Herstellung eines Werkes gegen Entrichtung der vereinbarten Vergütung	§§ 631–650	▪ Unternehmer ▪ Besteller

Zusammenfassung und Lernkontrolle

Zusammenfassung

Verkäufer
Angebot Annahme

↔

Käufer
Annahme Bestellung

Zwei übereinstimmende Willenserklärungen

↓

Kaufvertrag

↓

Verpflichtungsgeschäft

Verkäufer

- Sache übergeben
  - frei von Mängeln
  - rechtzeitig
- Eigentum verschaffen
- Kaufpreis annehmen

Käufer

- Sache abnehmen
  - frei von Mängeln
  - rechtzeitig
- Eigentum annehmen
- Kaufpreis zahlen

Erfüllungsgeschäft

Leistungszeit § 271 BGB

→ **Vertragliche Vereinbarung** | **Gesetz** | **besondere Umstände**

- Gläubiger kann die Leistung sofort verlangen
- Schuldner kann die Leistung sofort bewirken

Vertragliche Regelungen bei Kaufverträgen

Beispiele

Fixkauf | Kauf auf Abruf | Sofortkauf | Terminkauf

Erfüllungsort
§ 269 BGB

Bedeutung

- **Übergang der Transportgefahr** – §§ 446, 447 BGB
- **Gefahrübergang beim Versendungskauf** – § 447 BGB
- **Gefahrübergang beim Verbrauchsgüterkauf** – § 474 Abs. 2 BGB
- **Übernahme der Transportkosten** – § 269 Abs. 3 BGB

Warenschulden sind mit Ausnahme des Verbrauchsgüterkaufs **Holschulden**

Zahlungsort
§ 270 BGB

Schuldner muss Geld übermitteln

auf

seine Gefahr **und** **seine Kosten**

→ **Gläubiger**

Wohnsitz **oder** **Niederlassung**

Geldschulden sind Schickschulden

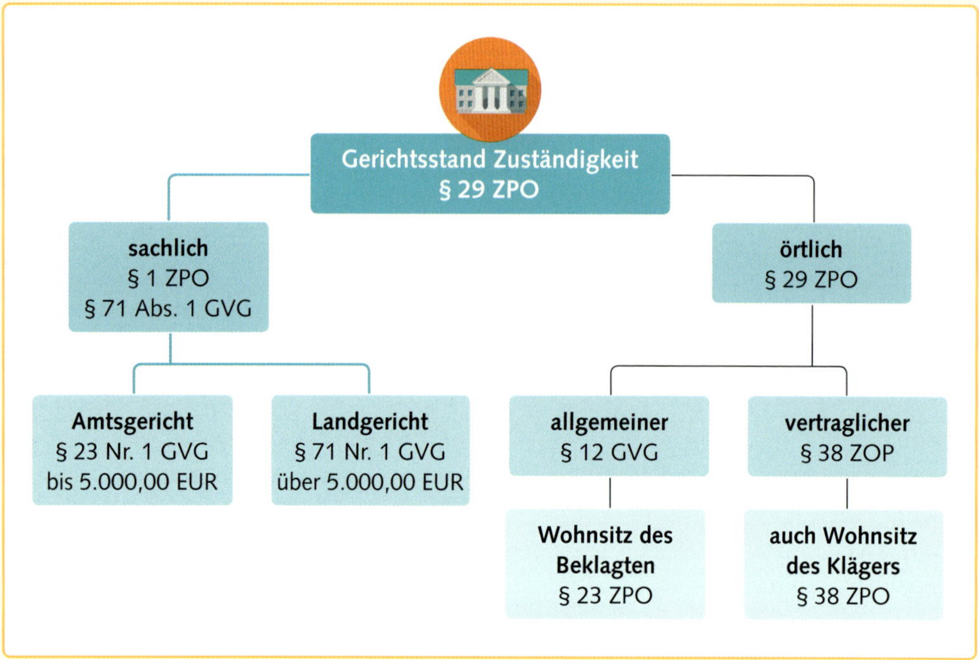

Lernkontrolle

Aufgabe 1

Durch den Kaufvertrag verpflichten sich die Vertragsparteien den Vertrag zu erfüllen. Wodurch kommt ein Kaufvertrag zustande?

Aufgabe 2

Frau Maurer bietet in einem vollständigen Angebot Herrn Klaus am 04.05.(01) schriftlich einen gebrauchten Laserdrucker zum Preis von 800,00 € an. Herr Klaus erklärt sofort per Fax sein Einverständnis für den Fall, dass er den Kaufpreis in zwei Monatsraten zahlen könne. Dieses Fax erreicht Frau Maurer am 06.05.(01). Erst am 14.05.(01) antwortet Frau Maurer Herrn Klaus und teilt ihm mit, dass sie mit der gewünschten Ratenzahlung einverstanden sei. Herr Klaus faxt am gleichen Tag seine Antwort an Frau Maurer, indem er ihr mitteilt, dass er sich auf den Laserdrucker freue und er sie um baldige Lieferung bitte.

a) Welche Willenserklärungen im folgenden Sachverhalt sind wirksame Angebote?

b) Welche Willenserklärung führt zur Annahme des Angebots?

c) An welchem Tag ist ein Kaufvertrag zustande gekommen?

Aufgabe 3

Nennen Sie bitte die vertragstypischen Pflichten des Käufers und des Verkäufers aus dem Kaufvertrag.

Aufgabe 4

Wann erlischt im Einzelnen das durch den Abschluss des Kaufvertrags entstandene Verpflichtungsgeschäft?

Aufgabe 5

Bestimmen Sie bitte in dem nachfolgenden Fall das Verpflichtungs- und das Erfüllungsgeschäft! Frau Julia Freitag kauft am 03.03.(01) bei dem PC-Händler Electronics einen PC zum Kaufpreis von 1 000,00 €. Der PC wird am 15.03.(01) geliefert. Am 25.03.(01) zahlt Frau Julia den Kaufpreis in Höhe von 1 000,00 € durch Banküberweisung.

Aufgabe 6

Erklären Sie unter Angabe jeweils eines zutreffenden Beispiels die Begriffe Besitz und Eigentum.

Aufgabe 7

Welche Voraussetzungen müssen erfüllt sein, damit eine Sache gem. § 434 Abs. 1 BGB bei Gefahrübergang frei von Sachmängeln ist?

Aufgabe 8

Gemäß § 434 Abs. 1 Satz 3 BGB muss der Verkäufer für die Richtigkeit aller öffentlichen Äußerungen (Werbung oder Kennzeichnung des Produkts) über bestimmte Eigenschaften der Sache einstehen, die er selbst, der Hersteller oder sein Gehilfe gemacht hat.

Nennen Sie hierfür Beispiele!

Aufgabe 9

Das Bürgerliche Gesetzbuch unterscheidet in den §§ 452 bis 479 BGB verschiedene Kaufvertragstypen. Nennen Sie bitte drei davon und welchen Inhalt ihre Beispiele haben.

Aufgabe 10

Grenzen Sie bitte den Stückkauf und den Gattungskauf voneinander ab. Nennen Sie Beispiele!

Aufgabe 11

Erklären Sie bitte den Kauf zur Probe, Kauf auf Probe und Kauf nach Probe! Bilden Sie jeweils ein geeignetes Beispiel.

Aufgabe 12

Unterscheiden Sie bitte die Stückschuld von der Gattungsschuld und nennen Sie jeweils ein zutreffendes Beispiel.

Aufgabe 13

Was verstehen Sie unter dem gesetzlichen Erfüllungsort und wo befindet sich dieser, auch wenn der Schuldner ein Gewerbetreibender ist?

Aufgabe 14

Wo ist in den folgenden Beispielen der Erfüllungsort?

a) Fritz aus Berlin kauft von Hans aus Wolfsburg ein gebrauchtes Auto.

b) Der Radio- und Fernsehhändler Götz aus Köln vereinbart mit seinem Kunden Klein aus Landau, dass der gekaufte Fernsehapparat in Wuppertal abzuholen ist (§ 269 Abs. 1 BGB).

c) Otto Leidig aus Kaiserslautern muss in der Universitäts-Klinik in Homburg operiert werden.

d) Der Biogemüsegroßhändler Rudolf Roth aus Rothenburg ob der Tauber betreibt eine Niederlassung in Zweibrücken. Er verkauft 100 kg Rotkohl aus biologischem Anbau an den Einzelhändler Josef Zwegert aus Saarbrücken.

Aufgabe 15

Nennen Sie bitte drei Beispiele, warum die genaue Festlegung des Erfüllungsorts so wichtig ist.

Aufgabe 16

Ab welchem Zeitpunkt geht die Gefahr des zufälligen Untergangs und der zufälligen Verschlechterung der Ware beim Versendungskauf auf den Käufer über, wenn dieser gebeten hat, die Sache an einen anderen Ort als den Erfüllungsort zu liefern?

Aufgabe 17

Erläutern Sie die Aussage, dass beim Verbrauchsgüterkauf die Ware im Falle ihrer Versendung auf Gefahr des Verkäufers reist!

Aufgabe 18

Welche Transportkosten hat der Verkäufer und welche der Käufer zu tragen?

Aufgabe 19

Was versteht das Gesetz unter dem Zahlungsort gem. § 270 BGB und welche Besonderheiten sind zu beachten?

Aufgabe 20

Die Pädaschot-GmbH aus Ulm verkauft und liefert am 12.07.(01) an den Einzelhändler Bodo Baumlang aus Karlsruhe fünf PCs zu einem Kaufpreis von je 1 000,00 €. Laut Vertrag ist der Kaufpreis netto, also ohne Abzüge, bis zum 20.07.(01) auf das Bankkonto der Pädaschot GmbH zu überweisen. Zu dem Verkaufspreis kommen noch 20,00 € Transportkosten hinzu.

Die PCs werden vereinbarungsgemäß von Pädaschot zum Bahnhof in Ulm gebracht. Ab Ulm wird die Ware von der Deutschen Bahn AG transportiert und am 15.07.(01) dem Baumlang in Karlsruhe übergeben.

a) Prüfen Sie bitte, ob eine Gattungsschuld oder eine Stückschuld vorliegt.

b) Ab welchem Ort geht die Gefahr für den zufälligen Untergang oder die zufällige Verschlechterung der PCs auf Baumlang über?

c) Wo ist der Leistungsort für die Bereitstellung und die Übergabe der PCs?

d) Wer trägt die Kosten des Transports?
e) Wo ist der Leistungsort für das Geld?
f) Wann verjährt der Anspruch auf Zahlung des Kaufpreises, wenn Bodo Baumlang nicht zahlt?
g) Wann beginnt die Verjährung?
h) Was beachten Sie, wenn es sich um einen Verbrauchsgüterkauf handelt, weil die Tochter des Baumlang nur einen PC für sich privat kauft?

Aufgabe 21

Der Schuldner kann an dem für den Leistungsort zuständigen Gericht auf Leistung verklagt werden. Erklären Sie in diesem Zusammenhang die sachliche und die örtliche Zuständigkeit!

Aufgabe 22

In welchen Fällen ist bei Privatpersonen eine Gerichtsstandsvereinbarung zulässig?

Aufgabe 23

Liegen besondere Umstände vor, die in der Natur des Schuldverhältnisses liegen, bestimmen diese die Leistungszeit gem. § 271 Abs. 1 BGB. Formulieren Sie bitte ein zutreffendes Beispiel!

Aufgabe 24

Definieren Sie bitte die gesetzliche Leistungszeit anhand eines Beispiels.

Aufgabe 25

Nennen Sie bitte jeweils eine zutreffende Klausel, die zwischen Verkäufer und Käufer vereinbart werden kann beim

a) Fixkauf,
b) Kauf auf Abruf,
c) Sofortkauf,
d) Terminkauf.

Aufgabe 26

Bestimmen Sie bitte den Leistungsort, wenn der Hauseigentümer Gustav Reich den Elektroinstallateur Meister Ede Strom beauftragt, an seinem Einfamilienhaus in der Eiergasse 3 in München eine Außenbeleuchtungsanlage zu installieren.

Aufgabe 27

Ewald Feist, ein missgünstiger und streitsüchtiger Mensch aus Rosenheim, bestellt bei dem Unternehmer Max Alt aus Ravensburg, wo ein Amts- und Landgericht ist, einen elektrischen Rasenmäher zum Kaufpreis von 5 000,00 €.

Bestimmen Sie bitte den Leistungsort, wenn

a) die gesetzlichen Bestimmungen gelten sollen,
b) im Kaufvertrag Ravensburg als Leistungsort vereinbart wird.
c) Bei welchem Gericht und an welchem Ort ist Feist zu verklagen, wenn er trotz mehrerer Mahnungen den Kaufpreis nicht zahlt?

Aufgabe 28

Frau Maria Lambrecht bestellt am 10.12.(01) bei dem Künstler Adam Niemand ein Bild „Elefant im Morgengrauen" zum Preis von 1 000,00 €. Das Bild wird am 15.01.(02) geliefert und zunächst im Wohnzimmer der Frau Lambrecht aufgehängt. Das Entgelt für das Kunstwerk soll bis zum 24.02.(02) bezahlt werden.

a) Handelt es sich bei dem Bild um eine Stückschuld oder um eine Gattungsschuld?

b) Liegt bei dem Werk eine Hol-, Bring- oder Schickschuld vor?

c) Weil Frau Lambrecht später das Bild überaus scheußlich findet, verweigert sie die Zahlung des Entgelts für die Herstellung des Bildes. Wann beginnt und wann endet die Verjährungsfrist für die Zahlung?

Aufgabe 29

Prüfen und erläutern Sie bitte, ob in den folgenden Sachverhalten eine Bring-, Hol- oder Schickschuld vorliegt!

a) Frau Inge Locke aus Ulm kauft im Supermarkt eine Dose Handbalsam und zahlt sofort.

b) Ingo Unser aus Wuppertal bestellt bei dem Brennstoffhändler Jochen Heimbrecht aus Düsseldorf 8 000 Liter Flüssiggas.

c) Franz aus Köln muss seiner Bekannten Eva aus Hamburg 1 000,00 € Darlehensschulden zurückzahlen.

3.4 Erlöschen der Leistungspflicht

3.4.1 Erfüllung

Das **Schuldverhältnis erlischt**, wenn der
① richtige **Schuldner** an den
② richtigen **Gläubiger** die
③ richtige **Leistung** am
④ rechten **Ort** und zur
⑤ rechten **Zeit**
leistet.

① richtiger **Schuldner:**

Bei so genannten **höchstpersönlichen Rechtsgeschäften** erbringt der richtige Schuldner seine Leistung persönlich.

BEISPIEL

Beim Arbeitsvertrag ist der Arbeitnehmer verpflichtet, die von ihm versprochenen Dienste höchstpersönlich zu leisten. Ist ein Arbeitnehmer krank, kann er beispielsweise nicht seine Oma zur Arbeit schicken, obgleich die Oma diese Arbeit vielleicht noch besser machen könnte.

Eine Leistung ist auch durch einen **Dritten** möglich, wenn der Schuldner nicht höchstpersönlich zu leisten hat. Die Einwilligung des Schuldners ist nicht erforderlich. BGB § 267

BEISPIEL

Der erwachsene Sohn Johannes kauft am 21.04.(01) einen Motorroller beim Zweiradhändler Bender zum Preis von 2000,00 €. Zwischen Bender und Johannes wird vereinbart, dass der Kaufpreis am 30.04.(01) zu zahlen sei. Der Vater Ferdi denkt: jetzt habe ich ein Geburtstagsgeschenk für meinen Sohn!", und bezahlt den Motorroller. Zum Geburtstag verpackt er die Quittung und übergibt sie Johannes. Der Sohn musste nicht einwilligen, dass der Vater den Rechnungsbetrag zahlte.

② richtige **Gläubiger:**

Der richtige Gläubiger ist der, der das Schuldverhältnis begründet hat. BGB § 362 Abs. 1

BEISPIEL

Beim Kaufvertrag ist der Verkäufer Gläubiger, dass die Zahlung des Kaufpreises rechtzeitig erfolgt und dass die Lieferung vom Käufer abgenommen wird; der Käufer ist Gläubiger, dass ihm die Sache mangelfrei übergeben sowie das Eigentum verschafft wird und dass der Verkäufer den Kaufpreis annimmt.

Der Schuldner kann aber auch an einen **Dritten** mit **schuldbefreiender Wirkung** leisten, wenn der Gläubiger

- den Dritten bevollmächtigt, die geschuldete Leistung gem. § 370 BGB durch Vorlage einer Quittung anzunehmen, wobei die Kosten der Quittung der Schuldner zu tragen hat,
- nachträglich nach §§ 185, 362 Abs. 2 BGB die Annahme genehmigt,
- einverstanden ist, dass die Zahlung einer Geldschuld durch Überweisung erfolgt.

③ richtige **Leistung:**

Bei der **richtigen Leistung** kann der **Gegenstand der Leistung** beispielsweise aus dem **Gesetz** (§ 249 BGB) oder durch **Vertrag** als Gattungs- oder Speziessache bestimmt werden.

BEISPIELE

- Hugo Drautz hat während einer Vatertagstour dem Dieter Schröder einen Faustschlag versetzt, sodass dieser zu Boden geht. Schröder muss ins Krankenhaus eingeliefert und behandelt werden. Die Behandlungskosten zahlt Hugo Drautz.
- Die Konditorei Blume soll nach dem mit der Mutter des Bräutigams, Frau Resl Ehrmann, geschlossenen Kaufvertrag an das Brautpaar Franz Ehrmann und Anne Albert eine Schokoladentorte am 11.08.(01) bis 11:00 Uhr in die im Obergeschoss des Zweifamilienhauses der Eheleute Roller in der Badstraße 5 gelegene Wohnung der Schwiegermutter Berta Klein liefern. Wird die Torte am 11.08.(01) bis 11:00 Uhr in die Wohnung der Schwiegermutter mangelfrei geliefert, ist das Schuldverhältnis für die Konditorei erloschen.

BGB § 364

Der Gläubiger kann sich aber auch nach § 364 Abs. 1 BGB bereit erklären, eine andere als die geschuldete Leistung an Erfüllungs statt anzunehmen.

BEISPIEL

Die Konditorei Blume hat keine Schokoladentorten mehr und bietet deshalb der Frau Resl Ehrmann eine Sahnetorte an. Ist die Gläubigerin Frau Ehrmann damit einverstanden, wird die Konditorei von ihrer Schuld gem. § 364 BGB befreit.

Der **Gläubiger** ist **verpflichtet**, die von dem **Schuldner** geschuldete und ihm **richtig angebotene Leistung anzunehmen**. Auf **Verlangen** des **Schuldners** hat er gem. § 368 BGB ein **schriftliches Empfangsbekenntnis** (Quittung) zu erteilen.

siehe auch BGB § 366 Abs. 2

BGB § 367 Abs. 1 u. 2

Leistet der Schuldner **mehrere Teilzahlungen** und die Zahlung reicht nicht aus, um sämtliche Schulden zu tilgen, so kann der Schuldner bestimmen, welche Schuld er tilgen will. Trifft der Schuldner keine Bestimmung erfolgt die Reihenfolge der Tilgung nach dem Gesetz. Hat der Schuldner außer der Hauptleistung Zinsen und Kosten zu zahlen, so wird eine zur Tilgung der ganzen Schuld nicht ausreichende Zahlung zunächst auf die Kosten, dann auf die Zinsen und zuletzt auf die Hauptleistung angerechnet. Will der Schuldner von dieser Reihenfolge abweichen, kann der Gläubiger die Annahme der Leistung ablehnen.

BEISPIEL

Der Käufer Heinz Stein hat aus einem Kaufvertrag

- den Kaufpreis in Höhe von 1 000,00 €,
- die Zinsen in Höhe von 200,00 € und die
- angefallenen Kosten in Höhe von 100,00 € zu zahlen.

Er zahlt einen Teilbetrag in Höhe von 250,00 € ohne Bestimmung, welche Schuld er zahlen will.
Nach § 367 Abs. 1 BGB wird die Teilzahlung wie folgt auf die geschuldete Leistung verwendet: Zuerst werden die Kosten in Höhe von 100,00 € dann von dem restlichen Betrag die Zinsen in Höhe von 150,00 € getilgt.

④ richtiger **Ort:**

Der Schuldner muss die Sache an seinem Ort übergeben (Erfüllungsort), sofern vertraglich nichts anderes bestimmt ist.

BEISPIEL

Warenschulden sind Holschulden, beim Verbrauchsgüterkauf sind die Warenschulden Bringschulden und Geldschulden sind ebenfalls Bringschulden.

⑤ richtige **Zeit:**

Die Leistung wird dann zur rechten Zeit erfüllt, wenn sie rechtzeitig dem Gläubiger zur Verfügung gestellt wird.

3.4.2 Hinterlegung

Nach § 372 BGB kann der **Schuldner Geld**, **Wertpapiere** und sonstige **Urkunden** sowie **Kostbarkeiten** bei einer **öffentlichen Stelle** für den **Gläubiger hinterlegen**.

Der Schuldner wird durch die Hinterlegung von seiner Leistungspflicht befreit, wenn

- sich der Gläubiger in Annahmeverzug befindet oder
- wenn der Schuldner keine fahrlässige Unkenntnis über die Person des Gläubigers hat.

BEISPIEL

Frau Isolde Kleinschmitt aus Köln soll eine goldene Halskette im Wert von 3 000,00 € am 03.04.(01) an ihren ehemaligen Verlobten Klaus Bäumer, Eiergasse 3, Düsseldorf, herausgeben. Bei dem Versuch der Übergabe in der Wohnung in der Eiergasse 3 wird Klaus nicht angetroffen. Nach Angaben der Nachbarn soll Klaus Deutschland für längere Zeit verlassen haben. Frau Kleinschmitt wird die Halskette bei der Hinterlegungsstelle des Amtsgerichts in Düsseldorf deponieren. Durch die Hinterlegung wird sie von ihrer Leistungspflicht befreit.

BGB § 383 Handelt es sich um **hinterlegungsunfähige** Sachen und der Gläubiger befindet sich in Annahmeverzug, kann der Schuldner diese Sachen am Leistungsort **öffentlich versteigern** lassen und den Versteigerungserlös hinterlegen. Ist von dieser Versteigerung am Leistungsort ein angemessener Erfolg nicht zu erwarten, so ist die Sache an einem geeigneten anderen Ort zu versteigern.

BEISPIEL

An den Biobauer Alois Haller in Hinterbach werden nach Kaufvertrag vom 05.05.(01) die bestellten zwei Tonnen reife Tomaten am 08.05.(01) geliefert. Haller nimmt die Ware nicht an, weil er augenblicklich keinen freien Lagerplatz hat. Der Verkäufer kann die Tomaten in Hinterbach oder in der nächstgrößeren Stadt öffentlich versteigern lassen.

HGB § 373 Ist der Käufer bei **Handelsgeschäften** mit der Annahme der Ware in Verzug, kann der Verkäufer die Ware

- auf Gefahr und Kosten des Käufers in einem öffentlichen Lagerhaus oder sonst in sicherer Weise hinterlegen oder
- nach vorheriger Androhung, die Ware
  - **öffentlich versteigern** oder im Wege des **Selbsthilfeverkaufs**
  - **freihändig verkaufen,** wenn die Ware einen **Börsen- oder Marktwert** hat.

BEISPIEL

Die Schuhfabrik Siegmund liefert am 06.06.(01) vereinbarungsgemäß an die Schuhgroßhandlung Maier & Mayer 200 Paar Damenschuhe verschiedener Größen. Maier & Meyer nehmen die ordnungsgemäß gelieferte Ware nicht ab, sodass sie sich in Annahmeverzug befinden. Siegmund können diese Schuhe in einem öffentlichen Lagerhaus hinterlegen, die Ware öffentlich versteigern lassen oder an einen anderen Schuhgroßhändler freihändig verkaufen.

3.4.3 Aufrechnung

- **Aufrechnung** bedeutet gem. § 387 BGB die **Verrechnung** der **Schuld eines Vertragspartners** mit der **Schuld** des **anderen Vertragspartners** durch eine formlose, einseitige und empfangsbedürftige Willenserklärung.
- Die **Forderung, gegen** die der **Aufrechnungswillige aufrechnen** will, heißt **Hauptforderung**.
- Die **Forderung desjenigen**, der **aufrechnen will**, heißt **Gegenforderung**.
- Durch die **Aufrechnung erlöschen** die Forderungen, wenn sie **deckungsgleich** sind.

BEISPIEL

Der Malermeister Alfred Simon hat eine Werklohnforderung **(Hauptforderung)** in Höhe von 1 000,00 € gegen die Lackfabrik Kranner GmbH wegen Malerarbeiten in den Büroräumen der Kranner GmbH vom 30.11.(01), zahlbar bis zum 10.12.(01). Die Lackfabrik wiederum hat eine Kaufpreisforderung **(Gegenforderung)** für gelieferte Lacke und Farben in Höhe von 800,00 € gegen Simon, zahlbar am 01.12.(01), mit der sie am 02.12.(01) aufrechnet. Beide Forderungen erlöschen in Höhe von 800,00 €.

Für eine wirksame Aufrechnung ist Voraussetzung, dass die Forderungen

① **gleichartig** sind (§ 387 BGB),

② **gegenseitig** oder **wechselseitig** bestehen (§ 387 BGB),

③ desjenigen, der aufrechnen will, **fällig** und **klagbar** (§ 387 BGB) und

④ **einredefrei** gem. § 390 BGB sind.

⑤ Die **Aufrechnung** gem. § 388 BGB **erklärt** worden ist.

① **Gleichartigkeit** der Forderungen

Es können nur gleiche Forderungen aufgerechnet werden.

BEISPIEL

Geld kann nur gegen Geld aufgerechnet werden. Andere Ansprüche, wie Herausgabe von Sachen, dürfen nicht aufgerechnet werden.

② **gegenseitige** und **wechselseitige** Rechtsbeziehungen

Die gegenseitigen Forderungen müssen sich nicht aus dem gleichen Rechtsverhältnis ergeben.

BEISPIEL

Maria hat gegen Magdalena einen Kaufpreisanspruch in Höhe von 300,00 €. Magdalena hat gegen Maria eine Schadensersatzforderung in Höhe von 200,00 €, mit der sie aufrechnen will.
Beide Forderungen erlöschen in Höhe von 200,00 €. Magdalena muss nur noch 100,00 € Kaufpreis zahlen.

③ **Fälligkeit** der Forderung

Die Forderung des Aufrechnenden (Gegenforderung) muss fällig sein; die des Aufrechnungspartners (Hauptforderung) muss lediglich wirksam, aber nicht fällig sein.

BEISPIEL

Die Schuhgroßhandlung Fleiner hat gegen den Schuheinzelhändler Landerer eine Kaufpreisforderung (Hauptforderung) in Höhe von 2 000,00 €, die am 22.01.(01) zur Zahlung fällig ist. Landerer hat eine Gegenforderung gegen Fleiner in Höhe von 2 000,00 €, fällig am 09.01.(01). Erklärt Landerer am 14.01.(01) die Aufrechnung, erlöschen beide Forderungen, obwohl die Hauptforderung des Schlappe noch nicht fällig ist.

④ **Einredefreiheit** der Forderung

Die Forderung muss einredefrei und erzwingbar sein. Sind die Forderungen beispielsweise wegen Formmangels oder Verstoßes gegen die guten Sitten nichtig, ist die Aufrechnung ausgeschlossen.

BEISPIEL

Bernd Harmann gewinnt bei einem Spiel gegen den kaufmännischen Angestellten Hans Unser 300,00 €. Bernd schuldet dem Hans aus dem Kaufvertrag über ein gekauftes Fahrrad noch 200,00 €. Bernd Harmann möchte aufrechnen und lediglich den Differenzbetrag in Höhe von 100,00 € zahlen. Hans hält dagegen, dass Spielschulden Ehrenschulden und damit nicht erzwingbar (einklagbar) seien.

Lösung: Die Forderung des Aufrechnungspartners (Hans) muss rechtswirksam sein. Fälligkeit und Erzwingbarkeit sind hierfür nicht erforderlich. Bernd hat den Kaufpreis in Höhe von 200,00 € als Gegenforderung an Hans zu zahlen. Die Forderung Bernds aus dem Spiel ist die Gegenforderung, die gegen die Hauptforderung von Hans aufgerechnet werden soll. Die Gegenforderung ist aber nicht einredefrei, sodass Hans zu Recht auf die Nichteinklagbarkeit dieser Forderung verweisen kann. Die erklärte Aufrechnung Bernds ist nach § 390 BGB nicht rechtswirksam.

⑤ Erklärung der Aufrechnung

BGB § 388

Die Aufrechnung muss von dem Aufrechnenden dem Aufrechnungspartner erklärt werden. Dies geschieht durch einseitige, formfreie, empfangsbedürftige Willenserklärung. Auf eine Zustimmung des Aufrechnungspartners kommt es hierbei nicht an.

BEISPIEL

Fritz erklärt dem Franz telefonisch, dass er die Forderung des Franz mit seiner Forderung aufrechnet.

Die **Aufrechnung** kann **vertraglich ausgeschlossen** werden.

BEISPIEL

Im Mietvertrag über die Wohnung in der Badstraße 5 in München vereinbart der Vermieter Reich mit seinem Mieter Meise, dass Ersatzansprüche des Mieters Meise gegen die Mietforderung des Vermieters Reichert ausgeschlossen werden.

Aufrechnungsverbote finden Sie in

- § 390 BGB (Keine Aufrechnung mit einredebehafteter Forderung)

  BEISPIEL

  Vergleichen Sie bitte oben das Beispiel Bernd Harmann und Hans Unser.

- § 393 BGB (Keine Aufrechnung gegen Forderung aus unerlaubter Handlung)

BEISPIEL

Walter Klein hat bei einem Verkehrsunfall den Fußgänger Ewald Fetzner verletzt und ist ihm gegenüber schadensersatzpflichtig. Klein kann die Schadensersatzforderung nicht mit einer ihm gegen Fetzner zustehenden Werklohnforderung aufrechnen.

- § 394 BGB (Keine Aufrechnung gegen unpfändbare Forderung)

BEISPIEL

Unpfändbar sind die in § 850a ZPO aufgeführten Bezüge, die entweder für besondere Leistungen oder bei besonderen Anlässen bezahlt werden. So ist beispielsweise das Weihnachtsgeld bis zur Hälfte des Monatseinkommens, höchstens jedoch bis zur Höhe von 500,00 € unpfändbar. Eine Aufrechnung kann bis zu diesem Betrag nicht rechtswirksam erfolgen.

3.4.4 Erlass

Der **Erlass** ist ein **Vertrag** zwischen **Gläubiger** und **Schuldner**, in dem vereinbart wird, dass die **Forderung** des **Gläubigers gegen** den **Schuldner erlassen** wird.

BEISPIEL

Die in sehr guten Vermögensverhältnissen lebende Monika Woller verkauft an den anständigen, aber armen Gunnar Halter ein Motorrad zum Preis von 3 000,00 €. Gunnar kann den vereinbarten Kaufpreis aufgrund seiner augenblicklichen Zahlungsschwierigkeiten nicht zahlen. Nach mehreren Vertröstungen anlässlich persönlicher Treffen beschließt Monika, dem Gunnar den Kaufpreis zu erlassen, weil sie sich mit Gunnar verloben will. Gunnar bedankt sich für die großzügige Geste und schwört ihr ewige Liebe und Treue. Wie ist die Rechtslage?

Lösung: Nach § 397 BGB wird für das Erlöschen des Schuldverhältnisses ein Vertrag zwischen Monika und Gunnar vorausgesetzt. Der Erlassvertrag kann also nur durch zwei übereinstimmende Willenserklärungen zustande kommen. Gunnar Halter hat sich bei Monika Woller für die großzügige Geste bedankt, sodass davon ausgegangen werden kann, dass er mit der Willenserklärung der Monika einverstanden ist. Damit ist der Erlassvertrag zustande gekommen. Das Schuldverhältnis zwischen Monika und Gunnar ist also durch Erlass erloschen.

Zusammenfassung und Lernkontrolle

Zusammenfassung

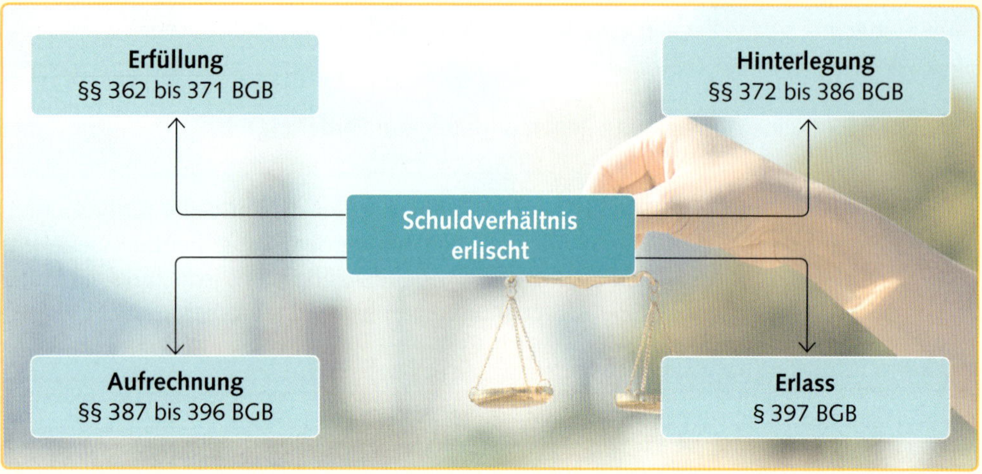

Lernkontrolle

Aufgabe 1

Wann ist eine geschuldete Leistung erfüllt?

Aufgabe 2

Bei so genannten höchstpersönlichen Rechtsgeschäften erbringt der richtige Schuldner seine Leistung persönlich. Nennen Sie bitte ein Beispiel.

Aufgabe 3

Unter welchen Voraussetzungen kann der Schuldner seine Schuld schuldbefreiend an einen anderen als den Gläubiger leisten?

Aufgabe 4

Nach welcher Reihenfolge wird eine Teilzahlung verrechnet, wenn der Schuldner außer der Hauptleistung noch Zinsen und Kosten zu zahlen hat?

Aufgabe 5

Was verstehen Sie unter der Hinterlegung, welche Sachen können hinterlegt werden und in welchen Fällen wird der Schuldner von seiner Leistungspflicht befreit?

Aufgabe 6

Definieren Sie bitte den Begriff der Aufrechnung und nennen Sie die Voraussetzungen einer wirksamen Aufrechnung!

Aufgabe 7

Was verstehen Sie unter dem Erlass einer Forderung?

Aufgabe 8

Der Verkäufer Justus Vogel hat eine bereits verjährte Forderung aus einem Kaufvertrag über einen gelieferten Motorroller in Höhe von 3 000,00 € gegen den Käufer Manfred Taler. Da dem Taler wegen einer Trunkenheitsfahrt der Führerschein entzogen wurde, verkauft er sein gebrauchtes Auto für 6 000,00 € an den Vogel. Vogel will aufrechnen und lediglich den Differenzbetrag in Höhe von 3 000,00 € zahlen. Beurteilen Sie den Fall.

Aufgabe 9

Hubertus Falke verkauft an den Dieter Wimmer ein Jagdgewehr zum Preis von 2 000,00 €. Nachdem ihm das Jagdgewehr übergeben wird, erklärt Wimmer, dass er den Kaufpreis mit den Spielschulden in Höhe von 800,00 €, die Hubertus Falke bei ihm habe, aufrechnen will. Wimmer will nur noch den Differenzbetrag in Höhe von 1 200,00 € zahlen. Wie ist die Rechtslage

a) wenn Falke aufrechnen will,

b) wenn Wimmer aufrechnen will?

Aufgabe 10

Herr Johannes Haller schuldet Frau Bianca Beyer am 01.04.(01) aus einem Darlehensvertrag die jährliche Rate in Höhe von 5 000,00 €. Am 20.02.(01) verkauft Haller an Frau Beyer einen gebrauchten elektronischen Rasenmäher zum Preis von 3 000,00 €. Der Rechnungsbetrag ist am Tag der Übergabe am 22.02.(01) fällig.

Wie ist die Rechtslage, wenn

a) Herr Haller am 22.01.(01) aufrechnen will,

b) Frau Beyer am 22.01.(01) aufrechnen will?

Aufgabe 11

Kamil ist ein leidenschaftlicher Spieler. Er verliert an einem Abend beim Skatspiel 500,00 € an Flum. Da Kamil von Flum 400,00 € aus dem Verkauf eines Fahrrades zu bekommen hat, möchte Kamil seine Spielschuld gegen die Forderung aus dem Fahrradverkauf aufrechnen und Flum nur den Differenzbetrag über 100,00 € bezahlen.

a) Kann Kamil aufrechnen?

b) Wie wäre die Situation, wenn Flum aufrechnen wollte?

Aufgabe 12

Sommer schuldet Titelbach 15 000,00 €, fällig am 10. Juli. Außerdem hat Sommer eine Forderung gegen den Bruder Titelbach über 20 000,00 €, fällig am 1. Juli des gleichen Jahres. Sommer möchte aufrechnen. Rechtslage?

Aufgabe 13

Werner Wenig schuldet Waldemar Waas am 25. Juli 20 000,00 € aus einem Darlehen. Wenig liefert Waas eine Büromaschine für 45 000,00 €. Der Rechnungsbetrag ist am 20. Juni desselben Jahres fällig.

a) Kann Waas am 20. Juni aufrechnen?

b) Kann Wenig am 20. Juni aufrechnen?

3.5 Leistungsstörungen

3.5.1 Begriff der Leistungsstörung

BGB § 241

Gem. § 241 BGB ist bei einem bestehenden Schuldverhältnis der Gläubiger berechtigt, von dem Schuldner eine Leistung zu verlangen. Die Leistung kann auch in einem Unterlassen bestehen. Der Schuldner hat Leistungspflichten, die aus Haupt- und Nebenpflichten bestehen.

BEISPIEL

Die Meisterin im Friseurhandwerk Christina Grau schließt mit der G. Sicht & Schön OHG einen Kaufvertrag über die Lieferung von 300 Stück Gesichtsmasken zur Lieferung frei Haus ab. Es wird Barzahlung unter Abzug von 3 % Skonto vereinbart.

Folge: Für beide Vertragspartner können sich neben den Hauptpflichten folgende leistungsbezogene Nebenpflichten ergeben.

Käuferin Christina	Verkäuferin G. Sicht & Schön OHG
Angabe der richtigen Lieferadresse Möglichkeit der Anlieferung gewährleisten Bereithalten des Geldes	Ordnungsgemäße Verpackung der Ware Lesbare Gebrauchsanweisung beifügen Vollständige Rechnung mit Quittung

Verletzt der **Schuldner** eine **Haupt- oder Nebenpflicht**, liegt eine **Leistungsstörung** vor.

BGB § 280

Im Leistungsstörungsrecht des BGB wird die **Pflichtverletzung** zum **zentralen Begriff** der **Leistungsstörung**.

Eine Pflichtverletzung setzt Verschulden nicht unbedingt voraus. Das BGB benutzt den Begriff „Pflichtverletzung" auch schon dann, wenn der Schuldner sie nicht zu vertreten hat. Es muss bereits hier auf eine besondere, für die weiteren Darlegungen fundamentale Begriffsbestimmung eingegangen werden. Eine Pflichtverletzung kann der Schuldner im Sinne von § 276 BGB

- vertreten müssen oder
- nicht vertreten müssen.

Man unterscheidet drei Typen der Pflichtverletzung:

- Nichterfüllung einer Leistungspflicht
- Schlechterfüllung
- Verletzung von Nebenpflichten

Verletzt ein Schuldner eine seiner Pflichten, muss er Schadensersatz leisten. Wenn er allerdings die Pflichtverletzung **nicht zu vertreten** hat, geht der Anspruch des Gläubigers ins Leere. **Vertretenmüssen** heißt, dass ihm Verschulden nachgewiesen werden kann.

§ 276 BGB nennt zwei verschuldensabhängige Tatbestandsmerkmale:

- Vorsatz und
- Fahrlässigkeit.

Folgende Formen der Leistungsstörung sind denkbar:

- Die Leistung kann nicht oder nicht mehr erbracht werden **(Unmöglichkeit)**

BGB §§ 275 ff, 311, 326

> Hubert von Brackenheim verkauft aus seinem Gestüt das Pferd Rosalinde an Josef Braun. Das Pferd soll am nächsten Morgen abgeholt werden. In der Nacht werden durch ein schweres Gewitter mehrere Pferde getötet, darunter auch Rosalinde.
>
> **Folge:** Hubert von Brackenheim kann Rosalinde nicht liefern (Unmöglichkeit).

Wichtige Rechtsfolgen bei Unmöglichkeit:
- Der Anspruch auf die unmögliche Leistung (Primärleistung) ist erloschen, obwohl der Vertrag selbst immer noch wirksam ist.
- Der Gläubiger kann entweder Schadensersatz statt der Leistung (positives Interesse) oder Ersatz der vergeblichen (frustrierten) Aufwendungen verlangen, wenn der Schuldner bei Vertragsabschluss die Unmöglichkeit kannte oder schuldhaft nicht kannte.

- Die Leistung wird nicht oder nicht wie geschuldet erbracht **(Schlechtleistung)**
Rechtsgrundlagen: §§ 281 ff. BGB
- Die Leistung wird zu spät erbracht **(Schuldnerverzug)**
Rechtsgrundlagen: §§ 280, 286 ff., 326 BGB
- Die Leistung wird nicht oder nicht rechtzeitig angenommen **(Gläubigerverzug)**
Rechtsgrundlagen: §§ 293 ff. BGB

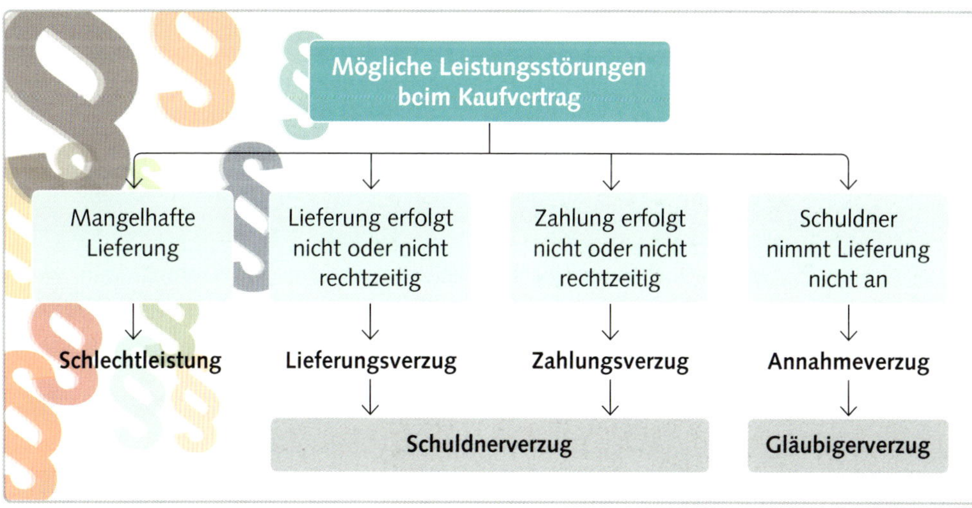

3.5.2 Schlechtleistung: Sach- und Rechtsmängel im Kaufvertragsrecht

3.5.2.1 Mängel

- Das **Gesetz definiert nicht den Mangel**, sondern die **Freiheit vom Mangel**.
- Es geht dabei ausdrücklich von einem subjektiven Begriff des Sachmangels aus.
- Ein **Sachmangel** liegt demnach vor,
  - wenn die **Kaufsache bei Übergabe** an den **Käufer nicht** die **vereinbarte Beschaffenheit** aufweist
    oder
  - die Erwartungen des **Käufers nicht** erfüllt.

Mängel lassen sich im Hinblick auf die **Sache (Sachmängel),** im Hinblick auf die **Rechte an einer Sache (Rechtsmängel)** und im Hinblick auf ihre **Erkennbarkeit (offen, versteckte oder arglistig verschwiegene Mängel)** unterscheiden.

© Sentello – stock.adobe.com

Sachmängel

BGB § 434 Ein Sachmangel liegt vor, wenn die Sache bei Gefahrübergang **nicht** die **vereinbarte Beschaffenheit** hat.

BEISPIEL

Der Hauseigentümer Uwe Staub verlangt im Farbengeschäft Paulsen Lacke eine Farbe, um seine Garage zu streichen. Zwischen Käufer und Verkäufer wird ein bestimmter rosaroter Farbton der Farbe vereinbart. Stellt Staub beim Streichen der Garage fest, dass die verkaufte Farbe einen anderen Farbton hat, liegt ein Sachmangel vor, weil die tatsächliche Beschaffenheit von der vereinbarten Beschaffenheit abweicht.

Soweit die Beschaffenheit nicht vereinbart ist, ist die Sache frei von Sachmängeln, wenn sie sich für die nach dem Vertrag **vorausgesetzte Verwendung** eignet. Ist die Sache nicht zu verwenden, liegt ein Sachmangel vor.

BEISPIEL

Ist die Farbe nicht für den Außenanstrich, sondern nur für Innenräume geeignet, liegt ein Sachmangel vor, weil sich die Farbe nicht für die nach dem Vertrag vorausgesetzte Verwendung eignet.

Ein Sachmangel liegt auch vor, wenn sich die Sache zwar für die gewöhnliche Verwendung eignet aber nicht die **Beschaffenheit** aufweist, die bei Sachen der **gleichen Art üblich** ist und die der Käufer nach der Art der Sache erwarten kann.

BEISPIEL

Ist die Farbe zwar im richtigen Farbton und auch für den Außenanstrich geeignet, hält der Anstrich aber nur drei Jahre, während üblicherweise eine Außenfarbe fünf Jahre hält, liegt gem. § 434 Abs. 1 Satz 2 Nr. 2 BGB ein Sachmangel vor, weil Staub erwarten kann, dass der Anstrich mit dieser Farbe auch so lange hält, wie es bei anderen Farben der gleichen Art üblich ist.
Wird zwischen Staub und dem Verkäufer eine Vereinbarung über die Beschaffenheit oder die vorausgesetzte Verwendung über die gewöhnlichen Anforderungen hinaus getroffen, dass beispielsweise der Farbanstrich zehn Jahre halten soll, ist bei der Beurteilung des Falles diese Vereinbarung maßgeblich. Hält der Farbanstrich mit dieser Farbe nur sieben Jahre, obwohl alle anderen Außenfarben nur fünf Jahre halten, so liegt trotzdem ein Sachmangel vor.

Auch eine **Abweichung** von **Werbeangaben** des Verkäufers oder des Herstellers begründet einen Sachmangel. Voraussetzung hierfür ist, dass

- dem Verkäufer die unrichtige Werbeangabe bekannt war oder bekannt sein musste und
- der Verkäufer diese Werbeaussage nicht vor dem Kauf berichtigt hat.

BEISPIEL

Ein Automobilhersteller wirbt: „Dieser Pkw verbraucht 3 Liter Diesel auf 100 km bei einer Geschwindigkeit von 90 km/h." Verbraucht das Auto dann tatsächlich 4 Liter und hat dies der Verkäufer nicht berichtigt, so ist der Mehrverbrauch auch dann ein Sachmangel, wenn andere vergleichbare Marken alle 5 Liter oder mehr verbrauchen. Kein Sachmangel liegt dagegen vor, wenn der Verkäufer darauf hinweist, dass das Auto, entgegen den Angaben in der Werbung, 4 Liter Diesel verbraucht.

Weicht die **Kennzeichnung** der Ware auf der **Verpackung** oder auf der Ware selbst von der Kaufsache ab, liegt ebenfalls ein **Sachmangel** vor.

BEISPIEL

Fragt unser Herr Staub den Verkäufer: „Hält diese Farbe für fünf Jahre?" und steht auf der Verpackung „Farbanstrich hält für zehn Jahre", so liegt trotzdem ein Sachmangel dann vor, wenn die Farbe bereits nach sieben Jahren abblättert.

Einem Sachmangel ist gem. § 434 Abs. 2 Satz 1 BGB die **fehlerhafte Montage** durch den Verkäufer oder dessen Erfüllungsgehilfen gleichgestellt. BGB § 434 Abs. 2

BEISPIEL

Frau Julia Gut kauft im Fachgeschäft Elektro-Blitz eine Waschmaschine. Zwischen Käuferin und Verkäufer wird vereinbart, dass die Waschmaschine geliefert und durch einen Mitarbeiter des Fachgeschäfts aufgestellt und montiert wird. Schließt der Mitarbeiter die Waschmaschine falsch an, liegt ein Sachmangel vor.

Es liegt auch ein Sachmangel vor, wenn die **fehlerhafte Montageanleitung** des Verkäufers dazu führt, dass die Sache nicht montiert werden kann oder fehlerhaft montiert wird.

BEISPIEL

Dieter Laborenz kauft sich im Baumarkt eine Gartenbank zum Selbstaufbau. Bei der Arbeit stellt er fest, dass die Montageanleitung Teile zeigt, die nicht zur Bank gehören und er deshalb die Bank nicht zusammenbauen kann.

Allerdings liegt kein Fehler vor, wenn die Montage trotz der mangelhaften Montageanleitung gelingt.

Liefert der Verkäufer eine **andere Sache**, liegt ein Sachmangel vor.

BEISPIEL

Der Landwirt Hugo Blass bestellt 50 kg Mais, geliefert werden aber 50 kg Weizen.

Wird durch den Verkäufer eine **zu geringe Menge** geliefert, liegt ebenfalls ein Sachmangel vor.

BEISPIEL

Der Verkäufer liefert statt der bestellten 10 kg nur 9 kg Obst.

Rechtsmängel

BGB § 435

Die Sache ist frei von Rechtsmängeln, wenn

- Dritte in Bezug auf die Sache **keine** oder
- nur die im Kaufvertrag übernommenen **Rechte** gegen den Käufer geltend machen können.
- Einem Rechtsmangel steht es gleich, wenn im Grundbuch ein Recht eingetragen ist, das nicht besteht. Können also dritte Personen Rechte an einer gelieferten Sache gegenüber dem Käufer geltend machen, liegt ein Rechtsmangel vor.

BEISPIEL

Der Verkäufer Otto Wahl verkauft einen Rasenmäher, obwohl er kein Eigentümer ist.

Offene Mängel

Offene Mängel sind bei der Lieferung und Prüfung der gekauften Sache **sofort erkennbar**.

BEISPIEL

Der Einzelhandelskaufmann e. K. Helmut Feiner hat Milch in Tüten bestellt. Bei der Anlieferung der Ware in einem Karton läuft aus diesem eine weiße Flüssigkeit heraus. Ob die herauslaufende Flüssigkeit wohl Milch ist? Sicher ist, dass es sich hier um einen offenen Mangel handelt!

Versteckte oder verborgene Mängel

Versteckte Mängel sind bei der Lieferung und Prüfung der gekauften Sache **nicht sofort erkennbar**.

BEISPIEL

Hubert Klein verkauft an seinen Freund eine gestohlene Bohrmaschine.

Arglistig verschwiegene Mängel

Arglistig verschwiegene Mängel sind versteckte Mängel, die der Verkäufer dem Käufer bewusst verschwiegen hat.

BEISPIEL

Klaus Tümmler verkauft seinen Motorroller, mit dem er einen Unfall verursacht hat, als unfallfrei.

3.5.2.2 Rechte des Käufers bei Schlechtleistung

Liegen die Voraussetzungen für eine mangelhafte Lieferung vor, so kann der Käufer gegenüber dem Verkäufer verschiedene Rechte geltend machen. Diese Ansprüche des Käufers folgen einem **Stufenprinzip**: BGB § 437 ff.

→ 1. Stufe (vorrangig) ohne Nachfristsetzung:

- **Nacherfüllungsanspruch**, der gem. § 439 BGB nach **Wahl des Käufers** entweder
  - auf **Nachbesserung oder**
  - auf **Ersatzlieferung** gerichtet ist.

→ 2. Stufe (nachrangig) nach Ablauf einer angemessenen Nachfrist:

- **Rücktritt** vom Kaufvertrag
- **Minderung** des Kaufpreises
- **Schadensersatz oder**
- **Ersatz vergeblicher Aufwendungen.**

Rücktritt und Schadensersatz können nebeneinander geltend gemacht werden. BGB § 325

1. Stufe: Nacherfüllungsanspruch des Käufers

Gem. § 439 Abs. 1 BGB kann der **Käufer** als Nacherfüllung nach seiner **Wahl** die **Beseitigung** des **Mangels** (Reparatur) **oder** die **Lieferung** einer **mangelfreien Sache** (Neulieferung) **verlangen**.

BEISPIEL

Frau Stefanie Labora kauft im Fachgeschäft eine neue Allzweck-Küchenmaschine. Als sie das Küchengerät zu Hause ausprobiert, stellt Frau Stefanie fest, dass die Maschine rattert und quietscht. Sie vermutet einen Schaden am Knetwerk, was ihr „technisch begabter“ Ehemann Dieter bestätigt. Sie kann die Maschine im Fachgeschäft reparieren lassen oder gegen eine mangelfreie eintauschen.

BGB § 434, 435, 437 Nr. 1 u. 439 Abs. 1

Der Nacherfüllungsanspruch besteht bei Sach- wie bei Rechtsmängeln. Bei der Durchsetzung des Anspruchs kommt es nicht darauf an,

- ob der Mangel erheblich oder unerheblich ist,
- ob der Käufer eine Frist für die Beseitigung des Mangels gesetzt hat oder
- ob der Verkäufer den Mangel zu vertreten hat.

In bestimmten Fällen ist eine Nacherfüllung **nicht möglich**. So kann der Käufer bei einer gebrauchten Sache oder bei einem Originalgemälde keine Ersatzlieferung verlangen. Wird eine bewegliche Sache, die mit einem Fehler behaftet ist, zerstört, kann keine Nachbesserung verlangt werden.

BGB § 442 u. 429 Abs. 3

Der Nacherfüllungsanspruch ist ausgeschlossen, wenn der Käufer den Mangel bei Vertragsschluss kannte oder kennen musste. Der Verkäufer kann jedoch die vom Käufer gewählte Art der Nacherfüllung oder auch die Nacherfüllung insgesamt verweigern, wenn sie unverhältnismäßig hohe Kosten erfordert, d. h. wenn sie mehr kostet, als die mangelfreie Sache wert ist.

BEISPIEL

Alfred Dickmann kauft für seinen Enkel Philipp eine elektronische Spieluhr für 8,00 €. Beim Ausprobieren zu Hause stellt Alfred fest, dass die Spieluhr nicht funktioniert. Will Alfred seinen Anspruch auf Nacherfüllung geltend machen, kann der Verkäufer die Nachbesserung ablehnen und nur Ersatzlieferung anbieten, wenn die Reparatur der Spieluhr mehr als 8,00 € kosten würde.

Grundsätzlich gilt gem. § 440 BGB eine **Leistung** als **nicht erbracht**, wenn der **Verkäufer zweimal vergeblich** eine **Nachbesserung versucht** hat und diese **fehlgeschlagen** ist.

BGB § 439 Abs. 2

Der Verkäufer muss alle Aufwendungen für die Nacherfüllung tragen. Hierzu zählen insbesondere Transport-, Wege-, Arbeits- und Materialkosten.

2. Stufe: Weitere Rechte des Käufers

Nach Ablauf einer **angemessenen Nachfrist** stehen dem Käufer weitere Rechte zu.

Rücktritt vom Kaufvertrag

- Bei **Sach- und Rechtsmängeln** kann der **Käufer** gem. §§ 437 Nr. 2, 323 BGB vom **Kaufvertrag zurücktreten**.
- Allerdings ist der **Rücktritt** gem. § 323 Abs. 5 Satz 2 BGB **nur möglich**, wenn die **Pflichtverletzung**, also der **Mangel nicht unerheblich** ist.

BEISPIEL

Frau Monika Kauner kauft sich einen neuen Motorroller. Als sie damit abends fahren will, stellt sie fest, dass das Rücklicht nicht funktioniert. Sie hat zwar einen Anspruch auf Nachbesserung, Minderung oder Schadensersatz nach § 281 Abs. 1 Satz 1 BGB, aber kein Rücktrittsrecht und kein Schadensersatz statt der ganzen Leistung.

Für den Rücktritt ist erforderlich, dass der Käufer dem Verkäufer erfolglos eine angemessene Frist gesetzt hat. Durch diese Fristsetzung ist der Rücktritt nachrangig gegenüber dem Nacherfüllungsanspruch. Die Frist ist grundsätzlich nur dann angemessen, wenn spätestens mit der Fristsetzung die Wahl zwischen Nachbesserung und Ersatzlieferung verbunden wird. Kommt nach der Art der Pflichtverletzung eine Fristsetzung nicht in Betracht, so tritt an deren Stelle die Abmahnung.

BGB § 323 Abs. 3

Die **Fristsetzung** ist **entbehrlich**, wenn

- der Schuldner die Leistung ernsthaft und endgültig verweigert,
- der Schuldner die Leistung zu einem im Vertrag bestimmten Termin oder innerhalb einer bestimmten Frist nicht bewirkt (Fixkauf) und der Gläubiger im Vertrag den Fortbestand seines Leistungsinteresses an die Rechtzeitigkeit der Leistung gebunden hat (Zweckkauf) oder
- besondere Umstände vorliegen, die einen sofortigen Rücktritt im beiderseitigen Interesse rechtfertigen.

Über die Fälle des § 323 Abs. 2 BGB hinaus regelt § 440 BGB zusätzliche Ausnahmen von der Erfordernis der Fristsetzung:

- Die Nachfristsetzung ist auch entbehrlich, wenn der Verkäufer beide Arten der Nacherfüllung nach § 439 Abs. 3 BGB berechtigt verweigert,
- ebenso ist eine Nachfristsetzung entbehrlich, wenn die Nacherfüllung fehlgeschlagen ist.

Ausgeschlossen ist das Rücktrittsrecht

- gem. § 323 Abs. 6 BGB bei alleiniger oder weit überwiegender Verantwortlichkeit des Gläubigers für den Rücktrittsgrund und
- gem. § 442 Abs. 1 BGB bei Kenntnis des Käufers vom Mangel bereits bei Vertragsschluss.

Der **Käufer kann** gem. § 325 BGB trotz des **Rücktritts** vom **Kaufvertrag zusätzlich Schadensersatz verlangen**.

Minderung des Kaufpreises

Statt zurückzutreten, kann der **Käufer** gem. § 441 Abs. 1 BGB den **Kaufpreis** durch **Erklärung** gegenüber dem Verkäufer **mindern**.

BEISPIEL

Klaus hat sich einen Bohrhammer im Baumarkt zum Preis von 100,00 € gekauft. Beim Auspacken des Bohrhammers stellt er fest, dass am Griff leichte Lackschäden vorhanden sind. Der Verkäufer erklärt sich bereit, einen Preisnachlass von 10,00 € zu gewähren, womit Klaus einverstanden ist.

Eine Kaufpreisminderung ist im Gegensatz zum Rücktritt auch bei einer unwesentlichen Pflichtverletzung, also auch bei einem geringen Mangel, möglich. Unabhängig davon, ob

BGB §§ 437 Nr. 2, 323, 437 Nr. 3, 280 u. 441

es sich um einen Sach- oder Rechtsmangel handelt, kann der Käufer zunächst Nachbesserung verlangen. Schlägt diese fehl oder wird sie nicht innerhalb der gesetzten angemessenen Frist durchgeführt, kann der Käufer die Minderung des Kaufpreises oder den Rücktritt vom Kaufvertrag erklären. Den Rücktritt allerdings nur, sofern der Mangel nicht unerheblich ist. Der Käufer kann auch Schadensersatz verlangen, sofern der Verkäufer den Mangel zu vertreten hat. Auch der Schadensersatz setzt voraus, dass der Mangel nicht unerheblich ist. Die Höhe der Minderung wird geschätzt. Sie richtet sich nach dem Wert, den die Sache bei Vertragsabschluss in mangelfreiem Zustand gehabt hätte.

Schadenersatz

Gem. § 437 Abs. 3 BGB kann der **Käufer**, wenn die Sache mangelhaft ist, **Schadenersatz oder Ersatz vergeblicher Aufwendungen** verlangen.

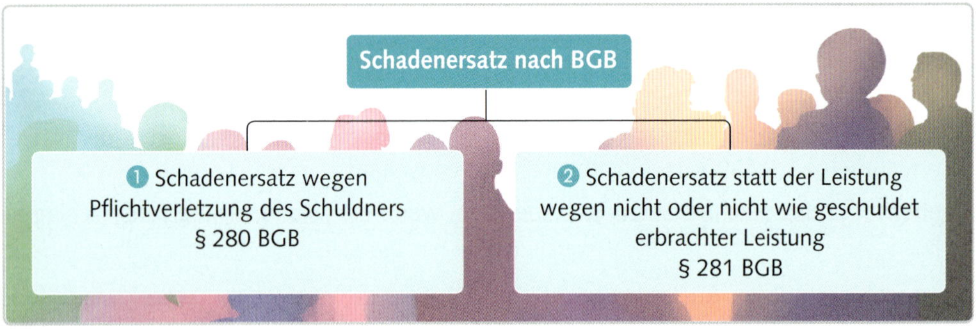

① Beim Schadenersatz wegen Pflichtverletzung des Schuldners oder seines Erfüllungsgehilfen hat der Käufer Anspruch auf Erfüllung des Vertrages und auf Ersatz der durch den Mangel verursachten Kosten. Dies gilt nicht, wenn der Schuldner die Pflichtverletzung **nicht zu vertreten** hat.

BEISPIEL

Max Soleder kauft sich im Fachgeschäft eine Stereoanlage zum Preis von 1000,00 €. In der Reparaturabteilung des Fachgeschäfts hat ein Mitarbeiter das Originalteil ausgebaut und ein altes CD-Teil eingebaut.
Folge: Der Verkäufer hat für die Pflichtverletzung seines Mitarbeiters nach § 278 BGB einzustehen. Er hat an Max eine neue und funktionierende Stereoanlage zu liefern und ihm die durch den Mangel entstandenen Kosten zu ersetzen.

② Beim Schadenersatz statt der Leistung kann der Käufer vom Kaufvertrag zurücktreten und Schadensersatz verlangen. Hat der Schuldner eine Teilleistung bewirkt, so kann der Gläubiger Schadensersatz statt der ganzen Leistung nur verlangen, wenn er an der Teilleistung kein Interesse hat.

BEISPIEL

Rechtsanwalt Dr. Theo Brenner will am 1. Juni (01) seine Kanzlei eröffnen. Dazu benötigt er unter anderem vier PCs, die er am 3. Mai (01) im Computerfachgeschäft Dominik Frey zu einem Sonderpreis kauft. Da er sofort einen PCs benötigt, nimmt er diesen gleich mit. Am 20. Mai (01) werden die restlichen drei PCs geliefert. Bei Prüfung der Ware stellt Dr. Brenner fest, dass zwei PCs Lackschäden aufweisen und der andere PCs eine defekte Festplatte hat. Die dem Dominik Frey gesetzte Nachfrist zur Nachbesserung lässt dieser erfolglos verstreichen. Da die Kanzlei zum 1. Juni (01) pünktlich eröffnet werden soll, muss sich Rechtsanwalt Dr. Theo Brenner die für seinen Kanzleibetrieb erforderlichen PCs von einem anderen Händler beschaffen. Allerdings sind diese PCs teurer. Rechtsanwalt Dr. Brenner tritt vom Kaufvertrag zurück und verlangt Schadenersatz für die Preisdifferenz. Die vier PCs gibt er dem Händler Frey zurück.

Voraussetzung für den Schadensersatz statt der Leistung ist die erfolglose **Nachfristsetzung**. Ebenso wie für den Rücktritt und die Minderung gibt es für den Schadenersatz weitere Fälle, in denen eine Nachfristsetzung entbehrlich ist. Also auch hier insbesondere wenn der Verkäufer beide Arten der Nacherfüllung berechtigt verweigert oder wenn die Nacherfüllung durch zwei erfolglose Versuche der Nachbesserung fehlgeschlagen ist.

BGB § 440

Wenn eine unerhebliche Pflichtverletzung (geringer Mangel) vorliegt, kann der Käufer keinen Schadenersatz statt der ganzen Leistung verlangen.

BGB § 281 Abs. 1

BEISPIEL

Otto kauft sich im Baumarkt eine Handkreissäge. Diese ist zwar voll funktionsfähig, hat aber an der Unterseite ganz leichte Lackspritzer, die vom ausgelaufenen Lack herrühren.

Ein **Schadenersatzanspruch** setzt voraus, dass der **Verkäufer** den **Mangel** zu **vertreten** hat. Der Schuldner hat **Vorsatz und Fahrlässigkeit** zu vertreten, wenn eine strengere oder mildere Haftung weder bestimmt noch aus dem sonstigen Inhalt des Schuldverhältnisses, insbesondere aus der Übernahme einer Garantie oder eines Beschaffungsrisikos, zu entnehmen ist.

BGB § 276 Abs. 1

Der Schadenersatzanspruch ist gem. § 442 Abs. 1 BGB ausgeschlossen, wenn der Käufer bei Vertragsabschluss den Mangel kennt. Ist dem Käufer ein Mangel infolge grober Fahrlässigkeit unbekannt geblieben, kann der Käufer Rechte wegen dieses Mangels nur geltend machen, wenn der Verkäufer den Mangel arglistig verschwiegen oder eine Garantie für die Beschaffenheit der Sache übernommen hat.

BGB § 442 Abs. 1

BEISPIEL

Ferdi Sommer kauft in der Schuhfabrik Simon drei Paar Schuhe, die als Ware mit leichten Fehlern ausgezeichnet sind, zu einem Sonderpreis. Ferdi kann keinen Mangelanspruch geltend machen.

Ersatz vergeblicher Aufwendungen

Anstelle des **Schadenersatzes statt der Leistung** kann der **Gläubiger** gem. § 284 BGB **Ersatz der Aufwendungen verlangen**, die er im **Vertrauen** auf den **Erhalt der Leistung gemacht** hat.

BEISPIEL

Frau Anna Diem beabsichtigt, ein Computerseminar für Hausfrauen durchzuführen. Zu diesem Zweck mietet sie einen Raum von einem Dritten. Inzwischen haben sich zehn Hausfrauen zu diesem Seminar angemeldet. Als Frau Anna Diem ihre Computer in dem von ihr angemieteten Raum aufstellen will, erklärt ihr der Vermieter, dass er den Vertrag nicht erfüllen will, weil er einem Teppichhändler den Raum bereits vermietet habe. Aus diesem Grunde muss die Veranstalterin das Seminar absagen. Sie möchte nunmehr von dem Vermieter die von ihr bereits gezahlte Raummiete ersetzt bekommen.

Gem. § 275 BGB ist der **Anspruch auf Leistung ausgeschlossen**, soweit diese für den **Schuldner oder für jedermann unmöglich ist**.

BEISPIEL

Frau Isabelle Reichert kauft im Antiquitätengeschäft eine 100 Jahre alte echt goldene Brosche zu 1 000,00 €. Die Brosche ist nur einmal vorhanden. Nach drei Monaten erfährt Frau Isabelle von ihrer Freundin Julia, dass die Brosche nicht aus Gold, sondern nur vergoldet ist. Frau Isabelle Reichert hat keinen Nacherfüllungsanspruch, weil ein Stückkauf (Kauf einer nicht vertretbaren Sache) vorliegt.

3.5.2.3 Beschaffenheits- und Haltbarkeitsgarantie

Übernimmt der Verkäufer gem. § 443 Abs. 1 BGB oder ein Dritter eine **Garantie** für die **Beschaffenheit der Sache** oder dafür, dass die Sache für eine bestimmte **Dauer** eine bestimmte Beschaffenheit behält **(Haltbarkeitsgarantie)**, so stehen dem **Käufer im Garantiefall** unbeschadet der gesetzlichen Ansprüche die **Rechte** aus der **Garantie** zu den in der Garantieerklärung und der einschlägigen **Werbung angegebenen Bedingungen** gegenüber **demjenigen** zu, der die Garantie eingeräumt hat.

BGB §§ 437 u. 444

Der Verkäufer kann also über die gesetzliche Gewährleistungspflicht von zwei Jahren hinaus, dem Käufer eine Garantie für die Beschaffenheit oder die Haltbarkeit der verkauften Ware geben. Dem Käufer stehen aber zusätzlich alle gesetzlichen Rechte bei Mängeln gemäß BGB zu, wenn die Sache nicht die garantierte Beschaffenheit oder Haltbarkeit hat. Diese gesetzlichen Rechte bei Mängeln können bei einer Garantie auch nicht ausgeschlossen werden.

BEISPIEL

Der Verkäufer im Baumarkt garantiert, dass das gekaufte Sägeblatt mindestens fünf Jahre hält, ohne nachgeschliffen werden zu müssen. Sollte dies nicht zutreffen, wird das Sägeblatt kostenlos durch ein anderes ersetzt.

3.5.2.4 Verjährung der Mängelansprüche

Der **Verkäufer** kann die **Erfüllung der Rechte**, die dem **Käufer wegen Mangelhaftigkeit** der **Kaufsache zustehen, verweigern**, wenn sie **verjährt** sind (Einrede der Verjährung).

Zusammenfassung und Lernkontrolle

Zusammenfassung

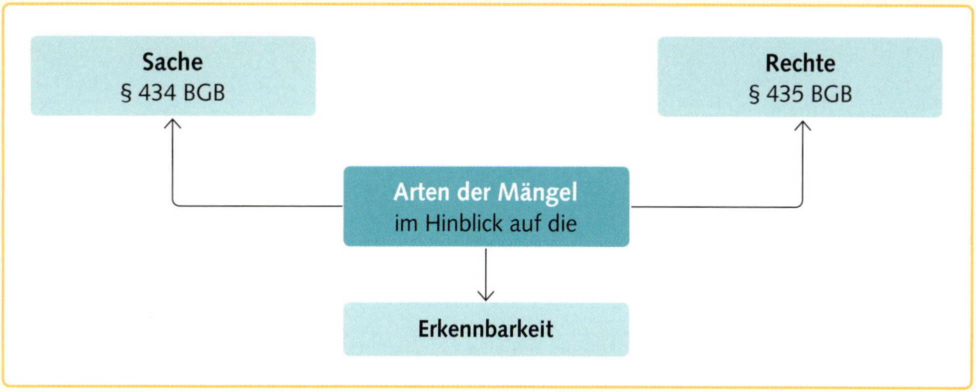

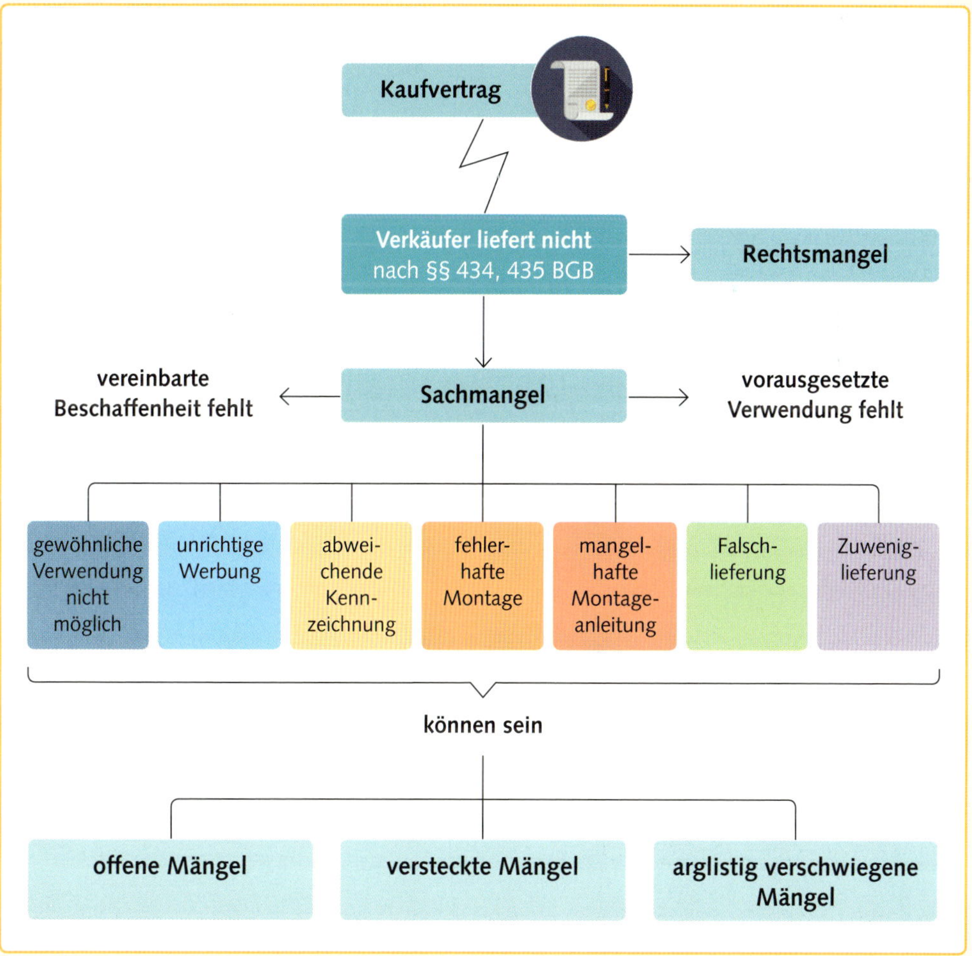

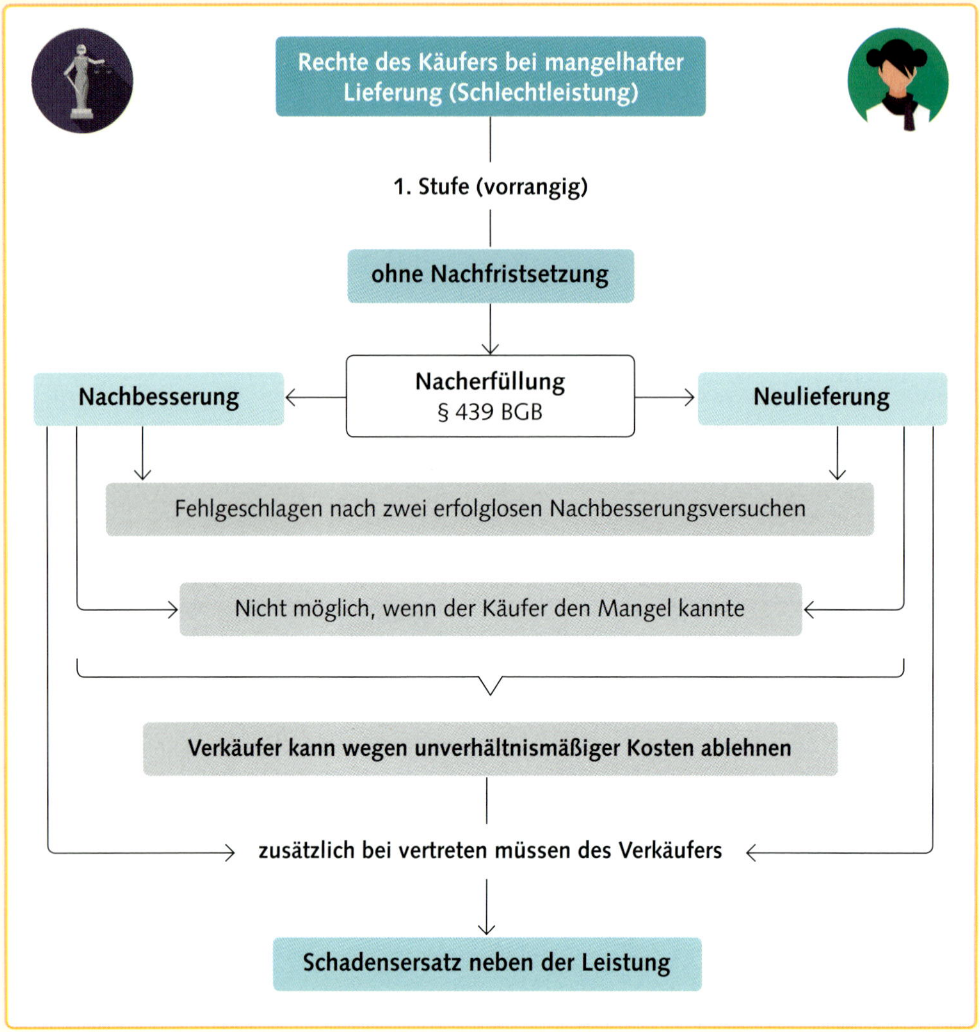
Rechte des Käufers bei mangelhafter Lieferung (Schlechtleistung)
1. Stufe (vorrangig)
ohne Nachfristsetzung
Nachbesserung
Nacherfüllung
§ 439 BGB
Neulieferung
Fehlgeschlagen nach zwei erfolglosen Nachbesserungsversuchen
Nicht möglich, wenn der Käufer den Mangel kannte
Verkäufer kann wegen unverhältnismäßiger Kosten ablehnen
zusätzlich bei vertreten müssen des Verkäufers
Schadensersatz neben der Leistung

Rechte des Käufers bei mangelhafter Lieferung (Schlechtleistung)

2. Stufe (vorrangig)

nach erfolgloser Nachfristsetzung

Nachfristsetzung ist entbehrlich
- Verkäufer verweigert die Nacherfüllung
- zwei fehlgeschlagene Nacherfüllungsversuche
- Nacherfüllung ist unzumutbar
- besondere Umstände
- Fixkauf, Zweckkauf

Minderung des Kaufpreises § 441 BGB	**Rücktritt vom Kaufvertrag** §§ 323, 437 BGB	und	**Schadensersatz statt Leistung** § 281 BGB	oder	**Ersatz vergeblicher Aufwendungen** § 284 BGB

Minderung: auch bei geringem Mangel möglich

Rücktritt, Schadensersatz, Ersatz vergeblicher Aufwendungen:
- **nicht bei unerheblichen Mängeln**
- **Schuldner muss Pflichtverletzung vertreten**

Ausgeschlossen sind die Rechte bei Kenntnis des Käufers vom Mangel bereits bei Vertragsabschluss

Lernkontrolle

Aufgabe 1

Nennen Sie unter Angabe der gesetzlichen Bestimmungen die vertragstypischen Pflichten des Verkäufers und des Käufers aus dem Kaufvertrag.

Aufgabe 2

Käufer und Verkäufer können im Kaufvertrag einmal Schuldner und einmal Gläubiger sein. Nennen Sie Beispiele!

Aufgabe 3

Welche Leistungsstörungen können beim Kaufvertrag eintreten?

Aufgabe 4

Das Gesetz definiert nicht den Mangel, sondern die Freiheit vom Mangel. Wann liegt demnach ein Sachmangel vor?

Aufgabe 5

Wie lassen sich Mängel unterscheiden?

Aufgabe 6

Wann liegt ein Sachmangel vor, und zwar
a) im Hinblick auf die Sache,
b) im Hinblick auf die Rechte an einer Sache,
c) hinsichtlich der Erkennbarkeit der Mängel?

Aufgabe 7

Liegen die Voraussetzungen für eine mangelhafte Lieferung vor, kann der Käufer nach §§ 437 ff. BGB gegenüber dem Verkäufer verschiedene Rechte geltend machen. Diese Ansprüche des Käufers folgen einem Stufenprinzip. Erklären Sie dieses Prinzip.

Aufgabe 8

Fritz Rommel kauft am 02.05.(01) vom Zweiradhändler Emil Sauer ein neues Motorrad. Am 03.05.(01) stellt Fritz bei der ersten längeren Fahrt fest, dass das Motorrad bei hoher Geschwindigkeit ins Schlingern gerät. Der Mangel war weder von Rommel noch von Sauer bei der Übergabe des Motorrads erkennbar. Welche Rechte kann der Käufer Fritz Rommel gegen den Verkäufer Emil Sauer geltend machen und welche Voraussetzungen muss er dabei beachten?

Aufgabe 9

Frau Elvira Freyer kauft am 02.05.(01) vom Autohändler Hugo Dorn einen neuen Pkw. Nach den Werbeaussagen des Herstellers soll das Auto drei Liter Diesel pro 100 km verbrauchen. Nach der Übergabe und einer längeren Urlaubsfahrt stellt Frau Flott fest, dass das Auto sechs Liter Diesel auf 100 km verbraucht. Welche Rechte hat die Käuferin gegen den Verkäufer?

Aufgabe 10

Uwe K. Lauer kauft im Baumarkt ein Werkzeugregal zum Selbstaufbau. Aufgrund der fehlerhaften Montageanleitung baut Uwe das Regal falsch zusammen. Welche Rechte kann Uwe gegenüber dem Baumarkt geltend machen?

3.5.2.5 Besonderheiten beim Verbrauchsgüterkauf

Definition Verbrauchsgüterkauf

Ein **Verbrauchsgüterkauf** liegt gem. § 474 Abs. 1 BGB vor, wenn
→ ein **Verbraucher** (§ 13 BGB)1
→ von einem **Unternehmer** (§ 14 BGB)
→ eine **bewegliche Sache kauft**.

BEISPIEL

Rechtsanwalt Dr. Hans Kluge verkauft an die Rechtsanwaltsfachangestellte Claudia Mut einen gebrauchten Computer.

Nicht betroffen von den Vorschriften des Verbrauchsgüterkaufs ist der **Verkauf gebrauchter Sachen** bei **öffentlichen Versteigerungen,** bei denen der Verbraucher persönlich teilnehmen kann. BGB § 474 Abs. 1 Satz 2

Eingeschränkte Vertragsfreiheit beim Verbrauchsgüterkauf

Beim **Verbrauchsgüterkauf** gilt nach §§ 475 ff. BGB eine **eingeschränkte Vertragsfreiheit.** Alle **Regeln** im **Kaufvertragsrecht sind zwingend**. Gem. § 309 Nr. 8 BGB dürfen **Beschränkungen durch Allgemeine Geschäftsbedingungen (AGB)** und **Individualvereinbarungen** beim **Kauf neuer Sachen nicht zu Lasten des Verbrauchers** vereinbart werden.

Grundsätzlich sind beim Verbrauchsgüterkauf die Rechte des Verbrauchers wegen Mängel an der verkauften Sache nicht abdingbar. Dies gilt auch beim Kauf gebrauchter Sachen.

Lediglich zwei Beschränkungen der Mängelansprüche sind möglich:

- Schadensersatzansprüche können ausgeschlossen werden. BGB § 475 Abs. 2 u. 3
- Die Verjährungsfrist der Mängelansprüche kann bei gebrauchten Sachen auf ein Jahr verkürzt werden. Fehlt eine Vereinbarung über die Verjährungsfrist, gilt die Zweijahresfrist.

Beim Ausschluss von Schadensersatzansprüchen im Verbrauchsgüterkaufvertrag muss § 309 Nr. 7 BGB beachtet werden. Danach ist ein Ausschluss von Schadensersatzansprüchen unzulässig für Schäden aus der Verletzung des Lebens, des Körpers, der Gesundheit oder der Freiheit. Dies gilt auch für sonstige Schäden bei einer grob fährlässigen oder vorsätzlichen Pflichtverletzung.

Beweislastumkehr beim Verbrauchsgüterkauf

Bei **Mängeln**, die **innerhalb** von **sechs Monaten** gerügt werden, wird gem. § 476 BGB zu Gunsten des Verbrauchers **vermutet**, dass der **Sachmangel** schon bei **Gefahrübergang** bestand **(Beweislastumkehr)**. **Lehnt** der **Verkäufer** in diesem Falle die Mängelrüge des **Verbrauchers ab**, muss er **beweisen**, dass der **Käufer** die **gekaufte Sache beschädigt** hat. Nach **Ablauf von sechs Monaten** muss der **Käufer beweisen**, dass die Sache bereits bei Gefahrübergang mit Mängeln behaftet war.

BEISPIEL

Die Hausfrau Ida Neumann kauft am 08.08.(01) von dem Elektrohändler Vincent Groß eine neue Nähmaschine. Die Maschine wird am 10.08.(01) geliefert. Am 06.02.(02) streikt der Motor. Es ist nicht feststellbar, ob der Mangel aufgrund eines Materialfehlers bereits bei Übergabe am 10.08.(01) vorhanden war oder auf die fehlerhafte Bedienung der Frau Neumann zurückzuführen ist. Der Elektrohändler Groß muss wegen der Beweislastumkehr nachweisen, dass die Maschine bei Übergabe noch nicht mangelhaft war. Kann Groß diesen Beweis nicht erbringen, wird vermutet, dass die Maschine bereits bei Übergabe mangelhaft war. Würde der Fehler nach dem 10.02.(01) auftreten, müsste Frau Neumann beweisen, dass die Nähmaschine bei Übergabe bereits mit einem Mangel behaftet war.

Sonderbestimmungen für Garantien beim Verbrauchsgüterkauf

Das BGB enthält auch **Sonderbestimmungen** über **inhaltliche Anforderungen** an **Garantien**. Gem. § 477 Abs. 1 BGB muss eine **Garantieerklärung** des **Unternehmers einfach und verständlich** abgefasst sein.

Die Garantieerklärung muss

BGB § 477

- den Hinweis, welche gesetzlichen Rechte der Verbraucher hat und dass diese durch die Garantie nicht eingeschränkt sind,
- den Inhalt der Garantie,
- die Dauer und den räumlichen Geltungsbereich des Garantieschutzes

den Namen und die Anschrift des Garantiegebers enthalten.

BGB § 477 Abs. 2

Der Verbraucher kann gem. BGB verlangen, dass ihm die Garantieerklärung in Textform (schriftlich) ausgehändigt wird.

Rückgriff des Unternehmers beim Verbrauchsgüterkauf

Wenn der **Unternehmer** die **verkaufte neu hergestellte Sache** als **Folge** ihrer **Mangelhaftigkeit zurücknehmen musste** oder der **Verbraucher den Kaufpreis gemindert** hat, so kann er gem. § 478 Abs. 1 BGB die **gleichen Rechte** gegenüber **seinem Lieferanten** geltend machen **(Rückgriff des Unternehmers)**. Eine Nachfrist muss der Unternehmer nicht setzen.

BGB § 478 Abs. 2 u. 4

Soweit der Unternehmer Aufwendungen zur Nacherfüllung hatte, muss ihm diese sein Lieferant ersetzen. Die Rechte des Unternehmers zum Rückgriff können vor Mitteilung des Mangels an den Lieferanten nur abbedungen werden, wenn dem Unternehmer andere, gleichwertige Ansprüche gegen den Lieferanten eingeräumt werden. Der Lieferant seinerseits kann gegen seine Lieferanten wiederum nach denselben Vorschriften Rückgriff nehmen usw., und zwar in der gesamten Lieferkette bis hin zum Produzenten.

BEISPIEL

Das Elektrofachgeschäft Günther Staller erhält von dem Großhändler Uwe Malz eine defekte Nähmaschine geliefert. Da Staller diese Maschine originalverpackt an Frau Gunda Stein weiterveräußert, merkt erst Frau Gunda als Endverbraucherin den Mangel.

Folge: Frau Gunda Stein hat in diesem Fall gegen das Elektrofachgeschäft die Rechte aus § 437 BGB; sie kann nach dem Stufenprinzip zunächst Nachbesserung oder Ersatzlieferung verlangen, den Kaufpreis mindern, vom Vertrag zurücktreten und Schadensersatz oder den Ersatz vergeblicher Aufwendungen fordern. Die gleichen Rechte stehen dem Elektrofachgeschäft gegen den Großhändler zu und dieser kann gegen seinen Lieferanten, den Hersteller, ebenfalls die gleichen Rechte geltend machen.

Wählt Frau Stein zunächst die Nachbesserung und schickt das Elektrofachgeschäft die Nähmaschine zum Großhändler zur Reparatur ein, so kann der Händler seine dafür aufgewandten Kosten nach § 478 Abs. 2 BGB vom Lieferanten ersetzt verlangen. Kann der Großhändler die Maschine nicht reparieren und schickt diese an den Hersteller, kann er ebenfalls Erstattung seiner Kosten verlangen, wenn die Nähmaschine bereits beim Verkauf ab Werk mangelhaft war.

Tritt Frau Stein berechtigt vom Kaufvertrag zurück, weil die Nachbesserung fehlgeschlagen ist, so kann das Elektrofachgeschäft gem. § 478 Abs. 1 BGB seine Ansprüche aus § 437 BGB (Rücktritt oder Schadensersatz) gegen den Großhändler ohne Nachfristsetzung geltend machen. Allerdings muss der Mangel bereits bei Gefahrübergang an den Großhändler vorgelegen haben. Für einen Schadensersatzanspruch ist weiter erforderlich, dass den Hersteller ein Verschulden trifft.

Der Anspruch auf **Aufwendungsersatz** gem. § 478 Abs. 2 BGB **verjährt** gem. § 479 Abs. 1 BGB in **zwei Jahren ab Ablieferung der Sache.** Alle **Rückgriffsansprüche verjähren frühestens zwei Monate, nachdem der Unternehmer die Ansprüche des Verbrauchers erfüllt** hat. Diese **Ablaufhemmung** endet allerdings gem. § 479 Abs. 2 BGB **fünf Jahre nach der Ablieferung** durch den **Lieferanten** beim **Unternehmer**.

Ein Ausschluss der Rechte wegen Sachmängeln beim Verkauf einer gebrauchten Sache ist grundsätzlich zulässig, wenn kein Verbrauchsgüterkauf vorliegt.

BEISPIEL

Verkauf eines gebrauchten Rasenmähers an den Nachbarn.

Zusammenfassung und Lernkontrolle

Zusammenfassung

Verbraucher
§ 13 BGB

→ **Kaufvertrag**
- bewegliche Sachen

← **Unternehmer**
§ 14 BGB

Alle Regeln im Kaufvertragsrecht sind zwingend

Besonderheiten
§§ 474 bis 479 BGB

Eingeschränkte Vertragsfreiheit	**Beweislastumkehr**	**Sonderbestimmungen für Garantien**
§ 475 BGB	§ 476 BGB	§ 477 BGB

Rückgriffsrecht des Unternehmers bei neu hergestellten Sachen gem. § 478 BGB

Verbraucher →	**Einzelhändler** →	**Großhändler** →	**Hersteller**
stellt Mangel fest und fordert ▪ Kaufpreisminderung oder ▪ Rücknahme der Sache	fordert Ersatz der Aufwendungen	▪ fordert Ersatz der Aufwendungen	muss alle Rückabwicklungskosten zahlen

Lernkontrolle

Aufgabe 1

In welchen Fällen liegt ein Verbrauchsgüterkauf vor?

Aufgabe 2

„Beim Verbrauchsgüterkauf gilt nach §§ 475 ff. BGB eine eingeschränkte Vertragsfreiheit." Erklären Sie bitte diese Aussage!

Aufgabe 3

Beim Verbrauchsgüterkauf sind die Rechte des Verbrauchers wegen Mängel der verkauften Sache auch bei gebrauchten Sachen nicht abdingbar. Hiervon gibt es allerdings zwei Beschränkungen. Erläutern Sie diese.

Aufgabe 4

Was verstehen Sie unter der Beweislastumkehr gem. § 476 BGB?

Aufgabe 5

Gem. § 477 Abs. 1 BGB muss eine Garantieerklärung des Unternehmers einfach und verständlich abgefasst sein. Welche Angaben muss eine Garantieerklärung demnach enthalten und welches Recht hat der Verbraucher im Hinblick auf die Aushändigung der Garantieerklärung?

Aufgabe 6

Erläutern Sie bitte das Recht des Rückgriffs des Unternehmers beim Verbrauchsgüterkauf.

Aufgabe 7

Wann beginnt und wann endet die Verjährung des Anspruchs auf Aufwendungsersatz des Unternehmers und wann verjähren alle Rückgriffsansprüche des Unternehmers gegen seine Lieferanten?

Aufgabe 8

Der Hausmann Markus Schröder kauft vom Zweiradhändler Julius Schild einen neuen Motorroller zum Kaufpreis von 3 000,00 €. Fünf Monate nach Übergabe und Bezahlung des Kaufpreises streikt der Motor. Es ist nicht feststellbar, ob der Mangel aufgrund eines Materialfehlers bereits bei der Übergabe vorhanden war oder auf fehlerhafte Bedienung des Schröder zurückzuführen ist. Kann Schröder Gewährleistungsrechte geltend machen?

3.5.3 Lieferungsverzug als Schuldnerverzug

3.5.3.1 Abgrenzung Nicht-Rechtzeitige-Lieferung und Lieferungsverzug

Die Begriffe Nicht-Rechtzeitige-Lieferung und Lieferungsverzug sind wie folgt zu unterscheiden.

Verspätete Lieferung

Nicht-Rechtzeitige-Lieferung	Lieferungsverzug
liegt vor ■ wenn der Schuldner (Verkäufer) seine Lieferungsverpflichtung nicht rechtzeitig erfüllt. D. h. die Ware wird nicht rechtzeitig bereitgestellt.	liegt vor ■ wenn eine Nicht-Rechtzeitige-Lieferung vorliegt und ■ der Schuldner (Verkäufer) diese Verzögerung auch zu vertreten hat. Vertretenmüssen bedeutet nicht zwingend eigenes Verschulden. Vertretenmüssen beinhaltet, dass der Schuldner für die Folgen verantwortlich gemacht werden kann. Das ist auch der Fall, wenn er nicht selbst, sondern sein Erfüllungsgehilfe die Pflichtverletzung verursacht hat.

Ein Lieferungsverzug tritt somit nicht ein, wenn der Verkäufer z. B. aufgrund höherer Gewalt nicht rechtzeitig liefern kann. Er muss allerding beweisen, dass er die Verzögerung nicht zu vertreten hat. Solange er dies nicht bewiesen hat, wird vom Verschulden des Verkäufers ausgegangen (vermutetes Verschulden).

BEISPIEL

Ein Verkäufer hat vereinbart, Ware bis zum 20.11. zu liefern. Vom 17.11. ab wird sein Betrieb, wie alle Betriebe der Branche, bestreikt. Eine fristgerechte Lieferung ist nicht mehr möglich. Am 20.11. liegt also der Sachverhalt der Nicht-Rechtzeitigen Lieferung vor. Der Verkäufer befindet sich aber nicht im Lieferungsverzug, da er die Verzögerung nicht zu vertreten hat. Er muss dies allerdings beweisen.

Liefert der Verkäufer **schuldhaft nicht rechtzeitig** oder **gar nicht**, liegt **Lieferungsverzug** gem. § 286 Abs. 1 BGB vor.

3.5.3.2 Voraussetzungen

Ein Lieferverzug liegt vor, wenn der Verkäufer trotz Fälligkeit und Mahnung nicht rechtzeitig liefert und er diese Nicht-Rechtzeitige-Lieferung zu vertreten hat.

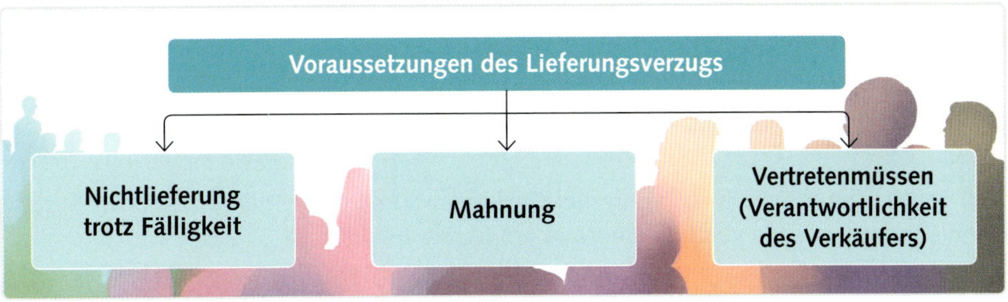

Nichtlieferung trotz Fälligkeit

Unter Fälligkeit versteht man den Zeitpunkt, von dem ab der Käufer die Lieferung verlangen kann. Wenn im Kaufvertrag nichts anderes vereinbart ist, kann der Käufer die sofortige Lieferung verlangen, es sei denn aus den Umständen des Kaufvertrags bestimmt sich etwas anderes.

BGB §§ 286, 242 u. 271

Mahnung durch den Käufer

Durch eine Mahnung wird der Lieferer aufgefordert, die Ware zu liefern. Ist der Kalendertag, an dem die Lieferung zu erfolgen hat, kalendermäßig weder direkt noch indirekt genau bestimmt oder bestimmbar, so muss der Käufer den Verkäufer durch eine Mahnung in Verzug setzen. In folgenden Fällen ist keine Mahnung notwendig:

BGB §§ 286

- kalendermäßige Bestimmbarkeit der Leistungszeit aus dem Kaufvertrag (z. B. Lieferung am 15. Juli, Lieferung Ende Juli, Lieferung innerhalb von 14 Tagen nach Auftragsbestätigung)
- ernsthafte und endgültige Verweigerung der Lieferung durch den Verkäufer
- besondere Gründe liegen vor, so dass unter Abwägung der Interessen beider Vertragspartner der sofortige Verzug gerechtfertigt ist (z. B. der Verkäufer hat die alsbaldige Lieferung ausdrücklich angekündigt, liefert aber nicht).

Vertretenmüssen

Der Lieferer kommt nur dann in Verzug, wenn er die Verzögerung auch zu vertreten hat. Der Verkäufer handelt in seinem Verantwortungsbereich schuldhaft, wenn er vorsätzlich oder fahrlässig nicht rechtzeitig liefert.

BGB §§ 286 u. 276

BEISPIEL

Der Lieferer kommt in Verzug, weil er bei seinem eigenen Lieferanten nicht rechtzeitig bestellt hat. In diesem Fall liegt Fahrlässigkeit, also Verschulden des Verkäufers, vor.

Der Schuldner (Verkäufer) kommt nicht in Verzug, wenn er die Lieferungsverzögerung nicht zu vertreten hat (z. B. Hochwasser, Streik), er also die Verzögerung nicht fahrlässig oder vorsätzlich verursacht hat. Der Verkäufer trägt die Beweislast.

Falls der Verkäufer aber für die verkaufte Sache das Beschaffungsrisiko übernommen hat, haftet er für die Erfüllung auch dann, wenn ihn zwar kein Verschulden trifft, die Beschaffung der Ware aber scheitert, weil die Gründe dafür in seinen Geschäftsbereich betreffen.

BEISPIELE

- Der Verkäufer kann die Ware bei seinem Lieferanten nicht beschaffen, weil er nicht rechtzeitig bestellt hat.
- Der Verkäufer kann die Ware bei seinem Lieferanten nicht beschaffen, weil ihm die finanziellen Mittel fehlen.

Das Beschaffungsrisiko trifft häufig bei Gattungswaren zu. Die Leistungspflicht besteht dann so lange, wie die geschuldete Ware am Markt erhältlich ist.

3.5.3.3 Rechte des Käufers beim Lieferungsverzug

Wenn sich der Lieferer in Lieferungsverzug befindet, stehen dem Käufer wahlweise verschiedene Rechte zu.

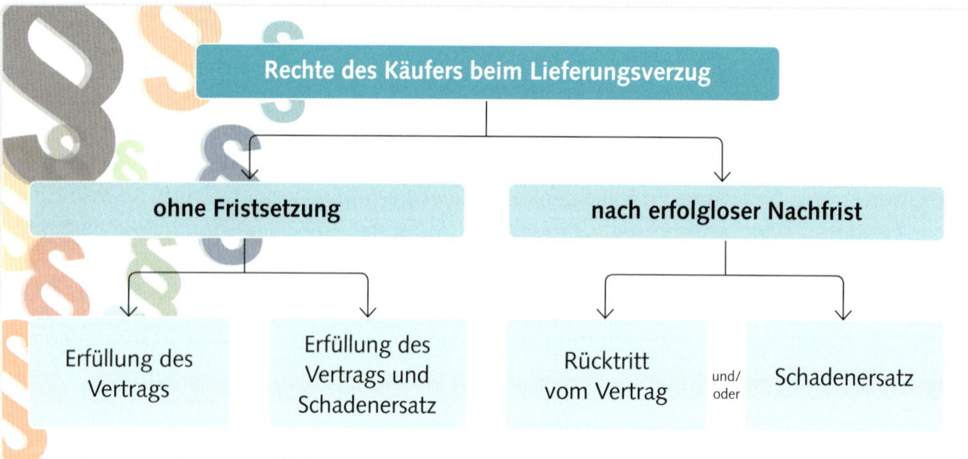

Erfüllung des Vertrags

BGB §§ 280 u. 286

Der Käufer besteht auf der Lieferung der Ware (Beispiel: Ware kann nur von diesem Lieferer bezogen werden).

Erfüllung und Schadenersatz wegen Verzögerung

Dem Käufer ist durch den Lieferungsverzug ein Schaden entstanden. Er möchte aber immer noch die Ware vom Verkäufer beziehen (Beispiel: Durch die verspätete Lieferung ist der Käufer selbst in Lieferverzug geraten und muss dafür eine Vertragsstrafe bezahlen).

Rücktritt vom Vertrag

BGB § 323

Für einen Rücktritt vom Vertrag gelten die Voraussetzungen wie beim Anspruch auf Schadenersatz statt Leistung. Dabei kann das Recht allein in Anspruch genommen werden

(Beispiel: Kunde hat kein Interesse mehr an der verspäteten Lieferung, da ein aktuelleres Modell der Ware inzwischen auf dem Markt ist) oder mit dem Recht auf Schadenersatz kombiniert werden (Beispiel: verspätete Lieferung einer Saisonware, für die bereits Verkaufsprospekte gedruckt worden waren). Für dieses Recht ist das erfolglose Verstreichen einer gesetzten Nachfrist erforderlich.

Eine Nachfrist ist jedoch in folgenden Fällen entbehrlich:

- kalendermäßige Bestimmbarkeit der Leistungszeit aus dem Kaufvertrag (z. B. Lieferung am 15. Juli, Lieferung Ende Juli, Lieferung innerhalb von 14 Tagen nach Auftragsbestätigung)
- ernsthafte und endgültige Verweigerung der Lieferung durch den Verkäufer
- besondere Gründe liegen vor

Schadenersatz

Das Recht auf Erstattung des Schadens kann als BGB § 281

- Schadenersatz statt Leistung oder als
- Ersatz vergeblicher Aufwendung

geltend gemacht werden.

Schadenersatz statt der Leistung (Nichterfüllungsschaden)

Wählt der Käufer das Recht auf Schadenersatz statt Leistung, verzichtet er auf die vereinbarte Leistung und verlangt dafür den Ersatz von Aufwendungen, die ihm entstanden sind, weil der Verkäufer nicht erfüllt hat. Dieses Recht kann erst nach erfolgloser Nachfrist in Anspruch genommen werden.

Eine Nachfrist ist jedoch in folgenden Fällen entbehrlich:

- ernsthafte und endgültige Verweigerung der Lieferung durch den Verkäufer
- besondere Gründe liegen vor

Die Rechte Schadenersatz statt der Leistung und Rücktritt vom Vertrag können auch gleichzeitig geltend gemacht werden.

Recht auf Ersatz vergeblicher Aufwendungen

Alternativ zum Recht auf Schadenersatz statt Leistung kann der Käufer auch das Recht auf Ersatz vergeblicher Aufwendungen geltend machen. Er fordert dann den Ersatz der Aufwendungen, die ihm im Vertrauen darauf entstanden sind, dass der Verkäufer seine Verpflichtungen erfüllt.

BEISPIEL

Im Vertrauen auf die Anlieferung von Möbeln zu einem vereinbarten Termin hat der Kunde einen Tag Urlaub genommen, um bei der Anlieferung anwesend zu sein. Er kann den Verdienstausfall als Schaden geltend machen.

3.5.3.4 Lieferungsverzug bei Fixgeschäft und Fixkauf

BGB §§ 323 u. 325

Fixgeschäft und Fixkäufe sind Kaufverträge, bei denen die Lieferung an oder bis zu einem genau bestimmten Zeitpunkt zu erfolgen hat. Der Vertrag enthält eine Formulierung, aus der hervorgeht, dass das Geschäft mit der Beachtung des Liefertermins „steht und fällt" (z. B. „Lieferung am 14.07. fix" oder „Lieferung bis 22. Dezember fest", eine Sängerin soll zum Tag der offenen Tür eines Kreditinstituts am 01.08. singen). Die Einhaltung des Lieferzeitpunkts ist bei Fixgeschäften und Fixkäufen entscheidend für deren Wirksamkeit. Wenn es sich beim Käufer um einen Verbraucher handelt muss zwischen zwei Fällen unterschieden werden:

Rechte des Käufers beim Fixgeschäft und Fixkauf	
Bürgerlicher Kauf	**Einseitiger Handelskauf**
Kaufvertrag zwischen einem Unternehmer, der aber kein Kaufmann i. S. des Handelsgesetzbuches ist, und einem Verbraucher	Kaufvertrag zwischen einem Unternehmer, der Kaufmann ist, und einem Nichtkaufmann
Fixgeschäft BGB § 323 Abs. 2	**Fixkauf (Fixhandelsgeschäft HGB § 376)**
▪ sofortiger Rücktritt vom Vertrag und/oder ▪ Schadenersatz statt der Leistung ohne Nachfrist, wenn die nachträgliche Lieferung für den Käufer sinnlos ist (z. B. Hochzeitstorte nach der Hochzeit) = absolutes Fixgeschäft §§ 275, 281 Abs. 2 BGB ▪ Schadenersatz statt der Leistung mit Nachfristsetzung, wenn die nachträgliche Lieferung das Geschäft nicht hinfällig macht = relatives Fixgeschäft § 281 Abs. 1 BGB	Sofortiger Rücktritt vom Vertrag wie beim Fixgeschäft § 376 Abs. 1 HGB auf jeden Fall möglich: Schadenersatz wegen Nichterfüllung ohne Nachfristsetzung § 376 Abs. 1 HGB

3.5.3.5 Ermittlung des Schadens

Schadenersatz ist ein Ausgleich für einen entstandenen Schaden und erfolgt normalerweise in Geldform. Die Höhe des Schadenersatzes kann wie folgt ermittelt werden:

BGB § 251
BGB § 339

Arten der Schadensberechnung	
nach dem **konkreten Schaden**, wenn die Schadenshöhe berechenbar ist (z. B. Mehrpreis beim Kauf der benötigten Ware bei einem anderen Lieferanten)	nach dem **abstrakten Schaden** in Höhe des entgangenen Gewinns (erzielbarer Verkaufspreis abzüglich vereinbarter Einkaufspreis).

Um keine Schwierigkeiten beim Nachweis bzw. bei der Berechnung des entgangenen Gewinns aufkommen zu lassen, wird häufig zwischen Vertragspartnern eine Vertragsstrafe (Konventionalstrafe) vereinbart, die bei Nichterfüllung zu bezahlen ist.

Zusammenfassung und Lernkontrolle

Zusammenfassung

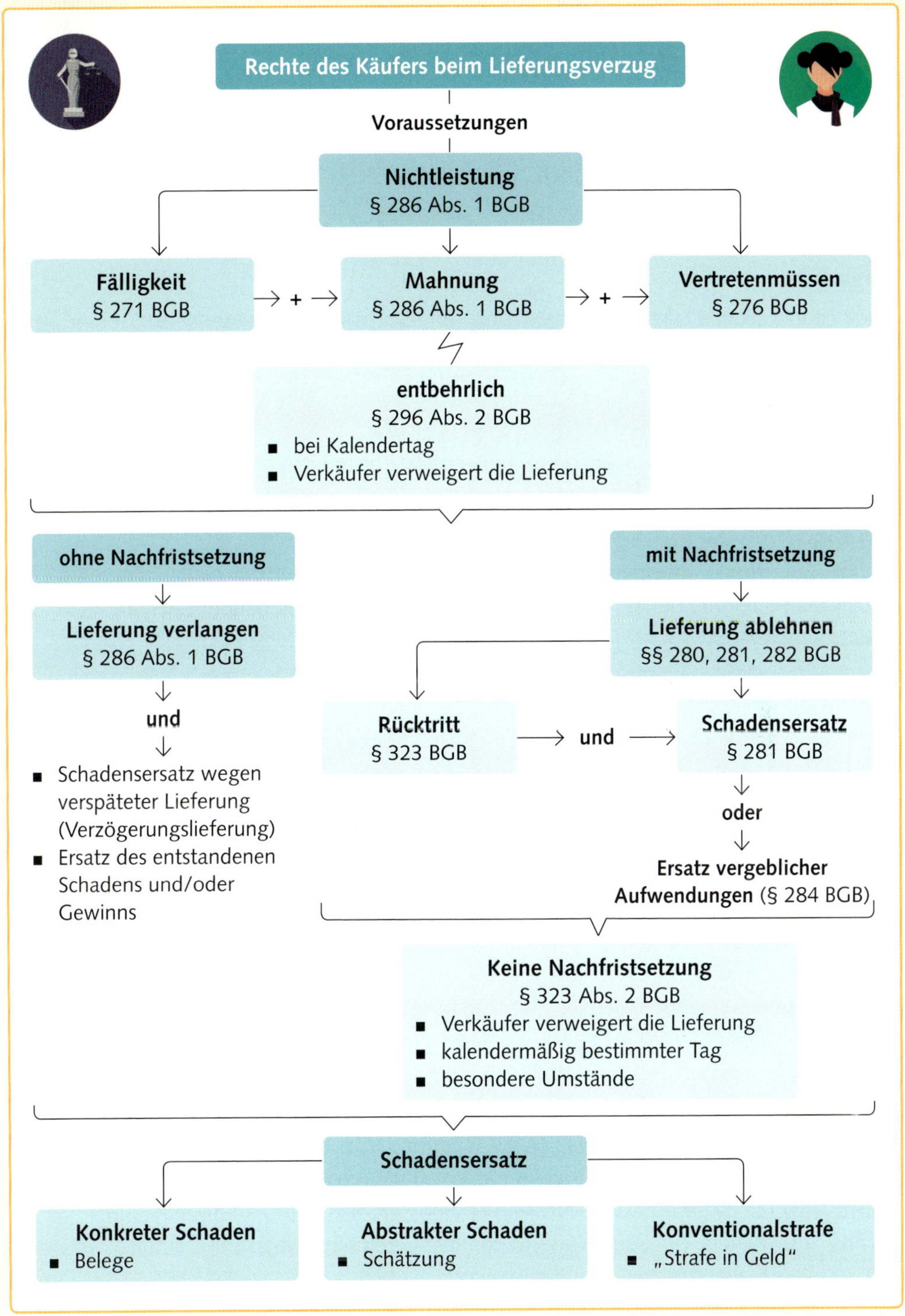

Lernkontrolle

Aufgabe 1

Nennen Sie bitte die Voraussetzungen des Lieferungsverzugs!

Aufgabe 2

Welche Rechte kann der Käufer gegenüber dem Verkäufer beim Lieferungsverzug geltend machen, wenn er

a) keine Nachfrist setzt,

b) eine angemessene Nachfrist setzt?

Aufgabe 3

In welchen Fällen ist die Nachfristsetzung für Rücktritt und Schadensersatz beim Lieferungsverzug entbehrlich?

Aufgabe 4

Welche Möglichkeiten sehen Sie, den Schadensersatz beim Lieferungsverzug zu bestimmen?

Aufgabe 5

Der Käufer Roman Hummer hat ein Spezialmotorrad bestellt, das der Zweiradhändler Klaus Greiner überraschenderweise nicht pünktlich liefert. Somit befindet sich der Verkäufer in Lieferungsverzug.

a) Roman besteht weiterhin auf Lieferung, weil in seinem Heimatort Wolfratshausen niemand eine derartige Maschine sein Eigen nennt. Außerdem verlangt Roman Ersatz des Verzögerungsschadens. In welchen Fällen braucht Roman nicht zu mahnen?

b) Roman verlangt aufgrund des Lieferungsverzugs des Klaus Greiner Schadensersatz statt Leistung von dem Verkäufer. Wann kann Roman auf die Setzung einer angemessenen Nachfrist verzichten?

c) Roman will aufgrund des Lieferungsverzuges des Klaus Greiner vom Kaufvertrag zurücktreten. In welchen Fällen kann Roman auf die Setzung einer Nachfrist verzichten?

d) Roman möchte seine Rechte aufgrund des Lieferungsverzugs des Klaus Greiner geltend machen und verlangt nach Ablauf einer angemessenen Nachfrist Rücktritt vom Kaufvertrag und Schadensersatz statt der Leistung. Ein Verschulden des Klaus Greiner liegt vor. Nach welcher Vorschrift kann Roman beide Rechte gleichzeitig beanspruchen?

Aufgabe 6

Beurteilen Sie folgenden Fall.

Zwischen dem Käufer Friedolin Blau und dem Verkäufer Wolfgang Sommer wird ein Kaufvertrag über die Lieferung von 20 PCs abgeschlossen. Blau benötigt diese Rechner, um ein Seminar abzuhalten. Ein Liefertermin wird nicht vereinbart. Nachdem Sommer mit einem anderen Käufer einen höheren Verkaufspreis ausgehandelt hat, weigert er sich, die PCs zu liefern. Dem Blau sind durch die Nichtlieferung 2 000,00 € Schaden entstanden.

Aufgabe 7

Beurteilen Sie die Rechtslage in folgendem Fall!

Die Käuferin Frau Amanda Fleck bestellt bei dem Weinhändler Xaver Eichbaum 10 Kisten Pfälzer Wein zu einem Preis von 8,00 € je Flasche. Der Weinhändler liefert nicht. Frau Fleck hat inzwischen erfahren, dass der Weinbauer Hans Reber den Wein der gleichen Sorte zu einem Preis von 5,00 € je Flasche anbietet. Frau Fleck kauft deshalb die 10 Kisten Pfälzer Wein bei dem Weinbauer Reber und teilt dies dem Weinhändler Eichbaum mit. Eichbaum verlangt jedoch Abnahme und Zahlung des Weines, weil Frau Fleck keine Nachfrist für die Lieferung gesetzt habe.

Aufgabe 8

Franz kauft am 20. Januar (01) beim Autohaus Nagelsmann einen gebrauchten 9 Jahre alten VW, Tachostand 123 400 km, für 7 000 €. Da das Auto vor der Auslieferung an Franz noch einen „neuen" TÜV bekommen soll, wird als Übergabetermin der 4. Februar d. J. vereinbart.

Als Franz an diesem Tag den Pkw bei Nagelsmann abholen will, sagt man ihm, dass sich die Arbeiten am VW verzögert haben, weil sich ein Mitarbeiter beim Skifahren mehrere Knochen gebrochen habe und deshalb nicht hatte arbeiten können. Außerdem hat sich erst jetzt herausgestellt, dass für den TÜV doch erheblich mehr zu reparieren ist, als zunächst anzunehmen war. Nagelsmann glaubt, den Wagen in der übernächsten Woche (zwischen dem 17. und 21. Februar) zum TÜV bringen zu können. Bei Nagelsmann arbeiten insgesamt 20 Kfz-Mechaniker.

Um seinen Urlaubsanspruch seinem Arbeitgeber gegenüber nicht verfallen zu lassen, hat sich Franz ab dem 10. Februar d. J. Urlaub genommen und ab dem 11. Februar eine zweiwöchige Urlaubsreise mit dem eigenen Pkw durch Irland (bed and breakfast) gebucht. Die Tickets für die Überfahrt mit der Fähre St. Patrick (einschl. Pkw-Transport) hat er bereits erhalten und bezahlt. Ab 1. März bis Ende Juli besteht für Franz betriebsbedingt Urlaubssperre. Da er die Reise unbedingt antreten möchte, ist er bemüht, einen Mietwagen zu bekommen. Das Reisebüro bietet ihm einen recht kleinen Mietwagen pauschal für 1 000 € ab Fähre Rosslair/Irland an.

Um an den Fährhafen Cherbourg (Frankreich) zu gelangen, müsste er 550 € aufbringen (einschl. Rückfahrt). Allerdings wäre dies für Franz und seine Begleiterin Franziska eine erhebliche Belastung (Schleppen des schweren Gepäcks). Die Betreibergesellschaft der Fähre ist nicht bereit, den Pkw-Anteil an den Überfahrtkosten zurückzuerstatten. Eine deutsche Autovermietung verlangt für einen dem VW vergleichbaren Mietwagen in der fraglichen Zeit 1 200 €. Allerdings belaufen sich die Fahrtkosten (Benzin und Autobahngebühren) zwischen seinem Heimatort und dem Fährhafen (und zurück) auf 600 €.

Franz sieht noch eine weitere Alternative. Das Autohaus Assenhauser bietet einen vergleichbaren, sofort einsatzbereiten Pkw für 8 000 € an.

Franz möchte von Ihnen folgende Fragen beantwortet haben:

a) Kann er am 4. Februar (01) vom Vertrag zurücktreten und Schadensersatz statt der Leistung verlangen?

b) Franz möchte aber doch den bei Nagelsmann gekauften Passat haben. Kann er von Nagelsmann Verzögerungsschaden verlangen und gegebenenfalls welchen?

3.5.4 Zahlungsverzug als Schuldnerverzug

3.5.4.1 Abgrenzung Nicht-Rechtzeitige-Zahlung und Zahlungsverzug

Die Begriffe Nicht-Rechtzeitige-Zahlung und Zahlungsverzug sind wie folgt zu unterscheiden.

Verspätete Zahlung

Nicht-Rechtzeitige-Zahlung	Zahlungsverzug
liegt vor ■ wenn der Geldschuldner (Käufer) seine Zahlungsverpflichtung nicht zu dem vorgesehenen Zeitpunkt bzw. nicht innerhalb einer bestimmen Frist erfüllt hat. D. h. die Zahlung muss rechtzeitig den Gläubiger (Verkäufer) erreicht haben (Geldschulden sind Bringschulden).	liegt vor ■ wenn eine Nicht-Rechtzeitige-Zahlung vorliegt und ■ der Geldschuldner (Käufer) diese Verzögerung auch zu vertreten hat. Bei Geldschulden gilt der Grundsatz „Geld muss man haben". Das bedeutet, dass der Schuldner im Regelfall die Nicht-Rechtzeitige-Zahlung auch zu vertreten hat.

Wenn ein Käufer seine Geldschuld wegen finanzieller Leistungsunfähigkeit (d. h. weil er kein Geld hat) nicht rechtzeitig erfüllt, so hat er diese Verzögerung unabhängig von seinem Verschulden immer zu vertreten (Grundsatz: „Geld hat man zu haben"). Es ist aber auch denkbar, dass die Zahlung aus anderen Gründen nicht rechtzeitig erfolgt. Hat der Käufer diese Gründe nicht zu vertreten (z. B. plötzliche schwere Erkrankung, höhere Gewalt), liegt zwar eine Nicht-Rechtzeitige-Zahlung, aber kein Zahlungsverzug vor. Der Käufer muss allerdings beweisen, dass er die Verzögerung nicht zu vertreten hat. Solange er den Nachweis nicht erbracht hat, wird vom Verschulden des Käufers ausgegangen (vermutetes Verschulden).

BEISPIEL

Ein Schuldner verunglückt schwer und liegt auf der Intensivstation. Er ist nicht in der Lage eine fällige Zahlung vorzunehmen oder einen Vertreter damit zu beauftragen.
Der Schuldner zahlt nicht rechtzeitig (Nicht-Rechtzeitige-Zahlung). Er kommt aber nicht in Zahlungsverzug, da er die Verzögerung **ausnahmsweise** nicht zu vertreten hat.

Zahlt der Käufer den zwischen ihm und dem Verkäufer vereinbarten **Kaufpreis**

- **nicht rechtzeitig,**
- **nicht vollständig** oder
- **gar nicht,**

liegt **Zahlungsverzug** gem. § 286 Abs. 1 BGB vor.

3.5.4.2 Voraussetzungen

Ein Zahlungsverzug liegt vor, wenn der Verkäufer trotz Mahnung den vereinbarten Kaufpreis nicht oder nicht rechtzeitig bezahlt und er diese Nicht-Rechtzeitige-Zahlung zu vertreten hat.

Nichtzahlung trotz Fälligkeit

Wenn im Kaufvertrag nichts anderes vereinbart ist, ist die Zahlung sofort fällig. BGB §§ 242, 271 u. 286

Mahnung

BGB § 286

Grundsätzlich ist die Aufforderung zur Zahlung (Mahnung) Voraussetzung für den Eintritt des Zahlungsverzugs. Eine Mahnung ist allerdings nicht erforderlich, wenn

© Sashkin – stock.adobe.com

- der Zahlungstermin kalendermäßig bestimmt ist („Zahlung bis 18. Mai …"),
- der Zahlungstermin kalendermäßig berechnet werden kann, d. h. bestimmbar ist („Zahlung 20 Tage nach Rechnungsdatum"),
- der Käufer die Zahlung verweigert bzw. erklärt, dass er nicht leisten werde, oder
- 30 Tage nach Fälligkeit und Rechnungszugang vergangen sind (Rechnungszugang 15. Mai – Zahlungsverzug ab 14. Juni, 24:00 Uhr).

Bei einem Verbrauchsgüterkauf kann auf die Mahnung nur verzichtet werden, wenn ausdrücklich auf die 30-Tage-Frist hingewiesen wurde. In der Praxis wird dies i. d. R. durch die Nennung der Fälligkeit ersetzt.

Vertretenmüssen

Wenn der Käufer seine Geldschuld wegen finanzieller Leistungsfähigkeit (d. h. weil er kein Geld hat) nicht rechtzeitig erfüllt, hat er diese Nichterfüllung – unabhängig von seinem Verschulden – immer zu vertreten. Nur in Ausnahmefällen (z. B. plötzliche schwere Erkrankung) hat er die Verzögerung u. U. nicht zu vertreten.

BEISPIEL

Aufgrund der Insolvenz seines Arbeitgebers kann ein Schuldner seine Zahlungen aus einem Ratenkauf nicht begleichen, da er momentan kein Gehalt mehr erhält.
Der Schuldner kommt in Zahlungsverzug, obwohl er die Zahlungsschwierigkeit nicht verursacht hat, sondern sein Arbeitgeber.

3.5.4.3 Rechte des Verkäufers

Da es sich beim Zahlungsverzug um einen Schuldnerverzug wie beim Lieferungsverzug handelt, hat der Gläubiger, hier der Verkäufer, nahezu die gleichen Rechte wie der Gläubiger beim Lieferungsverzug.

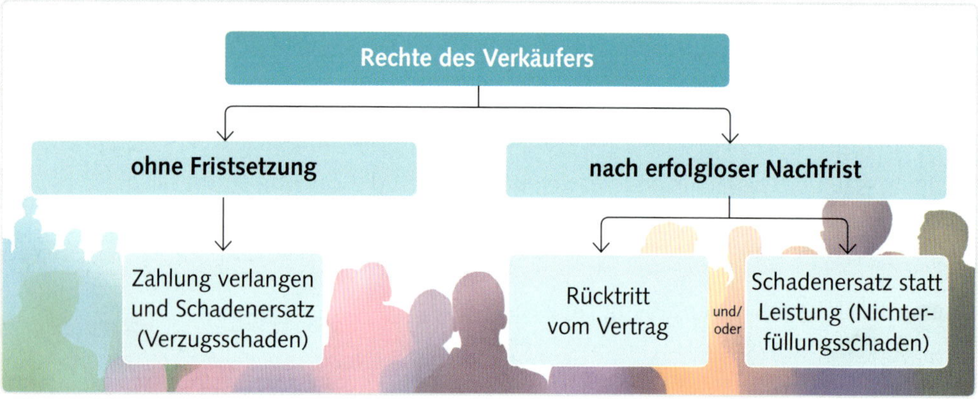

3.5.4.4 Ermittlung des Schadens

BGB §§ 288

Da bei einer verspäteten Zahlung dem Gläubiger immer ein Zinsverlust entsteht, kann der **Verkäufer** beim Zahlungsverzug neben einem sonstigen Schaden immer Verzugszinsen geltend machen. Dabei erlaubt das BGB Verzugszinsen in Höhe von

- 5 % über dem Basiszinssatz der Deutschen Bundesbank[1] bei Verbrauchsgüterkäufen bzw.
- 9 % über dem Basiszinssatz, wenn bei dem Rechtsgeschäft kein Verbraucher beteiligt ist.

Vertraglich kann auch ein höherer Zinssatz vereinbart werden.

1 http://www.bundesbank.de Suchwort: Basiszinssatz

Zusammenfassung und Lernkontrolle

Zusammenfassung

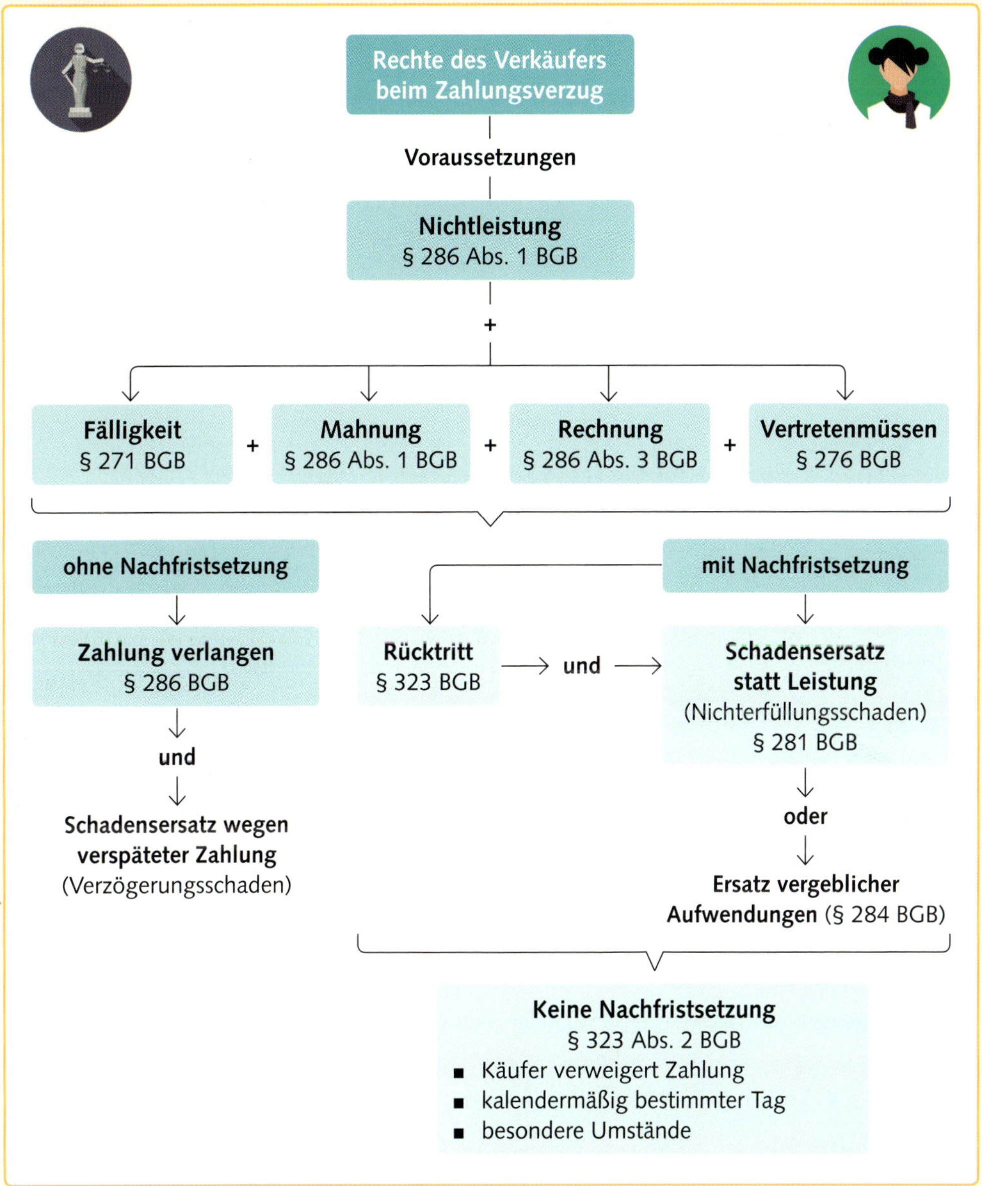

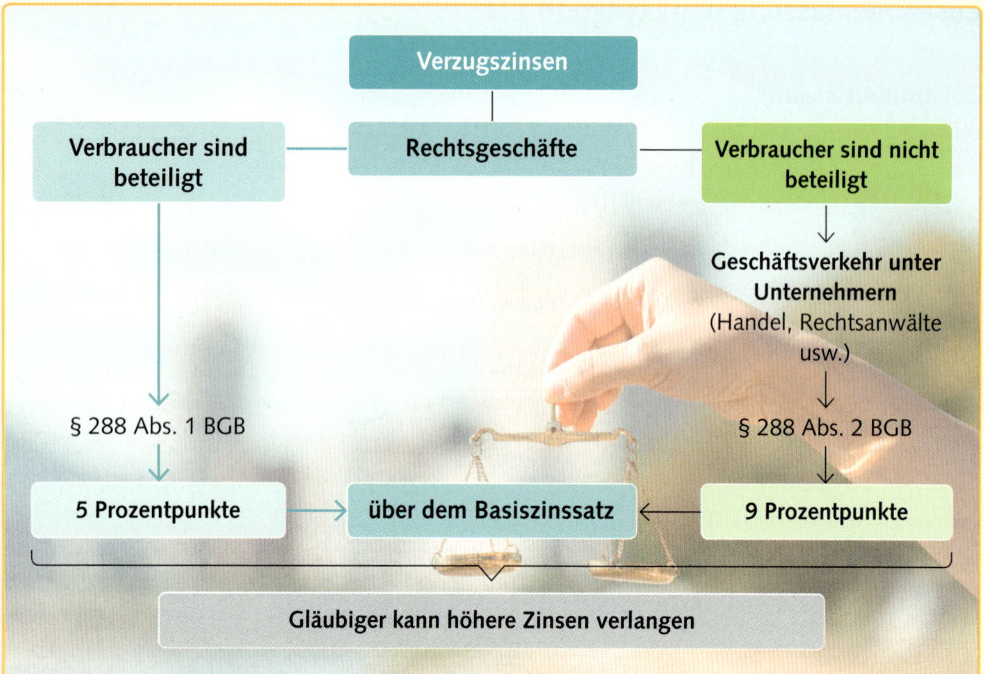

Lernkontrolle

Aufgabe 1

Der Käufer Thomas Lober zahlt den Kaufpreis nicht wie im Kaufvertrag vereinbart. Welche Voraussetzungen müssen für einen Zahlungsverzug

a) bei einem zweiseitigen Handelskauf,

b) bei einem Kauf, an dem ein Verbraucher beteiligt ist,

gegeben sein?

Aufgabe 2

Der Käufer Gerd Mainz zahlt den Kaufpreis nicht. Welche Rechte hat der Verkäufer Rainer Weis und welche Voraussetzungen muss er dabei beachten (ausführlich erläutern!)?

Aufgabe 3

Wird Geld geschuldet, kann der Gläubiger gem. § 288 Abs. 1 BGB zusätzlich zu dem sonstigen Schaden Verzugszinsen verlangen. Wonach richtet sich unter Angabe der gesetzlichen Bestimmungen die Höhe der Verzugszinsen?

Aufgabe 4

Die Hausfrau Karin kauft von ihrer Nachbarin Trudel ein gebrauchtes Damenfahrrad zum Preis von 800,00 €. Wie viel Prozent Verzugszinsen kann Frau Trudel verlangen, wenn Frau Karin nicht wie vereinbart den Kaufpreis zahlt?
Angenommener Basiszinssatz 2,34 %.

Aufgabe 5

Der Rentner Walter P. Dahler kauft von dem Zweiradhändler Braun ein gebrauchtes Moped zum Preis von 1 000,00 €. Wie viel Prozent Verzugszinsen kann der Zweiradhändler verlangen, wenn Walter nicht rechtzeitig zahlt? Angenommener Basiszinssatz: – 0,80 % (negativ)

Aufgabe 6

Herr Rechtsanwalt Ziemer verkauft seinen gebrauchten Pkw an den Kfz-Händler Werner Staudinger für 3 000,00 €. Hugo zahlt nicht rechtzeitig. Wie hoch sind die Verzugszinsen, wenn ein Basiszinssatz von 1,00 % angenommen wird?

Aufgabe 7

Der Kunststoffhersteller Ferdinand Schier liefert am 10.02.(01) an den Fensterbauer Max Keinschrot 20 Pakete Fensterprofile zur Weiterverarbeitung. Max von Durchblick erhält die Rechnung am 20.02.(01). Ab wann befindet sich Kleinschrot in Zahlungsverzug, wenn

a) die Rechnung kein Zahlungsziel enthält und auch keine Mahnung versandt wurde?
b) Die Rechnung kein Zahlungsziel enthält, aber am 21.02.(01) eine Mahnung versandt wurde?
c) Auf der Rechnung vermerkt ist: „Zahlung bis zum 25.02.(01) erbeten".

Aufgabe 8

Heute ist der **20.05.**(01).

Der Fernsehgerätehändler Josef Helfrich liefert an den Berufskraftfahrer Fritz Malloch am 10.03.(01) ein Farbfernsehgerät zum Preis von 1 000,00 €. Fritz Maurer erhält die Rechnung am 20.03.(01) ohne besondere Hinweise auf den Zahlungstermin und die Folgen des Verzugs. Ab wann befindet sich Maurer in Zahlungsverzug, wenn er nicht vertragsgemäß zahlt?

3.5.5 Annahmeverzug

3.5.5.1 Voraussetzungen

> Wenn der Käufer die Ware (oder der Verkäufer die Zahlung) nicht oder nicht rechtzeitig annimmt, liegt ein Annahmeverzug vor. Meist kommt der Annahmeverzug auf Seiten des Käufers vor (Warenannahme).

BGB §§ 293 f.

Der Annahmeverzug setzt kein Verschulden voraus. Damit der Annahmeverzug eintritt, muss
- die Leistung fällig und
- tatsächlich angeboten worden sein.

BGB § 300

Der Eintritt eines Annahmeverzugs hat Auswirkungen auf den Gefahrenübergang und die Haftung beim Verkauf.

Auswirkungen des Annahmeverzugs	
auf den Gefahrenübergang	**auf die Haftung**
Die Gefahr des zufälligen Untergangs der Ware geht mit Eintritt des Annahmeverzugs auf den Gläubiger über (Käufer als Gläubiger der Ware).	Die Haftung des Schuldners (Verkäufer beim Annahmeverzug der Ware) erstreckt sich mit Eintritt des Annahmeverzugs nur noch auf grobe Fahrlässigkeit. Der Schuldner haftet nicht mehr für leichte Fahrlässigkeit.

3.5.5.2 Rechte des Verkäufers

BGB §§ 373 f.

Der Schuldner (Verkäufer beim Annahmeverzug der Ware) hat folgende Rechte, wenn die Voraussetzungen für den Annahmeverzug vorliegen:

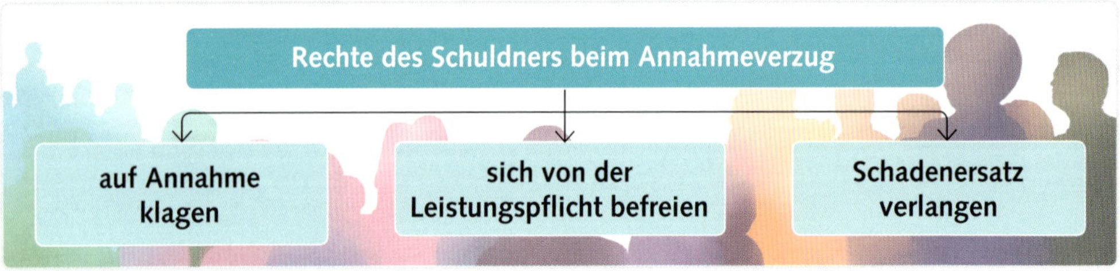

- **auf Annahme klagen**

Der Schuldner kann die Ware in eigene Verwahrung nehmen und auf Annahme klagen.

- **sich von der Leistungspflicht befreien**
  - Ist der Schuldner (hier Verkäufer) ein Kaufmann, kann er die Ware an jedem geeigneten Ort in sicherer Weise einlagern.
  - Der Kaufmann kann die Ware auch an jedem Ort versteigern lassen. Wenn die Ware einen Börsen- oder Marktpreis hat, kann sie freihändig verkauft werden (Selbsthilfeverkauf). Der Erlös muss mit der Forderung aufgerechnet werden. Ein Mehrerlös steht dem Käufer zu. Bei einem Mindererlös hat der Kaufmann eine Restforderung in Höhe des Differenzbetrags. Vor einer Versteigerung muss diese mit einer Fristsetzung für die Abnahme angedroht werden. Wenn es sich um verderbliche Ware handelt, kann die Androhung unterbleiben.

- **Schadenersatz verlangen**

Wenn der Käufer die Ware schuldhaft nicht entgegen nimmt, kann der Verkäufer Schadenersatz wegen Nichterfüllung verlangen.

Zusammenfassung und Lernkontrolle

Zusammenfassung

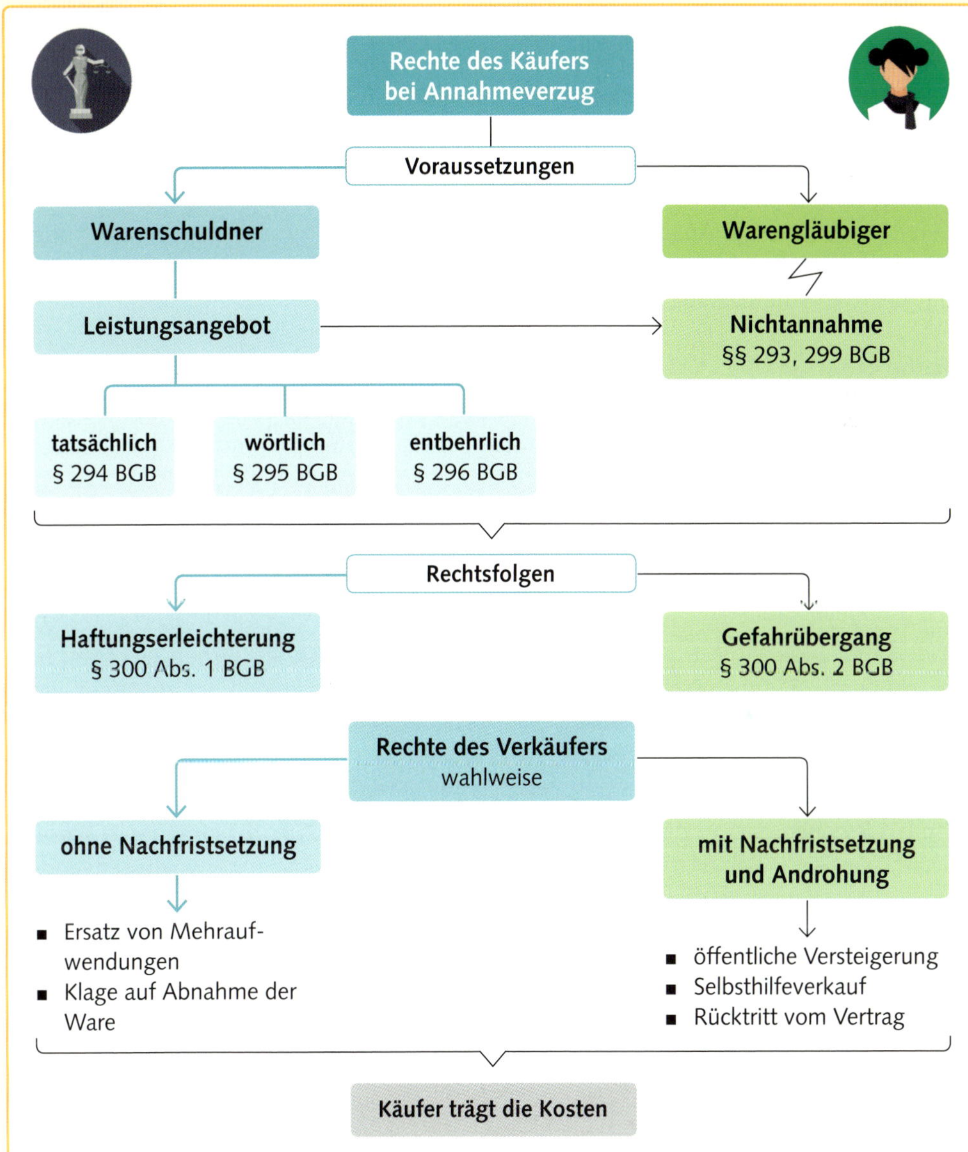

Lernkontrolle

Aufgabe 1

Wann liegt unter Angabe der gesetzlichen Bestimmungen Annahmeverzug vor?

Aufgabe 2

Welche Voraussetzungen müssen gegeben sein, damit der Warengläubiger in Annahmeverzug gerät?

Aufgabe 3

Erläutern Sie bitte unter Angabe der in Betracht kommenden gesetzlichen Bestimmungen die Rechtsfolgen der Haftungserleichterung für den Warenschuldner und des Gefahrübergangs beim Annahmeverzug.

Aufgabe 4

Ordnen Sie bitte folgende Beispiele den Rechten des Verkäufers zu, die er wahlweise und sinnvoll in Anspruch nehmen kann, wenn sich der Käufer in Annahmeverzug befindet:

- Ersatz von Mehraufwendungen
- Klage auf Abnahme
- Hinterlegung der Sache
- öffentliche Versteigerung
- Selbsthilfeverkauf

a) Der Bauer Felix Strohm nimmt die von ihm bestellten 200 kg Birnen nicht an. Sein Nachbar, der Günther Frei, ist bereit, die Birnen zu kaufen, jedoch nur zu einem geringeren Preis.

b) Der Zweiradhändler Uwe Tucher hat für den Kunststoffformgeber Manfred Brenner wunschgemäß dessen Motorrad „aufgemotzt". Als Tucher das Motorrad abliefern will, erklärt Brenner, dass er dieses nicht abnehmen werde, weil er für eine derart schnelle Maschine keinen Bedarf habe. Tucher kann das Motorrad nicht anderweitig verwenden.

c) Die Europa-Bank bietet dem Zaun 200 Aktien der ABC-Versicherung, die dieser gekauft hat, an. Zocker nimmt die Aktien nicht an.

d) Der Maurer Felix Stahl nimmt die von ihm bestellten 400 Kalksandsteine nicht an.

e) Dem Verkäufer sind durch die Annahmeverweigerung des Käufers Transportkosten und Kosten für die Hinterlegung und Aufbewahrung der Ware in einem Lager entstanden.

Aufgabe 5

Welche Rechte hat der Warenschuldner bei zweiseitigen Handelsgeschäften, wenn sich der Käufer in Annahmeverzug befindet?

3.6 Vorschriften zum Verbraucherschutz

3.6.1 Allgemeine Geschäftsbedingungen

Allgemeine Geschäftsbedingungen (AGB) sind vorformulierte, für eine Vielzahl von Verträgen geltende Vertragsbedingungen. Sie werden auf Vertragsunterlagen (z. B. Bestellformular) oder auf einem besonderen Vordruck wiedergegeben. Es besteht auch die Möglichkeit, die AGB in den Geschäftsräumen auszuhängen. Diese Bedingungen sollen Vertragsbestandteil sein, ohne dass sie jeweils einzeln ausgehandelt werden. Die AGB sollen zur BGB § 305

- Zeit- und Kostenersparnis,
- Risikobegrenzung und
- Rechtssicherheit beitragen.

Im Geschäftsleben zwingt i. d. R. der wirtschaftlich Stärkere den wirtschaftlich Schwächeren seine AGB anzuerkennen. Zwischen Unternehmen kann es daher auch vorkommen, dass beim Kaufvertrag die AGB des Käufers vereinbart werden. Bei Verträgen zwischen Unternehmen und Privatleuten erkennt der Käufer die AGB des Verkäufers an.

Zum Schutz der Verbraucher wurden zahlreiche Schutzvorschriften in das Bürgerliche Gesetzbuch aufgenommen.

- Die AGB gelten nur, wenn der Unternehmer bei Vertragsabschluss den Verbraucher ausdrücklich auf diese hinweist und der Verbraucher in zumutbarer Weise Kenntnis von den AGB erlangen kann (z. B. Aushang in einem Kreditinstitut). Der Verbraucher muss sich mit den AGB einverstanden erklären. BGB § 305 Abs. 2
- Generalklausel: Die AGB sind dann unwirksam, wenn sie den Vertragspartner unangemessen benachteiligen und gegen den Grundsatz von Treu und Glauben verstoßen. BGB §§ 307 u. 242
- Klauselverbote ohne Wertungsmöglichkeit: Diese Klauseln sind auch ohne rechtliche Wertung immer unwirksam, weil sie die gesetzlichen Rechte des Verbrauchers einschränken. BGB § 309

Beispiele für Klauselverbote ohne Wertungsmöglichkeit		
Klausel	**Erläuterung**	**Beispiel**
Pauschalierung von Schadenersatzansprüchen	Die Festlegung einer Schadenspauschale ist unwirksam, wenn dem anderen Vertragspartner nicht die Möglichkeit des Nachweises eines geringeren Schadens eingeräumt wird.	Ein Autohändler setzt für den Fall der Nichtabnahme eines bestellten Autos in den AGB den Schadenersatzanspruch auf 10 % fest, wenn der Käufer einen geringeren Schaden nachweist.

Beispiele für Klauselverbote ohne Wertungsmöglichkeit		
Klausel	**Erläuterung**	**Beispiel**
kurzfristige Preiserhöhungen	Unwirksam ist eine Klausel, bei der die Möglichkeit eingeräumt wird, bei einer Warenlieferung innerhalb von vier Monaten nach Vertragsabschluss eine kurzfristige Preiserhöhung zu erlauben.	Die Lieferung eines Neuwagens soll in acht Wochen erfolgen. Die AGB sehen vor, dass eine zwischenzeitlich eintretende Preiserhöhung an den Kunden weitergegeben werden kann.
Haftungsausschluss bei Verletzung von Leben, Gesundheit und bei grobem Verschulden	Ein Haftungsausschluss des Unternehmers für eine leicht fahrlässige Pflichtverletzung ist unzulässig, wenn es durch die Pflichtverletzung zu einer Körperverletzung oder zum Tod einer Person gekommen ist. Ebenso ausgeschlossen sind Haftungsbeschränkungen für Fälle, bei denen grobes Verschulden vorliegt.	Der Hersteller von Motorrädern schließt in seinen AGB eine Schadenersatzleistung für den Fall einer Verletzung aufgrund eines Materialfehlers aus.

BGB § 308

- Klauselverbote mit Wertungsmöglichkeit: Diese Klauseln sind durch die Verwendung von unbestimmten Rechtsbegriffen gekennzeichnet, die einer Auslegung bedürfen (z. B. eine Nachfrist wird nicht hinreichend bestimmt).

  Wenn Klauseln unbestimmte Rechtsbegriffe enthalten, müssen diese erst rechtlich gewertet werden. Solche Klauseln, die erst der rechtlichen Auslegung bedürfen, also erst bewertet werden müssen, sind unzulässig.

3.6.2 Fernabsatzvertrag

Merkmale des Fernabsatzvertrags

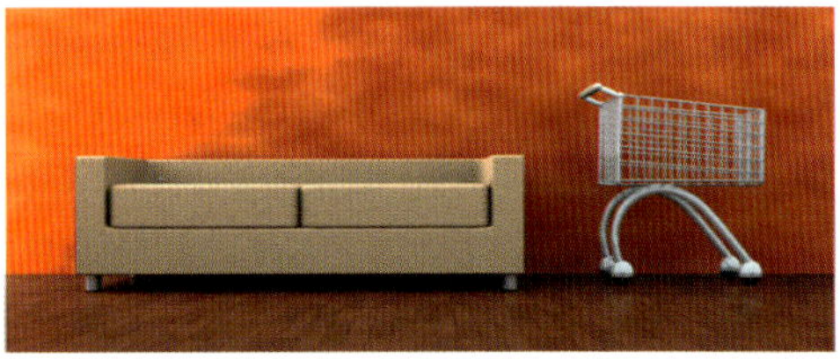

© Spectral-Design – stock.adobe.com

BGB § 312b

Zunehmende Bedeutung für Verbraucher haben Verträge, die ausschließlich mit Fernkommunikationsmitteln (z. B. Internetkäufe, Internetauktionen) zustande kommen. Diese bezeichnet man als Fernabsatzverträge.

Fernabsatzverträge sind Verträge

- über die Lieferung von Waren oder die Erbringung von Dienstleistungen,
- zwischen einem Unternehmer und einem Verbraucher,
- unter ausschließlicher Verwendung von „Fernkommunikationsmitteln“,
- im Rahmen eines für den Fernabsatz organisierten Vertriebs- oder Dienstleistungssystems.

Fernkommunikationsmittel sind z. B. Briefe, Kataloge, Telefon, Telefax, Internet-Hompages (bzw. Internet-Plattformen), SMS-Nachrichten und E-Mails. Entscheidend für die Zuordnung zu den Fernabsatzverträgen ist allein die Art und Weise des Vertragsabschlusses. Wird ein Vertrag z. B. über E-Mail oder Telefon angebahnt, jedoch bei einem Vertreterbesuch abgeschlossen, gelten die Vorschriften über Fernabsatzverträge nicht. Verfügt das

Unternehmen über kein für den Fernabsatz organisiertes Vertriebs- oder Dienstleistungssystem, liegt kein Fernabsatzvertrag vor, falls nur gelegentlich Fernabsatzkommunikationsmittel verwendet werden (Beispiel: Unternehmen nimmt gelegentlich telefonische Bestellungen entgegen).

Internetauktionen

Internetauktionen fallen in der Regel unter das Fernabsatzrecht. Die Rechtsprechung geht davon aus, dass Internetauktionen keine Versteigerungen im Sinne des BGB darstellen. Grund dafür ist, dass der Zuschlag nicht zum absolut höchsten Gebot erfolgt, sondern durch einen Zeitpunkt bestimmt wird. Aufgrund dieser Rechtsauffassung führen Internetauktionen zu Kaufverträgen. Das Onlineangebot ist die erste Willenserklärung (Antrag), die Abgabe des höchsten Gebots stellt die zweite Willenserklärung (Annahme) dar. Das Fernabsatzrecht setzt voraus, dass der Anbieter ein Unternehmer ist, also planmäßig und regelmäßig Waren bei Auktionsplattformen oder sonst über das Internet anbietet. Es liegt dann ein Verbrauchsgüterkauf vor. BGB § 312d

Besondere Rechtsvorschriften im Fernabsatzgeschäft für Verbraucher

Zum Schutz der Verbraucher gelten für Fernabsatzverträge besondere Rechtsvorschriften. BGB § 312c

Informationspflicht des Unternehmers

Unternehmen, die Fernabsatzkommunikationsmittel zur Geschäftsanbahnung oder zum Vertragsabschluss verwenden, müssen den Verbraucher rechtzeitig vor Abschluss eines Fernabsatzvertrags über folgende Aspekte aufklären:

- Einzelheiten des Vertrags (Anschrift des Unternehmens, Ware/Dienstleistung, Liefer- und Zahlungsbedingungen, Gültigkeitsdauer, Widerruf und Rückgabe),
- den geschäftlichen Zweck des Vertrags.

Die Aufklärung muss klar und verständlich in einer dem eingesetzten Fernkommunikationsmittel entsprechenden Form erfolgen.

Widerrufs- und Rückgaberecht

Bei Fernabsatzverträgen wird dem Verbraucher ein Widerrufsrecht eingeräumt. Handelt es sich um Warengeschäfte, kann der Verbraucher anstelle des Widerrufsrechts auch ein Rückgaberecht in Anspruch nehmen. Die Widerrufs- oder Rückgabefrist beträgt 14 Tage. Der Widerruf oder die Rücksendung können ohne Begründung wahrgenommen werden. BGB § 312d BGB §§ 356f

Pflichten des Unternehmers im elektronischen Geschäftsverkehr

Wenn der Verbraucher zum Vertragsabschluss Teledienste (i. d. R. Internet) benutzt, muss der Unternehmer Maßnahmen zum Schutz des Verbrauchers ergreifen. Der Verbraucher muss BGB § 312e

- die Möglichkeit haben, Eingabefehler vor Abgabe der Bestellung erkennen und korrigieren zu können,
- die Identität des Unternehmens (Name, Anschrift) rechtzeitig vor Abgabe der Bestellung klar und verständlich mitgeteilt bekommen,
- den Zugang der Bestellung unverzüglich auf elektronischem Weg bestätigt bekommen und
- die Vertragsbestimmungen einschließlich der allgemeinen Geschäftsbedingungen abrufen und in wiedergabefähiger Form speichern können.

3.6.3 Verbraucherschutz bei außerhalb der Geschäftsräume geschlossenen Verträgen

BGB § 312b

Unter einem außerhalb der Geschäftsräume geschlossenem Vertrag (ehemals Haustürgeschäft) versteht man Verträge,

© Dan Race – stock.adobe.com

- die bei gleichzeitiger körperlicher Anwesenheit des Verbrauchers und des Unternehmers an einem Ort geschlossen werden, der kein Geschäftsraum des Unternehmers ist,
- für die der Verbraucher unter den in Nummer 1 genannten Umständen ein Angebot abgegeben hat,
- die in den Geschäftsräumen des Unternehmers oder durch Fernkommunikationsmittel geschlossen werden, bei denen der Verbraucher jedoch unmittelbar zuvor außerhalb der Geschäftsräume des Unternehmers bei gleichzeitiger körperlicher Anwesenheit des Verbrauchers und des Unternehmers persönlich und individuell angesprochen wurde, oder
- die auf einem Ausflug geschlossen werden, der von dem Unternehmer oder mit seiner Hilfe organisiert wurde, um beim Verbraucher für den Verkauf von Waren oder die Erbringung von Dienstleistungen zu werben und mit ihm entsprechende Verträge abzuschließen.

Dem Unternehmer stehen Personen gleich, die in seinem Namen oder Auftrag handeln.

BGB § 312d
EBGB Art. 246a u. 246b

Wenn der Vertrag nach diesen Kriterien abgeschlossen wurde, besteht eine detaillierte Informationspflicht des Unternehmers und ein Widerspruchsrecht des Verbrauchers. Finanzdienstleister haben hierbei eine erweiterte Informationspflicht, die vor Abgabe der Vertragserklärung des Verbrauchers erfüllt werden muss. Der Finanzdienstleister muss seine Identität unter Angabe seiner Registernummer genau darlegen. Zudem sind z. B. Angaben zur Hauptgeschäftstätigkeit und zu der zuständigen Aufsichtsbehörde zu machen. Neben den Merkmalen über das Zustandekommen des Vertrages sind Angaben zum Gesamtpreis, einschließlich Steuern und aller Nebenkosten vorgeschrieben. Notwendige sind auch Angaben über das Bestehen oder Nichtbestehen eines Widerrufsrechts.

BGB §§ 312g u. 355

Grundsätzlich hat der Verbraucher ein Widerspruchsrecht. Zur Abgabe eines Widerspruchs kann der Unternehmer dem Verbraucher die Möglichkeit einräumen ein Widerrufsformular oder eine eindeutige Widerrufserklärung auf der Webseite des Unternehmers auszufüllen. Diese muss vom Unternehmer bestätigt werden. Die Widerrufsfrist beginnt bei Verbrauchsgüterkäufen mit Erhalt der Ware, ansonsten mit Vertragsabschluss. Die Frist beginnt nicht bevor der Verbraucher gemäß der Informationspflicht des Unternehmers über das Widerrufsrecht informiert wurde. Die Frist für den Widerruf betragt 14 Tage, hierbei gilt das Datum der Absendung des Widerrufs. Die Widerrufsfrist erlischt spätestens nach zwölf Monaten und 14 Tagen. Bei Finanzdienstleistungen erlischt das Widerspruchsrecht, wenn von beiden Seiten der Vertag vollständig erfüllt ist.

Ausnahmen vom Recht vom Recht auf Widerruf, sieht das Gesetz in besonderen Fällen vor, wie z.B. bei verderblichen Waren oder versiegelte Software, deren Siegel entfernt wurde. Bei Verträgen zur Lieferung von Waren oder zur Erbringung von Dienstleistungen, einschließlich Finanzdienstleistungen, deren Preis von Schwankungen auf dem Finanzmarkt abhängt, auf die der Unternehmer keinen Einfluss hat und die innerhalb der Widerrufsfrist auftreten können, insbesondere Dienstleistungen im Zusammenhang mit Aktien, mit Anteilen an offenen Investmentvermögen und mit anderen handelbaren Wertpapieren, Devisen, Derivaten oder Geldmarktinstrumenten, entfällt das Widerrufsrecht ebenfalls.

3.6.4 Verbraucherschutz aufgrund der Preisangabenverordnung

PAngV

Durch die Preisangabenverordnung ist geregelt, wie Waren und Dienstleistungen hinsichtlich des Preises gegenüber Verbrauchern auszuzeichnen sind. Verbraucher sollen durch sachlich richtige und vollständige Information die Möglichkeit haben, einen optimalen Preisvergleich vorzunehmen. Die Verordnung gilt nur für geschäftsmäßige Anbieter von Waren und Diensten gegenüber Letztverbrauchern. Oberste Priorität hat dabei der Grundsatz „Preisklarheit und Preiswahrheit".

Wesentliche Vorschriften der Preisangabenverordnung:

- Preise müssen dem jeweiligen Angebot eindeutig zugeordnet werden können.
- Preise müssen leicht erkennbar und deutlich lesbar sein.
- Pflicht zur Angabe von Endpreisen, auch in der Werbung (Bruttopreise), einschließlich Umsatzsteuer und sonstige Preisbestandteile.
- Pflicht zur Angabe von Grundpreisen bei Waren (Preis je Mengeneinheit, z. B. Kilo-Preis, Liter-Preis).
- Waren in Schaufenstern und auf Verkaufsständern und Waren, die vom Kunden unmittelbar entnommen werden können, müssen mit Preisschildern versehen werden.
- In Katalogen und bei Internet-Angeboten sind die Preise unmittelbar neben den Produktbeschreibungen anzugeben.
- Anbieter von Dienstleistungen (z. B. Kreditinstitute, chemische Reinigung, Frisördienstleistungen oder Gastronomie) müssen ein Preisverzeichnis mit den Preisen für ihre wesentlichen Leistungen oder Verrechnungssätze aufstellen (im Geschäftslokal oder am sonstigen Ort des Leistungsangebots wie z. B. Internet).

Von einigen Vorschriften gibt es Ausnahmeregelungen und Befreiungen.

3.6.5 Verbraucherschutz durch das Produkthaftungsgesetz

ProdHaftG

Das Produkthaftungsgesetz regelt die Haftung eines Herstellers bei fehlerhaften Produkten. Als Produkte gelten alle beweglichen Sachen. Dies gilt auch, wenn sie nur Teile von einer anderen beweglichen oder unbeweglichen Sache bilden. Geschützte Güter im Sinne des Gesetzes sind **Leben**, **Körper**, **Gesundheit** und **Sachen**.

Voraussetzung für eine Schutzgutverletzung ist, dass die Verletzung durch ein fehlerhaftes Produkt zustande gekommen ist. Der Fehler eines Produkts muss schadensursächlich sein. Ein Fehler liegt dann vor, wenn ein Produkt nicht die erforderliche Sicherheit bietet. Dabei muss der Fehler zum Zeitpunkt des Inverkehrbingens (Überlassen an andere) schon vorgelegen haben. Er darf nicht später oder durch übliche Abnutzung oder andere Einwirkung entstanden sein. Nicht in den Verkehr gebracht sind Produkte, die gestohlen, unterschlagen oder beim Transport verloren wurden. Auch wenn ein Produkt zum Zwecke der Prüfung oder Erprobung an andere übergeben wurde, gelten die Produkte nicht als in den Verkehr gebracht.

Das Gesetz nennt nur den Hersteller als Haftenden für einen Produkthaftungsfall. In bestimmten Fällen haften aber auch andere Personen als der tatsächliche Hersteller:

- **quasi Hersteller:** wer sich durch das Anbringen seines Namens, Marke oder anderen Kennzeichens als Hersteller ausgibt
- **Importeur:** wer ein Produkt mit wirtschaftlichem Zweck aus einem Drittstaat in den Geltungsbereich des Abkommens über den Europäischen Wirtschaftsraum einführt
- **Lieferant:** wer als Lieferant eines Produktes seinen Lieferanten oder den Hersteller nicht benennen kann

Werden im Rahmen einer Produktionskette mehrere Personen ersatzpflichtig, haften sie gegenüber dem Geschädigten als Gesamtschuldner.

Der Umfang der Haftung ist teilweise begrenzt. Bei Sachschäden besteht außerdem eine Selbstbeteiligung in Höhe von 500 €.

3.6.6 Schutzvorschriften bei Verbraucherkrediten

BGB §§ 491 ff.

Ein Verbraucherdarlehen ist ein Darlehen, bei dem der Darlehensvertrag zwischen einem Verbraucher als Darlehensnehmer und einem Unternehmer als Darlehensgeber geschlossen wird. Zum Schutz des Verbrauchers bedarf dieser Darlehensvertrag grundsätzlich der Schriftform, d. h. die Unterschrift beider Vertragspartner ist erforderlich. Die Unterschrift des Darlehensgebers (z. B. Kreditinstitut) kann entfallen, wenn dessen Erklärung mit Hilfe einer automatischen Einrichtung erstellt wurde.

Mindestinhalte

BGB § 492

Der Gesetzgeber schreibt neben der Schriftform auch Inhalte vor, die zwingend im Vertrag enthalten sein müssen. Wichtige Pflichtangaben sind die Angabe des Nettodarlehensbetrags und des effektiven Jahreszinses.

Neben Schriftform und Mindestinhalten bestehen noch weitere Vorschriften für den Verbraucherschutz, z. B.:

- Anordnung von Rechtsfolgen bei Missachtung der obigen Punkte zu Lasten des Kreditgebers
- Widerrufsrecht des Darlehensnehmers in dem Zeitraum von 14 Tagen nach Vertragsschluss
- Behandlung von Verzugszinsen (Schutz vor Überschuldung)
- Begrenzung der Kündigungsmöglichkeiten des Darlehensgebers bei Zahlungsverzug

Werden die vorgeschriebene Schriftform oder die Mindestinhalte nicht beachtet, führt dies zur Nichtigkeit des Darlehensvertrags. Durch den Empfang bzw. der Inanspruchnahme des Darlehens wird der Vertrag jedoch trotzdem gültig. Davon unberührt bleibt die 14-tägige Widerspruchsfrist.

Die Regelungen des Verbraucherdarlehens gelten jedoch nicht für einen Überziehungskredit auf dem Giro- bzw. Kontokorrentkonto und für Darlehen, die grundpfandrechtlich abgesichert sind.

Zusammenfassung und Lernkontrolle

Zusammenfassung

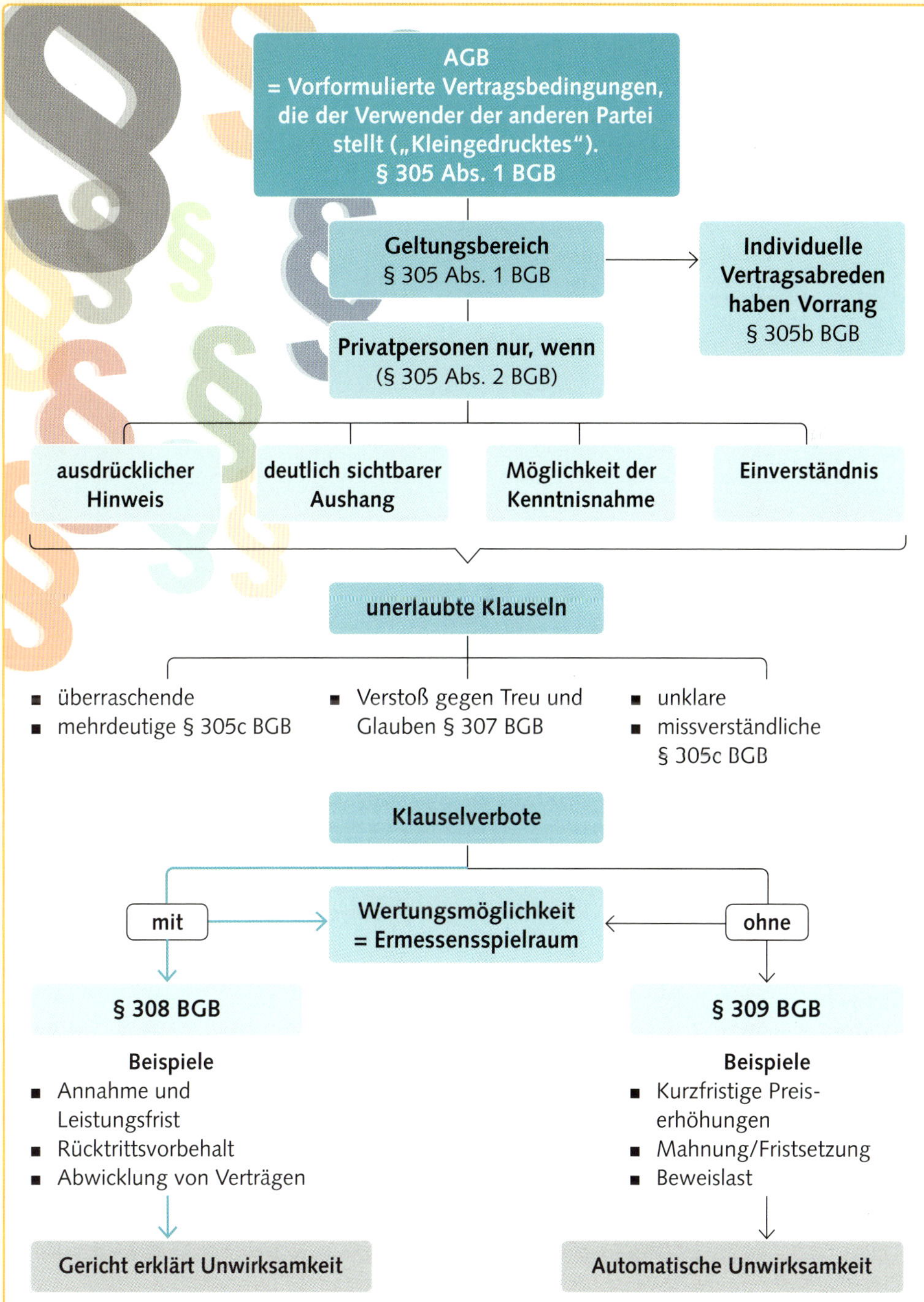

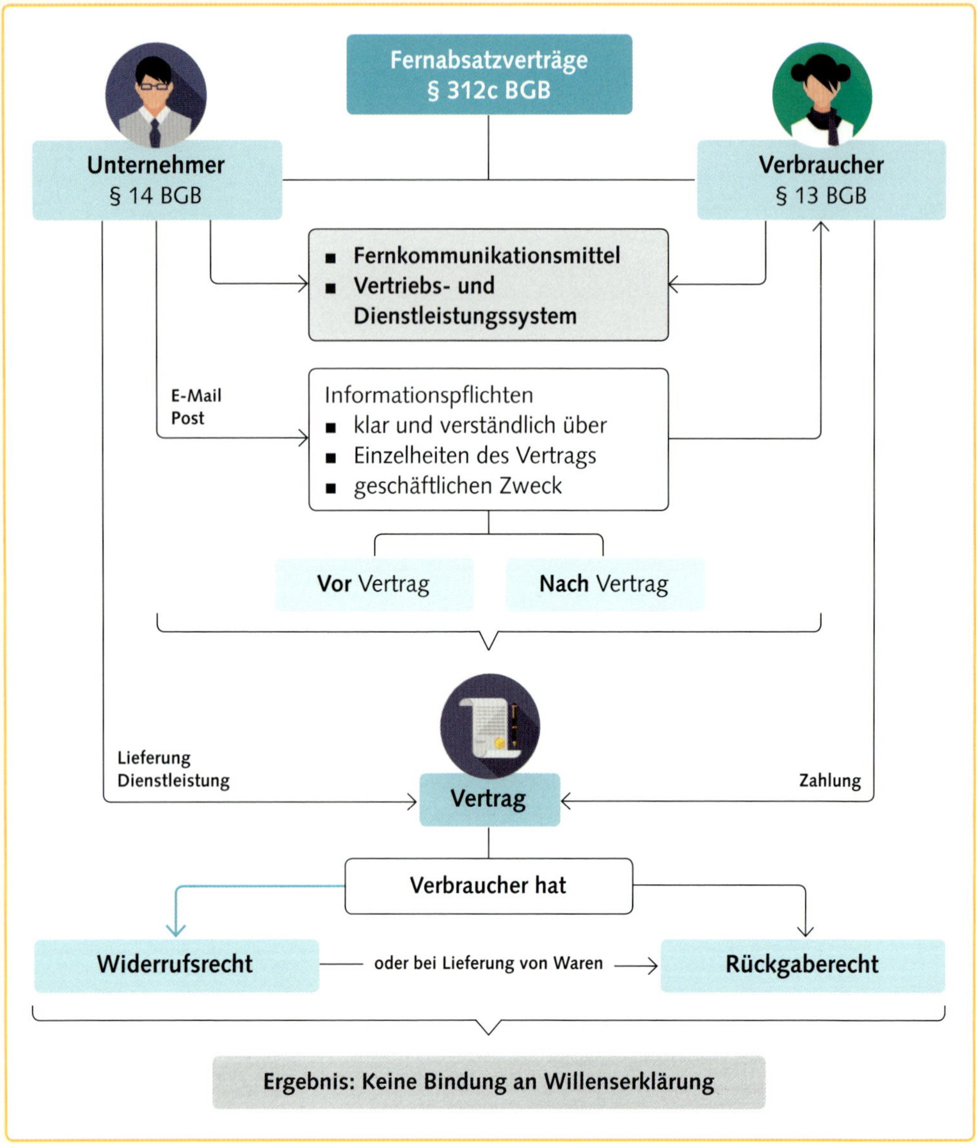
Fernabsatzverträge
§ 312c BGB
Unternehmer
§ 14 BGB
Verbraucher
§ 13 BGB
Fernkommunikationsmittel
Vertriebs- und Dienstleistungssystem
E-Mail
Post
Informationspflichten
klar und verständlich über
Einzelheiten des Vertrags
geschäftlichen Zweck
Vor Vertrag
Nach Vertrag
Lieferung
Dienstleistung
Vertrag
Zahlung
Verbraucher hat
Widerrufsrecht
oder bei Lieferung von Waren
Rückgaberecht
Ergebnis: Keine Bindung an Willenserklärung

Vertrag außerhalb der Geschäftsräume
§§ 312, 312a BGB

Unternehmer § 14 BGB

Verbraucher § 13 BGB

Mündliche Verhandlungen

auch

- **Privatwohnung**
- **Arbeitsplatz**
- **Freizeit-veranstaltung**
- **Verkehrsmittel u. a.**

Unternehmer liefert ← **Vertrag** → **Verbraucher zahlt**

Verbraucher hat
(§ 312 Abs. 1 BGB)

Widerrufsrecht **oder** **Rückgaberecht** § 356 BGB

Fristgerecht
- innerhalb von zwei Wochen
- längstens sechs Monate
- in Textform oder
- Rücksendung der Ware

Ergebnis: Keine Bindung an Willenserklärung

Produkthaftungsgesetz

Haftung des Herstellers bei fehlerhaften Produkten
Haftung erstreckt sich auf Leben, Körper, Gesundheit und Sachen

Verbraucherkredit

Vorgeschrieben ist Schriftform und Einhaltung von Mindestinhalten
Folge bei Verstoß: Nichtigkeit des Vertrags

Lernkontrolle

Aufgabe 1

Wer ist unter Angabe der gesetzlichen Bestimmungen Verbraucher und wer ist Unternehmer?

Aufgabe 2

Was verstehen Sie unter dem Begriff der allgemeinen Geschäftsbedingungen (AGB) und was gilt bei individuell ausgehandelten Vertragsbedingungen?

Aufgabe 3

Beurteilen Sie die Rechtslage im folgenden Fall.

Der PC-Händler Otmar Sieger in Köln macht der Hausfrau Rosemarie Fauser aus Wuppertal am 12.04.(01) ein schriftliches Angebot über einen besonders preisgünstigen PC zu einem Kaufpreis von 400,00 €. In seinem Angebot verweist Sieger auf seine AGB, wonach er berechtigt ist, ohne Angabe von Gründen bis zu 8 Tage vor dem vereinbarten Liefertermin vom Vertrag zurückzutreten. Diese AGB sollen Bestandteil des Kaufvertrags werden. Außerdem verweist er darauf, dass die AGB in seinen Geschäftsräumen in Köln gut sichtbar aushängen.

Frau Fauser ist bereit den PC zu kaufen und ruft am 13.04.(01) bei Sieger an. Der Vertrag kommt zustande. Als Liefertermin vereinbaren beide den 30.04.(01).

Am 25.04.(01) teilt Sieger der Frau Fauser mit, dass er von seinem Rücktrittsrecht in den AGB Gebrauch mache und vom Vertrag zurücktrete.

Aufgabe 4

Beurteilen Sie die Wirksamkeit der AGB im folgenden Fall.

Bernd kauft am 15.11.(01) von Fritz einen gebrauchten Motorroller zum Preis von 500,00 €. Nach § 305 Abs. 2 BGB sind die AGB des Fritz Bestandteile des Vertrags geworden. Nach vier Wochen erhält Bernd ein Schreiben der Versicherungsgesellschaft Schnell & Sicher AG, aus dem hervorgeht, dass er rechtswirksam neben einer Lebensversicherung, eine Hausratversicherung, eine Bauherrenhaftpflichtversicherung und eine Insassenversicherung abgeschlossen hat. Bernd sieht sich die AGB des Fritz genauer an und stellt fest, dass die AGB tatsächlich eine Klausel enthalten, wonach der Käufer eines Motorrollers gleichzeitig einen Versicherungsantrag hinsichtlich der oben genannten Versicherungen bei der Schnell & Sicher Versicherungsgesellschaft stellt.

Aufgabe 5

Frau Agathe von Fallersleben kauft am 30.09.(01) beim Autohaus Stiehl OHG eine neue Kabriolimousine zum Preis von 30000,00 €. Nach § 305 Abs. 2 BGB sind die AGB der Stiehl OHG Bestandteile des Vertrags geworden. Für die Limousine besteht eine Lieferfrist von zwei Monaten. Als Frau Agathe am 30.11.(01) das Kabrio abholen will, erklärt der Verkäufer der Stiehl OHG, dass sich der Kaufpreis um 20 %, mithin auf 36000,00 €, erhöht habe.

Beurteilen Sie die Rechtslage

a) wenn der Verkäufer der Stiehl OHG bei den Vertragsverhandlungen mit Frau Agathe von Fallersleben auf eine mögliche Preiserhöhung hingewiesen hat?

b) wenn in den AGB der Stiehl OHG auf eine mögliche Preiserhöhung hingewiesen wird?

Aufgabe 6

Was versteht man unter einem „außerhalb der Geschäftsräume geschlossenen Vertrag" und erklären Sie die Rechtsfolgen.

Aufgabe 7

Erklären Sie den Begriff und die Besonderheiten beim Fernabsatzvertrag.

Aufgabe 8

In den AGB eines Händlers finden sich folgende Klauseln:

1. „Reklamationen sind nur innerhalb von vier Monaten möglich."
2. „Der Rücktritt vom Vertrag ist ausgeschlossen."

Beurteilen Sie die Gültigkeit der Klauseln.

Aufgabe 9

Entscheiden Sie, ob in den folgenden Fällen die Vorschriften des BGB über Fernabsatzverträge Anwendung finden:

1. Einzelhändler Wagner kauft Waren bei einem Großhändler über das Internet.
2. Paul erwirbt bei einer Versteigerung auf der ebay-Plattform eine Armbanduhr.
3. Eine Fernsehzuschauerin bestellt im Anschluss der Warenpräsentation in einer Sendung eines Verkaufssenders das angebotene Fitnessgerät telefonisch.

3.7 Zahlungsverkehr und Anordnungsverfahren

3.7.1 Zahlungsverkehr

3.7.1.1 Zahlungsmittel und Zahlungsformen

Zahlungsmittel

Geld erfüllt in einer Volkswirtschaft die Funktion des **Tausch**- und **Zahlungsmittels**. Gleichzeitig ist Geld auch ein **Wertmaßstab** für die Güter und die **Recheneinheit** zur Bewertung der Güter. Werte können, z. B. durch Schenkung oder Erbe, in Form von Geld übertragen **(Wertübertragungsmittel)** und aufbewahrt werden **(Wertaufbewahrungsmittel)**.

Zahlungen können durch

- **Bargeld** (Scheine, Münzen),
- **Buchgeld** (Sichtguthaben auf Girokonto oder elektronisches Geld) und
- **Geldersatzmittel** (Geldsurrogate, z. B. Scheck) erfolgen.

Einziges **gesetzliches Zahlungsmittel** stellt allein das Bargeld dar. Dabei gilt für Münzgeld nur ein begrenzter Annahmezwang (max. 50 Münzen und max. 200 € je Zahlung).

Zahlungsarten

Der Geldschuldner **(Zahler)** hat verschiedene Möglichkeiten seine Geldschuld gegenüber dem Geldgläubiger **(Zahlungsempfänger)** zu begleichen.

Zahlungsarten		
Barzahlung	**halbbare Zahlung**	**bargeldlose Zahlung**
Übergabe von Scheinen oder Münzen durch den Zahler oder durch einen Boten.	Nur der Zahlungsempfänger oder nur der Zahler verfügen über ein Konto, auf das der Zahler bar einzahlt oder von dem dem Zahlungsempfänger Bargeld ausgezahlt wird.	Zahler und Zahlungsempfänger verfügen über ein Konto. Die Zahlung erfolgt durch Verrechnung zwischen den Konten, ohne Bargeldeinsatz.

Voraussetzung für die Teilnahme am bargeldlosen oder am halbbaren Zahlungsverkehr ist das Vorhandensein von Konten bei einem Kreditinstitut. Diese Konten müssen für den Zahlungsverkehr geeignet sein (Girokonto, Kontokorrentkonto) und auf der Zahlerseite über ausreichend Kontodeckung (Guthaben) verfügen.

3.7.1.2 Halbbare Zahlung

Zahler zahlt bar, der Zahlungsempfänger erhält Buchgeld (Gutschrift)

Mit Hilfe eines **Zahlscheins** kann der Zahler beim Kreditinstitut des Zahlungsempfängers Bargeld auf das Konto des Empfängers einzahlen.

Eine weitere Möglichkeit besteht durch Zahlung mittels **Nachnahme**. Dabei wird die Deutsche Post oder ein anderes Logistikunternehmen beauftragt, anlässlich einer Sendung den Betrag bei der Zustellung bar vom Zahler entgegenzunehmen und dann auf das Konto des Absenders (Zahlungsempfänger) zu überweisen.

Zahler zahlt mit Buchgeld (Kontobelastung), der Zahlungsempfänger erhält Bargeld

Der Zahler kann dem Zahlungspflichtigen einen **Barscheck** übergeben, mit dem der Zahlungsempfänger sich beim Kreditinstitut des Zahlers den Betrag bar auszahlen lassen kann.

Ein **Scheck** ist eine bedingungslose schriftliche Anweisung des Ausstellers an sein Kreditinstitut (Bezogener), gegen Vorlage des Schecks eine bestimmte Geldsumme zu Lasten seines Kontos an den Begünstigten zu zahlen. Der Scheck ist Geldersatzmittel (Geldsurrogat) und somit ein Instrument zur Buchgeldübertragung. Die Bestandteile des Schecks sind gesetzlich geregelt. SchekG Art. 1

Ohne einen Vermerk „Nur zur Verrechnung" liegt ein **Barscheck** vor, der vom bezogenen Kreditinstitut durch Barauszahlung eingelöst werden kann.

Zudem können Schecks als Inhaberscheck oder als Orderscheck an den Kontoinhaber ausgegeben werden. Während **Inhaberschecks** (Regelfall des Schecks) einfach als Zahlungsmittel durch den Scheckempfänger weitergegeben werden können, ist die Weitergabe von **Orderschecks** an einen Dritten formgebunden.

	Schecks nach der Form des Weitergabe	
	Inhaberschecks	**Orderschecks**
Klausel auf dem Formular	Zahlen Sie gegen diesen Scheck an ... oder Überbringer	Zahlen Sie gegen diesen Scheck an ... oder Order
Eigentumsübertragung	formlos durch Einigung und Übergabe	formgebunden durch Einigung und Übergabe des indossierten Schecks (Indossament = Übertragungsvermerk auf der Rückseite des Schecks)

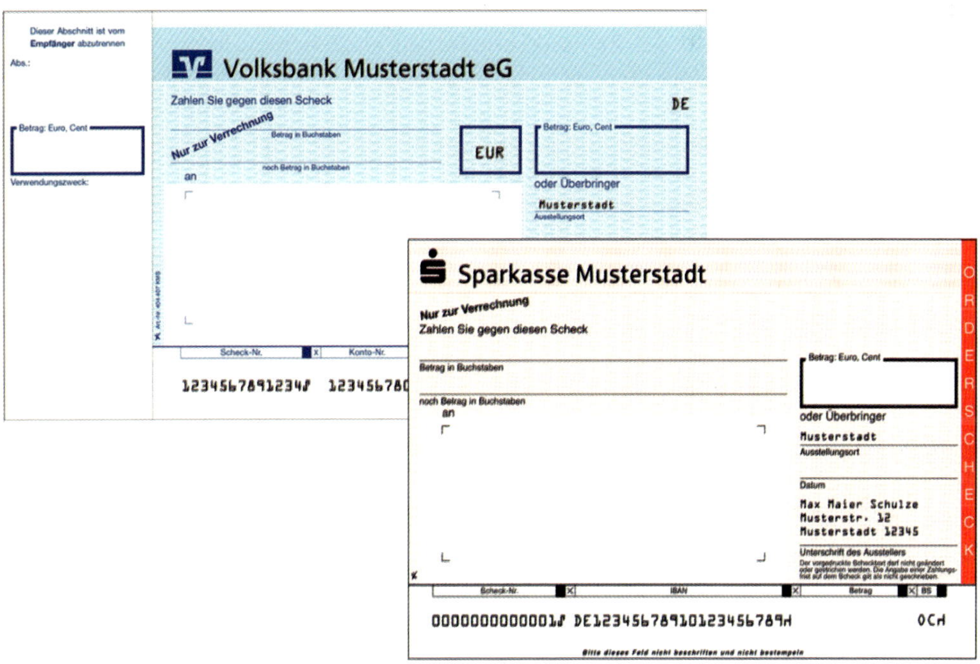

3.7.1.3 Bargeldlose Zahlung

Bei einer bargeldlosen Zahlung erfolgt lediglich ein Übertrag vom Konto des Zahlers auf das Konto des Zahlungsempfängers. Hierzu wurde in Europa ein einheitlicher Zahlungsraum **(SEPA = Single Euro Payment Area)** geschaffen, wodurch alle Zahlungen in Euro zwischen Kontoinhabern in Euro-Ländern, in Mitgliedsstaaten der EU ohne Euro sowie in einigen nicht EU-Mitgliedstaaten einheitlich geregelt sind. Alle Konten im SEPA-Raum habe eine einheitlich aufgebaute internationale Kontonummer, die **IBAN** (International Bank Account Number). Die Banken haben eine internationale Bankleitzahl (**BIC** = Bank Identifier Code).

Überweisung

Die Überweisung ist ein **Zahlungsauftrag**, den der **Zahler** gegenüber seinem Zahlungsdienstleister (sein Kreditinstitut) erteilt. Dadurch wird das Kreditinstitut angewiesen den Betrag auf ein anderes Konto zu übertragen. Die Erteilung kann in Papierform (Formular) oder elektronisch per Onlinebanking erfolgen.

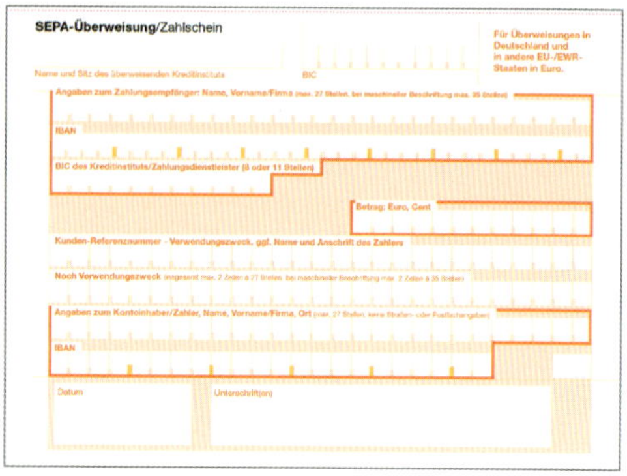
SEPA-Überweisung/Zahlschein
Für Überweisungen in Deutschland und in andere EU-/EWR-Staaten in Euro.
Name und Sitz des überweisenden Kreditinstituts
BIC
Angaben zum Zahlungsempfänger: Name, Vorname/Firma (max. 27 Stellen, bei maschineller Beschriftung max. 35 Stellen)
IBAN
BIC des Kreditinstituts/Zahlungsdienstleister (8 oder 11 Stellen)
Betrag: Euro, Cent
Kunden-Referenznummer - Verwendungszweck, ggf. Name und Anschrift des Zahlers
Noch Verwendungszweck (insgesamt max. 2 Zeilen à 27 Stellen, bei maschineller Beschriftung max. 2 Zeilen à 35 Stellen)
Angaben zum Kontoinhaber/Zahler, Name, Vorname/Firma, Ort (max. 27 Stellen, keine Straßen- oder Postfachangaben)
IBAN
Datum
Unterschrift(en)

Sonderformen der Überweisung sind

- der Dauerauftrag (regelmäßige Wiederholung der Überweisung an festgelegten Terminen) und
- Sammelauftrag (mehrere Überweisungen – Kontobelastung in einem Betrag).

Lastschrift

Beim Lastschriftverfahren wird der **Zahlungsempfänger** durch ein Lastschriftmandat ermächtigt Geld vom Konto des **Zahlungspflichtigen einziehen** zu lassen. Das Mandat erteilt der Zahlungspflichtige dem Zahlungsempfänger schriftlich mit Unterschrift unter genau vorgeschriebenem Text. Zum Geldeinzug reicht der Zahlungsempfänger die Lastschriften bei seinem Kreditinstitut ein, das dann den Betrag beim Kreditinstitut des Zahlungsempfängers bargeldlos einzieht. Zu unterscheiden ist bei der SEPA-Lastschrift zwischen SEPA-**Basislastschrift** und SEPA-**Firmenlastschrift**. Nur bei der Basislastschrift hat der Zahler ein sechswöchiges Widerspruchsrecht. Er kann den Widerspruch gegenüber seinem Kreditinstitut geltend machen, das dann die Kontobelastung rückabwickelt. Firmen-Lastschriften können nur von Unternehmen vereinbart werden.

Verrechnungsscheck

Wird aus einem Scheck durch einen Vermerk „Nur zur Verrechnung" ein Verrechnungsscheck gemacht, kann der Zahlungsempfänger den Betrag nur noch (analog zur Lastschrift) über sein Kreditinstitut einziehen lassen.

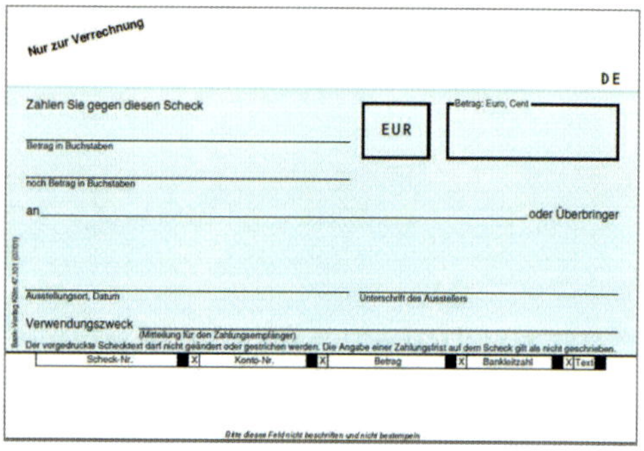
Nur zur Verrechnung
DE
Zahlen Sie gegen diesen Scheck
EUR
Betrag: Euro, Cent
Betrag in Buchstaben
noch Betrag in Buchstaben
an ____ oder Überbringer
Ausstellungsort, Datum
Unterschrift des Ausstellers
Verwendungszweck (Mitteilung für den Zahlungsempfänger)
Der vorgedruckte Schecktext darf nicht geändert oder gestrichen werden. Die Angabe einer Zahlungsfrist auf dem Scheck gilt als nicht geschrieben.
Scheck-Nr. X Konto-Nr. X Betrag X Bankleitzahl X Text
Bitte dieses Feld nicht beschriften und nicht bestempeln

Zahlungskarten

Bargeldlose Zahlung ist auch mit Hilfe verschiedener Karten, oft weltweit, möglich. Eine wichtige Karte ist die **Girokarte** (ec-Karte, Bankkarte). Sie ermöglicht die Zahlung an entsprechenden Terminals, sowie die Bedienung von Geldautomaten, Kontoauszugsdruckern und Selbstbedienungsterminals der Kreditinstitute. Mit dem Symbol V-PAY versehene Karten ermöglichen die Verwendung der Karte innerhalb Europas. Karten mit dem Maestro-Symbol können weltweit eingesetzt werden.

maestro.

© Postbank

Bei der Girokarte erfolgt die Kontobelastung sofort bei Abhebung oder Zahlung mit der Karte. Zur Zahlung und zur Geldabhebung benötigt der Kartenbesitzer eine PIN (Persönliche Identifikationsnummer).

Im Unterschied zur Girokarte sind **Kreditkarten** unterschriftbasierte Zahlungskarten, aber auch hier kann sich der Zahler über eine PIN autorisieren. Die Kontobelastung erfolgt i. d. R. monatlich und nicht sofort bei Kartenverwendung. Kreditkarten werden in verschiedenen Ausführungen (Normalkarte, Goldkarte) und unterschiedlichen Zusatzausstattungen ausgegeben. Insbesondere Goldkarten enthalten bestimmte Versicherungen oder Zusatzleistungen (z. B. Tankrabatt, Flugmeilen).

© Postbank

Sowohl die Girokarten als auch die Kreditkarten erlauben meist auch ein kontaktloses Zahlen ohne Eingabe einer PIN und ohne Unterschrift. Der Betrag ist hier aber auf ca. 30 € gedeckelt.

3.7.1.4 Online-Banking und Zahlungen im eCommerce

Für Kontoverfügungen über PC oder mobile Endgeräte stehen verschiedene Verfahren zur Verfügung.

Browserbasiertes PIN-TAN-Verfahren

Über den Internetbrowser kann der zugelassene Nutzer über die Website seines Kreditinstituts Bankgeschäfte abwickeln. Hierzu erhält er eine spezielle Zugangsberechtigung. Für das Auslösen einer Transaktion muss zudem eine Transaktionsnummer (TAN) eingegeben werden. Die TAN kann auf verschiedene Arten erstellt werden. Ein gängiges Verfahren ist die Verwendung eines TAN-Generators zusammen mit der Girokarte. Die TAN kann häufig aber auch mit Hilfe einer Smartphone-App erzeugt werden.

FinTS/HBCI-Verfahren

Bei diesem Verfahren (**Fin**ance **T**ransaction **S**ervices / **H**ome**b**anking **C**omputer **I**nterface) benötigt der Bankkunde eine spezielle Banking-Software. Zudem erzeugt er eine sichere Signatur über eine Chipkarte mit einem Kartenlesegerät. Dieses Verfahren gilt als besonders sicher.

Zahlungen im E-Commerce

Im Rahmen des Electronic Commerce können zahlreiche Zahlungsverfahren im Internet genutzt werden.

- **Lastschrift:** Einige Online Shops bieten diese Zahlungsmöglichkeit an. Jedoch setzt die Lastschrift die Erteilung eines Mandats mittels Unterschrift voraus. Ohne Unterschrift kann der Zahler diese Zahlung 13 Monate lang rückgängig machen.
- Eine Zahlung mit **Kreditkarte** erfolgt durch Eingabe der Kreditkartendaten (Name, Kreditkartennummer, Laufzeitende der Karte). Oft wird zusätzlich die dreistellige Prüfziffer (Rückseite der Karte) zur zusätzlichen Sicherheit abgefragt. Gesicherte Zahlungen können über spezielle Verfahren (**Verified by Visa, MasterCard SecureCode**) durchgeführt werden. Hierbei wird der Kunde auf die Website seines Kreditinstituts verzweigt und erhält von dort über einen zweiten Kanal (z. B. SMS) einen TAN oder identifiziert sich über ein Passwort. Danach gibt das Kreditinstitut die Zahlung frei.
- Bei der Verwendung der Zahlungsart **giropay** wird der Kunde ebenfalls auf die Website seiner Bank verzweigt. Dort füllt er online eine Überweisung aus und gibt eine TAN ein. Das Kreditinstitut garantiert dann dem Händler die Zahlung.
- Analog zu giropay erfolgt die Zahlung bei **SOFORT Überweisung.** Statt dem Kreditinstitut des Zahlers garantiert hier ein bankenunabhängiges System die Zahlung.
- **PayPal** ermöglicht Netzgeld-Zahlungen seiner Kunden, wobei die E-Mail-Adresse die Kontonummer ersetzt. Das Guthaben für die Zahlungen wird durch Lastschrift, Kreditkarte, Giropay oder Überweisung aufgefüllt. Der Zahlungsempfänger wird per E-Mail über den Zahlungseingang auf seinem PayPal-Konto informiert.

3.7.2 Anordnung und Ausführung von Zahlungen der öffentlichen Verwaltung

Bei Zahlungen der öffentlichen Verwaltung ist die **Anordnung** von Zahlungen und die Ausführung streng getrennt. Werden die Zahlungen z. B. von der Stadtkasse durchgeführt, benötigt die Stadtkasse zur Annahme und Auszahlung von Geldbeträgen eine **Kassenanordnung** von anderen Organisationseinheiten der Stadt. Diese Organisationseinheiten dürfen keine Kassengeschäfte durchführen, das Kassenpersonal darf keine Kassenanordnungen erteilen.

Jede Zahlungsverpflichtung der Gemeinde ist vor Zahlung auf die **sachliche und rechnerische Richtigkeit** hin zu überprüfen. Diese Überprüfung dürfen nur ermächtigte Beamte oder Angestellte durchführen.

Zusammenfassung und Lernkontrolle

Zusammenfassung

Zahlungen		
Barzahlung	**halbbare Zahlungen**	**bargeldlose Zahlungen**
▪ Münzen ▪ Scheine ▪ gesetzliche Zahlungsmittel	▪ Zahlschein ▪ Barscheck	▪ Überweisung ▪ Lastschrift ▪ Verrechnungsscheck ▪ Kartenzahlungen ▪ Verfahren im Onlinebanking und im E-Commerce

Zahlungen der öffentlichen Verwaltung:

- Trennung von Anweisung und Zahlung
- Zahlung nach Prüfung der sachlichen und rechnerischen Richtigkeit

Lernkontrolle

Aufgabe 1

Unterscheiden Sie Barzahlung, halbbare und bargeldlose Zahlungen.

Aufgabe 2

Unterscheiden Sie Überweisung und Lastschrift.

Aufgabe 3

Unterscheiden Sie Inhaber- von Orderscheck und Barscheck von Verrechnungsscheck.

Aufgabe 4

Beschreiben Sie die Unsicherheit des Verkäufers bei Verwendung des Lastschriftverfahrens im E-Commerce.

Aufgabe 5

Wie kann sich ein Verkäufer im E-Commerce bei Kreditkartenzahlungen absichern.

4 Sachenrecht

4.1 Begriff Sachenrecht

- Das Schuldrecht regelt als **relatives Recht** die Rechtsbeziehungen von **Person** (Gläubiger) **zu Person** (Schuldner). Unbeteiligten Dritten gegenüber hat das Schuldrecht keine Bedeutung.
- Das **Sachenrecht** regelt als **dingliches Recht** die Rechtsbeziehungen der **Person (Rechtssubjekt)** zu einer **Sache (Rechtsobjekt)**. Das Sachenrecht **wirkt** gegenüber **allen Personen**, sodass es sich um ein **absolutes** oder **zwingendes** Recht handelt.
- **Beim Sachenrecht gilt Inhalts- und Formzwang.**

BEISPIEL

Zur Wirksamkeit der Übertragung des Eigentums an einem Grundstück ist gem. §§ 873, 925 BGB die Einigung der Parteien über den Eigentumsübergang (Auflassung) und die Eintragung dieser Rechtsänderung in das Grundbuch erforderlich.

Im Sachenrecht kann jeder Berechtigte jede andere Person vom Zugriff auf die Sache, der einen Eingriff in seine Rechtsmacht darstellt, ausschließen.

BEISPIEL

Franz Krause ist Eigentümer eines Fahrrades. Egon Pflaume nimmt Franz das Fahrrad weg und gibt es der Agathe zum Fahren. Franz kann sein Fahrrad von Agathe herausverlangen, weil Egon zur Wegnahme der Sache nicht berechtigt war.

BGB § 90

An den körperlichen Gegenständen (Sachen) können die Rechtssubjekte Besitzrechte und/oder Eigentumsrechte erwerben.

4.2 Besitz

4.2.1 Definition

Besitz ist gem. § 854 BGB die Ausübung der **tatsächlichen Gewalt** über eine **Sache**.

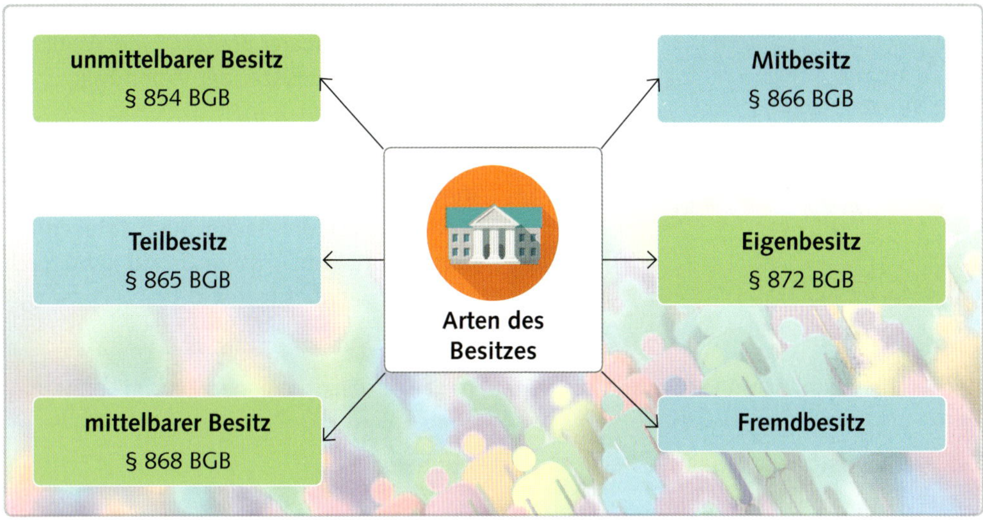

Unmittelbarer Besitzer ist diejenige Person, die die **tatsächliche (unmittelbare) Herrschaft** über eine **Sache** ausübt. BGB § 854

BEISPIEL

Der Verkäufer Haller übergibt dem Käufer Dom das gekaufte Getränk.

Teilbesitz liegt dann vor, wenn eine **Person von einer Sache nur einen Teil** besitzt. BGB § 865

BEISPIEL

Der Landwirt Ede Adamek verpachtet an den Pächter Hugo Trautmann ein abgegrenztes Grundstück von seinen vielen Äckern.

Beim **Mitbesitz besitzen mehrere Personen** eine **Sache gemeinschaftlich**.

BEISPIEL

Werden in einem Mehrfamilienhaus der Flur, das Treppenhaus oder der Speicher gemeinschaftlich genutzt, sind diese im Mitbesitz aller Mieter. BGB § 866

BGB § 868 **Mittelbarer Besitz** liegt vor, **wenn eine Person einer anderen Person auf Zeit die tatsächliche Herrschaft** über eine **Sache überträgt** (sogenanntes Besitzmittlungsverhältnis, wie beispielsweise Kauf unter Eigentumsvorbehalt, Leihe, Miete, Pacht, Verpfändung, Verwahrung).

BEISPIEL

Der Mieter Udo Weidle mietet von dem Vermieter Ernst Knoll eine Wohnung. Ernst Knolle ist mittelbarer Besitzer; Udo Weidle ist unmittelbarer Besitzer der Wohnung.

BGB § 872 Der **Eigenbesitzer** betrachtet die **Sache als ihm gehörend** an. Hierbei ist es **nicht notwendig,** dass die **Sache auch tatsächlich ihm gehört**. (Aus diesem Grund kann auch ein Dieb Eigenbesitzer sein.)

BEISPIEL

Der Bauherr Fritz Baumann wohnt mit seiner Familie in seinem eigenen Einfamilienhaus.

Der **Fremdbesitzer** erkennt das **Recht des Eigentümers an.**

BEISPIEL

Der Dieb Hugo Klausen stiehlt einen PC und verleiht diesen an seinen Freund Max. Klausen ist Eigenbesitzer, Max ist Fremdbesitzer des PCs.

4.2.2 Erwerb des Besitzes

Der **Besitz einer Sache** wird gem. § 854 Abs. 1 BGB durch **Erlangung der tatsächlichen Gewalt** über die Sache **erworben**. Es kommt dabei nicht darauf an, auf welche Weise die Sache erworben wurde.

BEISPIELE

- Eva findet in der Schule einen Füllhalter, den Jens verloren hat. Eva erlangt die tatsächliche Gewalt über den Füllhalter und wird somit Besitzerin.
- Herr Horst Beyer vertauscht in einer Gastwirtschaft seinen Mantel mit dem Mantel eines anderen Gastes. Horst erlangt die tatsächliche Gewalt über den vertauschten Mantel.

- Horst stiehlt Veronika einen Taschenrechner. Horst erwirbt durch den Diebstahl die tatsächliche Gewalt über den Taschenrechner. Er wird unmittelbarer Besitzer.

Der Besitz kann bereits durch **bloße Einigung** des **bisherigen Besitzers und des Erwerbers erlangt** werden, wenn der **Erwerber** in der **Lage** ist, die **tatsächliche Gewalt** über die Sache **auszuüben**. Ebenso ist der **Besitzerwerb** durch **Erbschaft** möglich, denn nach dem Eintritt des Erbfalles tritt der Erbe als Besitzer an die Stelle des Erblassers.

BGB §§ 854 Abs. 2 u. 857

BEISPIEL

Erblasser Egon stirbt und hat in seinem Testament seinen Freund Fritz zum Alleinerben eingesetzt. Mit dem Tode des Egon geht der Besitz des gesamten Vermögens sofort auf den Erben Fritz über.

Steht jemand in einem **Abhängigkeitsverhältnis** zum Besitzherrn und ist **dessen Weisungen unterworfen,** so ist er **Besitzdiener**. Der Besitzdiener hat **keinen Besitz**. Er übt nur für den Besitzer in dessen Haushalt oder Erwerbsgeschäft die tatsächliche Gewalt über Sachen aus.

BGB § 855

BEISPIELE

- Die Köchin in dem Restaurant „Hummer" hat keinen Besitz an den Bratpfannen, Töpfen und Geräten in der Küche des Restaurants.
- Der Verkäufer Wastl hat keinen Besitz an den Lederhosen, die er in dem Trachtenfachgeschäft verkaufen soll.
- Die Verwaltungsfachangestellte hat keinen Besitz an dem PC, der ihr vom Arbeitgeber zur Bewältigung ihrer täglichen Arbeit zur Verfügung gestellt wird.

4.2.3 Verlust des Besitzes

Der Verlust des Besitzes besteht in dem **Verlust der tatsächlichen Gewalt** über die Sache. Dabei ist **gleichgültig**, ob der Verlust des Besitzes **rechtmäßig oder nicht rechtmäßig erfolgt**; **freiwillig aufgegeben** oder **unfreiwillig verloren** geht.

BEISPIEL

- Franz wirft die von ihm gelesene Zeitung in den Papierkorb.
- Markus verliert seine Armbanduhr beim Fußballspiel.
- Erna wird die Einkaufstasche gestohlen.

4.2.4 Schutzrechte des Besitzers

- Wer dem **Besitzer** einer Sache **ohne dessen Willen** den **Besitz** an dieser Sache **entzieht** oder ihn im Besitz **stört**, übt **verbotene Eigenmacht** aus.
- **Verbotene Eigenmacht** liegt gem. § 858 BGB vor, wenn dem Besitzer **ohne dessen Willen die tatsächliche Gewalt** über die Sache **entzogen** wird oder der Besitzer in seinem **Besitz gestört** wird.

BEISPIELE

- Der Verpächter Valentin Brumm betritt ohne Erlaubnis des Pächters Egon Blum das Gartengrundstück und pflückt sich einen Strauß Veilchen, die der Pächter Blum angepflanzt hat.
- Der Sänger Frieder Salomon singt allabendlich um 23:30 Uhr lautstark bei geöffnetem Fenster, sodass die Nachbarn erheblich in ihrer Nachtruhe gestört werden.

Allerdings lässt das Gesetz in bestimmten Fällen die Besitzentziehung oder die Besitzstörung zu.

BEISPIEL

Der Simon Paulsen geht mit einem Messer auf den Kurt Schwarz zu und will ihn verletzen. Handelt Kurt in Notwehr gem. § 227 BGB und nimmt Simon das Messer ab, ist diese Besitzentziehung zulässig.

4.2.5 Selbsthilferecht des Besitzers

Das BGB räumt dem **Besitzer** und dem **Besitzdiener** verschiedene **Rechte gegen verbotene Eigenmacht** ein:

① **Selbsthilfe des Besitzers gem. § 859 BGB,**

② **Selbsthilfe des Besitzdieners gem. § 860 BGB,**

③ **Anspruch wegen Besitzentziehung gem. § 861 BGB,**

④ **Anspruch wegen Besitzstörung gem. § 862 BGB.**

BGB § 859

① Selbsthilfe des Besitzers

BGB §§ 227 u. 229

Der **Besitzer** darf sich gegen **verbotene Eigenmacht** mit **Gewalt** zur **Wehr** setzen **(Besitzwehr)**. Wird eine bewegliche Sache dem Besitzer durch verbotene Eigenmacht weggenommen, so darf der **Besitzer** sie in Selbsthilfe dem auf frischer Tat angetroffenen oder verfolgten **Täter mit Gewalt** wieder **abnehmen (Besitzkehr)**. Das Recht des Besitzers, sich gegen verbotene Eigenmacht zur Wehr zu setzen, geht in seiner Ausgestaltung sogar noch weiter als das Notwehrrecht oder das Selbsthilferecht.

BEISPIEL

Franz Kramer sieht gerade, wie ein Dieb sein teures Fahrrad stiehlt und wegfährt. Franz verfolgt den Dieb mit seinem Auto und nimmt ihm mit Gewalt das Fahrrad wieder ab.

② Selbsthilfe des Besitzdieners

Das **Selbsthilferecht** steht **auch** dem **Besitzdiener** zu. Der Besitzdiener übt in diesen Fällen die Gewaltrechte für den unmittelbaren Besitzer aus. BGB §§ 860 u. 855

BEISPIEL

Der Verkäufer Hans Schröder sieht, wie Fritz Trimmel aus dem Ladenregal ein Paket Musik-CDs entnimmt und diese unter seinem Pullover „verschwinden" lässt. Trimmel verlässt das Geschäft ohne zu zahlen. Hans kann Trimmel nacheilen und ihm mit Gewalt die CDs abnehmen.

③ Anspruch wegen Besitzentziehung

Wird dem **Besitzer** durch **verbotene Eigenmacht** der **Besitz entzogen,** so kann der Besitzer die **Wiedereinräumung** des **Besitzes** von demjenigen verlangen, der **fehlerhaft Besitzer** ist. Dieser Anspruch kann nur durch **gerichtliche** Hilfe durchgesetzt werden. Die **S**elbsthilfe scheidet hier aus. BGB § 861

BEISPIEL

Felix Ulreich erzählt seinem Nachbarn Brause, dass ihm der Otto Wüst seinen Rasenmäher vor drei Tagen aus dem Geräteschuppen gestohlen habe. Der unmittelbare Besitz des Otto Wüst ist gem. § 858 Abs. 2 BGB fehlerhaft. Brause kann nach § 861 Abs. 1 BGB die Wiedereinräumung des Besitzes verlangen.

Das **Recht** auf **Wiedereinräumung** des Besitzes ist dann **ausgeschlossen,** wenn der entzogene **Besitz** dem gegenwärtigen Besitzer oder dessen Rechtsvorgänger gegenüber **fehlerhaft** war und im **letzten Jahr** vor der Entziehung **erlangt** worden ist. BGB § 861 Abs. 2

④ Anspruch wegen Besitzstörung

Wird der Besitzer durch **verbotene Eigenmacht** im Besitz **gestört**, so kann der Besitzer von dem **Störer** die **Beseitigung** der Störung verlangen. Sind weitere Störungen zu erwarten, so kann der Besitzer auf **Unterlassung klagen**. Auch hier gilt wie bei der Besitzentziehung, dass der Anspruch dann ausgeschlossen ist, wenn der Besitzer dem Störer oder dessen Rechtsvorgänger gegenüber fehlerhaft besitzt und der Besitz in dem letzten Jahre vor der Störung erlangt worden ist. BGB § 862

BEISPIEL

Frau Monika Rauer pachtet von Herrn Alfred Ebert einen Schrebergarten, um biologisches Gemüse und Erdbeeren anzubauen. Ihr Nachbar Adam Lorenz wirft bei ihrer Abwesenheit seine Gartenabfälle über den Zaun auf das Erdbeerbeet. Frau Monika ist als Pächterin in ihrem Besitz gestört. Sie kann nach § 862 BGB die Beseitigung der Störung und die Wiederherstellung des bisherigen Zustandes verlangen. Sollte Herr Lorenz mit dieser Störung nicht aufhören, kann Frau Rauer auf Unterlassung klagen. Bei einer Klage ist Frau Monika die Klägerin, Lorenz der Beklagte.

Der **Besitz** ist nach § 823 Abs. 1 BGB ein **geschütztes Rechtsgut**. Der Entzug oder die Störung des Besitzes stellen eine **unerlaubte Handlung** dar, die eine **Schadensersatzpflicht** gem. §§ 249 ff., 823 BGB begründen kann.

4.3 Eigentum

4.3.1 Definition

- Das **Eigentum** ist gem. § 903 BGB die umfassendste **rechtliche Herrschaft** einer **Person über** eine **bewegliche oder eine unbewegliche Sache.**
- Der **Eigentümer** kann mit der **Sache** nach **Belieben verfahren**. Soweit nicht das Gesetz oder Rechte Dritter entgegenstehen, kann der Eigentümer die Sache besitzen, gebrauchen, verändern, verbrauchen oder zerstören. **Er kann anderen Personen jede Einwirkung auf das Eigentum untersagen.**

Das BGB unterscheidet nach dem Verhältnis von Rechtssubjekten zu Sachen folgende **Eigentumsarten**:

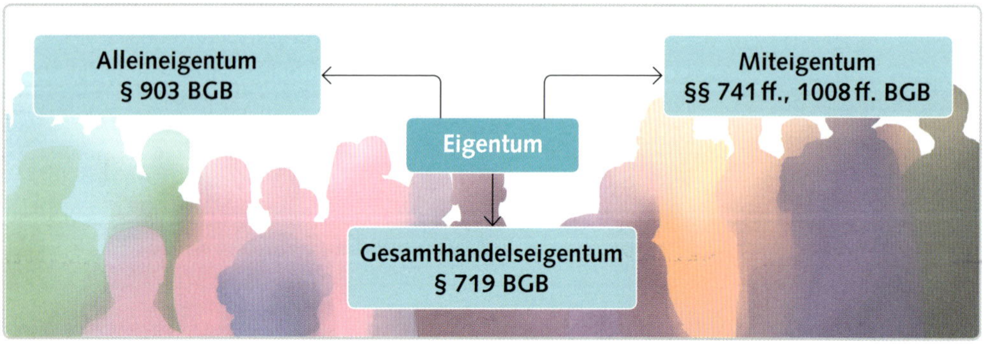

BGB § 903

Beim **Alleineigentum** übt **eine Person alleine** die Herrschaft über eine Sache aus.

BEISPIEL

Fritz Reich wohnt in seinem bezahlten und lastenfreien Eigenheim mit seiner Familie.

BGB §§ 741 ff. u. 1008

Miteigentum nach **Bruchteilen** liegt vor, wenn **mehrere Personen** Eigentümer einer Sache sind. Alle Miteigentümer bilden die

Eigentümergemeinschaft. Jede Person hat ein Verfügungsrecht über einen Anteil des Eigentums und kann darüber **rechtlich selbstständig verfügen**.

© KB3 – stock.adobe.com

BEISPIEL

Die Eigentümergemeinschaft Abel, Bauer, Cohn und Daum wohnen in einem Mehrfamilienhaus mit vier Eigentumswohnungen. Durch Auflassung und Eintragung im Grundbuch hat beispielsweise Abel einen bestimmten Miteigentümeranteil von 25/100 am Sondereigentum des Hauses und am Gemeinschaftseigentum des Treppenhauses, des Speichers und des Kellers erworben. Abel kann über seinen Miteigentumsanteil frei verfügen, indem er z. B. seine Eigentumswohnung verkaufen oder vermieten kann.

Der Unterschied zwischen **Miteigentum nach Bruchteilen** und **Gesamthandseigentum** gemäß § 719 BGB liegt darin begründet, dass zwar mehrere Personen gemeinschaftlich Eigentümer einer Sache sein können, diese **Bruchteile aber nicht genau bestimmt** sind. Nicht der einzelne Miteigentümer, sondern nur **alle Gesamthandsgläubiger** können **gemeinschaftlich über die Sache verfügen**. Gleichwohl kann der einzelne Gesamthandsgläubiger insgesamt seinen Anteil veräußern. BGB § 719

BEISPIEL

Adam, Eva und Karin betreiben gemeinsam eine Gesellschaft gem. § 705 BGB. Adam ist zu 10 %, Eva zu 70 % und Karin zu 20 % an der Gesellschaft beteiligt. Die von ihnen in die Gesellschaft eingebrachten oder erworbenen Gegenstände werden gemeinschaftliches Vermögen der Gesellschaft (Gesellschaftsvermögen gem. § 718 BGB). So steht z. B. das erworbene Kfz, die Werkzeuge oder die Büroeinrichtung im Eigentum der Gesellschaft. Adam kann über seinen Anteil an diesen Gegenständen in Höhe von 10 % nicht frei verfügen. Adam, Eva und Karin sind Eigentümer der ganzen Sache, jedoch beschränkt durch die Mitberechtigung der anderen Gesellschafter. Allerdings könnte Eva ihren Anteil in Höhe von 70 % als Ganzes an einen Interessierten verkaufen.

4.3.2 Beschränkungen des Eigentums

Das **Eigentum** wird in Art. 14 Abs. 1 GG als **Grundrecht besonders geschützt**. Gleichwohl hat der Eigentümer gewisse **Einschränkungen** zu dulden, denn in Art. 14 Abs. 2 GG wird festgelegt, dass **Eigentum verpflichtet** und der **Gebrauch** des Eigentums zum **Wohle der Allgemeinheit** dienen soll.

BEISPIELE

- Das Kind Evi lässt im Herbst einen Drachen steigen. Aufgrund ungünstiger Windverhältnisse landet der Drachen im Garten des Nachbargrundstücks. Der Nachbar muss das Abholen des Drachens nach § 867 BGB gestatten.
- Die Stadt Ulm will eine Fernwärmeleitung von einem Heizkraftwerk in das Neubaugebiet „Am Hang" verlegen lassen. Die hiervon betroffenen Grundstückseigentümer müssen die Begehung, Vermessung und Verlegung der Rohre dulden.
- Der Stadtbewohner Rudi Reimer kauft sich in der Nähe eines Bauernhofes ein Wochenendhaus, um auszuspannen und die ländliche Ruhe zu genießen. Den von dem Silo des Bauernhofes ausströmenden Gestank muss er dulden, denn der Eigentümer eines Grundstücks muss gem. § 906 BGB eine unwesentliche Beeinträchtigung dulden, die durch die Zuführung von Gasen, Dämpfen, Gerüchen, Rauch, Ruß, Wärme, Geräusch, Erschütterungen und ähnliche Einwirkungen von einem anderen Grundstück ausgehen.

GG Art. 14 Abs. 3

Die **Enteignung** ist der schwerwiegendste Eingriff in das Eigentum. Sie ist nur bei **überwiegendem öffentlichen Interesse** und grundsätzlich nur gegen **Entschädigung** zulässig.

BEISPIEL

Über das Grundstück der älteren Dame Viktoria Spiess soll eine Autobahn gebaut werden. Frau Spiess betreibt einen kleinen Bauernhof und besitzt 30 Hühner in Freilandhaltung. Sie ist nicht gewillt, dem Autobahnbau zuzustimmen, und will deshalb ihr Grundstück nicht zur Verfügung stellen. Damit die Autobahn gebaut werden kann, wird sie im öffentlichen Interesse wohl enteignet werden und erhält beispielsweise einen Aussiedlerhof an anderer Stelle, wo ihre Hühner ebenfalls frei herumlaufen können.

Nicht nur im Grundgesetz sind Einschränkungen des Eigentumsrechts enthalten, sondern auch im Privatrecht und im öffentlichen Recht.

Beispiele für Einschränkungen des Eigentumsrechts im	
Privatrecht	**öffentlichen Recht**
■ Notstand gem. § 904 BGB ■ Überhang von Zweigen oder Wurzeln gem. § 910 BGB ■ Überfall von Früchten gem. § 911 BGB ■ Überbau eines Gebäudes über die Grenze zum Nachbargrundstück gem. § 912 BGB ■ Notwegerecht gem. § 917 BGB	■ Baurecht ■ Gewerbeordnung ■ Luftverkehrsrecht ■ Naturschutzgesetzgebung

4.3.3 Schutz des Eigentums

Nach der Rechtsordnung wird der **Eigentümer** als **rechtlicher Herrscher über eine Sache** vor **Eigentumsverletzungen geschützt.** Diese Schutzrechte können in der **Durchsetzung deliktsrechtlicher** Ansprüche gem. § 823 BGB oder in der Möglichkeit bestehen, sich im Rahmen der **ungerechtfertigten Bereicherung** gem. §§ 812, 816, 822 BGB zu wehren

Der **Eigentümer** hat nach dem 3. Abschnitt, 4. Titel des BGB beispielsweise folgende **Ansprüche** aus dem Eigentum:

① Herausgabeanspruch gem. § 985 BGB,

② Nutzungen nach Rechtshängigkeit gem. § 987 BGB,

③ Nutzungen des unentgeltlichen Besitzers gem. § 988 BGB,

④ Schadensersatz nach Rechtshängigkeit gem. § 989 BGB,

⑤ Haftung des Besitzers bei Kenntnis gem. § 990 BGB,

⑥ Haftung des Besitzmittlers gem. § 991 BGB,

⑦ Haftung des deliktischen Besitzers gem. § 992 BGB,

⑧ Haftung des redlichen Besitzers gem. § 993 BGB,

⑨ Beseitigungs- und Unterlassungsanspruch gem. § 1004 BGB.

Exemplarische Darstellung

① **Herausgabeanspruch** gem. § 985 BGB BGB § 985

Der **Eigentümer** kann von dem **Besitzer** die **Herausgabe** der Sache verlangen.

BEISPIEL

Der Landwirt Kurt Breuer hat an seinen Freund Xaver seinen Rasenmäher ausgeliehen. Als Xaver mit seiner Arbeit fertig ist, gibt er den Rasenmäher seinem Freund Ewald. Breuer kann als Eigentümer des Rasenmähers sowohl vom Entleiher Xaver als auch von Ewald die Herausgabe des Rasenmähers verlangen. Allerdings kann Ewald nach § 986 BGB die Herausgabe des Rasenmähers dann verweigern, wenn er zum Besitz berechtigt ist.

② Nutzungen nach Rechtshängigkeit

Der **Besitzer** muss dem **Eigentümer** die **Nutzungen** herausgeben, die er **nach** dem Eintritt der **Rechtshängigkeit** zieht. Die Rechtshängigkeit wird gem. § 261 Abs. 1 ZPO durch die **Erhebung** der **Klage begründet**. Die Erhebung der Klage wird durch die **Zustellung der Klageschrift** an den Beklagten bewirkt. BGB § 987

BEISPIEL

Die Hausfrau Inge Feinauer gibt dem Bürokaufmann Manfred Brause leihweise einen PC, damit dieser seine Seminarunterlagen in Power Point gestalten kann. Nachdem Brause sich weigert, den PC zum vereinbarten Termin zurückzugeben, weil er die gestalteten Unterlagen erst an einen Verlag zur Veröffentlichung verkaufen will, klagt Frau Feinauer auf Herausgabe ihres Eigentums. Die Klage wird am 03.06.(01) dem Brause zugestellt. Alle Nutzungen und Erlöse, die Brause aus dem Verkauf der Unterlagen nach dem 03.06.(01) erhält, muss er an Frau Feinauer abgeben.

④ Schadensersatz nach Rechtshängigkeit

BGB § 989

Der Besitzer ist von dem Eintritt der **Rechtshängigkeit** an dem Eigentümer für den Schaden verantwortlich, der dadurch entsteht, dass infolge seines Verschuldens die Sache verschlechtert wird, untergeht oder aus einem anderen Grunde von ihm nicht herausgegeben werden kann.

BEISPIEL

Uwe Groß aus München hat seinem Freund, dem Manfred Fredo aus Augsburg, am 01.02.(01) seinen Pkw zur Fahrt zum Karneval nach Mainz geliehen. Manfred Fredo gibt den Pkw nicht vereinbarungsgemäß am 5. Februar (01) zurück, sodass ihn Uwe auf Herausgabe gem. § 985 BGB verklagt. Heute, am 15.02.(01) nach Rechtshängigkeit der Klage (Zustellung der Klage an den Beklagten), erfährt Uwe, dass Manfred infolge Trunkenheit im Straßenverkehr einen Verkehrsunfall verursacht hat und das Auto zu Schrott fuhr. Weil Manfred den Verkehrsunfall selbst verschuldet hat und überdies betrunken war, zahlt die Kfz-Versicherung nicht den entstandenen Schaden. Manfred Fredo ist gem. § 989 BGB dem Uwe Groß schadensersatzpflichtig.

⑤ Haftung des Besitzers bei Kenntnis

BGB § 990

War der **Besitzer** bei dem **Erwerb** des Besitzes **nicht in gutem Glauben,** also bösgläubig, so muss er dem Eigentümer von der Zeit des Erwerbs an die zwischenzeitlich gezogenen **Nutzungen** gem. § 987 BGB **herausgeben** und gem. § 989 BGB **Schadensersatz** leisten.

BEISPIEL

Der minderjährige und deshalb beschränkt geschäftsfähige Karl Prall verpachtet am 01.09.(01) an den Hausmann Ingo Stoll eine Boutique, die er von seinem verstorbenen Vater geerbt hat. Am 30.09.(01) erfährt der Vormund des Karl Prall von diesem Pachtvertrag und genehmigt ihn nicht. Ingo Stoll muss nach § 987 BGB die zwischenzeitlich gezogenen Nutzungen nur dann an Karl Prall herausgeben, wenn er von der beschränkten Geschäftsfähigkeit Pralls Kenntnis hatte und deshalb nicht gutgläubig war.

⑦ Haftung des deliktischen Besitzers

BGB § 992

Hat sich der Besitzer durch **verbotene** Eigenmacht oder durch eine Straftat den Besitz verschafft, so haftet er dem Eigentümer nach den Vorschriften über den Schadensersatz wegen unerlaubter Handlungen.

BEISPIEL

Anselm Schnell hat das Fahrrad seines Nachbarn aus der offenen Garage entwendet, um Brötchen in der weiter entfernt liegenden Bäckerei zu kaufen. Auf dem Nachhauseweg wird er von einem Autofahrer geschnitten, sodass Anselm völlig ohne Schuld in den Straßengraben fährt und dabei das Fahrrad zerstört. Anselm haftet dem Nachbarn, der Eigentümer des Fahrrades ist, auf Schadensersatz gem. §§ 823, 848, 992 BGB, auch wenn ihn kein Verschulden an dem Unfall trifft.

⑨ Beseitigungs- und Unterlassungsanspruch

Wird das Eigentum in anderer Weise als durch Entziehung oder Vorenthaltung des Besitzes **beeinträchtigt,** so kann der **Eigentümer** von dem **Störer** die **Beseitigung** der Beeinträchtigung verlangen. Sind weitere Beeinträchtigungen zu besorgen, so kann der Eigentümer auf **Unterlassung klagen**. Der Anspruch ist ausgeschlossen, wenn der Eigentümer zur Duldung verpflichtet ist. BGB § 1004

BEISPIEL

© olly – stock.acobe.com

Der Handwerker Fred Beck errichtet in seinem Keller eine Metallwerkstatt, in der er für ein Unternehmen in Hausarbeit Metallteile bohrt. Die bei dieser Arbeit entstehenden Geräusche sind derart laut, dass die Lärmbelästigungen für die Nachbarn unerträglich sind. Außerdem stinkt das beim Bohren verwendete Öl bestialisch. Die Nachbarn können von Bohrer die Beseitigung der Störung verlangen. Sollte Beck auf das Ansinnen nicht reagieren, können die Nachbarn z. B. Klage auf Unterlassung wegen störenden Lärms gegen Beck erheben. Würde aber der Hahn des Beck früh um 05:00 Uhr durch sein überlautes Kikeriki die Nachbarn in ihrem Schlaf stören, müssten diese das Hahnengeschrei wohl dulden.

4.3.4 Erwerb des Eigentums

4.3.4.1 Arten des Eigentumserwerbs

Das **Eigentum** an einer **beweglichen Sache** kann entweder durch **Rechtsgeschäft** oder **kraft Gesetzes erworben** werden.

4.3.4.2 Erwerb des Eigentums durch Rechtsgeschäft

Übertragung des Eigentums durch den Berechtigten durch Einigung und Übergabe

BGB § 929

Zur Übertragung des Eigentums an einer beweglichen Sache ist es erforderlich, dass der Eigentümer die Sache dem Erwerber übergibt (Übergabe) und beide darüber einig sind

(Einigung), dass das Eigentum übergehen soll. Grundlage des Eigentumsübergangs ist häufig ein schuldrechtliches Rechtsgeschäft (Verpflichtungsgeschäft), das eine Partei verpflichtet, das Eigentum auf die andere Partei zu übertragen.

BEISPIEL

Durch den Kaufvertrag wird der Verkäufer einer Sache nach § 433 Abs. 1 BGB verpflichtet, dem Käufer die Sache zu übergeben und das Eigentum an der Sache zu verschaffen.

Die Einigung ist ein verfügender oder dinglicher Vertrag, der im Sachenrecht geregelt und unabhängig vom schuldrechtlichen Rechtsgeschäft ist. Hier gelten die Vorschriften des allgemeinen Teils des BGB über die Willenserklärungen und Willensmängel. Dagegen bedeutet die Übergabe die Verschaffung des unmittelbaren Besitzes. Der Berechtigte (Verkäufer) muss den Besitz vollständig aufgeben.

BEISPIEL

Der 20-jährige Bürokaufmann Edwin Block verkauft sein gebrauchtes Mountainbike an den 17-jährigen Schüler Holger Klein zum Preis von 1 000,00 €. Beide vereinbaren im Kaufvertrag vom 03.06.(01), dass Holger am 06.06.(01) den fälligen Kaufpreis dem Edwin übergibt. Im Vertrauen auf die spätere Zahlung übereignet Edwin bereits am 03.06.(01) das Mountainbike an Holger, der mit dem Fahrrad nach Hause fährt. Die Eltern des minderjährigen und beschränkt geschäftsfähigen Holger verweigern die notwendige Genehmigung zu dem Kauf. Das Verpflichtungsgeschäft ist demnach gem. § 108 BGB nichtig.
Das Verfügungsgeschäft (Erfüllungsgeschäft) wird allerdings durch die Nichtigkeit des Verpflichtungsgeschäfts nicht beeinflusst, denn dieses Geschäft besteht nach dem Abstraktionsprinzip des BGB (Trennung von Verpflichtungs- und Erfüllungsgeschäft) aus Einigung und Übergabe der Sache.
Zur Einigung an der Übertragung des Eigentums an einer beweglichen Sache sind zwei übereinstimmende Willenserklärungen erforderlich. Die Willenserklärung des Edwin und die des Holger. Da die Willenserklärung des beschränkt geschäftsfähigen Holger ihm nur einen rechtlichen Vorteil bringt, ist seine Willenserklärung gem. § 107 BGB gültig.

Ist das **Verpflichtungsgeschäft nichtig**, kann die **Einigung** trotzdem **gültig bleiben.** Allerdings kann eine **Übereignung** im Wege der **ungerechtfertigten Bereicherung rückgängig** gemacht werden, wenn diese **grundlos erfolgt.**

Ist der Erwerber **bereits im Besitz** der Sache, so genügt die Einigung über den Übergang des Eigentums.

BEISPIEL

Franz hat an Hilde eine CD verliehen, die er ihr später zum Geburtstag schenken will. Hier genügt zur Übertragung des Eigentums, dass sich Franz und Hilde einigen, dass das Eigentum an der CD von Franz auf Hilde übergehen soll, weil Hilde bereits die CD in Besitz hat.

Die Übertragung des Eigentums durch den Berechtigten durch Einigung und Besitzkonstitut (Besitzmittlungsverhältnis)

Ist der Eigentümer im Besitz der Sache, kann die Übergabe dadurch ersetzt werden, dass zwischen dem Eigentümer und dem Erwerber ein Rechtsverhältnis vereinbart wird, nach dem der **Erwerber** den **mittelbaren Besitz** erlangt und der **Eigentümer** den **unmittelbaren Besitz** behält. Hierbei ist zu beachten, dass die Einigung (verfügender Vertrag) für das Erfüllungsgeschäft erforderlich ist. Die Übergabe als Realakt wird durch ein Besitzmittlungsverhältnis ersetzt. BGB § 930

Hauptanwendungsfall ist der Sicherungsübereignungsvertrag. Dieser Vertrag enthält mindestens

- die Einigung zwischen dem bisherigen Eigentümer (Sicherungsgeber) und dem neuen Eigentümer (Sicherungsnehmer) darüber, dass das Eigentum auf den neuen Eigentümer gem. § 929 BGB übergehen soll,
- die Vereinbarung, dass anstelle der Übergabe der Sache ein Besitzkonstitut beispielsweise in Form eines Leihvertrags treten soll,
- die Verpflichtung des Sicherungsnehmers, das Eigentum nach vollständiger Zahlung der Schuld auf den Sicherungsgeber zurück zu übertragen.

Bei der Sicherungsübereignung werden häufig Darlehen durch solche bewegliche Sachen gesichert, die der Sicherungsgeber zur weiteren beruflichen Tätigkeit benötigt und nicht als Pfand dem Sicherungsnehmer überlassen kann.

BEISPIEL

Der Bauunternehmer Karl Mahler will eine Sandgrube ausbeuten. Hierzu benötigt er u. a. einen Lkw, mit dem er den Sand zu seinen Kunden transportieren kann. Da Mahler das Geld zum Kauf des Lkw nicht hat, will er das Fahrzeug mit einem Darlehen der Europa-Bank finanzieren lassen. Die Bank verlangt Sicherheiten. Mahler bietet verschiedene Baumaschinen und den neuen Lkw als Sicherheit an. Die Bank ist damit einverstanden.

Es würde wenig Sinn machen, wenn Mahler den Lkw seiner Bank als Pfand überlässt, denn er benötigt das Fahrzeug, um den Sand zu transportieren und mit dem daraus erzielten Gewinn das Darlehen abzuzahlen.

Hier wird durch Einigung und Besitzkonstitut vereinbart, dass das Eigentum an dem Lkw von Mahler auf die Bank übergeht, was durch die Übergabe der „Zulassungsbescheinigung Teil I" erfolgen kann. Mahler bleibt unmittelbarer Besitzer und Nichteigentümer, die Europa-Bank wird Eigentümerin und mittelbare Besitzerin gem. § 868 BGB. Zur kostenlosen Nutzung des Lkw durch Mahler wird ein Leihvertrag zwischen der Bank und Mahler geschlossen, der dem Sicherungsgeber gestattet, mit dem Lkw Geschäfte zu tätigen.

Übertragung des Eigentums durch den Berechtigten durch Einigung und Übergabe und Abtretung des Herausgabeanspruchs

BGB § 931

Ist weder der Verkäufer noch der Erwerber, sondern ein **Dritter** im **Besitz** der Sache, so kann die **Übergabe** dadurch ersetzt werden, dass der Eigentümer dem Erwerber den **Anspruch** auf **Herausgabe** der Sache **abtritt**.

BEISPIEL

Adam Brause verkauft sein gebrauchtes Motorrad, das er zurzeit an seinen Freund Bodo Mai verliehen hat, an Alex Kluge. Brause und Kluge einigen sich gem. § 929 Satz 1 BGB über die Eigentumsübertragung. Gleichzeitig tritt Brause als Eigentümer seinen Herausgabeanspruch gegen Bodo Mai ab. Herr Kluge wird Eigentümer des Motorrades, ohne dass die Übergabe stattgefunden hat und er jetzt schon unmittelbarer Besitzer wird.

Übertragung des Eigentums durch den Nichtberechtigten

BGB §§ 932 u. 935

Grundsätzlich kann das Eigentum nur vom Eigentümer übertragen werden. In bestimmten Fällen ist es jedoch möglich, dass auch ein **Nichteigentümer** (Nichtberechtigter) das Eigentum an einer beweglichen Sache **rechtswirksam** auf einen **gutgläubigen Dritten übertragen** kann, wenn nach § 932 BGB folgende Voraussetzungen erfüllt sind:

- Der Nichteigentümer und der Erwerber einigen sich gem. § 929 Abs. 1 BGB über die Eigentumsübertragung,
- der Erwerber muss gem. § 932 Abs. 1 Satz 1 BGB gutgläubig sein, d. h., er muss im guten Glauben annehmen, dass der Veräußerer aufgrund des unmittelbaren Besitzes der Sache Eigentümer ist,
- der Eigentümer muss dem Nichtberechtigten den unmittelbaren Besitz gem. § 932 Abs. 1 Satz 2 BGB verschafft haben.

BEISPIEL

Maria Kramer verleiht an Udo Speck ihre Reisetasche, der diese für eine Reise nach Italien benötigt. Speck verkauft und übereignet die Tasche für 100,00 € an den gutgläubigen Patrick Sommer. Sommer wird Eigentümer nach § 932 BGB.

Ein **gutgläubiger Erwerb** ist **ausgeschlossen,** wenn

- der Erwerber **nicht** in gutem Glauben handelt, weil ihm **bekannt** oder infolge **grober Fahrlässigkeit** unbekannt ist, dass die Sache nicht dem Veräußerer gehört,
- die Sache dem Eigentümer **gestohlen** worden, **verloren** gegangen oder **sonst abhanden gekommen** war.

BEISPIELE

- Moritz Aufhäuser bietet dem Albert Springer einen Rasenmäher zum Kauf an. Springer weiß, dass der Rasenmäher nicht Eigentum des Moritz, sondern das des Nachbarn Herbert Groß ist. Springer kann nicht gutgläubiger Erwerber werden, weil er weiß, dass Moritz kein Eigentümer des Rasenmähers ist.

- Fritz hat dem Franz eine CD gestohlen. Fritz verkauft und übereignet die CD für 20,00 € seiner gutgläubigen Freundin Melanie. Obwohl Melanie in gutem Glauben handelt, kann sie nach § 935 BGB keine Eigentümerin der CD werden. Der Eigentümer der CD Franz hat einen Herausgabeanspruch gegen Melanie und kann gem. § 985 BGB die Herausgabe der CD verlangen.

4.3.4.3 Erwerb des Eigentums kraft Gesetzes

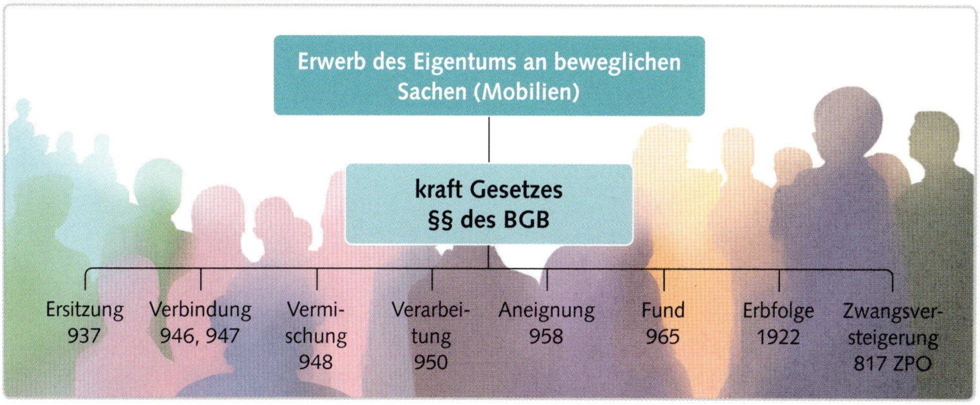

Eigentumserwerb an beweglichen Sachen kraft Gesetzes durch Ersitzung

Wer eine bewegliche Sache **zehn Jahre** im **Eigenbesitz** hat, erwirbt das Eigentum (Ersitzung). BGB § 937
Demnach geht das Eigentum nicht durch Rechtsgeschäft (Einigung und Übergabe) über, sondern kraft einer gesetzlichen Vorschrift. Ein **gutgläubiger Erwerber** wird dann zum Eigentümer einer beweglichen Sache, wenn der Ersitzende die Sache als ihm gehörend (Eigenbesitz) **betrachtet**. Der **bisherige** Eigentümer verliert sein Eigentum, der Ersitzende erwirbt nach zehn Jahren das Eigentum. BGB § 872

BEISPIEL

Dieter stiehlt dem Fred eine Handkreissäge und verkauft sie an den nicht wissenden Karl Baumann. Wenn die Handkreissäge zehn Jahre ununterbrochen bei Baumann verbleibt, erwirbt dieser gutgläubig durch Ersitzung nach § 937 Abs. 1 BGB das Eigentum an der Säge.

Die Ersitzung ist jedoch ausgeschlossen, wenn der Erwerber gem. § 937 Abs. 2 BGB bei dem Erwerb des Eigenbesitzes **nicht in gutem Glauben** ist oder wenn er später erfährt, dass ihm das Eigentum nicht zusteht.

Eigentumserwerb an beweglichen Sachen kraft Gesetzes durch Verbindung mit einem Grundstück

Wird eine bewegliche Sache mit einem Grundstück so verbunden, dass sie **wesentlicher Bestandteil** des Grundstücks wird, so erstreckt sich das Eigentum an dem **Grundstück** auf **diese Sache.** Der Grundstückseigentümer wird also ab dem Zeitpunkt der Verbindung der Sache mit dem Grundstück Eigentümer. BGB § 946

BEISPIEL

Der Biobauer Kurt Reinhold betreibt biologischen Obstbau. Eines Nachts stiehlt ihm sein Nachbar Alexander Klein drei Apfelbäume, die Reinhold am nächsten Tag einpflanzen will. Klein pflanzt die Bäume in seinem Garten ein. Die Apfelbäume werden durch das Einpflanzen in den Garten wesentlicher Bestandteil des Grundstücks. Der bisherige Eigentümer Reinhold hat sein Eigentum an den drei Apfelbäumen verloren. Dass die Bäume gestohlen worden sind, ist für den gesetzlichen Eigentumsübergang nicht von Bedeutung.

Eigentumserwerb an beweglichen Sachen kraft Gesetzes durch Verbindung mit beweglichen Sachen

BGB § 947

Werden bewegliche Sachen miteinander so verbunden, dass sie **wesentliche Bestandteile** einer **einheitlichen Sache** werden, so werden die bisherigen Eigentümer **Miteigentümer** dieser Sache. Der Wert der einzelnen Eigentumsanteile bestimmt sich nach den Werten der verbundenen Sachen im Zeitpunkt der Verbindung. Ist die Sache als **Hauptsache** anzusehen, so erwirbt der Eigentümer der Hauptsache das **Alleineigentum** an den **verbundenen Sachen**.

BEISPIEL

Helen leiht ihrer Freundin Nicole einen ihr gehörenden Taschenrechner. Da die Batterien leer sind, kauft Nicole Ersatzbatterien und legt diese in den Taschenrechner ein. Die Eigentümerin des Taschenrechners Helen erwirbt durch die Verbindung der Batterien mit dem Rechner das Eigentum an den Batterien.

Eigentumserwerb an beweglichen Sachen kraft Gesetzes durch Vermischung oder Vermengung

BGB § 948

Werden bewegliche Sachen miteinander **untrennbar vermischt** oder **vermengt**, so erwerben die einzelnen Eigentümer an der Gesamtmenge **Bruchteilseigentum** in Höhe der vermischten oder vermengten Sache. Ist eine der vermengten oder vermischten Sachen **Hauptsache**, so erwirbt der Eigentümer der Hauptsache das **Alleineigentum** an der **gesamten Menge**.

Bei untrennbarer Vermischung können die einzelnen Sachen nicht mehr körperlich abgegrenzt und dem einzelnen Eigentümer zugeordnet werden. Bei untrennbarer Vermengung bleibt die Sache zwar körperlich erhalten, aber infolge fehlender Kennzeichnung und Unterscheidbarkeit kann die Sache nicht mehr dem bisherigen Eigentümer zugeordnet werden. Außerdem steht der Untrennbarkeit gem. § 948 Abs. 2 BGB gleich, wenn die Trennung der vermischten oder vermengten Sachen zwar technisch möglich ist, aber mit unverhältnismäßig hohen Kosten verbunden sein würde.

BEISPIELE

- Der Tankstellenbesitzer Simon Schmelzer bezieht von dem Frachtführer Otto Flum 20000 Liter Dieselkraftstoff, der in dem vorhandenen Erdtank gelagert wird. Außerdem liefert der Ölhändler Josef Neuer weitere 10000 Liter Diesel, die ebenfalls in den Erdtank eingelassen werden. Die beiden Lieferungen werden also vermengt. Da eine Trennung der einzelnen Sorten nicht mehr möglich ist, erfolgt der Eigentumsübergang nach § 948 Abs. 1 BGB, indem Otto Flum und Josef Neuer Bruchteilseigentümer an der Gesamtmenge von 30000 Litern im Verhältnis 2 : 1 werden.

- Der Obstbauer Julius Breit liefert an die Saftfabrik Süß & Lecker 20 Tonnen Obst zur Herstellung von Obstsaft. Frau Julia Stein bringt 30 kg Äpfel und Birnen in die gleiche Saftfabrik zur Herstellung von Obstsaft. In der Saftfabrik werden beide Mengen gleichzeitig gepresst und verarbeitet. Eine Trennung dieser beiden Obstsorten ist aus wirtschaftlichen Gründen nicht vertretbar. Aus diesem Grunde wird Julius Breit Alleineigentümer der gesamten Saftmenge, weil der gepresste Saft gem. § 947 Abs. 2 BGB als Hauptsache anzusehen ist.

Eigentumserwerb an beweglichen Sachen kraft Gesetzes durch Verarbeitung

© Udo Bojahr – stock.adobe.com

BGB § 950

Diejenige Person, die durch **Verarbeitung** oder **Umbildung** (Bearbeitung) eines oder mehrerer **Stoffe eine neue bewegliche Sache herstellt**, erwirbt das Eigentum an der neuen Sache. Dies gilt nicht, wenn der Wert der Verarbeitung oder Bearbeitung erheblich geringer ist als der Wert des Stoffes. Als Verarbeitung gilt auch das Schreiben, Zeichnen, Malen, Drucken, Gravieren oder eine **ähnliche Bearbeitung** der Oberfläche. Mit dem Eigentumserwerb an der neuen Sache erlöschen die an dem Stoff bestehenden Rechte.

BEISPIEL

Der Lederhändler Gustav Feller klaut aus einem offenen Güterwagen 1 000 Fuß Oberleder und verkauft die Ware an die Schuhfabrik Steg OHG. Hier wird das Oberleder zu Damen-, Herren- und Kinderschuhen verarbeitet. Die Steg OHG wird Eigentümerin der von ihr hergestellten Schuhe, denn der Wert der Verarbeitung ist nicht erheblich geringer als das Leder, sondern viel höher.

- Wer durch **Verbindung, Vermischung** oder **Verarbeitung** einen **Rechtsverlust erleidet**, kann nach § 951 Abs. 1 S. 1 BGB von demjenigen, zu dessen Gunsten die Rechtsänderung eintritt, **Vergütung in Geld** nach den Vorschriften über die **Herausgabe** einer **ungerechtfertigten Bereicherung** fordern.
- Die **Wiederherstellung** des **früheren Zustandes** kann gem. § 951 Abs. 1 S. 2 BGB **nicht verlangt** werden.

Eigentumserwerb an beweglichen Sachen kraft Gesetzes durch Aneignung

Wer eine **herrenlose bewegliche Sache** in Eigenbesitz nimmt, erwirbt das Eigentum an der Sache. Herrenlos ist eine Sache dann, wenn BGB § 958

- entweder für die Sache noch nie Eigentum bestanden hat (z. B. wilde Tiere gem. § 960 BGB, Meereserzeugnisse) oder
- wenn der Eigentümer gem. § 959 BGB als bisheriger unmittelbarer Besitzer den Besitz in der Absicht aufgibt, auf das Eigentum zukünftig zu verzichten.

Die Aneignung ist kein rechtsgeschäftlicher Eigentumserwerb, sondern ein Realakt. Deshalb können sich auch Geschäftsunfähige oder beschränkt Geschäftsfähige Sachen aneignen.

BEISPIEL

Der 17-jährige Auszubildende Johannes Weil nimmt den vom Hauseigentümer Reichelt zum Sperrmüll an die Straße gelegten gebrauchten Radioapparat mit, weil er hofft, aus dem Radio noch intakte Teile verwenden zu können. Reichelt hat durch das Ablegen des Radios zum Sperrmüll eindeutig zu erkennen gegeben, dass er gem. § 959 BGB sein Eigentum aufgeben will. Ihm ist es gleichgültig, wer den abgelegten Apparat an sich nimmt. Der Radioapparat ist somit herrenlos geworden. Durch die Aneignung des Radios erwirbt Johannes Weil das Eigentum an dem Radioapparat.

Gemäß § 958 Abs. 2 BGB ist der **Erwerb** von herrenlosen Sachen **ausgeschlossen**, wenn die Aneignung **gesetzlich verboten** ist oder wenn durch die Besitzergreifung das **Aneignungsrecht** eines **anderen verletzt** wird.

BGB § 965

Eigentumserwerb an beweglichen Sachen kraft Gesetzes durch Fund

Wer eine **verlorene** bewegliche **Sache findet** und an sich **nimmt**, hat gem. § 965 Abs. 1 BGB dem **Verlierer** oder dem **Eigentümer** oder einem sonstigen **Empfangsberechtigten** den Fund **unverzüglich anzuzeigen**.

Kennt der Finder die Empfangsberechtigten nicht oder ist ihm ihr Aufenthalt unbekannt, so hat er den Fund und die Umstände, die für die Ermittlung der Empfangsberechtigten erheblich sein können, unverzüglich der zuständigen Behörde anzuzeigen. Ist die Sache nicht mehr als zehn Euro wert, so bedarf es nicht der Anzeige.

Zwischen Finder, Verlierer, Eigentümer oder sonstigem Empfangsberechtigten entsteht ein **gesetzliches Schuldverhältnis**.

Der Finder übernimmt beim Fund einer verlorenen beweglichen Sache bestimmte
① **Pflichten** und **gleichzeitig** erwirbt er bestimmte
② **Ansprüche** oder **Rechte**.

① Pflichten des Finders beim Fund einer verlorenen beweglichen Sache:

- BGB § 965 **Anzeigepflicht** des Finders bei einem Wert der Sache von mehr als 10,00 €,
- BGB § 966 **Verwahrungspflicht** bei nicht verderblichen Sachen,
- BGB § 967 **Ablieferungspflicht**.

② **Ansprüche des Finders beim Fund einer verlorenen beweglichen Sache:**

- BGB § 970 Ersatz von **Aufwendungen** gem. § 970 BGB,
- BGB § 971 **Finderlohn**, wenn der Finder die Anzeigepflicht nicht verletzt hat
- BGB § 973 **Eigentumserwerb:** Mit dem **Ablauf von sechs Monaten nach der Anzeige** des Fundes bei der zuständigen Behörde erwirbt der **Finder** das **Eigentum** an der Sache, es sei denn, dass vorher ein Empfangsberechtigter dem Finder bekannt geworden ist oder sein Recht bei der zuständigen Behörde angemeldet hat. Ist die Sache nicht mehr als 10,00 € wert, so beginnt die sechsmonatige Frist mit dem Fund. Der Finder erwirbt das Eigentum nicht, wenn er den Fund auf Nachfrage verheimlicht.

Wird eine Sache, die so lange verborgen gelegen hat, dass der Eigentümer nicht mehr zu ermitteln ist (Schatz oder Edelsteine in Idar-Oberstein) entdeckt und infolge der Entdeckung in Besitz genommen, so wird das Eigentum zur Hälfte von dem Eigentümer der Sache erworben, in welcher der Schatz verborgen war, die andere Hälfte des Schatzfundes erwirbt der Finder. BGB § 973

Wer eine Sache in den Geschäftsräumen oder den Beförderungsmitteln einer öffentlichen Behörde oder einer dem öffentlichen Verkehr dienenden Verkehrsanstalt findet und an sich nimmt, hat die Sache unverzüglich an die Behörde oder die Verkehrsanstalt oder an einen ihrer Angestellten abzuliefern. Der Finderlohn besteht, wenn die Sache nicht weniger als 50,00 € wert ist, in der Hälfte des Betrages, der für einen Fund berechnet wird. Findet ein Bediensteter der Behörde oder der Verkehrsanstalt eine verlorene bewegliche Sache, steht ihm kein Finderlohn zu. BGB § 978

Die Behörde oder die Verkehrsanstalt kann die an sie abgelieferten Sachen öffentlich versteigern lassen. Bei Behörden des Bundes, der Länder und der Gemeinden kann die öffentliche Versteigerung auch durch einen ihrer Beamten vorgenommen werden. BGB § 979

Die Versteigerung ist erst zulässig, nachdem die Empfangsberechtigten in einer öffentlichen Bekanntmachung des Fundes zur Anmeldung ihrer Rechte unter Bestimmung einer Frist aufgefordert worden sind und die Frist verstrichen ist. Ist eine Anmeldung rechtzeitig erfolgt, ist die öffentliche Versteigerung unzulässig. BGB § 980

Sind seit dem Ablauf der in der **öffentlichen Bekanntmachung** bestimmten Frist **drei Jahre** vergangen, so fällt der **Versteigerungserlös**, wenn nicht ein Empfangsberechtigter sein Recht angemeldet hat, beim Bund der **Bundeskasse**, bei den Ländern den **Länderkassen** und bei den **Gemeindebehörden** diesen zu.

Meldet der **frühere Eigentümer** einer verlorenen beweglichen Sache seine Rechte fristgerecht an, und erleidet er einen Rechtsverlust, kann er gem. § 977 BGB **noch drei Jahre** lang ab Eigentumsübertragung von dem Finder oder der Gemeinde des Fundorts die **Herausgabe** des durch die Rechtsänderung Erlangten nach den Vorschriften über die Herausgabe einer **ungerechtfertigten Bereicherung** fordern.

BEISPIELE

- Isabell Adler findet auf dem Parkplatz einen Brillantring und liefert ihn beim Fundbüro ab. Ist Isabell der Verlierer unbekannt und meldet sich dieser auch nicht innerhalb von sechs Monaten seit der Ablieferung des Rings, erwirbt Isabell das Eigentum an dem Brillantring.
- Maria findet auf der Straße eine Geldtasche mit 900,00 € Bargeld. Weil der Fund der Geldtasche anzeigepflichtig ist, gibt sie diese beim Fundbüro ab. Sollte sich der Eigentümer der Geldtasche melden, kann Maria von den ersten 500,00 € einen Finderlohn in Höhe von 5 %, das sind 25,00 €, und von dem übersteigenden Betrag 3 %, das sind 12,00 €, nach § 971 Abs. 1 BGB verlangen. Meldet sich der Eigentümer der Geldtasche nicht, wird Maria nach § 973 Abs. 1 BGB Eigentümerin der Geldtasche und des Geldes. Allerdings kann der Verlierer oder ein sonst Berechtigter gemäß § 977 BGB in den folgenden drei Jahren von Maria die Herausgabe der Geldtasche mit Inhalt nach den Vorschriften der ungerechtfertigten Bereicherung verlangen.

- Hilde findet auf der Lindenstraße eine 10-Euro-Geldnote. Der Fund ist gem. § 965 Abs. 2 S. 2 BGB nicht anzeigepflichtig. Hilde kann die 10,00 € behalten.
- Alex Sauber findet in der Eisenbahn eine goldene Halskette mit Amulett. Er muss die Halskette dem Zugbegleitpersonal abgeben und hat nur einen Anspruch auf Finderlohn gem. § 978 Abs. 1 BGB. Dieser beträgt die Hälfte des Betrages nach § 971 Abs. 1 BGB.

Eigentumserwerb kraft Gesetzes durch Erbfolge

Mit dem Tode einer Person (Erbfall) geht deren Vermögen (Erbschaft) als Ganzes auf eine oder mehrere andere Personen (Erben) über. Der Erbe wird Eigentümer der beweglichen Sachen und Grundstücke, Gläubiger aller Forderungen, Schuldner aller Verbindlichkeiten im Augenblick des Todes des Erblassers. Eines rechtsgeschäftlichen Übertragungsaktes bedarf es nicht; der Vorgang wird als Gesamtrechtsnachfolge bezeichnet.

Eigentumserwerb kraft Gesetzes durch Zwangsversteigerung

ZPO § 817

Eine gepfändete Sache kann öffentlich versteigert werden, wobei der Meistbietende den Zuschlag erhält. Mit dem Zuschlag erwirbt der Ersteher Eigentum, und zwar auch dann, wenn er wusste, dass der Schuldner nicht Eigentümer war.

4.3.5 Erwerb des Eigentums an unbeweglichen Sachen (Immobilien)

4.3.5.1 Erwerb des Eigentums an Grundstücken durch Rechtsgeschäft

Das Eigentum an einer unbeweglichen Sache kann entweder durch Rechtsgeschäft oder kraft Gesetzes erworben werden.

Gemäß §873 Abs. 1 BGB ist zur

- **Übertragung des Eigentums** (Erfüllungsgeschäft) an einem **Grundstück**,
- zur **Belastung** eines **Grundstücks** mit einem **Recht** sowie zur
- **Übertragung** oder **Belastung** eines **solchen Rechts**

die **Einigung** des **Berechtigten** und des **anderen Teils** über den **Eintritt der Rechtsänderung** und die **Eintragung** der Rechtsänderung in das **Grundbuch erforderlich,** soweit **nicht** das **Gesetz** ein **anderes vorschreibt**.

Der Eigentumserwerb an einem Grundstück erfolgt meist aufgrund eines schuldrechtlichen Kaufvertrags, einer Schenkung oder eines Tausches (Verpflichtungsgeschäft).

BEISPIEL

Der Verkäufer Adam Roth verkauft sein Grundstück an den Käufer Max Schwarzer. Durch den Kaufvertrag verpflichtet sich der Verkäufer Roth dem Käufer Schwarzer das Grundstück zu übereignen und Schwarzer wird verpflichtet, den Kaufpreis für das Grundstück an Roth zu zahlen.

Die zur **Übertragung des Eigentums** an einem Grundstück nach § 873 BGB **erforderliche Einigung** des Veräußerers und des Erwerbers **(Auflassung)** muss gem. § 925 Abs. 1 BGB bei **gleichzeitiger Anwesenheit** beider Teile vor einer **zuständigen Stelle erklärt** werden.

BEISPIEL

In dem notariell beurkundeten Kaufvertrag über ein Grundstück kann folgender Satz stehen: „Die Beteiligten sind sich darüber einig, dass das Eigentum an dem Grundstück auf den Käufer übergehen soll."

Wird die **Auflassung nicht** vor dem **Grundbuchamt,** vor dem **Gericht** oder vor einem **Notar** bei **gleichzeitiger Anwesenheit beider Teile** erklärt, ist diese **nichtig.** Die Eigentumsübertragung ist nicht vollzogen. Eine Grundbucheintragung, die auf einer nicht formgerechten Auflassung beruht, kann diese **Formnichtigkeit nicht** heilen. BGB § 125

Vor der Eintragung sind die Beteiligten an die **Einigung nur gebunden**, wenn BGB § 873 Abs. 2

- die **Erklärungen notariell beurkundet** sind oder
- die **Erklärungen vor dem Grundbuchamt abgegeben** worden sind oder
- die **Erklärungen beim Grundbuchamt eingereicht** worden sind oder
- der **Berechtigte dem anderen Teil** eine den Vorschriften der Grundbuchordnung entsprechende **Eintragungsbewilligung ausgehändigt** hat.

Ein Vertrag, durch den sich der eine Teil verpflichtet, das Eigentum an einem Grundstück zu übertragen oder zu erwerben bedarf der notariellen Beurkundung. Ein Verstoß gegen diese Formvorschrift bedeutet grundsätzlich die Nichtigkeit des Vertrags gem. § 125 BGB. Allerdings wird ein ohne notarielle Beurkundung geschlossener Vertrag seinem ganzen Inhalt nach gültig, wenn die Auflassung und die **Eintragung in das Grundbuch** erfolgen. BGB § 311b Abs. 1

Der **schuldrechtliche Kaufvertrag** und die **dingliche Auflassung** sind **zwei getrennte Verträge.** Die **Auflassung** ist nämlich **rechtswirksam**, selbst wenn der **Kaufvertrag unwirksam** ist.

4.3.5.2 Erwerb des Eigentums an Grundstücken kraft Gesetzes

Erwerb des Eigentums an Grundstücken kraft Gesetzes durch Ersitzung

BGB § 927

Der Eigentümer eines Grundstücks kann, wenn das Grundstück seit **30 Jahren im Eigenbesitz** eines anderen ist, im Wege des **Aufgebotsverfahrens** mit seinem Recht ausgeschlossen werden. Die **Besitzzeit** wird in gleicher Weise berechnet wie die Frist für die Ersitzung einer beweglichen Sache. Ist der Eigentümer im Grundbuch eingetragen, so ist das Aufgebotsverfahren nur zulässig, wenn er gestorben oder verschollen ist und eine **Eintragung** in das Grundbuch, die der Zustimmung des Eigentümers bedurfte, **seit 30 Jahren nicht erfolgt** ist.

BEISPIEL

Der Weltreisende Hubert ist Eigentümer eines Wiesengrundstücks. Das Eigentumsverhältnis ist nicht im Grundbuch eingetragen. Er verlässt Deutschland mit unbekanntem Ziel. Die Wiese wird von dem Landwirt Grauer genutzt und gepflegt. Nach 35 Jahren kommt Hubert nach Deutschland zurück und will hier seinen Ruhestand verbringen. Da Grauer das Grundstück seit länger als 30 Jahren im Eigenbesitz hat, kann Hubert von seinem Eigentumsrecht ausgeschlossen werden.

Erwerb des Eigentums an Grundstücken kraft Gesetzes durch Erbfolge

BGB § 1922

Der **Erbe** wird **Eigentümer** der beweglichen Sachen und Grundstücke im Augenblick des Todes des Erblassers. Eines rechtsgeschäftlichen Übertragungsaktes bedarf es nicht; der Vorgang wird als **Gesamtrechtsnachfolge** bezeichnet.

Eigentumserwerb kraft Gesetzes durch Gütergemeinschaft

BGB § 1416

Das Vermögen des Mannes und das Vermögen der Frau werden durch die Gütergemeinschaft **gemeinschaftliches Vermögen beider Ehegatten** (Gesamtgut). Zu dem Gesamtgut gehört auch das Vermögen, das der Mann oder die Frau während der Gütergemeinschaft erwirbt. Wird ein Recht gemeinschaftlich, das im Grundbuch eingetragen ist oder in das Grundbuch eingetragen werden kann, so kann jeder Ehegatte von dem anderen verlangen, dass er zur Berichtigung des Grundbuchs mitwirke.

BEISPIEL

Der Ehemann Alois will ein Grundstück, das auch seiner Ehefrau Maria gehört, verkaufen. Der Verkauf des Grundstücks ist nur möglich, wenn beide Ehepartner dabei mitwirken.

Eigentumserwerb kraft Gesetzes durch Zuschlag bei der Zwangsversteigerung

ZPV § 90

Das Gesetz über die Zwangsversteigerung und die Zwangsverwaltung (ZPV) bestimmt, dass durch den Zuschlag der Ersteher Eigentümer des Grundstücks wird. Mit dem Grundstück erwirbt er gem. § 90 ZPV zugleich die Gegenstände, auf welche sich die Versteigerung erstreckt haben.

BEISPIEL

In einer öffentlichen Versteigerung wird das bebaute Grundstück des Walter Albert zwangsversteigert. In dem zum Grundstück zugehörigen Garten sind Obstbäume und Kartoffeln angebaut. Außerdem befindet sich dort noch ein Geräteschuppen. Frau Amanda Glück erhält als Meistbietende den Zuschlag. Sie erwirbt Eigentum an dem Grundstück sowie an allen Gegenständen, die damit verbunden sind.

Zusammenfassung und Lernkontrolle

Zusammenfassung

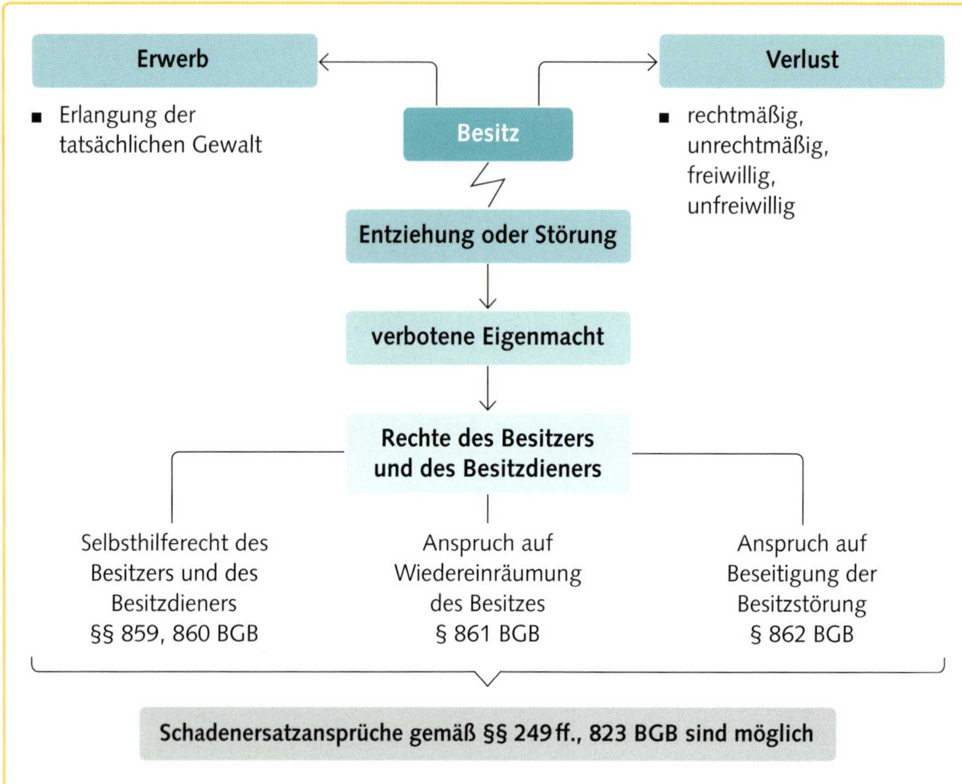

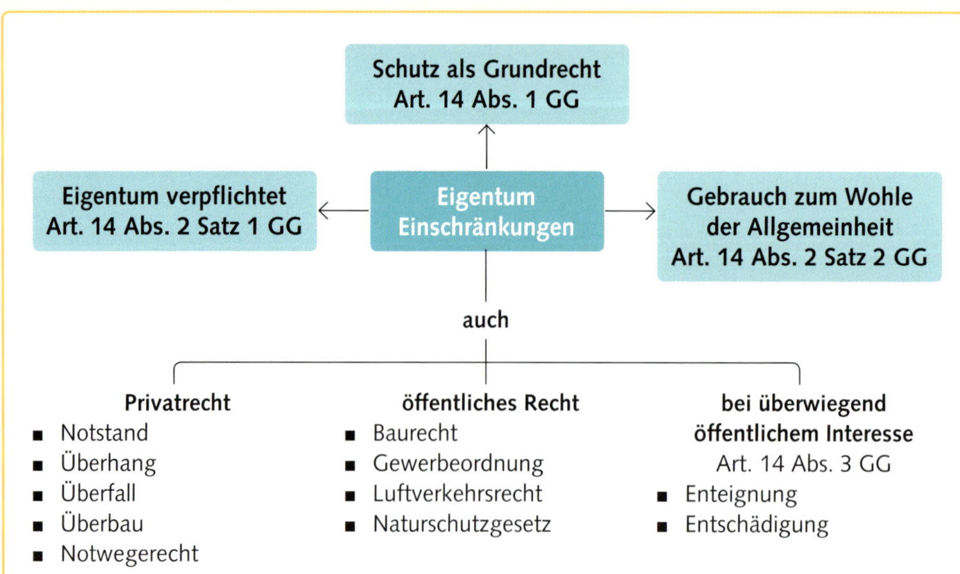

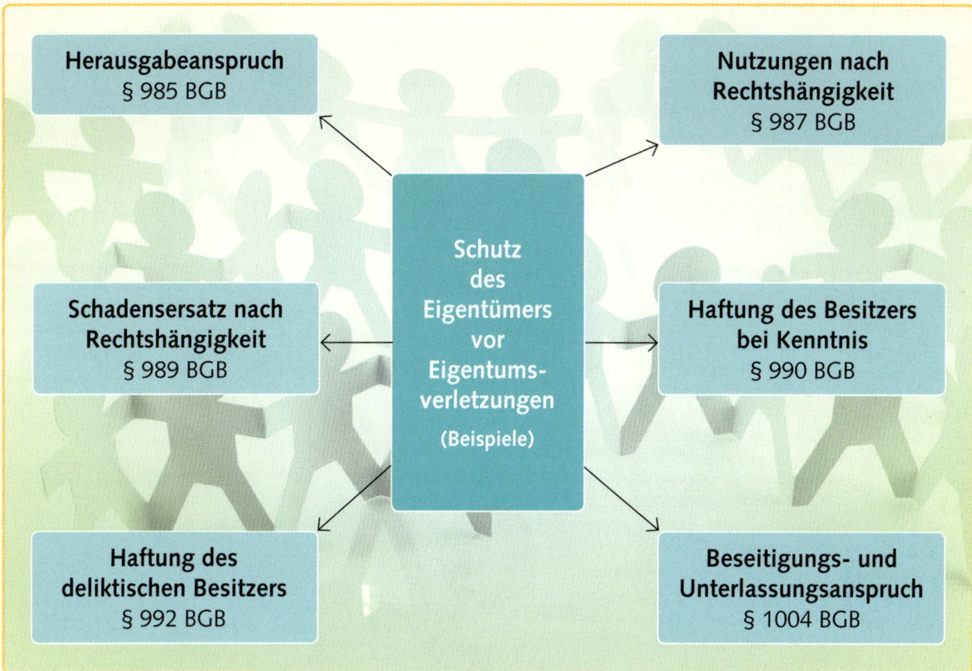
Herausgabeanspruch
§ 985 BGB
Nutzungen nach Rechtshängigkeit
§ 987 BGB
Schutz des Eigentümers vor Eigentums-verletzungen
(Beispiele)
Schadensersatz nach Rechtshängigkeit
§ 989 BGB
Haftung des Besitzers bei Kenntnis
§ 990 BGB
Haftung des deliktischen Besitzers
§ 992 BGB
Beseitigungs- und Unterlassungsanspruch
§ 1004 BGB

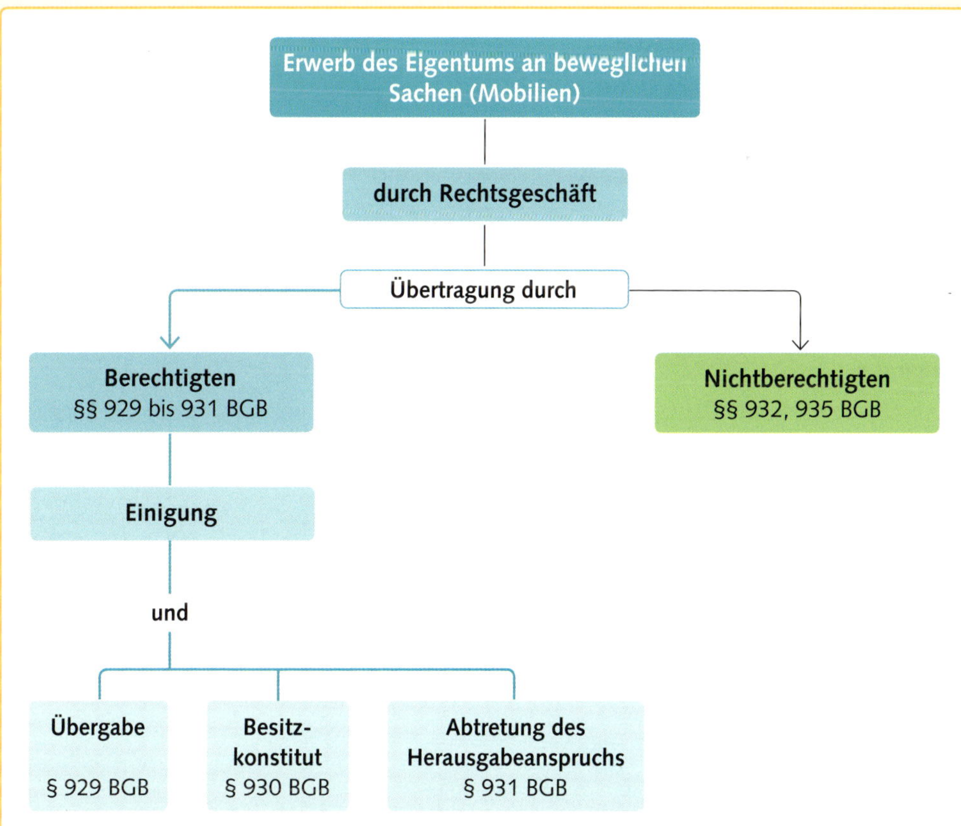
Erwerb des Eigentums an beweglichen Sachen (Mobilien)
durch Rechtsgeschäft
Übertragung durch
Berechtigten
§§ 929 bis 931 BGB
Nichtberechtigten
§§ 932, 935 BGB
Einigung
und
Übergabe
§ 929 BGB
Besitz-konstitut
§ 930 BGB
Abtretung des Herausgabeanspruchs
§ 931 BGB

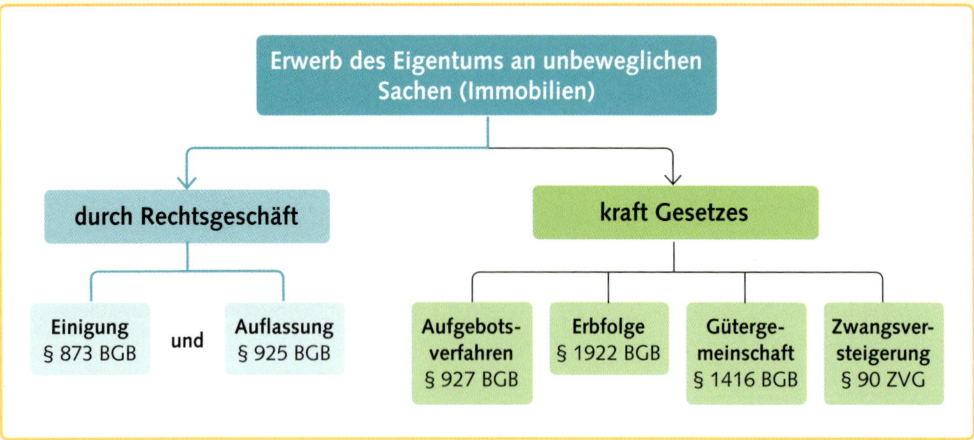

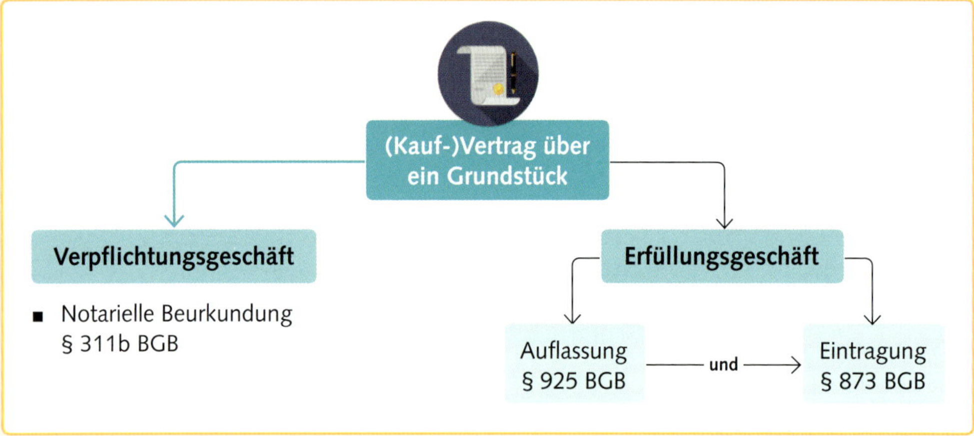

Lernkontrolle

Aufgabe 1

Unterscheiden Sie bitte das Schuldrecht von dem Sachenrecht im Hinblick auf die Regelung der Rechtsbeziehungen.

Aufgabe2

Was verstehen Sie unter dem Besitz?

Aufgabe 3

Wer ist nach dem BGB
a) unmittelbarer Besitzer,
b) Teilbesitzer,
c) Mitbesitzer,
d) mittelbarer Besitzer,
e) Eigenbesitzer?

Aufgabe 4

a) Wie wird der Besitz einer Sache gem. § 854 Abs. 1 BGB erworben?

b) Wer ist Besitzdiener?

Aufgabe 5

Wer übt verbotene Eigenmacht aus und wann liegt diese vor?

Aufgabe 6

Welche Selbsthilferechte räumt das Gesetz dem Besitzer und dem Besitzdiener gegen verbotene Eigenmacht ein?

Aufgabe 7

Definieren Sie bitte den Begriff des Eigentums!

Aufgabe 8

Erklären Sie bitte das Alleineigentum, das Miteigentum und das Gesamthandseigentum anhand jeweils eines Beispiels.

Aufgabe 9

Das Eigentum wird in Art. 14 Abs. 1 GG als Grundrecht besonders geschützt. Gleichwohl hat der Eigentümer gewisse Einschränkungen zu dulden, die in Art. 14 Abs. 2 GG und in anderen Gesetzen festgelegt sind. Nennen Sie unter Angabe der gesetzlichen Bestimmungen einige Beispiele dieser Einschränkungen.

Aufgabe 10

Wie ist in den folgenden Fallgestaltungen die Rechtslage zu beurteilen?

a) Gerd hat an seinen Freund Bernhard seine Bohrmaschine ausgeliehen. Als Bernhard mit seiner Arbeit fertig ist, gibt er die Bohrmaschine seinem Freund Ewald, weil dieser auch noch bohren will.

b) Uwe Groß aus Kiel hat seinem Freund, dem Emil aus Flensburg, am 01.03.(01) sein Wohnmobil für die Fahrt zur Caravan-Ausstellung nach München geliehen. Emil gibt das Wohnmobil nicht vereinbarungsgemäß am 05.03.(01) zurück, sodass ihn Uwe auf Herausgabe gem. § 985 BGB verklagt. Heute, am 15.03.(01) nach Rechtshängigkeit der Klage (Zustellung der Klage an den Beklagten) erfährt Uwe, dass Emil infolge Trunkenheit im Straßenverkehr einen Verkehrsunfall verursacht hat und das Auto zu Schrott fuhr.

c) Walter Dahler hat das Fahrrad seines Nachbarn Helmut aus der offenen Garage entwendet, um Lebensmittel in der weiter entfernt liegenden Handelskette zu kaufen. Auf dem Nachhauseweg wird er von einem Autofahrer geschnitten, sodass Walter völlig ohne Schuld in den Straßengraben fährt und dabei das Fahrrad zerstört.

Aufgabe 11

Wie erfolgt die Eigentumsübertragung an beweglichen Sachen durch Rechtsgeschäft? Nennen Sie ein Beispiel!

Aufgabe 12

Wie beurteilen Sie folgenden Fall hinsichtlich der Einigung und Übergabe des Mopeds. Der 22-jährige Metallfacharbeiter Meise verkauft sein gebrauchtes Moped an den 17-jährigen Auszubildenden Hans Groß zum Preis von 1 200,00 €. Beide vereinbaren im Kaufvertrag vom 05.07.(01), dass Hans am 09.07.(01) den fälligen Kaufpreis dem Meise übergibt. Im Vertrauen auf die spätere Zahlung übereignet Meise bereits am 05.07.(01) das Moped an Hans, der damit nach Hause fährt. Die Eltern des minderjährigen und beschränkt geschäftsfähigen Hans verweigern die notwendige Genehmigung zu dem Kauf.

Aufgabe 13

Was verstehen Sie unter dem Eigentumserwerb an beweglichen Sachen kraft Gesetzes durch Ersitzung gem. § 937 BGB und wann ist die Ersitzung ausgeschlossen?

Aufgabe 14

Welche Voraussetzungen müssen gegeben sein, damit auch ein Nichteigentümer (Nichtberechtigter) das Eigentum an einer beweglichen Sache rechtswirksam auf einen gutgläubigen Dritten übertragen kann?

Aufgabe 15

Wie ist in den folgenden Fallgestaltungen die Rechtslage im Hinblick auf den Eigentumserwerb an beweglichen Sachen kraft Gesetzes?

a) Herr Schreiner stiehlt bei seinem Nachbarn Kurt Adler 40 Steine, mit denen er eine Garagenwand auf seinem Grundstück baut.

b) Karin leiht ihrer Freundin Simone einen ihr gehörenden Füllhalter. Da die Tintenpatronen leer sind, kauft Simone neue Patronen und steckt diese in den Füller.

c) Die Bürokaufleute der Glasgroßhandlung Ruch feiern Geburtstag. Verschiedene Mitarbeiterinnen bringen Zutaten für Salate und ein kaltes Büfett mit, wie z. B. Brot, Salat, Zwiebeln, Eier, Gurken, Käse, Schinken und Wurstaufschnitt. Alle Zutaten werden auf einem großen Tisch angerichtet.

d) Der berühmte Maler Isidor Klimm stiehlt in einem Farbenfachgeschäft verschiedene Farben im Wert von 200,00 € und malt damit ein Bild im Wert von 10 000,00 €.

e) Der 6-jährige Ernst sieht in einer Sperrmüllsammlung auf der Straße einen gebrauchten Kinderroller, der von dem Hauseigentümer Julius dort abgelegt wurde. Er nimmt den Roller mit.

f) Franziska findet auf dem Parkplatz einen goldenen Nasenring und liefert ihn beim Fundbüro ab. Franziska ist der Verlierer unbekannt und dieser meldet sich auch nicht innerhalb von sechs Monaten seit der Ablieferung des Rings beim Fundbüro.

g) Ferdi findet vor seinem Haus eine Brieftasche ohne Ausweispapiere, aber mit 1 500,00 € Bargeld. Weil der Fund der Brieftasche anzeigepflichtig ist, gibt er diese beim Fundbüro ab.
Welchen Betrag kann Ferdi als Finderlohn beanspruchen, wenn sich der Finder meldet?
Wie ist die Rechtslage, wenn sich der Finder beim Fundbüro nicht meldet und den Verlust anzeigt?

h) Julia findet auf der Kurallee 10,00 €.

j) Katja findet in der Straßenbahn eine goldene Uhr.

Aufgabe 16

Was ist zur Eigentumsübertragung an einem Grundstück erforderlich?

Aufgabe 17

Erklären Sie bitte den Begriff der Auflassung nach § 925 BGB.

Aufgabe 18

Welche Wirkung tritt ein, wenn die Auflassung nicht vor einer zuständigen Stelle erklärt wird?

Aufgabe 19

Erläutern Sie bitte, warum die Auflassung rechtswirksam sein kann, selbst wenn der Kaufvertrag über ein Grundstück unwirksam ist.

Aufgabe 20

Was verstehen Sie unter dem Aufgebotsverfahren gem. § 927 BGB?

4.4 Grundbuch

4.4.1 Begriff und Zweck des Grundbuchs

GBO § 2 Abs. 2

Im rechtlichen Sinne ist ein Grundstück ein abgegrenzter Teil der Erdoberfläche der Bundesrepublik Deutschland. Nach der Grundbuchordnung (GBO) werden die Grundstücke im Grundbuch nach den in den Bundesländern eingerichteten amtlichen Verzeichnissen benannt (Liegenschaftskataster).

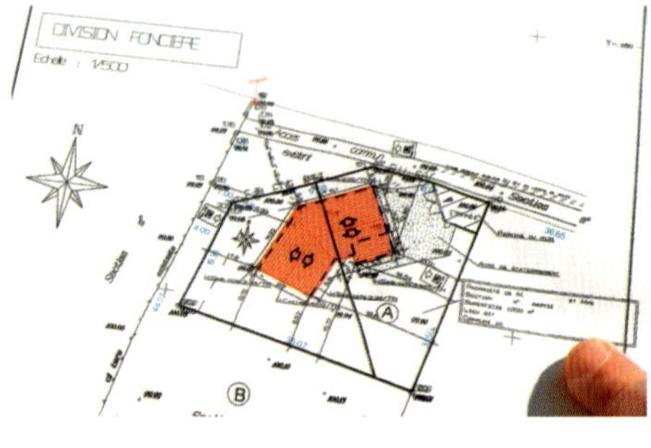

- Das **Grundbuch** ist ein **öffentliches Register,** das alle **bestehenden Rechte** und **tatsächlichen Verhältnisse** an einem **Grundstück offenkundig** macht.
- **Jeder Person**, die ein **berechtigtes Interesse nachweisen** kann, ist gem. § 12 Abs. 1 GBO **Einsicht** in das **Grundbuch** zu **gewähren**.
- Ab dem 1. Oktober 2014 ist ein Protokoll über Einsichten in Grundbücher und Grundakten sowie über die Erteilung von Abschriften gem. § 12 Abs. 1 GBO zu führen.

BEISPIEL

Der Käufer Simon Schwarz beabsichtigt, ein Wiesengrundstück in Annweiler zu kaufen. Er wird Grundbucheinsicht nehmen, um sich beispielsweise über die Größe der Wiese und deren bestehende Belastungen zu informieren.

Das **materielle Grundbuchrecht** (Liegenschaftsrecht) ist im Sachenrecht des BGB geregelt. Es enthält die Grundlagen für die Rechtsänderungen, wie das Entstehen oder das Löschen von Rechten an Grundstücken.

Das **formelle Grundbuchrecht** ist in der Grundbuchordnung (GBO) geregelt. Hier wird die Einrichtung und die Führung des Grundbuches sowie das Eintragungsverfahren für das Grundbuch geregelt.

- **Sachlich zuständig** für die Führung der Grundbücher sind gem. § 1 Abs. 1 GBO die **Amtsgerichte (Grundbuchämter)**.
- **Örtlich zuständig** sind die **Amtsgerichte** für **alle Grundstücke,** die in **ihrem Bezirk liegen.**
- **Funktionell zuständig** als Grundbuchbeamte sind gem. § 3 Nr. 1. h) Rechtspflegergesetz (RPflG) die **Rechtspfleger**.

4.4.2 Aufbau des Grundbuchs

Die Grundbücher können als Loseblattgrundbuch oder auch als automatisierte Datei geführt werden. Machen die Landesregierungen von ihrem Recht die Form der Führung der Grundbücher zu regeln, keinen Gebrauch, so wird für jedes Grundstück ein besonderes Grundbuch in Form eines Grundbuchblattes angelegt.

GBO §§ 1 u. 126 Abs. 1

Das **Grundbuchblatt** besteht aus

- der **Aufschrift (Titelblatt),** in dem das registerführende Amtsgericht, der Grundbuchbezirk, die Bandnummer, die Blattnummer und die Anzahl der Seiten des Grundbuchblattes angegeben werden,
- dem **Bestandsverzeichnis**, das Angaben enthält über die Gemarkung, Flur, Flurstück, Lage, Größe, Bebauung und Rechte, die mit dem Grundstück verbunden sind (Grunddienstbarkeiten),
- der **Abteilung I**, die den Namen des Eigentümers, den Grund des Erwerbs und sämtliche Veränderungen in der Eigentumsbeziehung, die das Grundstück betreffen, enthält,
- der **Abteilung II**, in der alle dinglichen Rechte, die auf dem Grundstück ruhen (außer den Grundpfandrechten), wie beispielsweise das Wegerecht, die Erbbaurechte, das Nießbrauchsrecht, die Verfügungsbeschränkungen, die durch das Insolvenzverfahren oder durch Zwangsvollstreckungsmaßnahmen entstanden sind, eingetragen werden,
- der **Abteilung III**, die die Grundpfandrechte, wie Hypothek, Grund- und Rentenschulden enthält.

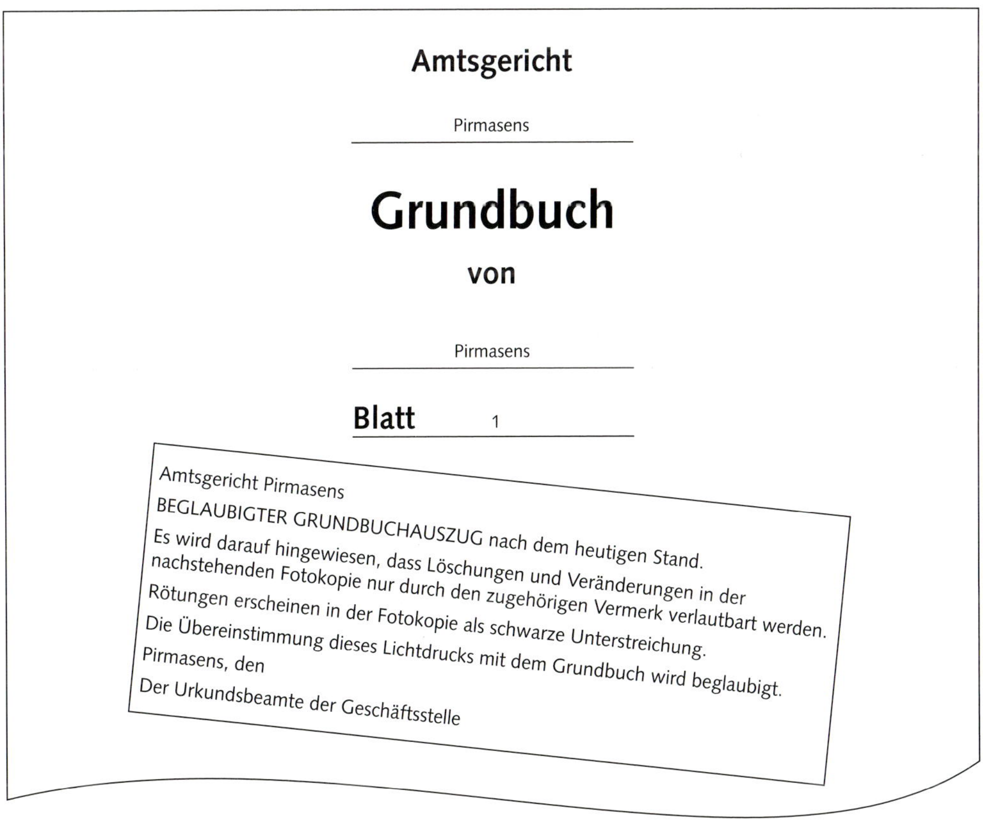

Amtsgericht

Pirmasens

Grundbuch

von

Pirmasens

Blatt 1

Amtsgericht Pirmasens
BEGLAUBIGTER GRUNDBUCHAUSZUG nach dem heutigen Stand.
Es wird darauf hingewiesen, dass Löschungen und Veränderungen in der nachstehenden Fotokopie nur durch den zugehörigen Vermerk verlautbart werden.
Rötungen erscheinen in der Fotokopie als schwarze Unterstreichung.
Die Übereinstimmung dieses Lichtdrucks mit dem Grundbuch wird beglaubigt.
Pirmasens, den
Der Urkundsbeamte der Geschäftsstelle

Amtsgericht Pirmasens **Grundbuch von** Pirmasens **Blatt** 1 **Bestandsverzeichnis**

Laufende Nummer der Grundstücke	Bisherige laufende Nummer d. Grundstücke	Bezeichnung der Grundstücke und der mit dem Eigentum verbundenen Rechte					Größe
		Gemarkung (Vermessungsbezirk)	Karte: Flur	Karte: Flurstück	Liegenschaftsbuch	Wirtschaftsart und Lage	m2
		a	b		c/d	e	
1	2	3					4
1		Pirmasens	17			Gebäude- und Freifläche Hauptstraße 1	9 80
2	1	Pirmasens	17/1			Gebäude- und Freifläche Hauptstraße 1	5 00
	2	Pirmasens	17/2			Gebäude- und Freifläche Hauptstraße 1 a	4 80
4		Pirmasens	17/2			Gebäude- und Freifläche Hauptstraße 1 a	4 80

Bestand und Zuschreibungen		Abschreibungen	
Zur lfd. Nr. d. Grundstücke		Zur lfd. Nr. d. Grundstücke	
5	6	7	8
1	Aus Blatt 2 übertragen am	4	Nach Blatt 10 übertragen am … RPfl. UdG
1, 2	Nr. 1 gemäß Veränderungsnachweis 2002 Nr. 1 zu Nr. 2 fortgeschrieben am …		
2 – 4	Nr. 2 in Nr. 3 und 4 geteilt am …		
	Rechtspfleger (RPfl.) Urkundebeamter der Geschäftsstelle (UdG)		

Amtsgericht Pirmasens **Grundbuch von** Pirmasens **Blatt** 1 **Erste Abteilung**

Laufende Nummer der Eintragungen	Eigentümer	Laufende Nummer der Grundstücke im Bestandsverzeichnis	Grundlage der Eintragung
1	2	3	4
~~1 a~~	~~Müller Erich geb. 11.1.1940 66953 Pirmasens~~	~~1~~	~~Aufgelassen am … und eingetragen am … RPfl. UdG~~
~~b~~	~~Müller Gisela geb. Maier geb. 1.5.1945 66953 Pirmasens – Miteigentümer zu je 1/2 –~~		
~~2~~	~~Müller Gisela geb. Maier geb. 1.5.1945 66953 Pirmasens~~	~~1~~	~~Miteigentumsanteil Nr. 1 a an Nr. 1 b aufgelassen am … und eingetragen am … RPfl. UdG~~
3 a	Müller Michael geb. 15.6.1966 66953 Pirmasens	1	Erbschein des Amtsgerichts Pirmasens vom … eingetragen am … RPfl. UdG
b	Müller Monika geb. 18.9.1968 66953 Pirmasens – in Erbengemeinschaft –	…	

Amtsgericht Pirmasens **Grundbuch von** Pirmasens **Blatt** 1 **Zweite Abteilung**

Laufende Nummer der Eintragungen	Lfd. Nummer der betroffenen Grundstücke im Bestandsverzeichnis	Lasten und Beschränkungen
1	2	3
1	1	Beschränkte persönliche Dienstbarkeit (Wohnungs- und Mitbenutzungsrecht) für Emma Müller geb. Schmidt, geb. 13.4.1919, Pirmasens; gemäß Bewilligung vom … (UR Nr. 211/… Notar Otto Franz, Pirmasens) eingetragen am …
2	1	Nießbrauch für Emma Müller geb. Schmidt, geb. Pirmasens; löschbar bei Todesnachweis; gemäß Bewilligung vom … (UR Nr. 211/… Notar Otto Franz, Pirmasens) eingetragen am …
3	1	Reallast (Warte- und Pflegeverpflichtung) für Emma Müller geb. Schmidt, geb. Pirmasens; löschbar bei Todesnachweis; gemäß Bewilligung vom … (UR Nr. 211/… Notar Otto Franz, Pirmasens) eingetragen am …
4	4	Auflassungsvormerkung für Dirk Faust, geb. 19.7.1960, und Silke Schneider, geb. 21.11.1961, beide Pirmasens, zu je 1/2 berechtigt; gemäß Bewilligung vom … (UR Nr. 1341/… Notar Otto Franz, Pirmasens) mit Rang nach Abt. III Nr. 1 eingetragen am …
5	3	Grunddienstbarkeit (Geh- und Fahrtrecht) für den jeweiligen Eigentümer von Grundstück Blatt 3 Bestandsverzeichnis-Nummer 1 Flurstück 17/3; gemäß Bewilligung vom … (UR Nr. 1583/… Notar Otto Franz, Pirmasens) eingetragen am …

Veränderungen		Löschungen	
Laufende Nummer d. Spalte 1		Laufende Nummer d. Spalte 1	
4	5	6	7
3	Rang nach Abt. III Nr. 1; eingetragen am …		

Amtsgericht Pirmasens **Grundbuch von** Pirmasens **Blatt** 1 **Zweite Abteilung**

Laufende Nummer der Eintragungen	Lfd. Nummer der betroffenen Grundstücke im Bestandsverzeichnis	Lasten und Beschränkungen
1	2	3
6	3	Vorkaufsrecht für Dirk Faust, geb. 19.7.1960, und Silke Schneider, geb. 21.11.1961, beide Pirmasens; gemäß Bewilligung vom … (UR Nr. 1583/… Notar Otto Franz, Pirmasens) eingetragen am …
7	1	Vorkaufsrecht für den jeweiligen Eigentümer von Grundstück Blatt 3 Bestandsverzeichnis-Nummer 1 Flurstück 17/3; gemäß Bewilligung vom … (UR Nr. 1583/… Notar Otto Franz, Pirmasens) eingetragen am …
8	3	Erbbaurecht; Dauer: 99 Jahre ab Eintragung; für Rheinisch-Westfälisches-Elektrizitätswerk Aktiengesellschaft, Essen; gemäß Erbbaugrundbuch in Blatt 10 eingetragen am …
9	3	Erbbauzins von fünftausend Euro jährlich für den jeweiligen Eigentümer des Erbbaugrundstücks; gemäß Bewilligung vom … (UR Nr. 1600/… Notar Otto Franz, Pirmasens) eingetragen am …
10	3	Altenteil für Anna Faust geb. Müller, geb. 1.3.1940, Pirmasens; löschbar bei Todesnachweis; gemäß Bewilligung vom … (UR Nr. 1600/… Notar Otto Franz, Pirmasens) eingetragen am …
11	3	Insolvenzverfahren eröffnet (Amtsgericht Pirmasens 1 IN 10/…); eingetragen am …

Amtsgericht Pirmasens **Grundbuch von** Pirmasens **Blatt** 1 **Zweite Abteilung**

Laufende Nummer der Eintragungen	Lfd. Nummer der betroffenen Grundstücke im Bestandsverzeichnis	Lasten und Beschränkungen
1	2	3
12	3	Zwangsversteigerung angeordnet (Amtsgericht Pirmasens 1 K 50/..); eingetragen am ...
13	3	Verfügungsverbot gemäß § 52 Abs. 3 Flurbereinigungsgesetz; eingetragen am ...
14	3	Verfügungsverbot nach § 75 Bundesversorgungsgesetz; eingetragen am ...
15	3	Das Umlegungsverfahren ist eingeleitet; eingetragen am ...
16	3	Testamentsvollstreckung ist angeordnet; eingetragen am ...
17	3	Nacherbfolge ist angeordnet; Nacherben der Gisela Müller sind die Abkömmlinge der Vorerben; die Nacherbfolge tritt ein mit dem Tod der Vorerben; eingetragen am ....

Amtsgericht Pirmasens **Grundbuch von** Pirmasens **Blatt** 1 **Zweite Abteilung**

Laufende Nummer der Eintragungen	Lfd. Nummer der betroffenen Grundstücke im Bestandsverzeichnis	Betrag	Hypotheken, Grundschulden, Rentenschulden
1	2	3	**4**
1	4	100 000,00 €	Hypothek zu einhunderttausend Euro für Sparkasse Südwestpfalz Pirmasens-Zweibrücken mit dem Sitz in Pirmasens und Zweibrücken; Zinsen: 15 % jährlich; vollstreckbar nach § 800 ZPO; gemäß Bewilligung vom ... (UR Nr. 1315/.. Notar Otto Franz, Pirmasens) mit Rang vor Abt. II Nr. 4 eingetragen am ...
2	3	50 000,00 €	Grundschuld ohne Brief zu fünfzigtausend Euro für Volksbank Pirmasens, eingetragene Genossenschaft, Pirmasens; Zinsen: 15 % jährlich; Nebenleistung: 5 % einmalig; vollstreckbar nach § 800 ZPO; gemäß Bewilligung vom ... (UR Nr. 1315/.. Notar Otto Franz, Pirmasens) eingetragen am ... Mithaft: Blatt 3
3	3	36 000,00 €	Grundschuld ohne Brief zu sechsunddreißigtausend Euro für Leonberger Bausparkasse Aktiengesellschaft, 71225 Leonberg; Zinsen: 15 % jährlich; Nebenleistung: 5 % einmalig; Vorrangsvorbehalt für Grundpfandrechte bis zu 100 000,00 € nebst bis zu 20 % Jahreszinsen ab Eintragung des Rechts und bis zu 10 % einmaliger Nebenleistung; gemäß Bewilligung vom ... eingetragen am ...

Veränderungen			Löschungen		
Laufende Nummer d. Spalte 1	Betrag		Laufende Nummer d. Spalte 1	Betrag	
5	6	7	8	9	10
2	50 000,00 €	Abgetreten mit Zinsen und mit Nebenleistungen seit ... an Sparkasse Südwestpfalz Pirmasens-Zweibrücken mit dem Sitz in Pirmasens und Zweibrücken; eingetragen am ...			
1	100 000,00 €	Rang vor Abt. II Nr. 3; eingetragen am ...			
2	50 000,00 €	Mithaft; Bestandsverzeichnisnummer 4; eingetragen am ...			
2	50 000,00 €	Aus Mithaft entlassen: Bestandsverzeichnisnummer 3; eingetragen am ...			

Zu jedem Grundbuchblatt wird eine **Grundakte** geführt. Sie enthält alle notariellen und gerichtlichen Urkunden, die Grundlage der Eintragung in das Grundbuch sind, wie beispielsweise Bewilligungen, Erbscheine, Kaufverträge, Schuldurkunden.

4.4.3 Formelle Voraussetzungen der Eintragung im Grundbuch

In der Regel müssen **folgende formellen Voraussetzungen** nach der **Grundbuchordnung** (GBO) erfüllt sein, wenn eine **Eintragung** im **Grundbuch vorgenommen** werden soll:

① **Antrag gem. § 13 GBO,**

② **Eintragungs- oder Löschungsbewilligung** des Betroffenen **gem. §§ 19, 29 GBO,**

③ **Voreintragung** des Betroffenen **gem. §§ 39, 40 GBO.**

① Antrag

Eine **Eintragung** soll gem. § 13 Abs. 1 GBO, soweit nicht das Gesetz etwas anderes vorschreibt, nur auf **Antrag** erfolgen. **Antragsberechtigt** ist **jeder**, GBO §§ 13 Abs. 1

- dessen **Recht** von der **Eintragung betroffen** wird oder
- zu **dessen Gunsten** die **Eintragung erfolgen** soll.

BEISPIELE

- Antrag des Eigentümers oder Erwerbers des gekauften Grundstücks
- Antrag vom Hypothekengläubiger und vom Eigentümer des zu belastenden Grundstücks

Eine Eintragung von Amts wegen ist möglich, bei GBO § 38 u. 53

- Eintragung aufgrund des Ersuchens einer Behörde, die gesetzlich dazu berechtigt ist, wie beispielsweise das Vollstreckungsgericht oder das Insolvenzgericht,
- Eintragung eines Widerspruchs,
- Löschen einer inhaltlich unzulässigen Eintragung.

Nach § 13 Abs. 2 GBO ist der **genaue Zeitpunkt** des **Eingangs** eines **Antrags beim Grundbuchamt** von ausschlaggebender **Bedeutung**, weil hiervon der **Rang** eines **Rechts** abhängig ist.

② Eintragungs- oder Löschungsbewilligung des Betroffenen

Die **Eintragungs- oder Löschungsbewilligung** muss durch den Betroffenen bei dem Grundbuchamt eingereicht werden. Betroffener ist derjenige, dessen Recht durch die Eintragung beeinträchtigt wird. Die Bewilligung muss in **öffentlicher** oder **öffentlich beglaubigter Urkunde** nachgewiesen oder zur **Niederschrift** vor dem Grundbuchamt erklärt werden. GBO §§ 19 u. 29

BEISPIEL

Bei einem Kaufvertrag über ein Grundstück muss der Verkäufer als bisheriger Eigentümer (Betroffener) einwilligen, dass das Eigentum an dem Grundstück auf den Käufer übergehen soll.

Die Erklärung kann auch **ohne Bewilligung** vorgenommen werden bei

- Eintragung oder Löschung von Amts wegen,
- Nachweis der Unrichtigkeit des Grundbuchinhalts,
- Widerspruch durch einstweilige Verfügung.

③ Die **Voreintragung** des Betroffenen

GBO §§ 39 u. 40

Eine Eintragung nur soll erfolgen, wenn der **Betroffene** im **Grundbuch eingetragen** ist.

BEISPIEL

Dieter Weiß ist Eigentümer eines Waldgrundstücks. Er verkauft dieses Grundstück an Frau Evi Groß. Weiß muss als Eigentümer im Grundbuch eingetragen sein.

Für **Erben** gibt es eine Ausnahme. Der Erbe braucht im Falle der Veräußerung des **geerbten Grundstücks** oder wenn die **Aufhebung** eines für den **Erblasser eingetragenen Rechts**, wie z. B. eine Grundschuld, eingetragen werden soll, nicht voreingetragen zu sein.

GBO § 35

Im Falle der **Grundbuchberichtigung**, d. h. wenn der Erbe das Grundstück mit einer **Hypothek** belasten will, muss er sich als Eigentümer des Grundstücks eintragen lassen. Zum Beweis seines Eigentums dient der **Erbschein** oder ein **öffentliches Testament**.

4.4.4 Grundsätze des Grundbuchrechts nach dem BGB

Für das **materielle Grundbuchrecht** sind im BGB folgende **Grundsätze** aufgestellt:

Gesetzliche Vermutung

BGB § 891

Ist im Grundbuch für jemand ein **Recht eingetragen**, so wird **vermutet**, dass ihm das Recht zustehe. Ist im Grundbuch ein eingetragenes Recht **gelöscht**, so wird **vermutet**, dass das Recht nicht bestehe.

Öffentlicher Glaube des Grundbuchs

BGB § 892

Zu Gunsten desjenigen, welcher ein Recht an einem Grundstück oder ein Recht an einem solchen Recht durch **Rechtsgeschäft erwirbt**, gilt der **Inhalt** des **Grundbuchs als richtig**, es sei denn, dass ein **Widerspruch** gegen die Richtigkeit **eingetragen** oder die **Unrichtigkeit** dem Erwerber **bekannt** ist.

Berichtigung des Grundbuchs

BGB § 894

Steht der Inhalt des Grundbuchs mit der **wirklichen Rechtslage nicht im Einklang**, so kann der wahre Berechtigte die **Berichtigung der Eintragung** im Grundbuch verlangen.

Eintragung eines Widerspruchs

BGB § 899

Der **wahre Berechtigte** kann einen **Widerspruch** gegen die Richtigkeit der Grundbucheintragung eintragen lassen.

4.4.5 Rangverhältnis mehrerer Rechte

Das **Rangverhältnis** unter **mehreren Rechten**, mit denen ein **Grundstück belastet** ist, bestimmt sich nach § 879 Abs. 1 BGB.

Die **Reihenfolge** oder die **Rangfolge** ist **entscheidend** für die **Befriedigung** der **Gläubiger** im Rahmen der **Zwangsversteigerung** eines Grundstücks.

In welcher Reihenfolge die Rechte einzutragen sind, damit sie den ihnen zustehenden Rang erhalten, bestimmt die Grundbuchordnung.

BGB § 879 GBO §§ 17 u. 45

- **Regel 1:**
  Sind mehrere Belastungen in **derselben Abteilung** des Grundbuchs eingetragen, so bestimmt sich der Rang der Belastungen nach der **Reihenfolge** der Eintragungen. Die Eintragungen sind in der Reihenfolge der **eingegangenen Anträge** vorzunehmen. Wollen die Beteiligten, dass die Rechte gleichen Rang haben, so ist dies im Grundbuch zu vermerken.
- **Regel 2:**
  Wenn die Rechte in **verschiedenen Abteilungen** eingetragen sind, so hat das mit früherem **Datum** eingetragene Recht den Vorrang.
- **Regel 3:**
  Sind die Rechte in **verschiedenen Abteilungen** unter **demselben Datum** eingetragen, so haben sie den **gleichen Rang**. Sind die Anträge aber zu v**erschiedenen Zeiten** eingegangen, so ist im Grundbuch zu vermerken, dass die **früher** beantragte Eintragung Vorrang vor der später beantragten hat.

Nach § 880 BGB ist eine **Rangänderung** möglich, wenn sich der von seinem Rang zurücktretende und der im Rang vorrückende Berechtigte über die Rangänderung einig sind und diese Rangänderung im Grundbuch eingetragen wird. Sind aber bei dieser Rangänderung **Dritte** betroffen, ist deren **Zustimmung** erforderlich. Der **Eigentümer** eines Grundstücks kann sich bei der Belastung des Grundstücks mit einem Recht auch einen **Rangvorbehalt** eintragen lassen. Damit wird dem Eigentümer die Möglichkeit eröffnet, einen Teil seines Eigentumsrechts zurückzubehalten.

BGB §§ 876 u. 881

Zusammenfassung und Lernkontrolle

Zusammenfassung

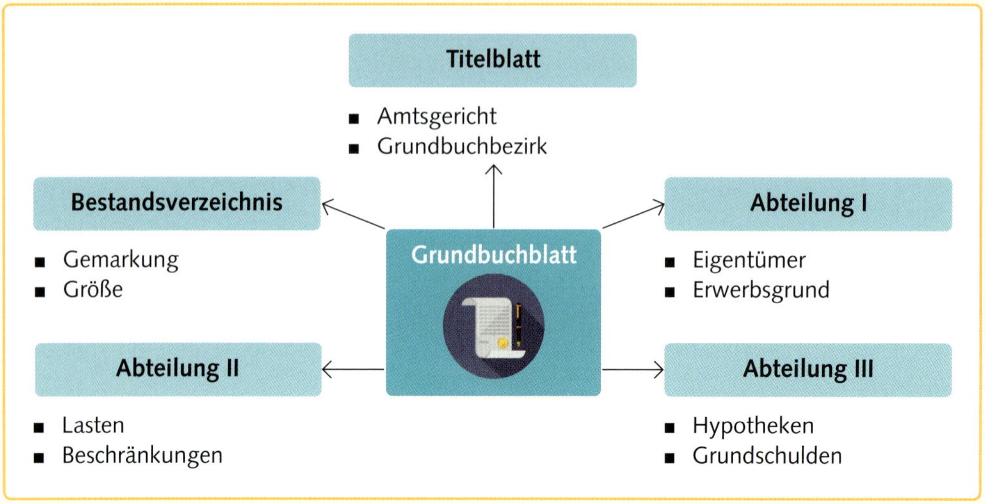

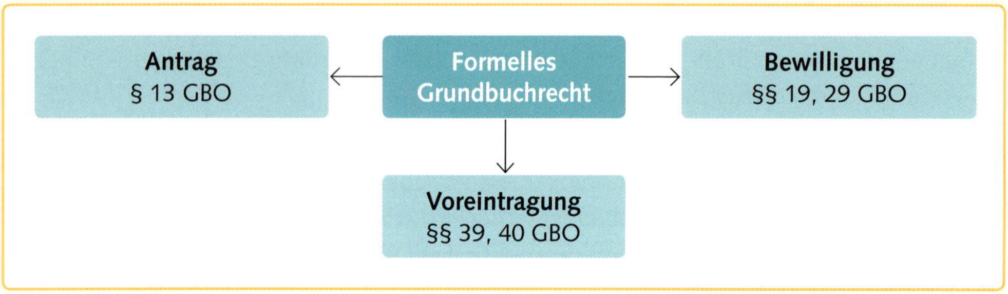

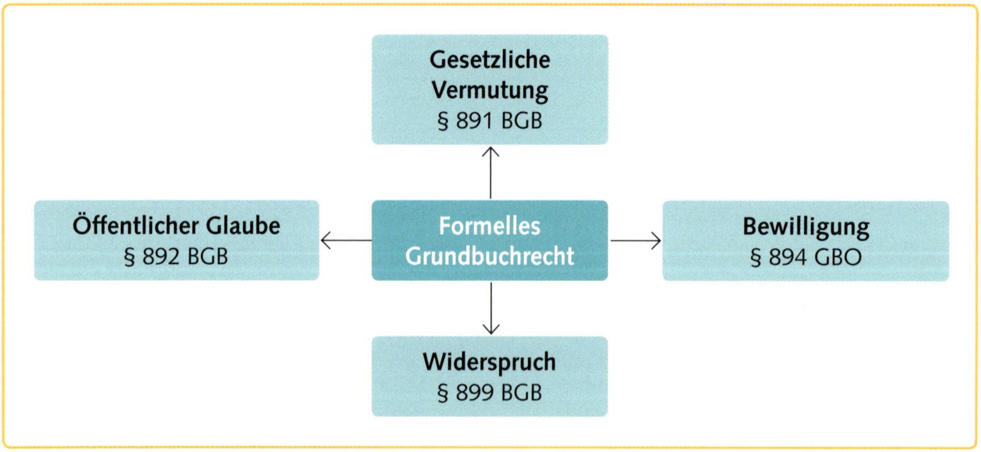

Lernkontrolle

Aufgabe 1

Welchen Zweck verfolgt das Grundbuch?

Aufgabe 2

Erklären Sie bitte die sachliche, örtliche und funktionelle Zuständigkeit beim Grundbuch.

Aufgabe 3

Wie ist das Grundbuch aufgebaut?

Aufgabe 4

Nennen Sie die formellen Voraussetzungen der Eintragungen im Grundbuch.

Aufgabe 5

Erläutern Sie unter Angabe der gesetzlichen Bestimmungen die Grundsätze, die im BGB für das materielle Grundbuchrecht aufgestellt sind.

Aufgabe 6

Die verstorbene Frau Anna Timmel hat in ihrem Testament ihren Neffen Hans Braun zum Alleinerben ihres Grundstücks, Am Bubenreich in Unterhausen bedacht. Im Grundbuch ist allerdings Frau Timmel noch als Eigentümerin eingetragen. Beurteilen Sie die Rechtslage?

4.5 Dingliche Rechte an Grundstücken

4.5.1 Dienstbarkeiten

4.5.1.1 Grunddienstbarkeiten

- Gem. § 1018 BGB kann ein **Grundstück zu Gunsten** des **jeweiligen Eigentümers** eines **anderen Grundstücks** in der Weise **belastet** werden, dass **dieser** das Grundstück
  ① in **einzelnen Beziehungen benutzen** darf oder
  ② dass auf dem Grundstück **gewisse Handlungen nicht vorgenommen** werden dürfen oder
  ③ dass die **Ausübung eines Rechts ausgeschlossen** ist,
  das sich aus dem **Eigentum** an dem **belasteten Grundstück** (dienendes Grundstück) dem **anderen Grundstück** (herrschendes Grundstück) gegenüber ergibt (Grunddienstbarkeit).
- Eine **Grunddienstbarkeit** kann nach § 1019 BGB **nur** in einer **Belastung bestehen**, die für die **Benutzung** des Grundstücks des **Berechtigten** einen **Vorteil** bietet.

① Der Inhaber einer Dienstbarkeit kann das Grundstück in einzelnen Beziehungen nutzen.

BEISPIELE

- Über ein Grundstück dürfen Versorgungsleitungen für Strom oder Wasser verlegt werden.
- Auf einem Wiesengrundstück darf das Vieh weiden.
- Über das Grundstück darf gegangen oder gefahren werden.

② Der Eigentümer eines Grundstücks hat sich gegenüber dem Eigentümer eines anderen Grundstücks verpflichtet, auf seinem Grundstück bestimmte Handlungen zu unterlassen.

BEISPIELE

Der Eigentümer eines Grundstücks verpflichtet sich, auf seinem Grundstück
- keine Bäume zu pflanzen,
- kein Gebäude zu errichten,
- keinen Schrottplatz anzulegen.

③ Der Eigentümer eines Grundstücks verpflichtet sich gegenüber dem Eigentümer eines anderen Grundstücks, bestimmte Rechte nicht auszuüben.

BEISPIELE

Der Eigentümer eines Grundstücks verpflichtet sich,
- die vom Nachbargrundstück aufsteigenden stinkenden Abgase zu dulden.
- den vom Nachbargrundstück herrührenden störenden Lärm hinzunehmen,
- eine Ablagerung von Muttererde auf dem Nachbargrundstück zu dulden.

Die **Grunddienstbarkeit** kann gem. § 875 Abs. 1 BGB durch **Erklärung** des Berechtigten **und** die **Löschung** im Grundbuch **enden**.

4.5.1.2 Nießbrauch

Eine **Sache** kann gem. § 1030 Abs. 1 BGB in der Weise **belastet** werden, dass **derjenige**, zu dessen **Gunsten** die **Belastung erfolgt, berechtigt** ist, die **Nutzungen** der Sache zu **ziehen** (Nießbrauch).

BEISPIEL

Der bereits betagte Herr Roller ist Eigentümer eines Mehrfamilienhauses, für das er monatliche Mieteinnahmen in Höhe von 5000,00 € erzielt. Er setzt seinen Sohn Markus zum Alleinerben seines Hauses ein, der künftig einen Teil der Miete in Höhe von 3000,00 € kassieren darf. Gleichzeitig wird Markus verpflichtet, für die Mutter ein Nießbrauchsrecht über die Mieteinnahmen in Höhe von 2000,00 € nach seinem Tod eintragen zu lassen.

Gegenstand des Nießbrauchs können **bewegliche** Sachen, **unbewegliche Sachen, Rechte** sowie **Vermögen** sein. Der Eigentümer ist **mittelbarer Besitzer** der Sache, der **Nießbraucher** ist **unmittelbarer Besitzer**. Der Nießbrauch ist **höchstpersönlich**, er kann nicht veräußert oder vererbt werden. Der Nießbrauchsberechtigte darf alle **Nutzungen** aus der Sache ziehen. Er darf auch den Gegenstand des Nießbrauchs vermieten oder verpachten.

An **beweglichen Sachen** wird das Nießbrauchsrecht durch **Einigung und Übergabe** bestellt. An **Grundstücken** entsteht das Nießbrauchsrecht durch **Einigung und Eintragung** in die Abteilung II des **Grundbuchs**. BGB § 873 Abs. 1

Pflichten des Nießbrauchers

- Umgestaltung

  Der Nießbraucher ist **nicht** berechtigt, die Sache **umzugestalten** oder **wesentlich zu verändern**. Der Nießbraucher eines Grundstücks darf **neue Anlagen** zur Gewinnung von Steinen, Kies, Sand, Lehm, Ton, Mergel, Torf und sonstigen Bodenbestandteilen **errichten**, sofern nicht die wirtschaftliche Bestimmung des Grundstücks dadurch wesentlich verändert wird. BGB § 1037

- Wirtschaftsplan für Wald und Bergwerk

  Wenn ein Wald Gegenstand des Nießbrauchs ist, so kann sowohl der Eigentümer als auch der Nießbraucher verlangen, dass das Maß der Nutzung und die Art der wirtschaftlichen Behandlung durch einen Wirtschaftsplan festgestellt werden. BGB § 1038

- Übermäßige Fruchtziehung

  Der Nießbraucher erwirbt das Eigentum auch an solchen Früchten, die er den Regeln einer ordnungsmäßigen Wirtschaft zuwider oder die er deshalb im Übermaß zieht, weil dies infolge eines besonderen Ereignisses notwendig geworden ist. Er ist jedoch verpflichtet, den Wert der Früchte dem Eigentümer bei der Beendigung des Nießbrauchs zu ersetzen. BGB § 1039

- Erhaltung der Sache

BGB § 1041

Der Nießbraucher hat für die Erhaltung der Sache in ihrem wirtschaftlichen Bestand zu sorgen.

- Anzeigepflicht des Nießbrauchers

BGB § 1042

Wird die Sache zerstört oder beschädigt oder wird eine außergewöhnliche Ausbesserung oder Erneuerung der Sache erforderlich, so hat der Nießbraucher dem Eigentümer unverzüglich Anzeige zu machen.

- Versicherungspflicht des Nießbrauchers

BGB § 1045

Der Nießbraucher hat die Sache für die Dauer des Nießbrauchs gegen Brandschaden und sonstige Unfälle auf seine Kosten zu versichern, wenn die Versicherung einer ordnungsmäßigen Wirtschaft entspricht.

- Rückgabepflicht des Nießbrauchers

BGB § 1055

Der Nießbraucher ist verpflichtet, die Sache nach der Beendigung des Nießbrauchs dem Eigentümer zurückzugeben.

BGB §§ 1090 bis 1093

4.5.1.3 Beschränkte persönliche Dienstbarkeiten

Nach § 1090 Abs. 1 BGB kann ein **Grundstück** in der Weise **belastet** werden, dass **derjenige**, zu dessen **Gunsten** die **Belastung** erfolgt, **berechtigt** ist,

- das **Grundstück** in **einzelnen Beziehungen** zu **benutzen** oder
- dass **ihm** eine **sonstige Befugnis** zusteht,

die den **Inhalt** einer **Grunddienstbarkeit** bilden kann (beschränkte persönliche Dienstbarkeit).

BGB § 1092 Abs. 1

Die **beschränkten persönlichen Dienstbarkeiten** unterscheiden sich von der **Grunddienstbarkeit** dadurch, dass die **Belastung nicht zu Gunsten des jeweiligen Eigentümers** eines **Grundstücks, sondern** zu Gunsten einer **bestimmten Person** besteht. Die beschränkte persönliche Dienstbarkeit ist auf **Lebenszeit** des **Berechtigten begrenzt** und **nicht übertragbar**.

Die beschränkte persönliche Dienstbarkeit kann all das zum Inhalt haben, was Inhalt einer Grunddienstbarkeit sein kann.

BEISPIEL

Hans Hofmann gestattet dem Werner Winkelmann, dass dieser seine Wasserleitung für die Bewässerung des Schrebergartens mitbenutzen kann. Werner darf auf Lebenszeit die Wasserleitung mitbenutzen, seine Erben dürfen das nicht mehr.

Die **Unterscheidung** zum **Nießbrauch** besteht darin, dass die beschränkten persönlichen Dienstbarkeiten **lediglich ein beschränktes Nutzungsrecht** bei einzelnen Nutzungsarten gewähren und sie **nur an Grundstücken** bestellt werden können.

Zur **Entstehung** der beschränkten persönlichen Dienstbarkeit ist gem. § 873 Abs. 1 BGB die **Einigung und Eintragung** in das **Grundbuch erforderlich**. BGB § 873 Abs. 1

Als beschränkte persönliche Dienstbarkeit kann auch das Recht bestellt werden, ein Gebäude oder einen Teil eines Gebäudes unter Ausschluss des Eigentümers als Wohnung zu nutzen. Der Berechtigte ist befugt, seine Familie sowie die zur standesmäßigen Bedienung und zur Pflege erforderlichen Personen in die Wohnung aufzunehmen. BGB § 1093

BEISPIEL

Julias Eltern schenken ihrer Tochter ein Mehrfamilienhaus und lassen für sich ein lebenslanges Wohnungsrecht für die Wohnung im Erdgeschoss im Grundbuch eintragen.

Zusammenfassung und Lernkontrolle

Zusammenfassung

Lernkontrolle

Aufgabe 1

Was verstehen Sie unter einer Grunddienstbarkeit und wann kann eine solche nur im Grundbuch eingetragen werden?

Aufgabe 2

Ordnen Sie nachfolgende Beispiele den Grunddienstbarkeiten des Kapitels 4.5.1.1 ①, ②, ③ zu:

Der Eigentümer eines Grundstücks verpflichtet sich,

- die vom Nachbargrundstück aufsteigenden stinkenden Abgase zu dulden.
- eine Ablagerung von Muttererde auf dem Nachbargrundstück zu dulden.

Der Eigentümer eines Grundstücks verpflichtet sich, auf seinem Grundstück

- keine Bäume zu pflanzen,
- keinen Schrottplatz anzulegen.

Der Eigentümer eines Grundstücks ist damit einverstanden, dass

- auf seinem Wiesengrundstück das Vieh weiden darf,
- über sein Grundstück gegangen oder gefahren werden darf.

Aufgabe 3

Was verstehen Sie unter dem Nießbrauch und was kann Gegenstand des Nießbrauchs sein?

Aufgabe 4

Wie wird das Nießbrauchsrecht an beweglichen Sachen bestellt?

Aufgabe 5

Erläutern Sie bitte drei Beispiele der Pflichten des Nießbrauchers aus dem BGB.

Aufgabe 6

Wodurch erlischt das Nießbrauchsrecht?

4.5.2 Vorkaufsrecht

BGB §§ 1094 bis 1104

Ein **Grundstück** kann gem. § 1094 Abs. 1 BGB in der **Weise belastet** werden, dass **derjenige**, zu dessen **Gunsten** die **Belastung** erfolgt, dem **Eigentümer** gegenüber zum **Vorkauf berechtigt** ist.

Das Vorkaufsrecht kann aufgrund eines Vertrages oder einer gesetzlichen Vorschrift entstehen.

Vertragliches Vorkaufsrecht

Beruht das Vorkaufsrecht auf einem **schuldrechtlichen Vertrag**, muss es im **Grundbuch** eingetragen sein. Der Vorkaufsberechtigte (Aktivberechtigter) kann im Falle der Veräußerung des Grundstücks durch den Eigentümer (Passivberechtigter) geltend machen, das Grundstück zu den gleichen Bedingungen zu kaufen, zu denen es ein Dritter kaufen würde.

Durch das Vorkaufsrecht wird der Grundstückseigentümer nicht verpflichtet, das Grundstück zu verkaufen. Erst wenn er einen Kaufvertrag mit einem Dritten abschließt, kann der Aktivberechtigte durch eine einseitige Erklärung gegenüber dem Passivberechtigten sein Vorkaufsrecht ausüben. Er tritt zu den gleichen Bedingungen wie der Dritte in den Kaufvertrag ein.

Das Vorkaufsrecht entsteht durch Einigung und Eintragung in das Grundbuch.

BGB § 873 Abs. 1

Gesetzliches Vorkaufsrecht

Das gesetzliche Vorkaufsrecht steht dem Bund, den Ländern und den Gemeinden der Bundesrepublik Deutschland zu.

So haben die Gemeinden beispielsweise Vorkaufsrechte beim Kauf von Grundstücken, die

- innerhalb eines Bebauungsplanes liegen,
- in einem Gebiet liegen, für das die Gemeinde die Aufstellung eines Bebauungsplanes beschlossen hat,
- in ein Verfahren zur Bodenordnung einbezogen sind.

Macht die **Gemeinde** von ihrem allgemeinen **Vorkaufsrecht Gebrauch**, muss sie dies **innerhalb** von **zwei Monaten** tun. Sie hat dabei den Verwendungszweck des Grundstücks anzugeben.

BEISPIEL

Florian Knall ist Eigentümer des historischen Schulhauses von Kleingartach. Will er sein Eigentum veräußern, hat die Gemeinde das Vorkaufsrecht. Sie wird von diesem Recht dann Gebrauch machen, wenn der historische Ortskern von Kleingartach erhalten bleiben soll. Hat die Gemeinde aber kein Geld, um dieses Grundstück zu erwerben, werden dem Käufer Auflagen gemacht, die geeignet sind, das Schulhaus zu erhalten.

Zusammenfassung und Lernkontrolle

Zusammenfassung

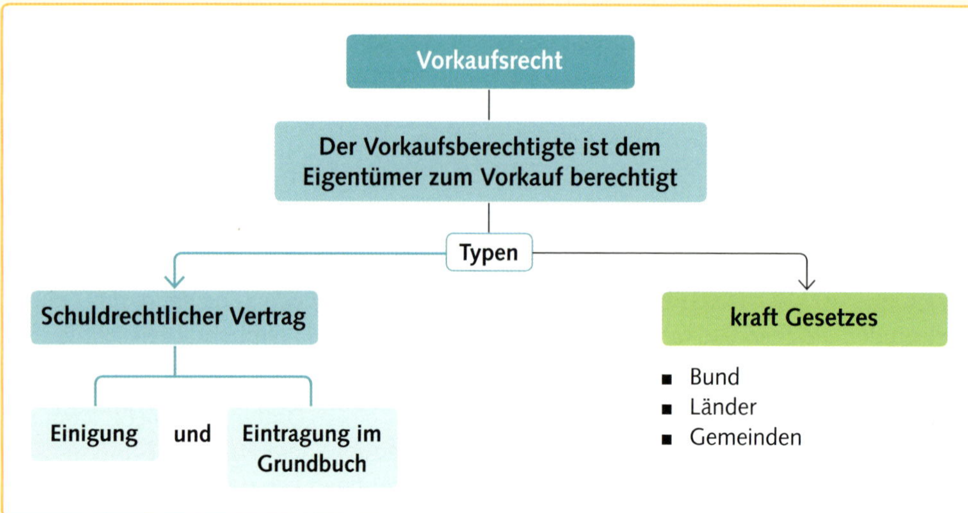

Lernkontrolle

Aufgabe 1

Was verstehen Sie unter dem Vorkaufsrecht und welche Typen können unterschieden werden?

Aufgabe 2

Wodurch entsteht das vertragliche Vorkaufsrecht und welche Rechte räumt es dem Vorkaufsberechtigten ein?

Aufgabe 3

Welchen Institutionen steht das gesetzliche Vorkaufsrecht zu?

4.5.3 Erbbaurecht

ErbbauRG §§ 1 bis 39

4.5.3.1 Wesen des Erbbaurechts

Ein **Grundstück** kann gem. § 1 ErbbauRG in der **Weise belastet** werden, dass **demjenigen,** zu dessen **Gunsten** die **Belastung erfolgt,**

- das **veräußerliche** und **vererbliche Recht zusteht,**
- **auf** oder
- **unter** der **Oberfläche** des **Grundstücks**

ein Bauwerk zu haben (Erbbaurecht).

Der Grundstückseigentümer (z. B. die Gemeinde) überlässt dem Erbbauberechtigten ein Grundstück für einen längeren Zeitraum (häufig für 99 Jahre), damit dieser ein Bauwerk errichten kann. In der Regel muss der Erbbauberechtigte gem. dem Erbbaurechtsgesetzes (ErbbauRG) ein Entgelt in wiederkehrenden Leistungen (Erbbauzins) zahlen.

BEISPIEL

Die Eheleute Adam und Eva Willig wollen für sich und ihre Kinder ein Eigenheim in Oberstadt bauen. In Oberstadt sind die Grundstückspreise sehr hoch, sodass sie zu lange sparen müssten, um überhaupt ein passendes Grundstück für den Hausbau erwerben zu können. Die Gemeindeväter in Oberstadt haben deshalb am Ortsrand verschiedene Grundstücke ausgewiesen, die für junge Familien geeignet sind, ein Eigenheim zu bauen. Die Erbbauberechtigten sparen so den Kaufpreis für ein Grundstück.

Voraussetzung für die Bestellung des Erbbaurechts ist ein **notariell beurkundeter Erbbaurechtsvertrag** zwischen dem Grundstückseigentümer und dem Erbbauberechtigten.

ErbbauRG § 311 BGB § 311b

4.5.3.2 Vertragsmäßiger Inhalt des Erbbaurechts

ErbbauRG § 2

Zum Inhalt des Erbbaurechts gehören auch **Vereinbarungen** des Grundstückseigentümers und des Erbbauberechtigten über:

1. die Errichtung, die Instandhaltung und die Verwendung des Bauwerkes;
2. die Versicherung des Bauwerkes und seinen Wiederaufbau im Falle der Zerstörung;
3. die Tragung der öffentlichen und privatrechtlichen Lasten und Abgaben;
4. eine Verpflichtung des Erbbauberechtigten, das Erbbaurecht beim Eintreten bestimmter Voraussetzungen auf den Grundstückseigentümer zu übertragen (Heimfall);
5. eine Verpflichtung des Erbbauberechtigten zur Zahlung von Vertragsstrafen;
6. die Einräumung eines Vorrechts für den Erbbauberechtigten auf Erneuerung des Erbbaurechts nach dessen Ablauf;
7. eine Verpflichtung des Grundstückseigentümers, das Grundstück an den jeweiligen Erbbauberechtigten zu verkaufen.

4.5.3.3 Bestellung, Übertragung und Belastung eines Erbbaurechts

BGB § 873 Abs. 1

Für die **Bestellung** eines Erbbaurechts ist **Einigung und Eintragung** im **Grundbuch** erforderlich. Die für die Auflassung maßgebende Formvorschrift des § 925 Abs. 1 BGB ist gem. § 11 Abs. 1 ErbbauRG nicht anzuwenden.

Die **Übertragung** eines Erbbaurechts erfolgt ebenfalls nach § 873 Abs. 1 BGB durch **Einigung und Eintragung** im **Grundbuch**.

Das Erbbaurecht kann auch mit jedem dinglichen Recht belastet werden, das an einem Grundstück bestellt werden kann. Gem. § 5 Abs. 1 ErbbauRG kann allerdings auch vereinbart werden, dass der Erbbauberechtigte zur Veräußerung des Erbbaurechts der Zustimmung des Grundstückseigentümers bedarf. Das Gleiche kann auch gem. § 5 Abs. 2 ErbbauRG für die Belastung des Erbbaurechts mit einer Hypothek, Grund- oder Rentenschuld vereinbart werden.

4.5.3.4 Die Beendigung des Erbbaurechts

Das **Erbbaurecht** zu **Gunsten des Erbbauberechtigten endet** durch
- **Aufhebung** oder
- **Zeitablauf**

ErbbauRG § 26

Beendigung des Erbbaurechts durch Aufhebung

Das Erbbaurecht kann nur mit **Zustimmung** des **Grundstückseigentümers** aufgehoben werden. Die Zustimmung ist dem **Grundbuchamt** oder dem **Erbbauberechtigten** gegenüber zu erklären; sie ist unwiderruflich.

ErbbauRG § 27

Beendigung des Erbbaurechts durch Zeitablauf

Erlischt das Erbbaurecht durch Zeitablauf, so hat der Grundstückseigentümer dem Erbbauberechtigten eine Entschädigung für das Bauwerk zu leisten. Als Inhalt des Erbbaurechts können Vereinbarungen über die Höhe der Entschädigung und die Art ihrer Zahlung sowie über ihre Ausschließung getroffen werden.

Von der Beendigung des Erbbaurechts ist der **Heimfall** zu unterscheiden.

Beim **Heimfall erlischt** das Erbbaurecht **nicht**, sondern es wird gem. §§ 32 bis 34 ErbbauRG auf den **Grundstückseigentümer übertragen**.

ErbbauRG § 9 Abs. 4

In erster Linie führen Verstöße des Erbbauberechtigten gegen getroffene Vereinbarungen (z. B. Nichtzahlung des Erbbauzinses oder vertragswidrige Nutzung des Bauwerks) zum **Heimfallanspruch** des Grundstückseigentümers. Allerdings begründet der Zahlungsverzug des Erbbauberechtigten erst dann den Heimfallanspruch des Grundstückseigentümers, wenn der Erbbauberechtigte mit mindestens zwei Jahresbeträgen des Erbbauzinses in Rückstand ist.

Zusammenfassung und Lernkontrolle

Zusammenfassung

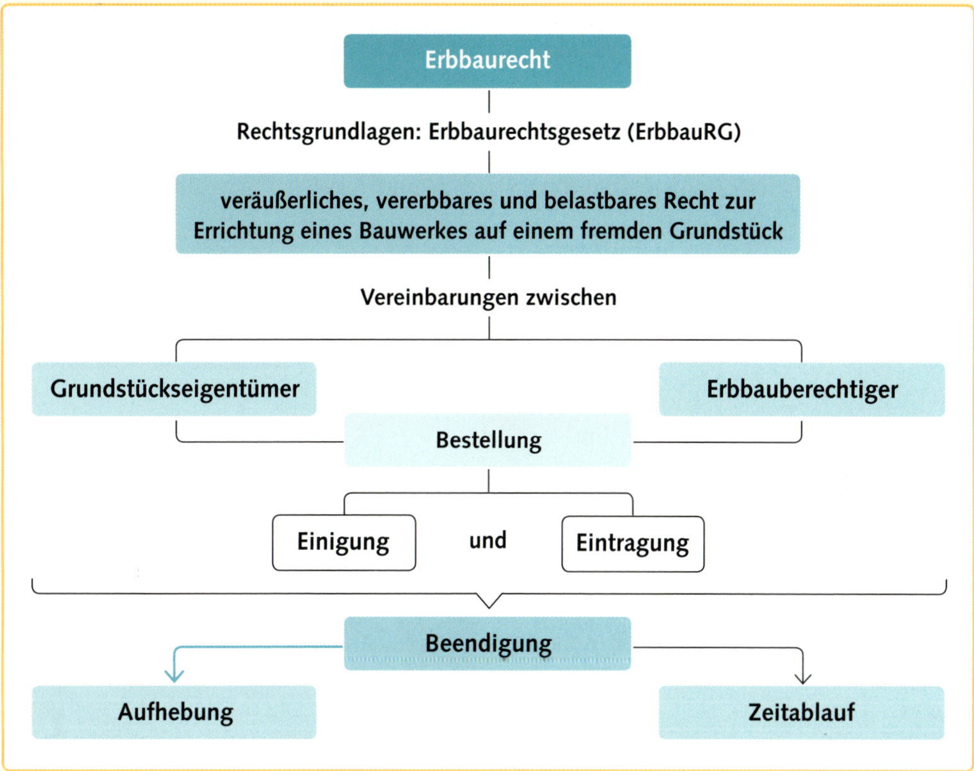

Lernkontrolle

Aufgabe 1
Was verstehen Sie unter dem Erbbaurecht?

Aufgabe 2
Welchen Zweck verfolgt das Erbbaurecht?

Aufgabe 3
Wie kann ein Erbbaurecht bestellt werden?

Aufgabe 4
Wie erfolgt die Übertragung eines Erbbaurechts?

Aufgabe 5
Was ist bei der Erlöschung des Erbbaurechts durch Zeitablauf zu beachten?

Aufgabe 6
Welche Gründe können zum Heimfallanspruch des Grundstückseigentümers führen?

4.5.4 Wohneigentum

4.5.4.1 Begriffe Sondereigentum, Wohneigentum und Teileigentum

Der juristische Begriff des **Sondereigentums** wird sowohl für das **Wohnungseigentum** (d. h. eine zu **Wohnzwecken** dienende, abgeschlossene Einheit, landläufig als Eigentumswohnung bezeichnet) als auch für das **Teileigentum** (eine zu **gewerblichen Zwecken** dienende, selbstständige Eigentumseinheit) verwendet. Gesetzliche Grundlage des Eigentumswohnungsrechts ist das Gesetz über das Wohnungseigentum WEG).

© V. Kyrylyuk – stock.adobe.com

4.5.4.2 Definition Wohneigentum

Das Wohneigentum beschreibt die durch den Kauf einer Eigentumswohnung erworbenen Rechte. Es handelt sich dabei um folgende Rechte des Käufers:

- Miteigentumsanteil am Gemeinschaftseigentum aller Wohnungseigentümer und
- Sondereigentumsanteil an den Räumen, die der ausschließlichen Nutzung jedes einzelnen Wohnungseigentümers allein zustehen.

© oka – stock.adobe.com

Ein Käufer einer Eigentumswohnung wird durch die **Eintragung im Grundbuch Teileigentümer**. Der Käufer erwirbt nicht das Eigentum am gesamten Gebäude oder Grundstück, sondern nur an einem Teil des Gebäudes oder Gebäudes.

4.5.4.3 Miteigentum

WEG § 1 Abs. 5

Teile des Gebäudes sind **Gemeinschaftseigentum**. Das Gemeinschaftseigentum umfasst das Grundstück und solche Teile, Anlagen und Einrichtungen, die nicht im Sondereigentum eines Dritten stehen. Das sind insbesondere solche Einrichtungen, die für den Bestand und die Sicherheit des Gebäudes erforderlich sind und solche, die dem gemeinschaftlichen Gebrauch aller Eigentümer dienen. An diesen Teilen erwirbt der Käufer ein Miteigentum.

© photo5000 – stock.adobe.com

Beispiele für Gemeinschaftseigentum		
▪ Fundamente ▪ tragende Mauern ▪ Dacheinkleidungen ▪ Schornsteine	▪ Balkonaußenwände ▪ Isolierungen von Dächern, ▪ Terrassen, ▪ Balkone und Loggien	▪ Außentüren ▪ Außenfenster, ▪ Eingangshallen, ▪ Treppen und Treppenhäuser, ▪ Fahrstühle ▪ etc.

Für die Erhaltung und Instandsetzung der Miteigentums-Anlagen sind die Miteigentümer gemeinschaftlich (Eigentümergemeinschaft) verantwortlich. Die Eigentümergemeinschaft muss die Kosten nebst Kostentragung gemeinschaftlich tragen.

4.5.4.3 Sondereigentum

Das Sondereigentum umfasst diejenigen Bestandteile der Immobilie, deren ausschließlicher Eigentümer jeder Miteigentümer ist. Da es sich um Eigentum des Einzelnen handelt, kann der jeweilige Eigentümer mit diesen Bestandteilen vorgehen, wie er es für richtig hält, d. h. er kann diese Wohnung z. B. selbst nutzen, vermieten oder verkaufen. Der betreffende Eigentümer trägt die Kosten seines Sondereigentums selbst und alleine.

Da im Rahmen der Teilungserklärung oder Gemeinschaftsordnung Regelungen zum Zusammenleben erstellt wurden, ist die Handlungsfreiheit des Wohnungseigentümers nicht unbeschränkt. Die festgelegten Beschränkungen der Nutzung müssen eingehalten werden.

WEG
§ 5 Abs. 4

BEISPIEL

Im Rahmen der Teilungserklärung oder durch eine gesonderte Vereinbarung kann der Verkauf einer Wohnung durch einen Miteigentümer an die vorherige Zustimmung aller Wohnungseigentümer gebunden sein. In diesem Fall kann die Zustimmung zur Veräußerung in der Regel aber nur aus wichtigem Grund (z. B. persönliche oder finanzielle Unzuverlässigkeit des Käufers) verweigert werden.

4.5.4.3 Abgrenzungsproblem Miteigentum und Sondereigentum

Die Abgrenzung von Gemeinschafts- und Sondereigentum ist in einzelnen Fällen problematisch. Aus diesem Grund gibt es für dieses Problem umfangreiche Rechtsprechungen. Aus der Rechtsprechung ergibt sich z. B. die Zuordnung zum Sondereigentum von

- nicht-tragenden Wände,
- Innenseiten der Fenster,
- Innentüren,
- Balkoninnenanstrich und -belag.

Zusammenfassung und Lernkontrolle

Zusammenfassung

Wohnungseigentum umfasst

Miteigentum

- Bestandteile, die der Eigentümergemeinschaft gehören
- Eigentümergemeinschaft ist verantwortlich und trägt die Kosten gemeinsam

Sondereigentum

- Bestandteile die jedem Eigentümer ausschließlich gehören
- Eigentümer ist allein verantwortlich und trägt die Kosten allein

Lernkontrolle

Aufgabe 1

Grenzen Sie Wohnungseigentum und Teileigentum voneinander ab.

Aufgabe 2

Unterscheiden Sie Mit- und Sondereigentum mit Beispielen.

Aufgabe 3

Worin bestehen die Grenzen der Verwendung des Sondereigentums?

4.6 Reallasten

Ein **Grundstück** kann gem. § 1105 Abs. 1 BGB in der **Weise belastet** werden, dass an **denjenigen**, zu dessen **Gunsten** die **Belastung** erfolgt, **wiederkehrende Leistungen** aus dem **Grundstück** zu **entrichten** sind (Reallast).

Die Reallast wird durch **Einigung und Eintragung** in Abteilung II des **Grundbuches bestellt**. Für diese Reallast haftet **sowohl** der **Eigentümer** des Grundstücks **persönlich** als **auch** das **Grundstück selbst**. Hauptanwendungsfall der Eintragung einer Reallast ist die entgeltliche Veräußerung eines Grundstücks gegen Zahlung einer lebenslangen Rente, die durch das Grundstück abgesichert wird.

BEISPIEL

Der betagte Herr Julius Alt verkauft sein Grundstück an den Jungbauer Otto Hauser gegen Zahlung einer lebenslangen Rente an Herrn Alt.

4.7 Pfandrechte

4.7.1 Einteilung der Pfandrechte

Die Pfandrechte können nach dem **Gegenstand** des Pfandrechts und nach der **Entstehung** des Pfandrechts unterschieden werden:

Arten von Pfandrechten	
nach dem Gegenstand	▪ Pfandrecht an beweglichen Sachen ▪ Pfandrecht an Grundstücken ▪ Pfandrecht an Rechten und Forderungen
nach dem Zustandekommen	▪ Vertragliches Pfandrecht ▪ Gesetzliches Pfandrecht ▪ Pfändungspfandrecht

4.7.2 Pfandrechte an beweglichen Sachen

4.7.2.1 Vertragliches Pfandrecht an beweglichen Sachen

Nach § 1204 Abs. 1 BGB kann eine **bewegliche Sache** zur **Sicherung** einer **Forderung** in der Weise **belastet** werden, dass der **Gläubiger berechtigt** ist, **Befriedigung** aus der Sache zu suchen **(Pfandrecht)**.

Wenn der **Schuldner (Verpfänder)** seine Verbindlichkeiten nicht pünktlich zahlt, ist der **Pfandgläubiger** (Inhaber des Pfandrechts) berechtigt, sich bei Fälligkeit (Eintritt des Pfandrechts) aus dem belasteten **Gegenstand** zu befriedigen.

Das Pfandrecht ist durch folgende **Grundsätze** gekennzeichnet:

① **Grundsatz der Akzessorietät (Abhängigkeit einer bestehenden Forderung)**
Das Pfandrecht ist in seinem **Bestand von der zu sichernden Forderung** abhängig. Es kann ohne die Forderung nicht **entstehen**, nicht **fortbestehen** und nicht übertragen werden. Das Pfandrecht **erlischt** mit dem Erlöschen der Forderung.

② **Grundsatz der Bestimmtheit**
Ein Pfandrecht kann immer nur für eine einzelne, bestimmte Sache bestellt werden, nicht für Sachgesamtheiten.

③ **Grundsatz der Rangfolge**
BGB § 1209
Für den Rang des Pfandrechts ist die **Zeit der Bestellung** maßgebend. Wird also eine Sache mehrfach verpfändet, so entscheidet die zeitliche Reihenfolge der Entstehung des Pfandrechts über die Befriedigung der Gläubiger. (Wer zuerst kommt, mahlt zuerst!)

Nach § 1205 BGB ist zur **Bestellung** des **Pfandrechts erforderlich**,
- dass der **Eigentümer die Sache** dem **Gläubiger übergibt und**
- **beide darüber einig** sind,

dass dem **Gläubiger das Pfandrecht zustehen** soll.

Die **Übergabe** der Pfandsache kann **entfallen**, wenn

BGB § 1205 Abs. 1 S. 2
- zwischen dem Pfandgläubiger und dem Eigentümer der Pfandsache **Einigung** über die Entstehung des Pfandrechts besteht und der Pfandgläubiger bereits im **Besitz** der **Sache** ist,

  BEISPIEL

  Karl Mai ist Eigentümer eines Motorrollers. Er vermietet das Fahrzeug an Frau Uta Lauter. Frau Lauter hat eine Darlehensforderung gegen Herrn Mai in Höhe von 2 000,00 €. Zur Sicherung dieser Forderung soll der von ihr gemietete Motorroller des Herrn Mai verpfändet werden. Zur Entstehung des Pfandrechts ist nur noch die Einigung zwischen Herrn Mai (Eigentümer) und Frau Lauter (Pfandgläubigerin) erforderlich, weil Frau Lauter bereits die Sache besitzt.

BGB § 1205 Abs. 2
- der Eigentümer der Pfandsache nur **mittelbarer Besitzer** der Pfandsache ist. Hier überträgt der Eigentümer den mittelbaren Besitz an der Pfandsache auf den Pfandgläubiger. Der Eigentümer muss den unmittelbaren Besitzer über die Verpfändung informieren.

  BEISPIEL

  Frau Monika Leyer ist Eigentümerin eines Wohnmobils. Sie vermietet das Fahrzeug an Herrn Udo Weitlauf. Frau Leyer benötigt ein kurzfristiges Darlehen in Höhe von 25 000,00 €, das ihr ihre Freundin Johanna gibt. Allerdings verlangt Frau Johanna Sicherheiten. Frau Leyer bietet ihr ein Pfandrecht an dem Wohnmobil an; Johanna ist damit einverstanden.
  Frau Leyer überträgt den mittelbaren Besitz an dem Wohnmobil nach § 870 BGB auf Frau Johanna. Damit erhält Johanna einen Herausgabeanspruch gegenüber dem unmittelbaren Besitzer des Wohnmobils Udo Weitlauf. Frau Leuchte muss Herrn Weitlauf den mittelbaren Besitz der Pfandgläubigerin Johanna am Wohnmobil anzeigen.

- der Eigentümer dem Pfandgläubiger den **Mitbesitz** an einer Sache einräumt.

BEISPIEL

Die Schuhfabrik Schiermann GmbH hat von der Ledergroßhandlung Otto Feller ein Darlehen in Höhe von 20 000,00 € gegen Sicherheit erhalten. Die Eigentümerin des Schuhlagers Schiermann übergibt der Ledergroßhandlung (Pfandgläubiger) den Zweitschlüssel des Schuhlagers. Damit wird der Ledergroßhandlung gem. § 1206 BGB der Mitbesitz (Mitverschluss) an den gelagerten Schuhen eingeräumt. Die Eigentümerin Schiermann GmbH darf nicht mehr ohne Mitwirkung des Pfandgläubigers die tatsächliche Herrschaft über die gelagerten Schuhe ausüben.

BGB § 1206

Rechte des Pfandgläubigers

Der **Pfandgläubiger** hat das

- Recht auf **Besitz** der Pfandsache

  Wird das Recht des Pfandgläubigers beeinträchtigt, so finden auf die Ansprüche des Pfandgläubigers die für die Ansprüche aus dem Eigentum geltenden Vorschriften entsprechende Anwendung. Diese sind insbesondere der Herausgabeanspruch und der Beseitigungs- und Unterlassungsanspruch.

BGB §§ 1205 Abs. 1, 1227, u. 985

BEISPIEL

Franz Flink benötigt ein Darlehen in Höhe von 3 000,00 €. Sein Freund Kurt will ihm das Geld geben, wenn Flink ihm als Sicherheit seine Briefmarkensammlung übergibt. Beide sind damit einverstanden. Flink übergibt dem Kurt die Briefmarkensammlung und Kurt gibt Franz die 3 000,00 €. Durch die Einigung und Übergabe ist Kurt rechtmäßiger Pfandgläubiger geworden. Er kann sich gegen jegliche Beeinträchtigung wehren.

- Recht, die Pfandsache gem. § 1228 BGB zu **verwerten**

  Die **Befriedigung** des Pfandgläubigers aus dem Pfand erfolgt durch **Verkauf**. Der Pfandgläubiger ist zum Verkauf berechtigt, sobald die **Forderung** ganz oder zum Teil **fällig** ist **(Pfandreife)**.

  Der Pfandgläubiger hat dem Eigentümer den Verkauf vorher **anzudrohen** und dabei den Geldbetrag zu bezeichnen, wegen dessen der Verkauf stattfinden soll. Die Androhung kann erst nach dem Eintritt der Verkaufsberechtigung erfolgen. Der Verkauf darf nicht vor dem **Ablauf eines Monats** nach der Androhung erfolgen.

BGB §§ 1228, 1234, 1235, 1221 u. 1247

Der Verkauf des Pfandes ist im Wege **öffentlicher Versteigerung** zu bewirken. Hat das Pfand einen Börsen- oder Marktpreis, so ist ein freihändiger Verkauf durch den Pfandgläubiger oder durch eine von ihm beauftragte Person möglich.

Der **Erlös** aus dem Pfandverkauf steht dem **Pfandgläubiger** zur Befriedigung seiner **Forderung** und der entstandenen **Kosten** zu. Wird ein **Mehrerlös** erzielt, erhält der **Verpfänder** den **Überschuss**.

BEISPIEL

Frau Susi Krämer schließt am 03.06.(01) mit ihrer Freundin Adele Wilder einen Darlehensvertrag, in dem sich diese verpflichtet, Frau Krämer ein Darlehen in Höhe von 6000,00 € zu gewähren. Als Sicherheit übergibt Frau Krämer an Frau Adele Wilder ihre goldene Halskette, die einen Schätzwert von 20000,00 € hat. Das Darlehen soll nach Vertrag am 03.06.(02) in einer Summe zurückgezahlt werden. Bei Fälligkeit am 03.06.(02) zahlt Frau Krämer nicht. Frau Wilder droht deshalb Frau Krämer am 10.06.(02) mit dem Verkauf der goldenen Halskette, weil sie das Darlehen in Höhe von 6000,00 € nicht vereinbarungsgemäß zurückgezahlt hat.

BGB §§ 1215 u. 1213

Pflichten des Pfandgläubigers

Der **Pfandgläubiger** hat die

- **Verwahrungspflicht**
  Der Pfandgläubiger ist zur Verwahrung des Pfandes verpflichtet. Grundsätzlich darf der Pfandgläubiger das **Pfand nicht nutzen**, es sei denn, dass vertraglich ein Nutzungspfandrecht vereinbart wird.

  BEISPIEL

  Max Alt verpfändet sein Motorrad an Erich Blasius. Nach der Einigung und Übergabe der Pfandsache darf Blasius das Motorrad auch nicht zu Fahrten in seinem Garten oder wo anders benutzen.

BGB § 1218

- **Anzeigepflicht bei drohendem Verderb** der Pfandsache
  Der Pfandgläubiger muss dem Verpfänder von dem drohenden Verderb unverzüglich Anzeige machen. Ist nämlich der Verderb des Pfandes oder eine wesentliche Minderung des Wertes zu befürchten, so kann der **Verpfänder** die **Rückgabe** des Pfandes gegen anderweitige Sicherheitsleistung verlangen.

  BEISPIEL

  Der Metzgermeister Klaus Müller verpfändet am 04.05.(01) 2000 Dosen Wurst an die Fleischzentrale Südwest wegen eines kurzfristigen Darlehens in Höhe von 1000,00 €. Das Darlehen soll am 04.06.(01) zurückgezahlt werden. Die Wurst wird im Kühlhaus der Metzgerei Müller gelagert. Der einzige Schlüssel wird an die Fleischzentrale übergeben. Bei Prüfung der Dosen durch den Beauftragten der Fleischzentrale am 20.05.(01) stellt dieser fest, dass eine Vielzahl der Dosendeckel hervorgewölbt sind (Bombagen). Der Beauftragte weist den Metzgermeister sofort auf die Zersetzung des Inhalts der Dosen hin. Müller nimmt die Dosen zurück und übergibt einen goldenen Ring als neues Pfand.

- **Rückgabepflicht** des Pfandes **nach Erlöschen** des Pfandrechts

  Der Pfandgläubiger ist verpflichtet, das Pfand nach dem Erlöschen des Pfandrechts dem Verpfänder zurückzugeben. BGB § 1223

  BEISPIEL

  In obigem Beispiel zahlt Frau Krämer das Darlehen vereinbarungsgemäß zurück. Frau Wilder muss die goldene Halskette zurückgeben.

Beendigung des Pfandrechts an beweglichen Sachen

Das Pfandrecht wird **beendet** durch

- **Erlöschen mit der Forderung** gem. § 1252 BGB
- **Erlöschen durch Rückgabe des Pfandes** gem. § 1253 Abs. 1 BGB
- **Aufhebung des Pfandrechts** gem. § 1255 Abs. 1 BGB

Ablauf eines Darlehensvertrags mit Pfandrecht

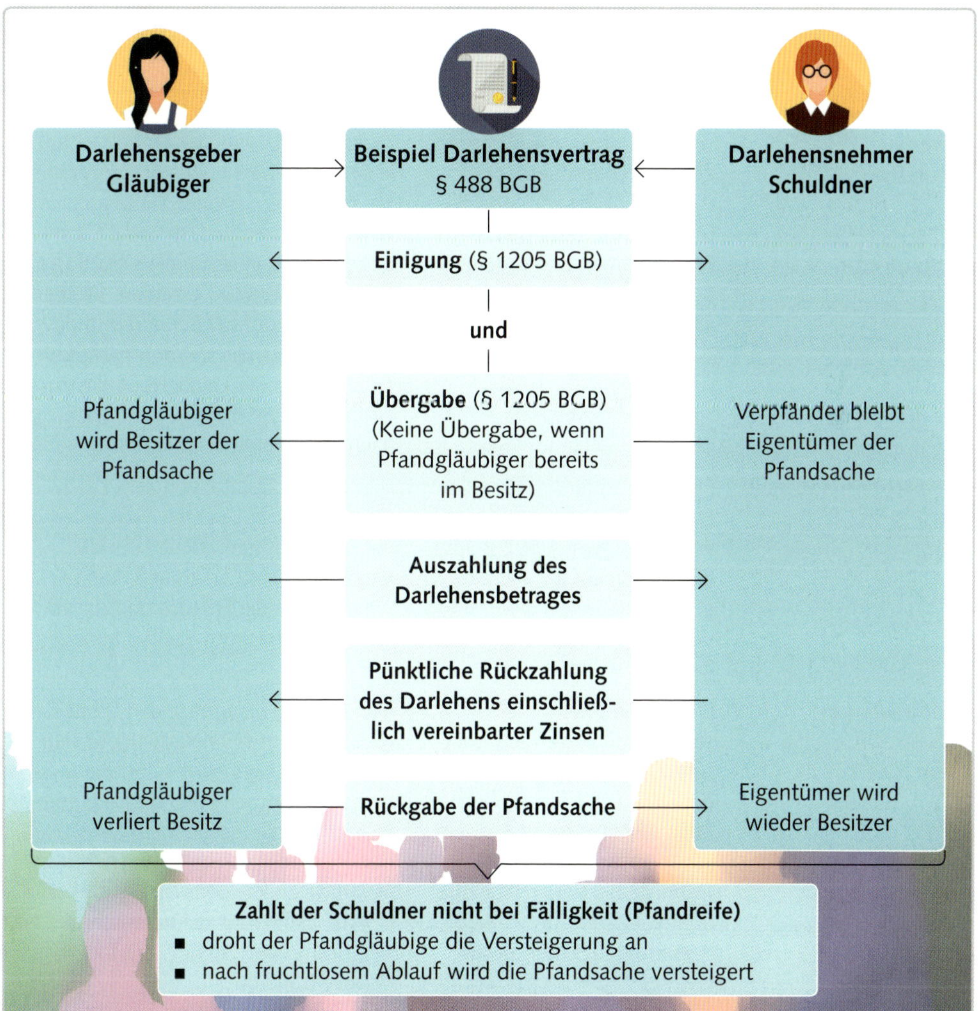

4.7.2.2 Gesetzliches Pfandrecht an beweglichen Sachen

Gesetzliche Pfandrechte an **beweglichen Sachen** entstehen **aufgrund gesetzlicher Vorschriften**. Vertragliche Vereinbarungen sind nicht erforderlich.

Beispiele für gesetzliche Pfandrechte an beweglichen Sachen nach BGB		
Pfandrecht	**Beschreibung**	**Beispiel**
Vermieterpfandrecht gem. § 562 BGB	Der Vermieter hat für seine Forderungen aus dem Mietverhältnis gem. § 562 Abs. 1 BGB ein Pfandrecht an den eingebrachten Sachen des Mieters. Es erstreckt sich nicht auf die Sachen, die der Pfändung nicht unterliegen.	Herr K. Lauer mietet bei Herrn Josef Alt eine nicht möblierte Mehrraumwohnung in dessen Haus in der Badstraße 12 in Köln. K. Lauer kauft sich Möbel und richtet die Wohnung ein. Zahlt K. Lauer die Miete nicht vertragsgemäß und will er später aus der Wohnung ausziehen, kann Herr Alt die von Herrn Lauer gekauften Möbel gem. § 562b Abs. 1 BGB in seinen Besitz nehmen.
Pächterpfandrecht am Inventar gem. § 583 BGB	Dem Pächter eines Grundstücks steht für die Forderungen gegen den Verpächter, die sich auf das mitgepachtete Inventar beziehen, ein Pfandrecht an den in seinen Besitz gelangten Inventarstücken zu.	Frau Irma Nadelstich hat die voll eingerichtete Näherei der Frau Ilse Knopf in der Eiergasse 3 in Rostock gepachtet. Für die übernommenen Nähmaschinen, Bügelautomaten und Büroeinrichtungsgegenstände muss sie eine Kaution in Höhe von 5 000,00 € zahlen. Weigert sich Frau Knopf bei Beendigung des Pachtvertrags, die Kaution herauszugeben, kann Frau Nadelstich das zum Grundstück gehörende und mitgepachtete Inventar mitnehmen.
Verpächterpfandrecht gem. § 592 BGB	Der Verpächter hat für seine Forderungen aus dem Pachtverhältnis gem. § 592 BGB ein Pfandrecht an den eingebrachten Sachen des Pächters sowie an den Früchten der Pachtsache.	Herr B. Auer pachtet von dem Landwirt Otto Ackerscholle einen Aussiedlerhof mit Obstplantage. Zahlt Auer die Pacht nicht vertragsgemäß, kann Ackerscholle die Früchte und die von Auer eingebrachten Sachen behalten.
Unternehmerpfandrecht gem. § 647 BGB	Der Unternehmer hat für seine Forderungen aus dem Vertrag ein Pfandrecht an den von ihm hergestellten oder ausgebesserten beweglichen Sachen des Bestellers, wenn sie bei der Herstellung oder zum Zwecke der Ausbesserung in seinen Besitz gelangt sind.	Paul Pflaume beauftragt den Schneidermeister Adam Wibbel, die Hose seines Hochzeitsanzugs kürzer und die Jacke weiter zu machen (Werkvertrag gem. § 631 BGB). Er übergibt deshalb Wibbel den Hochzeitsanzug. Dieser nimmt Maß und ändert den Anzug wie vereinbart. Zahlt Paul die vereinbarte Vergütung nicht, behält Wibbel den Hochzeitsanzug.

Beispiele für gesetzliche Pfandrechte an beweglichen Sachen nach BGB		
Pfandrecht	**Beschreibung**	**Beispiel**
Pfandrecht des Gastwirts gem. § 704 BGB	Der Gastwirt hat für seine Forderungen für Wohnung und andere dem Gast zur Befriedigung seiner Bedürfnisse gewährten Leistungen, mit Einschluss der Auslagen, ein Pfandrecht an den eingebrachten Sachen des Gastes.	Franz Großspur mietet sich im Hotel „Waldeslust" für einige Tage ein. Er bittet den Hotelier Ede Fix, seinen goldenen Nasenring und Bargeld im Safe zu deponieren. Zwei Tage später sieht Ede Fix, wie sich Großspur verabschieden will, ohne die Zeche zu zahlen. Der Hotelier wird den goldenen Nasenring und das Bargeld behalten.

Die **Vorschriften** über das durch **Rechtsgeschäft bestellte Pfandrecht** finden gem. § 1257 BGB auch **auf** ein **kraft Gesetzes entstandenes** Pfandrecht entsprechende **Anwendung**.

Pfändungspfandrecht nach der Zivilprozessordnung

- Durch die **Pfändung erwirbt der Gläubiger** gem. § 804 Abs. 1 ZPO ein **Pfandrecht** an dem **gepfändeten Gegenstande**.
- Das **Pfandrecht** gewährt dem **Gläubiger** im Verhältnis zu anderen Gläubigern **dieselben Rechte** wie ein durch **Vertrag erworbenes Faustpfandrecht.**

Die **Zwangsvollstreckung** in das **bewegliche Vermögen** erfolgt durch **Pfändung**. Die Pfändung wird dadurch bewirkt, dass der **Gerichtsvollzieher** die im Gewahrsam des Schuldners befindlichen körperlichen Sachen in **Besitz nimmt**. ZPO §§ 803, 804 u. 808

BEISPIEL

Der Gläubiger Julius Korn betreibt wegen Zahlung einer Kaufpreisforderung in Höhe von 5000,00 € gegen seinen Kunden, den Otto Faul, die Zwangsvollstreckung. Der Gerichtsvollzieher Michael Breit wird beauftragt, in das bewegliche Vermögen des Otto Faul zu vollstrecken. Herr Breit findet bei Otto Faul ein chinesisches Trinkgefäß, dessen gewöhnlichen Verkaufswert er auf 5500,00 € schätzt. Er wird das Trinkgefäß mitnehmen und in seine Pfandkammer verbringen. Wenn die Voraussetzungen vorliegen, wird das Gefäß öffentlich versteigert und dem Gläubiger der Versteigerungserlös ausgehändigt

4.7.3 Pfandrecht an unbeweglichen Sachen (Grundpfandrechte)

4.7.3.1 Grundpfandrechte

Grundpfandrechte haben eine besondere Bedeutung zur Absicherung mittel- und langfristiger Darlehen. Neben dem Personaldarlehen, bei dem für die Rückzahlung eines Darlehens eine Person haftet, und den verstärkten Personaldarlehen, bei denen mehrere Personen die Haftung für die Rückzahlung des Darlehens übernommen haben, steht in diesem Zusammenhang das Realdarlehen als dinglich gesichertes Darlehen, bei dem die Sicherheit im Wert eines Gegenstandes liegt.

Als Grundpfandrechte lassen sich unterscheiden:

- die Hypothek
- die Grundschuld
- die Rentenschuld.

Bei Hypothek, Grundschuld und Rentenschuld hat der Gläubiger das Recht, die Zahlung einer bestimmten Geldsumme aus dem Grundstück zu verlangen.

4.7.3.2 Hypothek

Ein **Grundstück** kann gem. § 1113 Abs. 1 BGB in der **Weise belastet** werden, dass an **denjenigen**, zu dessen **Gunsten** die **Belastung erfolgt**,

- eine **bestimmte Geldsumme**
- zur **Befriedigung wegen einer**
- **ihm zustehenden Forderung**

aus dem **Grundstück zu zahlen** ist (Hypothek).

BGB § 1153 u. 1163

Die Hypothek ist immer von der **zu sichernden Forderung abhängig (akzessorisch). Ohne Forderung** entsteht **keine Hypothek**. Dies bedeutet, dass der **Erwerb** einer Hypothek ausgeschlossen ist, wenn die zu Grunde liegende Forderung nicht besteht. Die Forderung kann nicht ohne die Hypothek, die Hypothek kann nicht ohne die Forderung übertragen werden. Ist die Forderung, für welche die Hypothek bestellt ist, nicht entstanden, so steht die **Hypothek dem Eigentümer** zu. **Erlischt** die Forderung, so erwirbt der Eigentümer die Hypothek **(Eigentümerhypothek).**

Der **Hypothekengläubiger** hat **zweierlei Ansprüche:**

- einen **schuldrechtlichen Anspruch** aus der **Forderung** auf Zahlung einer bestimmten Geldsumme **gegen** den **persönlichen Schuldner**,
- einen **dinglichen Anspruch** aus der Hypothek auf Duldung der Befriedigung aus dem Grundstück **gegen** den **dinglichen Schuldner** als Grundstückseigentümer.

Bei der **Eintragung der Hypothek** in das **Grundbuch** müssen eingetragen werden BGB § 1115

- der **Gläubiger** der Forderung,
- der **Geldbetrag** der Forderung und
- bei verzinslichen Forderungen der **Zinssatz** sowie
- der Geldbetrag anderer **Nebenleistungen**.

Das belastete Grundstück haftet nicht nur für die Hauptforderung, sondern auch für die gesetzlichen Zinsen der Forderung sowie für die Kosten der Kündigung und der die Befriedigung aus dem Grundstück bezweckenden Rechtsverfolgung, wie Prozesskosten u. Ä. BGB § 1118

Die im Grundbuch eingetragene Hypothek erstreckt sich beispielsweise BGB § 1120 Abs. 1

- auch auf die von dem Grundstück getrennten Erzeugnisse und sonstigen **Bestandteile**, soweit sie nicht in das Eigentum eines anderen als des Eigentümers übergegangen sind, sowie auf das **Zubehör des Grundstücks**, BGB §§ 1123 Abs. 1 u. 1124 Abs. 1
- auf die **Miet- oder Pachtforderungen,** wenn das Grundstück vermietet oder verpachtet ist. Hat der Mieter oder der Pächter vor Beschlagnahme des Grundstücks die Miete oder die Pacht bezahlt, so unterliegen diese nicht mehr der Hypothekenhaftung,
- auf die **Ansprüche aus wiederkehrenden Leistungen,** BGB § 1127 Abs. 1
- auf die **Forderungen gegen Versicherungsunternehmen** wegen **Schadensersatzansprüchen** für Gegenstände, die der Hypothekenhaftung unterliegen

Briefhypothek

Nach § 1116 Abs. 1 BGB wird über die **Hypothek** ein **Hypothekenbrief erteilt** (Briefhypothek).

Die Briefhypothek **entsteht** wie die Buchhypothek durch **Einigung und Eintragung** im **Grundbuch**. Bei der **Briefhypothek** wird vom **Grundbuchamt** ein **Hypothekenbrief erteilt**. BGB § 873 Abs. 1

Der Hypothekenbrief **muss enthalten:** GBO § 56 Abs. 1

- die **Bezeichnung als Hypothekenbrief,**
- den **Geldbetrag** der Hypothek,
- das **belastete Grundstück.**

Außerdem muss der Hypothekenbrief mit der **Unterschrift** und dem **Siegel** oder Stempel versehen sein. Soll der **Hypothekenbrief** vom **Grundstückseigentümer** dem **Gläubiger übergeben** werden, **erwirbt** der **Gläubiger** die Hypothek **erst**, wenn ihm der **Brief** von dem **Eigentümer** des Grundstücks auch tatsächlich **übergeben** wird. Damit soll sichergestellt werden, dass der Gläubiger über die Hypothek erst verfügen kann, wenn er Zug um Zug gegen Auszahlung des Darlehens vom Eigentümer den Brief erhalten hat. BGB § 1117 Abs. 1

BGB § 1117 Abs. 2

Die **Übergabe** des Briefes kann durch die **Vereinbarung ersetzt** werden, dass der Gläubiger berechtigt sein soll, sich den Brief von dem Grundbuchamt aushändigen zu lassen.

Ist der Hypothekenbrief mit Fehlern behaftet oder unvollständig und die Eintragung im Grundbuch richtig, zählt die richtige Grundbucheintragung. Ist der Hypothekenbrief richtig, aber die Grundbucheintragung falsch, werden die Angaben im Hypothekenbrief als richtig unterstellt.

Die **Briefhypothek** hat im Vergleich zur **Buchhypothek** den **Vorteil**, dass sie **leichter übertragen** werden kann. Während bei der **Buchhypothek jede Abtretung** in das **Grundbuch eingetragen** werden muss, **genügen** bei der Briefhypothek die **schriftliche Abtretung** der Forderung und die **Übergabe** des **Briefes** an den **neuen Gläubiger**. Die Hypothek wird deshalb vorwiegend als Briefhypothek bestellt.

Die **schriftliche Abtretungserklärung wird nicht** im **Grundbuch eingetragen,** sodass dadurch die Hypothek verkehrsfähiger wird. Den späteren Hypothekengläubigern fehlt allerdings der Gutglaubensschutz des Grundbuchs.

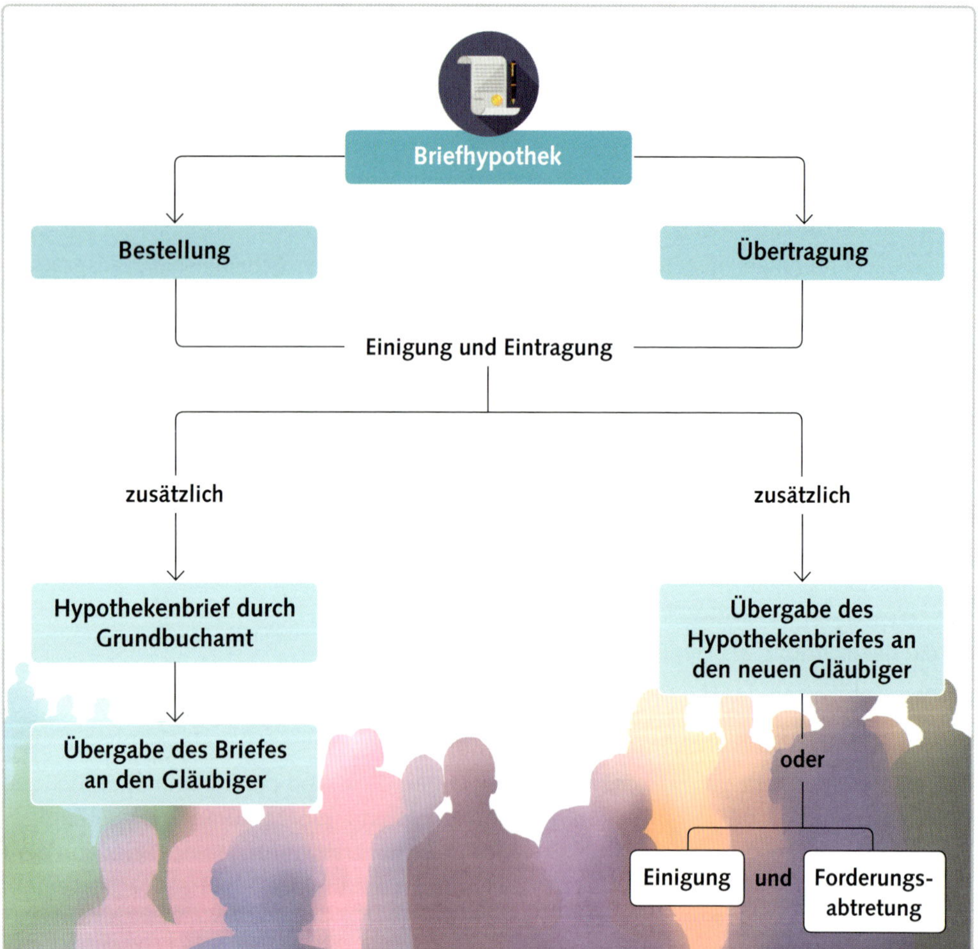

Buchhypothek

Die **Erteilung des Hypothekenbriefes kann** gem. § 1116 Abs. 2 BGB **ausgeschlossen** werden (Buchhypothek). Zu der Ausschließung ist die **Einigung** des **Gläubigers** und des **Eigentümers** sowie die **Eintragung** in das **Grundbuch erforderlich**.

Die Buchhypothek **entsteht** wie die Briefhypothek durch **Einigung und Eintragung** im **Grundbuch**. BGB § 873 Abs. 1

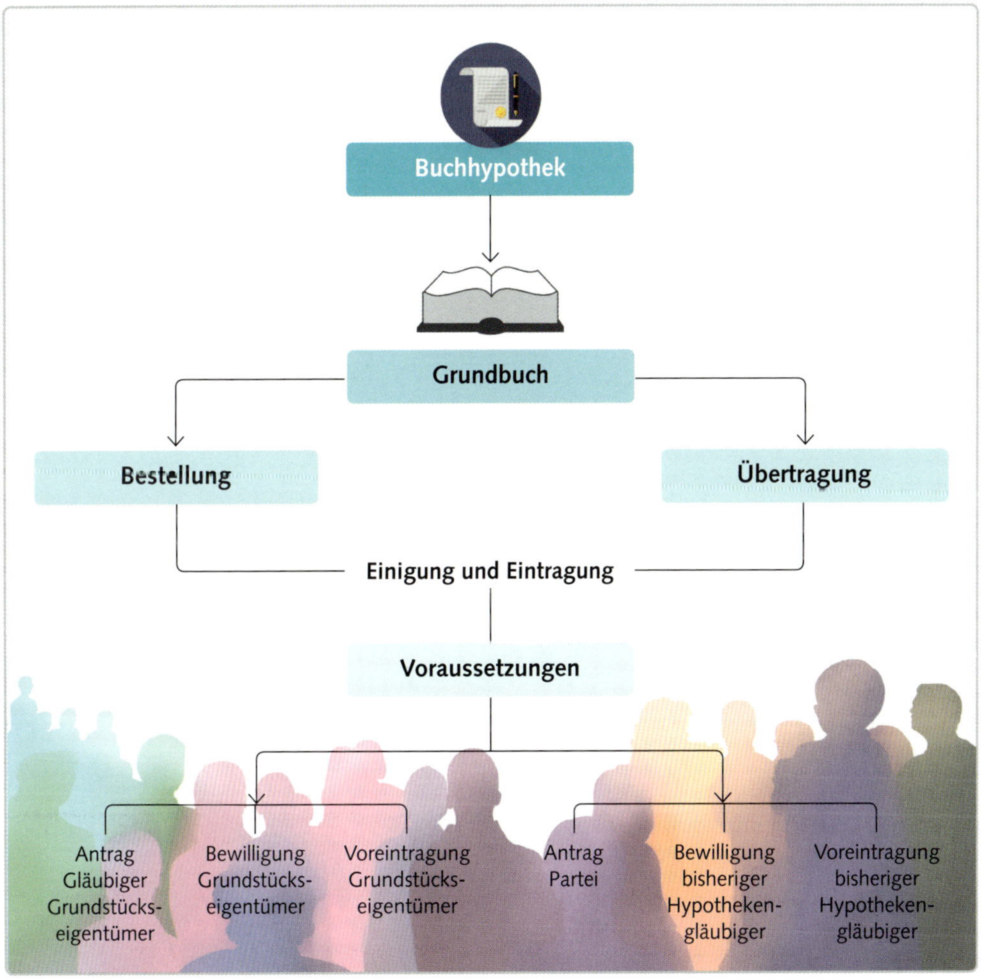

- Die **Sicherungshypothek** gem. § 1184, Abs. 1 BGB kann nur als Buchhypothek entstehen. Danach muss die Hypothek im Grundbuch als Sicherungshypothek bezeichnet werden. Die Sicherungshypothek besteht nur, wenn und soweit die Forderung besteht. Ein gutgläubiger Erwerber einer Sicherungshypothek kann sich nicht auf die Höhe der eingetragenen Forderung verlassen, maßgebend ist die aktuelle, tatsächliche Forderungshöhe. BGB § 1184 Abs. 1 u. 2
- Ein Sonderfall der **Sicherungshypothek** ist die **Höchstbetragshypothek**. Danach ist nur der Höchstbetrag bestimmt, bis zu dem das Grundstück haften soll. BGB § 1190 Abs. 1

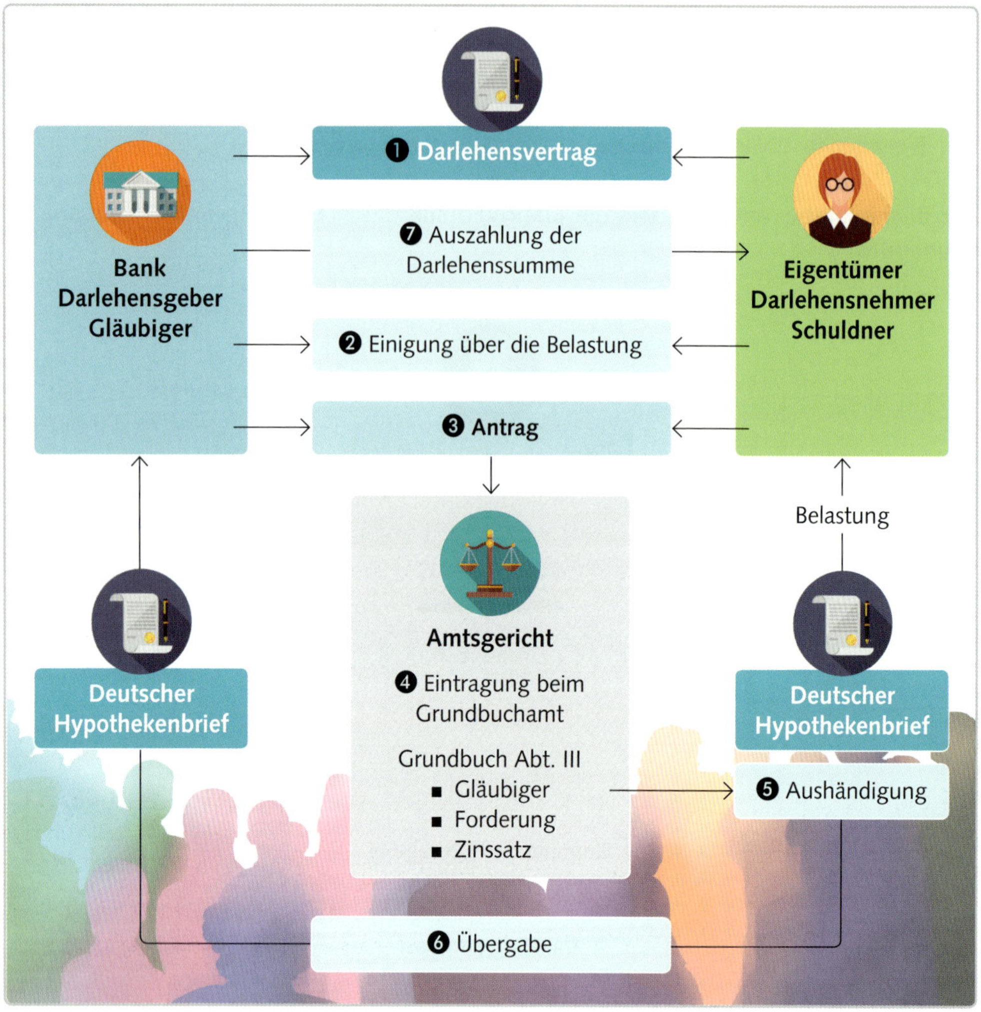

- Die **Hypothek** ist **streng an die Forderung gebunden,** sie ist **akzessorisch!**
- Bei **Rückzahlungsverweigerung** kann der **Gläubiger** die **Zwangsverwaltung** oder die **Zwangsversteigerung** des **Grundstücks betreiben.**

4.7.3.3 Grundschuld

Ein **Grundstück** kann gem. § 1191 Abs. 1 BGB in der **Weise belastet** werden, dass an **denjenigen**, zu dessen **Gunsten** die **Belastung erfolgt**, eine

- **bestimmte Geldsumme**

aus dem **Grundstück** zu **zahlen** ist (Grundschuld).

Im Vergleich zur Definition der Hypothek fehlt bei der Definition der Grundschuld der **Zusatz „wegen einer ihm zustehenden Forderung"**. Deshalb **entsteht** die **Grundschuld** als beschränkt dingliches Recht an einem Grundstück auch dann, wenn die **Forderung nicht** oder **noch nicht entstanden** ist. Sie **bleibt** auch **bestehen,** wenn die **Forderung erloschen** ist. Dem **Grundstückseigentümer** steht gegen den **Grundschuldgläubiger** nur ein **Anspruch auf Rückübertragung** der **Grundschuld** zu, weil dieser um die Grundschuld ungerechtfertigt bereichert ist.

© Klaus Eppele – stock.adobe.com

BEISPIEL

Michael Fröhlich finanziert einen Teil seines Eigenheimbaus mit einem langfristigen Darlehen der Europa-Bank in Höhe von 80 000,00 €. Die Bank hat Michael dieses Darlehen eingeräumt und durch eine Briefgrundschuld sichern lassen.

Die Grundschuld entsteht zu Gunsten der Bank, wenn sie vorschriftsmäßig bestellt worden ist, ganz gleich, ob an Michael Fröhlich das Darlehen ausgezahlt ist oder nicht.

Michael hat das Darlehen erhalten und fristgerecht zurückgezahlt. Die Grundschuld erlischt dadurch nicht, sie steht auch nicht, wie es bei einer Hypothek der Fall wäre, dem Grundstückseigentümer Michael Fröhlich, sondern nach wie vor der Bank zu. Michael hat gegen die Bank einen Anspruch auf Rückübertragung der Grundschuld, weil die Bank um die Grundschuld ungerechtfertigt bereichert ist.

Die Grundschuld kann als **Buch- oder Briefgrundschuld** bestellt werden. Die Bestellung und die **Übertragung** der Grundschuld erfolgen wie bei der Hypothek durch formlose **Einigung und Eintragung** in das **Grundbuch**. Die **Eintragungsbewilligung** muss jedoch in **öffentlich beglaubigter** oder **beurkundeter Form** abgegeben werden. BGB § 1873 Abs. 1

Bei der **Briefgrundschuld** kommt die **Übergabe des Briefes** hinzu. Eine **Grundschuld** kann auch für den **Eigentümer bestellt** werden. BGB § 1196 Abs. 1

Zu der Bestellung ist gem. § 1196 Abs. 2 BGB die **Erklärung des Eigentümers** gegenüber dem **Grundbuchamt**, dass die **Grundschuld für ihn** in das **Grundbuch eingetragen werden soll**, und die **Eintragung erforderlich**.

Ohne Erklärung des Eigentümers und ohne **Eintragung** im Grundbuch kann **kraft Gesetzes** eine **Eigentümergrundschuld entstehen**, wenn

- die **Forderung**, zu deren Sicherung eine Hypothek bestellt wurde, **nicht entstanden** ist, z. B. wurde das Darlehen an den Darlehensnehmer nicht ausbezahlt,
- bei einer **Briefhypothek** der **Brief nicht** oder **noch nicht übergeben** wurde,
- wenn die **Hypothekenforderung** durch Zahlung oder auf andere Weise **erlischt**.

BEISPIEL

Die Grundstückseigentümerin Frau Maria Neibäcker zahlt das Darlehen an den Hypothekengläubiger zurück. Dadurch erlischt die durch die Hypothek gesicherte Forderung. Kraft Gesetzes wandelt sich die Hypothek gem. §§ 1163 Abs. 1, 1177 Abs. 1 BGB in eine

Grundschuld zu Gunsten der Eigentümerin um. Durch die Eigentümergrundschuld ist es dem Eigentümer möglich, einem Darlehensgeber eine freie, meist günstige Rangstelle anbieten zu können. Außerdem wird das Aufrücken der im Rang nachstehenden Hypotheken verhindert.

Die Grundschuld ist ohne Schuldgrund!

4.7.3.4 Rentenschuld

- Nach § 1199 Abs. 1 BGB kann eine **Grundschuld** in der **Weise bestellt** werden, dass in **regelmäßig wiederkehrenden** Terminen eine **bestimmte Geldsumme** aus dem Grundstück zu **zahlen ist** (Rentenschuld).
- Bei der **Bestellung** der Rentenschuld **muss** gem. § 1199 Abs. 2 BGB der **Betrag** bestimmt werden, durch dessen Zahlung die Rentenschuld abgelöst werden kann.
- Die **Ablösungssumme** muss im **Grundbuch angegeben** werden.

Die Rentenschuld ist eine Belastung des Grundstücks. Zu regelmäßig wiederkehrenden Terminen ist eine bestimmte Geldsumme aus dem Grundstück zu zahlen (Rente). Es handelt sich also um eine Sonderform der Grundschuld. Dem Schuldner (Eigentümer) steht nach einer Kündigungsfrist (i. d. R. sechs Monate) das Recht zu, seine Schuld gegen Zahlung eines einmaligen Betrages abzulösen. Der Gläubiger kann die Ablösung nur verlangen, wenn die Sicherheit der Rentenschuld durch Verschlechterung des Grundstücks gefährdet ist. Dem Schuldner muss eine angemessene Frist zur Beseitigung der Verschlechterung gewährt werden.

Zusammenfassung und Lernkontrolle

Zusammenfassung

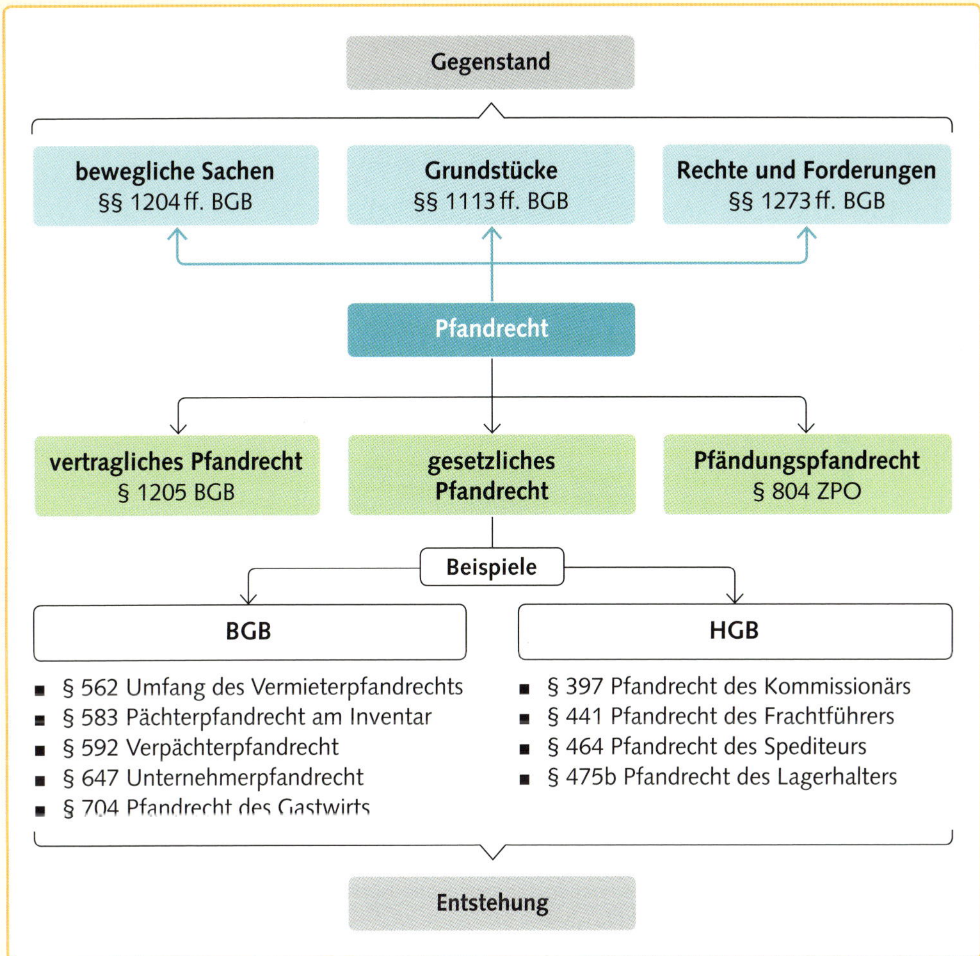

Grundpfandrechte

Gläubiger kann
- Zahlung einer
- bestimmten Geldsumme
- aus dem Grundstück

verlangen

Arten

Hypothek	**Grundschuld**	**Rentenschuld**

Gesetzlicher Inhalt

§ 1113 Abs. 1 BGB Belastung eines Grundstücks zur Sicherung einer Forderung	**§ 1191 Abs. 1 BGB** Belastung eines Grundstücks, Geldsumme zu zahlen	**§ 1109 Abs. 1 BGB** Recht auf Zahlung einer Geldsumme in regelmäßigen Terminen
akzessorisch forderungsabhängig	**nicht akzessorisch forderungsunabhängig**	**Ablösungsrecht**

Typen

Briefhypothek Buchhypothek Sicherungshypothek	**Briefgrundschuld Buchgrundschuld Eigentümergrundschuld**

Lernkontrolle

Aufgabe 1

Was verstehen Sie unter einem vertraglichen Pfandrecht an beweglichen Sachen und welche Rechte hat der Pfandgläubiger, wenn der Verpfänder seine Schuld nicht zahlt?

Aufgabe 2

Durch welche Grundsätze ist das vertragliche Pfandrecht an beweglichen Sachen gekennzeichnet?

Aufgabe 3

Welche Voraussetzungen müssen für die Bestellung des vertraglichen Pfandrechts an beweglichen Sachen vorliegen?

Aufgabe 4

Nennen Sie unter Angabe der gesetzlichen Bestimmungen und je eines Beispiels Gründe, bei denen bei einem vertraglichen Pfandrecht an einer beweglichen Sache die Übergabe der Pfandsache entfallen kann.

Aufgabe 5

Welche Rechte und Pflichten des Pfandgläubigers kennen Sie bei einem vertraglichen Pfandrecht an beweglichen Sachen?

Aufgabe 6

Wodurch kann das vertragliche Pfandrecht an beweglichen Sachen beendet werden?

Aufgabe 7

Gesetzliche Pfandrechte an beweglichen Sachen entstehen aufgrund gesetzlicher Vorschriften. Vertragliche Vereinbarungen sind hierbei nicht erforderlich. Welche Rechte an gesetzlichen Pfandrechten an beweglichen Sachen sind in den folgenden Fällen beschrieben?

a) Der Gläubiger Josef Flum betreibt wegen Zahlung einer Darlehensforderung in Höhe von 5 000,00 € gegen seinen Kunden, den Karl Frey, die Zwangsvollstreckung. Der Gerichtsvollzieher Gerd Beimer wird beauftragt, in das bewegliche Vermögen des Karl Frey zu vollstrecken. Herr Beimer findet bei Karl Frey als einzige lohnende Pfandsache einen wertvollen Teppich, dessen gewöhnlichen Verkaufswert er auf 5 500,00 € schätzt. Welches Recht wird der Gläubiger in Anspruch nehmen?

b) Frau Klara Fries mietet bei Herrn Franz Alt eine nicht möblierte Mehrraumwohnung in dessen Haus in der Eiergasse 3 in Dresden. Frau Fries kauft sich Möbel und richtet die Wohnung ein. Welches Recht hat Herr Alt, wenn Frau Fries die Miete nicht vertragsgemäß zahlt und später aus der Wohnung ausziehen will?

c) Frau Paula Groß beauftragt den Schneidermeister Adam Kleinert, ihr Ballkleid zu kürzen (Werkvertrag gem. § 631 BGB). Sie übergibt deshalb Kleinert das Ballkleid. Dieser nimmt Maß und ändert das Kleid wie vereinbart. Welches Recht hat Herr Kleinert, wenn Frau Groß die vereinbarte Vergütung nicht zahlt?

d) Herr Adam Heinz hat die voll eingerichtete Schreinerei des Herrn Bernhard Groll in der Hauptstraße 5 in Berlin gepachtet. Für die übernommenen Maschinen und Einrichtungsgegenstände muss er eine Kaution in Höhe von 2 000,00 € zahlen. Welche Rechte hat Herr Heinz, wenn sich Herr Groll bei Beendigung des Pachtvertrags weigert, die Kaution herauszugeben?

e) Herr Felix Söllner pachtet von dem Landwirt Armin Herzer einen Aussiedlerhof mit Obstplantage. Welches Recht hat Herr Herzer, wenn Herr Söllner die Pacht nicht vertragsgemäß zahlt?

f) Herr Wolfgang Peter mietet sich im Hotel „Seeblick" für einige Tage ein. Er bittet den Gastwirt Klaus Maus, seine goldene Uhr und Bargeld im Safe zu deponieren. Drei Tage später sieht Klaus Maus, wie sich Peter verabschieden will, ohne die Zeche zu zahlen. Welches Recht hat der Gastwirt, wenn Peter die Zeche nicht zahlt?

Aufgabe 8

Welche Grundpfandrechte lassen sich unterscheiden und welches Recht hat der Gläubiger aus diesen Grundpfandrechten?

Aufgabe 9

Was verstehen Sie unter einer Hypothek und was wissen Sie über die Akzessorietät der Hypothek?

Aufgabe 10

Welche Wirkung tritt ein, wenn die Forderung, für welche die Hypothek bestellt ist, nicht entstanden ist oder die Forderung erlischt?

Aufgabe 11

Nennen Sie bitte die Ansprüche, die der Hypothekengläubiger aus der Hypothek hat!

Aufgabe 12

Welche Tatsachen müssen bei der Hypothek in das Grundbuch eingetragen werden?

Aufgabe 13

Unterscheiden Sie die Briefhypothek von der Buchhypothek.

Aufgabe 14

Welchen Vorteil hat die Briefhypothek im Vergleich zur Buchhypothek?

Aufgabe 15

Definieren Sie bitte den Begriff der Grundschuld und zeigen Sie den wesentlichen Unterschied der Grundschuld zu der Hypothek auf!

5 Familienrecht

5.1 Verwandtschaft und Schwägerschaft

5.1.1 Verwandtschaft

5.1.1.1 Begriff Verwandtschaft und Verwandtschaftsgrad

- Gemäß § 1589 Abs. 1 BGB sind **Personen, deren eine von der anderen abstammt,** in **gerader Linie verwandt.**
- **Personen**, die **nicht in gerader Linie verwandt** sind, aber von **derselben dritten Person** abstammen, sind in der **Seitenlinie verwandt**.

BEISPIELE

- Verwandte in gerader Linie sind beispielsweise Vater und Tochter, Großvater und Enkel.
- Verwandte in der Seitenlinie haben gemeinsame Vorfahren wie z. B. Geschwister, die Eltern als gemeinsame Vorfahren, oder Onkel und Tanten, die die Großeltern als gemeinsame Vorfahren haben.

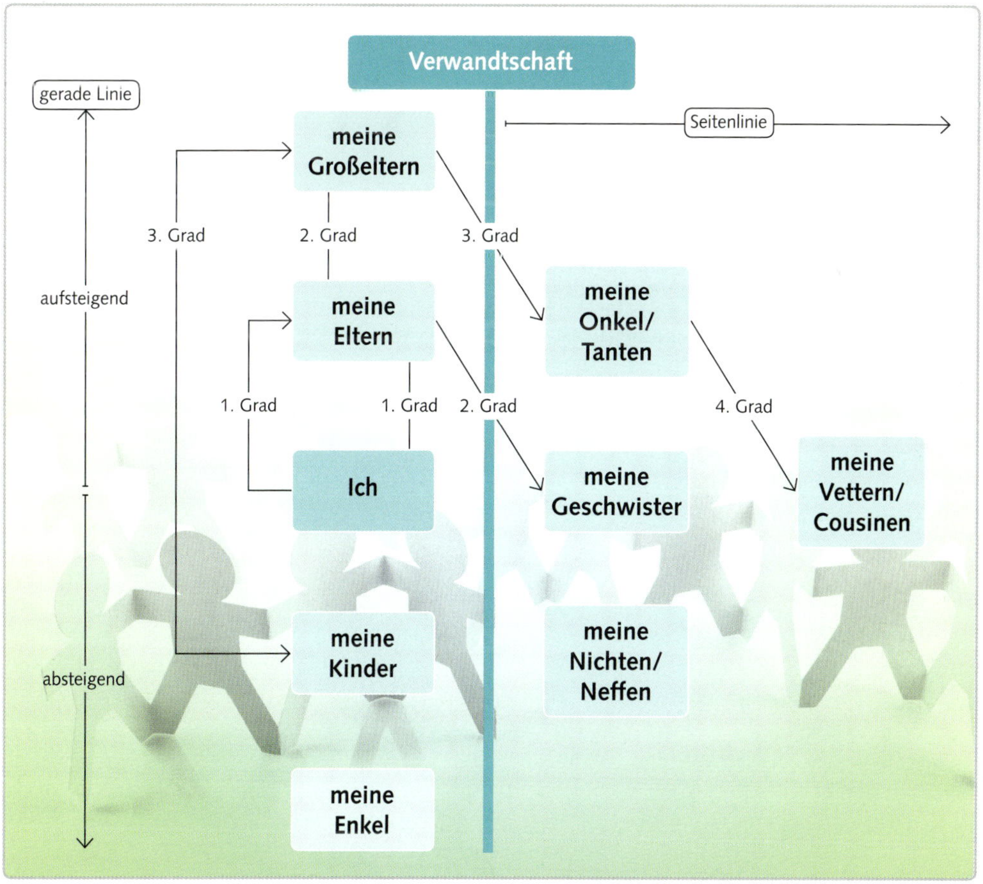

- Der **Grad der Verwandtschaft** bestimmt sich **nach der Zahl der sie vermittelnden Geburten**.
- Bei der **Bestimmung von Linie und Grad** gehen Sie bitte immer von „Ich" (das sind Sie) **aus!**

BEISPIELE

- Ich bin mit meinen Eltern in gerader Linie im 1. Grad verwandt, weil nur eine Geburt vorliegt.
- Meine Großeltern sind mit ihren Urenkeln (meinen Kindern) in gerader Linie im 3. Grad verwandt, weil drei Geburten vorliegen.
- Ich bin mit meinen Geschwistern in der Seitenlinie im 2. Grad verwandt, weil zwei Geburten vorliegen.
- Ich bin mit meinen Vettern und Cousinen in der Seitenlinie im 4. Grad verwandt, weil vier Geburten vorliegen.

5.1.1.2 Rechtsfolgen der Verwandtschaft

Verschiedene Vorschriften des BGB, der StPO sowie der ZPO beinhalten Rechtsfolgen der Verwandtschaft. Die wichtigsten sind:

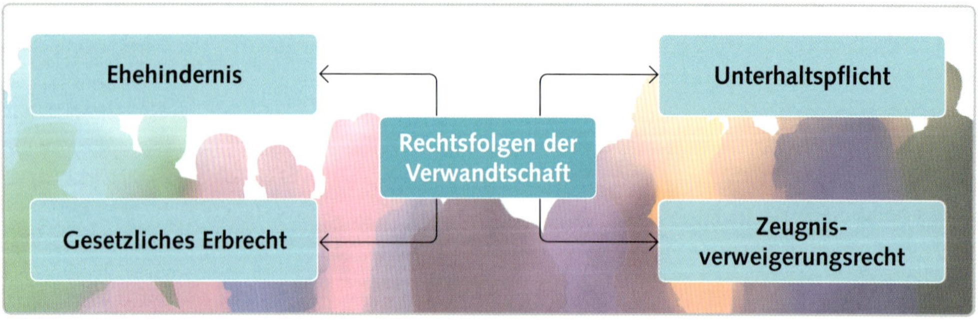

Eheverbot und Ehehindernis

Eine **Ehe darf nicht geschlossen** werden,
- zwischen **Verwandten in gerader Linie** sowie
- zwischen **vollbürtigen und halbbürtigen Geschwistern.**

BGB §§ 1307 u. 1308

BEISPIEL

- Opa Karl darf seine Enkelin Judith nicht heiraten.
- Die Geschwister Josef und Paula Klein dürfen die Ehe nicht miteinander eingehen.

Eine Ehe soll auch nicht geschlossen werden zwischen Personen, deren Verwandtschaft durch Annahme als Kind begründet worden ist.

Unterhaltspflicht

BGB §§ 1606 ff.

Gem. § 1601 BGB sind **Verwandte in gerader Linie verpflichtet, einander Unterhalt** zu gewähren.

BGB §§ 1602 Abs. 1 u. 1603 Abs. 1

Die gesetzliche Unterhaltsverpflichtung betrifft also zunächst die Eltern gegenüber ihren **minderjährigen Kindern**, diese wiederum, wenn sie in der Lage sind, die bedürftigen **Eltern** zu unterhalten. Auch Großeltern, Urgroßeltern oder Enkel und Urenkel sind zum Unterhalt verpflichtet. Vorausgesetzt wird zunächst, dass nur derjenige unterhaltsberechtigt ist, wer außerstande ist, sich selbst zu unterhalten. Diese Person muss also bedürftig im Sinne des Gesetzes sein. Außerdem muss der Unterhaltsverpflichtete leistungsfähig, d. h. in der Lage sein, ohne Gefährdung seines eigenen Unterhalts den Unterhalt zu gewähren.

BGB § 1606 Abs. 2

Die Abkömmlinge sind vor den Verwandten der aufsteigenden Linie unterhaltspflichtig. Unter den Abkömmlingen und unter den Verwandten der aufsteigenden Linie haften die näheren vor den entfernteren. Dies bedeutet, dass für einen Unterhaltsbedürftigen an erster Stelle sein Ehegatte, an zweiter Stelle seine Abkömmlinge (Verwandte in absteigender Linie) und danach erst die Eltern, Großeltern usw. (Verwandte in aufsteigender Linie) haften.

BEISPIEL

Die betagten Eltern Hubert und Marga haben drei inzwischen erwachsene Kinder. Nachdem die Eltern außerstande sind, sich selbst zu unterhalten, müssen die Kinder gemeinsam für den Lebensunterhalt der Eltern aufkommen.

Die gesetzliche **Unterhaltsverpflichtung betrifft nicht** die **Verwandten in der Seitenlinie.**

BGB §§ 1924 ff.

Gesetzliches Erbrecht

Das **gesetzliche Erbrecht** wird entsprechend der **Erbordnung** gem. §§ 1924 ff. BGB geregelt. Hiernach schließen die **Kinder** als die **nächsten Abkömmlinge** des Erblassers **entferntere Abkömmlinge** und andere Verwandte von der **Erbfolge aus** oder sie verweisen sie auf eine nachrangige Stelle.

BGB § 1924 Abs. 1 u. Abs. 4

Der Erblasser Emil stirbt und hinterlässt seine Kinder Inge und Fritz. Außerdem leben noch seine Eltern Karl und Karla. Seine Ehefrau Marga ist vor ihm verstorben. Die Erben der ersten Ordnung sind die Abkömmlinge des Erblassers. Die Kinder erben zu gleichen Teilen, sodass Inge und Fritz jeweils die Hälfte der Erbschaft erhalten.

ZPO § 386 StPo § 52

Zeugnisverweigerungsrecht gem. §§ 52 StPO, 383 ZPO

Gem. § 52 Abs. 1 Nr. 3 StPO hat ein **Zeugnisverweigerungsrecht aus persönlichen Gründen** beispielsweise derjenige, der mit dem **Beschuldigten in gerader Linie verwandt** oder in der **Seitenlinie bis zum dritten Grad verwandt** ist. Dieses **gleiche Recht** wird der **Partei in einem Zivilprozess** nach dem nahezu wortgleichen § 383 Abs. 1 Nr. 3 ZPO **zugestanden.**

BEISPIEL

In einem Strafprozess braucht das Kind nicht gegen seinen Vater oder gegen seinen Bruder aussagen.

BGB § 1590

5.1.2 Die Schwägerschaft

5.1.2.1 Begriff Schwägerschaft

- Gemäß § 1590 Abs. 1 BGB sind die **Verwandten eines Ehegatten** mit dem **anderen Ehegatten verschwägert**.
- Auch bei der Schwägerschaft werden **gerade Linie** und **Seitenlinie** unterschieden. Die **Linie und der Grad** der Schwägerschaft bestimmen sich nach der Linie und dem Grade der sie **vermittelnden Verwandtschaft**.

BEISPIELE

- Meine Frau Monika ist mit meiner Mutter Maria (ihre Schwiegermutter) im ersten Grade in gerader Linie verschwägert.
- Ich bin mit der Ehefrau meines Bruders in der Seitenlinie 2. Grades verschwägert.

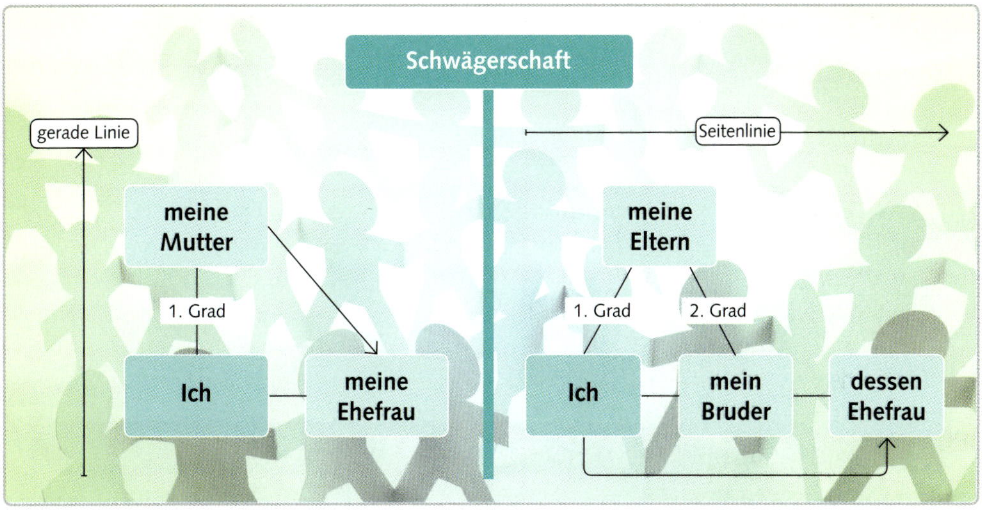

5.1.2.2 Rechtsfolgen der Schwägerschaft

Im Gegensatz zur Verwandtschaft besteht **kein Unterhaltsanspruch** zwischen Verschwägerten. Auch das **Erbrecht ist nicht** anwendbar. Allerdings besteht auch bei Verschwägerten bis zum zweiten Grad ein **Zeugnisverweigerungsrecht** im Strafprozess gem. § 52 StPO und im Zivilprozess gem. § 383 ZPO.

Zusammenfassung und Lernkontrolle

Zusammenfassung

Verwandte stammen voneinander ab

↓

Grad der Verwandtschaft hängt von der Zahl der sie vermittelnden Geburten ab

↓

Rechtsfolgen der Verwandtschaft
- Ehehindernis
- Unterhaltspflicht
- Gesetzliche Erbfolge
- Zeugnisverweigerungsrecht

Schwägerschaft

↓

Verwandte eines Ehegatten sind mit dem anderen Ehegatten verschwägert

↓

Rechtsfolgen der Schwägerschaft
- Zeugnisverweigerungsrecht

Lernkontrolle

Aufgabe 1

Definieren Sie bitte den Begriff der Verwandtschaft!

Aufgabe 2

Wodurch wird der Grad der Verwandtschaft bestimmt?

Aufgabe 3

Wie sind miteinander verwandt
a) Vater und Sohn?
b) Großmutter und Enkel?
c) Onkel und Neffe?
d) Bruder Abel mit seiner Schwester Sabine?
e) Sie mit Ihrem Cousin?

Aufgabe 4

Welche wichtigen Rechtsfolgen der Verwandtschaft kennen Sie?

Aufgabe 5

Nennen Sie bitte die Reihenfolge der Unterhaltsverpflichteten gem. § 1606 BGB!

Aufgabe 6

Welche Personen haben beispielsweise ein Zeugnisverweigerungsrecht aus persönlichen Gründen im Straf- und Zivilprozess?

Aufgabe 7

Wer ist miteinander verschwägert und wie werden Linie und Grad unterschieden?

Aufgabe 8

Nennen Sie die Rechtsfolgen der Schwägerschaft!

Aufgabe 9

Bestimmen Sie jeweils die Linie und den Grad der Verwandtschaft und der Schwägerschaft!

Franz Rot und Eva Rot sind Geschwister.

- Franz Rot und Rosa Rosen sind miteinander verheiratet.
- Eva Rot ist mit Josef Butz verheiratet.

Aufgabe 10

Zeigen Sie die Linie und den Grad der Verwandtschaft und Schwägerschaft der folgenden Personen auf:

Kai Baumund Melanie Baum sind miteinander verheiratet. Die Tante von Karl, Frau Maria Baum, ist verheiratet mit Hans Gruber.

a) Kai Baum mit seiner Tante Maria.
b) Kai Baum mit Hans Gruber.
c) Melanie Baum mit der Tante Maria.

5.2 Eherecht

5.2.1 Verlöbnis

5.2.1.1 Begriffsdefinition

- Das **Verlöbnis** ist das **ernsthafte Versprechen** von zwei **Personen**, die **Ehe miteinander eingehen** zu **wollen**.
- Die **Verlobung** ist ein **formlos geschlossener Vertrag**, der auf die **Eingehung der Ehe gerichtet** ist.

BGB §§ 107 u. 108 Für das Zustandekommen des Verlöbnisses gelten die allgemeinen Bestimmungen über die Abgabe von **Willenserklärungen**. Deshalb können sich nur **geschäftsfähige** Personen verloben. Bei **beschränkt geschäftsfähigen** Personen ist zur Wirksamkeit der Verlobung die **Zustimmung** der **gesetzlichen Vertreter** erforderlich. Wird die Zustimmung nicht erteilt, bleibt die Verlobung bis zur **Volljährigkeit schwebend unwirksam**.

BEISPIEL

Die 17-jährige Nicole erklärt ihre Verlobung mit dem ebenfalls 17-jährigen Walter. Die Verlobung ist schwebend unwirksam und bedarf der Zustimmung der gesetzlichen Vertreter, weil beide Partner beschränkt geschäftsfähig sind.

Aus einem Verlöbnis **kann** gem. § 1297 Abs. 1 BGB **nicht** auf **Eingehung** der **Ehe geklagt** werden. Das **Versprechen einer Strafe** für den Fall, dass die **Eingehung der Ehe unterbleibt**, ist gem. § 1297 Abs. 2 BGB nichtig.

5.2.1.2 Rechtsfolgen des Verlöbnisses

Die Verlobten haben

StPO § 52 Abs. 1 ① ein **Zeugnisverweigerungsrecht** aus persönlichen Gründen im **Strafprozess**

BEISPIEL

Klaus Schwab wird von seinem Nachbarn, dem Paul Schreiner, durch einen Faustschlag grundlos erheblich verletzt. Bei der Tat war die Verlobte des Paul Schreiner, Frau Ines Weiß, anwesend. In dem Strafprozess gegen Schreiner wird die Verlobte Ines als Zeugin geladen. Sie verweigert die Aussage ohne rechtliche Folgen für sie.

StPO § 383 Abs. 1 ② das **Zeugnisverweigerungsrecht** aus persönlichen Gründen im **Zivilprozess**

BEISPIEL

Bei dem Faustschlag ist dem Schwab dessen Brille und ein goldener Ohrring im Gesamtwert von 2 000,00 € beschädigt worden.

③ einen **Anspruch** auf **Schadensersatz** bei **Rücktritt** vom Verlöbnis

BEISPIEL

Ilse und Bastian sind miteinander verlobt. Nach vier Monaten lernt Ilse einen anderen Mann kennen, der ihrer Meinung nach besser zu ihr passt. Sie löst deshalb das Verlöbnis und lässt Bastian „sitzen". Ilse tritt ohne wichtigen Grund vom Verlöbnis zurück. In diesem Fall muss sie dem Bastian, dessen Eltern und dritten Personen (Oma, Opa, Tante, Onkel usw.) den Schaden ersetzen, der daraus entstanden ist, dass sie in Erwartung der Ehe Aufwendungen gemacht haben oder Verbindlichkeiten eingegangen sind.
Aber: Ilse ist gem. § 1298 Abs. 3 BGB dann nicht schadensersatzpflichtig, wenn ein wichtiger Grund für den Rücktritt vorliegt.

Wichtige Gründe für den **Rücktritt vom Verlöbnis** können sein

- dauerhafte Krankheit des/der Verlobten,
- eigene schwere Krankheit,
- Untreue und Lieblosigkeit,
- körperliche Misshandlungen.

④ Anspruch auf **Schadensersatz** bei **Rücktritt** aus **Verschulden** des anderen Teiles BGB § 1299

BEISPIEL

Maria ist mit Oskar verlobt. Oskar wird ihr untreu und beginnt ein Verhältnis mit seiner Arbeitskollegin Josefa. Weil hier ein wichtiger Grund hinsichtlich des Verschuldens des anderen Verlobten vorliegt, kann Maria vom Verlöbnis mit Oskar zurücktreten. Außerdem kann Maria von Oskar Schadensersatz gem. § 1299 i. V. m. § 1298 BGB verlangen.

⑤ das Recht, von dem anderen Verlobten die **Herausgabe** der **Geschenke** und des **Verlobungsringes** zu verlangen, wenn die Eheschließung unterbleibt. BGB § 1301

BEISPIEL

Franz und Nora sind miteinander verlobt. Nach reiflicher Überlegung stellen beide fest, dass sie nicht zueinander passen, weil ihre Interessen zu unterschiedlich sind. Franz hat Nora zur Verlobung außer dem Verlobungsring ein Motorrad geschenkt, Nora dem Franz einen neuen Turbostaubsauger. Beide Verlobten müssen die erhaltenen Geschenke jeweils dem anderen Partner zurückgeben.
Aber: Würde das Verlöbnis durch den **Tod** eines der **Verlobten** aufgelöst (was wir nicht hoffen wollen), ist die **Rückforderung** der Geschenke **ausgeschlossen**.

⑥ das **Recht**, bereits **Eheverträge** zu **schließen**.

BEISPIEL

Zensi und Franz sind miteinander verlobt. Sie können bereits jetzt in einem Erbvertrag gem. § 2275 Abs. 3, Abs. 2 BGB festlegen, welche Person im Falle ihres Todes erben soll.

- Das **Verlöbnis kann jederzeit** im **gegenseitigen Einverständnis** oder **durch einseitigen Rücktritt aufgehoben** werden.
- Die Verjährungsfrist der in den §§ 1289 bis 1301 BGB bestimmten **Ansprüche beginnt** mit der Auflösung des Verlöbnisses.

Zusammenfassung und Lernkontrolle

Zusammenfassung

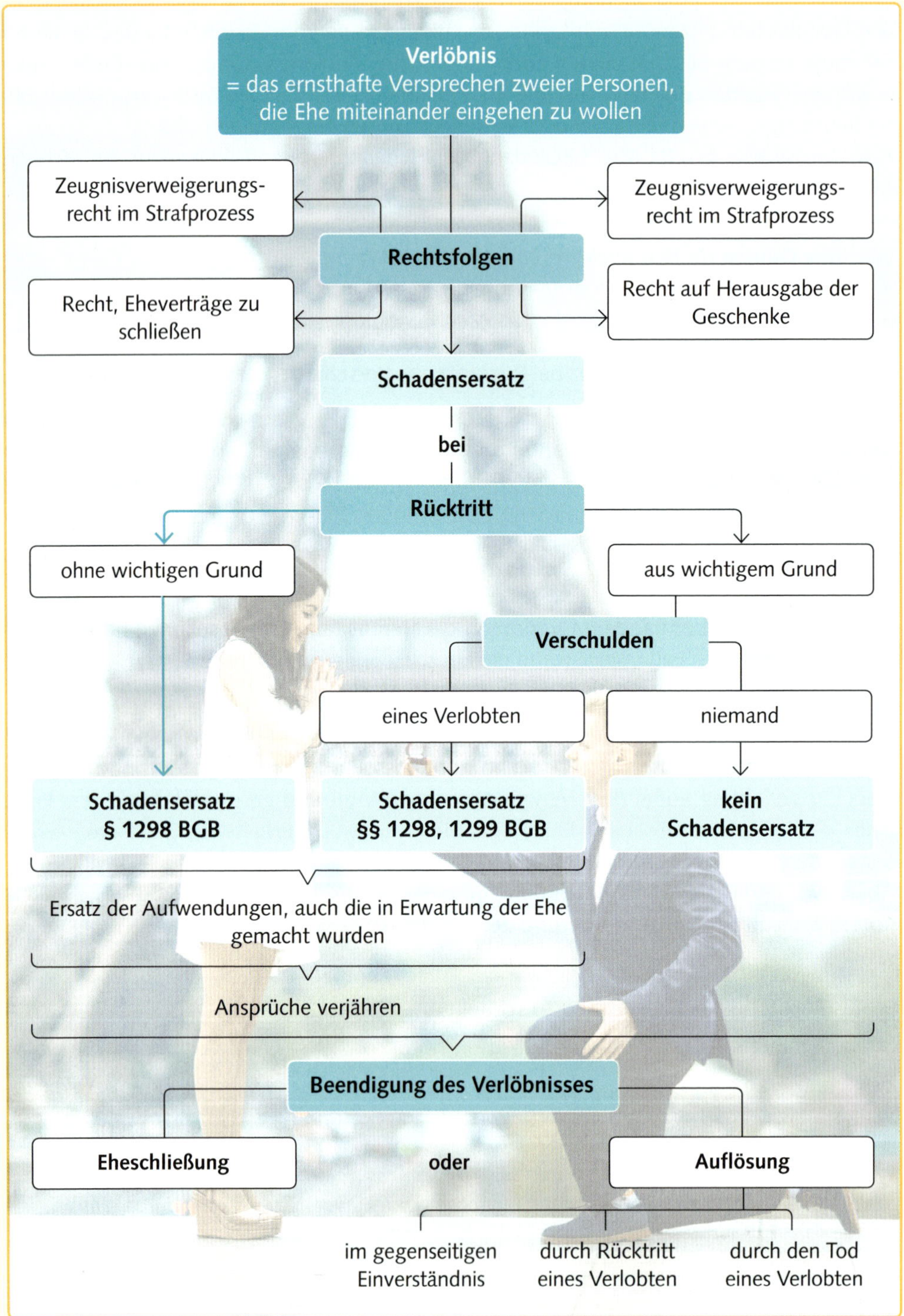

Lernkontrolle

Aufgabe 1

Was verstehen Sie unter dem Verlöbnis und wie kommt dieses zustande?

Aufgabe 2

Wie ist die Rechtslage, wenn der 15-jährige Mark seine Verlobung mit der 17-jährigen Trude bekannt gibt?

Aufgabe 3

Nennen Sie bitte die Rechtsfolgen des Verlöbnisses!

Aufgabe 4

Welche wichtigen Gründe für den Rücktritt des Verlöbnisses sind Ihnen bekannt?

Aufgabe 5

Wer kann im folgenden Sachverhalt Schadensersatz verlangen und wann verjähren diese Ansprüche? Bitte geben Sie die einschlägigen gesetzlichen Vorschriften an.

Die 20-jährige Magda und der 21-jährige Kurt sind miteinander verlobt. Magda wohnt und arbeitet in Ulm, Kurt ist Fernfahrer bei einem Logistikunternehmen in Bochum.

- Magda gibt ihre gut bezahlte Arbeitsstelle in Ulm auf und zieht zu ihrem Verlobten Kurt.
- Die Eltern von Magda haben ihrer Tochter eine Einbauküche in Höhe von 10 000,00 € gekauft.
- Onkel Dagobert hat Magda das Hochzeitskleid in Höhe von 1 000,00 € bezahlt.
- Tante Maria hat Magda für 2 000,00 € Bettwäsche und Handtücher gekauft.

Nach drei Monaten tritt Kurt ohne wichtigen Grund von der Verlobung zurück, weil er nicht mehr gebunden sein will.

5.2.2 Bürgerliche Ehe

5.2.2.1 Begriff

- **„Männer und Frauen sind gleichberechtigt".** Dieses in Art. 3 Abs. 2 GG formulierte **Grundrecht** ist **bestimmend** für das **Eherecht des BGB.**
- Die **Ehe** kommt durch **Vertrag zwischen den Verlobten** zustande und wird gem. § 1353 Abs. 1 Satz 1 BGB auf **Lebenszeit geschlossen.**
- Gem. §1353 Abs. 1 Satz 2 BGB sind die **Ehegatten einander zur ehelichen Lebensgemeinschaft verpflichtet;** sie tragen **füreinander Verantwortung.**

Im **Eherecht** werden unter **Berücksichtigung** der **Gleichberechtigung** die Fragen
- der **bürgerlichen Ehe,**
- des **Ehe- und Familiennamens,**
- der **Haushaltsführung,**
- der **„Schlüsselgewalt"** und
- der **Unterhaltspflicht**

geregelt.

5.2.2.2 Ehefähigkeit

- Nach § 1303 Abs. 1 BGB **soll** eine **Ehe nicht vor Eintritt der Volljährigkeit** eingegangen werden.[1]
- Die Volljährigkeit wird mit der **vollen Geschäftsfähigkeit gleich gesetzt**, weil gem. § 1304 BGB eine **geschäftsunfähige Person** eine **Ehe nicht eingehen** kann.

BGB § 1303 Abs. 2–4

Das Familiengericht kann auf Antrag eines(r) Verlobten von dieser Vorschrift Befreiung erteilen, wenn der Antragsteller das 16. Lebensjahr vollendet hat und sein künftiger Ehegatte volljährig ist. Widerspricht der gesetzliche Vertreter des Antragstellers oder ein sonstiger Inhaber der Personensorge dem Antrag, so darf das Familiengericht die Befreiung nur erteilen, wenn der Widerspruch nicht auf triftigen Gründen beruht. Erteilt das Familiengericht die Befreiung, so bedarf der Antragsteller zur Eingehung der Ehe nicht mehr der Einwilligung des gesetzlichen Vertreters oder eines sonstigen Inhabers der Personensorge.

5.2.2.3 Eheschließung

BGB § 1312 Abs. 1

Der **Standesbeamte** soll bei der Eheschließung die Eheschließenden einzeln befragen, ob sie die Ehe miteinander eingehen wollen, und, nachdem die Eheschließenden diese Frage bejaht haben, aussprechen, dass sie nunmehr kraft Gesetzes rechtmäßig verbundene Eheleute sind. Die Eheschließung kann in Gegenwart von einem oder zwei Zeugen erfolgen, sofern die Eheschließenden dies wünschen.

[1] Seit Oktober 2017 können auch gleichgeschlechtliche Partner eine rechtskräftige bürgerliche Ehe eingehen

Die **Eheschließenden** werden durch ihr **„Ja“ rechtmäßig verbundene Eheleute.**

5.2.2.4 Eheverbot und Ehehindernis

Im BGB sind drei Gründe genannt, bei deren Vorliegen die **Eheschließung verboten** ist bzw. die Ehe **nicht eingegangen werden soll**:

① Verbot der Doppelehe

Eine Ehe darf nicht geschlossen werden, wenn zwischen einer der Personen, die die Ehe miteinander eingehen wollen, und einer dritten Person eine **Ehe oder Lebenspartnerschaft** besteht. BGB § 1306

BEISPIEL

Max und Frieda wollen heiraten. Da Max aber noch mit Karin verheiratet ist, ist die neue Ehe verboten.

② Eheverbot wegen Verwandtschaft

Eine Ehe darf nicht geschlossen werden zwischen **Verwandten in gerader Linie** sowie zwischen **vollbürtigen und halbbürtigen Geschwistern**. Dies gilt auch, wenn das Verwandtschaftsverhältnis durch Annahme als Kind erloschen ist. **Vollbürtige Geschwister** haben **beide Elternteile, halbbürtige** Geschwister **nur einen Elternteil gemeinsam**. BGB § 1307 BGB § 1755

BEISPIELE

- Uwe und Ilse sind Geschwister und haben Vater und Mutter gemeinsam. Die Eheschließung ist verboten.
- Maria, die Tochter des Walter Trunk wird von Emil Zweig als Kind angenommen. Damit ist Maria nicht mehr mit Walter verwandt. Eine Eheschließung zwischen Maria und ihrem leiblichen Vater Walter Trunk ist verboten.

③ Ehehindernis bei Annahme als Kind

Eine Ehe **soll nicht geschlossen** werden zwischen Personen, deren Verwandtschaft durch **Annahme als Kind** begründet worden ist. Dies gilt **nicht**, wenn das **Annahmeverhältnis aufgelöst** worden ist. BGB § 1308

Das **Familiengericht** kann von dieser Vorschrift **Befreiung** erteilen.

5.2.2.5 Aufhebung der Ehe

Eine **Ehe** kann gem. § 1313 BGB **nur durch gerichtliches Urteil** auf **Antrag aufgehoben** werden. Die **Ehe** ist mit der **Rechtskraft des Urteils aufgelöst.**

BGB § 1314

Als **Aufhebungsgründe** werden in § 1314 Abs. 1 BGB u. a. genannt:

Eheschließung entgegen den Vorschriften des
- § 1303 BGB **(Ehemündigkeit)**,
- § 1304 BGB **(Geschäftsunfähigkeit)**,
- § 1306 BGB **(Doppelehe)**,
- § 1307 BGB **(Verwandtschaft)** und
- § 1311 BGB **(Formmangel)**.

Eine Ehe kann ferner gem. § 1314 Abs. 2 BGB aufgehoben werden, wenn
- ein Ehegatte sich bei der Eheschließung im **Zustand der Bewusstlosigkeit** oder vorübergehender **Störung der Geistestätigkeit** befand;
- ein Ehegatte bei der Eheschließung **nicht gewusst** hat, dass es sich um eine Eheschließung handelt; ein Ehegatte zur Eingehung der Ehe durch **arglistige Täuschung** bestimmt worden ist. Dies gilt nicht, wenn die Täuschung Vermögensverhältnisse betrifft oder von einem Dritten ohne Wissen des anderen Ehegatten verübt worden ist;
- ein Ehegatte zur Eingehung der Ehe **widerrechtlich** durch **Drohung** bestimmt worden ist;
- beide Ehegatten sich bei der Eheschließung darüber einig waren, dass sie **keine Verpflichtung** begründen wollen (so genannte Scheinehe).

BGB § 1353 Abs. 1

Unter bestimmten Voraussetzungen kann ein Mangel, der bei der Eheschließung vorgelegen hat, geheilt werden.

BGB § 1315 Abs. 1

BGB § 1318

Die **Folgen der Aufhebung** einer Ehe bestimmen sich in den dort genannten Fällen nach den **Vorschriften** über die **Scheidung**.

5.2.3 Rechte und Pflichten aus der Ehe

BGB § 1353

5.2.3.1 Eheliche Lebensgemeinschaft

Die **Ehegatten sind zur ehelichen Lebensgemeinschaft verpflichtet**. Dies bedeutet, dass die Ehegatten **denselben Wohnsitz** haben. Allerdings ist **jeder Ehegatte berechtigt**, einen **eigenen Wohnsitz** zu begründen, wenn **besondere Umstände** dies rechtfertigen. Zu der ehelichen Lebensgemeinschaft gehört auch die **eheliche Treue** oder die Sorge um die **gemeinschaftliche Kinderbetreuung**.

© mikromonkey – stock.adobe.com

BEISPIELE

Die Ehegatten
- planen ihre gemeinsame Freizeit oder
- benutzen die Haushaltsgegenstände des anderen Partners mit

Die eheliche Lebensgemeinschaft braucht nicht hergestellt zu werden, wenn beispielsweise die Ehe gescheitert ist.

BGB
§ 1355

5.2.3.2 Namensrecht

- Die **Ehegatten** sollen gem. §1355 Abs. 1 Satz 1 BGB einen **gemeinsamen Familiennamen (Ehenamen)** bestimmen.
- Die **Ehegatten führen** den von **ihnen bestimmten Ehenamen** gem. §1355 Abs. 1 Satz 2 BGB.

© Matthias Buehner – stock.adobe.com

BEISPIEL

Florian Aller und Ute Olbrich bestimmen zum Ehenamen Auer. Beide Ehegatten führen künftig den Ehenamen Aller.

① Bestimmen die **Ehegatten keine Ehenamen**, so führen sie ihren zur Zeit der **Eheschließung geführten Namen auch nach der Eheschließung**.

BEISPIEL

Florian Aller und Ute Olbrich können sich nicht auf einen gemeinsamen Ehenamen einigen. Sie führen nach der Eheschließung ihre Namen Florian Aller und Ute Olbrich weiter.

② Zum **Ehenamen** können die Ehegatten durch Erklärung gegenüber dem Standesbeamten den **Geburtsnamen** des **Mannes oder** den **Geburtsnamen** der **Frau** bestimmen. Die Erklärung über die Bestimmung des Ehenamens soll bei der Eheschließung abgegeben werden. Eine spätere Erklärung muss öffentlich beglaubigt werden.

BEISPIEL

Florian Aller und Ute Olbrich erklären bei ihrer Eheschließung vor dem Standesbeamten den Geburtsnamen der Frau zum Ehenamen. Beide Ehegatten führen den Namen Ochs.

Geburtsname ist der Name, der in die **Geburtsurkunde** eines Ehegatten zum Zeitpunkt der Erklärung gegenüber dem Standesbeamten einzutragen ist. Der Geburtsname muss also nicht immer der Name sein, den man bei der Geburt empfangen hat. Zum Ehenamen kann auch ein durch Einbenennung gem. § 1618 BGB oder durch **Annahme als Kind** gem. § 1757 Abs. 1 BGB geänderter Name angenommen werden, jedoch nicht ein früherer Ehename.

③ Ein Ehegatte, dessen Geburtsname nicht Ehename wird, kann durch Erklärung gegenüber dem Standesbeamten dem **Ehenamen seinen Geburtsnamen voranstellen** oder **anfügen**. Dies gilt **nicht**, wenn der Ehename aus **mehreren Namen** besteht. In diesem Falle kann **nur einer dieser Namen** hinzugefügt werden.

BEISPIEL

Florian Aller und Ute Olbrich haben folgende Möglichkeiten der Bestimmung des Ehenamens gem. § 1355 Abs. 4 BGB:

- Florian Aller-Olbrich, Florian Olbrich-Aller
- Ute Olbrich-Aller, Ute Aller-Olbrich

④ Der **verwitwete** oder **geschiedene Ehegatte behält** den **Ehenamen**. Er kann durch Erklärung gegenüber dem Standesbeamten **auch seinen Geburtsnamen wieder annehmen** oder den Namen, den er bis zur Bestimmung des Ehenamens geführt hat. Er kann auch seinen **Geburtsnamen dem Ehenamen voranstellen** oder **anfügen**. Dies gilt nicht, wenn der Ehename aus **mehreren Namen besteht**. In diesem Falle kann **nur einer dieser Namen** hinzugefügt werden.

BGB § 1356

5.2.3.3 Haushaltsführung und Erwerbstätigkeit

- Die **Gleichberechtigung** gilt **auch** bei der **Aufteilung der Haushaltsführung,** denn gem. § 1356 Abs. 1 BGB **regeln die Ehegatten** die Haushaltsführung im **gegenseitigen Einvernehmen**.
- Ist die **Haushaltsführung einem** der **Ehegatten** (der „Hausfrau" oder dem „Hausmann") **überlassen**, so **leitet** dieser den Haushalt in **eigener Verantwortung**.

Die Bestimmungen des § 1356 BGB legen aufgrund der Gleichberechtigung von Mann und Frau also nicht mehr fest, dass die „Hausfrau" den Haushalt führt und der Ehemann arbeiten geht.

Aus diesem Grunde können sich die Ehegatten auch für eine **gemeinsame Haushaltsführung** und **beiderseitige Erwerbstätigkeit** entscheiden. **Beide Ehegatten** sind **berechtigt**, **erwerbstätig** zu sein. Allerdings müssen sie bei der Wahl und der Ausübung einer Erwerbstätigkeit auf die Belange des anderen Ehegatten und der Familie die gebotene Rücksicht nehmen.

BEISPIEL

Franz und Franziska Blau sind verheiratet. Sie vereinbaren, dass beide erwerbstätig sein wollen und Franz selbstverständlich beim Geschirrspülen und beim Putzen im Haushalt hilft.

BGB § 1357

5.2.3.4 Geschäfte zur Deckung des Lebensbedarfs

Nach § 1357 Abs. 1 BGB ist **jeder Ehegatte berechtigt**, **Geschäfte** zur **angemessenen Deckung** des **Lebensbedarfs der Familie** mit **Wirkung auch** für den **anderen Ehegatten** zu **besorgen** („Schlüsselgewalt"). Durch solche Geschäfte werden **beide Ehegatten berechtigt** und **verpflichtet**. Dies gilt gem. § 1357 Abs. 3 BGB nicht, wenn die Ehegatten getrennt leben.

BEISPIEL

Frau Eva Schnell kauft ein dringend benötigtes Damenfahrrad in Höhe von 1000,00 € und die dazu passende Ausrüstung für sich in Höhe von 500,00 €. Sollte sie nicht zahlen, kann ihr Mann Egon für die Zahlung in Anspruch genommen werden.

Jeder Ehegatte kann das Recht des anderen, Geschäfte mit Wirkung für ihn zu besorgen, beschränken oder ausschließen, wenn ein wichtiger Grund vorliegt. Besteht für die Beschränkung oder Ausschließung kein ausreichender Grund, so hat das Familiengericht sie auf Antrag aufzuheben. Dritten gegenüber wirkt die Beschränkung nur, wenn sie in das **Güterrechtsregister** eingetragen oder dem Dritten bekannt ist.

BEISPIEL

Helga und Hans Klein sind verheiratet und beide berufstätig. Hans kauft ohne Wissen seiner Frau ein Motorrad zum Preis von 20000,00 €, weil sein Freund Hugo auch ein solches Motorrad hat. Weil er den Kaufpreis nicht sofort zahlen kann, vereinbart er mit dem Verkäufer Ratenzahlung. Hans stellt das Motorrad bei seinem Freund, dem Hugo, in dessen Garage, weil er den Kauf seiner Frau Helga nicht offenbaren will. Zufällig erfährt Helga von dem Kauf. Bei näherer Prüfung ihrer Finanzlage bemerkt Helga, dass Hans in den letzten Monaten 30000,00 € Schulden infolge Verschwendung gemacht hat, ohne sie zu informieren. Sie wird gut daran tun, die Beschränkung oder die Ausschließung in das Güterrechtsregister eintragen zu lassen.

5.2.3.5 Verpflichtung zum Familienunterhalt

BGB § 1360

- Nach § 1360 BGB sind die **Ehegatten einander verpflichtet**, durch ihre **Arbeit und** mit **ihrem Vermögen** die **Familie angemessen** zu **unterhalten**.
- Ist **einem Ehegatten** die **Haushaltsführung überlassen**, so **erfüllt er** seine **Verpflichtung**, durch Arbeit zum Unterhalt der Familie beizutragen, in der Regel durch die **Führung des Haushalts**.

BEISPIEL

Iris und Klaus sind verheiratet. Iris ist erwerbstätig und arbeitet als Bilanzbuchhalterin, Klaus führt den Haushalt. Beide Ehegatten sind verpflichtet, durch ihre Arbeit die Familie angemessen zu unterhalten, wobei Klaus seine Verpflichtung dadurch erfüllt, dass er den Haushalt führt.

Allerdings wird eine Erwerbstätigkeit des haushaltsführenden Ehegatten dann notwendig, wenn das Einkommen des anderen Ehegatten nicht ausreicht, um den Lebensunterhalt der Familie zu sichern.

Der **angemessene Unterhalt** der Familie umfasst die Kosten des Haushalts, den Lebensbedarf der gemeinsamen unterhaltsberechtigten Kinder sowie die persönlichen Bedürfnisse der Ehegatten.

BEISPIELE

- Kosten für Nahrungsmittel, Miete, Heizung, Beschaffung von Hausrat u. Ä.
- Kleidung und Spielsachen für die Kinder
- Freizeitgestaltung, Kleidung, Kranken- und Altersvorsorge, Taschengeld

Die zum gemeinsamen Unterhalt der Familie erforderlichen Mittel (Wirtschaftsgeld) sind für einen angemessenen Zeitraum im Voraus zur Verfügung zu stellen.

Ist ein Ehegatte nicht in der Lage, die Kosten eines Rechtsstreits zu tragen, der eine persönliche Angelegenheit betrifft, so ist der andere Ehegatte verpflichtet, ihm diese Kosten vorzuschießen.

BEISPIEL

Frau Rosa Preuß will sich scheiden lassen. Sie war während ihrer Ehe nicht erwerbstätig, sondern mit der Haushaltsführung betraut. Die Kosten des Scheidungsprozesses muss ihr Mann dann vorschießen, wenn er hierzu in der Lage ist.

Zusammenfassung und Lernkontrolle

Zusammenfassung

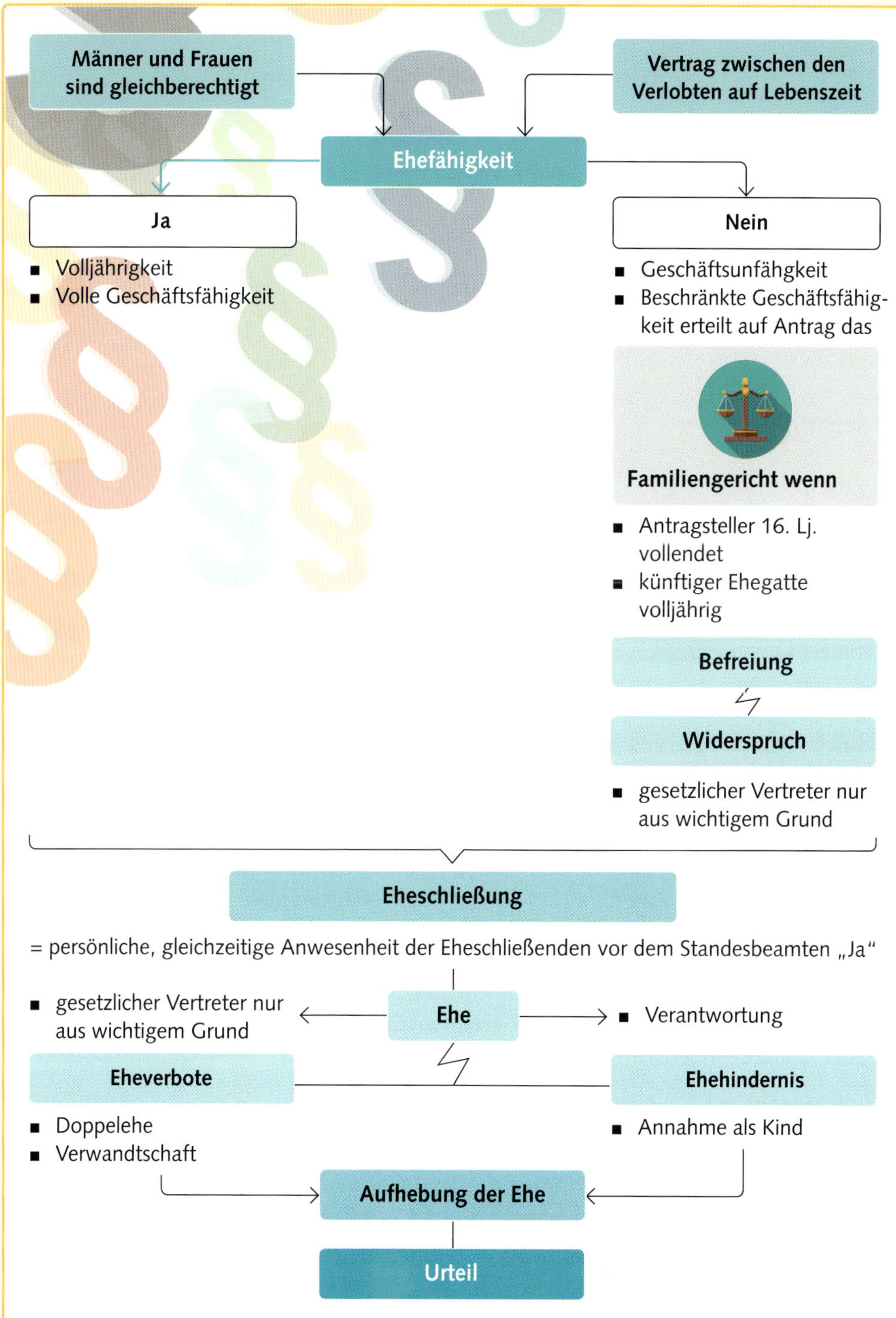

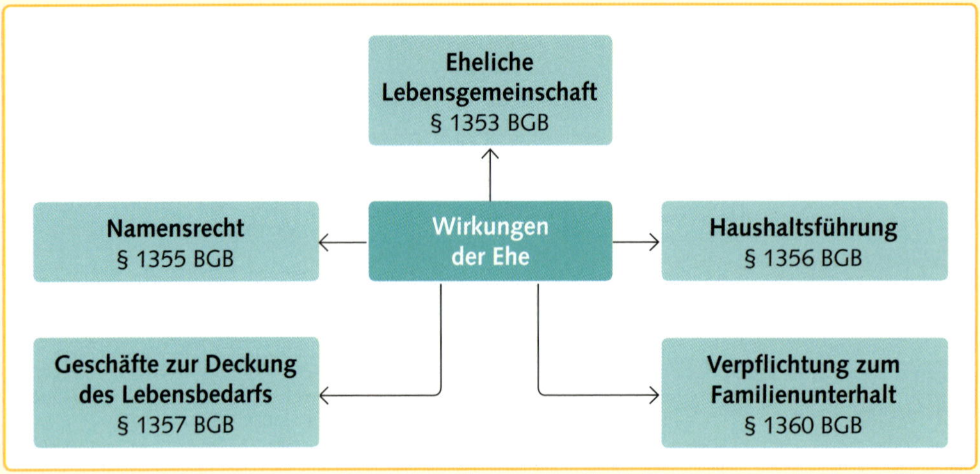

Lernkontrolle

Aufgabe 1

Erklären Sie bitte die Vorschrift des § 1353 Abs. 1 BGB!

Aufgabe 2

Welche Fragen und Themenbereiche werden unter Berücksichtigung der Gleichberechtigung im Eherecht geregelt?

Aufgabe 3

Wodurch wird die Ehe geschlossen und in welcher Form sind die Erklärungen der Eheschließenden abzugeben?

Aufgabe 4

Was verstehen Sie unter der Ehefähigkeit (Ehemündigkeit) und wie ist die Rechtslage bei geschäftsunfähigen Personen im Hinblick auf die Eheschließung?

Aufgabe 5

Im BGB sind drei Gründe genannt, bei deren Vorliegen die Eheschließung verboten ist bzw. die Ehe nicht eingegangen werden soll. Erläutern Sie diese bitte unter Angabe der jeweils in Betracht kommenden gesetzlichen Bestimmungen!

Aufgabe 6

Wodurch kann eine Ehe nur aufgehoben werden?

Aufgabe 7

In § 1314 Abs. 2 BGB werden weitere Gründe der Aufhebung einer Ehe genannt. Nennen Sie drei Gründe!

Aufgabe 8

Welche möglichen Ehenamen können gewählt werden?

Fritz Frust und Elsa Kauf heiraten.

a) Die Ehegatten bestimmen keinen Ehenamen.
b) Die Ehegatten bestimmen durch Erklärung gegenüber dem Standesbeamten als Ehenamen
   - den Geburtsnamen des Mannes Frust
   - den Geburtsnamen der Frau Kauf
c) Die Ehegatten geben vor dem Standesbeamten die Erklärung ab, dass dem Ehenamen der jeweilige Geburtsname vorangestellt oder angefügt werden soll.

Aufgabe 9

Welche Wirkungen der Ehe im Allgemeinen sind in den gesetzlichen Bestimmungen des BGB verankert?

Aufgabe 10

Was versteht der Gesetzgeber unter dem Begriff des angemessenen Unterhalts? Geben Sie bitte die gesetzliche Bestimmung an und nennen Sie Beispiele!

Aufgabe 11

Der Bräutigam Rolf Rietzler soll um 15:00 Uhr vor dem Standesamt erscheinen, um seine Verlobte, Marie Zimmer, zu heiraten. Da er sich noch auf einer wichtigen Geschäftsreise befindet und nicht vor 20:00 Uhr zurück sein kann, bittet er seinen Freund, in seinem Namen und mit Vollmacht, die Eheschließung für ihn zu übernehmen. Ist dies unter den gegebenen Umständen möglich?

Aufgabe 12

Der Inder Pandal Rapindi heiratet die deutsche Staatsangehörige Anna Boch, um auf diese Weise eine Aufenthaltsgenehmigung zu erlangen. Eine eheliche Beziehung wird nicht erwogen. Beide leben wie bisher völlig getrennt. Ist eine rechtswirksame Ehe zustande gekommen?

Aufgabe 13

Die überaus ehrgeizige Mary Moser ehelicht den attraktiven Eugen von Rostezitz. Aufgrund seiner Erzählungen schließt sie auf einen sehr vermögenden Hintergrund bei Eugen. Schon kurz nach der Heirat muss sie erkennen, dass ihr eigenes Vermögen die Hauptgrundlage für die Ehe bildet. Kann sie eine Aufhebung der Ehe erreichen mit Hinweis auf Irrtum über die persönlichen Eigenschaften des anderen?

Aufgabe 14

Konrad Krüger, 20 Jahre alt, ist mit seiner Cousine Melanie Winter, 17 Jahre alt, verlobt. Sie wollen in nächster Zeit heiraten. 1. Sind beide ehefähig? Sprechen Eheverbote gegen die Heirat?

5.2.4 Eheliches Güterrecht

5.2.4.1 Übersicht

Die Eheleute haben die Wahl zwischen dem gesetzlichen Güterstand und zwei vertraglich vereinbarten Güterständen.

- Das **eheliche Güterrecht** regelt die **vermögensrechtlichen Auswirkungen** der **Eheschließung**.
- **Drei Güterstände** stehen den **Ehegatten** zur **Wahl:**
  - der gesetzliche Güterstand der **Zugewinngemeinschaft**,
  - der vertragliche Güterstand der **Gütergemeinschaft**,
  - die **Gütertrennung**.

BGB §§ 1363–1390

5.2.4.2 Zugewinngemeinschaft

- Nach § 1363 Abs. 1 BGB leben die **Ehegatten im Güterstand der Zugewinngemeinschaft**, wenn sie **nicht durch Ehevertrag** etwas **anderes vereinbaren.**
- Das **Vermögen des Mannes** und das **Vermögen der Frau** werden gem. § 1363 Abs. 2 BGB **nicht gemeinschaftliches Vermögen** der Ehegatten. Dies trifft **auch** auf das **Vermögen** zu, **das nach** der **Eheschließung erworben** wird.

BGB § 1364

Das **Ergebnis** der **Zugewinngemeinschaft** zeigt sich erst nach **Auflösung der Ehe**. **Während der Ehe gilt Gütertrennung**, d. h., jeder Ehegatte verwaltet grundsätzlich sein Vermögen selbstständig und verfügt darüber allein. Dies schließt zugleich ein, dass jeder Ehegatte für seine Schulden selbst haftet und er die daraus herrührenden Rechtsstreitigkeiten auch allein führt. Allerdings braucht der Ehegatte zur Wirksamkeit eines Vertrages die Einwilligung des anderen Ehegatten dann, wenn er

- gem. § 1365 Abs. 1 BGB über sein **Vermögen als Ganzes** oder
- über **ihm gehörende Haushaltsgegenstände** gem. § 1369 Abs. 1 BGB **verfügen** will oder
- ein **einseitiges Rechtsgeschäft** gem. § 1367 BGB **abschließt.**

BEISPIEL

Franz und Franziska sind miteinander verheiratet und leben im Güterstand der Zugewinngemeinschaft. Als Franziska mit ihrer Freundin für ein paar Tage in einer Schönheitsfarm weilt, verkauft Franz aus Frust den gesamten Hausrat. Franziska hat die Einwilligung zum Verkauf nicht gegeben und weigert sich nach ihrer Rückkehr, den Vertrag zu genehmigen.
Ergebnis: Da Franziska für dieses zustimmungspflichtige Rechtsgeschäft ihre Einwilligung nicht gegeben hat, ist der Vertrag gem. § 1366 Abs. 4 BGB unwirksam.

Wird der **Güterstand** durch **Ehescheidung**, **Aufhebung** oder **Nichtigkeit** der Ehe beendet oder wird der Güterstand durch **Wahl** eines anderen **Güterstandes geändert**, wird das **während** der **Ehe erworbene Vermögen** unter den Ehegatten **ausgeglichen**. Ein **Vermögenszuwachs**, den die Ehegatten erzielt haben, heißt **Zugewinn**.

Nach § 1373 BGB ist **Zugewinn** der **Betrag**, um den das **Endvermögen** eines Ehegatten das **Anfangsvermögen übersteigt**.

Berechnung des Zugewinns

BGB §§ 1374–1390

- **Anfangsvermögen**

Gem. § 1374 Abs. 1 BGB ist **Anfangsvermögen** das Vermögen, das **einem Ehegatten** nach **Abzug der Verbindlichkeiten** beim Eintritt des Güterstands **gehört**. Die **Verbindlichkeiten** sind gem. § 1374 Abs. 3 BGB über die Höhe des Vermögens hinaus abzuziehen.

BEISPIEL

Klaus und Frieda sind miteinander verheiratet und leben im gesetzlichen Güterstand der Zugewinngemeinschaft. Klaus brachte in die Ehe ein gebrauchtes Fahrrad im Werte von 100,00 € und einen Motorradhelm im Wert von 20,00 €. Seine Schulden belaufen sich auf 2 000,00 €. Da die Schulden das Aktivvermögen (120,00 €) übersteigen, ist sein Anfangsvermögen –1 880,00 € (negativ).

Dem Anfangsvermögen wir das Vermögen hinzugezählt, das der Ehegatte **von Todes wegen** oder mit Rücksicht auf ein **künftiges Erbrecht**, durch **Schenkung** oder als **Ausstattung erwirbt**.

BEISPIEL

Karin und Walter sind verheiratet und leben im gesetzlichen Güterstand der Zugewinngemeinschaft. Neben einer umfangreichen Ausstattung in Höhe von 20 000,00 € erbt Karin von ihrer Großmutter noch 30 000,00 €. Ihr Anfangsvermögen beläuft sich auf 50 000,00 €.

- **Endvermögen**

Nach § 1375 Abs. 1 BGB ist **Endvermögen das Vermögen,** das einem **Ehegatten nach Abzug** der **Verbindlichkeiten** bei der **Beendigung des Güterstands gehört**. Verbindlichkeiten sind über die Höhe des Vermögens hinaus abzuziehen.

Wird die Ehe **geschieden**, so tritt für die Berechnung des Zugewinns und für die Höhe der Ausgleichsforderung an die Stelle der Beendigung des Güterstands der **Zeitpunkt** der **Rechtshängigkeit** des **Scheidungsantrags**.

Dem **Endvermögen** wird **hinzugerechnet**, was der **Ehegatte verschenkt** (außer Pflicht- und Anstandsschenkungen), **verschwendet** oder in der **Absicht verbraucht** hat, den **anderen** Ehegatten zu **schädigen**.

BEISPIEL

Paul Leyer und Christine Lauer sind miteinander verheiratet und leben im gesetzlichen Güterstand der Zugewinngemeinschaft. Leyer hat eine Geliebte, der er im Laufe der letzten drei Jahre rund 50000,00 € geschenkt hat. Dieser Betrag ist bei der Beendigung des Güterstands seinem Endvermögen hinzuzurechnen.

Der Betrag der **Vermögensminderung** wird dann **nicht** dem Endvermögen **hinzugerechnet,** wenn sie **mindestens zehn Jahre** vor **Beendigung des Güterstands** eingetreten ist oder wenn der andere Ehegatte mit der unentgeltlichen Zuwendung oder der Verschwendung einverstanden gewesen ist.

Berechnungsbeispiel des Zugewinns — **Angaben in €**

	Ehefrau Bianca		Ehemann Fritz
1. Ermittlung des Anfangsvermögens gem. § 1374 BGB			
Vermögen	20000,00		15000,00
./. Verbindlichkeit	5000,00		20000,00
Vermögen beim Eintritt des Güterstands	15000,00	./.	5000,00
Hinzurechnungen während der Ehe			
+ Erbschaft	10000,00		0,00
+ Schenkungen	8000,00		0,00
Anfangsvermögen gem. §1 374 BGB	**33000,00**	./.	**5000,00**
2. Ermittlung des Endvermögens gem. § 1375 BGB			
Vermögen am Ende des Güterstands	40000,00		55000,00
./. Verbindlichkeiten	0,00		10000,00
Vermögen bei der Beendigung des Güterstands	40000,00		45000,00
Hinzurechnungen während der letzten zehn Jahre			
+ Schenkungen	0,00		20000,00
+ Verschwendungen	3000,00		0,00
Endvermögen gem. § 1375 BGB	**43000,00**		**65000,00**
3. Ermittlung des Zugewinns gem. § 1373 BGB			
Endvermögen	43000,00		65000,00
./. Anfangsvermögen	33000,00	./.	5000,00
Zugewinn	**10000,00**		**60000,00**

4. Ermittlung der Ausgleichsforderung gem. § 1378 BGB

Der Zugewinn des Mannes in Höhe von 60000,00 € übersteigt den Zugewinn der Frau in Höhe von 10000,00 € um 50000,00 €. Die Ausgleichsforderung der Frau gegenüber ihrem Ehemann beträgt somit 25000,00 € (die Hälfte von 50000,00 €).

BGB § 1383 Abs. 1

Die **Ausgleichsforderung** ist eine **Geldforderung**. Es kann **ausnahmsweise** ein Ausgleich in **Sachwerten** verlangt werden. Die Ausgleichsforderung **verjährt** in **drei Jahren**; die Frist beginnt mit dem Zeitpunkt, in dem der Ehegatte erfährt, dass der Güterstand beendet ist. Die Forderung verjährt jedoch spätestens in **30 Jahren** nach der **Beendigung** des **Güterstands**.

Im Falle des **Todes** eines Ehegatten, wird der **Zugewinn** dadurch **ausgeglichen**, dass sich der **gesetzliche Erbteil** des überlebenden Ehegatten um ein **Viertel der Erbschaft** erhöht. Hierbei kommt es nicht darauf an, ob die Ehegatten einen Zugewinn erzielt haben oder nicht. Diese **erbrechtliche Regelung kann** allerdings bei **testamentarischer Erbfolge zu Nachteilen** für den **überlebenden Ehegatten** führen. Aus diesem Grunde kann der **Ehegatte die Erbschaft ausschlagen** und den **güterrechtlichen Ausgleich wählen**. Das Gleiche gilt für die Ehegatten, die **nicht mit einer Erbschaft** oder einem **Vermächtnis bedacht** wurden. In diesen Fällen ist eine **Vergleichsrechnung sinnvoll**. BGB § 1371

BEISPIEL

Vergleichsrechnung

Das Anfangsvermögen des vor seinem Ehegatten verstorbenen Julius Spät war 0,00 €. Er hinterlässt als Endvermögen 500 000,00 €. Die Ehefrau des Julius hat während der Ehe keinen Zugewinn erzielt. Julius hinterlässt neben seiner Ehefrau noch den gemeinsamen Sohn Franz, der ebenfalls erbberechtigt ist. Die **Ehefrau** kann den **güterrechtlichen Ausgleich** oder die **erbrechtliche Regelung wählen:**

- **Güterrechtlicher Ausgleich**
  Bei der güterrechtlichen Regelung beträgt der Zugewinnausgleich die **Hälfte** von 500 000,00 €, das sind 250 000,00 €. Von dem verbleibenden Rest in Höhe von 250 000,00 € erhält sie **noch** den gesetzlichen Erbteil als **Pflichtteil** gem. §§ 1931 Abs. 3, 2303 BGB. Weil der Pflichtteil die Hälfte des gesetzlichen Erbteils ausmacht, erhält sie also noch **ein Achtel** (1/4 : 2 = 1/8) von 250 000,00 €, das sind 31 250,00 €.
  Ergebnis: Die Ehefrau erhält beim güterrechtlichen Ausgleich insgesamt **281 250,00 €.**
- **Erbrechtliche Regelung**
  Gem. § 1931 Abs. 1 BGB ist der überlebende Ehegatte des Erblassers neben Verwandten der ersten Ordnung (Abkömmlinge des Erblassers) zu **einem Viertel** der Erbschaft als gesetzlicher Erbe berufen. In unserem Beispiel erhält die Ehefrau also **ein Viertel** von 500 000,00 €, das sind 125 000,00 €. Der Zugewinnausgleich erfolgt dadurch, dass sich dieser **gesetzliche Erbteil** gem. § 1371 Abs. 1 BGB um **ein Viertel** der Erbschaft **erhöht**; das sind weitere 125 000,00 €.
  Ergebnis: Die Ehefrau erhält bei der erbrechtlichen Regelung insgesamt **250 000,00 €**.
  Fazit: Schlägt die Ehefrau die Erbschaft gem. § 1371 Abs. 3 BGB aus und entscheidet sich für den güterrechtlichen Ausgleich, erzielt sie einen Vermögensvorteil.

5.2.4.3 Gütertrennung

BGB § 1414

Gem. §§ 1408, 1414 BGB tritt **Gütertrennung ein**, wenn die Ehegatten

- durch **Ehevertrag**
  - die **Gütertrennung** gem. § 1408 BGB **vereinbart** haben,
  - den **gesetzlichen Güterstand ausgeschlossen** oder **aufgehoben** haben,
  - die **Gütergemeinschaft aufgehoben** haben.

Bei der **Gütertrennung bleibt** das **Vermögen der Ehegatten getrennt.** Dies gilt für Vermögen, das vor der Ehe vorhanden war und während der Ehe erworben wurde. Jeder Ehegatte verwaltet sein Vermögen selbst. Er kann also ohne Einwilligung des anderen Ehegatten

BGB § 1357 Geschäfte tätigen und die sein Vermögen betreffenden Rechtsstreitigkeiten selbstständig führen. Das Vermögen des einen Ehegatten **haftet nicht** für die **Schulden** des anderen. Ausgenommen hiervon sind die Schulden aus Geschäften zur Deckung des Lebensbedarfs.

BGB § 1362 Abs. 1 Zu Gunsten der Gläubiger des Mannes und der Gläubiger der Frau wird vermutet, dass die im Besitz eines Ehegatten oder beider Ehegatten befindlichen beweglichen Sachen dem Schuldner gehören. Dies gilt nicht, wenn die Ehegatten getrennt leben.

BEISPIEL

Der Ehemann Kai Peters hat sich ein Motorrad zum Preis von 10000,00 € gekauft und nicht bezahlt. Der Gläubiger des Kai beauftragt den Gerichtsvollzieher Greiner, in der Wohnung der Eheleute Peters zu pfänden. Dort findet der Gerichtsvollzieher als einzig lohnende Sache eine chinesische Vase vor, die nach Angaben des Kai Peters seiner Ehefrau gehöre. Der Gerichtsvollzieher wird gleichwohl pfänden, weil er keine Eigentumsverhältnisse prüft. Die Ehefrau kann sich gegen diese Pfändung nur durch die Drittwiderspruchsklage wehren.

BGB § 1415–1418

5.2.4.4 Gütergemeinschaft

- Die **Gütergemeinschaft** wird gem. § 1415 BGB durch **Ehevertrag begründet**.
- Der **Ehevertrag** muss gem. § 1410 BGB bei **gleichzeitiger Anwesenheit beider Teile** zur Niederschrift eines **Notars geschlossen** werden.

Bei der Gütergemeinschaft werden **drei Gütermassen** unterschieden:

- **Gesamtgut**
- **Sondergut**
- **Vorbehaltsgut**

BGB §§ 1416

① Gesamtgut

Gem. § 1416 Abs. 1 BGB wird das **Vermögen des Mannes** und das **Vermögen der Frau** durch die Gütergemeinschaft **gemeinschaftliches Vermögen** beider Ehegatten **(Gesamtgut)**.

BGB § 1419 Abs. 1 Zu dem Gesamtgut gehört auch das Vermögen, das der Mann oder die Frau **während** der **Gütergemeinschaft erwirbt**. Zum Gesamtgut gehört also das **gesamte Vermögen** – mit Ausnahme von Vorbehalts- und Sondergut –, das **beide Ehegatten** in die **Ehe einbringen** und **während** der Ehe **erwerben**.

Die **Ehegatten verwalten** das **Gesamtgut gemeinschaftlich.** Das bedeutet, dass ein Ehegatte nicht über seinen Anteil am Gesamtgut und an den einzelnen Gegenständen verfügen kann, die zum **Gesamtgut** gehören.

Wird von den Ehegatten **vereinbart**, dass nur **einer** das Gesamtgut **verwaltet**, braucht er die **Einwilligung des anderen Ehegatten**, wenn er

- gem. § 1423 BGB über das **Gesamtgut im Ganzen verfügen** will,
- gem. § 1424 BGB über ein **Grundstück verfügen** will, das zum **Gesamtgut gehört**,
- gem. § 1425 BGB **Gegenstände aus dem Gesamtgut verschenken** will.

② Sondergut

BGB
§ 1417

- Gem. §1417 Abs. 1 BGB ist das **Sondergut** von dem **Gesamtgut ausgeschlossen.**
- **Sondergut** sind die **Gegenstände,** die gem. §1417 Abs. 2 BGB **nicht durch Rechtsgeschäft übertragen** werden können.

BEISPIELE

- Schmerzensgeldansprüche
- Nießbrauch an einem Grundstück
- unpfändbare Teile des Gehalts oder des Lohnes

Jeder Ehegatte verwaltet sein Sondergut selbstständig. Er verwaltet es für Rechnung des Gesamtguts.

③ Vorbehaltsgut

BGB
§ 1418

- Gem. § 1418 Abs. 1 BGB ist das **Vorbehaltsgut** vom **Gesamtgut ausgeschlossen**.
- **Vorbehaltsgut** sind gem. § 1418 Abs. 2 BGB die Gegenstände, die durch den Ehevertrag oder durch **Verfügungen Dritter**, z. B. durch Testament oder Schenkung, zum Vorbehaltsgut eines **Ehegatten erklärt** sind.

BEISPIEL

Der steinreiche Onkel Gerald hinterlässt seiner Nichte Karin das Bild „Sonnenuntergang am Wolfgangsee" im Wert von 50 000,00 €. Gerald verfügt in seinem Testament, dass das Bild zum Vorbehaltsgut der Frau Karin gehören soll.

Jeder Ehegatte verwaltet gem. § 1418 Abs. 3 BGB das **Vorbehaltsgut selbstständig**. Er verwaltet es für eigene Rechnung.

Zusammenfassung und Lernkontrolle

Zusammenfassung

Lernkontrolle

Aufgabe 1

Beschreiben Sie die Güterstände, die den Ehegatten zur Wahl stehen.

Aufgabe 2

Erläutern Sie die Rechtslage, wenn der gesetzliche Güterstand durch Ehescheidung, Aufhebung oder Nichtigkeit der Ehe beendet wird?

Aufgabe 3

Was verstehen Sie unter Zugewinn?

Aufgabe 4

Definieren Sie bitte unter Angabe der gesetzlichen Bestimmungen die Begriffe:
a) Anfangsvermögen
b) Endvermögen
c) Gesamtgut
d) Sondergut
e) Vorbehaltsgut

Aufgabe 5

Ermitteln Sie bitte
1. das Anfangsvermögen
2. das Endvermögen
3. den Zugewinn
4. die Ausgleichsforderung

der Ehegatten bei Beendigung der Ehe durch Scheidung. Herta und Hugo sind miteinander verheiratet und leben im gesetzlichen Güterstand der Zugewinngemeinschaft. Das Vermögen des Hugo bei Beginn der Ehe belief sich auf 3800,00 €, wobei er 4000,00 € Schulden mit in die Ehe brachte. Bei der Beendigung des Güterstandes beträgt sein Vermögen 19200,00 €. Während der Ehe hat er 3200,00 € im Spielkasino verschwendet.

Die Ehefrau Herta brachte in die Ehe 8000,00 € ein. Sie erhielt während der Ehe eine Erbschaft von 16000,00 €. Bei der Beendigung der Ehe hat sie ein Vermögen von 32000,00 €. Während der Ehe hat sie ihrer Freundin Maxi 4000,00 € geschenkt.

Aufgabe 6

Ermitteln Sie bitte die Ausgleichsforderung!

Kurt und Barbara sind miteinander verheiratet und leben im gesetzlichen Güterstand der Zugewinngemeinschaft. Der Zugewinnausgleich soll bei Beendigung der Ehe durch Ehescheidung ermittelt werden.

Beide Ehegatten hatten im Zeitpunkt der Eheschließung zwar kein Vermögen, Kurt brachte aber 30000,00 € Schulden ein. Während der Ehe erbt die Ehefrau Barbara 500000,00 €. Bei Beendigung des Güterstandes durch Scheidung beträgt das Vermögen der Ehefrau immer noch 500000,00 €; das Vermögen des Ehemannes Kurt allerdings 800000,00 €.

Aufgabe 7

Beurteilen Sie die Rechtslage!

Ferdi und Monika sind miteinander verheiratet und leben im gesetzlichen Güterstand der Zugewinngemeinschaft. Nachdem die Ehe gescheitert ist, verlangt Ferdi von seiner geschiedenen Frau den Ausgleich des Zugewinns. Zum Zeitpunkt der Eheschließung habe er 6000,00 €, bei Beendigung des Güterstands durch Scheidung 18000,00 € als Vermögen gehabt. Seine Frau Monika dagegen habe nur 4000,00 € in die Ehe eingebracht und am Ende 30000,00 € Vermögen besessen. Diese Angaben werden von Monika nicht bestritten.

Monika dagegen behauptet, nicht ihrem geschiedenen Ehemann, sondern ihr stehe eine Ausgleichsforderung zu. Während der Ehe habe sie nämlich von ihrer Tante Ida 20000,00 € geschenkt bekommen. Ihr geschiedener Mann habe während der Ehe ein Verhältnis zu einer anderen Frau gehabt und mit dieser insgesamt 28000,00 € verschwendet.

Aufgabe 8

Ermitteln Sie bitte die Vermögenszuwächse beider Ehegatten, wenn der Güterstand durch Scheidung beendet wird. Die Eheleute Felix und Bianca leben im vertraglichen Güterstand der Gütertrennung. Die Ehefrau Bianca bringt 6.000,00 € Vermögen mit in die Ehe, der Ehemann Felix 20000,00 €. Bei Beendigung des Güterstandes durch Scheidung besitzt die Ehefrau 80000,00 €, der Ehemann ein Vermögen von 800000,00 €.

Aufgabe 9

Wie ist die Rechtslage im Hinblick auf die Haftung der Ehefrau Ute für die Schulden ihres Mannes Uwe? Uwe und Ute sind miteinander verheiratet und leben im vertraglichen Güterstand der Gütertrennung. Uwe ist Kfz-Meister und richtet sich eine Werkstatt ein. Als Gründerdarlehen nimmt er 500 000,00 € bei verschiedenen Banken auf. Nach drei Jahren muss er Insolvenz anmelden, weil er zahlungsunfähig geworden ist.

Aufgabe 10

Ermitteln Sie im nachfolgende Fall das Gesamtgut und erklären Sie, welche Rechte und Pflichten sich für die Eheleute im Hinblick auf das Gesamtgut ergeben!

Rudi Reichert und Sissi Lorenz sind miteinander verheiratet und vereinbaren den Güterstand der Gütergemeinschaft. Rudi Reichert bringt 200 000,00 € Vermögen mit in die Ehe, Frau Sissi Reichert-Lorenz 80 000,00 €. Rudi hat während der Ehe 120 000,00 € und Sissi 400 000,00 € Vermögen hinzuerworben.

5.3 Die Lebenspartnerschaft nach dem Lebenspartnerschaftsgesetz (LPartG)

5.3.1 Begründung der Lebenspartnerschaft[1]

Zwei Personen gleichen Geschlechts begründen gem. § 1 Abs. 1 Lebenspartnerschaftsgesetz – LPartG eine **Lebenspartnerschaft**, wenn sie

- **gegenseitig persönlich** und bei
- **gleichzeitiger Anwesenheit**

erklären, miteinander eine Partnerschaft auf Lebenszeit führen zu **wollen** (Lebenspartnerinnen oder Lebenspartner).

- Die **Erklärungen** werden **wirksam**, wenn sie vor der **zuständigen Behörde** abgegeben werden.

BEISPIEL

Die volljährigen Fritz und Franz erklären vor dem Standesbeamten, dass sie miteinander eine Partnerschaft auf Lebenszeit führen wollen.

© MEV Agency UG

Eine **Lebenspartnerschaft** kann **nicht wirksam** begründet werden

- mit einer **minderjährigen** oder **verheirateten Person**,
- mit einer anderen **Person**, die bereits eine **Lebenspartnerschaft führt**,
- **zwischen Personen**, die in **gerader Linie miteinander verwandt** sind,
- zwischen vollbürtigen und halbbürtigen Geschwistern,
- wenn die **Lebenspartner** bei der Begründung der Lebenspartnerschaft darüber **einig** sind, **keine Verpflichtungen**, wie z. B. die Fürsorge, Unterstützung, gemeinsame Lebensgestaltung oder Verantwortung für den anderen Lebenspartner zu übernehmen **(Scheinlebenspartnerschaft)**.

BEISPIEL

Die minderjährige Ilse will mit ihrer volljährigen Schwester Berta, die bereits eine Lebenspartnerschaft mit ihrer Freundin Josefa führt, eine neue Lebenspartnerschaft begründen.

© Sylv1rob1 – stock.adobe.com

1 Der Bundestag hat am 30.06.2017 die „Ehe für alle" beschlossen. Damit können gleichgeschlechtliche Menschen eine bürgerliche Ehe schließen. Partnerschaften können auf Antrag in Ehen umgewandelt werden.

LPartG § 2

5.3.2 Wirkungen der Lebenspartnerschaft

Gem. § 2 LPartG sind die **Lebenspartner einander** zur
- **Fürsorge** und
- **Unterstützung** sowie zur
- **gemeinsamen Lebensgestaltung**

verpflichtet. Sie tragen **füreinander Verantwortung.**

LPartG § 3

5.3.3 Lebenspartnerschaftsname

Nach § 3 Abs. 1 LPartG können die **Lebenspartner einen gemeinsamen Namen (Lebenspartnerschaftsnamen)** bestimmen.

Zu ihrem **Lebenspartnerschaftsnamen** können die Lebenspartner durch **Erklärung** den **Geburtsnamen eines der Lebenspartner** bestimmen. Geburtsname ist der Name, der in die **Geburtsurkunde** eines Lebenspartners einzutragen ist.

BEISPIEL

Harald Karlson und Erich Roller erklären bei der Begründung ihrer Lebenspartnerschaft den Geburtsnamen Roller zum Lebenspartnerschaftsnamen. Beide Lebenspartner führen den Namen Roller.

Ein Lebenspartner, dessen Geburtsname nicht Lebenspartnerschaftsname wird, kann durch Erklärung dem Lebenspartnerschaftsnamen seinen **Geburtsnamen voranstellen oder anfügen**. Dies gilt nicht, wenn der Lebenspartnerschaftsname aus mehreren Namen besteht.

BEISPIEL

Harald Karlson und Erich Roller haben folgende Möglichkeiten der Bestimmung des Lebenspartnerschaftsnamens:

- Harald Karlson-Roller, Harald Roller-Karlson
- Erich Roller-Karlson, Erich Karlson-Roller.

Ein Lebenspartner behält den Lebenspartnerschaftsnamen auch nach der Beendigung der Lebenspartnerschaft. Er kann allerdings seinen Geburtsnamen oder den Namen wieder annehmen, den er bis zur Bestimmung des Lebenspartnerschaftsnamens geführt hat.

BEISPIEL

Wird die Lebenspartnerschaft der Herren Harald Karlson-Roller und Erich Karlson-Roller beendet, können beide ihren Geburtsnamen wieder annehmen. Künftig heißen sie wieder Harald Karlson und Erich Roller.

5.3.4 Verpflichtung zum Lebenspartnerschaftsunterhalt

LPartG § 5

Gem. § 5 LPartG sind die **Lebenspartner einander zum angemessenen Unterhalt** verpflichtet. Die §§1 360a, 1360b und 1609 BGB gelten entsprechend.

5.3.5 Güterstand

LPartG § 6

Gem. § 6 LPartG leben die **Lebenspartner** im **Güterstand der Zugewinngemeinschaft**, wenn sie nicht durch **Lebenspartnerschaftsvertrag** etwas **anderes vereinbaren**.

Nach § 6 LPartG gelten die §§ 1363 Abs. 2 und die §§ 1364 bis 1390 BGB entsprechend. Das bedeutet, dass das **Vermögen der Lebenspartner nicht gemeinschaftliches Vermögen** wird. Dies gilt auch für Vermögen, das ein(e) Lebenspartner(in) nach der Begründung der Lebenspartnerschaft erwirbt. Der Zugewinn, den die Lebenspartner in der Lebenspartnerschaft erzielen, wird jedoch **ausgeglichen**, wenn die **Lebenspartnerschaft endet**.

Beim Güterstand der **Zugewinngemeinschaft** wird Vermögen, das die Lebenspartner zu **Beginn** der Lebenspartnerschaft haben oder **während der Lebenspartnerschaft erwerben**, **nicht gemeinschaftliches Vermögen**.

Jeder Lebenspartner verwaltet sein **Vermögen selbst**. Bei der **Beendigung** des Vermögensstandes wird der **Überschuss**, den die Lebenspartner **während der Dauer des Vermögensstandes erzielt** haben, **ausgeglichen**. Die §§ 1364 bis 1390 des BGB über den Zugewinnausgleich gelten entsprechend.

Die **Lebenspartner** können ihre **güterrechtlichen Verhältnisse** durch Vertrag **(Lebenspartnerschaftsvertrag)** regeln. Der Vertrag muss bei gleichzeitiger Anwesenheit beider Lebenspartner zur Niederschrift eines Notars geschlossen werden.

5.3.6 Regelungen in Bezug auf Kinder eines Lebenspartners

LPartG § 9

- Führt gem. § 9 Abs. 1 LPartG der **allein sorgeberechtigte Elternteil** eine Lebenspartnerschaft, hat sein **Lebenspartner** im **Einvernehmen** mit dem **sorgeberechtigten Elternteil die Befugnis** zur **Mitentscheidung in Angelegenheiten des täglichen Lebens des Kindes.**
- Dies gilt gem. § 9 Abs. 4 LPartG **nicht**, wenn die **Lebenspartner nicht nur vorübergehend getrennt** leben.
- Das Familiengericht kann gem. § 9 Abs. 3 LPartG diese **Befugnis einschränken oder ausschließen**, wenn dies zum **Wohl des Kindes** erforderlich ist.

BEISPIEL

Frau Bianca Neufert und Frau Brunhilde Völker begründen miteinander eine Lebenspartnerschaft. Frau Bianca bringt ihren fünfjährigen Sohn Waldemar mit in die Lebenspartnerschaft. Sie ist alleine sorgeberechtigt. In Angelegenheiten des täglichen Lebens, z.B. das Verbringen in den Kindergarten des Kindes Waldemar, kann Frau Brunhilde Völker mitentscheiden, wenn die Lebenspartner nicht dauernd getrennt leben oder das Familiengericht die Befugnis nicht eingeschränkt oder ausgeschlossen hat.

LPartG
§ 10

5.3.7 Erbrecht

Gem. § 10 Abs. 1 LPartG ist der **überlebende Lebenspartner** des Erblassers

- neben **Verwandten** der **ersten Ordnung** zu einem **Viertel**,
- neben **Verwandten** der **zweiten Ordnung** oder neben **Großeltern zur Hälfte**

der Erbschaft **gesetzlicher Erbe**.

BEISPIEL

In der Lebenspartnerschaft des Julius und Johannes stirbt Julius und hinterlässt ein Vermögen in Höhe von 100 000,00 €. Ein Testament ist nicht vorhanden. Es leben nur noch die Großeltern des Johannes. Die Großeltern und Johannes erben jeweils die Hälfte des Vermögens in Höhe von 50 000,00 €.

Zusätzlich stehen dem **überlebenden Lebenspartner** die zum

- lebenspartnerschaftlichen **Haushalt gehörenden Gegenstände und** die
- Geschenke, die zur Begründung der Lebenspartnerschaft gemacht wurden,

als **(uneingeschränkter) Voraus** zu.

BEISPIEL

Johannes erhält zu seinem gesetzlichen Erbteil noch die Haushaltsgegenstände, wie Betten, Möbel, Küchenmaschinen usw., als (uneingeschränkter) Voraus.

Ist der **überlebende Lebenspartner neben Verwandten der ersten Ordnung** gesetzlicher Erbe, so steht ihm der Voraus nur zu, soweit er ihn zur Führung eines angemessenen Haushaltes benötigt (eingeschränkter Voraus).

BEISPIEL

In der Lebenspartnerschaft Monika und Diana Spiess stirbt Frau Diana. Ein Testament ist nicht vorhanden. In der Lebenspartnerschaft sind neben Frau Monika noch zwei Kinder gesetzliche Erben. Frau Monika erhält zusätzlich zu ihrem gesetzlichen Erbteil die Haushaltsgegenstände als eingeschränkter Voraus. Hier werden wohl die täglich notwendigen Küchengeräte und das Besteck sowie die Teller und Tassen und der Fernsehapparat zählen. Weitere Fernsehgeräte oder eine zweite Wohnzimmereinrichtung zählen nicht dazu.

Sind weder Verwandte der ersten noch der zweiten Ordnung noch Großeltern vorhanden, erhält der **überlebende Lebenspartner die ganze Erbschaft**.

Lebenspartner können ein gemeinschaftliches Testament errichten. Die §§ 2266 bis 2273 BGB gelten entsprechend.

Ein **Lebenspartner** gilt als **Familienangehöriger** des **anderen Lebenspartners**. Die **Verwandten** eines Lebenspartners gelten als mit dem **anderen Lebenspartner verschwägert**. Die Linie und der Grad der Schwägerschaft bestimmen sich nach der Linie und dem Grade der sie vermittelnden Verwandtschaft. Die Schwägerschaft bleibt bestehen, auch wenn die Lebenspartnerschaft aufgelöst wurde.

5.3.8 Getrenntleben der Lebenspartner

LPartG §§ 12–14

Leben die **Lebenspartner** gem. § 12 Abs. 1 LPartG **getrennt,** so kann ein **Lebenspartner** von **dem anderen** gemäß

- § 12 Abs. 1 LPartG einen **angemessenen Unterhalt,**
- § 13 Abs. 1 LPartG die ihm **gehörenden Haushaltsgegenstände** und
- § 14 Abs. 1 LPartG die **alleinige Benutzung der gemeinsamen Wohnung**

verlangen.

5.3.9 Aufhebung der Lebenspartnerschaft

LPartG §§ 15–20

Die **Lebenspartnerschaft** wird gem. § 15 Abs. 1 LPartG auf **Antrag eines oder beider** Lebenspartner durch **gerichtliches Urteil aufgehoben.**

Das **Gericht hebt** die Lebenspartnerschaft z. B. **auf**, wenn

1. die Lebenspartner **seit einem Jahr getrennt** leben,
2. ein Lebenspartner **die Aufhebung beantragt** und die Lebenspartner seit **drei Jahren getrennt** leben,
3. die **Fortsetzung der Lebenspartnerschaft** für den **Antragsteller** aus Gründen, die in
4. der Person des anderen Lebenspartners liegen, eine **unzumutbare Härte** wäre.

Kann ein Lebenspartner nach der Aufhebung der Lebenspartnerschaft **nicht selbst für seinen Unterhalt sorgen**, kann er von dem anderen Lebenspartner einen **angemessenen Unterhalt** verlangen, wenn ihm eine Erwerbstätigkeit, insbesondere wegen seines **Alters** oder wegen Krankheiten oder anderer Gebrechen, nicht zugemutet werden kann. LPartG § 16

Können sich die Lebenspartner anlässlich der Aufhebung der Lebenspartnerschaft nicht darüber einigen, wer von ihnen die gemeinsame Wohnung künftig bewohnen oder wer die Wohnungseinrichtung und den sonstigen Hausrat erhalten soll, so regelt auf Antrag das Familiengericht die Rechtsverhältnisse an der Wohnung und am Hausrat. LPartG § 17

Zusammenfassung und Lernkontrolle

Zusammenfassung

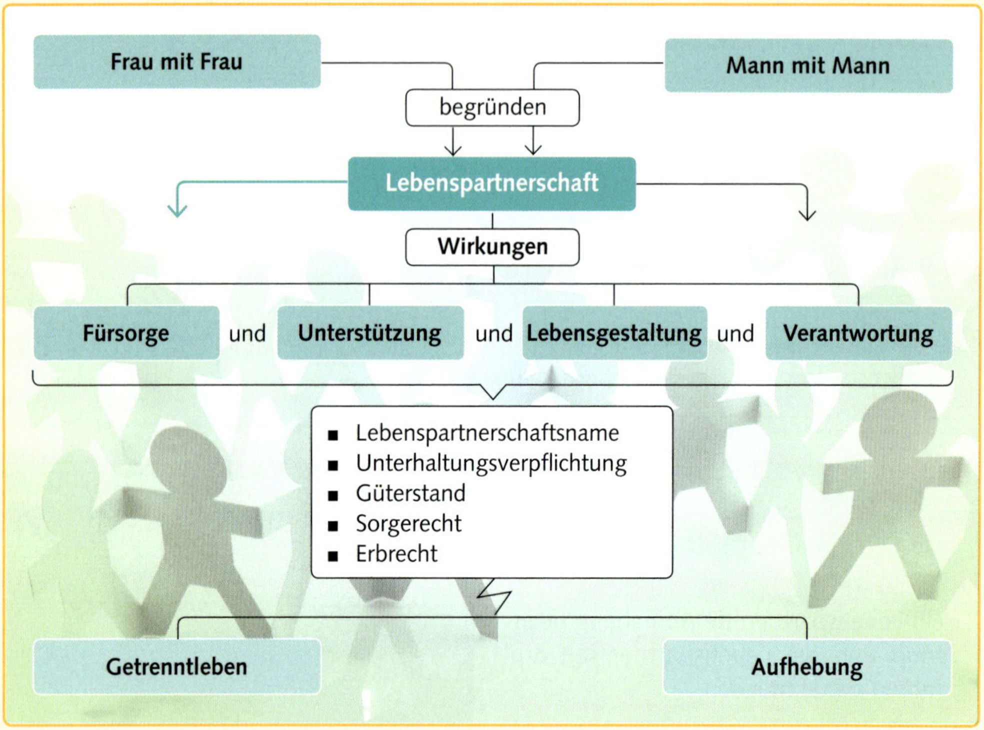

Lernkontrolle

Aufgabe 1

In welchem Fall begründen die gleichgeschlechtlichen Personen eine Lebenspartnerschaft?

Aufgabe 2

Nennen Sie bitte Beispiele, in denen eine Lebenspartnerschaft nicht wirksam eingegangen werden kann.

Aufgabe 3

In welchem gesetzlichen Güterstand leben die Lebenspartner?

Aufgabe 4

Hugo und Bernhard lebten bisher in einer Lebenspartnerschaft. Nun verlässt Hugo den Bernhard, weil er sich anders orientieren will. Welche Ansprüche hat Bernhard gegenüber Hugo?

Aufgabe 5

Frieda und Friederike wollen, dass ihre Lebenspartnerschaft aufgehoben wird. In welchen Fällen wird die Lebenspartnerschaft aufgehoben?

Lernfeld 9: Verwaltungsverfahren bürgerfreundlich durchführen

C

1 Arten des Verwaltungshandelns

Gemeinden erfüllen als Verwaltungsträger verschiedene Tätigkeiten. Einmal erteilt die Behörde eine Baugenehmigung, ein anderes mal lässt sie die Fassade des Rathauses neu streichen. Je nach Verwaltungshandeln lassen sich zwei Rechtsformen unterscheiden:

Hoheitliches Verwaltungshandeln	Fiskalisches Verwaltungshandeln
= Die Verwaltung handelt im öffentlich-rechtlichen Bereich und setzt dabei das öffentliche Recht notfalls auch unter Zwang gegenüber den Bürgern durch. Die Verwaltung ist dem Bürger übergeordnet **(Über-/Unterordnungsverhältnis)**.	= Die Verwaltung handelt im privatrechtlichen Bereich. Dabei steht die Verwaltung auf der selben Stufe wie der jeweilige Vertragspartner **(Gleichordnungsverhältnis)**.

1.1 Arten hoheitlichen Verwaltungshandelns

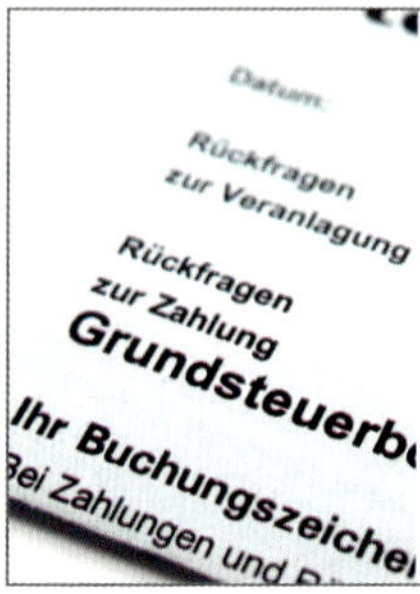

Eingriffsverwaltung
Die Verwaltung wirkt ordnend, indem sie durch belastende Verwaltungsakte in die Rechte der Bürger eingreift.
Beispiel: Erlässt Grundsteuerbescheid

© VRD – stock.adobe.com

Leistungsverwaltung
Die Verwaltung sorgt durch Leistungen für die Bürger.
Beispiel: Zahlung von Kindergeld

© magele-picture – stock.adobe.com

Schlicht-hoheitliches Handeln
Die Verwaltung übernimmt zwanglos Aufgaben.
Beispiel: Erteilung von Auskünften

© pictworks – stock.adobe.com

Planende Verwaltung
Die Verwaltung kümmert sich um die Planung von öffentlichen und privaten Investitionen die genehmigt werden müssen.
Beispiel: Bau von Flughäfen

© Mak – stock.adobe.com

1.2 Arten fiskalischen Verwaltungshandelns

Bedarfsverwaltung

Sobald die Verwaltung Güter kauft, die sie benötigt um die Verwaltung an sich aufrecht zu erhalten, spricht man von der Bedarfsverwaltung.

BEISPIEL

Kauf von Druckerpapier, Kauf von Stempelkissen

Beteiligung am Wirtschaftsleben

Verwaltungen sorgen für die Versorgung der Bürger mit Wasser, Strom o. Ä. Dabei treten sie als Betrieb auf und nehmen am Wirtschaftsleben teil. Dazu werden häufig als Organisationsformen Eigenbetriebe oder Eigengesellschaften gegründet.

BEISPIELE

Stadtwerke, Krankenhäuser, Theater

Verwaltungsprivatrecht

Wenn Verwaltungen als Privatpersonen auftreten, haben sie auch dieselben Rechte und Pflichten wie andere Personen des Privatrechts. Jedoch kommt bei den Verwaltungen hinzu, dass sie als Privatperson auftreten können, und trotzdem eine öffentliche Aufgabe erfüllen.

BEISPIEL

Vermietung von Stadtwohnung unter Beachtung von sozialen Gesichtspunkten (sozialschwache Bewerber werden bevorzugt)

Zusammenfassung und Lernkontrolle

Zusammenfassung

Verwaltungen können hoheitlich und fiskalisch handeln

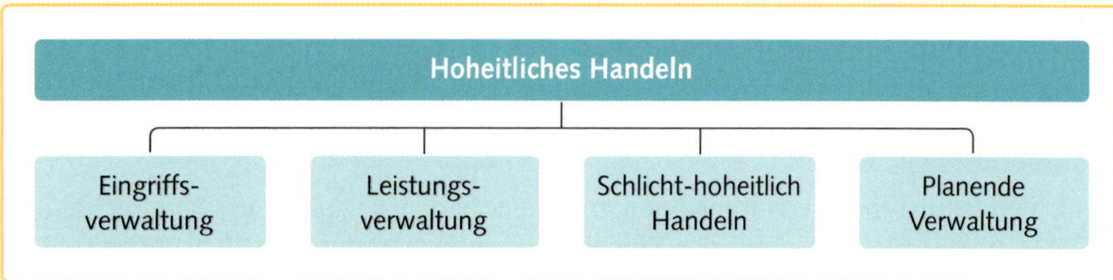

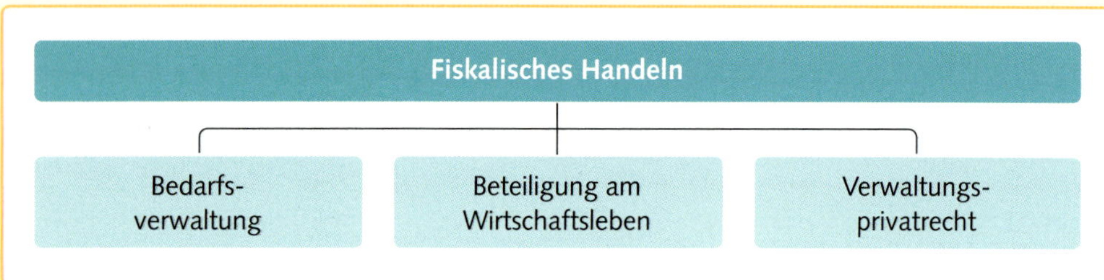

Lernkontrolle

Aufgabe 1

Unterscheiden Sie hoheitliches und fiskalisches Verwaltungshandeln.

Aufgabe 2

Nennen Sie die Arten des hoheitlichen Handelns und geben Sie jeweils ein Beispiel dazu an.

Aufgabe 3

Entscheiden Sie bei den folgenden Beispielen, um welche Art des Verwaltungshandeln es sich handelt.

a) Erlass einer Baugenehmigung

b) Aufforderung der Badegäste im Freibad das Wasser bei Gewitter sofort zu verlassen

c) Der Hauptamtsleiter bestellt 20 neue Locher für seine Mitarbeiter

d) Das neue Haus wird von den Stadtwerken an die Wasserversorgung angeschlossen

e) Zahlung von Kindergeld

f) Der Technische Ausschuss plant das Neubaugebiet

2 Quellen des Verwaltungsrechts

2.1 Grundsatz der Gesetzmäßigkeit

Eines der fünf Verfassungsprinzipien nach GG Art. 20 legt Deutschland als einen Rechtsstaat fest. Demnach muss sich auch die Verwaltung als Exekutive zum einen an Gesetze halten und darf zum anderen nur handeln, wenn es durch ein Gesetz erlaubt ist.

GG Art. 20 Abs. 3

- Vorrang des Gesetzes
  Der Vorrang des Gesetzes sagt aus, dass das Handeln der Verwaltung niemals gegen Rechtsnormen verstoßen darf. Außerdem muss die Verwaltung als Exekutive auch die Rechtsnormen umsetzen.
- Vorbehalt des Gesetzes
  Unter dem Vorbehalt des Gesetzes ist zu verstehen, dass die Verwaltung nur handeln darf, wenn sie durch eine Rechtsnorm dazu ermächtigt ist.

2.2 Arten von Rechtsquellen

Der Begriff „Rechtsquelle" drückt aus, in welcher Form das Recht entstanden ist

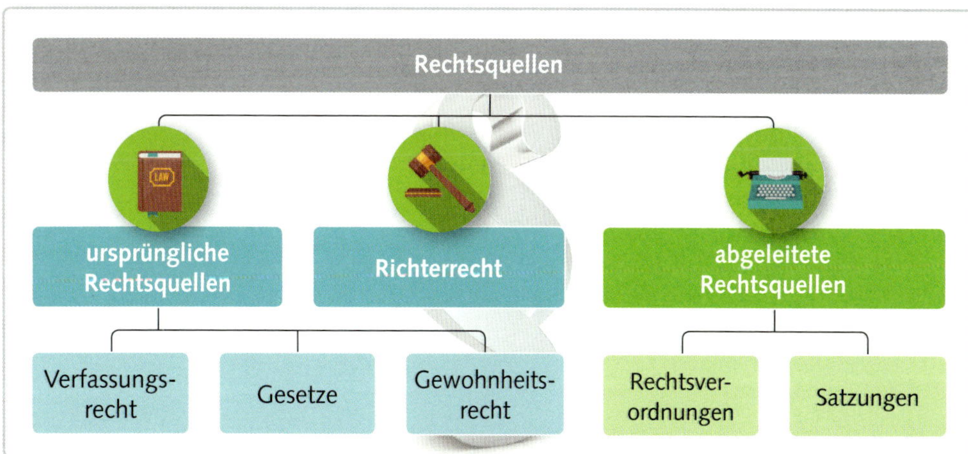

Ursprüngliche Rechtsquellen umfassen Recht, das im formellen Gesetzgebungsverfahren durch die Legislative (Bundestag und Bundesrat) zustande gekommen ist. **Abgeleitete Rechtsquellen** werden von der Exekutiven (Regierung und Verwaltungen) erlassen, weil sie durch ein formelles Gesetz dazu ermächtigt sind.

Ursprüngliche Rechtsquellen

- Verfassungsrecht: umfasst Vorschriften aus dem Grundgesetz und den Landesverfassungen
- Gesetze: gelten für eine Vielzahl von Personen (Bürger und Einwohner Deutschlands) und enthalten allgemein gültige Regelungen
- Gewohnheitsrecht: nicht schriftlich fixierte Regelungen, die durch eine lange Anwendung in der Bevölkerung Akzeptanz erfahren

Abgeleitete Rechtsquellen

- Rechtsverordnungen: können von der Regierung, den Ministern und Verwaltungsbehörden erlassen werden, wenn es ein formelles Gesetz erlaubt und konkretisieren die gesetzlichen Inhalte
- Satzungen: selbstständige Verwaltungsträger wie Gemeinden oder Landkreise können durch Satzungen allgemeine Angelegenheiten regeln

Richterrecht

Grundsätzlich können die Gerichte keine Rechtsnormen setzen. Jedoch werden richterliche Urteile als quasi Gesetze anerkannt, wenn sie ständig zur Entscheidungsfindung herangezogen werden.

Zusammenfassung und Lernkontrolle

Zusammenfassung

- GG Art. 20 legt Deutschland als einen Rechtsstaat fest
- Gesetze müssen erlassen und umgesetzt werden
- Grundsatz der Gesetzmäßigkeit
  - Vorrang des Gesetzes: Verwaltungshandeln darf nicht gegen ein Gesetz verstoßen
  - Vorbehalt des Gesetzes: Verwaltung darf nur handeln, wenn es ein Gesetz erlaubt
- Arten von Rechtsquellen
  - Verfassungsrecht: GG, LV
  - Gesetze: BauGB, GemO BW
  - Gewohnheitsrecht: Grundsatz der Verhältnismäßigkeit
  - Rechtverordnungen: BauVorlVO
  - Satzungen: Räum- und Streupflichtsatzung, Hauptsatzung
  - Richterrecht

Lernkontrolle

Aufgabe 1

Woraus ergibt sich der Grundsatz der Gesetzmäßigkeit?

Aufgabe 2

Erläutern Sie den Unterschied zwischen dem Vorbehalt und dem Vorrang des Gesetzes.

Aufgabe 3

Wie können ursprüngliche Rechtsquellen von abgeleiteten Rechtsquellen unterschieden werden?

Aufgabe 4

Recherchieren Sie in Ihrer Ausbildungsbehörde, welche Satzungen dort erlassen wurden. Bringen Sie zwei Satzungen Ihrer Wahl in den Unterricht mit und stellen Sie diese kurz inhaltlich vor.

3 Grundrechte

Siehe Kapitel A LF 2 2.1.5.2

Bei den Verfassungsprinzipien von Deutschland ging es vor allem um die Unterscheidung der Grundrechtsarten. Da Verwaltungen jedoch häufig schnell eine Entscheidung für die Einwohner und Bürger treffen müssen, werden nicht selten dabei die Grundrechte verletzt. Es ist deshalb wichtig, einzelne Artikel an dieser Stelle inhaltlich aufzuarbeiten, um ein Grundwissen zu erhalten.

3.1 Schutz der Menschenwürde

GG Art. 1, Art. 79 Abs. 3

Im ersten Artikel des Grundgesetzes wird festgelegt, dass die Würde des Menschen unantastbar ist und alle staatliche Gewalt diese zu schützen hat. Die Position des Artikels im Grundgesetz und der besondere Schutz durch GG Art. 79 Abs. 3 verdeutlicht die Wichtigkeit dieses Inhaltes. Beim ersten Lesen kann erkannt werden, dass der Mensch von den drei Gewalten Legislative, Exekutive und Judikative geschützt werden muss. Spätestens beim zweiten Lesen sollte jedoch das Hauptaugenmerk auf den Begriff der Würde fallen, wobei sich die Frage stellt, was unter der Würde des Menschen zu verstehen ist.

Die Würde des Menschen umfasst den **innersten Lebensbereich** eines Menschen.

Die innere Einstellung, Sichtweise und Überzeugung eines Menschen darf keinesfalls berührt werden. Daraus ergibt sich, dass den Menschen vom Staat angemessene Lebensumstände gewährt werden müssen wie auch das Verbot, den Mensch als bloßes Objekt zu behandeln.

3.2 Freiheit der Person

GG Art. 2, Art. 102

Nach GG Art. 2 Abs. 1 steht jedem Mensch das Recht zu, seine Persönlichkeit frei zu entfalten, also zu tun und zu lassen was dem Menschen gefällt. Jedoch wird auch gleichzeitig eine Schranke formuliert. Die freie Persönlichkeitsentfaltung endet, sobald die Rechte von anderen Personen verletzt werden oder gegen die guten Sitten verstoßen wird.
Im Abs. 2 wird das Recht auf Leben, die körperliche Unversehrtheit und die Freiheit hervorgehoben. Demnach darf der Staat nicht über das Leben bestimmen, wodurch auch der Abschaffung der Todesstrafe laut GG Art. 102 Rechnung getragen wird. Das Freiheitsrecht in Abs. 2 meint im Vergleich zu Abs. 1 die körperliche Bewegungsfreiheit. Eine Einschränkung ist nur auf Grundlage eines Gesetzes möglich.

3.3 Gleichheit vor dem Gesetz

GG Art. 3

Dieses Gleichheitsrecht laut GG Art. 3 schließt die Diskriminierung von Menschen aus. Im Abs. 1 wird zunächst geregelt, dass alle Menschen gleich zu behandeln sind und keine Bevorzugung stattfinden darf. Daraus ergibt sich auch der Gleichheitssatz.

Innerhalb einer Rechtsordnung muss Gleiches gleich und Ungleiches ungleich behandelt werden.

Vor allem im Hinblick auf die Ermessensausübung der Verwaltungen ist es wichtig, dass die Bürger gleichbehandelt werden und nur bei objektiven Gründen davon abgewichen wird. Somit bindet sich die Verwaltung auch an sich selbst, da sich eine Praxis für die Verwaltung ergibt.
Abs. 2 schließt die Ungleichbehandlung von Männern und Frauen aus.

BEISPIEL

Führen Frauen und Männer ein und dieselbe Arbeit aus, müssen sie auch gleich viel verdienen.

Allerdings ist eine Ungleichbehandlung bezüglich der biologischen Voraussetzungen möglich. Frauen können Kinder gebären, weshalb ihnen ein Mutterschutz zusteht. Dieser Schutz entfällt für Männer. In Abs. 3 werden weitere Ungleichbehandlungen ausgeschlossen. Es ist verboten, Menschen aufgrund ihres Geschlechts, ihrer Abstammung, Rasse, Sprache, Heimat, Herkunft, ihres Glaubens, ihrer Religion oder politischen Einstellung nachteilig oder bevorzugt zu behandeln. Auch behinderte Menschen unterstehen diesem Schutz.

3.4 Versammlungsfreiheit

GG Art. 8

Gemäß GG Art. 8 steht allen Deutschen das Recht zu, sich frei zu versammeln, was als Demonstrationsrecht verstanden werden kann. Aber auch für Ausländer herrscht Demonstrationsfreiheit; die stützt sich dann auf GG Art. 2. Um dieses Grundrecht richtig anwenden zu können, muss der Begriff der Versammlung genauer geklärt werden.

Eine Versammlung liegt erst dann vor, wenn sich **mindestens drei Personen** treffen und einen **gemeinsamen Zweck** mit ihrem Treffen verfolgen, wobei es um eine öffentliche **Angelegenheit** geht und diese drei Personen auch **örtlich zusammen** sind.

BEISPIEL

Es treffen sich drei Personen im Schloßgarten in Stuttgart, um auf die verkehrsbedingte Umweltverschmutzung in Stuttgart mit Hilfe von Schildern aufmerksam zu machen.

Eine Einschränkung dieses Grundrechts ist durch ein Gesetz möglich.

3.5 Recht auf Eigentum

GG Art. 14

Das GG gewährleistet das Recht, Eigentum zu besitzen und schließt die Abschaffung des Eigentums aus. Zum Eigentum zählen mobile und immobile Sachen wie auch Rechte. Als

Eigentümer steht einem das Recht zu, mit dem Eigentum machen zu können was man möchte. Weitere inhaltlichen Bestimmungen und Grenzen zum Eigentum werden durch ein Gesetz geregelt. In Abs. 2 wird festgelegt, dass Eigentum verpflichtet. Das meint die Verantwortlichkeit für das Eigentum.

BEISPIEL

Ein Grundstückseigentümer hat als Zaun zum Gehweg hin eine Rosenhecke gepflanzt. Die Hecke ist mittlerweile so stark gewachsen, dass sie den Gehweg davor nicht mehr nutzbar macht. Das zuständige Ordnungsamt darf das Schneiden der Hecken dem Grundstückseigentümer auferlegen. Wenn er dieser Aufforderung nicht nachkommt, ist es rechtens die Hecke von der Stadtgärtnerei schneiden zu lassen und die Kosten dem Grundstückseigentümer in Rechnung zu stellen. Der Grundstückseigentümer muss für sein Eigentum Verantwortung tragen.

Nach Abs. 3 darf auf Grundlage eines Gesetzes das Eigentum dem Eigentümer weggenommen werden, wenn das Wohl der Allgemeinheit dadurch gefährdet ist.

3.6 Petitionsrecht

GG Art. 17

Die Bürger haben das Recht, sich mit Bitten und Beschwerden, alleine oder gemeinsam an die zuständige Stelle zu wenden. Dadurch können die Bürger direkten Einfluss auf die Politik nehmen, sei es auf Kommunal-, Landes- oder Bundesebene.

BEISPIEL

GemO BW § 20b

Die Einwohnern des Landes Baden-Württemberg können nach GemO BW § 20b das Hauptorgan der Verwaltung, den Gemeinderat, mit einem Einwohnerantrag dazu zwingen, sich mit einem bestimmten Thema in der Gemeinderatssitzung auseinanderzusetzen.

Zusammenfassung und Lernkontrolle

Zusammenfassung

- Grundrechte müssen beim Verwaltungshandeln berücksichtigt werden
- Folgende Grundrechte sind für die Verwaltungen besonders wichtig:

GG Art. 1	Schutz der Menschenwürde
GG Art. 2	Freiheit der Person
GG Art. 3	Gleichheit vor dem Gesetz
GG Art. 8	Versammlungsfreiheit
GG Art. 14	Recht auf Eigentum
GG Art. 17	Petitionsrecht

Lernkontrolle

Aufgabe 1

Erklären Sie, was man unter der Würde des Menschen versteht.

Aufgabe 2

Situation: Ein Besucher des Volksfestes in Stuttgart pinkelt auf dem Heimweg in einen fremden Vorgarten. Als dies der Grundstückseigentümer bemerkt, stürmt er wutentbrannt in seinen Garten und stellt den Volksfestbesucher zur Rede. Doch der kann die Aufregung nicht verstehen und antwortet „Beruhigen Sie sich doch! Ich entfalte hier nur meine Persönlichkeit! Das steht mir nach dem Grundgesetz zu."

Auf welches Grundrecht bezieht sich der Volksfestbesucher und ist es ihm demnach erlaubt, in den fremden Vorgarten zu pinkeln? Begründen Sie Ihre Antwort.

Aufgabe 3

Situation: Eine studentische Lerngruppe (8 Personen) trifft sich am Samstag Nachmittag in der Bibliothek um den Stoff der Vorlesungen aus der vergangenen Woche nachzuarbeiten. Ein vorbeigehender Freund stellt lächelnd fest: „Das ist ja keine Lerngruppe mehr – das ist eine Versammlung!"

Welche Voraussetzungen müssen vorliegen, um von einer Versammlung gemäß GG Art. 8 sprechen zu können? Liegt hier eine Versammlung vor?

Aufgabe 4

Welche Rechte und Pflichten ergeben sich aus GG Art. 14?

4 Regelungen zum allgemeinen Verwaltungsverfahren

4.1 Begriff des Verwaltungsverfahrens

VwVfG § 9

Das Verwaltungsverfahrensgesetz des Bundes (VwVfG) legt die Definition und die Bestimmungen für die Durchführung eines Verwaltungsverfahrens fest. Die Länder haben diese Regelungen aus dem Bundesgesetz in ihrem jeweiligen Landesgesetz (LVwVfG) übernommen. Im Folgenden zählt das Bundesgesetz als Grundlage.
Nach VwVfG § 9 handelt es sich um ein Verwaltungsverfahren, wenn drei Punkte erfüllt sind:

1. **Tätigkeit wirkt nach außen**
2. **Behörde handelt**
3. **Ergebnis ist ein Verwaltungsakt oder ein öffentlich-rechtlicher Vertrag**

Die nach außen wirkende Tätigkeit umfasst sämtliche Aufgaben der öffentlichen Verwaltung. Das zweite Merkmal, das Behördenhandeln, schließt aus, dass Privatpersonen ein Verwaltungsverfahren durchführen können. Außerdem endet das Verwaltungsverfahren mit einem Verwaltungsakt oder einem öffentlich-rechtlichen Vertrag, was beides Konsequenzen für den betroffenen Bürger mit sich bringt.

Mit Hilfe des Verwaltungsverfahrens lassen sich hoheitliche Maßnahmen für den Bürger individuell regeln und durchsetzen.

4.2 Arten des Verwaltungsverfahrens

4.2.1 Förmliches Verwaltungsverfahren

VwVfG § 63 ff.

Laut VwVfG § 63 wird ein förmliches Verwaltungsverfahren nur dann durchgeführt, wenn es eine Rechtsvorschrift von der Behörde verlangt. Beim förmlichen Verwaltungsverfahren wird die äußere Form (VwVfG § 64), die **Mitwirkung von Zeugen und Sachverständigen** (VwVfG § 65), die **verpflichtende Anhörung von Beteiligten** (VwVfG § 66), die **Erforderlichkeit und der Verlauf der mündlichen Verhandlung** (VwVfG §§ 67, 68) sowie die **Entscheidung mit ihrer Anfechtbarkeit** (VwVfG §§ 69, 70) bindend festgelegt.

BEISPIELE

Förmliche Verwaltungsverfahren bei:

- Enteignungen
- Bau von Bundesfernstraßen
- Planfeststellungsverfahren

VwVfG § 10

4.2.2 Nichtförmliches Verwaltungsverfahren

Das nichtförmliche Verwaltungsverfahren stellt in der Praxis die gängige Variante dar und wird deshalb genauer dargestellt. Gemäß VwVfG § 10 ist dieses Verfahren an **keine Form** gebunden und es soll **einfach, zweckmäßig und schnell** von der Behörde durchgeführt werden, da der Bürger auf das Ergebnis meist schon wartet.

Es lässt sich in drei Schritte einteilen:

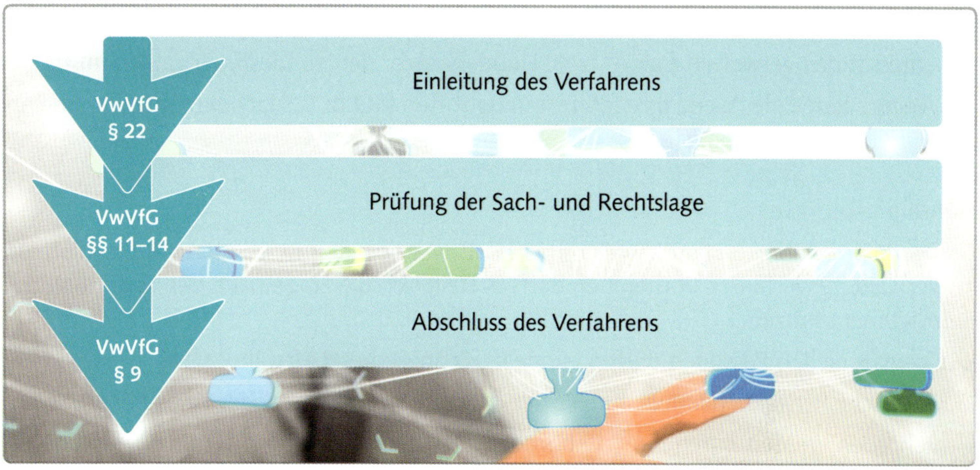

4.2.2.1 Einleitung des Verfahrens

Das nichtförmliche Verwaltungsverfahren sieht keine bestimmte Einleitung vor. Das Verfahren wird in erster Linie nach **Ermessensentscheidung** der Behörde eingeleitet. Es gibt jedoch Ausnahmen von diesem Grundsatz, der die Behörde zum Start des Verwaltungsverfahrens zwingt. VwVfG §§ 22, 40

- **Von Amts wegen**
  Die Behörde muss von Amts wegen aus handeln, wenn sie sonst gegen Gesetze verstoßen würde.

  BEISPIEL

  Die Behörde erfährt, dass ein Gewerbetreibender in der Gemeinde unzuverlässig ist und er gegen Gewerbeordnung § 35 verstößt. GewO § 35

- **Auf Antrag**
  Die Behörde muss das Verwaltungsverfahren einleiten, wenn ein Bürger einen entsprechenden Antrag stellt.

  BEISPIEL

  Ein Bürger stellt einen Antrag auf seine Einbürgerung.

4.2.2.2 Prüfung der Sach- und Rechtslage

Beteiligungsfähigkeit

Im VwVfG § 11 wird festgelegt, wer an dem nichtförmlichen Verwaltungsverfahren beteiligt werden kann. Dies sind **natürliche** und **juristische Personen**, **Vereinigungen** (Gewerk- VwVfG §§ 11, 13 schaften, Parteien) und **Behörden**. Diese Definition ist wichtig, da den Beteiligten bestimmte Rechte (z. B. Akteneinsicht) und Pflichten (z. B. Mitwirkung beim Sachverhalt) zustehen. Nach VwVfG § 13 kommen folgende Beteiligte in Frage:

- Antragssteller (z. B. Bürger mit Antrag auf Einbürgerung)
- Antragsgegner (z. B. Einbürgerungsbehörde)
- Adressat des Verwaltungsaktes (z. B. Hundebesitzer der Hundesteuer zahlen muss)
- Weitere Beteiligte, wenn ihre Interessen betroffen sind (z. B. Nachbarn an einer Bebauung des Nachbargrundstücks)

Handlungsfähigkeit

VwVfG § 12

Die Handlungsfähigkeit laut VwVfG § 12 klärt, wer von den Beteiligten die Handlungen im Verwaltungsverfahren vornehmen darf. Es stellt sich die Frage nach der Vertretung der Beteiligten im Prozess.

- Die natürlichen Personen dürfen handeln, wenn sie geschäftsfähig sind.
- Juristische Personen handeln durch einen gesetzlichen Vertreter oder einen Beauftragten.
- Behörden werden durch ihren Behördenleiter, deren Vertreter oder Beauftragten vertreten.

Untersuchungsgrundsatz

VwVfG §§ 24, 26

Der Untersuchungsgrundsatz nach VwVfG § 24 legt fest, dass die **Behörde** und kein anderer Beteiligter von Amts wegen den **Sachverhalt ermittelt**. Außerdem entscheidet die Behörde auch über die Art und den Umfang ihrer Ermittlungen. Als mögliche Beweismittel kann sie nach VwVfG § 26 Auskünfte einholen, Beteiligte anhören, Zeugen und Sachverständige verhören, Urkunden und Akten hinzuziehen und sich selbst entsprechende Dinge zur Aufklärung des Sachverhalts ansehen.

4.2.2.3 Abschluss des Verfahrens

VwVfG § 9

Die Definition des nichtförmlichen Verwaltungsverfahrens nach VwVfG § 9 schließt auch die Möglichkeiten der Beendigung des Verfahrens mit ein. Demnach endet das nichtförmliche Verfahren entweder in einem Verwaltungsakt oder in einem öffentlich-rechtlichen Vertrag.

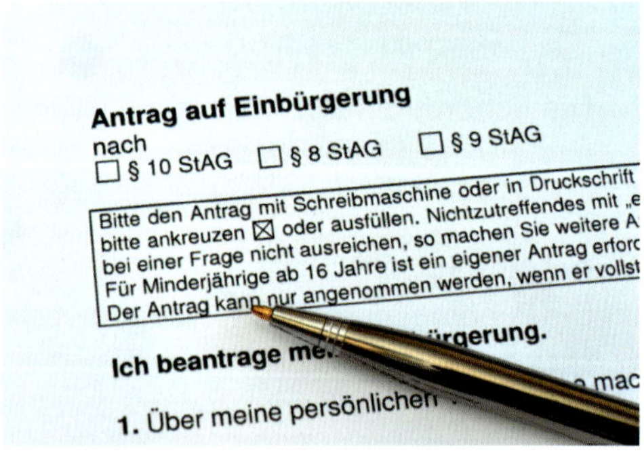

Zusammenfassung und Lernkontrolle

Zusammenfassung

- Verwaltungsverfahren VwVfG § 9
  - Tätigkeit richtet sich nach außen
  - Behörde handelt
  - Verwaltungsakt oder öffentlich-rechtlicher Vertrag als Ergebnis

Arten des Verwaltungsverfahrens

Förmliches Verwaltungsverfahren VwVfG §§ 63 ff.	Nichtförmliches Verwaltungsverfahren VwVfG §§ 10 ff.

- Nichtförmliches Verwaltungsverfahren VwVfG § 10
  - einfach
  - zweckmäßig
  - schnell
- Stufen des nichtförmlichen Verwaltungsverfahren

1. Einleitung des Verfahrens
Bürger stellt Antrag auf Baugenehmigung

2. Prüfung der Sach- und Rechtslage
Behörde prüft, ob Baugenehmigung erteilt werden kann

3. Abschluss des Verfahrens
Behörde stellt die Baugenehmigung für Bürger aus

Lernkontrolle

Aufgabe 1

Nennen Sie die drei Merkmale für ein Verwaltungsverfahren. Geben Sie auch die entsprechende Rechtsgrundlage dazu an.

Aufgabe 2

Unterscheiden Sie das förmliche Verwaltungsverfahren vom Nichtförmlichen.

Aufgabe 3

Nennen Sie die drei Stufen im Verwaltungsverfahren und geben Sie zu jeder Stufe ein passendes Beispiel.

Aufgabe 4

Nennen Sie drei Beweismittel die für die Ermittlung des Sachverhalts eingesetzt werden dürfen.

5 Grundsätze des Verwaltungshandelns

Aufgrund der Rechtsstaatlichkeit der Bundesrepublik Deutschland, die im GG Art. 20 verankert ist, ergeben sich für die Verwaltung unterschiedliche Grundsätze, die beim Verwaltungshandeln berücksichtigt werden müssen.

GG Art. 20

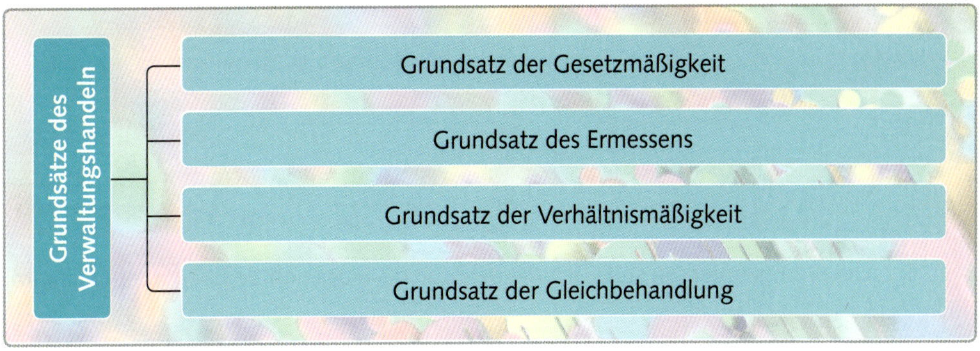

5.1 Grundsatz der Gesetzmäßigkeit

Aufgrund des GG ist die gesetzgebende Gewalt an die Verfassung und die ausführende und rechtsprechende Gewalt an Gesetz und Recht gebunden. Da die Verwaltung zur ausführenden Gewalt gehört, muss sie sich demnach an Gesetze und Recht halten. Alle Entscheidungen, die von der Verwaltung getroffen werden, müssen gesetzeskonform sein. Außerdem darf die Verwaltung ihre Zuständigkeitsbereiche nicht überschreiten. Diese Prinzipien lassen sich folgendermaßen unterscheiden.

GG Art. 20 Abs. 3

Grundsatz der Gesetzmäßigkeit	
Vorrang des Gesetzes	**Vorbehalt des Gesetzes**
Kein Handeln gegen das Gesetz!	*Kein Handeln ohne das Gesetz!*
Dieses Prinzip bringt zum Ausdruck, dass bei jeder Art von Verwaltungshandeln das Gesetz den Vorrang besitzt.	Dieses Prinzip bringt zum Ausdruck, dass die Verwaltung nur tätig werden darf, wenn sie durch ein Gesetz dazu ermächtigt ist. Das Gesetz bildet die Ermächtigungsgrundlage für die Verwaltung.
Beispiel: Gegner des derzeitigen Bürgermeisters in Musterstadt wollen für eine Abdankung des Bürgermeisters demonstrieren. Der Bürgermeister von Musterstadt verbietet diese Demonstration mit der Begründung, dass er nicht hören wolle, was seine Gegner zu sagen hätten. → Verstößt gegen GG Art. 8	Beispiel: Der Gemeinderat von Musterstadt ist der Meinung, dass Satzungen zu wenig aussagekräftig wären und erlässt jetzt eigenmächtig Gesetze. → Ermächtigungsgrundlage zum Gesetzeserlass auf Gemeindeebene fehlt

5.2 Grundsatz des Ermessens

VwVfG § 40 Aufgrund des Grundsatzes der Gesetzmäßigkeit muss sich die Verwaltung stets an das Gesetz halten und darf nur tätig werden, wenn es ihr ein Gesetz erlaubt. Einige Rechtsnormen sind jedoch so formuliert, dass für den Tatbestand keine Rechtsfolge formuliert wird. Dann muss die Behörde nach pflichtgemäßem Ermessen entscheiden.

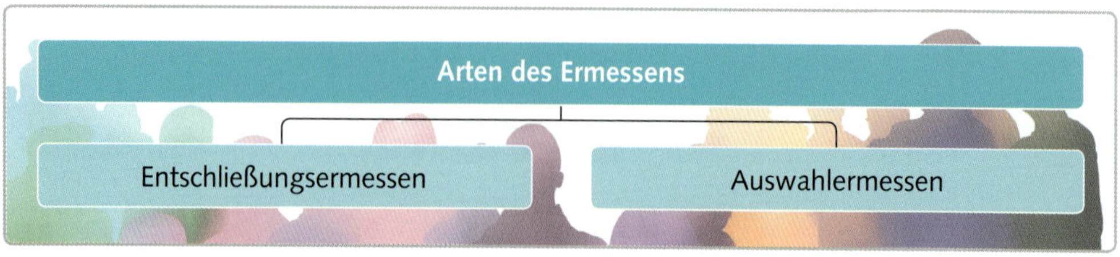

Beim **Entschließungsermessen** stellt sich die Behörde die Frage, **ob** sie überhaupt tätig wird.

BEISPIEL

VwVfG § 22 Über die Einleitung des Verwaltungsverfahrens entscheidet die Behörde nach pflichtgemäßem Ermessen

Beim **Auswahlermessen** wird die Behörde durch das Gesetz gezwungen zu handeln, jedoch entscheidet die Behörde, **wie** sie tätig werden möchte.

BEISPIEL

VwVfG § 80 Abs. 1 Wenn Kosten für einen Widerspruch entstanden sind, der sich auf andere Weise erledigt hat, entscheidet die Behörde über die Zahlung der Kosten.

Steht der Verwaltung laut Gesetz keinerlei Spielraum zu, so spricht man von **gebundener Verwaltung**.

BEISPIEL

VwVfG § 79 Abs. 1 Jede Gemeinde in Baden-Württemberg muss für jedes Haushaltsjahr eine Haushaltssatzung erlassen, GemO BW § 79 Abs. 1.

5.3 Grundsatz der Verhältnismäßigkeit

Sobald die Verwaltung in ihrem Handeln durch das Gesetz ein Ermessen eingeräumt wird, also ein Entscheidungsspielraum entsteht, ist der Grundsatz der Verhältnismäßigkeit zu beachten. Dieser Grundsatz hat durch die Rechtsprechung des Bundesverfassungsgerichts die gleiche Stellung wie ein Artikel im Grundgesetz (Verfassungsrang). Demnach hat dieser Grundsatz für sämtliches hoheitliches Handeln der Verwaltung Bedeutung.

Der Grundsatz der Verhältnismäßigkeit bringt das **Übermaßverbot** zum Ausdruck und prüft, ob das gewählte Mittel der Behörde geeignet, erforderlich und angemessen ist.

Geeignetheit des Mittels

Die Behörde hat das Mittel zu wählen, das auch den angestrebten Zweck erreicht.

BEISPIEL

Ein einsturzgefährdetes Gebäude soll gesichert werden. Die sich dort befindlichen Bewohner werden aus dem Haus evakuiert und es werden entsprechende Absperrungen vorgenommen.

Erforderlichkeit des Mittels

Die Behörde hat kein anderes Mittel zur Wahl, das gleich wirksam und weniger einschneidend ist.

BEISPIEL

Nachdem die Bewohner das einsturzgefährdete Gebäude verlassen haben, wäre es nicht erforderlich das Haus sofort zu sprengen, um die Gefahr eines Einsturzes zu minimieren.

Angemessenheit des Mittels

Die Behörde muss das Mittel wählen, dessen Nachteil für die Betroffenen am geringsten ist.

BEISPIEL

Das einsturzgefährdete Haus wird gesichert, anstatt es sofort zu sprengen. So haben die Bewohner noch eine Chance, ihre im Haus befindlichen Dinge von Spezialisten bergen zu lassen.

5.4 Grundsatz der Gleichbehandlung

GG Art. 3

© Jeanette Dietl – stock.adobe.com

Da das Grundgesetz das Gebot der Gleichbehandlung vorgibt, muss **Gleiches gleich und Ungleiches ungleich** behandelt werden. Auf das Verwaltungshandeln übertragen bedeutet das, dass gleiche Sachverhalte auch stets gleich zu behandeln sind. Somit bindet sich die Verwaltung an sich selbst. Wenn sie in einem gleichen Sachverhalt in der Vergangenheit eine Entscheidung getroffen hat, so muss sie sich bei gleichen Sachverhalten in der Zukunft daran halten. Vor allem bei der Auslegung von unbestimmten Rechtsbegriffen und Ermessensentscheidungen muss dieser Grundsatz der Gleichbehandlung beachtet werden. Damit sollen willkürliche Handlungen der Verwaltung unterbunden werden.

5.5 Grundsatz von Treu und Glauben

GG Art. 20

Durch das Rechtsstaatsprinzip ist auch der Vertrauensschutz der Bürger abgesichert. Nach diesem Grundsatz muss sich der Bürger auf die Verwaltung mit ihren Entscheidungen verlassen können. Demnach ist es unzulässig, dass sich die Verwaltung mit ihrem vergangenen Tun widerspricht.

BEISPIEL

Das Ordnungsamt hat einem Marktaussteller die Platzgenehmigung erteilt. Diese darf nicht kurz vor Marktöffnung wieder entzogen werden.

Zusammenfassung und Lernkontrolle

Zusammenfassung

- **Grundsatz der Gesetzmäßigkeit**
  - Vorrang des Gesetzes
  - Vorbehalt des Gesetzes
- **Grundsatz des Ermessens**

  Entschließungsermessen
  → Ob gehandelt wird?

  Auswahlermessen
  → Wie gehandelt wird?
- **Grundsatz der Verhältnismäßigkeit**
  - Mittel geeignet?
  - Mittel erforderlich?
  - Mittel angemessen?
- **Grundsatz der Gleichbehandlung**
  Gleiches muss gleich und Ungleiches ungleich behandelt werden.
- **Grundsatz von Treu und Glauben**
  Der Bürger muss sich auf die Verwaltung mit ihrem Tun verlassen können.

Lernkontrolle

Aufgabe 1

Nennen Sie die fünf Verwaltungsgrundsätze. Auf welche Rechtsnorm lassen sich diese Grundsätze zurückführen?

Aufgabe 2

Erklären Sie den Unterschied zwischen dem Vorrang und dem Vorbehalt des Gesetzes im Grundsatz der Gesetzmäßigkeit.

Aufgabe 3

Welche Arten von Ermessen kennen Sie und wie können diese definiert werden?

Aufgabe 4

Welcher Zusammenhang besteht zwischen dem Grundsatz des Ermessens und dem Grundsatz der Verhältnismäßigkeit?

Aufgabe 5

Warum ist der Grundsatz von Treu und Glauben für die Bürger besonders wichtig?

6 Auslegung unbestimmter Rechtsbegriffe, Ermessen

6.1 Aufbau einer Rechtsnorm

Verwaltungsfachangestellte oder Beamte der öffentlichen Verwaltung müssen ihre Aufgaben immer im Rahmen der Gesetze erfüllen. Der Umgang und die richtige Anwendung der Rechtsnormen sind demnach von besonderer Bedeutung. Im Folgenden wird der Aufbau der vollständigen und unvollständigen Rechtsnormen genauer beschrieben.

Vollständige Rechtsnormen

Diese Rechtsnormen kennzeichnen sich durch ihren Aufbau in **Tatbestand** und **Rechtsfolge**. Der Tatbestand beschreibt die Voraussetzungen die erfüllt sein müssen, damit es zur Rechtsfolge kommt. Die Rechtsfolge gibt die Konsequenz für den Betroffenen vor.

BEISPIEL

Wenn ein Bürger zu einer ehrenamtlichen Tätigkeit gerufen wird, GemO BW § 17 Abs. 1

Tatbestand (Voraussetzung: er wird bestellt)

dann muss er diese Tätigkeit auch uneigennützig und verantwortungsbewusst führen.

Rechtsfolge (Konsequenz: er muss sie entsprechend erfüllen)

Unvollständige Rechtsnormen

Die unvollständigen Rechtsnormen helfen dabei, die vollständigen Rechtsnormen besser zu verstehen. Sie erklären Begriffe oder andere Vorschriften genauer.

BEISPIEL

Nach GemO BW § 17 Abs. 1 müssen Bürger eine ehrenamtliche Aufgabe wahrnehmen, wenn sie dafür bestellt werden.
Der **Begriff Bürger** wird in GemO BW § 12 Abs. 1 definiert: GemO BW § 12 Abs. 1
Bürger ist, wer Deutscher oder Unionsbürger, mindestens 16 Jahre alt ist und seit mindestens drei Monaten in der Gemeinde wohnt.

6.2 Bindungscharakter der Rechtsnormen

Je nach Rechtsnorm ist die Verwaltung mit ihrem Handeln unterschiedlich stark an den Inhalt der Rechtsnorm gebunden.

	Legalitätsprinzip	Opportunitätsprinzip
Bindungsstärke:	Rechtsfolge wird zwingend vorgeschrieben	Rechtsfolge wird nicht zwingend vorgeschrieben
Erkennungsmerkmale:	„muss“, „hat“, „ist“	„kann“

	Legalitätsprinzip	Opportunitätsprinzip
Beispiel:	VwVfG § 39 Abs.1: „Ein schriftlicher [...] Verwaltungsakt **ist** mit einer Begründung zu versehen."	VwVfG § 47 Abs. 1: „Ein fehlerhafter Verwaltungsakt **kann** in einen anderen Verwaltungsakt umgedeutet werden"

Sollbestimmungen sind wie Mussbestimmungen zu behandeln.

6.3 Unbestimmte Rechtsbegriffe

Rechtsnormen enthalten häufig Begriffe, die nicht weiter durch unvollständige Rechtsnormen erklärt werden. Beispiele für solche Begriffe sind „Gefahr", „öffentliche Sicherheit und Ordnung", „geeignet", „zuverlässig". Diese Begriffe werden vom Gesetzgeber benutzt, um eine große Vielzahl an Fällen unter die Rechtsnorm fassen zu können. Sie werden **abstrakt formuliert** um für die Allgemeinheit Gültigkeit zu entfalten. Die Verwaltungsbehörden haben dann die Aufgabe, diese unbestimmten Rechtsbegriffe entsprechend ihres vorliegenden Sachverhalts auszulegen und die Rechtsnorm richtig anzuwenden.

Unbestimmte Rechtsbegriffe müssen von der Verwaltung für den Einzelfall interpretiert werden.

Um unbestimmte Rechtsbegriffe richtig deuten zu können, ist folgende Vorgehensweise hilfreich:

6.4 Ermessensfehler

Wenn mit Rechtsnormen gearbeitet werden muss, die Kannbestimmungen enthalten, also das Opportunitätsprinzip gegeben ist, muss auch vom Grundsatz des pflichtgemäßen Ermessens Gebrauch gemacht werden. Im Kapitel 5.2 wird dabei auch das Entschließungs- und Auswahlermessen genauer erklärt. Wichtig in diesem Zusammenhang ist auch stets die Beachtung des Grundsatzes der Verhältnismäßigkeit. Nichts destotrotz kann es zu Ermessensfehlern kommen, was die Entscheidung der Behörde dann rechtswidrig macht.

Zu Entscheidungs- und Auswahlermessen vgl. Kapitel 5.2

Ermessensüberschreitung

Das Ermessen wird dann überschritten, wenn die Behörde den Grundsatz der Verhältnismäßigkeit nicht berücksichtigt und übertrieben reagiert.

BEISPIEL

- Ein Hund soll eingeschläfert werden, weil er einmal beim Spazieren gehen eine Passantin angegriffen hat.
- Ein Fahrradfahrer fährt über die Kreuzung, obwohl die Ampel rot zeigte. Ihm wird der Führerschein für sein Auto für immer entzogen.

Ermessensmangel

Ein Ermessensmangel liegt vor, wenn die Behörde vom Ermessen keinerlei Gebrauch macht oder nicht alle Möglichkeiten in Betracht zieht.

BEISPIEL

- Der beißende Hund, der eine Passantin angefallen hat, darf nur noch nachts Gassi geführt werden.
- Das alarmierte Ordnungsamt greift in einen Nachbarschaftsstreit nicht ein, weil die Beamten denken, nicht zuständig zu sein.

Ermessensmissbrauch

Die Behörde handelt bei der Ermessensentscheidung so, dass sie nicht dem Zweck der Ermächtigung entspricht.

BEISPIEL

- Die Baugenehmigung eines Bürgers wird abgelehnt, weil der sich in einer öffentlichen Gemeinderatssitzung über den Bebauungsplan beschwert hat.
- Der Antrag auf Wohngeld wird abgelehnt, nur weil die Antragsstellerin zu einer Partei gehört, die im Rathaus nicht beliebt ist.

Zusammenfassung und Lernkontrolle

Zusammenfassung

- **Aufbau einer Rechtsnorm**

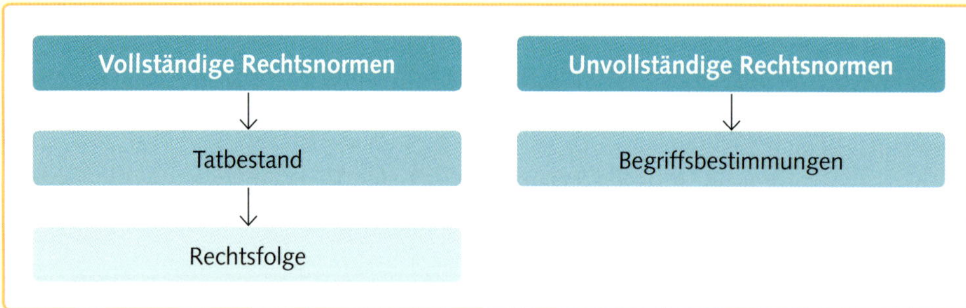

- **Bindungscharakter der Rechtsnormen**
  - Legalitätsprinzip: Mussbestimmungen (Sollbestimmungen)
  - Opportunitätsprinzip: Kannbestimmungen
- **Unbestimmte Rechtsbegriffe**
  - Fehlende Begriffserklärung
  - Müssen für Einzelfall ausgelegt werden
- **Grundsatz des pflichtgemäßen Ermessens**
  - Richtige Anwendung
  - Beachtung Grundsatz der Verhältnismäßigkeit

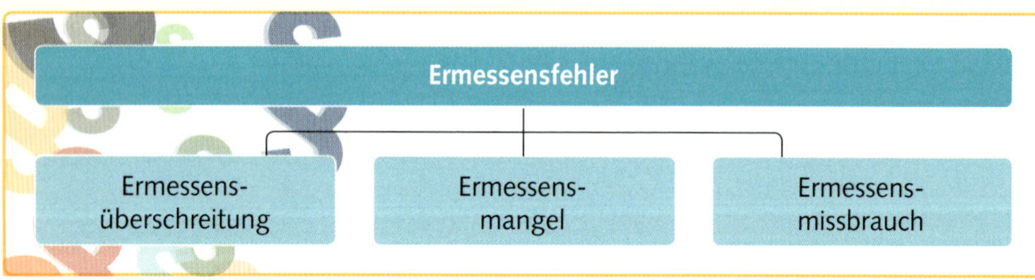

Lernkontrolle

Aufgabe 1

Erklären Sie den Unterschied zwischen einer vollständigen und einer unvollständigen Rechtsnorm.

Aufgabe 2

Suchen Sie in Ihrem Gesetzbuch Beispiele für Rechtsnormen bei denen das Legalitätsprinzip und das Opportunitätsprinzip zum Ausdruck kommen.

Geben Sie je Prinzip mindestens drei Beispiele an.

Aufgabe 3

Warum enthalten Rechtsnormen unbestimmte Rechtsbegriffe?

Aufgabe 4

Nennen Sie die Arten von Ermessensfehlern.

Aufgabe 5

Welche Konsequenz ergibt sich für die Entscheidung der Behörde, bei der ein Ermessensfehler vorliegt?

7 Merkmale und Arten des Verwaltungsaktes

7.1 Wichtigkeit des Verwaltungsaktes

Vgl. Kapitel 4

Der Verwaltungsakt ist eine Möglichkeit der Beendigung des Verwaltungsverfahrens. Damit wird klar, dass Verwaltungsakte **verfahrensrechtliche Wirkung** haben. Außerdem ist es für Verwaltungsbehörden die einfachste und schnellste Möglichkeit, Gesetze und Recht gegenüber dem Bürger umzusetzen.

Ein Verwaltungsakt ist individuell und konkret bestimmt.

Neben seiner **materiell-rechtlichen Wirkung**, die er bei der Umsetzung von Gesetzen entfaltet, besitzt er auch **vollstreckungsrechtliche Wirkung**. Das heißt, ein Verwaltungsakt kann unter Zwang durchgesetzt werden.
Verwaltungsakte können zu den unterschiedlichsten Themen erlassen werden.

BEISPIELE

- Erteilung einer Einbürgerung
- Mitteilung des Hundesteuerbescheids
- Genehmigung eines Marktstandes auf dem Krämermarkt

7.2 Merkmale des Verwaltungsaktes

VwVfG § 35 S. 1

Auch wenn Verwaltungsakte unterschiedliche Inhalte regeln, so sind sie doch alle von denselben Merkmalen gekennzeichnet. Die Definition des Verwaltungsaktes liefert VwVfG § 35 S. 1, was auch als **Legaldefinition** verstanden wird. Daraus lassen sich folgende sechs Merkmale ableiten:

1. Hoheitliche Maßnahme
2. Behörde
3. Regelung
4. Einzelfall
5. Gebiet des öffentlichen Rechts
6. Rechtswirkung nach außen

Es liegt ein Verwaltungsakt vor, wenn alle sechs Merkmale erfüllt sind.

7.2.1 Hoheitliche Maßnahme

Eine hoheitliche Maßnahme liegt vor, wenn es ein **zweckgerichtetes Handeln mit Erklärungscharakter** ist. Die Hoheitlichkeit kommt durch die Überordnung der Behörde gegenüber dem Adressaten des Verwaltungsaktes zum Ausdruck.

BEISPIEL

Anordnung des Ordnungsbeamten, den verschmutzten Badesee sofort zu verlassen.

Prüfung des Merkmals:
Liegt ein Über-/Unterordnungsverhältnis zwischen der Behörde und dem Adressaten des Verwaltungsaktes vor?

7.2.2 Behörde

Es handelt sich laut VwVfG § 1 Abs. 4 um eine Behörde, wenn es eine Stelle ist, die öffentliche Aufgaben wahrnimmt. Dabei ist zu beachten, dass Privatpersonen, die **öffentliche Aufgaben** wahrnehmen, so genannte Beliehene, ebenfalls als Behörde gelten.

VwVfG § 1 Abs. 4

BEISPIEL

TÜV, Notar, Ordnungsamt, Ausländerbehörde, Bauamt

© kamasigns – stock.adobe.com

Prüfung des Merkmals:
Ist der Absender des Verwaltungsaktes eine Behörde?

7.2.3 Regelung

Eine Regelung liegt vor, wenn die erteilte Maßnahme eine **rechtliche Wirkung** erzeugt. Dadurch werden Rechte des Betroffenen begründet, geändert, beschränkt oder aufgehoben.

BEISPIEL

Ernennung zum Beamten im mittleren Dienst

© Daniel Jeczura – stock.adobe.com

Prüfung des Merkmals:
Wird durch die Maßnahme die rechtliche Stellung des Adressaten des Verwaltungsaktes berührt?

7.2.4 Einzelfall

Das Merkmal des Einzelfalls ist erfüllt, wenn eine **konkrete und individuelle Regelung** vorliegt, die eine **bestimmte Person** betrifft. Es handelt sich auch dann noch um einen Einzelfall, wenn eine Familie Adressat des Verwaltungsaktes ist.

BEISPIEL

Der Verwaltungsakt wird Herr und Frau Müller zugestellt.

© KZenon – stock.adobe.com

Prüfung des Merkmals:
Handelt es sich beim Adressaten des Verwaltungsaktes um eine bestimmte Person?

7.2.5 Gebiet des öffentlichen Rechts

Die Maßnahme ist dem Gebiet des öffentlichen Rechts zuzuordnen, wenn die Rechtsgrundlage zum öffentlichen Recht gehört. Fiskalisches Handeln kann niemals auf dem Gebiet des öffentlichen Rechts stattfinden.

BEISPIEL

Straßenverkehrsgesetz, Baugesetzbuch

Prüfung des Merkmals:
Welche Rechtsgrundlage liegt dem Verwaltungsakt zu Grunde?

7.2.6 Rechtswirkung nach außen

Dieses Merkmal wird erfüllt, wenn sich die Wirkung der Regelung an eine Person richtet, die außerhalb der Verwaltung steht. Im Umkehrschluss bedeutet das, dass beispielsweise innerdienstliche Anweisungen, Verwaltungsvorschriften oder Umverteilung der Dienstzimmer keine Rechtswirkung nach außen haben.

BEISPIEL

Herr Braun, arbeitet bei einem Automobilzulieferer, bekommt seine Baugenehmigung erteilt.

Prüfung des Merkmals:
Steht der Adressat des Verwaltungsaktes außerhalb der Behörde?

7.3 Arten des Verwaltungsaktes

7.3.1 Bedeutung für den Betroffenen

© pathdoc – stock.adobe.com

Begünstigender Verwaltungsakt

Durch begünstigende Verwaltungsakte wird ein Recht oder eine Vergünstigung begründet oder bestätigt.

BEISPIEL

Wohngeldbescheid, Reisepass

Belastender Verwaltungsakt

- Dem Betroffenen werden **Pflichten auferlegt**. Die Pflichten werden entweder begründet oder näher bestimmt.

  BEISPIEL

  Steuerbescheid, Gebührenbescheid

- Dem Betroffenen wird eine **Berechtigung nicht zuerkannt**. Dazu gehören alle Ablehnungsbescheide.

  BEISPIEL

  Ablehnung eines Bauantrages

- Dem Betroffenen wird eine Berechtigung entzogen durch **Aufhebungsbescheid**.

  BEISPIEL

  Enteignung

Verwaltungsakt mit Drittwirkung

Der eine Bürger wird durch den VA begünstigt, der andere wird belastet.

BEISPIEL

Baugenehmigung: Der Adressat des Verwaltungsaktes darf bauen, jedoch wird durch den Neubau die Sicht des Nachbars eingeschränkt.

Verwaltungsakt mit Doppelwirkung

Der Betroffene wird einerseits begünstigt, andererseits aber belastet.

BEISPIEL

Dem Antrag auf Steuererlass wird nur zum Teil entsprochen.

7.3.2 Inhalt

Befehlender oder verbietender Verwaltungsakt

Diese Verwaltungsakte enthalten Gebote oder Verbote gegenüber dem Betroffenen.

BEISPIEL

Steuerbescheid, Halteverbot, Entzug der Fahrerlaubnis

Feststellender Verwaltungsakt

Ein bestehendes Rechtsverhältnis wird festgestellt. Diese Verwaltungsakte sind oft streitentscheidend.

BEISPIEL

Wohnsitzbescheinigung, Feststellung der Staatsangehörigkeit

Gestaltender Verwaltungsakt

Rechtsverhältnisse werden begründet, verändert oder aufgehoben. Diese Verwaltungsakte gestatten, genehmigen, erlauben, bewilligen oder entziehen Rechte.

BEISPIEL

Gewerbeerlaubnis, Beförderung eines Beamten, Gestattung

7.3.3 Zustandekommen

Einseitiger Verwaltungsakt

Hier ist der Bürger am Zustandekommen des Verwaltungsaktes nicht beteiligt. Die Behörde erlässt den VA ohne Mitwirkung des Betroffenen. Dazu gehören grundsätzlich alle befehlenden Verwaltungsakte.

BEISPIEL

Steuerbescheid

Mitwirkungsbedürftiger Verwaltungsakt

Ein mitwirkungsbedürftiger Verwaltungsakt kann nur auf Antrag des Betroffenen oder mit dessen Zustimmung zustande kommen. Der Bürger ist beim Zustandekommen des Verwaltungsaktes beteiligt.

BEISPIEL

Baugenehmigung, Einbürgerung

7.3.4 Form

Formfreier Verwaltungsakt

Grundsätzlich sind Verwaltungsakte formfrei und können schriftlich, mündlich oder durch Zeichen erlassen werden. Die Behörde wählt die Form, die ihr als geeignet erscheint.

© johnmerlin – stock.adobe.com

BEISPIEL

„Halt" des Polizisten (Handzeichen)

Formgebundene Verwaltungsakt

Eine Reihe von **Spezialgesetzen** schreibt für den Verwaltungsakt

- **Schriftform** vor.

  BEISPIEL

  Baugenehmigung, Gewerbeerlaubnis

- die Aushändigung einer **Urkunde** vor.

  BEISPIEL

  Beamtenernennung, Einbürgerung

- die **öffentliche Bekanntmachung** vor.

  BEISPIEL

  Widmung einer Straße

7.4 Allgemeinverfügung

Nach VwVfG § 35 S. 2 stellt die Allgemeinverfügung die Besonderheit eines Verwaltungsaktes dar. Dabei lassen sich drei Arten unterscheiden:

VwVfG § 35 S. 2

Art	**Adressatenbezogene** Allgemeinverfügung	**Sachbezogene** Allgemeinverfügung	**Benutzungsregelung**
Definition	Die Regelung des Verwaltungsaktes richtet sich an einen **bestimmten oder bestimmbaren Personenkreis.**	Es wird der **rechtliche Zustand einer Sache** geregelt, was wiederum Auswirkungen auf die Rechte und Pflichten von Personen hat.	Die Regelung des Verwaltungsaktes legt die Rechte und Pflichten des Benutzers einer Sache fest.
Beispiel	Alle Badegäste müssen aus dem verseuchten Badesee	Denkmaleintragung eines Wohnhauses	Benutzungsregeln für Bibliotheksbesucher

Zusammenfassung und Lernkontrolle

Zusammenfassung

- **Verwaltungsakt hat**
  - verfahrensrechtliche Wirkung
  - materiell-rechtliche Wirkung
  - vollstreckungsrechtliche Wirkung
- **Verwaltungsakt muss alle sechs Merkmale erfüllen**
  1. Hoheitliche Maßnahme
  2. Behörde
  3. Regelung
  4. Einzelfall
  5. Gebiet des öffentlichen Rechts
  6. Rechtswirkung nach außen
- **Arten von Verwaltungsakten**

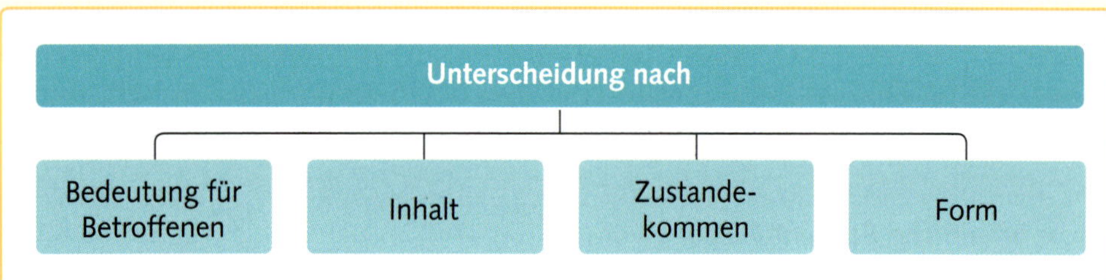

- **Allgemeinverfügung → Besonderheit des Verwaltungsaktes**
  - Adressatenbezogene Allgemeinverfügung
  - Sachbezogene Allgemeinverfügung
  - Benutzungsregelung

Lernkontrolle

Aufgabe 1

Nennen Sie die Merkmale eines Verwaltungsaktes und die einschlägige Rechtsgrundlage dafür.

Aufgabe 2

Entscheiden Sie in den folgenden Fällen, ob ein Verwaltungsakt vorliegt.
Hinweis: Prüfen Sie stets alle sechs Merkmale.

1. Polizeiverordnung über die Streupflicht bei Eis und Schnee
2. Einbürgerung eines Ausländers
3. Abschluss eines Ausbildungsvertrages zur Verwaltungsfachangestellten
4. Ernennung zum Beamten auf Lebenszeit
5. Haushaltssatzung der Gemeinde Neuringen
6. Erteilung einer Sondernutzungserlaubnis zum Aufstellen eines Verkaufsstandes
7. Baugenehmigung für ein Einfamilienhaus
8. Abiturzeugnis von Beate Schmid
9. Amtsärztliche Untersuchung zur Feststellung des Grades der Behinderung
10. Die Autowerkstatt Maier erhält den Auftrag in den Dienstwagen des Bürgermeisters eine Freisprechanlage einzubauen

Aufgabe 3

Unterscheiden Sie zwischen einem begünstigenden und belastenden Verwaltungsakt, sowie zwischen einem Verwaltungsakt mit Doppelwirkung und einem Verwaltungsakt mit Drittwirkung.

Aufgabe 4

Situation:
Jeden Tag um dieselbe Uhrzeit, ab ca. 17.30 Uhr, treffen sich verschiedene zahlreiche Personen, die der Punk-Szene angehören im Schlossgarten in Stuttgart. Dort wird dann gemeinsam gefeiert bis spät in die Nacht. Das stört die Stadt Stuttgart, da dort viel Müll entsteht, der nicht entsprechend entsorgt wird und vor allem auch weil es für Passanten unangenehm ist, den Schlossgarten dann zu durchqueren.
Gestützt auf die polizeiliche Generalklausel ordnet das Ordnungsamt an, dass sich die Personen, die der Punk-Szene zuzuordnen sind, von 22 Uhr bis 08 Uhr nicht im Schlossgarten aufhalten dürfen.

Handelt es sich hierbei um einen Verwaltungsakt?

8 Nebenbestimmungen des Verwaltungsaktes

8.1 Begriffsbestimmung und Zulässigkeit

Ein Verwaltungsakt besteht insbesondere aus seiner Hauptregelung, der die Rechtswirkung des Verwaltungsaktes festlegt. Zu dieser Hauptregelung können jedoch noch **weitere Bestimmungen** hinzukommen, die der Adressat des Verwaltungsaktes zu beachten hat.

BEISPIEL

Herr Müller hat einen Antrag auf Baugenehmigung eines Einfamilienhauses mit Satteldach gestellt. Jetzt erhält er die Baugenehmigung von seiner Stadt. Die Hauptregelung besagt, er darf bauen. Allerdings muss er anstelle eines Satteldaches ein Flachdach umsetzen, was durch die Nebenbestimmungen geregelt wird.

Durch die Nebenbestimmungen können die Verwaltungsbehörden anstelle mit einem „Nein" mit einem „Ja, aber" antworten. So können begünstigende Verwaltungsakte mit belastenden Nebenbestimmungen erlassen werden anstelle den Antrag des Bürgers ablehnen zu müssen.

BEISPIEL

Herr Müller hat die Baugenehmigung eines Einfamilienhauses mit Satteldach beantragt. Ohne Nebenbestimmungen hätte das Bauamt die Baugenehmigung nicht erteilen können. Durch die Bestimmung, dass Herr Müller ein Flachdach zu bauen hat, bekommt er seine Baugenehmigung für sein Einfamilienhaus erteilt.

VwVfG § 36

Nach dem VwVfG dürfen jedoch solche Nebenbestimmungen nur dann getroffen werden, wenn sie **durch ein Gesetz zulässig sind** oder sie **gewährleisten sollen, dass die gesetzlichen Voraussetzungen des Verwaltungsaktes** erfüllt werden. Wenn die Verwaltung nach **pflichtgemäßem Ermessen** handeln darf, sind **Nebenbestimmungen** grundsätzlich **zulässig**. Außerdem gilt nach Abs. 3, dass Nebenbestimmungen niemals dem Zweck des Verwaltungsaktes widersprechen dürfen.

8.2 Arten von Nebenbestimmungen

Im VwVfG § 36 Abs. 2 werden die unterschiedlichen Arten von Nebenbestimmungen aufgelistet. Diese lassen sich jedoch in unselbstständige und selbstständige Nebenbestimmungen aufteilen.

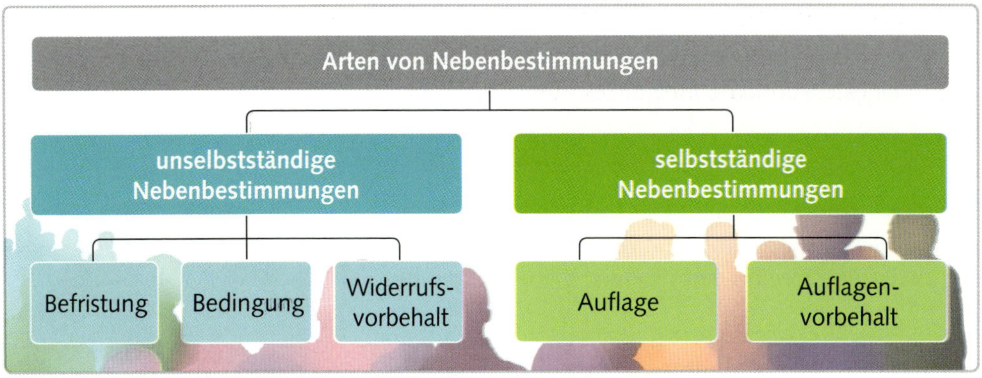

8.2.1 Unselbstständige Nebenbestimmungen

Unselbständige Nebenbestimmungen sind ein Bestandteil des Verwaltungsaktes. Das bedeutet für den Adressat des Verwaltungsaktes, dass er dem **gesamten Verwaltungsakt widersprechen** muss, auch wenn ihn nur die Nebenbestimmung stört.

8.2.1.1 Befristung

Eine Befristung liegt vor, wenn die Begünstigung oder die Belastung für den Adressaten des Verwaltungsaktes zu einem bestimmten Zeitpunkt beginnt, endet oder für einen bestimmten Zeitraum gilt. Typische Formulierungen im Verwaltungsakt lauten „von ... bis ...“ oder „ab ...“.

VwVfG § 36 Abs. 2 Nr. 1

Aufschiebende Befristung

Der Verwaltungsakt beginnt ab einem Zeitpunkt in der Zukunft. Die Befristung des Verwaltungsakts wird aufgeschoben, bis das Datum erreicht wird.

BEISPIEL

Die beantragte Schankerlaubnis wird erst ab dem 01. des Folgemonats erteilt.

Auflösende Befristung

Die Wirkung des Verwaltungsaktes endet mit Eintritt des angegebenen Datums. Der Verwaltungsakt löst sich damit auf.

BEISPIEL

Ein Marktstandbetreiber darf bis zum 31.12. des Jahres seinen Stand betreiben.

Vollständige Befristung

Die Befristung erstreckt sich über einen bestimmten Zeitraum.

BEISPIEL

Das beantragte Handelsgewerbe wird vom 01. Januar bis zum 31. Dezember genehmigt.

8.2.1.2 Bedingung

VwVfG § 36 Abs. 2 Nr. 2

Bei einer Bedingung hängt die Regelung des Verwaltungsaktes von einem ungewissen Eintritt eines zukünftigen Ereignisses ab.

Aufschiebende Bedingung

Typisches Kennzeichen für die aufschiebende Bedingung ist die Formulierung „erst wenn, dann". Erst wenn das zukünftige Ereignis eintritt, dann gilt die Regelung.

© petzshadow – stock.adobe.com

BEISPIEL

Erst wenn die neue Entlüftungsanlage im Gewerbebetrieb den gesetzlichen Emissionswerten entspricht, darf sie dauerhaft in Betrieb genommen werden.

Auflösende Bedingung

Die Rechtswirkung fällt mit dem Eintritt des zukünftigen Ereignisses weg.

BEISPIEL

Der freie Bauplatz neben Familie Kurz darf so lange als Wiesengrundstück genutzt werden, bis der Bauplatz verkauft wird.

8.2.1.3 Widerrufsvorbehalt

VwVfG § 36 Abs. 2 Nr. 3

Mit dem Widerrufsvorbehalt schafft sich die Verwaltungsbehörde die Möglichkeit, **nachträglich** die Regelung im Verwaltungsakt zu widerrufen. Wenn der Widerrufsvorbehalt als Nebenbestimmung mit aufgenommen wird, wird der Adressat des Verwaltungsaktes darüber in Kenntnis gesetzt, dass sich seine Rechtsposition ändern kann.

BEISPIEL

Die Behörde behält sich vor, die Sperrzeitverkürzung für den Gaststättenbetreiber jederzeit zu widerrufen.

8.2.2 Selbstständige Nebenbestimmungen

Selbstständige Nebenbestimmungen sind wie eigenständige Verwaltungsakte zu betrachten. Hier kann der Bürger **nur gegen die Auflage oder den Auflagenvorbehalt Widerspruch** einlegen, ohne dass die Hauptregelung berührt wird.

8.2.2.1 Auflage

VwVfG § 36 Abs. 2 Nr. 4

Wenn eine Auflage mit in den Verwaltungsakt aufgenommen wird, dann wird vom Adressaten des Verwaltungsaktes ein zusätzliches Tun, Dulden oder Unterlassen gefordert. Typischerweise kann die Auflage an der Formulierung „ja, aber ..." erkannt werden.

BEISPIEL

Herr Schmid darf das Einfamilienhaus bauen unter der Auflage, dass er blaue Dachziegel benutzt.

8.2.2.2 Auflagenvorbehalt

Mit dem Auflagenvorbehalt hat die Verwaltungsbehörde die Gelegenheit, zu einem späteren Zeitpunkt eine Auflage zu erlassen.

VwVfG § 36 Abs. 2 Nr. 5

BEISPIEL

Der Gewerbetreibende erhält als erstes im neuen Industriegebiet seine Gewerbeerlaubnis. Da die Behörde noch nicht abschätzen kann, wie sich das Industriegebiet weiter entwickelt behält sie sich vor, später Auflagen vorzunehmen.

Zusammenfassung und Lernkontrolle

Zusammenfassung

- Nebenbestimmungen sind zusätzliche Bestimmungen zur Hauptregelung des Verwaltungsaktes
- Zulässigkeit von Nebenbestimmungen
  - wenn gesetzlich vorgesehen
  - wenn damit gesetzliche Voraussetzungen des Verwaltungsaktes erfüllt werden
  - wenn Ermessen eingeräumt ist

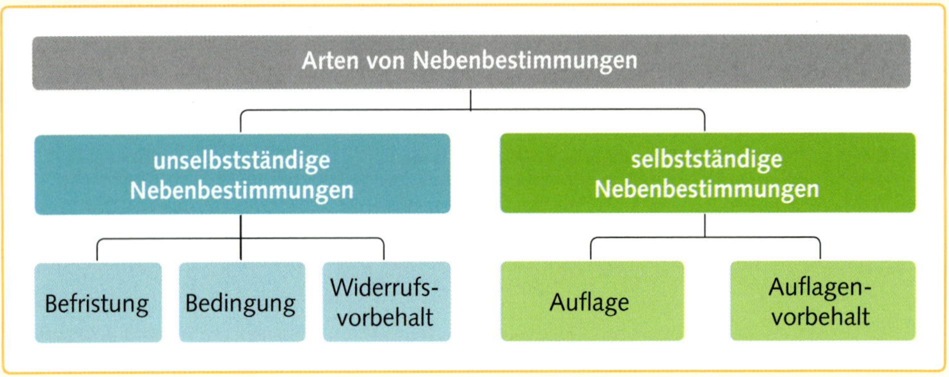

- Unselbstständige Nebenbestimmungen ⟶ nur gegen gesamten Verwaltungsakt kann Widerspruch eingelegt werden
- Selbstständige Nebenbestimmungen ⟶ gegen Auflage und Auflagenvorbehalt kann extra Widerspruch eingelegt werden

Lernkontrolle

Aufgabe 1

Erklären Sie den Unterschied zwischen

a) Befristung und Bedingung

b) Bedingung und Auflage

c) Widerrufsvorbehalt und Auflagenvorbehalt

Aufgabe 2

Entscheiden Sie bei den folgenden Fällen, um welche Art von Nebenbestimmung es sich hierbei handelt.

1. Die Stadt Lauffen erteilt die Schankerlaubnis zum Brückenfest für die Zeit vom Freitag, 10. Juli, 18 Uhr bis Sonntag, 12. Juli, 01 Uhr.
2. Bauherr Meier muss sein Dach mit roten Ziegeln decken.

3. Die Stadt Lauffen verfügt gegen den Grundstückseigentümer Schmid, dass er bis zum Ende der Bauarbeiten an der Tiefgarage das Befahren seines Grundstücks durch städtische Fahrzeuge zu dulden hat.
4. Der Betreiber des Zeitungskiosks „Am Bahnhof" erhält die Genehmigung zur Aufstellung eines Zeitungsständers am Straßenrand; die Behörde behält sich den Widerruf bei sich wesentlich verändernden Verkehrsverhältnissen vor.
5. Die Disco „Music on" erhält die Betriebsgenehmigung unter der Voraussetzung, nachträgliche Ergänzungen zur Lärmeindämmung vorzunehmen.
6. Der Kioskbetreiber der Berufsschule in Heilbronn bekommt die Genehmigung mit der Bestimmung nur alkoholfreie Getränke zu verkaufen.

Aufgabe 3

Warum ist es für den Bürger wichtig zu wissen, ob im Verwaltungsakt eine unselbstständige oder eine selbstständige Nebenbestimmung enthalten ist?

Aufgabe 4

Sammeln Sie fünf Verwaltungsakte mit unterschiedlichen Nebenbestimmungen in Ihrer Ausbildungsbehörde. Bereiten Sie diese so vor, dass sie den Inhalt und die Art der Nebenbestimmung Ihrer Klasse präsentieren können.

9 Anforderungen an schriftliche Verwaltungsakte

Mit Hilfe des Verwaltungsaktes kann die Verwaltungsbehörde Rechtsnormen für den Einzelfall regeln. Dabei gilt es den Grundsatz der Gesetzmäßigkeit zu beachten. Die erlassende Behörde darf gemäß dem **Vorrang des Gesetzes** mit dem Verwaltungsakt nicht gegen Recht und Gesetz verstoßen. Außerdem hat sie dem **Vorbehalt des Gesetzes** zu entsprechen, in dem sie nur dann einen Verwaltungsakt erlässt, wenn dafür eine Ermächtigungsgrundlage vorliegt. Der Verwaltungsakt muss inhaltlich für den Bürger verständlich sein, was bedeutet, dass er klar formuliert sein soll und ohne Ermessensfehler.

9.1 Form des Verwaltungsaktes

VwVfG § 37

Das VwVfG schreibt keine Form vor, es besteht **Formfreiheit**. Er kann schriftlich, per E-Mail, mündlich, per Handzeichen oder auf andere Weise erteilt werden. Für elektronische und mündliche Verwaltungsakte gilt jedoch, dass der Adressat des Verwaltungsaktes diese in Schriftform verlangen kann. Für schriftliche und elektronische Verwaltungsakte gelten weitere Anforderungen:

- erlassende Behörde muss erkennbar sein
- muss vom Behördenleiter/Vertreter (i. V.)/Beauftragten (i. A.) unterschrieben sein oder den Namen wiedergeben
- E-Mail muss Signatur mit qualifiziertem Zertifikat der Behörde enthalten
- bei automatisch erlassenen Verwaltungsakten kann auf die Unterschrift oder Namenswiedergabe verzichtet werden

9.2 Bestimmtheit des Verwaltungsaktes

VwVfG § 37 Abs. 1

Zur Bestimmtheit des Inhalts wird im Gesetz nur festgelegt, dass diese hinreichend sein soll. Hinreichend bedeutet im Zusammenhang auf den Inhalt des Verwaltungsaktes, dass dieser die eindeutige Regelung enthalten soll. Der Adressat des Verwaltungsaktes muss verstehen können, was die Behörde von ihm möchte, um was es konkret geht und was er gegebenenfalls zu tun hat.

Ein Verwaltungsakt muss verständlich, eindeutig und klar für den Betroffenen formuliert sein.

9.3 Begründung des Verwaltungsaktes

VwVfG § 39

Schriftliche und elektronische Verwaltungsakte **müssen** begründet werden, um vor allem bei belastenden Verwaltungsakten beim Adressaten eine größere Akzeptanz zu erreichen. Die Begründung soll die **Tatsachen** des Sachverhalts und die **Rechtsgrundlagen** für die

Entscheidung aufführen. Damit wird gleichzeitig die Behörde gezwungen, gut überlegt und rechtlich abgesichert zu handeln. Vor allem bei **Ermessensentscheidungen** soll der Bürger erkennen, wie die Behörde zu ihrer Entscheidung gekommen ist. Dabei ist es sinnvoll die Erwägungen, die zur Rechtsfolge geführt haben, aufzuzeigen. Im VwVfG § 39 Abs. 2 werden dann noch Ausnahmen geregelt, bei denen die Behörde auf eine Begründung verzichten kann.

9.4 Rechtsbehelfsbelehrung bei Verwaltungsakten

Wenn der Adressat des Verwaltungsaktes sich in seinen Rechten durch die öffentliche Verwaltung verletzt sieht, so steht ihm nach GG Art. 19 Abs. 4 der Rechtsweg offen. Bevor jedoch Klage eingereicht werden kann, fordert die Verwaltungsgerichtsordnung ein Vorverfahren, das **Widerspruchsverfahren**. Durch die Rechtsbehelfsbelehrung wird der Adressat des Verwaltungsaktes über seine Abwehrrechte informiert.

GG Art. 19 Abs. 4, VwGO §§ 58, 70, 81

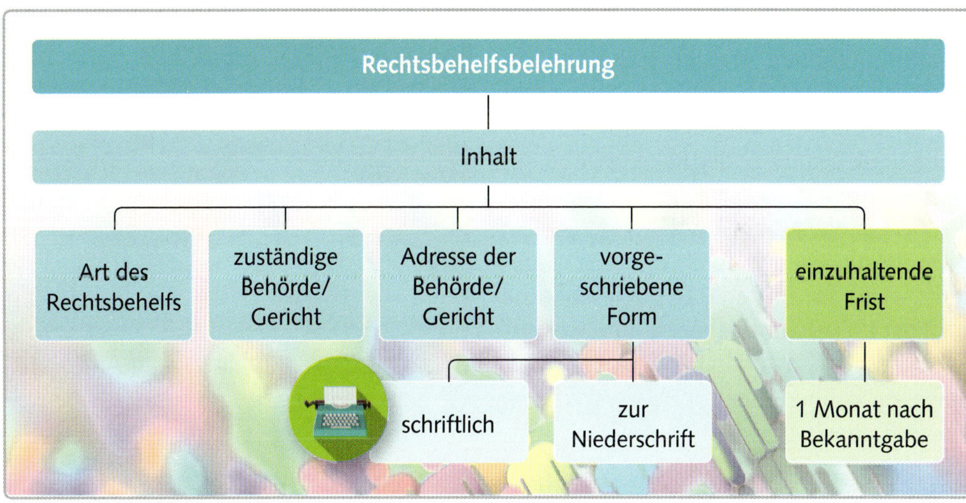

Wichtigkeit der Rechtsbehelfsbelehrung

Mit der Belehrung kennt der Adressat des Verwaltungsaktes seine Möglichkeiten, wie er sich gegen den Verwaltungsakt wehren kann. Außerdem beginnt die **Rechtsbehelfsfrist** von einem Monat zu laufen. Nach dieser Frist ist der Verwaltungsakt bestandskräftig, was bedeutet, dass er unanfechtbar ist und die Behörde den Verwaltungsakt unter Zwang durchsetzen kann. Wenn die

VwGO § 58

Rechtsbehelfsbelehrung fehlt oder Fehler enthält, verlängert sich die Rechtsbehelfsfrist auf ein Jahr.

VwGO § 80

Außerdem entfaltet die Einlegung des Widerspruchs **aufschiebende Wirkung** nach VwGO § 80. Das bedeutet für den Adressaten des Verwaltungsaktes, dass die (meistens belastende) Regelung des Verwaltungsaktes so lange nicht greift, bis eine Entscheidung über den Widerspruch von der zuständigen Behörde oder dem Gericht getroffen wurde. Im Abs. 2 werden Ausnahmen genannt, bei denen die aufschiebende Wirkung entfällt.

BEISPIEL

Herr Häuser wird in einem Verwaltungsakt aufgefordert, sein Gartenhaus abzureißen, da es über das Baufenster seines Bauplatzes ragt. Herr Häuser findet die Anordnung übertrieben und legt deshalb Widerspruch bei der Widerspruchsbehörde ein. So lange der Widerspruch jetzt von der Widerspruchsbehörde geprüft wird, darf Herr Häuser sein Gartenhaus stehen lassen (= Regelung wird aufgeschoben).

9.5 Bekanntgabe und Wirksamkeit des Verwaltungsaktes

9.5.1 Bekanntgabe

VwVfG § 41

Verwaltungsakte müssen dem Adressaten bekannt gegeben werden, sonst hat er keine Möglichkeit davon zu erfahren. Nicht nur für die Berechnung der Rechtsbehelfsfrist ist der Zeitpunkt der Bekanntgabe des Verwaltungsaktes wichtig, sondern auch für die Wirksamkeit. Laut VwVfG § 41 gilt ein Verwaltungsakt der durch die Post zugestellt wird, am **dritten Tag nach Aufgabe zur Post** als bekannt gegeben. Im Zweifelsfall muss die erlassende Behörde des Verwaltungsaktes dessen Zugang beim Adressaten beweisen können. Elektronische Verwaltungsakte gelten am Tag des Abrufs der E-Mail als bekannt gegeben.

BEISPIEL

Der Sachbearbeiter des Steueramtes gibt den Hundesteuerbescheid für Herrn Häuser am 05.04. zur Post. Demnach gilt der Verwaltungsakt am dritten Tag, also am 08.04. Herrn Häuser als bekannt gegeben. Dabei spielt es keine Rolle, wann Herr Häuser den Brief tatsächlich aus dem Briefkasten holt.

Formen der Bekanntgabe

VwVfG § 41, VwZG §§ 3, 4, 5, 11

Grundsätzlich besteht **Formfreiheit**. Der Verwaltungsakt kann mündlich, schriftlich, elektronisch, per Handzeichen oder auf andere Weise bekannt gegeben werden. Jedoch zeigen das Verwaltungszustellungsgesetz und das Verwaltungsverfahrensgesetz Möglichkeiten der förmlichen Bekanntgabe auf:

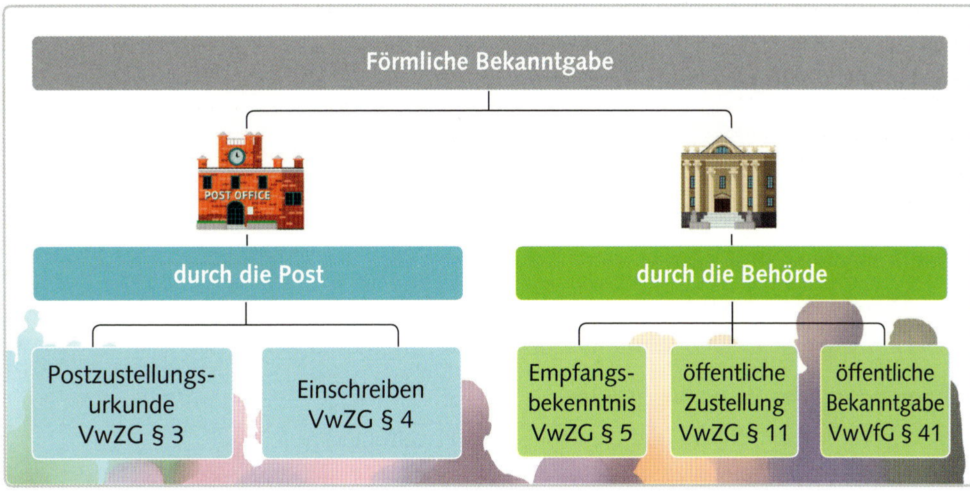

9.5.2 Wirksamkeit

Ein Verwaltungsakt wird erst dann wirksam, wenn er als bekannt gegeben gilt. Das heißt, erst dann greift die Regelung des Verwaltungsaktes für den Adressaten.

Äußere Wirksamkeit

Nachdem der Verwaltungsakt zur Post gegeben wurde, gilt dieser nach dem dritten Tag als bekannt gegeben (= Bekanntgabefiktion). Ab diesem Zeitpunkt wird er wirksam, was bedeutet, dass er für den Adressaten verbindliche Geltung hat und die Rechtsbehelfsfrist zu laufen beginnt.

Innere Wirksamkeit

Enthält der Verwaltungsakt eine Befristung, so gilt die Regelung des Verwaltungsaktes erst ab diesem Zeitpunkt oder für diesen Zeitraum. Jetzt ist der Verwaltungsakt auch unter Zwang für die Behörde vollziehbar.

BEISPIEL

Herr Müller darf über die Dauer eines Straßenfestes (15.07. bis 17.07.) nicht mehr in seiner Sackgasse parken, wofür er sonst eine Sondergenehmigung hat.

- Am **10.06.** gibt der Sachbearbeiter des Ordnungsamtes den entsprechenden Verwaltungsakt **zur Post**.
- Am **13.06.** gilt der Verwaltungsakt als bekannt gegeben **(Bekanntgabefiktion, äußere Wirksamkeit)**.
- Vom **15.07. bis 17.07.** darf Herr Müller nicht in seiner Sackgasse parken. Tut er dies dennoch, kann das Ordnungsamt sein Auto abschleppen lassen. Die Kosten hätte dann Herr Müller zu tragen **(innere Wirksamkeit)**.
- Am **13.07.** ist die Rechtsbehelfsfrist abgelaufen und der Verwaltungsakt gilt als **bestandskräftig**.

Zusammenfassung und Lernkontrolle

Zusammenfassung

- **Form des Verwaltungsaktes**
  - Grundsatz der Formfreiheit
  - Schriftliche oder elektronische Verwaltungsakte müssen bestimmte Inhalte aufweisen
- **Inhalt des Verwaltungsaktes**
  - Muss hinreichend bestimmt sein
  - Eindeutige, klare und verständliche Formulierung für Bürger
- **Begründung des Verwaltungsaktes**
  - Zwang für schriftliche und elektronische Verwaltungsakte
  - Sachverhalt und Rechtsgrundlage aufzeigen
  - Ermessensentscheidungen nachvollziehbar machen
- **Rechtsbehelfsbelehrung von Verwaltungsakten**
  - Abwehrrechte des Bürgers gegen Verwaltungsakt
  - Schriftlich oder zur Niederschrift bei Widerspruchsbehörde oder Gericht
  - Innerhalb eines Monats
- **Bekanntgabe des Verwaltungsaktes**

Möglichkeiten der Bekanntgabe

- Grundsatz: Formfreiheit
  - Mündlich
  - Schriftlich
  - Elektronisch
  - Handzeichen
- Förmliche Bekanntgabe
  - Postzustellungsurkunde
  - Einschreiben
  - Empfangsbekenntnis
  - Öffentliche Zustellung

- **Wirksamkeit des Verwaltungsaktes**
  - Äußere Wirksamkeit: nach Bekanntgabefiktion
  - Innere Wirksamkeit: Befristung

Lernkontrolle

Aufgabe 1

Welche formellen Anforderungen bestehen an Verwaltungsakte?

Aufgabe 2

Wie sollte ein Verwaltungsakt inhaltlich formuliert werden?

Aufgabe 3

Schriftliche und elektronische Verwaltungsakte sind zu begründen.
Nennen Sie die einschlägige Rechtsgrundlage und begründen Sie, warum die Begründung vorgeschrieben wird.

Aufgabe 4

Beantworten Sie die folgenden Fragen unter der Angabe der entsprechenden Rechtsnorm.

1. Wann gilt ein VA als bekannt gegeben, wenn er am 09.06. als Brief zur Post gegeben wurde?
2. Wann gilt ein VA als bekannt gegeben, wenn er am 13.07. zur Post gegeben und am 18.07. aus dem Briefkasten geholt wurde?
3. Wann ist der VA zugegangen, wenn er mit Postzustellungsurkunde am 09.07. zur Post gegeben und am 11.07. zugestellt wurde?

10 Gutachten- und Bescheidtechnik

10.1 Der Gutachtenstil

Verwaltungsfachangestellte müssen in der Lage sein zu einem vorgebrachten Sachverhalt eines Bürgers, sei es schriftlich, mündlich oder auf andere Weise, eine Entscheidung zu treffen. Dazu müssen die entsprechenden Rechtsnormen ausgewählt und angewandt werden. Am Ende ist die Entscheidung über den Sachverhalt dem Bürger so mitzuteilen, dass er sie versteht und sie für ihn nachvollziehbar ist. Darum ist es umso wichtiger, bei der **Ermittlung des Sachverhalts** und der **Rechtsanwendung** so genau wie möglich vorzugehen. Eine gängige **Methode** hierfür ist der Gutachtenstil.
Der Gutachtenstil gliedert sich in folgende Punkte:

Obersatz

Der vorgebrachte Sachverhalt des Bürgers muss zunächst durchgearbeitet werden. Es ist sinnvoll sich dabei folgende Fragen zu stellen:

- Habe ich alle Angaben zu den betroffenen Personen?

BEISPIEL

Adresse, Familienstand

- Habe ich alle Angaben zu evtl. betroffenen Grundstücken?

BEISPIEL

Größe, Nachbarschaftsverhältnisse

- Gibt es Fakten für eine besondere Situation?

BEISPIEL

Gefahr, verbotene Handlungen

- Sind weitere Behörden zuständig?

BEISPIEL

Gemeindegrenzen, Mitwirkung Landratsamt

- Ist nur das öffentliche Recht betroffen?

BEISPIEL

Privatrecht

Nachdem der Sachverhalt aufgearbeitet wurde, folgt nun der erste Schritt im Gutachtenstil. Es wird der Obersatz formuliert, also eine **Behauptung** aufgestellt, die es im weiteren Verlauf zu überprüfen gilt und somit am Ende ein Ergebnis festgehalten werden kann.

BEISPIEL

© andriano-cz – stock.adobe.com

Familie Kurz wohnt seit einer Woche in der Gemeinde Kläringen und hat sich bereits umgemeldet. Beim Stadtrundgang haben sie die gemeindeeigene Leihbücherei entdeckt und die Kinder der Familie würden sich gerne Bücher ausleihen. Herr Kurz ist sich jedoch nicht sicher, ob sie dort schon Bücher leihen können, wenn sie erst eine Woche in der Gemeinde wohnen. Er ruft auf dem Rathaus von Kläringen an.
Darf die Familie Kurz bereits nach einer Woche in der gemeindeeigenen Bücherei Bücher leihen?

Aufstellung des Obersatzes:
Familie Kurz könnte gemäß GemO BW § 10 Abs. 2 die Bücherei nutzen dürfen.

Voraussetzung

Im zweiten Schritt werden die Voraussetzungen geprüft, die vorliegen müssen, damit die aufgestellte Behauptung geprüft werden kann.

BEISPIEL

Um die Bücherei nutzen zu dürfen, müssen die Familienmitglieder Kurz Einwohner der Gemeinde sein.

Definition

Nachdem die Behauptung formuliert und die notwendigen Voraussetzungen aufgestellt wurden, folgt als nächstes die Definition der Voraussetzungen. Diese wird so **allgemein** wie möglich festgehalten.

BEISPIEL

Laut GemO BW § 10 Abs. 1 ist Einwohner, wer in der Gemeinde wohnt.

Subsumtion

Bei der Subsumtion muss jetzt der vorgetragene Sachverhalt des Bürgers unter die Definition gebracht werden. Es folgt die Anwendung der allgemeinen Rechtsnormen auf den **konkreten** Fall.

BEISPIEL

Die Familienmitglieder wohnen seit einer Woche in Kläringen. Sie sind auch schon umgemeldet und demnach in der Gemeinde erfasst. Dadurch sind sie gemäß GemO BW § 10 Abs. 1 Einwohner von Kläringen.
Nach GemO BW § 10 Abs. 2 sind Einwohner berechtigt, öffentliche Einrichtungen zu benutzen. Die Bücherei ist solch eine öffentliche Einrichtung von Kläringen.

Ergebnis

Erst im letzten Schritt wird nun das Ergebnis zum Sachverhalt formuliert. Es darf auf keinen Fall bereits im Obersatz festgehalten werden.

BEISPIEL

Da die Familienmitglieder Kurz Einwohner der Gemeinde Kläringen sind, dürfen sie laut GemO BW § 10 Abs. 2 die Bücherei nutzen und Bücher leihen.

10.2 Bescheidtechnik

Wenn der Bürger der Behörde einen Sachverhalt vorgetragen hat und dazu ein Ergebnis getroffen wurde, so wird dies dem Bürger meist in einem Bescheid mitgeteilt. Wichtig ist zu wissen, dass der Bürger nicht zwingend den Unterschied kennt, ob das Ergebnis ein Verwaltungsakt ist oder nicht. Für Laien stellen oft sämtliche Äußerungen und Schreiben von Behörden Bescheide dar. Die Bescheidtechnik soll Ihnen als Verwaltungsfachangestellte erklären, wie ein Bescheid aufzubauen ist.

Bescheide sollen rechtmäßig, eindeutig, für den Bürger verständlich und wirtschaftlich effizient erstellt werden.

Aufbau eins Bescheids

1. Absender
2. Empfänger
3. Betreff
4. Anrede

5. Tenor: Hauptregelung des Schreibens (Hauptentscheidung)
6. Begründung: tatsächliche und rechtliche Gründe, die zur Entscheidung geführt haben werden genannt
7. Rechtsbehelfsbelehrung: Aufklärung des Bürgers über Abwehrrechte
8. Gruß
9. Unterschrift

Muster eines Bescheids

Stadt Kläringen

Behörde, Verkehrsbehörde, Hauptstr. 1

Musikverein Kläringen e. V. Herrn Michael Müller (Vorstand) Olgastr. 3 77948 Kläringen	Bearbeitet von: Frau Sitzig Zimmer-Nr.: 506 Tel.: 07421/19065 Fax: 07421/19060

Datum und Zeichen Ihres Schreibens	Bitte bei Antwort angeben	Aufgabe zur Post
15.05.20xx MÜ	Mein Zeichen SI	04.06.20xx

Verkehrsbehördliche Anordnung – Straßenfest Kirchplatz

Sehr geehrter Herr Müller,

aufgrund des Straßenfestes am 14.07.20xx wird die Vollsperrung des Kirchplatzes am 14.07.20xx in der Zeit von 12 Uhr bis 24 Uhr durch den Antragsteller von der Behörde angeordnet.

Die Sperrung der Zufahrtsstraßen ist durch entsprechende Schilder, sowie dem Zusatzzeichen „Anlieger frei“ vorzunehmen. Bei Dunkelheit sind die Schilder mit Lampen kenntlich zu machen. Es ist sicherzustellen, dass der Anliegerverkehr weiterhin möglich ist.

Für diese Anordnung wird eine Verwaltungsgebühr in Höhe von 20 € festgesetzt, die innerhalb einer Woche nach Bekanntgabe zu begleichen ist.

Rechtsbehelfsbelehrung:
Gegen diesen Bescheid kann innerhalb eines Monats nach Bekanntgabe schriftlich oder zur Niederschrift Widerspruch bei der Stadt Kläringen, Hauptstr. 1, 77948 Kläringen erhoben werden.

Mit freundlichen Grüßen
i. A.

Sitzig

Zusammenfassung und Lernkontrolle

Zusammenfassung

- **Gutachtenstil**
  - Methode zur nachvollziehbaren Rechtsanwendung
  - Aufbau des Gutachtenstils:
    1. Obersatz
    2. Voraussetzung
    3. Definition
    4. Subsumtion
    5. Ergebnis
- **Ansprüche an Bescheide**
  - Rechtmäßigkeit
  - Verständlichkeit
  - Eindeutigkeit
  - Wirtschaftlichkeit
- **Aufbau von Bescheiden**
  - Vergleichbar mit Geschäftsbrief
  - Im Hauptteil: Tenor, Begründung, Rechtsbehelfsbelehrung

Lernkontrolle

Aufgabe 1

Wozu dient der Gutachtenstil?

Aufgabe 2

Nennen Sie die fünf Schritte des Gutachtenstils.

Aufgabe 3

Lösen Sie den folgenden Fall im Gutachtenstil.

Die Gemeinderatswahl von Musterstadt am 27.10.20xx steht kurz bevor. Die Auszubildende zur Verwaltungsfachangestellten, Katja Maier, 16 Jahre, die in der Gemeinde arbeitet und auch schon immer dort wohnt, wird als ehrenamtlich Tätige zur Wahlhelferin bestimmt.

Darf Katja Maier die ehrenamtliche Tätigkeit wahrnehmen?

Aufgabe 4

Erklären Sie den Aufbau eines Bescheids.

11 Verbale und nonverbale Kommunikation

11.1 Verbale Kommunikation

Verwaltungsfachangestellte haben je nach Amt mehr oder weniger Bürgerkontakt. Die Bürger besuchen die Behörde meist unfreiwillig, weil sie ein Anliegen haben, dass dem entsprechenden Sachbearbeiter eines bestimmten Amtes angehört und geklärt werden soll. Es findet eine verbale Kommunikation zwischen Bürger und Sachbearbeiter statt.

Verbale Kommunikation ist Ausdruck von sprachlichen Mitteilungen.

Jedoch können bereits beim Vortragen des Sachverhalts vom Bürger wie auch beim Zuhören und Verstehen auf Seiten des Sachbearbeiters die ersten **Probleme** auftreten.

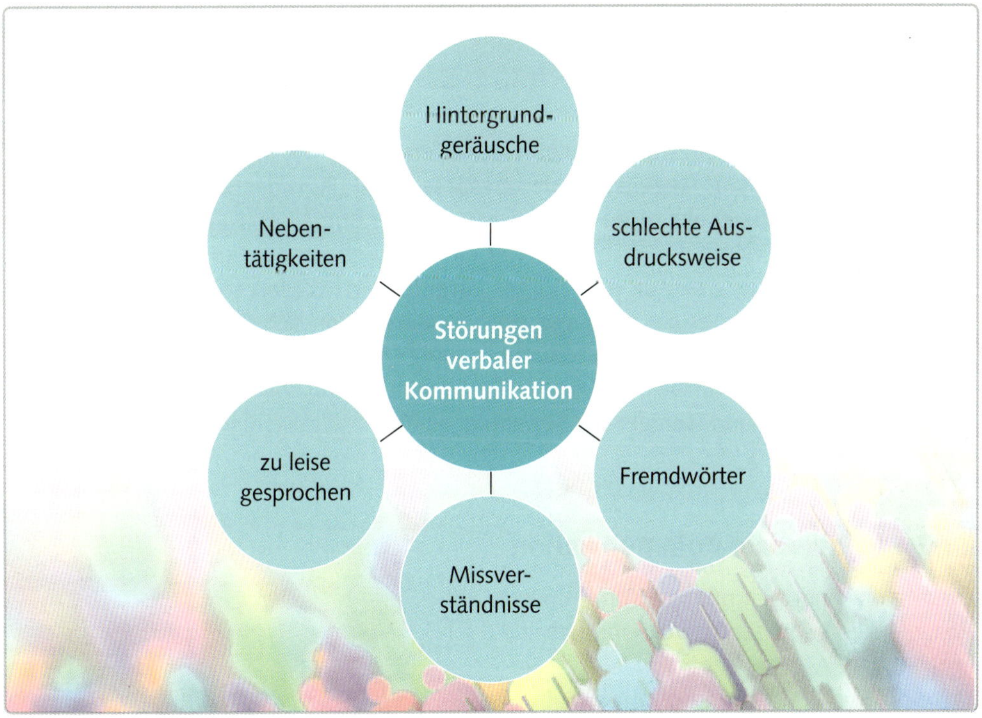

Um verbal **gut kommunizieren** zu können, sei es am Telefon oder im direkten Gespräch mit dem Bürger, sind folgende **Hinweise** zu beachten:

- Bereiten Sie sich, wenn möglich, auf das Gespräch vor.
- Unterbrechen Sie Ihre Tätigkeit.
- Sorgen Sie für eine geräuscharme Kulisse (Besprechungszimmer).

- Vermeiden Sie Fremdwörter.
- Reden Sie laut und deutlich.
- Hören Sie aufmerksam zu.
- Fragen Sie nach, wenn Sie etwas nicht verstanden haben.

Auch wenn Sie alle diese Hinweise berücksichtigen, kann es trotzdem noch zu Missverständnissen kommen. Grund hierfür ist, dass der Sender (z. B. Bürger) seine Botschaft (z. B. Sachverhalt) dem Empfänger (z. B. Sachbearbeiter) verschlüsselt mitteilt. Der Kommunikationswissenschaftler **Schulz von Thun** hat zur Entschlüsselung dieser Botschaften ein **Modell** entwickelt. Seiner Meinung nach kann jede Botschaft auf vier verschiedenen Ohren gehört und somit verstanden und entschlüsselt werden.

Möchte der Sachbearbeiter die Botschaft des Bürgers auf der **Sachebene** verstehen, so sollte er sich fragen, was **Gegenstand des Gespräches** ist. Hört der Sachbearbeiter jedoch nur auf dem **Beziehungsohr** zu, so fragt er sich, was der Bürger wohl von ihm hält und wie er mit ihm spricht. Wenn der Sachbearbeiter die **Appellebene** des Bürgers berücksichtigt, kann er hinterfragen, wozu er vom Bürger **aufgefordert** werden soll. Auf der Seite der Selbstoffenbarung geht es um die Frage, was der Bürger von sich selbst übermittelt.
Werden diese vier Seiten einer Nachricht in einer Kommunikation berücksichtigt, so kommt es zu weniger Missverständnissen. Als Sachbearbeiter sollten Sie vor allem auf der Sachebene zuhören und weniger die Beziehungsebene berücksichtigen.

11.2 Nonverbale Kommunikation

Damit von einer gelungenen Kommunikation die Rede sein kann, müssen auch die nonverbalen Aspekte stimmen. Je nach Einsatz von Mimik, Gestik und Körperhaltung kann das Gespräch positiv oder negativ verlaufen.

Nonverbale Kommunikation umfasst die Mimik, Gestik und Körperhaltung.

	Definition	Beispiele positiver Verstärkung	Beispiele negativer Verstärkung
Mimik	Bewegungen im Gesicht	 © StudioLaMagica – stock.adobe.com ▪ Lächeln ▪ Offene Augen	 © StudioLaMagica – stock.adobe.com ▪ Hängende Mundwinkel ▪ Stirn runzeln
Gestik	Bewegungen der Arme und Hände	 © StudioLaMagica – stock.adobe.com ▪ Arme vor Körpermitte ▪ Offene Handflächen	 © StudioLaMagica – stock.adobe.com ▪ Überkreuzte Arme vor der Brust ▪ Geballte Fäuste
Körperhaltung	Stellung des gesamten Körpers	 © Kurhan – stock.adobe.com ▪ Entspanntes Sitzen ▪ Aufrechtes Stehen	 © Dragor images – stock.adobe.com ▪ Überschlagene Beine ▪ Gelangweiltes Zurücklehnen

Zusammenfassung und Lernkontrolle

Zusammenfassung

- **Verbale Kommunikation**
  - Gesprochene Mitteilungen
  - Direktes Gespräch
  - Telefonate
- **Störungen verbaler Kommunikation**
  - Lautstärke
  - Ablenkung
  - Missverständnisse
- **Kommunikationsmodell Vier Seiten einer Nachricht**
  - Sachebene: Um was geht es?
  - Beziehungsebene: Was denkt der Gesprächspartner von mir?
  - Appellebene: Wozu fordert mich der Gesprächspartner auf?
  - Selbstoffenbarungsebene: Was gibt der Gesprächspartner über sich preis?
- **Nonverbale Kommunikation**
  - Beeinflusst Gespräch
  - Muss zum Gesagten passen

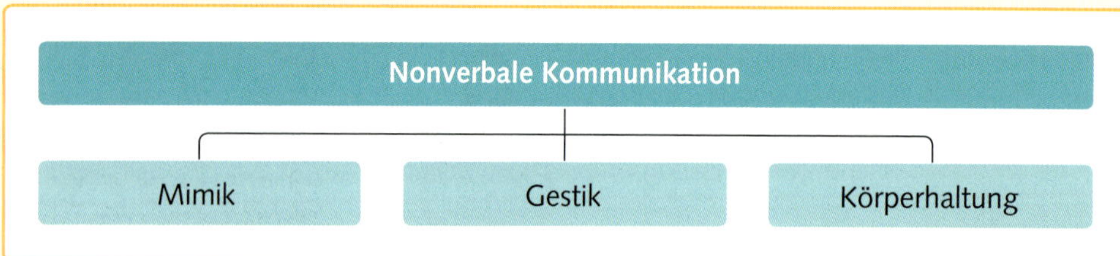

Lernkontrolle

Aufgabe 1

Wie unterscheidet sich die verbale von der nonverbalen Kommunikation?

Aufgabe 2

Nennen Sie drei Beispiele, warum ein Gespräch misslingen kann.

Aufgabe 3

Erklären Sie das Kommunikationsmodell nach Schulz von Thun.

Aufgabe 4

Überlegen Sie sich jeweils zwei weitere nonverbale Signale für die Mimik, Gestik und Körperhaltung.

12 Konfliktverhalten

12.1 Begriffsbestimmung

Konfliktsituationen gehören zum Alltag, auch im Beruf.

Ein Konflikt stellt eine **Unvereinbarkeit** von Verhaltensweisen, Meinungen oder Zielen dar.

Als Mitarbeiter der Verwaltung können Konflikte zwischen Ihnen und Kollegen, Vorgesetzten und Bürgern auftreten. Das wichtigste dabei ist, dass Ihnen dieser Konflikt bewusst ist und Sie in der Lage sind eine professionelle Lösungsstrategie anzuwenden.

12.2 Konfliktarten

Ein **Scheinkonflikt** ist die schwächste Art eines Konfliktes, wobei die Betroffenen gefühlsmäßig nicht beeinträchtigt sind. Ein **Randkonflikt** ist eine minimale Steigerung eines Scheinkonflikts. Zu einem kurzen Aufregen tritt eine geringe Beeinträchtigung der Gefühlslage der Betroffenen hinzu. Schein- und Randkonflikte sind nur von kurzer Dauer. Ein **Zentralkonflikt** entsteht, wenn es zu Interessensgegensätzen zwischen den Streitparteien kommt. Dabei treten Gefühle wie beispielsweise Wut, Trauer und Angst auf. Die schlimmste Form eines Konflikts ist der **Extremkonflikt**. Im Grunde liegt hier wie beim Zentralkonflikt eine Unvereinbarkeit zwischen Interessen vor, die jedoch jetzt nicht mehr von den Betroffenen selbst gelöst werden kann. Die Gefühle werden hier dauerhaft negativ beeinträchtigt.

12.3 Konfliktlösungsstrategien

	Kompromiss	Konsens	Schlichtung
Definition	Beide Parteien verzichten **teilweise** auf ihre Forderungen bzw. Wünsche.	**Meinungsübereinstimmung**, d. h. beide Parteien können ihre Forderungen bzw. Wünsche durchsetzen, keiner muss auf etwas verzichten.	Die beiden Parteien können sich nicht einigen. Eine **dritte Person** wird hinzugezogen, die zwischen den Parteien vermittelt.
Merkmale	■ Keiner fühlt sich als Verlierer ■ Beide Parteien sind gleichberechtigt ■ Gemeinsames Ergebnis = Anerkennung Jeder gewinnt und verliert.	■ Anerkennung der anderen Meinung ■ Gleichberechtigung Ideallösung für beide Parteien.	■ Unvoreingenommene Betrachtung ■ Rückkehr zur Sachlichkeit Stockende Gespräche werden wieder zum Laufen gebracht.

Zusammenfassung und Lernkontrolle

Zusammenfassung

- **Konflikt** = Unvereinbarkeit von Meinung, Verhalten, Zielen
- **Arten von Konflikten**
  - Scheinkonflikt
  - Randkonflikt
  - Zentralkonflikt
  - Extremkonflikt
- **Lösungsstrategien für Konflikte**

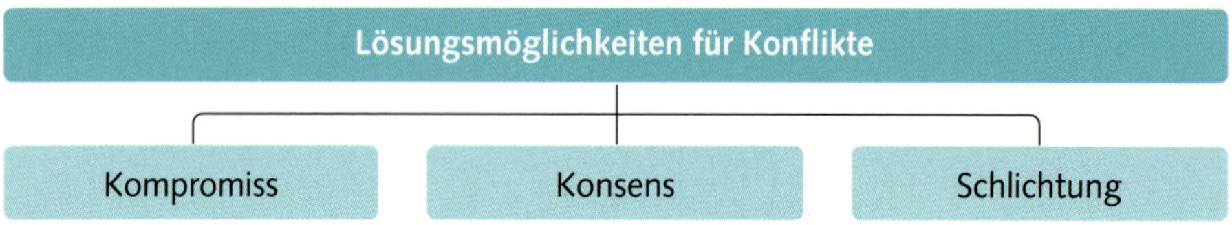

Lernkontrolle

Aufgabe 1

Definieren Sie den Begriff Konflikt.

Aufgabe 2

Erklären Sie den Unterschied zwischen einem Randkonflikt und einem Zentralkonflikt.

Aufgabe 3

Nennen Sie drei Möglichkeiten, wie Konflikte gelöst werden können und erklären Sie die jeweilige Vorgehensweise.

Aufgabe 4

Welche Lösungsstrategie eignet sich für einen Extremkonflikt? Begründen Sie Ihre Meinung.

Lernfeld 10: Rechtseingriffe verwaltungsmäßig vorbereiten, durchführen und überprüfen

1 Grundlagen des Rechts der Gefahrenabwehr

1.1 Bedeutung des Gefahrenabwehrrechts

Vgl. Kapitel C
GG Art. 2, 5, 8

Das Grundgesetz beinhaltet einen Katalog von Rechten für Staatsbürger. Es ist beispielsweise erlaubt seine Meinung frei zu äußern, zu demonstrieren und vieles mehr. Nach dem GG wird sogar jedem das Recht der allgemeinen Handlungsfreiheit zugestanden. Um jedoch in einem Land friedlich zusammenleben zu können, ist es notwendig, dass es zum Schutz jedes Einzelnen Regeln gibt.

Das Gefahrenabwehrrecht wehrt im Voraus Gefahr ab und greift ein, um bestehende Gefahr zu beseitigen.

Dabei versteht sich von selbst, dass ein Eingriff nur unter der Berücksichtigung des **Grundsatzes der Gesetzmäßigkeit** erfolgen darf. Der Eingriff muss auf eine gesetzliche Ermächtigungsgrundlage zurückzuführen sein (Vorbehalt des Gesetzes) und darf gegen kein Gesetz verstoßen (Vorrang des Gesetzes).

1.2 Begriff Gefahr

Der Begriff Gefahr ist ein **unbestimmter Rechtsbegriff** und muss entsprechend ausgelegt werden. Die gängige Definition legt drei Bestandteile fest:

① Hinreichende Wahrscheinlichkeit

② Absehbare Zeit

③ Eintritt eines erheblichen Schadens

Arten von Gefahr	
Anscheinsgefahr	**Scheingefahr**
Nach objektiver Betrachtung droht eine Gefahr, die jedoch tatsächlich nicht eintritt.	Nach objektiver Betrachtung droht keine Gefahr (die dann auch tatsächlich nicht eintritt), aber die Behörde greift dennoch ein.
Beispiel: Es wird eine giftige Schlange in einem Wohngebiet gesichtet. Die umliegenden Bewohner werden daraufhin in Sicherheit gebracht und die Schlange eingefangen. Später wird vom Tierarzt dann festgestellt, dass die Schlange keinen Giftzahn mehr hatte.	Beispiel: Ein Nachbar ruft die Polizei, weil er einen lauten Streit und Schüsse gehört hat. Daraufhin kommt die Polizei und stürmt die Wohnung des Nachbarn. Später stellt sich heraus, dass die Geräusche von einem Actionfilm aus dem Fernsehen stammten.

PolG BW § 1

Je nach Bundesland gehören zum Begriff Gefahr die Bestandteile **Öffentliche Sicherheit und Ordnung**, wie beispielsweise in Baden-Württemberg. Sie gelten als Schutzgüter, die ein Eingreifen der Polizei legitimieren. Einzelne Bundesländer schließen die Öffentliche Ordnung aus, zum Beispiel Schleswig-Holstein.

1.2.1 Öffentliche Sicherheit

Die öffentliche Sicherheit umfasst drei Bereiche:

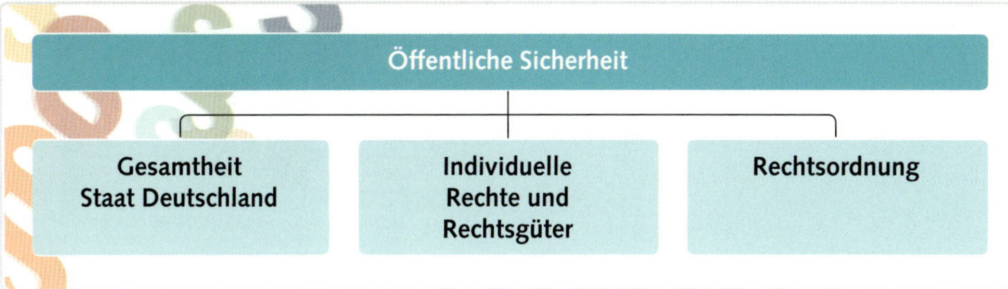

Die öffentliche Sicherheit ist demnach gefährdet, wenn der **Staat Deutschland** in seiner Funktionsfähigkeit eingeschränkt wird. Das kann einzelne Einrichtungen betreffen (Beispiel: Rathaus, Bundestag) oder auch Staatsveranstaltungen (Beispiel: Bundestagswahl, Demonstrationen). Außerdem umfasst das Schutzgut der öffentlichen Sicherheit auch die Rechte und Rechtsgüter **einzelner Personen**, wozu vor allem Grundrechte zählen (Beispiel: Schutz des Lebens, der Gesundheit oder auch Freiheit). Als letzten Bereich gehört auch die **Rechtsordnung** von Deutschland zur öffentlichen Sicherheit. Darunter fällt der Schutz sämtlicher geschriebener Rechtsnormen (Beispiel: Gesetze, Rechtverordnungen).

1.2.2 Öffentliche Ordnung

Zur öffentlichen Ordnung gehören im Vergleich zur öffentlichen Sicherheit alle **ungeschriebenen Verhaltensregeln**. Diese werden vor allem durch die Gesellschaft geprägt und schließen Sitte, Moral und Anstand mit ein. Diese ungeschriebenen Verhaltensregeln sind notwendig, um ein gutes Zusammenleben zu praktizieren.

1.3 Zuständigkeiten der Gefahrenabwehr

GG Art. 30, 83

Für die Gefahrenabwehr sind sowohl die **Polizei** als auch die **Behörden der Verwaltung** zuständig. Es wird zwischen der sachlichen und örtlichen Zuständigkeit unterschieden. Die **sachliche Zuständigkeit** wird durch die Aufgabenübertragung vom Bund auf die Länder auch von den Ländern bestimmt. Die örtliche Zuständigkeit begrenzt den Raum der Gefahrenabwehr. Jede sachlich zuständige Stelle ist für einen bestimmten Raum verantwortlich. Da die sachlich zuständigen Stellen wieder Bundesland abhängig gegliedert sind, wird hier aus Platzgründen nur die Aufteilung in Baden-Württemberg genauer dargestellt.

Nach PolG BW sind grundsätzlich die **Polizeibehörden** für die Wahrnehmung der polizeilichen Aufgaben zuständig. Der **Polizeivollzugsdienst** handelt, wenn sofort eingegriffen werden muss. PolG § 60

Sowohl innerhalb der Polizeibehörden wie auch im Polizeivollzugsdienst können weitere Untergliederungen vorgenommen werden:

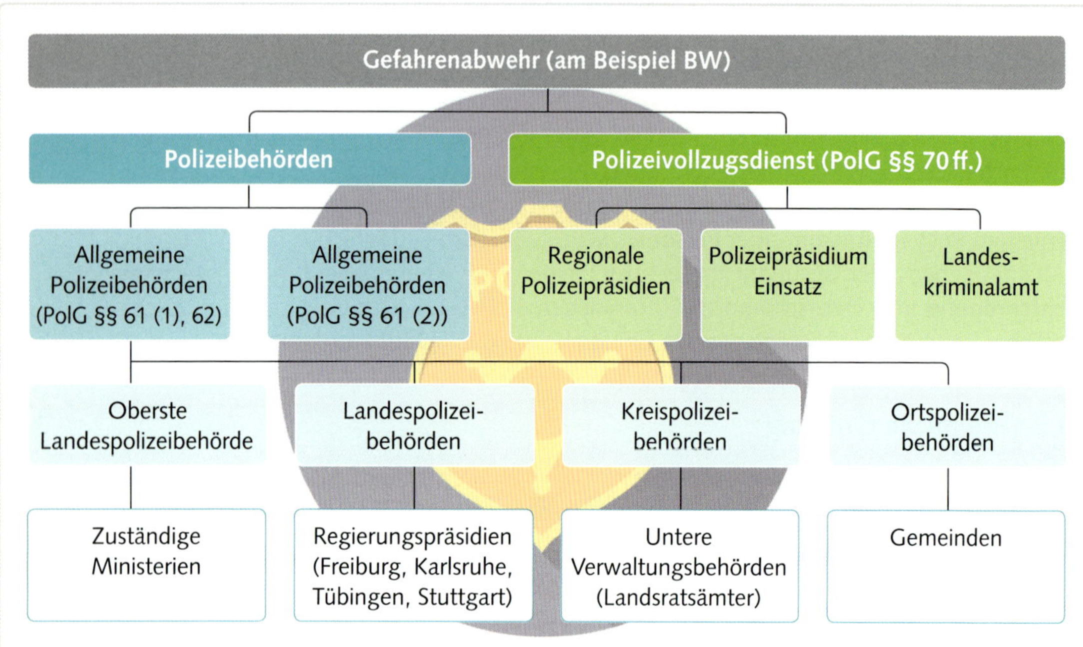

1.4 Ermächtigungen zur Gefahrenabwehr

GG Art. 74

Nach dem GG gehört die Gefahrenabwehr zur konkurrierenden Gesetzgebung, was bedeutet, dass grundsätzlich die Gesetzgebung den Ländern zugeschrieben ist, aber der Bund die Möglichkeit hat, zu bestimmten Themengebieten Bundesgesetze zu erlassen.

BEISPIEL

Waffengesetz, Straßenverkehrsgesetz

Auf Landesebene gelten für die Gefahrenabwehr zunächst die **Spezialgesetze**, bevor nach den **allgemeinen Gefahrenabwehrgesetzen** der Länder (zum Beispiel PolG BW) Maßnahmen ergriffen werden dürfen.

BEISPIEL

Vgl. LF C Kapitel 5.1

für Spezialgesetze zur Gefahrenabwehr:
Versammlungsgesetz, Ausländergesetz, Landesbauordnung

Belastende Verwaltungsmaßnahmen gegenüber dem Bürger brauchen nach dem **Grundsatz der Gesetzmäßigkeit** stets Ermächtigungsgrundlagen. Erst wenn kein Spezialgesetz als Ermächtigungsgrundlage herangezogen werden kann, darf die polizeiliche Generalklausel Anwendung finden.

PolG BW § 1

1.5 Rechtsfolgen bei der Gefahrenabwehr

Wenn die Polizeibehörde feststellt, dass Gefahr droht und die Schutzgüter der öffentlichen Sicherheit und Ordnung betroffen sind, ist die **Tatbestandseite** der Gefahrenabwehr erfüllt. Demnach muss jetzt geprüft werden, ob ein entsprechendes Handeln verpflichtend vorgeschrieben ist oder ob die zu treffende Maßnahme dem **Grundsatz des Ermessens** unterliegt, was die **Rechtsfolgen** der Gefahrenabwehr ausmachen.

Vgl. LF C Kapitel 5.2

BEISPIEL

„Die Polizei hat innerhalb der durch das Recht gesetzten Schranken zur Wahrnehmung ihrer Aufgaben diejenigen Maßnahmen zu treffen, die ihr nach pflichtgemäßem Ermessen erforderlich erscheinen."

PolG BW § 3

1.5.1 Entschließungsermessen

Die Polizeibehörde stellt sich bei erfüllter Tatbestandseite und eingeräumtem Entschließungsermessen die Frage, **ob** sie überhaupt Maßnahmen ergreifen soll. Dies ist abhängig von der Auslegung des Gefahrenbegriffs in der entsprechenden Situation.

Vgl. LF C Kapitel 5.1

BEISPIEL

In einem Wohngebiet wird bei der Aushebung eines Bauplatzes eine Fliegerbombe aus dem zweiten Weltkrieg gefunden. Hier steht nun außer Frage, dass die Polizeibehörde eingreifen muss, da Gefahr für das Leben einzelner Personen droht.

1.5.2 Auswahlermessen

Steht bereits fest, dass die Behörde handeln muss, so obliegt ihr beim Auswahlermessen die Pflicht, das **richtige Mittel** zur Beseitigung der Gefahrenlage zu wählen. Dabei ist zu beachten, dass die Maßnahme vom Bürger inhaltlich verstanden wird, rechtlich und tatsächlich durchführbar ist und der **Grundsatz der Verhältnismäßigkeit** beachtet wurde.

Vgl. LF C Kapitel 5.3

BEISPIEL

Das Ordnungsamt verlangt vom Bürger Maier, dass er sein stillgelegtes Auto zum Schrottplatz in die Nachbargemeinde fährt.
Dies ist jedoch rechtlich nicht durchführbar, da er sich damit strafbar machen würde.

1.5.3 Adressatenbestimmung

Die polizeilichen Maßnahmen sind gegen einen polizeipflichtigen Störer zu richten. Adressaten können sowohl natürliche als auch juristische Personen sein.

Ein polizeipflichtiger Störer muss den polizeiwidrigen Zustand beseitigen.

Verhaltensstörer

- stört oder gefährdet durch sein Verhalten
- Verhalten ist Ursache für Störung oder Gefahr

Zustandsstörer

- stört durch seinen Zustand oder seine Sache
- zunächst Eigentümer; dann Inhaber der Sache

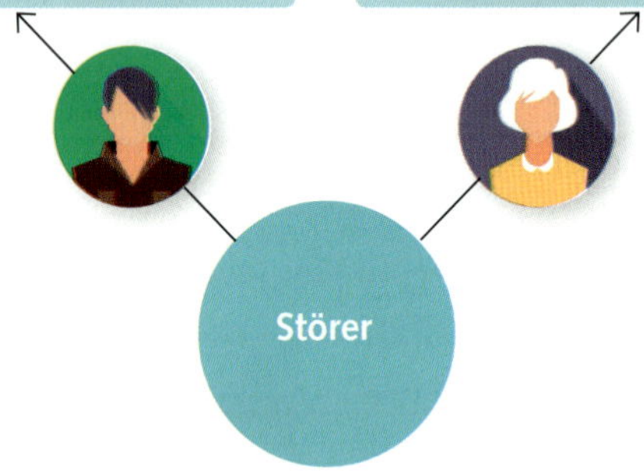

Als letztes Mittel dürfen auch **Nichtstörer** herangezogen werden, wenn die Gefahr oder Störung unmittelbar droht und nicht anders beseitigt werden kann.

Zusammenfassung und Lernkontrolle

Zusammenfassung

- **Gefahrenabwehrrecht**
  - Im Voraus zur Vermeidung
  - Im Nachhinein zur Beseitigung
- **Gefahr**
  - Anscheinsgefahr
  - Scheingefahr
  - Öffentliche Sicherheit und Ordnung
- **Zuständigkeiten**
  - Sachliche Zuständigkeit
  - Örtliche Zuständigkeit

  Beispiel Baden-Württemberg:

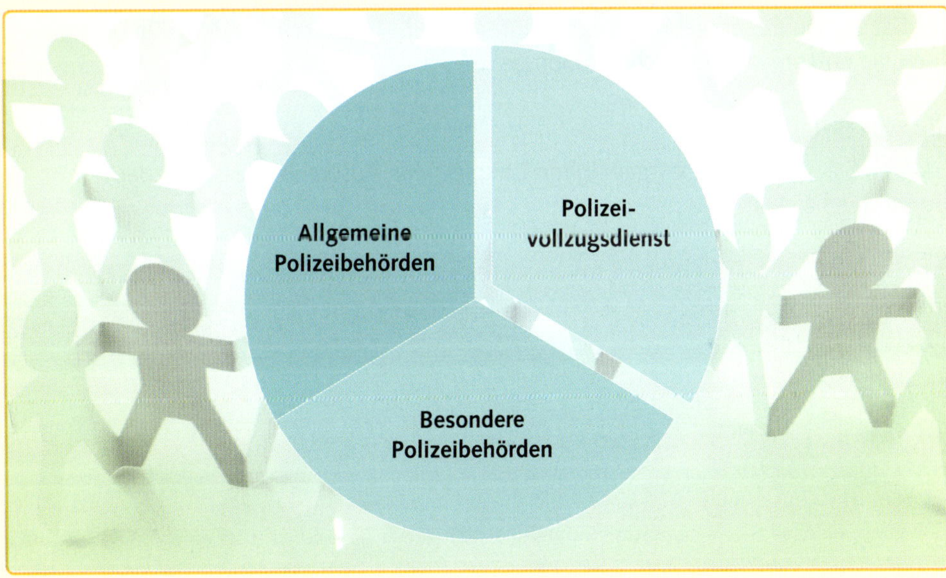

- **Ermächtigung zur Gefahrenabwehr und Rechtsfolge**

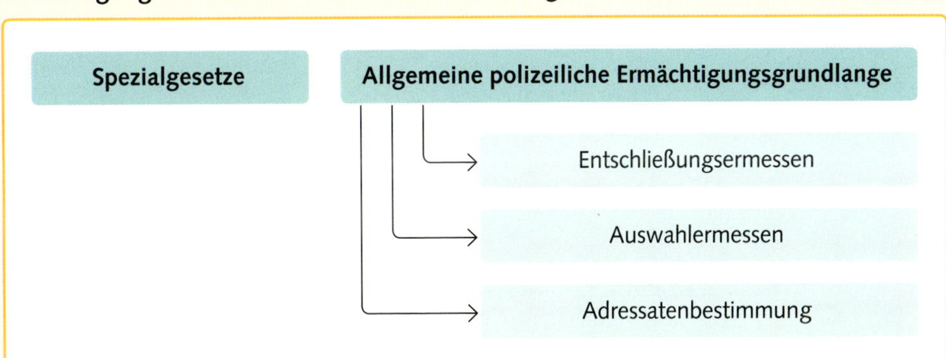

Lernkontrolle

Aufgabe 1

Definieren Sie den Begriff Gefahr und unterscheiden Sie die Anscheinsgefahr von der Scheingefahr.

Aufgabe 2

Erklären Sie, welche drei Schutzgüter unter die öffentliche Sicherheit fallen.

Aufgabe 3

In Baden-Württemberg wird auch die öffentliche Ordnung als Schutzgut des Gefahrenbegriffs aufgezählt.

Was versteht man unter der öffentlichen Ordnung?

Aufgabe 4

Wer ist für die Gesetzgebung der Gefahrenabwehr in erster Linie zuständig? Nennen Sie auch die entsprechende Rechtsgrundlage.

Aufgabe 5

Erklären Sie an einem selbstgewählten Beispiel, was Auswahlermessen bedeutet.

2 Sofortige Vollziehung

Wenn Gefahr droht, muss sofort gehandelt werden. Doch nicht nur wenn Gefahr droht ist ein sofortiges Einschreiten nötig, sondern auch in anderen Fällen, was im Folgenden thematisiert wird. Grundsätzlich haben die Adressaten eines Verwaltungsaktes das Recht, **Widerspruch** und im nächsten Schritt dann **Anfechtungsklage** zu erheben. Durch die Rechtsbehelfsbelehrung wird der betroffene Bürger darüber informiert. Sobald Widerspruch eingelegt wird, entfaltet sich die s. g. **aufschiebende Wirkung** nach VwGO § 80. Die aufschiebende Wirkung hat zur Folge, dass der Verwaltungsakt weiterhin wirksam bleibt, jedoch nicht bestandskräftig wird. Aufgrund des Widerspruchs wird der Verwaltungsakt rechtlich überprüft.

VwGO
§ 80

BEISPIEL

Herr Grauner erhält vom Bauamt seiner Gemeinde einen Verwaltungsakt zugeschickt mit der Regelung, sein Gartenhaus, das außerhalb des Baufensters steht, bis zum Ende des Jahres abzureißen.

© schulzfoto – stock.adobe.com

Herr Grauner hält das für einen Fehler, da er sicher ist, das Gartenhaus noch innerhalb des Baufensters aufgestellt zu haben. Deshalb legt er Widerspruch gegen den Verwaltungsakt ein.
Die aufschiebende Wirkung bewirkt, dass er das Gartenhaus so lange nicht abreißen muss, bis eine Entscheidung der Behörde zum Widerspruch getroffen wurde.

Jedoch gibt es laut VwGO § 80 Ausnahmen, bei denen das staatliche Interesse das Interesse eines Einzelnen (Adressat des Verwaltungsaktes) übersteigt und die aufschiebende Wirkung entfällt.

2.1 Entfall der aufschiebenden Wirkung

2.1.1 Öffentliche Abgaben und Kosten

Unter öffentliche Abgaben fallen **Steuern, Gebühren und Beiträge.** Hat ein Bürger diese Abgaben oder andere Kosten laut Verwaltungsakt zu tragen, entfällt dafür die aufschiebende Wirkung. Grund dafür ist, dass das Funktionieren des Staates, der Länder und Kommunen entscheidend auch von den Einnahmen abhängt. Würde ein Bürger Widerspruch gegen solch einen belastenden Verwaltungsakt einlegen, der einen langandauernden Rechtsstreit nach sich ziehen würde, müsste die öffentliche Verwaltung zu lange auf die Einnahmen warten.

© vege – stock.adobe.com

VwGO
§ 80 (2)
Nr. 1

BEISPIEL

Der Hundesteuerbescheid von Frau S. muss sofort bezahlt werden, auch wenn Widerspruch eingelegt wird.

2.1.2 Dringende Anordnungen und Maßnahmen von Polizeivollzugsbeamten

VwGO § 80 (2) Nr. 2

Sobald Polizeivollzugsbeamte Maßnahmen ergreifen, handelt es sich um eine dringende Angelegenheit, wobei **auf keinen Fall abgewartet werden kann** bis der mögliche eingelegte Widerspruch entschieden wurde. Ebenso verhält sich die Sachlage, wenn es um eine dringende Anordnung beispielsweise vom Ordnungsamt geht.

© Kara – stock.adobe.com

BEISPIEL

Aufgrund eines Verkehrsunfalls muss die Verkehrsführung durch Handzeichen (= Verwaltungsakt) von einem Verkehrspolizisten geregelt werden.

2.1.3 Andere Fälle laut Bundes- oder Landesgesetz

VwGO § 80 (2) Nr. 3

Bundes- oder Landesgesetze können weitere Fälle ausschließen, für die sich keine aufschiebende Wirkung entfaltet. Dies ist immer dann sinnvoll, wenn das **Interesse des Staates** am sofortigen Vollzug des Verwaltungsaktes größer ist als das Interesse des Betroffenen, den Verwaltungsakt zunächst auszusetzen.

BEISPIEL

Für die Ablehnung einer Verlängerung einer Aufenthaltserlaubnis entfällt die aufschiebende Wirkung laut AufenthG § 84.

2.1.4 Vorläufiger Rechtsschutz

VwGO § 80 (5)

In der Regel weist die handelnde Behörde den Adressaten des Verwaltungsaktes mit Hilfe der Rechtsbelehrung daraufhin, dass die aufschiebende Wirkung im Falle eines Widerspruchs entfällt. Dennoch hat der Betroffene das Recht auf vorläufigen Rechtsschutz. Hierfür kann er beim zuständigen Gericht die **aufschiebende Wirkung beantragen**.

© vege – stock.adobe.com

2.2 Anordnung des sofortigen Vollzugs

Für sämtliche weitere Fälle wird bestimmt, dass die aufschiebende Wirkung entfällt, solange ein öffentliches Interesse an der sofortigen Vollziehung des Verwaltungsaktes besteht oder im entscheidenden **Interesse der erlassenden Behörde** liegt. Um die Fälle ausmachen zu können, für die diese Formulierung zutrifft, muss zwischen der Vollziehung und Aussetzung des Verwaltungsaktes abgewogen werden. VwGO § 80 (2) Nr. 4

2.2.1 Anordnungen bei Verwaltungsakten mit Drittwirkung

Verwaltungsakte betreffen zum Teil nicht nur den Adressaten des Verwaltungsaktes sondern auch noch Dritte.

BEISPIEL

Die Erteilung der Baugenehmigung für Familie Huber betrifft auch den neuen Nachbarn, da seine Sicht auf das freie Feld nun verbaut wird. VwGO § 80 (1) S. 2

Legt nun der Dritte Widerspruch ein, so entfaltet sich die aufschiebende Wirkung auf den eigentlichen Adressaten des Verwaltungsaktes. Weil dies jedoch für den Adressaten negativ sein kann, kann er einen Antrag auf Anordnung des sofortigen Vollzugs bei der erlassenden Behörde stellen.

BEISPIEL

Der neue Nachbar hat gegen die Baugenehmigung von Familie Huber Widerspruch eingelegt, die aufschiebende Wirkung entfaltet. Da Familie Huber jedoch nicht so lange mit dem Beginn des Baues warten möchte, beantragt sie beim zuständigen Bauamt die Anordnung der sofortigen Vollziehung.

2.2.2 Zuständigkeit und Form

In der Regel wird der sofortige Vollzug zusammen mit dem Verwaltungsakt von der zuständigen Behörde angeordnet. Geschieht dies getrennt, muss der Betroffene angehört werden. Die VwGO fordert für die sofortige Vollziehung bestimmte Bedingungen: VwVfG § 28

- Anordnung muss schriftlich erfolgen
- Begründung aufweisen
- Begründung muss besonderes Interesse inhaltlich bestätigen

Zusammenfassung und Lernkontrolle

Zusammenfassung

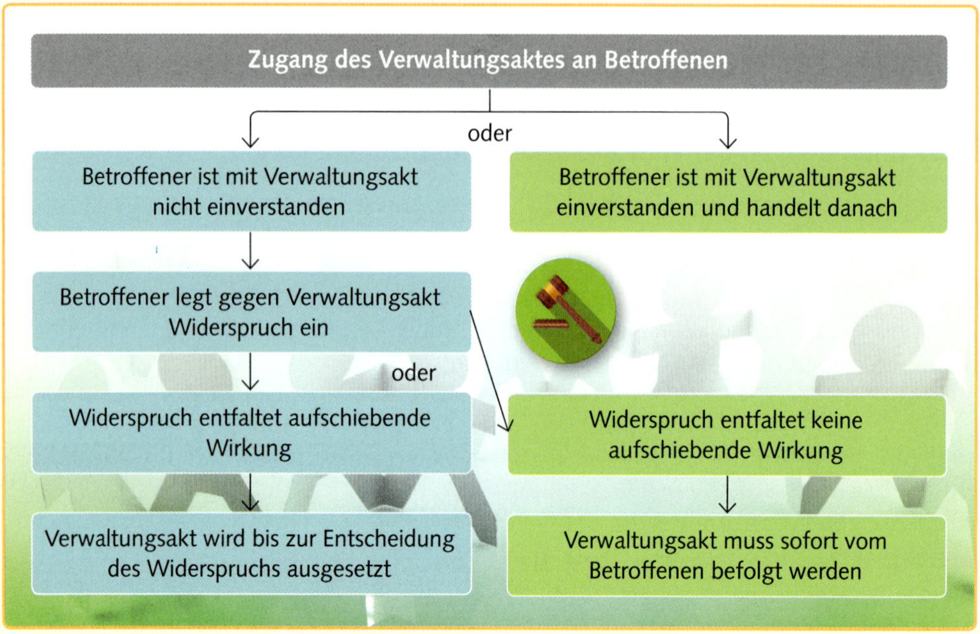

Lernkontrolle

Aufgabe 1

Unter welchen Umständen kann sich aufschiebende Wirkung entfalten?

Aufgabe 2

Welche Konsequenzen bringt die aufschiebende Wirkung für den Verwaltungsakt mit sich?

Aufgabe 3

Wann entfällt die aufschiebende Wirkung? Geben Sie auch die entsprechende Rechtsgrundlage dafür an.

Aufgabe 4

Frau Schmal hat heute ihren Hundesteuerbescheid über 160 € zugestellt bekommen. Da sie diesen Monat knapp bei Kasse ist, legt sie kurzerhand Widerspruch gegen den Verwaltungsakt ein und freut sich, dass sie nun erst mal nicht zahlen muss.

Freut sich Frau Schmal zu Recht?
Begründen Sie Ihre Antwort.

3 Verwaltungszwang

3.1 Arten von Zwangsmitteln

Verwaltungsakte, die ein **Handeln, Dulden oder Unterlassen** vom Betroffenen fordern, können unter Zwang durchgesetzt werden. Das ist immer dann notwendig, wenn der Adressat des Verwaltungsaktes der Regelung nicht nachkommt und der Verwaltungsakt bestandskräftig geworden ist.

BEISPIEL

Familie Schulze wird aufgefordert, ihre wuchernde Dornenhecke zum Gehweg hin bis zum 31.07. diesen Jahres zurückzuschneiden.

Je nach Bundesland wird der Verwaltungszwang auf der Grundlage des Bundesgesetzes oder eines entsprechenden Landesgesetzes angeordnet. In Baden-Württemberg gilt beispielsweise das Landesverwaltungsvollstreckungsgesetz. VwVG, LVwVG BW § 19

Folgende **Zwangsmittel** sind nach dem Gesetz anwendbar:

- Zwangsgeld und Zwangshaft
- Ersatzvornahme
- Unmittelbarer Zwang

Bei der Auswahl des Zwangsmittels muss der **Grundsatz der Verhältnismäßigkeit** berücksichtigt werden. Eine Wiederholung des Zwangsmittels ist so lange möglich, bis die Regelung des Verwaltungsakts vom Adressaten befolgt wird. Außerdem können die Zwangsmittel auch auf rechtswidrige Verwaltungsakte angewandt werden, wenn sie unanfechtbar geworden sind. Vgl. LF 9 Kapitel 5.3

3.1.1 Zwangsgeld und Zwangshaft

LVwVG BW § 23

Kommt der Adressat des Verwaltungsaktes der geforderten Handlung, Duldung oder Unterlassung nicht nach, kann die Verwaltungsvollstreckungsbehörde (z. B. Polizeibehörde) ein **Zwangsgeld** verhängen. In Baden-Württemberg ist der Betrag zwischen zehn und 50 000 € festgelegt. Die Behörde versucht mit diesem Zwangsmittel den Betroffenen dazu zu zwingen, seiner Verpflichtung nachzukommen.

Durch das Zwangsgeld kann sich der Adressat des Verwaltungsaktes nicht von der Anordnung freikaufen.

LVwVG BW § 24

Kann oder will der Betroffene des Verwaltungsaktes das Zwangsgeld nicht zahlen, kann **Zwangshaft** angeordnet werden. Diese wird in Baden-Württemberg beispielsweise beim Verwaltungsgericht beantragt.

BEISPIEL

Familie Schulze schneidet ihre Dornenhecke nicht bis zum 31.07. diesen Jahres zurück. Seit der Bekanntgabe des Verwaltungsaktes sind bereits sechs Wochen vergangen und mittlerweile ist für die Familie auch kein Rechtsbehelf mehr möglich.
Der Ordnungsbeamte der Stadt kontrolliert nun, ob Familie Schulze der Aufforderung im Verwaltungsakt nachgekommen ist. Da sie die Handlung bislang nicht vorgenommen hat, wird ein Zwangsgeld in Höhe von 50 € festgesetzt.

3.1.2 Ersatzvornahme

LVwVG BW § 25

Das Zwangsmittel der Ersatzvornahme kann für **Handlungen** eingesetzt werden, die vom Adressaten des Verwaltungsaktes nicht durchgeführt werden. Anstelle des Betroffenen handelt nun die Behörde oder ein Dritter (z. B. Firma), der von der Behörde hierfür beauftragt wird.

> Ersatzvornahme kann nur für vertretbare Handlungen angeordnet werden. Für Duldungen oder Unterlassungen ist dieses Zwangsmittel nicht möglich.

Der Betroffene des Verwaltungsaktes muss die Ersatzvornahme akzeptieren und die damit verbundenen Kosten selbst tragen.

BEISPIEL

Familie Schulze hat mittlerweile das Zwangsgeld in Höhe von 50 € beglichen, aber die Hecke nach wie vor nicht zurückgeschnitten, was der Ordnungsbeamte bei einem zweiten Kontrollgang feststellt.
Jetzt nimmt er das Zwangsmittel der Ersatzvornahme in Gebrauch und beauftragt den ortsansässigen Landschaftsgärtner die Hecke von Familie Schulze zu schneiden. Die Rechnung muss Familie Schulze begleichen.

3.1.3 Unmittelbarer Zwang

LVwVG BW § 26

Der unmittelbare Zwang soll den Willen des Adressaten des Verwaltungsaktes brechen und ihn dazu zwingen, dem Verwaltungsakt Folge zu leisten. Unter den unmittelbaren Zwang fallen folgende Handlungen:

- Einwirkung auf die Person mit körperlicher Gewalt
- Einwirkung auf die Person mit Hilfsmitteln
- Einwirkung auf die Person mit Waffen

Aufgrund der erlaubten Handlungen bei diesem Zwangsmittel versteht es sich von selbst, dass dieses Mittel nur in Betracht kommt, wenn Zwangsgeld und Zwangshaft sowie die Ersatzvornahme bereits versucht wurden. Und auch hier gilt wieder, dass der Grundsatz der Verhältnismäßigkeit beachtet werden muss.

BEISPIEL

Ein ausgebrochener Löwe aus dem Zoo hält sich in einem angrenzenden öffentlichen Park in Stuttgart auf. Da das Tier aggressiv ist und die Menschen im Park anfallen könnte, wird hier vom unmittelbaren Zwang Gebrauch gemacht, indem ein Polizeivollzugsbeamter den Löwen ins Bein schießt, als der sich auf eine größere Menschenansammlung zu bewegt.

3.2 Gestrecktes Verfahren

Bis das Zwangsmittel **durchgeführt** wird, wird es zunächst **angedroht** und **festgesetzt**. LVwVG BW § 20

Androhung von Zwangsmitteln

Die Androhung des Zwangsmittels stellt einen separaten **Verwaltungsakt** dar. Dem Bürger wird mitgeteilt, dass ein Zwangsmittel aufgrund einer nicht erbrachten Handlung, Duldung oder Unterlassung festgesetzt wird. Gegen diesen Verwaltungsakt kann der Adressat Widerspruch einlegen. Je nach Bundesland entfaltet sich in Verbindung mit VwGO § 80 aufschiebende Wirkung. VwGO § 80

Festsetzung vom Zwangsmittel

Wenn der Adressat der Androhung nicht in der angegebenen Frist der Forderung im Verwaltungsakt nachkommt, so wird in einem weiteren Verwaltungsakt das Zwangsmittel festgesetzt. Sobald die Behörde das Zwangsmittel festgelegt hat, kann sie davon nicht

mehr abweichen. Im Vergleich dazu muss jedoch ein angedrohtes Zwangsmittel nicht zwingend festgesetzt werden. Entscheidet sich die Behörde für die Festsetzung von Zwangsgeld, so nennt sich der erlassende Verwaltungsakt **Leistungsbescheid**.
In einigen Bundesländern, beispielsweise auch in Baden-Württemberg, ist es rechtens, die Zwangsmittel Ersatzvornahme und den unmittelbaren Zwang ohne Festsetzung direkt anzuwenden.

Anwendung vom Zwangsmittel

Nachdem das Zwangsmittel angedroht und festgesetzt wurde, kann es angewandt werden, es sei denn der Betroffene hat mittlerweile die Forderung bereits erfüllt. Je nach Zwangsmittel unterscheidet sich die Art der Anwendung.

Zwangsgeld	Einziehung des Geldes
Ersatzvornahme	Durchführung der Handlung
Unmittelbarer Zwang	Einsatz von körperlicher Gewalt, Hilfsmitteln, Waffen

3.3 Sofortige Vollstreckung

LVwVG BW § 21

Es gibt durchaus Situationen, in denen auf das gestreckte Verfahren verzichtet werden muss, meist wenn eine Gefahr droht oder diese bereits eingetreten ist. In diesen Fällen muss das Zwangsmittel sofort eingesetzt werden. Außerdem ist das Zwangsgeld in gefährlichen Situationen von der Sache selbst ausgeschlossen, da die Festsetzung eines Geldbetrags die Gefahrenabwehr nicht ermöglicht.

Auf die Androhung und Festsetzung von Zwangsmitteln kann verzichtet werden, wenn ein sofortiges Einschreiten erforderlich ist.

Die sofortige Vollstreckung darf nur die Behörde vornehmen, die auch im gestreckten Verfahren für die Androhung, Festsetzung und Anwendung des Zwangsmittels zuständig gewesen wäre. Somit wird der formellen und materiellen Rechtmäßigkeit Folge geleistet. Der Polizeivollzugsdienst darf einschreiten, wenn die zuständige Behörde nicht rechtzeitig am Einsatzort ist.

Zusammenfassung und Lernkontrolle

Zusammenfassung

- Einsatz von Zwangsmitteln um Verwaltungsakt durchzusetzen

- Arten von Zwangsmitteln:

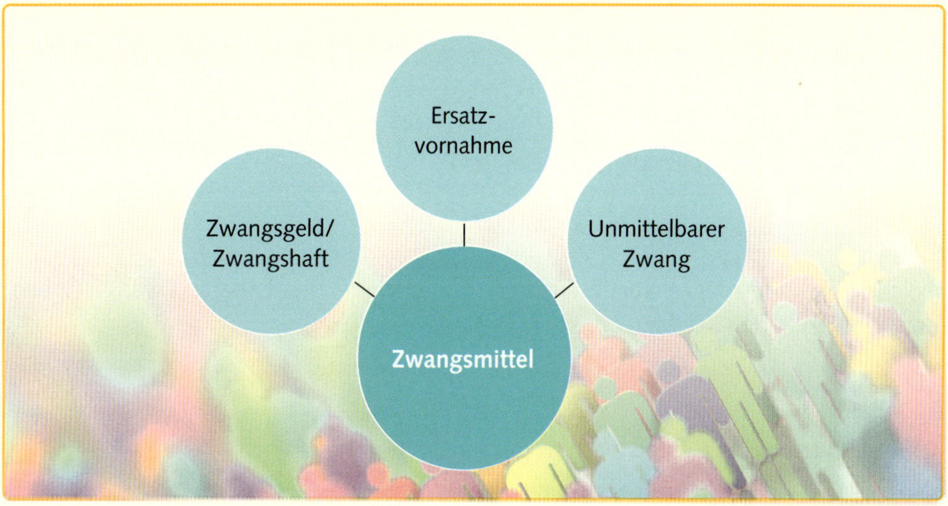

- Zwangsmittel können so lange auferlegt werden, bis der Verwaltungsakt befolgt wurde

- Einhaltung des gestreckten Verfahrens
  - Androhung
  - Festsetzung
  - Anwendung

- Sofortige Vollstreckung
  - Wenn Gefahr droht oder eingetreten ist
  - Verzicht auf Androhung und Festsetzung
  - Gilt nicht für Zwangsgeld

Lernkontrolle

Aufgabe 1

Erklären Sie, was man unter Zwangsmitteln versteht und nennen Sie die Rechtsgrundlage dafür.

Aufgabe 2

Muss eine bestimmte Reihenfolge bei der Auswahl von Zwangsmitteln eingehalten werden? Begründen Sie Ihre Antwort.

Aufgabe 3

Nennen Sie die drei Arten von Zwangsmitteln.

Aufgabe 4

Welche Handlungsmöglichkeiten ergeben sich aus dem unmittelbaren Zwang? Geben Sie auch jeweils ein Beispiel dazu an.

Aufgabe 5

In welche Abschnitte gliedert sich das gestreckte Verfahren?

4 Bescheiderstellung

4.1 Formelle und materielle Anforderungen

4.1.1 Formelle Anforderungen

Das Verwaltungsverfahrensgesetz des Bundes legt bestimmte Formvorschriften für einen Verwaltungsakt fest, wenn er schriftlich erteilt wird. Demnach muss der Bescheid die **erlassende Behörde** angeben und vom Behördenleiter, einem Vertreter oder Beauftragten **unterschrieben** werden. Zudem wird in VwVfG § 41 zusätzlich gefordert, dass der Verwaltungsakt dem korrekten **Adressaten** ausgestellt und falls eine **besondere Zustellungsform** (z. B. per Einschreiben) benutzt wird, diese auch vermerkt werden muss.

Für elektronisch ausgestellte Verwaltungsakte (z. B. per E-Mail) müssen weitere besondere Formvorschriften berücksichtigt werden, die unter anderem in VwVfG § 37 genannt werden. VwVfG §§ 37, 41

4.1.2 Materielle Anforderungen

Wenn die Behörde einen Bescheid erstellt, muss berücksichtigt werden, dass Bürger keine Verwaltungsfachleute sind.

Verwaltungsakte sind so zu formulieren, dass sie vom Bürger leicht verstanden und nachvollzogen werden können.

Der genaue Aufbau eines Bescheids teilt sich in den **Tenor**, die **Begründung** und die **Rechtsbehelfsbelehrung** auf. Vgl. Kapitel 10.2 in LF 9

Tenor

Der Tenor zeigt die Entscheidung des Verwaltungsaktes auf und entspricht dem Merkmal **Regelung** nach VwVfG § 35. Dem Bürger wird dadurch mitgeteilt, um was es eigentlich im Verwaltungsakt geht. VwVfG § 35

BEISPIEL

Die Baugenehmigung für das Einfamilienhaus wird erteilt.

Zur Hauptregelung können **Nebenbestimmungen** hinzukommen. Mit deren Hilfe wird der Inhalt der Hauptregelung beispielsweise genauer erläutert oder eingeschränkt. Vgl. Kapitel 8 in LF 9

BEISPIEL

Anstelle eines Satteldaches muss ein Flachdach gebaut werden.

Begründung

Schriftliche oder elektronische Verwaltungsakte wie auch Widerspruchsbescheide sind laut Gesetz zu begründen. Dem Bürger wird zunächst der Sachverhalt dargelegt und dann die

VwVfG § 39 und VwGO § 73

Folgerung daraus aufgeführt. Liegt dem Verwaltungsakt eine **Ermessensentscheidung** zu Grunde, dann ist es besonders wichtig den Bürger darüber aufzuklären, was die Behörde zu der Entscheidung bewogen hat, um eine **Transparenz** zu schaffen und somit eine höhere Akzeptanz beim Bürger für die Entscheidung zu erzielen. Nicht zuletzt wird durch die Begründungspflicht der Sachbearbeiter innerhalb der Behörde dazu gezwungen, sich genauer mit dem Sachverhalt auseinanderzusetzen.

VwVfG § 39 Abs. 2

Das Verwaltungsverfahrensgesetz sieht noch Möglichkeiten vor, bei denen auf eine **Begründung verzichtet** werden kann:

① Behörde entspricht dem Antrag bzw. greift nicht in die Rechte des Adressaten ein
② Adressat kennt bereits die Entscheidung der Behörde
③ Vielzahl von gleichartigen Verwaltungsakten
④ Spezialgesetz sieht keine Begründung vor
⑤ Allgemeinverfügung wird öffentlich bekannt gegeben

Rechtsbehelfsbelehrung

VwGO § 58; Vgl. Kapitel 9.4 in LF 9

Anfechtbare Verwaltungsakte müssen nach der Verwaltungsgerichtsordnung eine Rechtsbehelfsbelehrung enthalten. Der Bürger wird mit deren Hilfe über seine Rechte aufgeklärt und die einmonatige Frist beginnt ab der Bekanntgabe des Verwaltungsaktes zu laufen. Fehlt der Rechtsbehelfsbelehrung ein Teil (z. B. Sitz der Behörde) oder wurde sie als Ganzes vergessen, verlängert sich die Widerspruchsfrist für den Bürger auf ein Jahr.

4.2 Abhilfe- und Widerspruchsbescheid

VwGO § 72

Legt ein Bürger gegen einen Verwaltungsakt Widerspruch ein, so kann dies entweder einen Abhilfe- oder einen Widerspruchsbescheid zum Ausgang haben. Wird der Widerspruch eingelegt, so überprüft die Behörde, die den Verwaltungsakt erstellt hat, die **Recht- und Zweckmäßigkeit** dieses Verwaltungsaktes. Stellt die Behörde fest, dass ihr dabei ein Fehler unterlaufen ist und der Bürger zu Recht einen Widerspruch eingelegt hat, so wird diesem abgeholfen.

VwVfG § 39 Abs. 2

Enthält der erlassene Verwaltungsakt schwerwiegende Fehler, so ist der Widerspruch des Bürgers begründet und er erhält einen **Abhilfebescheid**.

Da mit diesem Abhilfebescheid dem Begehren des Bürgers stattgegeben wird, muss dieser auch nicht begründet werden.

VwGO § 73

Stellt die Behörde jedoch fest, dass der Verwaltungsakt **keine Mängel** in der Recht- und Zweckmäßigkeit aufweist, so gibt die Behörde den Widerspruch samt der entsprechenden Akte und einer eigenen Stellungnahme an die **nächsthöhere Behörde** (= Widerspruchbehörde) weiter. Diese prüft den Sachverhalt erneut und entscheidet über den Widerspruch. Hält diese Widerspruchsbehörde den eingereichten Widerspruch ebenfalls für unbegründet, erhält der Bürger einen Widerspruchsbescheid.

Ist der Widerspruch des Bürgers unbegründet, bekommt er von der Widerspruchsbehörde einen **Widerspruchsbescheid** zugestellt.

Zusammenfassung und Lernkontrolle

Zusammenfassung

- **Formelle Anforderungen**
  - Behörde (Absender)
  - Adressat
  - Unterschrift/Namenswiedergabe
  - Evtl. Zustellungsform
- **Materielle Anforderungen**
  - Tenor
  - Begründung
  - Rechtsbehelfsbelehrung
- **Bescheide nach Widerspruch**

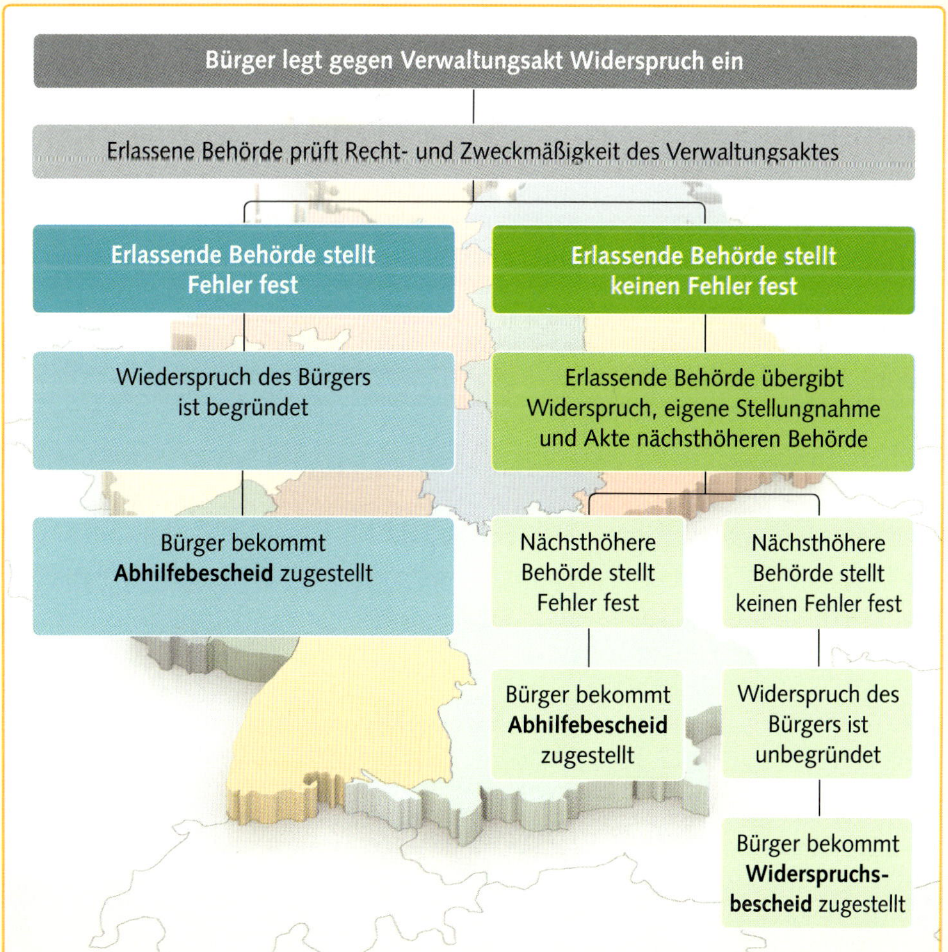

Lernkontrolle

Aufgabe 1

Nennen Sie die formellen Voraussetzungen für einen Bescheid.

Aufgabe 2

Erklären Sie, was man unter dem Tenor eines Bescheides versteht und geben Sie ein Beispiel dazu an.

Aufgabe 3

Bringen Sie einen Verwaltungsakt aus Ihrer Ausbildungsbehörde mit in den Unterricht und markieren Sie sowohl die formellen als auch die materiellen Anforderungen an einen Bescheid.

Aufgabe 4

Welche Folgen hat eine unterbliebene Rechtsbehelfsbelehrung?

Aufgabe 5

Erklären Sie den Unterschied zwischen einem Abhilfe- und einem Widerspruchsbescheid.

5 Ordnungswidrigkeitenverfahren

5.1 Begriff Ordnungswidrigkeit

Die Ordnungswidrigkeit wird mit Hilfe von zwei Merkmalen beschrieben: OWiG § 1

Wird eine Ordnungswidrigkeit begangen und damit der Tatbestand eines Gesetzes erfüllt, so kann als Folge eine Geldbuße verhängt werden.

Durch diese Definition gemäß des Ordnungswidrigkeitengesetzes wird deutlich, dass für die Ahndung **spezielle Gesetze** herangezogen werden müssen.

BEISPIEL

Nach dem StVG §§ 6 und 24 handelt jemand ordnungswidrig, der die Geschwindigkeitsregelung missachtet.

Einzelne Ordnungswidrigkeiten, die sich keinem Spezialgesetz zuordnen lassen, werden im dritten Teil des Ordnungswidrigkeitengesetzes mit aufgeführt.

BEISPIEL

Es liegt eine Ordnungswidrigkeit vor, wenn man einer Behörde gegenüber falsche Angaben bezüglich seines Familiennamens macht. OWiG § 111

5.2 Ausnahmen

Das Ordnungswidrigkeitengesetz sieht zwei Ausnahmen vor, die nicht als ordnungswidrig gelten. OWiG §§ 15, 16

① **Notwehr**
Dies ist gegeben, wenn man sich oder andere vor einem unmittelbaren Angriff schützen möchte und sich dafür verteidigt.

BEISPIEL

Ein Passant beobachtet einen Taschendieb, der direkt auf eine ältere Dame zusteuert. Zur Abwehr dieses Angriffes wirft sich der Passant vor die ältere Dame und verletzt den Dieb durch einen Fausthieb im Gesicht.

② **Notstand**
Der Notstand tritt ein, wenn eine unmittelbare Gefahr für Leben, Leib, Freiheit, Ehre und Eigentum besteht und die Handlung zum Schutz dieser Güter vorgenommen wird.

BEISPIEL

Das Ehepaar wird nachts durch ein Geräusch von zersplittertem Glas geweckt. Der Ehemann entdeckt im Wohnzimmer einen Einbrecher, den er mit Hilfe eines Pfeffersprays außer Gefecht setzt.

5.3 Ordnungswidrigkeiten vs. Straftaten

Abgrenzungsmerkmal	Ordnungswidrigkeit	Straftat
Unrechtsgehalt	Nicht so schwerwiegende Folge: Geldbuße	Schwerwiegende Folge: Strafe
Ermittlungsverfahren	Opportunitätsprinzip → Verfolgung der Ordnungswidrigkeit nach Ermessen	Legalitätsprinzip → Verfolgung ist Pflicht
Personenbezeichnung	Betroffener Natürliche und juristische Personen	Beschuldigter Natürliche Personen
Verfolgungsbehörde	Verwaltungsbehörde	Staatsanwaltschaft

5.4 Verfahren

Das Ordnungswidrigkeitenverfahren wird durch eine **Anzeige eingeleitet**. Dies kann eine andere Behörde oder die Verfolgungsbehörde selbst übernehmen. In einzelnen Fällen machen auch Bürger von diesem Recht Gebrauch.

BEISPIEL

Die Polizei bringt eine Geschwindigkeitsüberschreitung eines PKW-Fahrers zur Anzeige. Die Verwaltungsbehörde kümmert sich dann um die Verfolgung der Ordnungswidrigkeit.

Anhörung

OWiG § 55 Laut Gesetz muss der Betroffene die Gelegenheit bekommen sich zu dem vorgeworfenen Tatbestand zu äußern bevor der Bußgeldbescheid ergeht. Hierfür wird ihm eine bestimmte **Frist** eingeräumt. Seine Äußerung beruht auf Freiwilligkeit. Die einzige Pflicht die er hat, ist seine **persönlichen Angaben** im Anhörungsbogen zu ändern, sofern dort Angaben fehlerhaft oder unvollständig sind. Wenn der Betroffene eine Stellungnahme abgibt, so muss diese von der Verwaltungsbehörde bei der Entscheidungsfindung berücksichtigt werden.

Einstellung

OWiG § 47 So lange das Verfahren bei der Behörde anhängig ist, kann es die Verwaltungsbehörde einstellen. Eine Einstellung ist erforderlich, wenn das Vorwerfen der Tat nicht möglich ist oder keine entsprechenden Gründe für die Rechtfertigung vorliegen.

Ermittlung

Sofern der Betroffene behauptet, die Tat nicht begangen zu haben, muss die Verwaltungsbehörde den Sachverhalt ermitteln. Hierfür hat sie dieselben Rechte und Pflichten wie in einem Strafverfahren. OWiG § 53

Akteneinsicht

Der Betroffene hat das Recht, seine Akte von der Behörde vorgelegt zu bekommen und Einsicht zu nehmen. OWiG § 49

5.5 Ahndung

Die Verwaltungsbehörde hat zwei Möglichkeiten Ordnungswidrigkeiten zu ahnden. Zum einen kann sie von der **Verwarnung** Gebrauch machen und zum anderen ein **Bußgeld** verhängen.

Die Verwarnung kommt in Betracht, wenn es sich um eine geringfügige Ordnungswidrigkeit handelt. Dabei hat die Verwaltungsbehörde die Wahl, ob sie eine bloße Verwarnung ausspricht, was keine Kosten für den Betroffenen verursacht, oder ob sie ein **Verwarnungsgeld** zwischen fünf und 55 € verhängt. Wird das Verwarnungsgeld sofort bezahlt, erklärt sich der Betroffene mit der Verwarnung einverstanden. OWiG § 56

Liegt eine schwerwiegendere Ordnungswidrigkeit vor, wird ein Bußgeld auferlegt. Das Bußgeld wird auch dann fällig, wenn das Verwarnungsgeld nicht bezahlt wurde. Der Rahmen für die Bußgeldhöhe liegt zwischen fünf und 1000 €. Die festzusetzende Höhe richtet sich nach der Bedeutsamkeit der Ordnungswidrigkeit und dem Tatvorwurf. Es können auch die wirtschaftlichen Verhältnisse berücksichtigt werden. Damit vor allem bei Ordnungswidrigkeiten im Straßenverkehr eine einheitliche Vorgehensweise erreicht wird, wurde der **Bußgeldkatalog** aufgestellt. Dort können auch Auskünfte über Verwarnungen eingeholt werden. Außerdem werden die einzutragenden Punkte in das Verkehrszentralregister festgehalten. OWiG § 56

5.5.1 Verjährungsfristen

Wann eine Ordnungswidrigkeit verjährt, also nicht mehr geahndet werden kann, hängt von der Höhe des Bußgeldes ab. Die Frist beginnt mit der Vollendung der Ordnungswidrigkeit (= 1. Tag). OWiG § 31

Je höher das Bußgeld, desto länger die Verjährungsfrist.

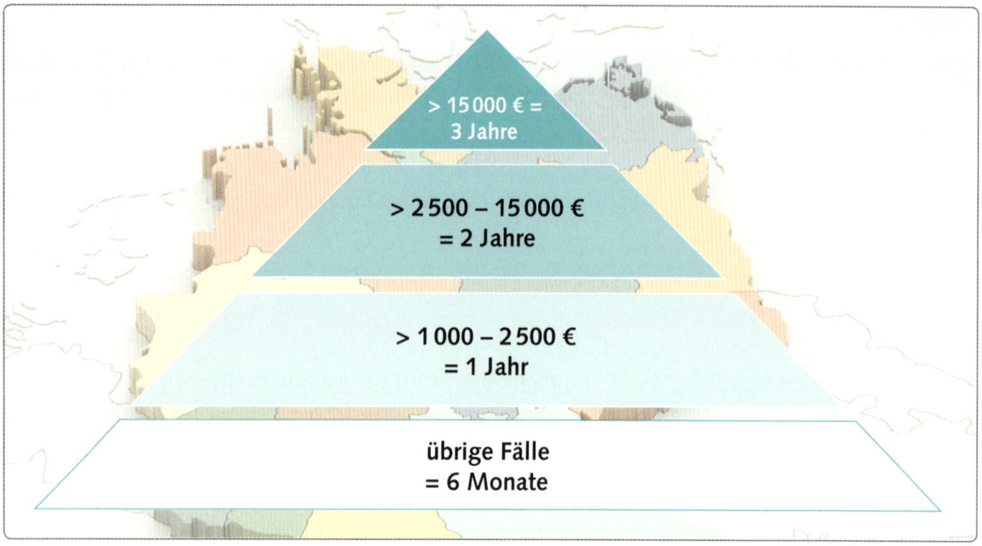

5.5.2 Rechtsmittel

Der Betroffene kann gegen den Bußgeldbescheid Einspruch einlegen. Die Bedingungen an den Einspruch sind Folgende:

- Frist zwei Wochen nach Zustellung
- Schriftlich oder zur Niederschrift
- Bei der Verwaltungsbehörde

Daraufhin entscheidet die Verwaltungsbehörde, ob sie an dem ausgestellten Bescheid festhält.

OWiG §§ 67, 69

Wenn dem Einspruch nicht stattgegeben wird, fällt ein Richter im Amtsgericht das Urteil darüber. Kommt es zu einer Hauptverhandlung, kann auch die Höhe des Bußgeldes noch einmal verändert werden, wobei sich der Richter nicht an den Bußgeldkatalog halten muss.

5.6 Bußgeldbescheid

Es gibt mehrere Möglichkeiten, wie das Ordnungswidrigkeitenverfahren beendet wird, jedoch steht am Ende immer ein Bescheid.

BEISPIEL

- Bußgeldbescheid
- Bescheid über Einstellung des Verfahrens
- Rücknahme eines Bußgeldbescheids

Im Folgenden wird nur beispielhaft auf den Bußgeldbescheid genauer eingegangen.

Zustellung

Das Gesetz schreibt für den Bußgeldbescheid eine **förmliche Zustellung** vor. Die Vorschriften werden im Verwaltungszustellungsgesetz konkretisiert. Förmliche Zustellungen könnten z. B. die Postzustellungsurkunde oder das Einschreiben sein. OWiG § 50, VwZG

Kosten

Neben dem **Bußgeld** muss der Betroffene auch die entstandenen Kosten für die Verwaltung tragen. Die **Verwaltungskosten** bestehen in der Regel aus **Gebühren und Auslagen**. Die Gebühren hängen von der Höhe des Bußgeldes ab und betragen in jedem Fall 25 €. Zu den Auslagen zählen die Zustellungskosten. OWiG § 107

Rechtsbehelfsbelehrung

Wie auch beim Verwaltungsakt muss auch der Bußgeldbescheid mit einer Rechtsbehelfsbelehrung versehen werden, die den Betroffenen über seine Abwehrrechte aufklärt. OWiG § 50

Vollstreckung

Die Behörde muss sich bei der Vollstreckung des Bußgeldbescheids an das Verwaltungsvollstreckungsgesetz halten. OWiG § 90

Zusammenfassung und Lernkontrolle

Zusammenfassung

- **Begriff Ordnungswidrigkeit**
  - Rechtswidrige Handlung
  - Vorwerfbare Handlung
  - Ahndung mit Geldbuße

- **Ausnahmen, bei denen keine Ordnungswidrigkeit vorliegt**
  - Notwehr
  - Notstand

- **Vergleich zur Straftat**
  - Nicht so schwerwiegend
  - Betroffener statt Beschuldigter
  - Verwaltungsbehörde statt Staatsanwalt

- **Verfahren**
  - Anhörung
  - Einstellung
  - Ermittlung
  - Akteneinsicht

- **Ahndung der Ordnungswidrigkeit**

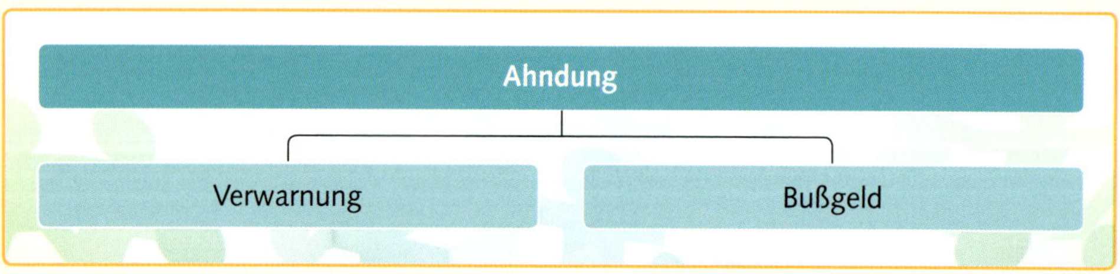

- **Verjährungsfristen**

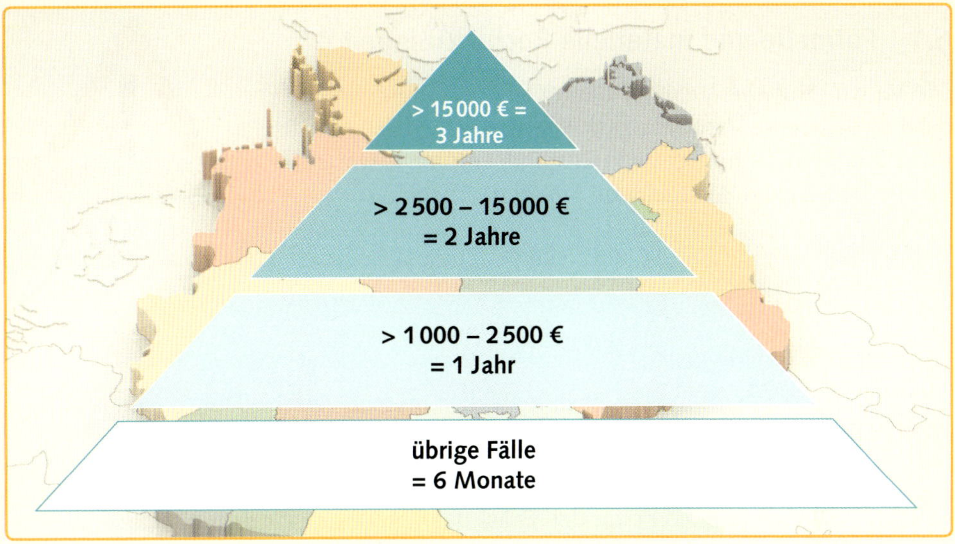

- **Beendigung des Ordnungswidrigkeitenverfahrens**
  - Am Ende steht immer der Bescheid
  - i. d. R. Bußgeldbescheid

Lernkontrolle

Aufgabe 1

Erklären Sie den Begriff Ordnungswidrigkeit.

Aufgabe 2

Nennen Sie zwei Möglichkeiten, die nicht als Ordnungswidrigkeit geahndet werden.

Aufgabe 3

Prüfen Sie, ob im folgenden Fall eine Ordnungswidrigkeit begangen wurde.

Aufgabe 4

Erklären Sie anhand von zwei Merkmalen den Unterschied zwischen einer Ordnungswidrigkeit und einer Straftat.

Aufgabe 5

Welche Möglichkeiten hat die Verwaltungsbehörde, die Ordnungswidrigkeiten zu ahnden? Erklären Sie auch die unterschiedlichen Einsatzmöglichkeiten.

6 Rechtmäßigkeit des Verwaltungsaktes

6.1 Formelle und materielle Rechtmäßigkeit

Die Verwaltung wie auch der Bürger sind daran interessiert, dass ein erlassener Verwaltungsakt frei von Fehlern ist. Hierfür muss die Behörde bereits beim Zustandekommen, wie auch bei der inhaltlichen Beschreibung fehlerfrei arbeiten.

Formelle Rechtmäßigkeit beschreibt das Zustandekommen und die materielle Rechtmäßigkeit klärt den Inhalt des Verwaltungsaktes.

Formelle Rechtmäßigkeit

Zur Überprüfung der formellen Rechtmäßigkeit müssen verschiedene Fragen beantwortet werden können:

- Liegt eine **Ermächtigungsgrundlage** für den Erlass eines Verwaltungsaktes vor?
- VwVfG § 3 Ist die handelnde Behörde für den Erlass des Verwaltungsaktes **zuständig**?

Dabei muss geklärt werden, ob die Behörde sachlich wie auch örtlich zuständig ist.

- VwVfG §§ 28, 37 Wurden die **Verfahrens- und Formvorschriften** eingehalten?
  Je nach Inhalt des Verwaltungsaktes muss z. B. eine Anhörung durchgeführt werden oder der Verwaltungsakt der Urkundenform entsprechen.

Materielle Rechtmäßigkeit

Um die materielle Rechtmäßigkeit prüfen zu können, muss zunächst kontrolliert werden, ob die **Tatbestandsmerkmale** für die Anwendung einer Rechtsgrundlage erfüllt sind. Wenn dies der Fall ist, müssen noch weitere Bestandteile geprüft werden wie zum Beispiel:

- Wurde ein ggf. eingeräumtes **Ermessen** korrekt ausgeübt?
- VwVfG § 37 Fand der **Grundsatz der Verhältnismäßigkeit** richtige Anwendung?
- Ist der Verwaltungsakt **inhaltlich ausreichend** erklärt?
- Kann der Verwaltungsakt **rechtlich und tatsächlich** so befolgt werden?

Wird gegen die formelle oder die materielle Rechtmäßigkeit verstoßen, gilt ein Verwaltungsakt als rechtswidrig.

Verwaltungsakte sind **rechtswidrig**, wenn sie einen formellen oder materiellen Fehler aufweisen.

6.2 Auswirkungen von fehlerhaften Verwaltungsakten

6.2.1 Rechtswidrige Verwaltungsakte

VwVfG §§ 43, 45, 46, 47 Rechtswidrige Verwaltungsakte entfalten auch **Wirksamkeit**. Enthält der Verwaltungsakt einen formellen oder materiellen Fehler, so ist er in diesem Punkt rechtswidrig. Laut Gesetz können Verfahrens- und Formfehler **geheilt** oder der Verwaltungsakt **umgedeutet** werden.

Voraussetzungen für die Heilung

VwVfG § 45

- Antrag für Verwaltungsakt wurde im Nachhinein gestellt
- Verwaltungsakt wird nachträglich begründet
- Anhörung eines Beteiligten wurde nachgeholt
- Mitwirkungsbedürftiger Ausschuss beschließt im Nachhinein
- Mitwirkungsbedürfte Behörde wird danach beteiligt

Voraussetzungen für die Umdeutung

- Verwaltungsakt ist auf gleiches Ziel ausgerichtet
- Behörde hätte Form und Verfahren für Verwaltungsakt einhalten können

6.2.2 Nichtige Verwaltungsakte

VwVfG § 44

Die Nichtigkeit eines Verwaltungsaktes tritt ein, wenn der Bescheid schwerwiegende Mängel aufweist.

> Nichtige Verwaltungsakte gelten als von Anfang an unwirksam.

Das Verwaltungsverfahrensgesetz hält einen Katalog bereit, der diese schwerwiegenden Mängel auflistet: VwVfG § 43

① Erlassende Behörde fehlt

② Urkundenform wurde nicht eingehalten VwVfG § 44 Abs. 2

③ Behörde war nicht ermächtigt

④ Verwaltungsakt kann tatsächlich nicht ausgeführt werden

⑤ Bei der Befolgung des Verwaltungsaktes macht sich Betroffener strafbar

⑥ Verstößt gegen die guten Sitten

Trifft keiner dieser sechs Punkte auf den Verwaltungsakt zu, wird die **Negativliste** des VwVfG § 44 Abs. 3 geprüft. Hier werden vier Möglichkeiten genannt, die nicht zur Nichtigkeit des Verwaltungsaktes führen. Wenn Absatz 2 und 3 für den Verwaltungsakt nicht anwendbar sind, dann kommt unter Umständen noch die **Generalklausel** nach Absatz 1 in Betracht. Demnach ist ein Verwaltungsakt nichtig, wenn er an einem schwerwiegenden und offenkundigen Fehler leidet. Diese Erfüllung muss von der Behörde geprüft werden.

Nichtige Verwaltungsakte lassen sich **nicht heilen oder umdeuten**. Aus ihnen können auch keine Rechte und Pflichten abgeleitet werden. Keiner, weder Behörde noch der Adressat, muss den Verwaltungsakt beachten. Der Bürger kann beantragen, dass die Behörde den Verwaltungsakt für nichtig erklärt, was die Behörde mit Hilfe eines weiteren Verwaltungsaktes machen kann. Außerdem besteht die Möglichkeit, auch nur **einen Teil** des Verwaltungsaktes für nichtig zu erklären, wenn dann die Hauptregelung nach wie vor Sinn ergibt. Dies ist vor allem bei Auflagen möglich. VwVfG § 44

Zusammenfassung und Lernkontrolle

Zusammenfassung

- **Formelle und materielle Rechtmäßigkeit**

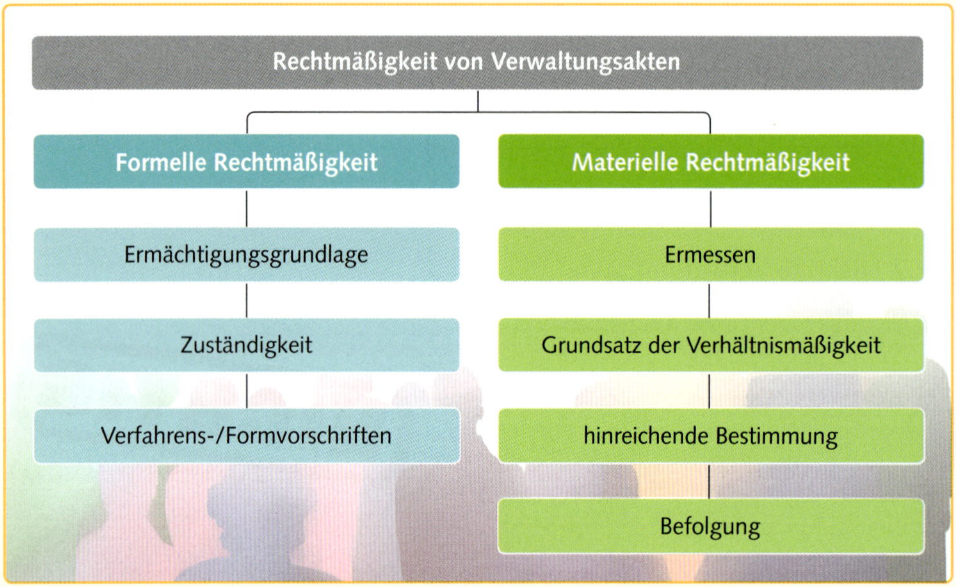

- **Folgen fehlerhafter Verwaltungsakte**
  - Rechtswidrigkeit
  - Nichtigkeit
- **Nichtige Verwaltungsakte**
  - Prüfungsschritte:
    1. Trifft ein Merkmal nach VwVfG § 44 Abs. 2 zu?
    2. Ist der Mangel von der Nichtigkeit nach Abs. 3 ausgeschlossen?
    3. Greift die Generalklausel nach Abs. 1?
  - Nichtige Verwaltungsakte sind unwirksam
  - Es kann Teilnichtigkeit festgestellt werden

Lernkontrolle

Aufgabe 1

Unterscheiden Sie die formelle und die materielle Rechtmäßigkeit von Verwaltungsakten.

Aufgabe 2

Warum ist es wichtig, die Rechtmäßigkeit eines Verwaltungsaktes zu prüfen?

Aufgabe 3

Wie unterscheiden sich rechtswidrige von nichtigen Verwaltungsakten?

Aufgabe 4

Entscheiden Sie bei den folgenden Fällen, ob ein rechtswidriger oder nichtiger Verwaltungsakt vorliegt und begründen Sie Ihre Lösung.

1. Ein Beamter wird ohne Übergabe der Ernennungsurkunde zum Beamten ernannt.
2. Das Ordnungsamt der Stadt Lihringen verlangt den Abbau eines Gartenhauses, welches bereits nicht mehr existiert.
3. Ein Gewerbe bekommt die Gewerbeerlaubnis unter der Auflage erteilt, den Mitarbeitern der Stadtverwaltung einen 20 %-Rabatt bei einem Einkauf zu gewähren.

7 Aufhebung von Verwaltungsakten durch Widerruf und Rücknahme

7.1 Möglichkeiten der Aufhebung

Die Behörde kann Verwaltungsakte ungültig machen, indem sie diese aufhebt. Die Aufhebung kann erfolgen, so lange der Verwaltungsakt noch anfechtbar ist oder auch nachdem er bereits bestandskräftig wurde. Dabei spielt es auch keine Rolle, ob der Verwaltungsakt für den Bürger begünstigend oder belastend ist.

BEISPIEL

Aufgrund einer Neuregelung des Gaststättengesetzes wird Frau Schnells Gaststättengenehmigung entzogen.

VwVfG §§ 48, 49

Für die Aufhebung gibt es zwei Möglichkeiten:

1. **Rücknahme:** liegt vor, wenn der Verwaltungsakt **rechtswidrig** erlassen wurde
2. **Widerruf:** liegt vor, wenn der Verwaltungsakt **rechtmäßig** erlassen wurde

VwVfG § 35

Sowohl der Widerruf als auch die Rücknahme eines Verwaltungsaktes stellen an sich ebenfalls einen Verwaltungsakt dar. Sie erfüllen alle Merkmale nach VwVfG § 35, die für einen Verwaltungsakt vorliegen müssen.

7.2 Rücknahme eines Verwaltungsaktes

7.2.1 Rücknahme eines belastenden Verwaltungsaktes

VwVfG § 48 Abs. 1

Nach dem Gesetz können rechtswidrige Verwaltungsakte, die für den Betroffenen negativ ausfallen, **jederzeit** von der Behörde zurückgenommen werden. Es muss lediglich der **Grundsatz der Gleichbehandlung** berücksichtigt werden. Der Bürger wird gegen die Rücknahme eines belastenden Verwaltungsaktes keine Einwände vorbringen, da somit die negative Wirkung des Bescheids wegfällt.

Vgl. LF C Kapitel 5.4

BEISPIEL

Die rechtswidrige Auflage für einen Gewerbetreibenden, den Rathausmitarbeitern vergünstigt Produkte anbieten zu müssen, wird von der Behörde zurückgenommen.

7.2.2 Rücknahme eines begünstigenden Verwaltungsaktes

Ist ein Verwaltungsakt, der jedoch für den Betroffenen positive Wirkung hat rechtswidrig erlassen worden, ist die Rücknahme nur unter **bestimmten Bedingungen** möglich, da sich der Bürger auf die Verwaltungsentscheidungen grundsätzlich verlassen können muss. Der Gesetzgeber unterscheidet dabei drei Arten von Verwaltungsakten: VwVfG § 48 Abs. 2

- Verwaltungsakte, die mit einer **Geldleistung** verbunden sind
- Verwaltungsakte, die **Sachleistungen** gewähren
- Sonstige begünstigende Verwaltungsakte

Wenn der Adressat dem rechtswidrigen aber begünstigenden Verwaltungsakt, der eine Geld- oder Sachleistung beinhaltet, **vertraut** hat und die Leistung bereits verbraucht oder eine Veränderung zur Folge hat, die nur schwer rückgängig gemacht werden kann, ist eine Rücknahme nicht möglich. Unter bestimmten Umständen muss jedoch davon ausgegangen werden, dass der Betroffene kein Vertrauen in den Verwaltungsakt haben konnte. VwVfG § 49

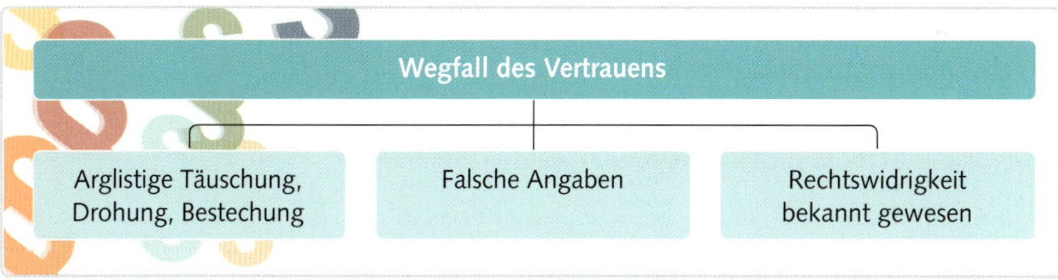

War das Vertrauen jedoch schutzwürdig, so muss die Behörde für einen **Vermögensausgleich** sorgen. Dies ist auch bei sonstigen begünstigenden Verwaltungsakten der Fall, die zurückgenommen werden. Die Behörde hat **ein Jahr** Zeit, den rechtswidrigen Verwaltungsakt zurückzunehmen. Die Frist beginnt zu laufen, sobald die Behörde Kenntnisse über Tatsachen hat, die die Rücknahme rechtfertigen. VwVfG § 48 Abs. 3 und 4

7.3 Widerruf eines Verwaltungsaktes

Verwaltungsakte, die **rechtmäßig erlassen** wurden, können von der Behörde durch einen Widerruf aufgehoben werden. Jedoch hat der Widerruf grundsätzlich nur Wirkung für die Zukunft. Wirkung für die Vergangenheit entfaltet sich nur, wenn

- die Geld- oder Sachleistung nicht mehr für den Zweck verwendet werden kann
- die Auflage nicht innerhalb der bestimmten Frist oder generell erfüllt werden kann.

7.3.1 Widerruf eines belastenden Verwaltungsaktes

Der Gesetzgeber räumt den Behörden grundsätzlich das Recht ein, einen belastenden Verwaltungsakt, der rechtmäßig erlassen wurde, zu widerrufen. Jedoch gibt es für den Widerruf zwei **Ausnahmen**. Zum einen ist der Widerruf nicht möglich, wenn der Verwaltungsakt mit dem **selben Inhalt** noch einmal erstellt werden müsste und zum anderen wenn aus **anderen Gründen** ein Widerruf unzulässig ist.

BEISPIEL

Herr Alber bekommt den Führerschein entzogen, da er alkoholkrank ist. Da die Krankheit nach wie vor besteht, kann der Verwaltungsakt nicht widerrufen werden.

7.3.2 Widerruf eines begünstigenden Verwaltungsaktes

VwVfG § 49 Abs. 2

Wenn ein Bürger einen Verwaltungsakt erhält, der rechtmäßig erlassen wurde und für ihn einen Vorteil bringt, muss an erster Stelle das **Vertrauen** des Bürgers geschützt werden. Aufgrund des Verwaltungsaktes wurde dem Bürger ein Recht oder eine Leistung zugesprochen, was häufig Investitionen nach sich zieht. Oft werden deshalb auch durch den Widerruf eines begünstigenden Verwaltungsaktes Grundrechte verletzt. Deshalb sind für diesen Widerruf bestimmte Voraussetzungen nötig.

- Verwaltungsakt enthält bereits **Widerrufsvorbehalt**
  - Adressat kann nicht auf dauerhaften Fortbestand des Verwaltungsaktes vertrauen
  - Widerruf muss sachlich begründet werden können

  BEISPIEL

  Gaststättenerlaubnis im Wohngebiet mit Widerrufsvorbehalt

- **Auflage** wird nicht erfüllt
  - Auflage ist negative Nebenbestimmung
  - Soll begünstigende Hauptregelung möglich machen
  - Nichterfüllung der Auflage macht Hauptregelung ggf. nicht möglich

  BEISPIEL

  Biogasanlage darf nur in Betrieb genommen werden, wenn besondere Entlüftung eingebaut wird

- **Sachlage** hat sich nachträglich verändert mit Gefährdung
  - Neue Sachlage würde Erlass des Verwaltungsaktes ausschließen
  - Ohne Widerruf ist das öffentliche Interesse gefährdet

  BEISPIEL

  Gaststättenerlaubnis kann nur erteilt werden, wenn Gaststättenbetreiber zuverlässig ist. Diese Eigenschaft des Betreibers fällt nach Erlass des Verwaltungsaktes jedoch weg.

- **Rechtslage** hat sich nachträglich verändert mit Gefährdung
  - Neues Gesetz oder Satzung steht dem Erlass entgegen
  - Widerruf nur möglich, wenn noch keine Investition getätigt wurde

- Entstehung von **Nachteilen** für Gemeinwohl
  - Hat in der Praxis keine Bedeutung
  - Formulierung um sämtliche Fälle aufzufangen

7.3.3 Erlass eines Widerrufs

VwVfG §§ 28, 35, 49

Da der Widerruf ebenfalls einen Verwaltungsakt darstellt, gelten dafür die selben gesetzlichen Bestimmungen. Besonders zu beachten ist beim Widerruf, dass der Betroffene **angehört** werden muss, sofern in seine Rechte eingegriffen wird. Außerdem kann es zu einem Wechsel der **zuständigen Behörde** kommen, falls der Verwaltungsakt bereits bestandskräftig wurde. Wie bei der Rücknahme hat die Behörde auch für den Widerruf **ein Jahr** Zeit, nachdem die Tatsachen, die einen Widerruf ermöglichen, bekannt wurden. Der Betroffene kann unter Umständen einen **Anspruch auf Entschädigung** geltend machen.

7.4 Wiederaufnahme des Verfahrens

VwVfG § 51

Nicht nur der Behörde steht das Recht zu, eine Aufhebung oder eine Änderung eines Verwaltungsaktes zu bewirken, sondern auch dem Bürger.

Der **Betroffene** kann **beantragen**, dass sein Verwaltungsakt aufgehoben oder geändert wird.

Die Behörde ist zur Aufhebung oder Änderung durch Antrag gezwungen, wenn eine der folgenden Voraussetzungen zutrifft:

VwVfG § 26

- Die Sach- oder Rechtslage hat sich für den Betroffenen vorteilhaft verändert
- Es liegen für den Betroffenen neue, positive Beweise vor
- Die Gründe entsprechen der Zivilprozessordnung § 580

BEISPIEL

Es taucht ein Zeuge auf, der den Verwaltungsakt entkräftet.

VwVfG §§ 3, 51

Der Antrag muss innerhalb von **drei Monaten** gestellt werden. Die Frist beginnt mit dem Tag, an dem der Betroffene Kenntnis über einen Grund erlangt hat, der die Wiederaufnahme ermöglicht. Außerdem ist der Antrag nur **zulässig**, wenn der Betroffene nicht bereits während des ursprünglichen Verfahrens die Gründe für das Wiederaufnehmen des Verfahrens liefern konnte. Über die Zulässigkeit des Antrags entscheidet die **zuständige Behörde.** Auch wenn die Behörde den Antrag zulässt, muss sie bei der Wiederaufnahme nicht zwingend zu einer anderen Entscheidung kommen. Die Behörde kann den Verwaltungsakt bestätigen oder aufheben und einen neuen Verwaltungsakt erlassen (s. g. **Zweitbescheid**).

Zusammenfassung und Lernkontrolle

Zusammenfassung

- **Aufhebung eines Verwaltungsaktes**
  - Während Anfechtbarkeit
  - Nach Bestandskraft

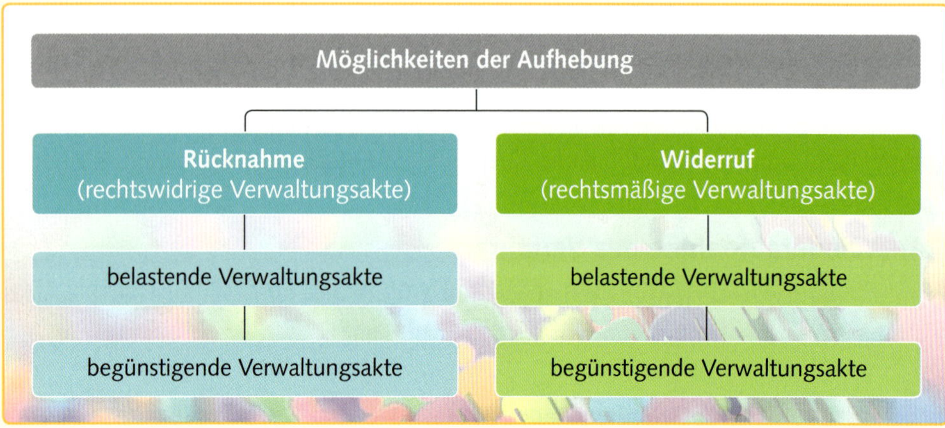

- Rücknahme **belastender** Verwaltungsakte
  - Keine bestimmten Voraussetzungen
  - Grundsatz der Gleichbehandlung beachten
- Rücknahme **begünstigender** Verwaltungsakte
  - Einmalige oder laufende Geldleistung
  - Gewährung einer Sachleistung
  - Sonstige begünstigende Verwaltungsakte
  - An bestimmte Voraussetzungen geknüpft
- Widerruf **belastender** Verwaltungsakte
  - Gilt nicht, wenn Verwaltungsakt mit selbem Inhalt noch einmal erlassen werden müsste
  - Gilt nicht, wenn Widerruf aus anderen Gründen unzulässig ist
- Widerruf **begünstigende** Verwaltungsakte
  - Vertrauensschutz des Bürgers am Wichtigsten
  - Widerrufsvorbehalt
  - Nicht erfüllen einer Auflage
  - Änderung der Sach- oder Rechtslage
  - Entstehung von Nachteilen für Gemeinwohl

- **Wiederaufnahme des Verfahrens**
  - Bürger kann Antrag stellen
  - Behörde muss Antrag prüfen und ggf. zulassen
  - Behörde muss keine neue Entscheidung erzwingen
  - Zweitbescheid möglich

Lernkontrolle

Aufgabe 1

Welche Möglichkeiten hat die Behörde, einen Verwaltungsakt aufzuheben?
Erklären Sie auch den Unterschied zwischen diesen Möglichkeiten.

Aufgabe 2

Begründen Sie, warum für die Rücknahme eines belastenden Verwaltungsaktes keine bestimmten Voraussetzungen gelten, für einen begünstigenden Verwaltungsakt aber schon.

Aufgabe 3

Unter welchen Umständen kann ein begünstigender Verwaltungsakt widerrufen werden?

Aufgabe 4

Erklären Sie, welche Möglichkeit der Bürger hat, einen Verwaltungsakt aufheben zu lassen.

8 Formen und Wirkungen von Rechtsbehelfen

8.1 Formlose Rechtsbehelfe

GG Art. 17

Nach dem Grundgesetz steht jedem Bürger das Recht zu, sich mit Bitten und Beschwerden an die zuständige Stelle bzw. an die Vertreter des Volkes zu wenden (= **Petitionsrecht**). Diese Beschwerden müssen keiner Form oder Frist entsprechen.

Formlose Rechtsbehelfe unterliegen keiner Formvorschrift und sind an keine Frist gebunden.

Es gibt drei verschiedene Arten von formlosen Rechtsbehelfen:

1. Gegenvorstellung
2. Fachaufsichtsbeschwerde
3. Dienstaufsichtsbeschwerde

Die **Gegenvorstellung** räumt dem Bürger die Möglichkeit ein, eine erlassene Maßnahme von der Behörde erneut überprüfen zu lassen. Diese Bitte kann telefonisch, schriftlich, mündlich, persönlich, einmalig oder auch mehrmalig vorgebracht werden.

BEISPIEL

Der Verwaltungsakt regelt das Parkverbot während eines Straßenfestes in einer bestimmten Straße, allerdings wurde kein Zeitraum hierfür angegeben. Der Bürger kann durch kurzes Nachfragen bei der Behörde die Überprüfung des Verwaltungsaktes veranlassen.

Bei einer **Fachaufsichtsbeschwerde** wendet sich der Betroffene Bürger nicht an die Behörde, die den Verwaltungsakt erlassen hat, sondern an die übergeordnete Behörde. Dort kann der Bürger die **sachliche Richtigkeit der Maßnahme** überprüfen lassen. Die Beschwerde richtet sich hierbei gegen den Inhalt des Verwaltungsaktes oder die getroffene Maßnahme.

BEISPIEL

Eine gehbehinderte Bürgerin findet in ihrer kleinen Gemeinde keinen einzigen behindertengerechten Parkplatz. Durch eine Beschwerde beim zuständigen Landratsamt für die kleine Gemeinde kann die gehbehinderte Bürgerin die Sachlage auf Richtigkeit überprüfen lassen.

Die **Dienstaufsichtsbeschwerde** gibt den Bürgern die Möglichkeit, sich über das Verhalten von Mitarbeitern der Verwaltungsbehörde zu beschweren. Über die Beschwerde entscheidet dann der (Dienst-)Vorgesetzte des Mitarbeiters.

BEISPIEL

Herr Bäuerle arbeitet in der Stadt Hilzingen im Bürgerbüro. Als sein Nachbar dort auftaucht und einen neuen Personalausweis beantragen will, schickt er diesen fort, weil die beiden seit Jahren verstritten sind.

8.2 Förmliche Rechtsbehelfe

Wie bei den formlosen Rechtsbehelfen findet sich auch für die Förmlichen die Rechtsgrundlage im Grundgesetz. Abgeleitet aus dem Verfassungsprinzip der Rechtsstaatlichkeit ergibt sich, dass jedem der Rechtsweg offen steht. GG Art. 19

Förmliche Rechtsbehelfe sind an bestimmte Formen und Fristen gebunden.

Auf der Verwaltungsebene können als förmliche Rechtsbehelfe Widerspruch und Klage eingelegt werden.

Widerspruch

Der Widerspruch wird vom Bürger gegen einen Verwaltungsakt bei der erlassenden Behörde oder der Widerspruchsbehörde eingereicht. Hierbei muss bezüglich der Form beachtet werden, dass dieser **schriftlich oder zur Niederschrift** bei der Behörde formuliert wird. Auch für die Frist gibt es eine besondere Bestimmung. Der Widerspruch muss **innerhalb eines Monats** nach der Bekanntgabe des Verwaltungsaktes eingegangen sein. Diese Frist kann sich auf ein Jahr verlängern, sofern die Rechtsbehelfsbelehrung nicht oder nur fehlerhaft erteilt wurde. VwGO § 70

Klage

Wenn der Bürger bereits einen Widerspruch gegen den Verwaltungsakt eingelegt und damit keinen Erfolg erzielt hat, kann er als nächstes Klage vor dem Verwaltungsgericht erheben. Die Klage muss folgende Bestandteile aufweisen: VwGO §§ 40, 42, 43

- Kläger
- Beklagter
- Gegenstand des Verfahrens
- Antrag

Das Verwaltungsgericht bittet dann die beklagte Behörde um eine Stellungnahme. Außerdem übergibt die Behörde dem Gericht die entsprechenden Akten.

8.3 Weitere Rechtsmittel

Ist der Bürger mit dem Urteil des Gerichts aufgrund seiner Klage nicht einverstanden, kann er als weitere Rechtsmittel noch in **Berufung** und **Revision** gehen.
Diese Rechtsmittel müssen direkt beim Gericht eingelegt werden. Die Frist beträgt hierfür jeweils **einen Monat** nach Urteilsverkündung.
Berufung erfolgt gegen Urteile, die in erster Instanz gefällt wurden, Revision gegen Urteile in zweiter Instanz.

Zusammenfassung und Lernkontrolle

Zusammenfassung

- **Formlose Rechtsbehelfe**

- **Förmliche Rechtsbehelfe**
  - Schriftlich oder zur Niederschrift
  - Innerhalb eines Monats
  - Widerspruch
  - Klage

Lernkontrolle

Aufgabe 1

Erklären Sie was man unter Petitionsrecht versteht.

Aufgabe 2

Nennen Sie die drei Arten von formlosen Rechtsbehelfen.

Aufgabe 3

Wie können Fach- und Dienstaufsichtsbeschwerde unterschieden werden?

Aufgabe 4

Wie kann ein förmlicher Rechtsbehelf von einem formlosen Rechtsbehelf abgegrenzt werden?

Aufgabe 5

Erklären Sie, was der Bürger bei einem Widerspruch beachten muss.

Aufgabe 6

Der Bürger hat von der Widerspruchsbehörde einen Widerspruchsbescheid bekommen. Jedoch ist er damit nicht zufrieden. Zeigen Sie eine weitere Vorgehensweise für den Bürger auf.

9 Widerspruchsverfahren, Klagearten

9.1 Widerspruchsverfahren

Vorverfahren

© Stockfotos-MG – stock.adobe.com

Die Verwaltungsgerichtsordnung legt fest, dass vor der Klage Widerspruch vom Bürger erhoben werden muss. Der Bürger wird darüber im Verwaltungsakt mit Hilfe der Rechtsbehelfsbelehrung informiert. Sobald der Widerspruch eingelegt wird, überprüft die Behörde die Recht- und Zweckmäßigkeit des Verwaltungsaktes im **Vorverfahren**. Durch dieses Vorverfahren soll der Bürger vor hohen Gerichtskosten geschützt, die Verwaltungsgerichte entlastet und der Behörde die Möglichkeit eingeräumt werden, sich selbst noch einmal zu überprüfen. VwGO § 69

Form und Frist

Wenn sich der Bürger entscheidet gegen einen Verwaltungsakt Widerspruch einzulegen, muss er dies **schriftlich oder zur Niederschrift** in der Behörde formulieren und diesen **innerhalb eines Monats** nach Bekanntgabe des Verwaltungsaktes bei der zuständigen Behörde einreichen. VwGO § 70

Wurde die Rechtsbehelfsbelehrung vergessen oder nicht korrekt erteilt, verlängert sich die Frist für das Einlegen des Widerspruchs auf ein Jahr.

Folgen des Widerspruchs

© Wellnhofer Designs – stock.adobe.com

Der eingelegte Widerspruch entfaltet grundsätzlich **aufschiebende Wirkung**, was die Vollstreckung des Verwaltungsaktes verhindert. Die geforderte Maßnahme durch den Verwaltungsakt kann so lange nicht vollstreckt werden, bis eine Entscheidung über den Widerspruch getroffen wurde. VwGO § 80

BEISPIEL

Widerspruch gegen eine Abbruchverfügung eines Gartenhauses zögert den Abriss des Gartenhauses hinaus.

Jedoch gibt es auch **Ausnahmen**, die keine aufschiebende Wirkung zulassen: VwGO § 80 Abs. 2

① Anforderung von öffentlichen Abgaben und Kosten (z. B. Hundesteuer)

② Unaufschiebbare Polizeivollzugsmaßnahmen (z. B. Platzverweis)

③ In bundes- oder landesgesetzlichen Fällen

④ Gefahr im Verzug

Ausgang des Widerspruchs

VwGO § 73

Nachdem der Verwaltungsakt auf seine Recht- und Zweckmäßigkeit überprüft wurde, kann der Widerspruch auf zwei Arten beendet werden. Zum einen kann dem Widerspruch **abgeholfen** werden und zum anderen ein **Widerspruchsbescheid** ergehen.

Wird dem Widerspruch abgeholfen, bedeutet das, dass der Widerspruch begründet war und der **Verwaltungsakt nachgebessert** wird.

War der Widerspruch unbegründet, da die Behörde keinen Mangel am Verwaltungsakt feststellen kann, übergibt sie den eingelegten Widerspruch mit den entsprechenden Akten der Widerspruchsbehörde (übergeordnete Behörde), die den Sachverhalt noch einmal prüft. Kommt die Widerspruchsbehörde ebenfalls zu dem Ergebnis, dass der **Verwaltungsakt rechtmäßig erlassen** wurde, erhält der Bürger einen Widerspruchsbescheid zugestellt.

9.2 Klage

VwGO §§ 40, 42, 43

War der Widerspruch des Bürgers unbegründet und hat er einen Widerspruchsbescheid erhalten mit dem er nicht einverstanden ist, kann er ihn durch eine Klage vom **Verwaltungsgericht** überprüfen lassen.

Es gibt verschiedene Arten von Klagen, was die folgende Tabelle zusammenfasst.

	Anfechtungsklage	Verpflichtungsklage	Feststellungsklage	Leistungsklage
Ziel:	VA soll aufgehoben werden	Abgelehnter VA soll erlassen werden	Bestehen oder Nichtbestehen eines Rechtsverhältnisses oder Nichtigkeit eines VA soll festgestellt werden	Verurteilung zu einer Leistung, die nicht durch VA besteht
Frist:	1 Monat nach Zustellung des Widerspruchsbescheids	1 Monat nach Zustellung des Widerspruchsbescheids	Keine Klagefrist	Keine Klagefrist
Beispiel:	Aufhebung einer Abbruchsverfügung	Anerkennung einer Schwerbehinderung	Feststellung der Ehe	Löschung falscher Inhalte in Personalakte

Zusammenfassung und Lernkontrolle

Zusammenfassung

- **Widerspruchsverfahren**

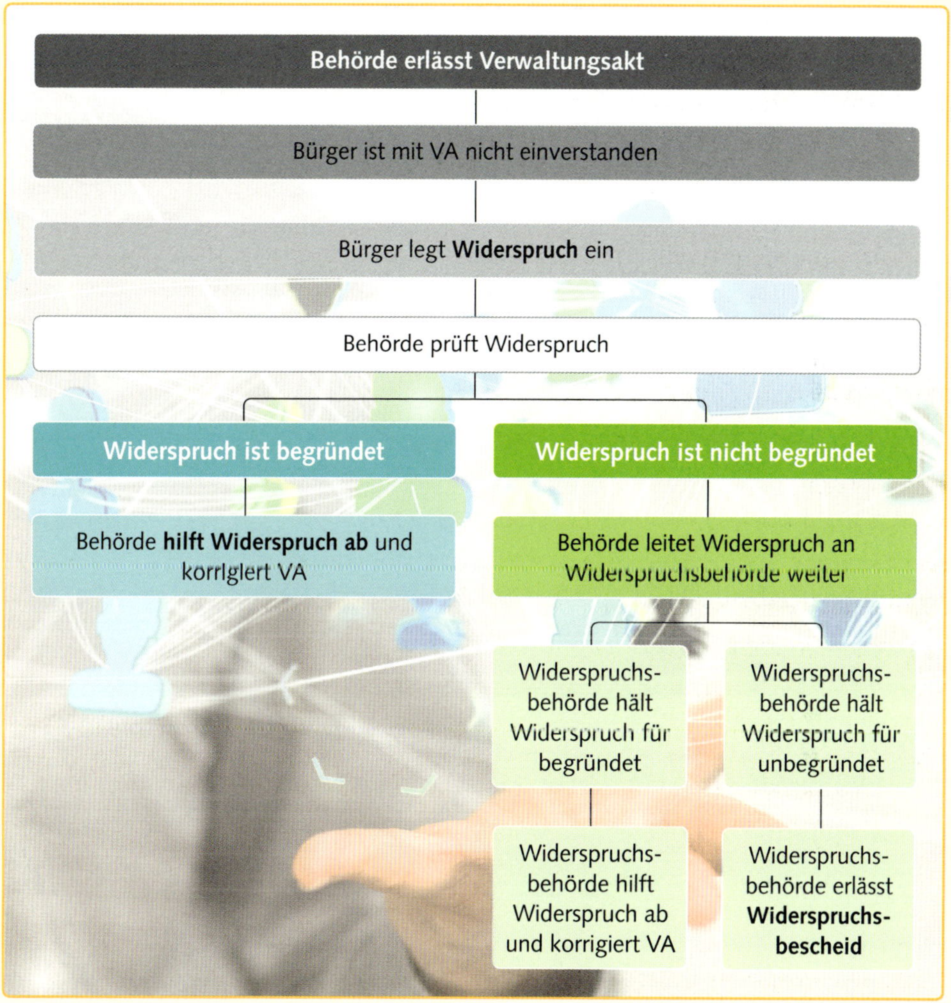

- **Klagearten**
  - Anfechtungsklage
  - Verpflichtungsklage
  - Feststellungsklage
  - Leistungsklage

Lernkontrolle

Aufgabe 1

Welchen Zweck erfüllt das Vorverfahren?

Aufgabe 2

Welche Frist gilt für den Widerspruch? Erläutern Sie auch eine mögliche Fristverlängerung.

Aufgabe 3

Welche Konsequenz ergibt sich aus dem Widerspruch für den Verwaltungsakt?

Aufgabe 4

Unterscheiden Sie die Anfechtungsklage von der Verpflichtungsklage.

10 Vorläufiger Rechtsschutz

Zwischen dem Staat und dem Bürger besteht ein **Über-/Unterordnungsverhältnis**. Aufgrund dieses Ungleichverhältnisses räumt der Staat dem Bürger jedoch, basierend auf der Rechtsweggarantie, einen **besonderen Schutz** ein. Wie bereits im vorigen Kapitel erläutert, hat der Bürger die Möglichkeit mit Hilfe eines Widerspruchs beispielsweise einen Verwaltungsakt überprüfen zu lassen. Allerdings kann in manchen Fällen nicht so lange gewartet werden, bis über den Widerspruch oder die Klage entschieden wurde. Um **schneller eine gerichtliche Kontrolle** zu erreichen, hat die Verwaltungsgerichtsordnung drei Möglichkeiten aufgelistet: GG Art. 19

① **Aussetzung der Vollziehung**

② **Wiederherstellung der aufschiebenden Wirkung**

③ **Erlass von Sicherungs- oder Regelungsanordnung**

VwGO §§ 80, 123

10.1 Aussetzung der Vollziehung

VwGO § 80

Grundsätzlich entfaltet der erhobene Widerspruch aufschiebende Wirkung, was die Vollstreckbarkeit des Verwaltungsaktes zeitlich aufschiebt. Nach dem Gesetz wird diese aufschiebende Wirkung beispielsweise bei Forderungen von Geld und unaufschiebbaren Polizeivollzugsmaßnahmen nicht entfaltet. Jedoch kann der Betroffene ein berechtigtes Interesse daran haben, dass sich auch in den Fällen, in denen die sofortige Vollziehung vom Gesetz gefordert wird, eine **aufschiebende Wirkung entfaltet.**

Vgl. Kapitel 9 LF C

BEISPIEL

Ein Grundstückseigentümer soll gemäß der vorliegenden Satzung 10000 € Erschließungsbeitrag bezahlen. Die sofortige Vollziehung würde jedoch bedeuten, dass sich der Grundstückseigentümer verschulden müsste. Außerdem befürchtet der Grundstückseigentümer, dass die Satzung nicht rechtmäßig sein kann. Er beantragt die Aussetzung der sofortigen Vollziehung seines Verwaltungsaktes.

Die Aussetzung der sofortigen Vollziehung kann von der **Behörde** oder auch von der **Widerspruchsbehörde angeordnet** werden, wenn ein entsprechender Antrag vom Bürger gestellt wurde. Der Adressat des Verwaltungsaktes ist für diesen Antrag antragsberechtigt. Für die **Praxis** spielen vor allem die Verwaltungsakte mit Geldforderung für die Aussetzung der sofortigen Vollziehung eine Rolle. Bevor nämlich der Bürger deshalb beim Verwaltungsgericht einen Antrag stellt, schreibt das Gesetz den Antrag bei der erlassenden Behörde oder Widerspruchsbehörde vor. VwGO § 80 Abs. 4 und 6

10.2 Wiederherstellung der aufschiebenden Wirkung

VwGO § 80 Abs. 5

Laut Gesetz hat das Verwaltungsgericht die Möglichkeit, die aufschiebende Wirkung anzuordnen, wenn hierfür ein entsprechender **Antrag** gestellt wurde. Auch hier ist der Adressat des Verwaltungsaktes antragsbefugt. Sobald der Antrag bei der Behörde eingegangen ist, prüft sie zum einen die **formelle** und zum anderen auch die **materielle Rechtmäßigkeit** nach der die aufschiebende Wirkung ausgesetzt wurde. Die formelle Rechtmäßigkeitsprüfung kontrolliert, ob die erlassende Behörde zuständig war und ob eine Begründung erfolgte. Bei der materiellen Rechtmäßigkeitsprüfung wird der Inhalt der Begründung untersucht. Das Verwaltungsgericht entscheidet über den Antrag per **Beschluss**.

10.3 Erlass von Sicherungs- oder Regelungsanordnungen

VwGO § 123

Wenn im Hauptsacheverfahren entweder die Verpflichtungs-, Leistungs- oder Feststellungsklage möglich wäre, kann das Verwaltungsgericht eine **einstweilige Anordnung** in Erwägung ziehen. **Bedingungen** für den Antrag:

- Fall nach VwGO § 80 ist nicht gegeben
- Antrag ist schriftlich formuliert
- Beantragender ist antragsbefugt (z. B. eigene Rechte verletzt)

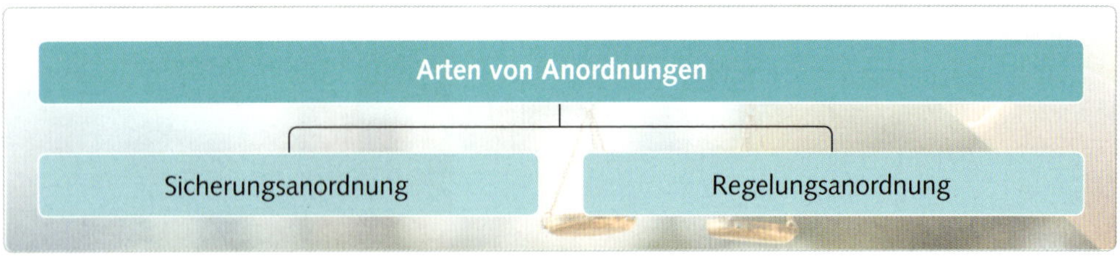

Sicherungsanordnung

Der Bürger stellt einen Antrag auf Sicherungsanordnung, wenn er ein bestehendes Recht gegen eine evtl. Änderung sichern möchte.

BEISPIEL

Herr Eisele stellt einen Antrag auf die Sicherung seines Rufs.

Regelungsanordnung

Mit dem Antrag einer Regelungsanordnung versucht der Bürger seine Rechte zu erweitern. Hierbei muss vom Gericht das private gegen das öffentliche Regelungsinteresse abgewogen werden.

BEISPIEL

Da die Aufenthaltserlaubnis eines Ausländers in Kürze abläuft, stellt der Ausländer einen Antrag auf eine Regelungsanordnung, die ihm den Aufenthalt vorübergehend sichern soll.

Sowohl die Sicherungs- als auch die Regelungsanordnung erfolgt durch einen **Beschluss** des Gerichts.

Zusammenfassung und Lernkontrolle

Zusammenfassung

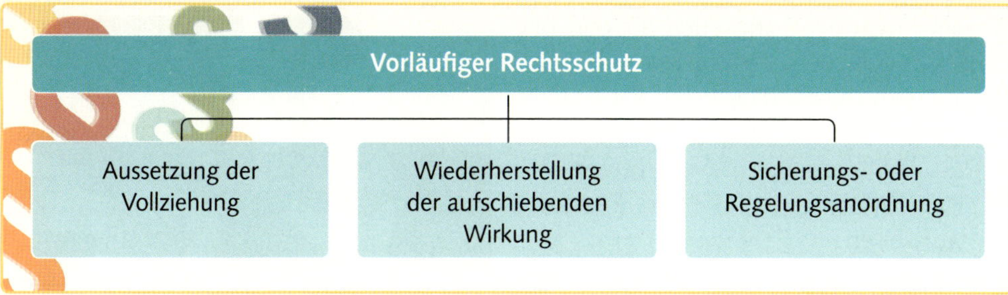

- **Aussetzung der Vollziehung**
  - Verwaltungsakt soll nicht sofort vollzogen werden
  - Adressat des Verwaltungsaktes ist antragsberechtigt
- **Wiederherstellung der aufschiebenden Wirkung**
  - Antrag erforderlich
  - Prüfung der formellen und materiellen Rechtmäßigkeit
- **Sicherungs- oder Regelungsanordnung**
  - Sicherungsanordnung soll Rechte sichern
  - Regelungsanordnung soll Rechte erweitern

Lernkontrolle

Aufgabe 1
Welches Grundrecht bildet die Basis für den Rechtsschutz?

Aufgabe 2
Nennen Sie die drei Möglichkeiten des Rechtsschutzes.

Aufgabe 3
Wann kann es für einen Bürger sinnvoll sein, einen Antrag auf Aussetzung der sofortigen Vollziehung zu stellen (Beispiel)?

Aufgabe 4
Unterscheiden Sie die Sicherungsanordnung von der Regelungsanordnung.

11 Öffentlich-rechtlicher Vertrag

11.1 Definition und Arten

VwVfG § 54

Wie im Privatrecht sind auch für den öffentlich-rechtlichen Vertrag zwei übereinstimmende **Willenserklärungen** die Grundlage, damit das Rechtsgeschäft zustande kommt. Außerdem muss ein öffentlich-rechtlicher Vertrag noch weitere Bestandteile aufweisen:

- Beteiligte: Bürger/Behörde oder Behörde/Behörde
- Gegenstand: Regelung auf dem Gebiet des öffentlichen Rechts

Ausgehend von den beteiligten Vertragsparteien und der zu treffenden Regelung kommen verschiedene öffentlich-rechtliche Verträge in Frage.

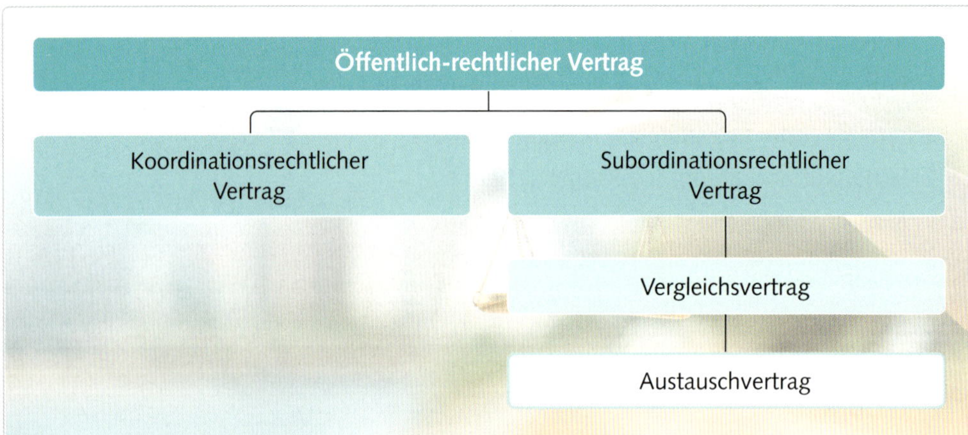

Bei einem **koordinationsrechtlichen Vertrag** begegnen sich die beiden Vertragsparteien auf Augenhöhe. Es liegt kein Über-/Unterverhältnis zwischen den Parteien vor.

BEISPIEL

Die benachbarten Gemeinden Althausen und Breiningen schließen einen Vertrag über die gemeinsame Abwasserentsorgung und Unterhaltung der gemeinsamen Kläranlage.

Der **subordinationsrechtliche Vertrag** weist hingegen ein Über- und Unterverhältnis zwischen den Vertragsparteien auf und kann anstelle eines Verwaltungsaktes von der Behörde erlassen werden. Jedoch muss hier die Gegenpartei ihre **Willenserklärung** dazu abgeben, damit dieser Vertrag tatsächlich zustande kommen kann, was beim Verwaltungsakt nicht der Fall ist.

BEISPIEL

Das von der Stadt beauftragte Bauunternehmen, welches die Hauptstraße der Gemeinde neu asphaltieren soll, stellt Baustellenschilder auf, die jedoch nicht der Straßenverkehrsordnung entsprechen. Jetzt schließt die Stadt mit dem Bauunternehmen einen Vertrag, indem die Duldung der Schilder bis zu vier Wochen bestätigt wird und sich nach Ablauf dieser Frist das Bauunternehmen neue Schilder kaufen und diese dann aufstellen muss.

Im Rahmen von subordinationsrechtlichen Verträgen kann es außerdem zu Ausgleichs- oder Austauschverträgen kommen.

Vergleichsvertrag

VwVfG § 55

Nach dem Gesetz kann ein Vergleichsvertrag geschlossen werden, wenn **Ungewissheit** bezüglich der Sach- oder Rechtslage besteht. Ungewissheit in der **Sachlage** kann vorkommen, wenn die Vertragsparteien die Tatsache, über die der Vertrag geschlossen werden soll, unterschiedlich verstehen. Die **Rechtslage** kann ungewiss sein, wenn die Vertragsparteien die zugrundeliegenden Rechtsnormen für den öffentlich-rechtlichen Vertrag unterschiedlich auslegen. Solange eine solche Ungewissheit besteht, wird vom Gesetzgeber die Lösung vorgeschlagen, dass beide Parteien nachgeben sollen. In der Praxis wird so ein Vergleich erst durch eine verwaltungsgerichtliche Entscheidung erzielt.

Bei einem Vergleichsvertrag weichen beide Vertragsparteien von ihrem Standpunkt ab und geben nach.

Austauschvertrag

Bei einem Austauschvertrag tauschen die beiden Vertragsparteien **Leistungen** aus.

BEISPIEL

Ein Bauunternehmen errichtet ein Wohngebiet und die Stadt sorgt dort für Freizeitanlagen.

11.2 Kriterien für Rechtmäßigkeit

Ein öffentlich-rechtlicher Vertrag kommt nur dann **rechtmäßig** zustande, wenn

- zwei übereinstimmende Willenserklärungen vorliegen,
- nicht gegen das Gesetz verstoßen wird und
- nicht der Verwaltungsakt anstelle des Vertrags gesetzlich vorgeschrieben ist.

Außerdem besteht keine vergleichbare Vertragsfreiheit wie im Privatrecht.

Damit der öffentlich-rechtliche Vertrag **formell rechtmäßig** ist, muss die zuständige Behörde beteiligt und der Vertrag schriftlich oder elektronisch verfasst worden sein. Außerdem kann eine **Zustimmung** für die Wirksamkeit des Vertrags erforderlich sein.

VwVfG §§ 57, 58

VwVfG § 56 Für den Vergleichsvertrag hat der Gesetzgeber bezüglich der **materiellen Rechtmäßigkeit** festgelegt, dass der Vertrag nur geschlossen werden darf, wenn die Zweckmäßigkeit nach Ermessensausübung besteht. Beim Austauschvertrag werden andere Bedingungen formuliert. Dabei muss die zu erbringende Gegenleistung zweckbestimmt sein und der Behörde zur Aufgabenerfüllung dienen. Zudem soll die Gegenleistung des Bürgers in einem entsprechenden Verhältnis zur Leistung der Behörde stehen und einen sachlichen Zusammenhang aufweisen.

11.3 Rechtswidrige und nichtige Verträge

Ein öffentlich-rechtlicher Vertrag wird rechtswidrig oder sogar nichtig, wenn ein Fehler gemacht wurde.

> Nichtigkeit hat die Unwirksamkeit des Vertrags zur Folge, Rechtswidrigkeit lässt den Vertrag wirksam bleiben.

VwVfG § 59 Für die Nichtigkeit gilt grundsätzlich, dass sie eintritt wenn die gesetzlichen Vorschriften aus dem BGB missachtet werden. Für die **subordinationsrechtlichen Verträge** kommen noch weitere Voraussetzungen hinzu.

- Inhalt wäre nach VwVfG § 44 Abs. 2 nichtig
- Beide Vertragsparteien wissen, dass Vertrag rechtswidrig ist
- Es lag keine Ungewissheit bezüglich der Sach- oder Rechtslage nach VwVfG § 55 vor
- Vereinbarte Gegenleistung nach VwVfG § 56 ist unzulässig

Der öffentlich-rechtliche Vertrag ist insgesamt nichtig, auch wenn nur ein Teil nichtig ist, der aber für den Vertragsabschluss entscheidend war.

Wird der Vertrag nichtig, so werden beide Vertragsparteien so gestellt, als wäre der Vertrag nicht abgeschlossen worden.

11.4 Ausführung und Durchsetzung

VwVfG §§ 60, 62 Der Gesetzgeber überträgt die Bedingungen aus dem **Privatrecht** bezüglich der Erfüllung, Aufrechnung, Erlass, Vertragsrücktritt und Störungen in der Leistung auf den öffentlich-rechtlichen Vertrag. Zudem werden auch die Vorschriften über Anpassungsmöglichkeiten des Vertrags wie auch die Kündigung für den öffentlich-rechtlichen Vertrag anwendbar.

VwVfG § 40 Jedoch steht der **Verwaltungsrechtsweg** offen, wenn Ansprüche aus dem Vertrag durchgesetzt werden sollen oder Schadensersatz gefordert wird.

Zusammenfassung und Lernkontrolle

Zusammenfassung

- **Öffentlich-rechtlicher Vertrag**
  - Zwei übereinstimmende Willenserklärungen
  - Gebiet des öffentlichen Rechts
- **Arten von öffentlich-rechtlichen Verträgen**

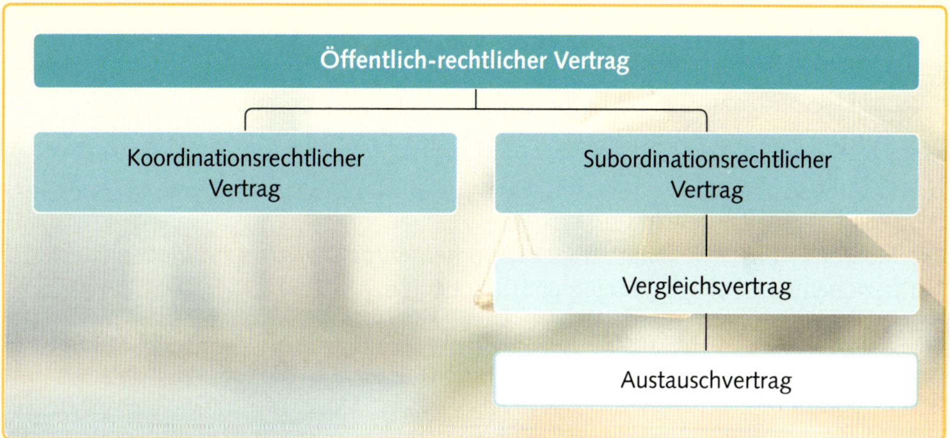

- **Formelle Rechtmäßigkeit**
  - Zuständige Behörde
  - Schriftlich oder elektronisch
  - Ggf. Zustimmung
- **Materielle Rechtmäßigkeit**
  - BGB Bestimmungen
  - Unterscheidung bei Vergleich- und Austauschvertrag
- **Rechtswidrigkeit und Nichtigkeit**
  - Nichtigkeit = von Anfang an ungültig
  - Rechtswidrigkeit = bleibt wirksam
  - Subordinationsrechtliche Verträge VwVfG § 59
- **Ausführung und Durchsetzung**
  - Vorschriften aus BGB finden Anwendung
  - Verwaltungsrechtsweg für zwanghafte Durchsetzbarkeit

Lernkontrolle

Aufgabe 1

Erklären Sie, welche Voraussetzungen vorliegen müssen, um von einem öffentlich-rechtlichen Vertrag sprechen zu können.

Aufgabe 2

Welche Arten von öffentlich-rechtlichen Verträgen gibt es?

Aufgabe 3

Unterscheiden Sie folgende Vertragsarten voneinander:

1. Koordinationsrechtlicher und subordinationsrechtlicher Vertrag
2. Vergleich- und Austauschvertrag

Aufgabe 4

Die Forstbehörde schließt mit einem Bauunternehmen einen subordinationsrechtlichen Vertrag über die Neuasphaltierung der Hauptstraße.

Prüfen Sie, ob der Vertrag rechtmäßig zustande gekommen ist und welche Konsequenzen sich daraus ergeben.

Lernfeld 11: Aufgaben der gewährenden Verwaltung bearbeiten

E

1 Sozialstaatsprinzip

© rcx – stock.adobe.com

1.1 Grundlagen des Sozialstaates

GG Art 20, 28 u. Art. 79

Die Bundesrepublik Deutschland verpflichtet die gewährende Verwaltung durch die **Verfassung**, sich an das **Sozialstaatsprinzip** zu halten. Ein Sozialstaat im Sinne des Grundgesetzes hat nicht nur die Aufgabe die vorgeschriebene Ordnung einzuhalten, sondern sie unter sozialen Gesichtspunkten zu planen und zu steuern. Der Staat legt sich soziale Pflichten gegenüber seinen Bürgern auf. Das Grundgesetz beschreibt die genaue Ausgestaltung des Sozialstaatsprinzips nicht detailliert. Die Ausgestaltung erfolgt in den Einzelgesetzen.

Sozialstaatsprinzip des Grundgesetzes verpflichtet den Staat insbesondere dazu

- jedem Bürger eine menschenwürdige Existenz zu ermöglichen,
- den wirtschaftlich Schwächeren zu schützen,
- Menschen, die in Not geraten sind, erträgliche Lebensbedingungen zu schaffen und
- die Lasten gleichmäßig zu verteilen.

Zur Verwirklichung des Sozialstaatsgebots aus dem Grundgesetz wurde ein Netz der sozialen Sicherung geschaffen.

1.2 System der sozialen Sicherung in Deutschland

In Deutschland wurde im Verlauf des 19. und 20. Jahrhunderts ein enges Netz an sozialen Gesetzen und Einrichtungen geschaffen. Den Ursprung der Sozialgesetzgebung stellt die Einführung des ersten Zweiges der Sozialversicherung, der Krankenversicherung, im Jahr 1881 dar. Die Gesetzgebung der Bundesrepublik hat darauf aufbauend eine Vielzahl von sozialen Absicherungen geschaffen, so dass ein System auf drei Säulen entstand.

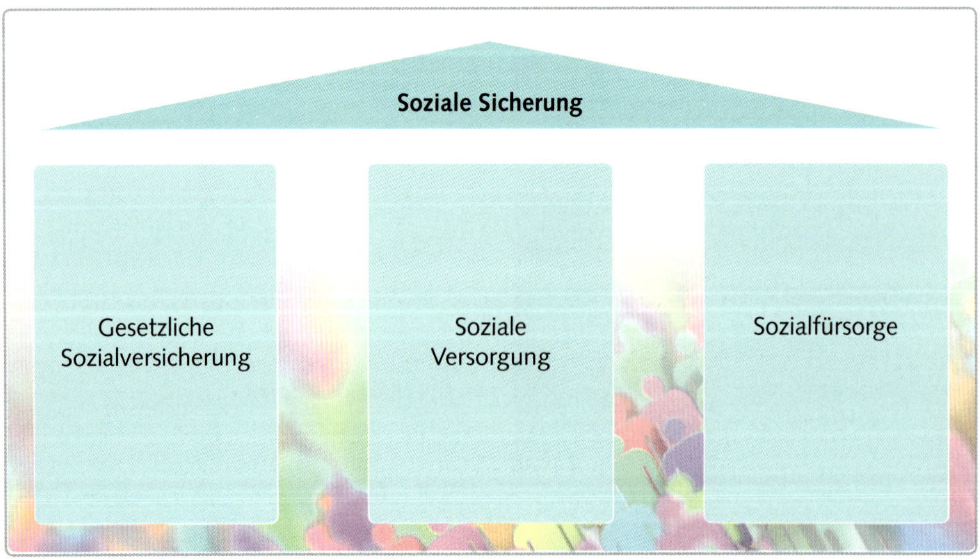

Gesetzliche Sozialversicherung

Die gesetzliche Sozialversicherung wird in Form einer Solidaritätsgemeinschaft verwirklicht. Der Versicherte hat Anspruch auf die Leistungen für die er Beiträge zahlt. Die Beiträge richten sich aber nicht am Versicherungsrisiko aus, sondern werden prozentual vom Arbeitsentgelt berechnet und werden durch Arbeitnehmer und Arbeitgeber aufgebracht. Eine Ausnahme bildet die Unfallversicherung, deren Beiträge die Arbeitgeber alleine tragen.

5 Zweige der Sozialversicherung	
Zweige	**Träger**
▪ Gesetzliche Krankenversicherung ▪ Gesetzliche Rentenversicherung ▪ Gesetzliche Pflegeversicherung ▪ Arbeitslosenversicherung ▪ Gesetzliche Unfallversicherung	▪ Gesetzliche Krankenkassen ▪ Deutsche Rentenversicherung Bund ▪ Gesetzliche Pflegekassen ▪ Bundesagentur für Arbeit ▪ Deutsche Gesetzliche Unfallversicherung

Soziale Versorgung

Versorgungsleistungen erbringt der Staat um bestimmte Bevölkerungsgruppen existenziell abzusichern. Für die betroffenen Personenkreise besteht eine staatliche Fürsorgepflicht (z. B. Beamte, Soldaten) oder es sind Personen, denen der Staat keinen Schutz gewähren konnte (z. B. Opfer von Gewalttaten).

Beispiele für Vorsorgeleistungen	
Beamtenversorgung	Beamte haben keinen Zugang zur gesetzlichen Sozialversicherung, der Staat hat eine Fürsorgepflicht, z. B. Beihilfe zu den Krankheitskosten, Alters- und Hinterbliebenenversorgung
Soldatenversorgung und Versorgung von Zivildienstleistenden	Wehrdienst und Zivildienst (Bundesfreiwilligendienst) ist Dienst an der Allgemeinheit. Sollte jemand bei der Ausübung dieser Dienste gesundheitliche Schäden erleiden, hat er Anspruch auf staatliche Versorgung.
Versorgung der Opfer von Gewalttaten	Wenn im Zusammenhang mit einer Straftat ein Geschädigter angegriffen wurde oder eine Beschädigung in unmittelbarem Zusammenhang mit einer Straftat steht, hat er Anspruch auf Versorgungsleistungen nach dem Opferentschädigungsgesetz.

Soziale Hilfen

Die sozialen Hilfen umfassen die
- Grundsicherung für Arbeitsuchende (SGB II), die
- Grundsicherung im Alter und bei Erwerbsminderung (SGB XII), die
- Sozialhilfe (SGB XII) und die
- Kinder- und Jugendhilfe (SGB VIII)

Soziale Förderung

Zusätzlich zu den drei Grundsäulen der sozialen Sicherung gibt es in Deutschland soziale Förderungen in verschiedenen Bereichen.

Soziale Förderung durch	
Steuernachlässe, z. B.	**Subventionszahlungen, z. B.**
▪ Kinderfreibetrag und ▪ Sonderausgaben bei der Einkommensteuerberechnung	▪ Kindergeld ▪ BAföG ▪ Wohngeld ▪ Elterngeld

1.3 Gesetzliche Regelungen im Sozialgesetzbuch

1.3.1 Aufbau des Sozialgesetzbuchs

Die Gesetzgebung des Sozialstaates wurde seit Bestehen der Bundesrepublik ständig weiterentwickelt und hatte sich in zahlreichen Einzelgesetzen niedergeschlagen. In den 70er Jahren des 20. Jahrhundert wurde begonnen, diese Einzelvorschriften in zwölf Sozialgesetzbüchern zu vereinen.

SGB	Regelungen
SGB I Allgemeiner Teil in Kraft seit 1.1.1976	Trifft grundlegende Regelungen für alle Leistungen nach dem SGB sowie Definitions- und Verfahrensvorschriften.
SGB II Grundsicherung für Arbeitsuchende in Kraft seit 1.1.2005	Geregelt wird die Förderung von erwerbsfähigen Personen (über 15 Jahren bis zur Regelaltersgrenze von 65 bzw. 67 Jahren) sowie deren Angehörigen, soweit diese über kein ausreichendes Arbeitseinkommen verfügen.
SGB III Arbeitsförderung in Kraft seit 1.1.1998	Enthält die Regelung der Leistungen der Bundesagentur für Arbeit (aktive Arbeitsförderung, Arbeitsvermittlung und Entgeltersatzleistungen bei Arbeitslosigkeit).
SGB IV Gemeinsame Vorschriften für die Sozialversicherung in Kraft seit 1.1.1977	Das SGB IV regelt das Recht des Gesamtsozialversicherungsbeitrags, definiert sozialversicherungsrechtliche Grundbegriffe und enthält Regeln für die Verfassung der Sozialversicherungsträger.

SGB V Gesetzliche Kranken-versicherung in Kraft seit 1.1.1989	Enthält Regelungen zur Organisation, Versicherungspflicht und Leistungen der gesetzlichen Krankenkassen sowie deren Rechtsbeziehungen zu weiteren Leistungserbringern (z. B. Ärzte, Apotheker).
SGB VI Gesetzliche Renten-versicherung in Kraft seit 1.1.1992	Enthält Regeln zur Organisation und zu den Leistungen der Träger der Deutschen Rentenversicherung (Renten wegen Alters, Rente wegen Erwerbsminderung und Hinterbliebenenrenten; Leistungen zur medizinischen, beruflichen und sonstigen Rehabilitation).
SGB VII Gesetzliche Unfall-versicherung in Kraft seit 1.1.1997	Regelt die Organisation, Versicherungspflicht und Leistungen der Berufsgenossenschaften und der Unfallkassen der öffentlichen Hand für die Versicherungsfälle Arbeitsunfall, Wegeunfall und Berufskrankheit.
SGB VIII Kinder- und Jugendhilfe in Kraft seit 3.10.1990 bzw. 1.1.1991 (neue Bundesländer)	Im SGB VIII werden die Angebote und Leistungen der Träger der öffentlichen Jugendhilfe (insbes. Jugendämter) an anspruchsberechtigte bzw. hilfebedürftige Kinder und Jugendliche sowie deren Eltern und junge Erwachsene geregelt.
SGB IX Rehabilitation und Teilhabe behinderter Menschen in Kraft seit 1.7.2001	Beinhaltet Regelungen für behinderte und von Behinderung bedrohte Menschen und verfolgt den Zweck, die Selbstbestimmung und gleichberechtigte Teilhabe am Leben in der Gesellschaft für diese Menschen zu fördern und Benachteiligungen zu vermeiden bzw. entgegenzuwirken.
SGB X Sozialverwaltungs-verfahren und Sozialdatenschutz in Kraft seit 1.1.1997	Enthält die Regelung des sozialrechtlichen Verwaltungsverfahrens, Regelungen zum Schutz der Sozialdaten sowie für die Zusammenarbeit der Sozialleistungsträger untereinander und ihre Rechtsbeziehungen zu Dritten.
SGB XI Soziale Pflegeversicherung in Kraft seit 1.1.1995	Enthält Regelungen zur Organisation, Versicherungspflicht und den Leistungen der Pflegeversicherung bei häuslicher, teilstationärer Pflege und Kurzpflege und bei vollstationärer Pflege.
SGB XII Sozialhilfe in Kraft seit 1.1.1981 u. 1.7.1983 (Kapitel 3)	Enthält die Regelungen zur Grundsicherung, für den Fall, dass die Hilfesuchenden nicht unter die Vorschriften des SGB II fallen (z. B. nicht arbeitsfähig, über 65 bzw. 67 Jahre alt)

Nicht alle sozialen Regelungen sind im SGB enthalten. Wichtige zusätzliche Einzelgesetze sind

- BAföG Ausbildungsförderung
- BVG Kriegsopferversorgung
- SVG Soldatenversorgung
- OEG Opferentschädigung
- WoGG Wohngeld
- BKGG Kindergeld

1.3.2 Soziale Leitidee

Das SGB konkretisiert die Generalnorm des Grundgesetzes in Art. 20 Abs. 1 und Art. 28 Abs. 1, dass die Bundesrepublik ein sozialer Staat ist (Sozialstaatsprinzip). Das SGB I stellt die Leitideen auf, die bei der Verfolgung des Sozialstaatsprinzips umzusetzen sind. Das SGB soll dazu beitragen

SGB I § 1 Abs. 1

- ein menschenwürdiges Dasein zu sichern,
- gleiche Voraussetzungen für die freie Entfaltung der Persönlichkeit, insbesondere auch für junge Menschen, zu schaffen,
- die Familie zu schützen und zu fördern,
- den Erwerb des Lebensunterhalts durch eine frei gewählte Tätigkeit zu ermöglichen und
- besondere Belastungen des Lebens, auch durch Hilfe zur Selbsthilfe, abzuwenden oder auszugleichen.

1.3.3 Soziale Rechte

SGB I § 2

Die im SGB I definierten **sozialen Rechte** stellen keine eigenständigen, subjektiven Rechtsansprüche des Bürgers dar, sie dienen lediglich als Leitvorstellungen für die Sozialpolitik des Gesetzgebers. Die subjektiven Rechte ergeben sich aus den Einzelvorschriften.

SGB I §§ 3–10

Die sozialen Rechte umfassen:

- Bildungs- und Arbeitsförderung
- Sozialversicherung
- soziale Entschädigung bei Gesundheitsschäden
- Minderung des Familienaufwandes
- Zuschuss für eine angemessene Wohnung
- Kinder- und Jugendhilfe
- Sozialhilfe
- Teilhabe behinderter Menschen

1.3.4 Mitwirkungspflicht der Leistungsempfänger

SGB X § 20

SGB X §§ 60–67

Grundsätzlich hat der Leistungsträger den Sachverhalt zur Leistungsgewährung von Amts wegen zu ermitteln. Dies ist ohne Informationen des Hilfesuchenden aber nicht möglich. Darum hat der Leistungsempfänger eine Mitwirkungspflicht. Der Umfang dieser Pflicht ist nicht immer einfach festzustellen und ist auf den Einzelfall zu beziehen.

BEISPIEL

Albert Allgöfer beantragt Sozialhilfe. Hierzu muss er zum Nachweis seiner Bedürftigkeit Beweismittel vorlegen. Dies könnte z. B. durch Vorlage von Kontoauszügen erfolgen. Das ist aus Datenschutzgründen jedoch bedenklich. Geschwärzte Kontoauszüge könnten hier einen Ausweg darstellen.

Die Grenzen der Mitwirkungspflicht sind gegeben, SGB X § 65

- wenn die Erfüllung der Pflicht in einem unangemessenen Verhältnis zur beantragten Leistung steht.

BEISPIEL

Für einen kleinen medizinischen Eingriff soll ein aufwendiges ärztliches Gutachten vorgelegt werden.

- wenn die Erfüllung dem Betroffenen aus wichtigem Grund nicht zugemutet werden kann.

BEISPIEL

Zur Klärung eines Antrags wird Grete Glaube vom Amt vorgeladen, sie pflegt jedoch ihre Mutter und kann diesen Termin daher nicht wahrnehmen.

- wenn sich der Leistungsträger selbst durch einen geringeren Aufwand als der Hilfesuchende die Informationen beschaffen kann.

BEISPIEL

Im Rahmen der Amtshilfe können Behörden oft die notwendige Information schneller und mit weniger Aufwand beschaffen.

1.4 Verwaltungsverfahren

1.4.1 Allgemeine Verfahrensgrundsätze

Grundsätze des Verwaltungsverfahrens siehe LF 9

Das Verwaltungsverfahren im Sozialrecht ist im SGB X einheitlich geregelt und entspricht inhaltlich dem Verwaltungsverfahrensgesetz. Die Verfahrensvorschriften umfassen auch Regelungen zum Schutz der Sozialdaten.

© Butch – stock.adobe.com

1.4.2 Besonderheiten des begünstigenden Verwaltungshandelns

Die Wirksamkeit eines Verwaltungsaktes, der soziale Leistungen gewährt, erfolgt mit Bekanntgabe. Der Verwaltungsakt bleibt wirksam, bis er wieder zurückgenommen, widerrufen oder anderweitig aufgehoben wird. SGB X § 39

Ist der Verwaltungsakt jedoch nichtig, ist er nicht rechtswirksam. Ein Verwaltungsakt ist nichtig, wenn er besonders schwerwiegende Inhalts- oder Formfehler aufweist. SGB X § 41

Auch eine nachträgliche Heilung von Verwaltungs- und Formfehlern ist möglich.

Für die **Aufhebung** von Verwaltungsakten gelten folgende Grundsätze: SGB X §§ 44–47

- Der Leistungsträger kann oder muss rechtswidrige Verwaltungsakte **zurücknehmen**.
- Ist der Verwaltungsakt rechtmäßig kann er **widerrufen** werden.
- Hat ein Verwaltungsakt Dauerwirkung, dann kann er **aufgehoben** werden.

Zu unterscheiden sind begünstigende und nicht begünstigende Verwaltungsakte. Ein Verwaltungsakt ist nicht begünstigend, wenn er dem Antragsteller die Hilfe nicht oder nicht vollständig gewährt.

Aufhebung von Verwaltungsakten	
Rücknahme	rechtswidrige nicht begünstigende Verwaltungsakte **§ 44 SGB X** rechtswidrige begünstigende Verwaltungsakte **§ 45 SGB X**
Widerruf	rechtmäßige nicht begünstigende Verwaltungsakte **§ 46 SGB X** rechtmäßig begünstigende Verwaltungsakte **§ 47 SGB X**
anderweitige Aufhebung	rechtmäßige und rechtswidrige Verwaltungsakte mit Dauerwirkung **§ 46 SGB X**

Zu einer Rücknahme eines Erlasses von Amts wegen ist der Leistungsträger verpflichtet, wenn er das Recht nicht richtig angewendet hat oder von einem Sachverhalt ausgegangen wurde, der sich als unrichtig erweist.

1.4.3 Sozialdatenschutz

SGB I § 35

Im Bereich des Sozialrechts gilt das Sozialgeheimnis. Das Sozialgeheimnis ist eine besondere Form des Amtsgeheimnis und ist damit auf der gleichen Stufe wie z. B. das Steuergeheimnis oder die ärztliche Schweigepflicht zu sehen. Für die datenrechtliche Kontrolle der Sozialhilfe ist der jeweilige Landesdatenschutzbeauftragte zuständig. Demzufolge müssen die datenverarbeitenden Stellen einen behördlichen Datenschutzbeauftragten bestellen, dem die Überwachung der Einhaltung des Datenschutzes obliegt.

SGB X §§ 67u–67s

Sozialdaten sind Einzelangaben über persönliche und sachliche Verhältnisse eines Betroffenen. Sie sind grundsätzlich beim Betroffenen zu erheben.

BEISPIELE FÜR SOZIALDATEN

Name, Beruf, Eignung, Gesundheitszustand, Ausbildung usw.

Zusammenfassung und Lernkontrolle

Zusammenfassung

Bundesrepublik Deutschland ist ein **Sozialstaat** lt. GG Art 20 u. 78

Bundesrepublik Deutschland ist ein Sozialstaat lt. GG Art 20 u. 78

↓

Hauptziel: **menschenwürdiges Dasein** für alle Bürger

→ **Realisierung durch**

- Gesetzliche Sozialversicherung
- Soziale Vorsorge
- Sozialfürsorge

→ **Festgelegt in**

- Einzelgesetzen und im
- SGB
  - Soziale Leitidee
  - Soziale Rechte
  - Soziale Leistungen im Einzelnen
  - Verwaltungsverfahren

Lernkontrolle

Aufgabe 1

Beschreiben Sie die drei Säulen der sozialen Sicherung in Deutschland.

Aufgabe 2

Welche soziale Leitidee wird im SGB I dargestellt?

Aufgabe 3

Herr Maier möchte auf Grundlage des § 3 SGB sein soziales Recht auf Bildung einklagen. Nehmen Sie Stellung.

Aufgabe 4

Begründen Sie warum das SGB X eine Mitwirkungspflicht des Leistungsempfängers vorsieht.

Aufgabe 5

In welcher Form können Verwaltungsakte nach SGB X aufgehoben werden.

2 Struktur, Grundsätze und Ziele des Sozialhilferechts

2.1 Struktur des Sozialhilferechts

Die Zuordnung zu den Hilfen nach SGB II oder SGB XII für Hilfesuchende unterscheidet sich zunächst danach, ob der Hilfesuchende erwerbsfähig ist oder nicht. Bei Arbeitnehmern, die gerade arbeitslos geworden sind, ist zunächst zu prüfen, ob sie nicht Anspruch auf Arbeitslosengeld nach dem SGB III haben. Erst wenn dieser Anspruch nicht oder nicht mehr besteht werden sie nach SGB II (Grundsicherung für Arbeitssuchende) oder nach SGB XII (Sozialhilfe) unterstützt.

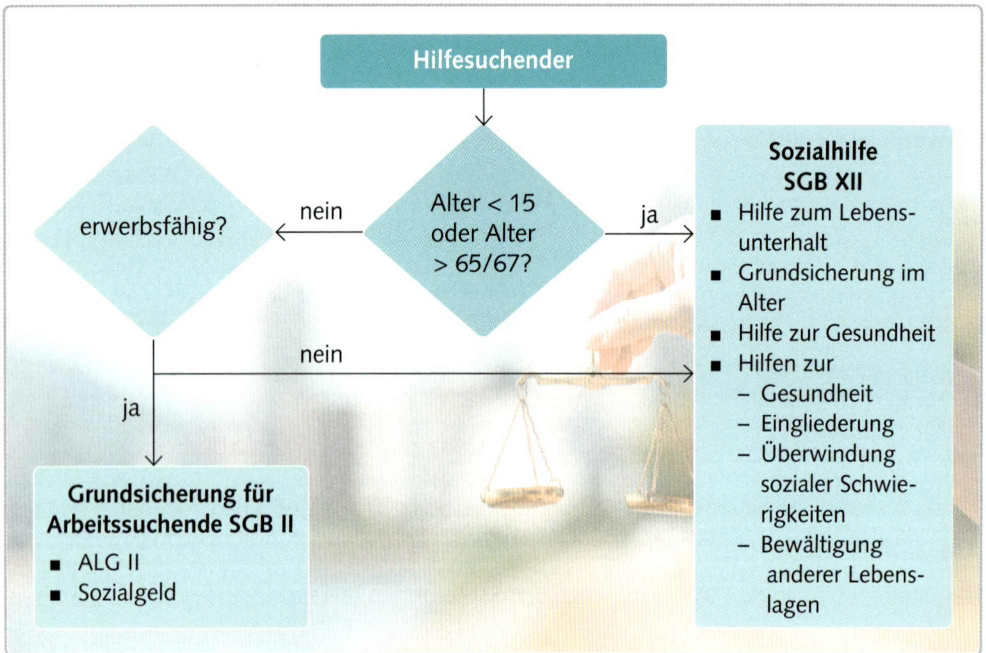

2.2 Ziele und Grundsätze des Sozialhilferechts

Die Struktur des Sozialhilferechts lässt bereits erkennen, welche Ziele verfolgt werden. Die Hilfesuchenden, die arbeitsfähig sind, werden anders unterstützt als die nicht arbeitsfähigen.

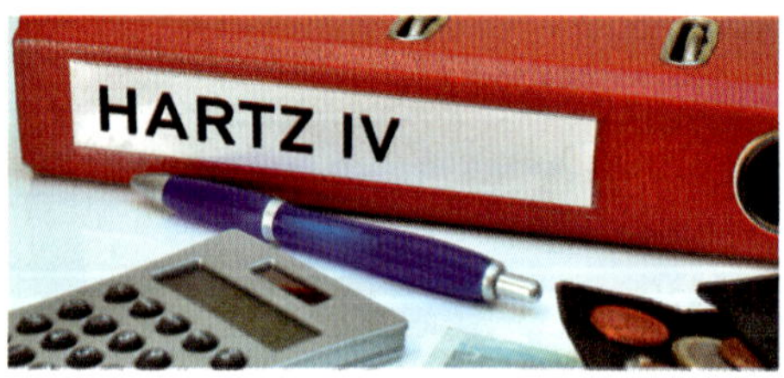

Ziel der Grundsicherung für Arbeitsuchende (SGB II):

Die Grundsicherung für Arbeitsuchende ist darauf gerichtet, **erwerbsfähigen** Menschen in Notlagen schnelle und umfassende Hilfe und Unterstützung zur **Selbsthilfe** zu bieten.

Dabei soll der Arbeitssuchende

- schnell und passend in ein Arbeitsverhältnis vermittelt werden und
- bedarfsorientiert und ausreichend materiell abgesichert werden.

Das Gesetz hebt besonders darauf ab, dass der Arbeitsuchende so schnell wie möglich ohne Sozialleistungen leben kann.

© Peter Atkins – stock.adobe.com

Das Gesetz geht vom Grundsatz „Fördern und Fordern" aus. Vom Arbeitssuchenden wird auch aktives Verhalten gefordert.

Fördern	Fordern
Dienstleistungen: ▪ Beratung ▪ Vermittlung ▪ Fördermaßnahmen	**Eigenbemühung, Eigenverantwortung** (z. B. Bewerbungen, Schulungen)
Leistungen zur Sicherung des Lebensunterhalts ▪ Arbeitslosengeld II ▪ Sozialgeld ▪ Mehrbedarf, Einmalleistungen ▪ Unterkunft und Heizung (Leistungen in Geld oder als Sachleistung)	**Eingliederungsvereinbarung** (verbindliche Festlegungen über die gemeinsamen Bemühungen um die Eingliederung in Arbeit unter Berücksichtigung besonderer Lebensumstände des erwerbsfähigen Leistungsberechtigten und seiner Angehörigen)
weitere Maßnahmen: ▪ Schuldnerberatung ▪ Kinderbetreuung ▪ Einstiegsgeld	**Aufnahme jeder zumutbaren Arbeit**
	Aufnahme von Arbeitsgelegenheiten (Falls eine unmittelbare Integration in den allgemeinen Arbeitsmarkt nicht möglich ist, kann eine Arbeitsgelegenheit in Betracht gezogen werden. Hierbei werden Arbeiten gefördert, die zusätzlich und wettbewerbsneutral sind und im öffentlichen Interesse liegen.)

Ziele der Sozialhilfe (SGB XII)

Aufgabe der Sozialhilfe ist es den Leistungsberechtigten die Führung eines Lebens zu ermöglichen, das der Würde des Menschen entspricht. Verfügt der Hilfesuchende über ein unzureichendes Einkommen und Vermögen, deckt die Sozialhilfe das menschenwürdige Existenzminimum. Andere Belastungen wie Behinderung, Pflegebedürftigkeit oder besondere soziale Schwierigkeiten versucht die Sozialhilfe im Bedarfsfall auszugleichen.

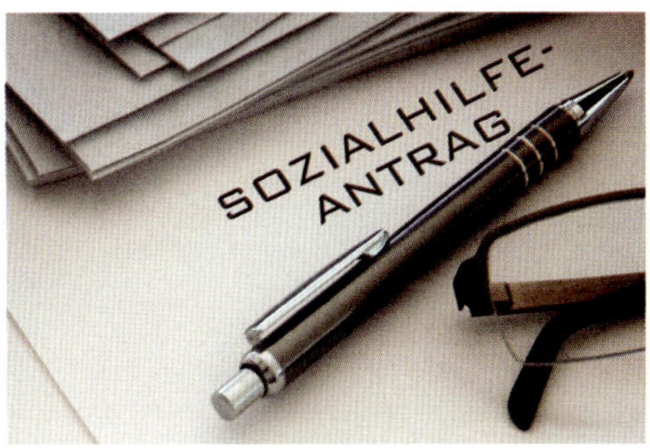

© Butch – stock.adobe.com

Ziel ist dabei, dass die betroffenen Personen möglichst unbeeinträchtigt am gesellschaftlichen Leben teilhaben können und möglichst ohne die Sozialhilfeleistungen leben können.

Zusammenfassung und Lernkontrolle

Zusammenfassung

Sozialrecht unterscheidet

- Arbeitsuchende, erwerbsfähige (Alter zw. 15 und 65/67) → Förderung nach SGB II
- Nicht Erwerbsfähige und Menschen im Alter unter 15 und über 65/67 → Förderung nach SGB XII

Ziele

- menschenwürdiges Dasein
- Eingliederung in den Arbeitsprozess bzw. Leben ohne Sozialhilfe

Lernkontrolle

Aufgabe 1

Erklären Sie, wer Empfänger der Grundförderung für Arbeitsuchende und wer Empfänger der Sozialhilfe sein kann.

Aufgabe 2

Erläutern Sie den Grundsatz „Fördern und Fordern" bei der Grundsicherung für Arbeitsuchende.

Aufgabe 3

Welcher Personenkreis erhält Sozialhilfe statt Grundförderung für Arbeitsuchende.

3 Grundsicherung für Arbeitsuchende

3.1 Anspruchsvoraussetzungen

Der Grundgedanke der Grundsicherung für Arbeitsuchende lautet: Wer trotz eigener Bemühungen keine Arbeit finden kann oder mit seiner Arbeit ein Einkommen erzielt, mit dem der Lebensunterhalt nicht gesichert ist, hat bei Vorliegen von Hilfebedürftigkeit einen Rechtsanspruch auf Arbeitslosengeld II, das auch als ergänzende (aufstockende) Leistung zum Einkommen zu gewähren ist.

1. Antragstellung

Der Antrag auf Arbeitslosengeld II (Grundsicherung für Arbeitsuchende, auch Hartz IV genannt) kann formlos, d. h. schriftlich, telefonisch oder persönlich-mündlich bei der zuständigen Stelle gestellt werden. Notwendige Unterlagen können nachgereicht werden. Die Zuständigkeit obliegt der Agentur für Arbeit, den kommunalen Trägern und in manchen Bezirken auch der Arbeitsgemeinschaft der kommunalen Träger und der Agentur für Arbeit.

2. Prüfung der Anspruchsvoraussetzungen

SGB II § 7

Die zuständige Stelle prüft die Voraussetzungen für die Gewährung der Grundförderung.

- **Erwerbsfähigkeit**
  Erwerbsfähig ist, wer mindestens 3 Stunden täglich arbeiten kann.
- Vollendung des 15. Lebensjahrs und Nichtvollendung der Altersgrenze (65/67 Jahre)
- **Hilfsbedürftigkeit**
  Hilfebedürftig ist, wer seinen eigenen Unterhaltsbedarf und den mit ihm in einer Bedarfsgemeinschaft Lebenden nicht oder nicht ausreichend aus eigenen Kräften sichern kann.
  Zur eigenen Leistungssicherung müssen herangezogen werden:
  - Einkommen
  - Vermögen
  - Hilfe Dritter (Angehörige)
  - Leistungen anderer Sozialversicherungsträger
- gewöhnlicher Aufenthalt in Deutschland
  Der Hilfesuchende muss sich überwiegend in Deutschland aufhalten (> 6 Monate im Kalenderjahr). Ausländer benötigen zudem eine Aufenthaltsgenehmigung.

© Natascha Farber – stock.adobe.com

Außer an den erwerbsfähigen Hilfesuchenden werden Leistungen auch an nicht erwerbstätig Hilfesuchende gewährt, wenn sie mit dem erwerbsfähigen Hilfesuchenden in einer **Bedarfsgemeinschaft** leben. Sie erhalten allerdings kein Arbeitslosengeld II sondern unter bestimmten Voraussetzungen als Geldleistung ein sogenanntes Sozialgeld.

Zu einer Bedarfsgemeinschaft zählen

- im Haushalt lebende Eltern/Elternteil
- Partner des erwerbsfähigen Hilfebedürftigen, d. h. nicht dauernd getrenntlebende Ehegatten, Personen in eheähnlicher Gemeinschaft, nicht dauernd getrenntlebender eingetragener Lebenspartner
- zum Haushalt gehörende minderjährige unverheiratete Kinder, unverheiratete Kinder des erwerbsfähigen Hilfebedürftigen oder seines Partners bis zum 25. Lebensjahr, soweit diese ihren Lebensunterhalt nicht aus eigenem Einkommen und Vermögen sichern können.

SGB II § 9 Abs. 5

Von der Bedarfsgemeinschaft zu unterscheiden ist die **Haushaltgemeinschaft**. Haushaltsgemeinschaften werden mit einem Personenkreis gebildet, der nicht zur Bedarfsgemeinschaft zählt. Dies sind z. B. Enkel, Großeltern, Tanten, Onkel, sonstige Verwandte und Verschwägerte.

3.2 Einsatz von Einkommen und Vermögen

3.2.1 Hilfsbedürftigkeit

Leistungen in Form des Arbeitslosengeldes II und des Sozialgeldes werden nur bei Hilfsbedürftigkeit gezahlt. Dabei wird auch das Einkommen und Vermögen aller in der Bedarfsgemeinschaft lebender berücksichtigt. Nur wenn der Lebensunterhalt nicht aus Einkommen und Vermögen gedeckt werden kann, werden Leistungen zum Lebensunterhalt gewährt.

3.2.2 Zu berücksichtigendes Einkommen

SGB II § 11

Alle Einnahmen in Geld und Geldeswert sind grundsätzlich als Einkommen zu berücksichtigen.

© eyetronic – stock.adobe.com

Zum zu **berücksichtigenden Einkommen** werden insbesondere gerechnet:

- Einnahmen aus selbstständiger oder nicht selbstständiger Arbeit
- Entgeltfortzahlungen wie Arbeitslosengeld I oder Krankengeld
- Kapital- und Zinserträge
- Einnahmen aus Vermietung und Verpachtung
- Kindergeld

Davon **abzuziehen** sind

1. darauf entfallende **Steuern**:
   - Lohn- bzw. Einkommensteuer
   - Solidaritätszuschlag
   - Kirchensteuer
   - Gewerbesteuer
   - Kapitalertragsteuer
2. **Pflichtbeiträge**
   - zur gesetzlichen Sozialversicherung
   - von versicherungspflichtigen Selbstständigen im Rahmen der Sozialversicherung gezahlte Pflichtbeiträge (Altershilfe für Landwirte, Handwerkerversicherung, Unfallversicherung)
   - Pflichtbeiträge zur Pflegeversicherung von freiwillig Versicherten
3. gesetzlich vorgeschriebene und angemessene **private Versicherungen**, z. B.
   - Kfz-Haftpflicht
   - Gebäudebrandversicherung
   - private Krankenversicherung (bei nicht Pflichtversicherten)
   - private Altersvorsorge (bei Befreiung von GRV)
4. die nach dem EStG geförderten **Altersvorsorgefreibeträge**
5. notwendige Aufwendungen zum Erwerb, zur Sicherung und zur Erhaltung der Einnahmen **(Werbungskosten)**
6. **Freibeträge bei Erwerbstätigkeit**

BEISPIEL 1

Der Leistungsempfänger Bernd Berthold nimmt einen 350 € Job an. Wie hoch ist sein anrechenbares Einkommen?

Lösung:

Einkommen	350,00 €
Freibetrag Erwerbseinkommen	100,00 €
verbleibendes Einkommen	250,00 €
Stufe 1: Freibetrag Erwerbseinkommen 20 % von 250,00 €	50,00 €
Anzurechnendes Einkommen	200,00 €

Der Regelsatz wird um 200,00 gekürzt. Vom seinem Erwerbseinkommen in Höhe von 350,00 € verbleiben Bernd zusätzlich noch 150,00 €.

BEISPIEL 2

Die alleinerziehende Leistungsbezieherin Beate Maier lebt mit ihrem minderjährigen Kind in einer Bedarfsgemeinschaft. Frau Maier bezieht ein Erwerbseinkommen in Höhe von 1 250,00 € monatlich. Wie hoch ist ihr anrechenbares Einkommen?

Lösung:

Einkommen	1 250,00 €
Freibetrag Erwerbseinkommen	100,00 €
verbleibendes Einkommen	1 150,00 €
Freibetrag Stufe 1: 20 % von 700,00 € (800,00–100,00 €)	140,00 €
Freibetrag Stufe 2: 10 % von 450,00 € (1 250,00–800,00 €)	45,00 €
Anzurechnendes Einkommen	965,00 €
Anzurechnendes Kindergeld (Stand 01.01.2019 – ein Kind)	210,00 €

Von der Summe der Regelsätze der Bedarfsgemeinschaft werden wegen des Erwerbseinkommens 965,00 € abgezogen. Frau Maier bleiben vom Erwerbseinkommen in Höhe von 1 250,00 € zusätzlich zu den Regelbedarfssätzen noch 285,00 €.
Zudem wird das erhaltene Kindergeld in Höhe von 210,00 € ebenfalls abgezogen.

Nicht als Einkommen zu berücksichtigen sind z. B.

- Grundrenten nach dem Bundesversorgungsgesetz
- Erziehungsgeld
- Zweckbestimmte Einnahmen und Zuwendungen der freien Wohlfahrtpflege (z. B. Arbeitsförderungsgeld in Behindertenwerkstätten, Leistungen der Pflegeversicherung und Blindengeld)

3.2.3 Zu berücksichtigendes Vermögen

Vermögen ist die Gesamtheit der in Geld messbaren Güter einer Person, z. B. Bargeld, Sparguthaben, Wertpapiere, Bausparguthaben, bewegliches Vermögen, Haus- und Grundvermögen.

Berücksichtigt wird das eigene Vermögen des Antragstellers und das Vermögen der im Haushalt lebenden Angehörigen (Bedarfsgemeinschaft). Dabei gilt der Grundsatz, dass Vermögen verwertbar sein muss, d. h. durch Verbrauch, Verkauf, Beleihung, Vermietung oder Verpachtung für den Lebensunterhalt nutzbar zu machen ist (z. B. nicht verpfändet).

Beispiele für verwertbares Vermögen	
▪ Bargeld ▪ Wertpapiere ▪ Sparguthaben	▪ selbstgenutzte Häuser, Eigentumswohnungen ▪ Lebensversicherung

SGB II § 12

Das Vermögen ist nur zu berücksichtigen, wenn es nicht geschützt ist. Geschützt ist

- ein angemessener Hausrat,
- ein angemessenes Kraftfahrzeug für jede in der Bedarfsgemeinschaft lebende erwerbsfähige Person,
- für die Altersvorsorge bestimmte Vermögensgegenstände in angemessenem Umfang, wenn die erwerbsfähige leistungsberechtigte Person oder deren Partnerin oder Partner von der Versicherungspflicht in der gesetzlichen Rentenversicherung befreit ist,

- ein selbst genutztes Hausgrundstück von angemessener Größe oder eine entsprechende Eigentumswohnung,
- Vermögen, das nachweislich zur baldigen Beschaffung oder Erhaltung eines Hausgrundstücks von angemessener Größe bestimmt ist, soweit dieses zu Wohnzwecken behinderter oder pflegebedürftiger Menschen dient oder dienen soll und dieser Zweck durch den Einsatz oder die Verwertung des Vermögens gefährdet würde,
- Sachen und Rechte, soweit ihre Verwertung offensichtlich unwirtschaftlich ist oder für den Betroffenen eine besondere Härte bedeuten würde.

Für das Vermögen gelten Freibeträge. Somit ist vom Vermögen abzusetzen:

- ein Grundfreibetrag in Höhe von 150 € je vollendetem Lebensjahr für jede in der Bedarfsgemeinschaft lebende volljährige Person und deren Partnerin oder Partner, mindestens aber jeweils 3 100 €, maximal bis zu einem nach Geburtsjahren gestaffelten Höchstbetrag (9 750/9 900/10 500 €).
- ein Grundfreibetrag in Höhe von 3 100 € für jedes leistungsberechtigte minderjährige Kind,
- Altersvorsorge in Höhe des nach Bundesrecht ausdrücklich als Altersvorsorge geförderten Vermögens einschließlich seiner Erträge und der geförderten laufenden Altersvorsorgebeiträge,
- geldwerte Ansprüche, die der Altersvorsorge dienen, soweit die Inhaberin oder der Inhaber sie vor dem Eintritt in den Ruhestand aufgrund einer unwiderruflichen vertraglichen Vereinbarung nicht verwerten kann und der Wert der geldwerten Ansprüche 750 € je vollendetem Lebensjahr der erwerbsfähigen leistungsberechtigten Person und deren Partnerin oder Partner, bis zu einem gestaffelten Höchstbetrag (48 750/49 500/50 250 €),
- ein Freibetrag für notwendige Anschaffungen in Höhe von 750 € für jeden in der Bedarfsgemeinschaft lebenden Leistungsberechtigten.

BEISPIEL

Ehepaar Müller, Herr Müller 38 Jahre, Frau Müller 32 Jahre alt, berechnen ihren Grundfreibetrag für Vermögen.

Freibetrag Herr Müller	38 x 150,00	= 5 700,00
Freibetrag Frau Müller	32 x 150,00	= 4 800,00
Gesamtfreibetrag des freien Vermögens		10 500,00

3.2.4 Zu berücksichtigendes Einkommen und Vermögen bei Bedarfs- oder Haushaltsgemeinschaft

Bei der Grundsicherung für Arbeitsuchende wird ein haushaltsbezogener Ansatz verfolgt. Das bedeutet, dass neben dem erwerbsfähigen Leistungsberechtigten auch die mit ihm in einer Bedarfsgemeinschaft lebenden, nicht erwerbsfähigen Angehörigen bei Hilfebedürftigkeit Leistungen zur Sicherung des Lebensunterhalts in Form von **Sozialgeld** erhalten.

SGB II § 7 SGB XII S 19

Zu einer **Bedarfsgemeinschaft** gehören alle Mitglieder eines Haushalts, die mit ihrem **Einkommen und Vermögen voll für einander einstehen** müssen. Ein einzelner alleinstehender Hilfebedürftiger zählt ebenfalls als Bedarfsgemeinschaft.

Zu einer **Haushaltsgemeinschaft** zählt der Gesetzgeber auch andere Verwandte und Verschwägerte. Dabei wird **vermutet**, dass die anderen Haushaltsmitglieder einen Antragsteller **unterstützen**. Einkommen und Vermögen der Haushaltsgemeinschaft werden ebenfalls zum Einkommen bzw. Vermögen des Antragstellers hinzugerechnet. Eine solche Wirtschaftsgemeinschaft besteht dann, wenn „aus einem Topf gewirtschaftet wird". Der Antragsteller hat die **Beweispflicht**, wenn er diese Vermutung widerlegen will (Beweislastumkehr).

BEISPIEL 1

Monika ist 17 Jahre alt und lebt mit ihren Eltern, die Arbeitslosengeld II beziehen und arbeitssuchend sind, zusammen.

a) Besteht eine Bedarfsgemeinschaft?
b) Besteht eine Bedarfsgemeinschaft, nachdem Monika ihren 18. Geburtstag feiert?

Lösung:

a) Ja, es besteht eine Bedarfsgemeinschaft. Unverheiratete minderjährige Kinder (0–18 Jahre) von erwerbsfähigen Hilfebedürftigen (Eltern bzw. Partnern) gehören zur Bedarfsgemeinschaft. Allerdings wird geprüft, ob sie aus ihrem Einkommen oder Vermögen die Leistungen zur Sicherung ihres Lebensunterhalts beschaffen können.
b) Nein, es besteht keine Bedarfsgemeinschaft. Sie erlischt bei verheirateten oder volljährigen Kindern oder wenn die Erwerbsfähigkeit des Kindes eintritt.

BEISPIEL 2

Alf und Bodo sind Zwillinge. Sie leben zusammen. Alf fragt, ob auf sie die Regelungen für eine Bedarfsgemeinschaft zutreffen.

Lösung:

Verwandte zweiten Grades. Geschwister sind nicht in den gesetzlichen Regelungen zur Bedarfsgemeinschaft aufgeführt. Allerdings bilden sie eine Haushaltsgemeinschaft. Das Gesetz knüpft an die Vermutung an, dass Hilfebedürftige von ihren Verwandten oder Verschwägerten Leistungen erhalten, soweit dies nach deren Einkommen und Vermögen erwartet werden kann. Die Vermutung, dass diese Personen Leistungen erbringen ist widerlegbar, wenn diese Personen nachweisen, dass sie über kein hinreichendes Einkommen verfügen, um Hilfsleistungen zu erbringen. In diesem Fall erfolgt keine Anrechnung.

3.3 Leistungen nach dem SGB II

3.3.1 Leistungsarten

Die Grundsicherung für Arbeitssuchende hat das Ziel die Hilfsbedürftigkeit zu beseitigen und bis dahin den Lebensunterhalt zu sichern. Entsprechend gibt es aktive und passive Leistungen.

Leistungsarten der Grundsicherung	
aktive Leistungen	**passive Leistungen**
Maßnahmen zur Beendigung der Hilfsbedürftigkeit durch Eingliederung in den Arbeitsprozess nach SGB III.	Sicherung des Lebensunterhalts durch Regel-, Mehrbedarfsleistungen und Leistungen in Notfällen sowie als Sozialgeld in bestimmten Fällen.

3.3.2 Leistungen zur Eingliederung in Arbeit

Zur Eingliederung in Arbeit sieht das SGB III für Arbeitslose neben der **Beratung und Vermittlung** zahlreiche weitere Maßnahmen und Instrumente für Arbeitssuchende vor, die auch für Leistungsempfänger nach SGB II gelten.

Beispiele für Hilfen nach dem SGB III zur Eingliederung in Arbeit			
SGB III	**Leistungen**	**SGB III**	**Leistungen**
§§ 29–34	Beratung	§§ 81–87	Unterhaltsgeld für berufliche Weiterbildung
§§ 35–39	Vermittlung	§§ 88–92	Förderung für behinderte Menschen
§§ 44–47	Aktivierung und berufliche Eingliederung	§§ 93–94	Gründungshilfe für Selbstständige
§§ 56–80	Förderung der Berufsausbildung		

Grundsätzlich werden Leistungen nach SGB II als Dienstleistung (z. B. Beratung), Geldleistung (z. B. Arbeitslosengeld 2) oder als Sachleistung (z. B. Einkaufsgutscheine) gewährt.

3.3.3 Arbeitslosengeld II und Sozialgeld

Unterscheidung	
Arbeitslosengeld II	**Sozialgeld**
Hilfe für den erwerbsfähigen Hilfebedürftigen	Hilfe für nicht erwerbsfähige Angehörige in der Bedarfsgemeinschaft
Leistungen: ▪ Regelleistung ▪ Mehrbedarfe ▪ anteilige Kosten für Unterkunft und Heizung ▪ evtl. Zuschlag zum ALG II (befristet)	Leistungen: ▪ Regelleistung ▪ Mehrbedarfe ▪ anteilige Kosten für Unterkunft und Heizung

Regelleistungen

Anspruch auf 100 % der Regelleistung haben

- Alleinstehende
- Alleinerziehende
- Personen mit minderjährigen Partnern

Andere Leistungsberechtigte erhalten gekürzte Fördergelder.

SGB II § 20

Regelsätze für ALG II und Sozialgeld					
▪ Alleinstehende ▪ Alleinerziehende ▪ Volljährige mit minderjährigen Partnern	▪ volljährige Partner in der Bedarfsgemeinschaft	▪ Volljährige bis zur Vollendung des 25. Lebensjahrs im Haushalt der Eltern ▪ unter 25jährige, die ohne Zustimmung ausgezogen sind (15–24 Jahre)	▪ Kinder/Jugendliche ab Beginn des 15. Lebensjahres bis zur Vollendung des 18. Lebensjahres (14–17 Jahre)	▪ Kinder ab Beginn des 7. Lebensjahres bis zur Vollendung des 14. Lebensjahres (6–13 Jahre)	▪ Kinder bis zur Vollendung des 6. Lebensjahres (0–5 Jahre)
424 €	**382 €**	**339 €**	**322 €**	**302 €**	**245 €**
Stand 01.01.19 – Anpassung zum 1. Juli jeden Jahres					

Die Regelleistung dient zur Deckung des Bedarfs für Ernährung, Kleidung, Körperpflege, Hausrat, Bedarfe des täglichen Lebens und in vertretbarem Umfang auch Kosten zur Teilnahme am kulturellen Leben.

Mehrbedarf

SGB II § 21

Bestimmte Bedarfe werden nicht durch den Regelsatz abgedeckt und werden insbesondere in folgenden Fällen gewährt:

- Bei werdenden Müttern wird nach der zwölften Schwangerschaftswoche ein Mehrbedarf von 17 Prozent des nach maßgebenden Regelbedarfs anerkannt.
- Bei Personen, die mit einem oder mehreren minderjährigen Kindern zusammenleben und allein für deren Pflege und Erziehung sorgen, ist ein Mehrbedarf in Höhe von 36 Prozent des maßgebenden Bedarfs anzuerkennen, wenn sie mit einem Kind unter sieben Jahren oder mit zwei oder drei Kindern unter 16 Jahren zusammenleben, oder in Höhe von 12 Prozent des maßgebenden Bedarfs für jedes Kind, wenn sich dadurch ein höherer Prozentsatz ergibt, höchstens jedoch in Höhe von 60 Prozent des maßgebenden Regelbedarfs.
- Bei erwerbsfähigen behinderten Leistungsberechtigten wird ein Mehrbedarf von 35 Prozent des maßgebenden Regelbedarfs anerkannt.
- Bei Leistungsberechtigten, die aus medizinischen Gründen einer kostenaufwändigen Ernährung bedürfen, wird ein Mehrbedarf in angemessener Höhe anerkannt.

Die Summe des insgesamt anerkannten Mehrbedarfs darf die Höhe des für erwerbsfähige Leistungsberechtigte maßgebenden Regelbedarfs nicht übersteigen.

BEISPIEL

Eine ALG II-Bezieherin ist schwanger. Kann sie Mehrbedarf geltend machen?

Lösung:

- Ab der 12. Schwangerschaftswoche kann sie einen Mehrbedarf in Höhe von 17 % des Regelsatzes geltend machen.
- Sollte Sie Alleinerziehende sein, kann nach Geburt Mehrbedarf für Alleinerziehende beantragt werden.
- Es könnte auch aufgrund einer Behinderung oder wegen notwendiger kostenaufwendiger Ernährung Mehrbedarf entstehen.
- Der gesamte Mehrbedarf darf die Regelleistung nicht übersteigen.

Leistung für Unterkunft und Heizung

Zu den Leistungen des Arbeitslosengeld II gehört auch die Übernahme angemessener Kosten für Unterkunft und Heizung. Unterkunft im Sinne des Gesetzes sind Mietwohnungen, Eigenheime, Eigentumswohnungen sowie Obdachlosen- und Übergangswohnungen. SGB II § 22

Die **Mietkosten** werden in Höhe der tatsächlichen Aufwendungen übernommen, soweit diese Kosten angemessen sind.

Die Angemessenheit ist abhängig von

- individuellen Verhältnissen (Zahl der Familienangehörigen, Kinder)
- Zahl der vorhandenen Personen
- dem örtlichen Mietniveau
- den Möglichkeiten des Wohnungsmarktes

Eventuell ist auch ein Umzug notwendig, falls die Wohnung unangemessen groß ist und die Aufwendungen unangemessen hoch sind.

Zu den Mietkosten gehören auch die **Nebenkosten** wie Müllabfuhr, Wasser- und Abwassergebühren, Schornsteinfeger oder gemeinschaftliche Treppenbeleuchtung.

Unterkunftskosten können auch gewährt werden für die Wohnungsbeschaffung, Mietkaution und Umzug.

Wohnt der Leistungsempfänger in einem Eigenheim oder einer Eigentumswohnung, werden Zinskosten (nicht aber Tilgungsaufwand) übernommen.

Die **Heizungskosten** werden in der Höhe der umgelegten Kosten für Zentralheizung übernommen.

Einen weiteren Leistungsposten stellen die **Leistungen für Bildung und Teilhabe am sozialen und kulturellen Leben** für Kinder, Jugendliche und junge Erwachsene unter 25 Jahren dar. Es werden insbesondere die Kosten

- zur Ausstattung des Schulbedarfs
- für die Teilnahme an Schulausflügen und mehrtägigen Klassenfahrten
- für angemessene Lernförderung (z. B. Nachhilfeunterricht)
- für Mehraufwendungen für Mittagsverpflegung

übernommen.

BEISPIEL

Vera und Michael wohnen in Potsdam, haben drei Kinder, die 4, 12 und 15 Jahre alt sind. Michael ist arbeitsuchend und hat keinen Anspruch auf Arbeitslosengeld I mehr. Gegenwärtig müssen sie für Miete und Heizung 886,00 EUR zahlen. Weiteres Einkommen und Vermögen ist nicht vorhanden.

Lösung:

	Regelleistung pro Partner 382,00	764,00 €
	15-jähriges Kind	322,00 €
	12-jähriges Kind	302,00 €
	4-jähriges Kind	245,00 €
	Unterkunft und Heizung	886,00 €
	Gesamtbedarf	2 519,00 €
–	Einkommen Kindergeld (210 + 210 + 235)	655,00 €
	ALG II	1 864,00 €

Abweichende Erbringung von Leistungen in Notfällen

Zur Abwehr von Notsituationen können

- Geldleistungen in **Darlehensform** (Rückzahlung maximal. 10 % der Regelleistung monatlich) gewährt werden
- Einmalleistungen für:
  - Erstausstattung der Wohnung einschließlich Haushaltsgeräte
  - Erstausstattung für Bekleidung einschließlich Schwangerschaft und Geburt
  - die Anschaffung und Reparaturen von orthopädischen Schuhen, die Reparaturen von medizinischen Geräten und Ausrüstungen sowie die Miete von therapeutischen Geräten

Diese einmaligen Leistungen werden als Geldleistung oder auch als Sachleistung (Gutscheine) gewährt. Es kann auch ein Pauschalbetrag festgelegt werden.
Ein Anspruch auf solche Leistungen besteht auch dann, wenn Sie keine Leistungen zur Sicherung des Lebensunterhalts erhalten, aber kein ausreichendes Einkommen oder Vermögen haben, um diesen speziellen Bedarf voll abzudecken.

Sozialgeld

Nicht erwerbsfähige Leistungsberechtigte, die mit einer erwerbsfähigen leistungsberechtigten Person in einer Bedarfsgemeinschaft leben, erhalten als Leistungen zur Sicherung des Lebensunterhalts Sozialgeld, soweit sie keinen Anspruch auf andere Sozialleistungen haben.

Das Sozialgeld umfasst:

- den Regelbedarf (siehe Tabelle),
- Mehrbedarfe und
- den Bedarf für Unterkunft und Heizung.

3.4 Zuständigkeit und Leistungsdauer

Zuständig für die Antragstellung ist das für den Wohnort, in dem der Antragsteller gemeldet ist, zuständige **Jobcenter**. SGB II § 6

Grundsätzlich ist die **Bundesagentur für Arbeit** Träger der Leistung. Die Arbeitsagentur übernimmt neben der Eingliederung in Arbeit auch die Kosten für die Sicherung des Lebensunterhalts und die Sozialversicherungsbeiträge für die ALG II-Empfänger.

© bluedesign – stock.adobe.com

Die Verantwortung für die Leistungen für Unterkunft und Heizung sowie weitere Leistungen liegt bei den **kommunalen Trägern**.

Kreisfreie Städte und Kreise können sich dafür entscheiden, die Trägerschaft für die Leistungen des SGB II zu übernehmen (Eigenbetrieb). SGB II § 6a

Die Leistungen werden nur ab dem 1. des Monats gewährt, in dem sie beantragt wurden. Grundsätzlich werden die Leistungen zeitlich unbefristet gewährt, solange die Anspruchsvoraussetzungen gegeben sind. Der Bewilligungszeitraum ist zunächst 6 Monate. Bei weiterer Hilfebedürftigkeit muss ein Folge- bzw. Weiterbewilligungsantrag gestellt werden.

3.5 Sanktionen

Wenn erwerbsfähige Leistungsberechtigte ihre Pflichten verletzen, kann der Leistungsträger Sanktionen verhängen, wenn der Leistungsempfänger trotz schriftlicher Belehrung über die Rechtsfolgen SGB II § 31

- sich weigert, in der **Eingliederungsvereinbarung** oder in dem diese ersetzenden Verwaltungsakt festgelegte Pflichten zu erfüllen, insbesondere in ausreichendem Umfang **Eigenbemühungen** nachzuweisen,
- sich weigert, eine **zumutbare Arbeit**, Ausbildung, Arbeitsgelegenheit oder ein gefördertes Arbeitsverhältnis aufzunehmen, fortzuführen oder deren Anbahnung durch sein Verhalten verhindert,

- eine **zumutbare Maßnahme zur Eingliederung in Arbeit** nicht antreten, abbrechen oder Anlass für den Abbruch gegeben hat.

Ausgenommen hiervon sind erwerbsfähige Leistungsberechtigte, die einen **wichtigen Grund** für ihr Verhalten darlegen und nachweisen.

Folgen für bei einer Pflichtverletzung können sein

- Absenkung des ALG II
- völliger Ausschluss aus der Förderung

Die Jobcenter haben einen gewissen Ermessensspielraum bei der Verhängung von Leistungskürzungen. In jedem Fall muss einer Sanktion eine **schriftliche Rechtsfolgenbelehrung** vorangehen. Die Belehrung zu den Rechtsfolgen muss je **Einzelfall konkret, verständlich und ausreichend begründet** erfolgen.

SGB II § 10

Problematisch für den Leistungsempfänger ist die Entscheidung, ob **eine Arbeit für ihn zumutbar ist oder nicht**.

Das SGB II stellt im Grundsatz fest, dass **jede Arbeit zunächst zumutbar** ist und definiert die Ausnahmen. Danach ist eine Arbeit nicht zumutbar, wenn

- der Leistungsempfänger zu der bestimmten Arbeit körperlich, geistig oder seelisch nicht in der Lage ist,
- die Ausübung der Arbeit die künftige Ausübung der bisherigen überwiegenden Arbeit wesentlich erschweren würde, weil die bisherige Tätigkeit besondere körperliche Anforderungen stellt,
- die Ausübung der Arbeit die Erziehung ihres Kindes oder des Kindes ihrer Partnerin oder ihres Partners gefährden würde; die Erziehung eines Kindes, das das dritte Lebensjahr vollendet hat, ist in der Regel nicht gefährdet, soweit die Betreuung in einer Tageseinrichtung oder in Tagespflege oder auf sonstige Weise sichergestellt ist; die zuständigen kommunalen Träger sollen darauf hinwirken, dass erwerbsfähigen Erziehenden vorrangig ein Platz zur Tagesbetreuung des Kindes angeboten wird
- die Ausübung der Arbeit mit der Pflege einer oder eines Angehörigen nicht vereinbar wäre und die Pflege nicht auf andere Weise sichergestellt werden kann,
- der Ausübung der Arbeit ein sonstiger wichtiger Grund entgegensteht.

BEISPIELE

- Einer 62jährigen Leistungsempfängerin wird eine schwere handwerkliche Arbeit bei einem Maurerbetrieb angeboten.
- Ein Pianist soll in einem Schlachthof als Metzger arbeiten.
- Eine alleinerziehende Mutter mit 2 Kindern soll wechselnde Schichtarbeit annehmen.
- Ein Frau pflegt ihre demente Mutter, sie soll ganztägig in einem Supermarkt arbeiten.

Ausdrücklich schreibt das Gesetz vor, dass folgende Tatsachen **keine Unzumutbarkeit** darstellen:

- Die Arbeit entspricht nicht einer früheren beruflichen Tätigkeit, für die die erwerbsfähige leistungsberechtigte Person ausgebildet ist oder die früher ausgeübt wurde.
- Die Arbeit ist im Hinblick auf die Ausbildung der erwerbsfähigen leistungsberechtigten Person als geringwertiger anzusehen.
- Der Beschäftigungsort ist vom Wohnort der erwerbsfähigen leistungsberechtigten Person weiter entfernt als ein früherer Beschäftigungs- oder Ausbildungsort.
- Die Arbeitsbedingungen sind ungünstiger als bei den bisherigen Beschäftigungen der erwerbsfähigen leistungsberechtigten Person.
- Die angebotene Arbeit ist mit der Beendigung einer Erwerbstätigkeit verbunden, es sei denn, es liegen begründete Anhaltspunkte vor, dass durch die bisherige Tätigkeit künftig die Hilfebedürftigkeit beendet werden kann.

Zusammenfassung und Lernkontrolle

Zusammenfassung

Grundsicherung für Arbeitsuchende

Voraussetzungen

- Antragstellung
- Erwerbsfähigkeit
- Hilfsbedürftigkeit

Leistungen

- Leistungen zur Eingliederung in Arbeit
- Leistungen zur Sicherung des Lebensunterhalts (ALG II)

Grundsatz: Fordern und Fördern
→ bei Pflichtverletzung: Sanktionen

ALGII-Leistungen

1. Regelleistungen
2. Mehrbedarfsleistungen
3. Unterkunft und Heizung
4. Leistungen zur Teilhabe und in Notfällen

Leistungsgewährung solange Voraussetzungen erfüllt

Lernkontrolle

Aufgabe 1

Paul Panter hat seine Arbeit verloren und erhält Arbeitslosengeld I. Nachdem er sich erkundigt hat und ihm gesagt wurde, dass er nur für eine begrenzte Zeit ALG I erhält, macht er sich Sorgen um seine finanzielle Zukunft nach Ablauf der AGL I-Zahlungen. Erklären Sie, unter welchen Voraussetzungen er staatliche Unterstützung erhält.

Aufgabe 2

Welche ALG II-Regelsätze werden in den folgenden Fällen gewährt?

a) Theo Wohlfahrt ist alleinstehend und beantragt ALG II.

b) Igor Lebrov lebt mit seiner Lebensgefährtin und Tamara Rassmeier zusammen.

c) Bella Block ist alleinerziehend und lebt mit ihren beiden Kindern (5 Jahre und 17 Jahre alt) zusammen.

Aufgabe 3

Claudia Sauer wohnt in München und erzieht alleine ihr Kind Kevin (vier Jahre alt). Ihre Mietkosten einschließlich Heizung belaufen sich auf 900,00 € monatlich. Für Kevin erhält Claudia Kindergeld (210,00 €).

Berechnen Sie die Höhe des Regelbedarfs der Familie und die Höhe des ALG II.

Aufgabe 4

Eine ALG II-Bezieherin Marianne Michael ist schwanger. Kann Sie mit zusätzlichen Leistungen rechnen?

Aufgabe 5

Klaus Schmidt ist 50 Jahre alt, arbeitslos und mit der gleichaltrigen Rita verheiratet. Sie haben ein Vermögen (Sparkonto) in Höhe von 35000 €. Berechnen Sie die Höhe des auf die ALG II-Regelleistung anzurechnenden Vermögens.

Aufgabe 6

Pascal Büchler (alleinstehend) arbeitet als Hilfskraft für wenige Stunden täglich und erhält hierfür 200,00 €. Werbungskosten entstehen ihm pro Monat in Höhe von 25,00 € (Fahrtkosten zur Arbeitsstätte). Für Miete muss er monatlich 220,00 € aufwenden.

In welcher Höhe wird Pascal Büchler über das ALG 2 gefördert. Berechnen Sie die Höhe seines ALG II-Geldes.

Aufgabe 7

Armin Hesse bekommt von der Arbeitsagentur ein Angebot sich bei der A-GmbH vorzustellen, weil sie dort Helfer suchen. Armin geht am nächsten Tag in das Personalbüro. Der Personalchef ist mit anderen Dingen beschäftigt. Armin hatte sich keinen Termin bei ihm geben lassen. Im Übrigen fällt Armin durch seine „originelle" Kleidung auf. Er trägt, obwohl es nicht besonders warm ist, ein kurzärmliges Ringelhemd, eine Jogginghose und Sandalen. Auf die Frage des Personalchefs, ob er der Arbeit gewachsen sei, antwortet Armin, er glaube das schon, wenngleich er sehr häufig Rückenschmerzen habe und nicht ausschließen könne, von Zeit zu Zeit deswegen krankfeiern zu müssen. Im Übrigen halte er das angebotene Entgelt in Höhe des Mindestlohnes für zu niedrig. Es müsse wegen seiner Familie schon bei 16 € liegen. Der Personalchef bricht das Gespräch daraufhin ab.

Die Arbeitsagentur senkt das Arbeitslosengeld II. Armin ist empört – er habe schließlich die Stelle nicht abgelehnt.

Aufgabe 8

Ein Hilfebedürftiger weigert sich, eine Eingliederungsvereinbarung abzuschließen und erscheint auch nicht zu einem Meldetermin bei der Arbeitsagentur oder Gemeinde. Wie kann die Arbeitsagentur reagieren?

4 Sozialhilfe

4.1 Anspruchsvoraussetzungen und Grundsätze

Das Sozialstaatsprinzip des Grundgesetzes geht davon aus, dass Menschen, die aufgrund einer Notsituation staatliche Hilfe benötigen, diese vom Staat erhalten, wenn keine anderen Hilfeleistungen zu erhalten sind.

SGB XII § 17

Menschen, bei denen die Absicherung durch Unterhaltspflichtige, die Sozialversicherung, ALG II oder andere staatliche Leistungen nicht oder nicht ausreichend möglich ist, wird durch die Sozialhilfe (SGB XII) geholfen. Durch die Verankerung der Sozialhilfe im SGB kann jeder Mensch diese Hilfe in Anspruch nehmen, als sein gutes **Recht**, das ihm gesetzlich garantiert ist. Dabei spielt es keine Rolle, wodurch die Notlage verursacht worden ist. Es ist dabei Aufgabe der Sozialhilfe **Hilfe zur Selbsthilfe** zu leisten. Das Gesetz sieht Ist-, Soll- und Kann-Leistungen vor.

Ist-Leistungen

Liegen die Voraussetzungen für die Gewährung vor, hat die Behörde kein Ermessen (gebundene Verwaltung).

BEISPIEL

Hilfe zum Lebensunterhalt (§ 19 Abs. 1 SGB XII)

Soll-Leistung

Bei diesen Leistungen hat die Behörde nur in Ausnahmefällen einen Ermessensspielraum.

BEISPIEL

Hilfen zur Weiterführung des Haushalts (§ 70 SGB XII)

Kann-Leistungen

Diese Leistungen liegen im pflichtgemäßen Ermessen der gewährenden Behörde. Die Behörde muss also auf den Einzelfall bezogen abwägen, ob die Leistung erbracht werden soll oder nicht.

BEISPIEL

Darlehen bei vorübergehender Notlage (§ 38 SGB XII)

Voraussetzung für die Gewährung der Sozialhilfe

Sozialhilfe erhalten Menschen

- die hilfsbedürftig, aber
- nicht erwerbsfähig sind.

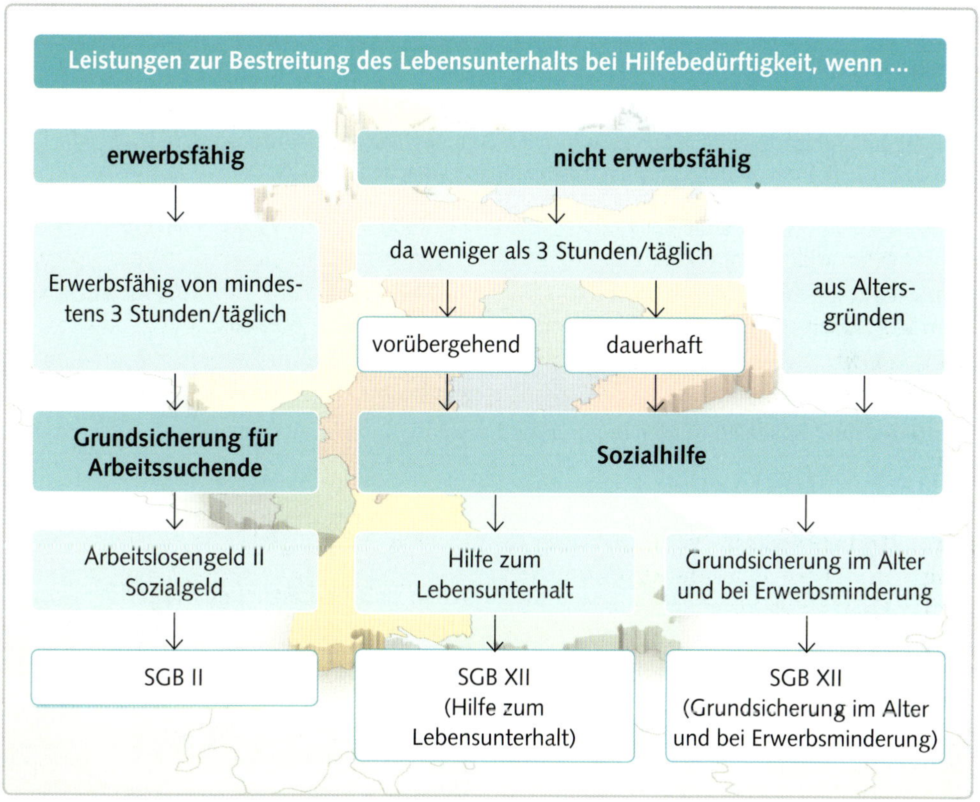

Quelle: Bundesministerium für Soziales SOZIALHILFE und Grundsicherung im Alter und bei Erwerbsminderung, 2016

Grundsätze bei der Gewährung von Sozialhilfe	
Individualitätsprinzip Leistungen sind auf den individuellen Bedarf abzustimmen, der Einzelfall (Lebenslage, Wünsche, Fähigkeiten) ist zu berücksichtigen.	§ 9 SGB XII
Familienprinzip Die Sozialhilfe muss familiengerecht gestaltet sein (Schutz von Ehe und Familie lt. GG Art. 6), d. h. die Hilfe soll so gewährt werden, dass der Zusammenhalt der Familie gestärkt und der Familienfriede nicht gestört wird.	§ 16 SGB XII
Subsidiaritätsprinzip Die Sozialhilfe wird als nachrangige Leistung erst gewährt, wenn keine anderen Hilfsmöglichkeiten mehr vorhanden sind. In erster Linie muss der Hilfesuchende sich selbst helfen (mit seinem Einkommen, Vermögen und seiner Arbeitskraft). Dann müssen Hilfen von anderer Seite (andere Sozialleistungen, Unterhalt, vertragliche und sonstige Rechte) in Anspruch genommen werden.	§ 2 SGB XII

Einsetzen der Sozialhilfe Die Sozialhilfe muss nicht erst beantragt werden, sondern setzt unmittelbar ein, wenn die Behörde von der Notlage Kenntnis erlangt. Eine Ausnahme stellen die Leistungen zur Grundsicherung im Alter und bei Erwerbsminderung dar. Diese müssen beantragt werden.	§ 18 SGB XII § 41 SGB XII
Vorrang der Geldleistung Vorrangig wird die Hilfe als Geldleistung erbracht. Es ist aber auch möglich die Leistungen als Dienst- oder Sachleistungen zu gewähren.	§ 10 SGB XII
Anspruch auf Beratung Der Leistungsempfänger hat einen Anspruch auf Beratung und Unterstützung, die dazu dient, ihn von der Sozialhilfe unabhängig zu machen.	§ 11 SGB XII
Vorrang der ambulanten Hilfen Ambulante Hilfen sind vorrangig vor stationären Hilfen zu gewähren.	§ 13 SGB XII
Mitwirkungspflicht Der Leistungsempfänger ist zur Mitwirkung verpflichtet (Auskunft, Amtstermine u. a.)	§§ 60 ff SGB XII
Inland Leistungen zur Sozialhilfe werden nur im Inland gewährt.	§ 24 SGB XII

4.2 Zuständigkeit

SGB XII § 28 i.V.m. § 3

Für die Gewährung der Sozialhilfe sind die **örtlichen und überörtlichen Träger** der Sozialhilfe zuständig.

Die **sachliche Zuständigkeit** liegt grundsätzlich bei den örtlichen Trägern (Kommunen). Landesgesetze können die sachliche Zuständigkeit für bestimmte Hilfearten überörtlichen Trägern (z. B. Landkreise) zuweisen.

© kamasigns – stock.adobe.com

Die **örtliche Zuständigkeit** liegt bei dem Sozialhilfeträger, in dessen Bereich sich der Leistungsberechtigte aufhält.

4.3 Leistungen Sozialhilfe

4.3.1 Hilfe zum Lebensunterhalt

© studiostoks – stock.adobe.com

SGB XII §§ 27–40

Jeder Mensch hat Anspruch auf Hilfe zum Lebensunterhalt, wenn er den notwendigen Lebensunterhalt weder aus eigenen Mitteln (Einkommen und Vermögen) und Kräften (Einsatz der Arbeitskraft) noch mit Hilfe anderer bestreiten kann. Zusätzliche Voraussetzung ist, dass kein Anspruch auf Leistungen der Grundsicherung im Alter und bei Erwerbsminderung oder der Grundsicherung für Arbeitsuchende besteht.

Der Begriff „**notwendiger Lebensunterhalt**" umfasst den Bedarf eines Menschen, der zur Gewährleistung des menschenwürdigen Existenzminimums zwingend erforderlich ist. Hierzu gehört vor allem Ernährung, Kleidung, Hausrat, Haushaltsenergie, Körperpflege und Kosten einer Wohnung (sogenannte Unterkunft) einschließlich Heizung und weitere Bedürfnisse des täglichen Lebens.

Die Lebenshaltungskosten werden im Regelfall durch pauschale Regelstufen festgelegt. Nur in Ausnahmefällen richtet sich die Höhe nach dem konkreten Einzelfall.

Regelstufen

Regelstufen (RS) für Sozialhilfe in Form der Hilfe für den Lebensunterhalt					
RS 1	RS 2	RS 3	RS 4	RS 5	RS 6
Alleinstehende oder Alleinerziehende	Ehegatten und Lebenspartner und andere erwachsene Leistungsberechtigte, die in einem gemeinsamen Haushalt leben	erwachsene Leistungsberechtigte, die keinen eigenen Haushalt führen, weil sie im Haushalt anderer Personen leben	Jugendliche ab dem 15. bis zur Vollendung des 18. Lebensjahres	Kinder ab dem siebten bis zur Vollendung des 14. Lebensjahres	Kinder bis zur Vollendung des sechsten Lebensjahres
424 €	**382 €**	**339 €**	**322 €**	**302 €**	**245 €**
Stand 01.01.2019					

Zum notwendigen Lebensunterhalt gehört im Normalfall auch eine Wohnung. Der Leistungsträger übernimmt die angemessenen Kosten für

- Wohnung,
- Heizung sowie die Kosten für
- Warmwasser, wenn dieses zentral bereitgestellt wird (Heizungsanlage für alle Wohnungen eines Hauses, oder Fernwärmeversorgung).

Die Kosten für Unterkunft werden auch für ein Eigenheim oder eine Eigentumswohnung (selbstgenutztes Haus- oder Wohnungseigentum) übernommen. Allerdings werden dabei nur die laufenden Kosten berücksichtigt, nicht aber Tilgungsraten. Entschuldung ist keine Aufgabe der Sozialhilfe.

Mehrbedarfe

Folgende Mehrbedarfe gibt es:

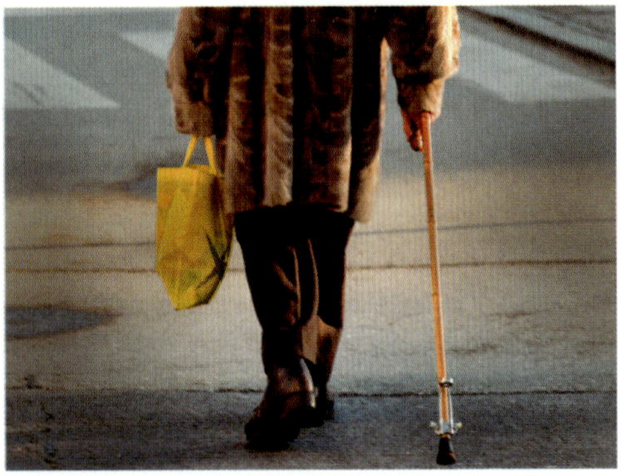

© Gina Sanders – stock.adobe.com

- Für Personen, die das 65. Lebensjahr vollendet haben oder für Personen, die voll erwerbsgemindert und unter 65 Jahren sind und einen Schwerbehindertenausweis mit dem Merkzeichen G haben beziehungsweise einen entsprechenden Bescheid der zuständigen Behörde über das Merkzeichen G vorlegen können. Die Höhe beträgt 17 % der maßgebenden Regelbedarfsstufe (RBS).
- Für werdende Mütter gibt es vom Beginn der 13. Schwangerschaftswoche an einen Mehrbedarf in Höhe von 17 % des maßgebenden RBS.
- Für Alleinerziehende gibt es einen Mehrbedarf. Alleinerziehende, die mit einem Kind unter 7 Jahren oder mehreren Kindern unter 16 Jahren in einem Haushalt zusammenleben und allein für deren Pflege und Erziehung sorgen, erhalten zusätzlich 36 % der Regelbedarfsstufe 1. Alleinerziehende, denen aufgrund der Zahl und der Alterskonstellation ihrer Kinder kein Mehrbedarf gewährt werden kann, erhalten 12 % der RBS 1 für jedes Kind, höchstens jedoch 60 % der RBS 1.
- Menschen mit Behinderungen, die das 15. Lebensjahr vollendet haben und durch die Eingliederungshilfe Leistungen für eine Schulausbildung oder sonstige Ausbildung erhalten, bekommen einen Mehrbedarf in Höhe von 35 % der maßgebenden RBS.
- Wenn Warmwasser nicht zentral über die Heizung oder Fernwärmeversorgung bereitgestellt, sondern in der Wohnung dezentral erzeugt wird, besteht Mehrbedarfsanspruch, der sich nach der Zahl der im Haushalte lebenden Personen richtet.

Einmal Bedarf

Neben dem sogenannten Regelbedarf und den Mehrbedarfen gibt es zusätzlich einmalige Bedarfe. Auch die einmaligen Bedarfe stellen, wie die Mehrbedarfe, eine Ergänzung zu den Regelbedarfen dar.

In folgen Fällen kann bei einmaligem Bedarf unterstützt werden:

- Erstausstattungen für die Wohnung einschließlich Haushaltsgeräten (z. B. bei Verlust der Haushaltsgegenstände durch einen Wohnungsbrand, wenn keine entsprechende Versicherung vorhanden ist).
- Erstausstattungen für Bekleidung und Erstausstattungen bei Schwangerschaft und Geburt (z. B. Kinderwagen).
- Anschaffung und Reparaturen von orthopädischen Schuhen, Reparaturen von therapeutischen Geräten und Ausrüstung sowie Miete von therapeutischen Geräten.

Sonstige Leistungen der Hilfe zum Lebensunterhalt

- Übernahme von Kranken- und Pflegeversicherungsbeiträgen für Weiterversicherte und Rentenantragsteller.

- Übernahme von Beiträgen zur Altersabsicherung um die Sozialhilfestellen künftig zu entlasten.
- Leistungen für Bildung und Teilhabe am sozialen und kulturellen Leben für Kinder und junge Erwachsene (unter 25), insbesondere für Schulbedarf (z. B. Schülerbeförderung, Lernhilfen, Schulausflüge, Klassenfahrten).

maßgebende Regelbedarfsstufe der leistungsberechtigten Person
\+ angemessene Kosten der Unterkunft inkl. Warmwasser
\+ tatsächliche Heizkosten, soweit sie angemessen sind
\+ evtl. Mehrbedarfe, sofern die persönlichen Voraussetzungen erfüllt sind
\+ bei Kindern und Jugendlichen beziehungsweise Schülerinnen und Schülern: Bedarfe für Bildung und Teilhabe

= Gesamtbedarf

Bedarf minus Einkommen = Höhe der Leistung

BEISPIEL

Frau Blum (37 Jahre) lebt mit ihren beiden Kindern Barbara (15 Jahre) und Reiner (7 Jahre) allein und erhält durch den gesetzlichen Rentenversicherungsträger eine befristete Rente wegen voller Erwerbsminderung in Höhe von 390 €. Der Vater der Kinder kann nur 150 € Unterhalt je Kind regelmäßig zahlen. Der Anspruch auf Unterhaltsvorschuss ist abgelaufen. Für die Unterkunft sind 168 € und für Heizung 138 € anzusetzen.

Berechnung			
Bedarf an Hilfe zum Lebensunterhalt pro Monat		**Einkommensermittlung pro Monat**	
RBS 1 für Frau Sommer (alleinerziehend)	424,00	Befristete Rente wg. Erwerbsunfähigkeit	390,00
RBS 4 für Christine (ab dem 15. bis zur Vollendung des 18. Lebensjahres)	322,00	Kindergeld je Kind 210,00	420,00
RBS 5 für Ralf (ab dem siebten bis zur Vollendung des 14. Lebensjahres)	302,00	Unterhalt je Kind 150,00	300,00
		Summe Einkommen	**1 110,00**
		Leistung pro Monat	
Mehrbedarf für Alleinerziehende mit zwei Kindern unter 16 Jahren	152,64	Bedarf an Hilfe zum Lebensunterhalt	1 806,64
Kosten der Unterkunft	468,00	abzgl. Einkommen	1 110,00
Heizkosten	138,00	**mtl. auszuzahlende Leistung**	**696,64**
Summe Bedarf	**1 806,64**		

Ergänzende Darlehen

Alle Kosten für Anschaffungen sind, mit Ausnahme der Mehrbedarfe, im Regelbedarf eingerechnet. Die Folge ist, dass für größere Anschaffungen auch angespart werden muss (z. B. für ein Sofa, einen Mantel usw.). Ist es den Leistungsberechtigten jedoch aus nachvollziehbaren Gründen nicht möglich einen solchen Bedarf zu finanzieren, kann vom Träger der Sozialhilfe ein Darlehen gewährt werden. Die Tilgung erfolgt über einbehaltene künftig gezahlte Regelsätze. Dafür können pro Monat bis zu 5 Prozent des der RBS 1 entsprechenden Betrags einbehalten werden.

4.3.2 Grundsicherung im Alter und bei Erwerbsminderung

SGB XII
§§ 41–46b

Die Grundsicherung wird gewährt, wenn vom Hilfesuchenden entweder aus Altersgründen nicht mehr erwartet werden kann, dass er die materielle Notlage durch Ausübung einer Erwerbstätigkeit überwinden wird, oder dies aus gesundheitlichen Gründen dauerhaft nicht möglich ist.

© Gabriele Rhode – stock.adobe.com

Voraussetzungen für die Gewährung der Grundsicherung im Alter und bei Erwerbsminderung:
- Erreichen der Altersgrenze oder
- Vollendung des 18. Lebensjahrs und dauerhafte volle Erwerbsminderung
- und Hilfsbedürftigkeit

Volle Erwerbsminderung liegt vor, wenn das Leistungsvermögen wegen Krankheit oder Behinderung vermindert ist, so dass man auf nicht absehbare Zeit außerstande ist, unter den üblichen Bedingungen des allgemeinen Arbeitsmarktes mindestens drei Stunden täglich erwerbstätig zu sein.

Leistungen

Die Ausgestaltung der Grundsicherung entspricht, mit Ausnahme des Verzichts auf den Unterhaltsrückgriff und dem Ausschluss der Haftung von Erben, der Hilfe zum Lebensunterhalt.

Diese Leitungen können auch Menschen erhalten, die in einer stationären Einrichtung leben.

In der Grundsicherung wird auf den Unterhaltsrückgriff bei Eltern und Kindern verzichtet. Auch auf eine Kostenerstattungspflicht durch die Erben wird verzichtet. Nur wenn Kinder oder Eltern über ein Gesamteinkommen von mindestens 100 000 € verfügen, entfällt der Grundsicherungsanspruch. In diesem Fall besteht die Möglichkeit des Rückgriffs bei den unterhaltspflichtigen Verwandten ersten Grades.

BEISPIEL

Barbara Köller, 73 Jahre alt, ist Witwe und leidet unter einer Gehbehinderung. Aufgrund ihrer persönlichen Situation erhält sie eine sehr geringe Versichertenrente. Auch der Witwenrentenspruch ist sehr gering, da ihr verstorbener Ehemann mehrfach nicht versicherungspflichtig selbstständig erwerbstätig war. Die gesamten Renteneinkünfte betragen nur 412,00 €. Ein Unterhaltsgriff auf ihre Kinder ist nicht möglich, da diese nicht über mehr als 100 000 € Einkommen im Jahr verfügen.

© Alexander Raths – stock.adobe.com

Annahmen: Für Unterkunft wird ein Betrag in Höhe von 344,00 und für Heizung in Höhe von 95,00 € gewährt.

Wie hoch ist hier die Leistung für die Grundsicherung im Alter und bei Erwerbsminderung?

Bedarf:	
RBS 1 für Frau Köller (alleinstehend)	424,00
Mehrbedarf von 17 % wg. Gehbehinderung	72,08
Kosten der Unterkunft	344,00
Heizkosten	95,00
Summe Bedarf	**935,08**
Leistung:	
Bedarf	935,08
Einkommen	420,00
Leistung	**515,08**

4.3.3 Hilfen zur Gesundheit

SGB XII §§ 47–52

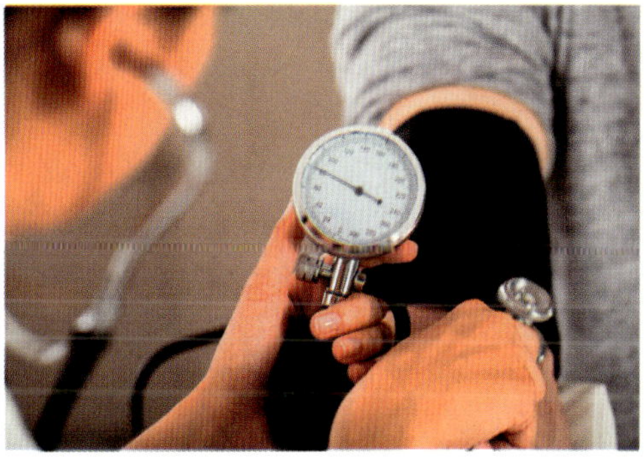

Für alle Leistungsberechtigten, die nicht krankenversichert sind, wird die medizinische Versorgung durch den Sozialhilfeträger sichergestellt.

Leistungsberechtigte, die laufende Leistungen der Sozialhilfe (z. B. Hilfe zum Lebensunterhalt oder Grundsicherung im Alter und bei Erwerbsminderung) erhalten, sind gesetzlich Krankenversicherten gleichgestellt. Es gilt der Leistungskatalog der gesetzlichen Krankenversicherung. Der Leistungsempfänger erhält in der Regel eine Krankenversicherungskarte von einer Krankenkasse seiner Wahl aus dem Bereich des jeweiligen Sozialhilfeträgers. Die Krankenkasse rechnet die erbrachten Leistungen dann mit dem Sozialhilfeträger ab.

Ein Leistungsberechtigter, der voraussichtlich nicht mindestens einen Monat ununterbrochen Hilfe zum Lebensunterhalt bezieht (z. B. Nichtsesshafter) oder nur Beratungsleistungen oder Beiträge zur Vorsorge beansprucht, erhält keine Krankenbehandlung von der Krankenkasse. In diesen Fällen stellen die Sozialämter die notwendige medizinische Versorgung dieser Personen im Rahmen der Hilfen zur Gesundheit sicher.

Die **Hilfen zur Gesundheit** umfassen

- vorbeugende Hilfen (z. B. Vorsorgeuntersuchungen, Schutzimpfungen) und
- Hilfen bei Krankheit (Arztbesuch, Krankenhausaufenthalt usw.)
- Hilfen zur Familienplanung (ärztliche Untersuchung und Beratung oder empfängnisverhütende Mittel, falls ärztlich verordnet)
- Hilfe bei Schwangerschaft und Mutterschaft (ärztliche Betreuung, Hebammenhilfe, Heilmittel, stationäre und häusliche Pflege)
- Hilfe bei Sterilisation

4.3.4 Eingliederungshilfe für behinderte Menschen

SGB XII §§ 53–60

Anspruch auf Eingliederungshilfe hat, wer nicht nur vorübergehend körperlich, geistig oder seelisch wesentlich behindert ist oder wem eine solche Behinderung droht. Der Anspruch besteht aber nur, wenn nicht von einem vorrangig verpflichteten Leistungsträger (z. B. Krankenversicherung, Rentenversicherung oder Agentur für Arbeit) Hilfe erlangt werden kann.

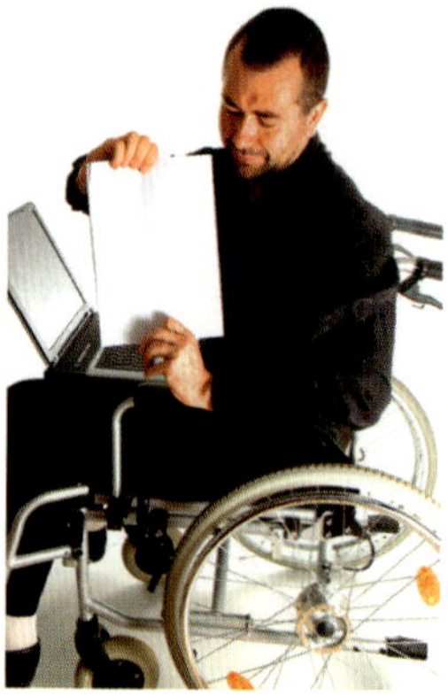

Ziel der Hilfe ist es, eine drohende Behinderung zu verhüten oder eine vorhandene Behinderung oder deren Folgen zu beseitigen oder zu mildern, um die behinderten Menschen in die Gesellschaft einzugliedern. Behinderten Menschen sollen zu einem weitgehend selbstständigen Leben befähigt werden. Dazu gehört insbesondere die Eingliederung in das Berufsleben.

BEISPIELE FÜR LEISTUNGEN DER EINGLIEDERUNGSHILFE

- Leistungen zur medizinischen Rehabilitation und zur Teilhabe am Arbeitsleben
- heilpädagogische Hilfen für Kinder, die noch nicht zur Schule gehen (z. B. Fördermaßnahmen im Rahmen der Betreuung in einer Kindertagesstätte)
- Hilfen zu einer angemessenen Schulbildung, einer schulischen Ausbildung für einen angemessenen Beruf und zu einer Ausbildung für eine sonstige angemessene Tätigkeit
- Leistungen im Arbeitsbereich anerkannter Werkstätten für behinderte Menschen
- Hilfen zur Teilhabe am Leben in der Gemeinschaft, wie z. B.
  - Versorgung mit nicht medizinischen Hilfsmitteln (in begründeten Einzelfällen auch ein Kraftfahrzeug)
  - Hilfen zur Förderung der Verständigung mit der Umwelt (z. B. Übernahme der Kosten für einen Gebärdensprachdolmetscher)
  - Hilfen bei der Beschaffung, dem Umbau, der Ausstattung und der Erhaltung einer behinderungsgerechten Wohnung
  - Hilfen zu selbstbestimmtem Leben in betreuten Wohnmöglichkeiten wie z. B. ambulanten Wohngemeinschaften
  - Hilfen zur Teilhabe am gesellschaftlichen und kulturellen Leben (z. B. Übernahme von Taxikosten zum Besuch einer kulturellen Veranstaltung).

Viele Leistungen der Eingliederungshilfe werden unabhängig vom Einkommen und vermögensunabhängig gewährt. Auf eine Heranziehung Unterhaltspflichtiger zu den Kosten der Eingliederungshilfe wird verzichtet, wenn dies für die Betroffenen eine unbillige Härte bedeuten würde.

Leistungen für blinde Menschen

Blinde Menschen erhalten vom Sozialamt ein einkommens-und vermögensabhängiges Blindengeld. Anspruch auf Blindengeld besteht nur, soweit solche Leistungen nicht von anderer Seite gewährt werden.

4.3.5 Hilfe zur Pflege

Wer wegen Krankheit oder Behinderung für die gewöhnlichen und regelmäßig wiederkehrenden Verrichtungen im Ablauf des täglichen Lebens auf fremde Hilfe angewiesen ist, hat Anspruch auf Hilfe zur Pflege. Voraussetzung ist, dass der Pflegebedürftige die Leistung nicht selbst finanzieren kann und auch von anderer Seite (z. B. Pflegeversicherung) keine Leistung gewährt wird. Die Leistungen der Pflegeversicherung gehen den Leistungen der Sozialhilfe vor.

SGB XII §§ 61–66

Leistungen zur Pflege

Die Hilfe umfasst die gewöhnliche Pflegetätigkeit bei den gewöhnlichen und wiederkehrenden Verrichtungen.

BEISPIELE

Waschen, Baden, Kämmen, die Darm- oder Blasenentleerung, Ernährung (z. B. die Aufnahme der Nahrung), Mobilität (z. B. das selbstständige Aufstehen und Zu-Bett-Gehen, An- und Auskleiden), hauswirtschaftliche Versorgung (z. B. das Einkaufen, Kochen, Reinigen der Wohnung)

Die Leistungen werden erbracht als

- häusliche Pflege durch dem Pflegebedürftigen nahestehende Personen oder durch Pflegedienste,
- Hilfsmittel, wie Seh- und Hörhilfen, Körperersatzstücke u. a.,
- teilstationäre Pflege (Tages- und Nachtpflege),
- Kurzzeitpflege (bis zu 4 Wochen pro Jahr) oder
- vollstationäre Pflege

Die Entscheidung der Pflegekasse über das Ausmaß der Pflegebedürftigkeit nach der Pflegeversicherung ist auch für die Entscheidung im Rahmen der Hilfe zur Pflege verbindlich.

4.3.6 Hilfe zur Überwindung besonderer sozialer Schwierigkeiten

SGB XII §§ 67–69

Hilfe zur Überwindung besonderer sozialer Schwierigkeiten kann Personen gewährt werden, bei denen besonders belastende Lebensverhältnisse mit sozialen Schwierigkeiten verbunden sind. Zu diesem Personenkreis gehören insbesondere Obdachlose. Hier wird von den Kommunen vielfältige Unterstützung gewährt (z. B. Vermittlung einer Wohnung, teilstationäre Hilfen, wie Wärmestuben u. ä.). Zu den Leistungen gehört auch die persönliche Beratung oder eine stationäre Heimunterbringung.

4.3.7 Hilfe in anderen Lebenslagen

SGB XII §§ 70–74

Auch in besonders belastenden Lebenslagen kann Sozialhilfe gewährt werden, wenn der Betroffene diese Lebenslage nicht alleine bewältigen kann. Hierzu gehören die Hilfen zur Weiterführung des Haushalts, die Alten- und Blindenhilfe oder die Übernahme von Beerdigungskosten.

Hilfe zur Weiterführung des Haushalts

Diese Hilfe wird geleistet, wenn kein Haushaltsangehöriger den Haushalt weiterführen kann, die Weiterführung aber geboten ist (z. B. Krankenhausaufenthalt der Mutter, Krankheit der Mutter, Schwangerschaft). In diesen Fällen übernimmt dann das Sozialamt für die Übergangszeit die Kosten für eine Haushaltshilfe.

Die Hilfe zur Weiterführung des Haushalts ist eine nachrangige Hilfe, die nur gewährt wird, soweit nicht schon andere Träger (z. B. Krankenkassen) diese Leistung erbringen.

Altenhilfe

Alte Menschen können zusätzliche Hilfen erhalten, wenn die Hilfe dazu beiträgt, Schwierigkeiten, die durch das Alter entstehen, zu verhüten, zu überwinden oder zu mildern. Den alten Menschen soll die Möglichkeit erhalten werden, am Leben in der Gemeinschaft teilzunehmen.

BEISPIELE

- Leistungen bei der Beschaffung und zur Erhaltung einer altersgerechten Wohnung
- Leistungen, die alten Menschen die Verbindung mit ihnen nahe stehenden Personen ermöglichen (z. B. verbilligtes Nahverkehrsticket)
- Beratung und Unterstützung in allen Fragen der Inanspruchnahme altersgerechter Dienste
- Beratung und Unterstützung in allen Fragen der Aufnahme in ein Heim

Falls ein alter Mensch eine notwendige Heimpflege (z. B. im Alten- oder Altenpflegeheim) nicht finanzieren kann übernimmt die Sozialhilfe die Kosten.

Blindenhilfe

Die Blindenhilfe gewährt ein Blindenpflegegeld. Allerdings gibt es in vielen Bundesländern Landesblindengesetze, die Sonderregelungen beinhalten.

Übernahme von Beerdigungskosten

Falls es keine Erben gibt oder diese nicht über die notwendigen Mittel für eine Beerdigung eines Verstorbenen verfügen, zahlt das Sozialamt eine ortsübliche Bestattung.

Zusammenfassung und Lernkontrolle

Zusammenfassung

Sozialhilfe

↓

wenn Hilfe nicht von anderer Seite gewährt werden kann (z.B. kein Anspruch auf ALG II, keinen oder nicht hinreichenden Renten- oder Unterhaltsanspruch)

↓

Leistungen der Sozialhilfe

- Hilfe zum Lebensunterhalt
- Hilfen zur
  - Gesundheit
  - Eingliederung Behinderter
  - Pflege
  - Überwindung/Bewältigung besonderer Lebenslagen
- Grundsicherung im Alter und bei Erwerbsminderung

als Geld-, Dienst- oder Sachleistungen
Träger: Kommunen

Lernkontrolle

Aufgabe 1

Worin unterscheidet sich der Personenkreis, der Anspruch auf Arbeitslosengeld II hat, von denen, die Anspruch auf Grundsicherung im Alter und bei Erwerbsminderung haben?

Aufgabe 2

Prüfen Sie, ob in folgenden Fällen grundsätzlich Sozialhilfeleistungen gewährt werden können.

a) Das Ehepaar Ballauf, deutsche Staatsbürger, ist nach Spanien ausgewandert. Herr Ballauf ist 70 Jahre und Frau Ballauf 68 Jahre alt.

b) Das Ehepaar Hochstätter wohnt in Blaufelden (Deutschland). Die Eheleute sind 70 bzw. 68 Jahre alt.

c) Das Ehepaar Altmeiser wohnt in Crailsheim (Deutschland). Herr Altmeiser ist 60 Jahre alt und seit längerer Zeit arbeitslos. Er hat keinen Anspruch auf Arbeitslosengeld I mehr. Frau Altmeiser ist 55 und Hausfrau. Beide Eheleute sind gesund.

d) Ehepaar Griesheimer hat seinen Wohnsitz in Mosbach (Deutschland). Die überwiegende Zeit des Jahres leben sie in ihrer Ferienwohnung in Landeck (Österreich).

Aufgabe 3

Das Ehepaar Singer lebt in Münster. Herr Singer ist 70 Jahre alt, Frau Singer 68 Jahre alt. Herr Singer bekommt eine Nettoaltersrente in Höhe von 750,00 €. Frau Singer eine Nettorente in Höhe von 150 €. Das Ehepaar wohnt zur Miete und zahlt hierfür 350 €, sowie Heizungskosten in Höhe von 50 € monatlich. Die Eheleute haben keine Kinder. Berechnen Sie die den Eheleuten zustehende Grundsicherung im Alter.

Aufgabe 4

Klären Sie ob und welche Hilfe des Sozialhilferechts in den folgenden Fällen in Frage kommen kann.

a) Der Wohnsitzlose Franz Biberkopf kommt zum Sozialamt und klagt über Zahnschmerzen.

b) Barbara Schön pflegt ihre Eltern. Barbara muss sich einer dringenden Operation unterziehen. Die Versorgung der Eltern ist nicht gesichert.

c) Kai Blume bezieht eine geringe Altersrente in Höhe von 500,00 € und ist alleinstehend.

d) Der Sozialhilfeempfänger (Hilfe zum Lebensunterhalt) ist pflegebedürftig geworden.

e) Frau Klara Petry ist alleinerziehende Mutter eines Kindes (14 Jahre alt). Sie erhält Hilfe zum Lebensunterhalt. Ihr Sohn möchte an einem mehrtägigen Ausflug seiner Schulklasse teilnehmen. Klara fehlt hierzu das Geld.

5 Rechtsbehelfe und Rechtsmittel

5.1 Unterscheidung

Die Sozialhilfe und die Grundsicherung für Arbeitsuchende gehören in das Rechtsgebiet des **Sozialrechts**. Entscheidungen der Verwaltung und der Gerichte können angefochten werden.

© redaktion93 – stock.adobe.com

Rechtsbehelfe dienen der Anfechtung gegen eine Verwaltungsentscheidung.

Rechtsmittel dienen der von Gerichtsentscheidungen.

5.2 Rechtsbehelfe

Rechtsbehelfe gegen **Verwaltungsentscheidungen können formlos oder förmlich eingelegt werden.**

Formlose Rechtsbehelfe

Abgeleitet aus dem im Grundgesetz verankerten **Petitionsrecht** können Rechtsbehelfe GG Art. 17

- von jedermann
- form- und fristlos

eingelegt werden, wenn der Bürger mit einer Entscheidung oder dem Handeln der Verwaltung nicht einverstanden ist.

Folgende formlose Rechtsbehelfe sind zu unterscheiden:

- **Gegendarstellung**
  Mit einer Gegendarstellung kann der Hilfesuchende gegenüber der handelnden Behörde erklären, wie seine Vorstellungen zu dem Sachverhalt sind. Ziel ist es, dass die Behörde ihre Entscheidung in seinem Sinne ändert.
- **Fachaufsichtsbeschwerde**
  Bei der Fachaufsichtsbeschwerde legt der Hilfesuchende seine Vorstellungen gegenüber einer vorgesetzten Behörde dar. Hier ist das Ziel, zu erreichen, dass die übergeordnete Behörde gegenüber der handelnden Behörde eine Weisung im Sinne des Beschwerdeführers erteilt.
- **Dienstaufsichtsbeschwerde**
  Hierbei handelt es sich um eine Beschwerde, die das persönliche Verhalten eines Bediensteten der Behörde betrifft.

Grundsätzlich besteht beim Petitionsrecht kein Anspruch auf sachliche Prüfung. Der Beschwerdeführer hat lediglich ein Recht auf Mitteilung darüber, wie seine Eingabe erledigt wurde und wie das weitere Verfahren ist.

Förmliche Rechtsbehelfe

Widerspruch

SGB X §§ 51 Nr. 6, 62 u. 78

Bei Verwaltungsakten erfolgt die förmliche Anfechtung als Widerspruch. Der Sachverhalt muss dann im Rahmen des Verwaltungsverfahrens geprüft werden. Grundsätzlich gilt ein Verwaltungsakt als gültig, unabhängig davon ob er rechtmäßig oder rechtswidrig ist, solange er nicht angefochten wird. Eine Klage setzt das Widerspruchsverfahren als Vorverfahren voraus.

© rcfotostock – stock.adobe.com

SGB X § 84

Widerspruch muss innerhalb eines Monats bei der erlassenden Behörde schriftlich oder zur Niederschrift eingelegt werden. Im Widerspruchsverfahren prüft die Behörde die Recht- und Zweckmäßigkeit des Verwaltungsaktes und erlässt einen Abhilfebescheid bei begründetem Widerspruch und hilft dem Widerspruch damit ab.

Wenn die Behörde zum Ergebnis kommt, dass der Widerspruch unbegründet ist, legt sie den Widerspruch mit einer Stellungnahme der **Widerspruchsbehörde** (i. d. R. nächsthöhere Behörde) vor.

Klage

Gegen die Entscheidung über einen Widerspruch kann Klage erhoben werden. Bei Klagen aus dem Bereich der SGB sind die **Sozialgerichte** zuständig.

5.3 Rechtsmittel gegen Gerichtsentscheidungen

Berufung

Gegen Urteile der Sozialgerichte kann nach Zustellung des Urteils innerhalb eines Monats Berufung beim zuständigen **Landessozialgericht** eingelegt werden. Das Urteil des Sozialgerichts wird dann in tatsächlicher und rechtlicher Hinsicht geprüft.

Revision

Das Rechtsmittel gegen ein Urteil eines Landessozialgerichts ist die Revision beim **Bundessozialgericht**. Die Revision muss vom Landessozialgericht zugelassen worden sein. Eine Zulassung ist nur möglich, wenn die Rechtssache grundsätzliche Bedeutung hat. Auch die Tatsache, dass das Urteil des Landessozialgerichts von einer Entscheidung des Bundessozialgerichts, dem obersten Gerichtshof des Bundes oder des Bundesverfassungsgerichts abweicht, eröffnet ebenfalls die Möglichkeit der Revision. Revision ist auch bei Verfahrensmängeln möglich.

Beschwerde

Gegen Gerichtsentscheidungen, die keine Urteile sind (z. B. Nichtzulassung der Berufung) kann Beschwerde eingereicht werden.

Zusammenfassung und Lernkontrolle

Zusammenfassung

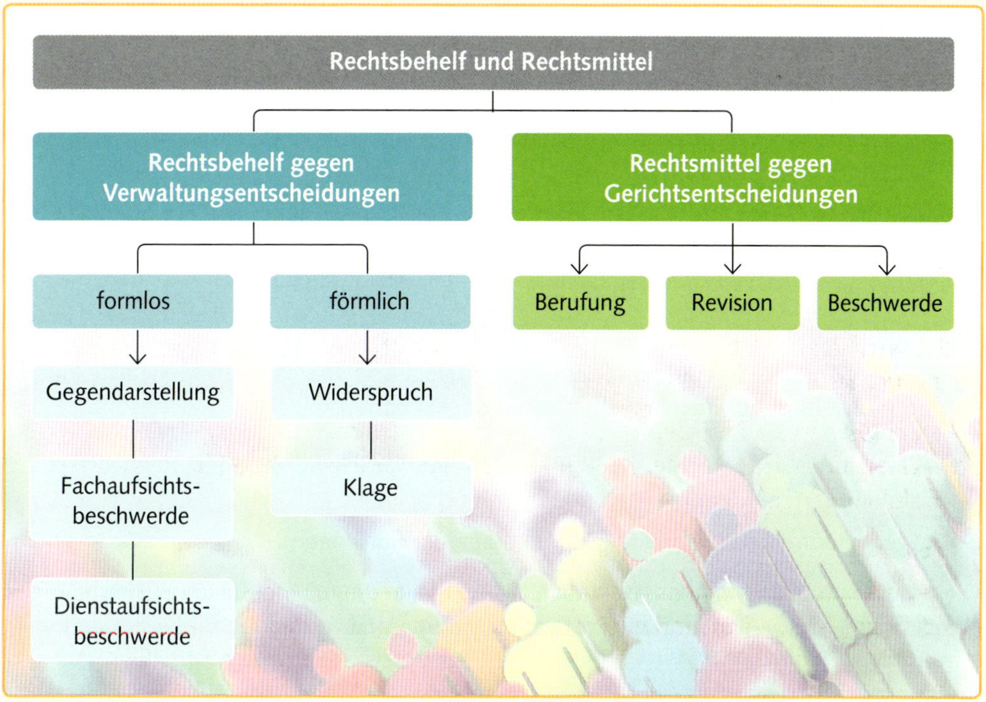

Lernkontrolle

Aufgabe 1

Rentner Alfred Weinreuter ist mit dem Bescheid über Grundsicherung nicht einverstanden. Er ist der Meinung die Leistung müsse höher sein. Welches Anfechtungsmittel kann er anwenden und wer entscheidet über die Anfechtung?

Aufgabe 2

Die Behörde lehnt die Anfechtung ab. Hat Weinreuter noch weitere Möglichkeiten?

6 Kinder- und Jugendhilfe

6.1 Begründung und Aufgaben der Kinder- und Jugendhilfe

SGB VIII § 1

„Jeder junge Mensch hat ein Recht auf Förderung seiner Entwicklung und auf Erziehung zu einer eigenverantwortlichen und gemeinschaftsfähigen Persönlichkeit."

Das Gesetz verpflichtet die Jugendämter zur Hilfe und schafft den Rahmen für die Unterstützung von Sorgeberechtigten zum Wohle ihrer Kinder.

Grundlegende Aufgaben der Kinder- und Jugendhilfe:

SGB VIII § 1 Abs. 3

1. junge Menschen in ihrer individuellen und sozialen Entwicklung fördern und dazu beitragen, Benachteiligungen zu vermeiden oder abzubauen
2. Eltern und andere Erziehungsberechtigte bei der Erziehung beraten und unterstützen
3. Kinder und Jugendliche vor Gefahren für ihr Wohl schützen
4. positive Lebensbedingungen für junge Menschen und ihre Familien sowie eine kinder- und familienfreundliche Umwelt erhalten oder schaffen

SGB VIII § 3

Die Zuständigkeit für Leistung der Kinder- und Jugendhilfe liegt bei den

- Jugendämtern der Städte oder Landkreise und bei den
- Trägern der freien Jugendhilfe (z. B. Vereine oder Stiftungen).

Die Kinder- und Jugendhilfe ist grundsätzlich für alle jungen Menschen zuständig die in Deutschland leben. Allerdings haben Ausländerinnen und Ausländer auf Leistungen nach diesem Gesetz nur dann einen **einklagbaren** Anspruch, wenn sie rechtmäßig oder aufgrund einer ausländerrechtlichen Duldung ihren gewöhnlichen Aufenthalt in Deutschland haben.

6.2 Aufgabenbereiche der Kinder- und Jugendhilfe

6.2.1 Tagesbetreuung für Kinder

Das Kinderbetreuungsangebot der Kommunen besteht in

- Kinderkrippen und Krabbelstuben (0- bis 3-jährige Kinder),
- Kindertagesstätten (3- bis 6-jährige Kinder),
- Kinderhorten (6- bis 12-jährige Kinder),
- altersgemischten Gruppen,

durch eine Tagespflegeperson („Tagesmutter bzw. Tagesvater").

SGB VIII § 24

Kinderbetreuungsangebote gibt es ganztägig oder für einen Teil des Tages. Für jedes Kind vom vollendeten dritten Lebensjahr an bis zum Schuleintritt besteht ein Rechtsanspruch auf einen Kindergartenplatz. Zudem gibt es einen Rechtsanspruch auf Förderung in einer Tageseinrichtung oder in der Kindertagespflege für alle Kinder, die das erste Lebensjahr vollendet haben.

Für schulpflichtige Kinder gibt es Plätze in altersgemischten Gruppen zur Überbrückung unregelmäßiger Schulzeiten.

6.2.2 Jugendsozialarbeit

Die Aufgabe der Jugendsozialarbeit besteht in der Hilfe für junge Menschen, die aufgrund sozialer Benachteiligungen oder individueller Beeinträchtigungen auf Unterstützung angewiesen sind. Dabei geht es um individuelle Hilfestellungen auf dem Weg in Ausbildung und Arbeit.

6.2.3 Kinder- und Jugendschutz

Die Durchführung der zahlreichen Jugendschutzvorschriften des Bundes und der Länder (kontrollierend eingreifender Jugendschutz) liegt bei Polizei und Ordnungsbehörden. Die Ordnungsämter und die Polizei kontrollieren z. B. Kinos und Videotheken. Die Gewerbeaufsicht kontrolliert die Einhaltung des Jugendarbeitsschutzgesetzes. Kinder- und Jugendschutz erfolgt auch in erzieherischer Form durch Aufklärung und Fortbildung.

6.2.4 Förderung der Erziehung in der Familie

Die Träger der Kinder- und Jugendhilfe bieten den Müttern und Vätern auch Unterstützung bei den Erziehungsaufgaben an. Dies geschieht insbesondere in Form von Beratungs- und Therapieangeboten.

6.2.5 Weitere Hilfen für Familien

Für Familien gibt es zahlreiche weitere Angebote, z. B.

- Beratungs- und Unterstützungsangebote für werdende oder frisch gebackene Eltern
- Familienbildungsstätten
- Familienfreizeiten und -erholungen
- Unterstützung Alleinerziehender in Fragen der Regelung von Unterhaltsansprüchen
- vorübergehende Hilfe bei Ausfall eines Elternteils aus gesundheitlichen Gründen
- Beratungsangebote bei Trennung und Scheidung

Zusammenfassung und Lernkontrolle

Zusammenfassung

Kinder- und Jugendhilfe gewährt Leistungen für

- bestimmte Personengruppen und in
- bestimmten Notlagen

Träger sind

- Kreise und Gemeinden sowie
- freie Träger (z. B. Wohlfahrtsverbände, Kirchen)

Lernkontrolle

Aufgabe 1

Beschreiben Sie Gründe für die Notwendigkeit der Kinder- und Jugendhilfe.

Aufgabe 2

Welche Kinder- und Jugendhilfeeinrichtungen Ihrer Gemeinde kennen Sie?

Sachwortverzeichnis